HONGZE
YEARBOOK **2016**

洪澤年鉴

淮安市洪泽区人民政府主办
淮安市洪泽区地方志办公室编

方志出版社
Publishing House of Local Records

图书在版编目（CIP）数据

洪泽年鉴. 2016 / 淮安市洪泽区地方志办公室编. —北京：方志出版社， 2016. 11
ISBN 978-7-5144-2255-9

Ⅰ. ①洪… Ⅱ. ①洪… Ⅲ. ①洪泽县—2016—年鉴 Ⅳ. ①Z525.34

中国版本图书馆CIP数据核字（2016）第 296251 号

洪泽年鉴（2016）

编　　者：淮安市洪泽区地方志办公室
责任编辑：王　俊

出 版 人：冀祥德
出 版 者：方　志　出　版　社
地址　北京市朝阳区潘家园东里9号（国家方志馆4层）
邮编　100021
网址　http://www.fzph.org
发　　行：方志出版社发行中心
（010）67110500
经　　销：各地新华书店
印　　刷：江苏农垦机关印刷厂有限公司

开　　本：889×1194　1 / 16
印　　张：16
字　　数：564 千字
版　　次：2016年11月第1版　2016年11月第1次印刷
印　　数：0001～1500册

ISBN 978-7-5144-2255-9　定价：210.00元

《洪泽年鉴（2016）》编纂委员会

编者：淮安市洪泽区地方志办公室

地址：淮安市洪泽区文化中心一楼

邮编：223100

电话：（0517）87218019　87223447

邮箱：hongzexzb@163.com

编 辑 说 明

一、《洪泽年鉴》为地方综合性年鉴。年鉴以中国特色社会主义理论体系和习近平总书记系列重要讲话精神为指导，由淮安市洪泽区（2016年7月洪泽县撤县设区，10月8日淮安市洪泽区挂牌成立）人民政府主办、区地方志办公室负责逐年编纂。

二、《洪泽年鉴（2016）》为第十卷，主要记录2015年洪泽县自然、政治、经济、文化和社会生活等方面的基本情况，为领导决策提供依据、为中外人士了解和研究洪泽提供资料，也为地方史志保存真实的历史资料。

三、本年鉴采取分类编辑法，以栏目、分目、条目三个层次组成框架结构的主体。个别条目下设子目。本卷另设“特载”“特辑”“人物”等栏目，以丰富年鉴的内容。年鉴彩页彰显年度特色，公共彩页突出“洪泽印象”“领导视察”“要事特载”，体现洪泽县年度大事，力求图文并茂。部分图片延至2016年8月。

四、本年鉴年鉴中统计数据以区统计局公布的为准，统计局未作统计的以各专业部门提供的数据为准。量和单位的使用，执行国家标准。“特载”中,所涉及的数据、量与单位均未作变动，以保持文件原貌。

五、本年鉴“人物”栏目中，有人物简介18篇、名录5种。其中，“组织机构设置及领导名录”由区委组织部、区编办核实提供；“市文明职工”“市五一劳动奖章”收录的人员由区总工会提供；“最高天平奖章”收录的人员由区法院提供。

六、本年鉴采用的稿件由全区各镇（街道）、各部门提供，并经相关单位领导审核。所有稿件经过区地方志办公室编辑编审。由于编者水平所限，不足之处恳请广大读者批评指正。

洪澤名片

2016 HONGZE YEARBOOK

洪泽印象

全国文化先进县

国家现代农业示范区

国家知识产权强县工程试点县

国家新型城镇化试点县

国家生态县通过考核验收

全国农业产业化示范基地

国家级平安农机示范县

国家级水稻生产全程机械化示范县

国家智慧城市试点县

全国防震减灾先进单位

江苏省农村电子商务示范县

全省秸秆综合利用和禁烧工作优秀县

江苏省文明城市

江苏省平安县

2016-2020年江苏省科普示范县

江苏省金融生态优秀县

规模以上工业总产值

单位：亿元

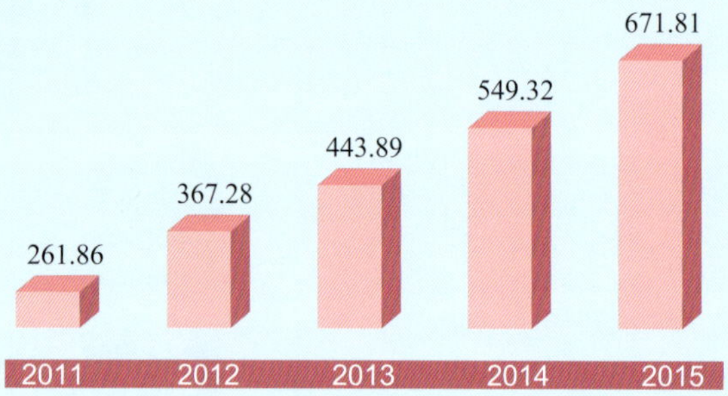

公共财政预算收入

单位：亿元

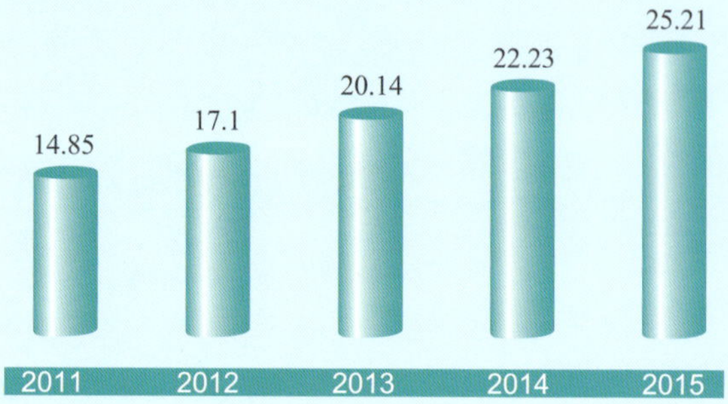

规模以上固定资产投资

单位：亿元

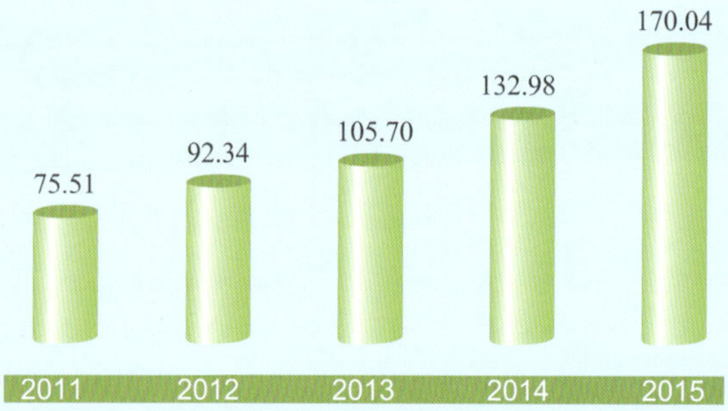

城镇居民人均可支配收入

单位：元

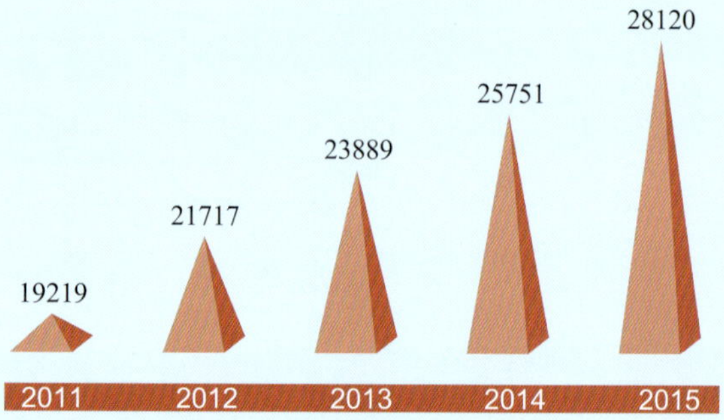

社会消费品零售总额

单位：亿元

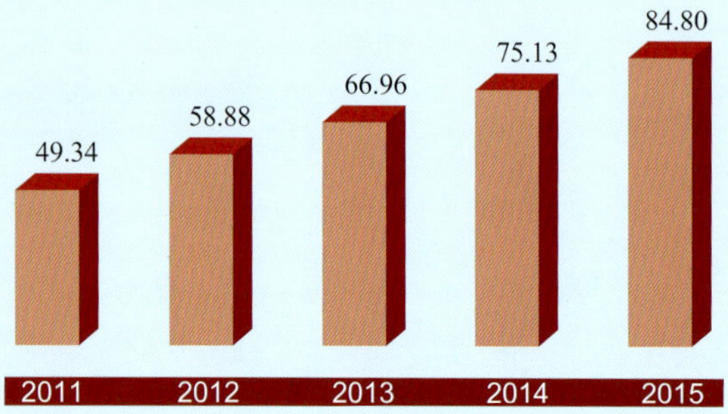

农村居民人均可支配收入

单位：元

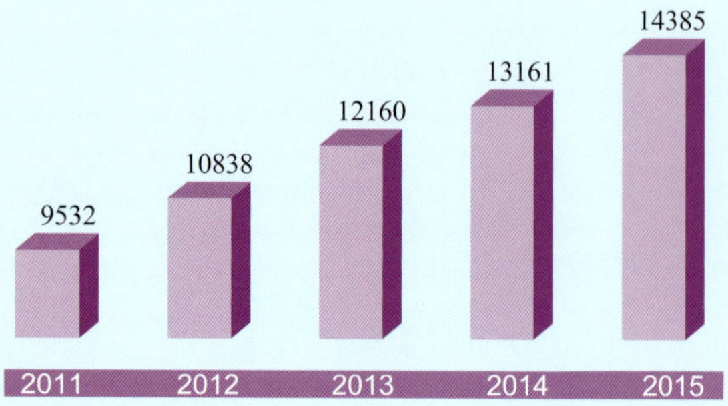

数字看洪泽

HONGZE

2015年GDP三次产业构成

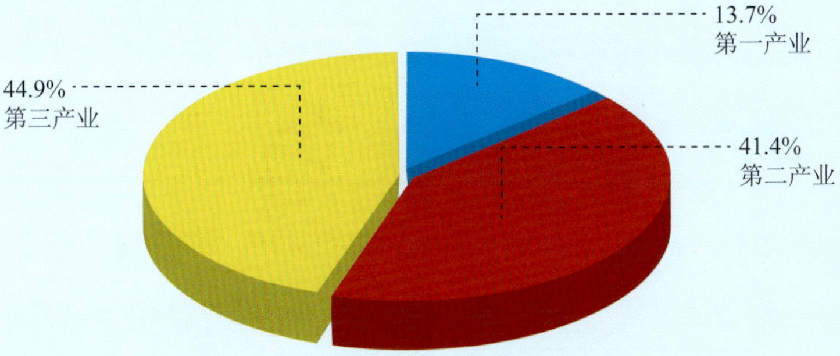

地区生产总值

单位：亿元

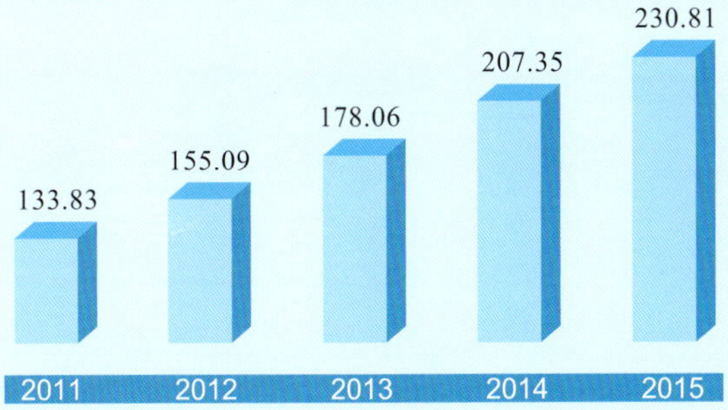

人均地区生产总值

单位：元

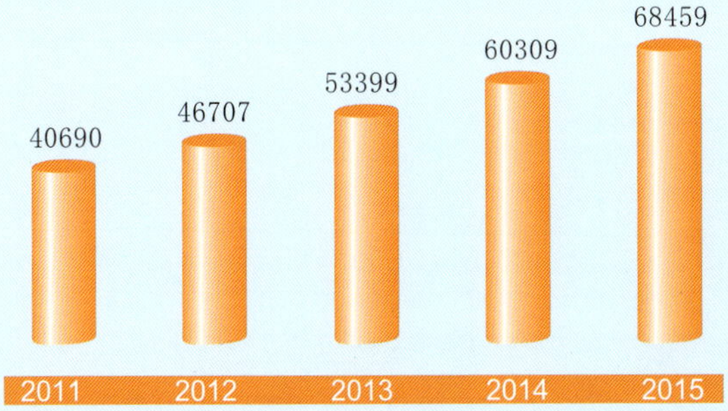

土地总面积	1273.41平方千米
陆地面积	549.65平方千米
水面面积	723.76平方千米，占县域总面积57%
年末户籍人口	39.65万人
年末常住人口	33.76万人
辖镇（街道）	6个镇3个街道
地区生产总值	230.81亿元
财政总收入	30.65亿元
公共财政预算收入	25.21亿元
规模以上工业总产值	671.81亿元
规模以上工业利税总额	68.08亿元
进出口总额	2.1亿美元
社会消费品零售总额	84.75亿元
农林牧渔业总产值	63.81亿元
金融机构存款余额	180.2亿元
城镇居民人均可支配收入	28120元
农村居民人均可支配收入	14385元
粮食种植面积	86.6万亩
绿地总面积	6.93平方千米
体育场地面积	88.27万平方米
用电总量	17.59亿千瓦时
专利授权量	1214件
公路里程	1492千米
航道里程	195.33千米

电视媒体

2015年，洪泽县在市级以上电视台累计用稿369篇，位居全市各县区第二名。《江苏洪泽：供电员工节前巡线保供电》在央视13套《新闻直播间》播出；《江苏洪泽：重点岗位开展责任教育》在央视四套播出；《江苏洪泽：部分市民提前返程，长深高速宁淮段车流量大幅度增加 》在央视二套播出。

以下新闻在江苏卫视《江苏新时空》播出：

全省首个“水上”邮政便民服务站落户洪泽湖区
洪泽湖水域今晨解禁开捕
洪泽为4573名残疾人办理意外伤害保险
第十届洪泽湖国际大闸蟹节开幕
洪泽：螃蟹宠物秀 “硬汉”也能够玩出时尚
洪泽：百桌船帮宴 共享渔家美味
洪泽湖国际马拉松赛今晨鸣枪
洪泽：良种良法助力水稻丰产丰收

网络媒体

2015年，洪泽县在国内主流网站用稿200多篇。其中，洪泽湖国际大闸蟹节、国际半程马拉松赛、蒋坝百桌船帮宴等20多篇重点稿件被多家网站、微博、微信平台转发。

网络媒体重点稿件选摘

洪泽湖畔霞映归	新华网
创业永远在路上 洪泽85后女生回乡当“羊倌”	新华网
为民保电护渔 洪泽农电工邱兵20年以舟带步	新华网
江苏洪泽整合世遗资源 水釜城小桥流水惹人醉	人民网
淮安市洪泽县大闸蟹节开幕 签约项目52.3亿元	人民网
江苏洪泽：大闸蟹丰收 洪泽湖畔乐翻天	新华网
江苏洪泽：百桌船帮宴 迎宾朋庆丰年	新华网
洪泽县委书记南京"卖"旅游 助推美丽经济发展	新华网
2015洪泽湖国际半程马拉松赛开赛	新华网
2015CBSA洪泽9球国际公开赛今日开幕	新华网

人民日报 REN MIN RI BAO

新华社 XINHUA NEWS AGENCY

新华日报 科技日报 中国旅游报

中国县域经济报 China County Times 扬子晚报 YANGTSE EVENING POST 联合早报

媒体洪泽看

HONGZE

报纸媒体

2015年，洪泽县新闻对外宣传多面突破，在国家级主流媒体发表新闻稿件30多篇，在省级主流媒体用稿123篇，其中《新华日报》用稿93篇，还在新加坡《联合早报》用两个整版推介洪泽县旅游和洪泽湖国际大闸蟹节。

江苏洪泽小龙虾 网络快递到千家	新华社
江苏洪泽生态文化装点百姓生活	中国县域经济报
洪泽生态立县成发展主调	新华日报
洪泽: 面朝大湖 转型发展	新华日报
构建文化强县 洪泽打造“大湖文化”	新华日报
去洪泽吃“小鱼锅贴”	扬子晚报
洪泽旅游扬帆起航	联合早报

第十届中国洪泽湖国际

精彩项目

“星光丽影·体坛盛世”——’2015CBSA美式台球（洪泽站）国际公开赛

“古堰森林·绿野仙踪”——“今世缘”杯首届洪泽湖国际半程马拉松赛

“行道立德·和谐大同”——中国老子山国际道学文化论坛

“美好江苏·醉美蟹都”——第二届洪泽湖全国摄影大赛暨颁奖仪式

“大湖龙腾·逐浪飞舟”——第六届中国洪泽湖水上运动会暨龙舟大赛

“天下美食·蟹都味道”——①首届新加坡·洪泽湖美食节②蟹都·成都美食英雄会③洪泽·淮扬—蒋坝百桌船帮宴

“畅游江苏·乐在蟹都”——洪泽湖国际大闸蟹节开幕式暨洪泽湖狂欢嘉年华

“大湖飞歌·幸福蟹都”——洪泽湖国际大闸蟹节闭幕式暨“洪泽湖风情”民间文艺演出

“蟹都品牌·中国金牌”——首届网上洪泽湖国际大闸蟹节暨网购节

“欢乐舞台·全民参赛”——①首届洪泽湖水釜城钓鱼大赛②洪泽湖古堰自行车骑行大赛③第二届洪泽湖大闸蟹宠物秀暨捆蟹大赛④第五届名江名湖螃蟹趣味运动会⑤洪泽湖古堰露营篝火晚会

大闸蟹节

第十届中国洪泽湖国际大闸蟹节以“美好江苏·水韵洪泽”为主题，以“湖、堤、山、泉，道、寺、蟹、园”为核心要素，以弘扬“大湖文化、道教文化、温泉文化、美食文化”为主要内涵，坚持自身特色、保留传统经典、提升品牌影响，致力于办成生态休闲、道教温泉、体育运动、旅游美食、民俗风情、学术理论于一体的中国一流的湖泊文化旅游节庆。

洪泽湖欢乐园

湖畔新城

空中看洪泽

HONGZE

洪泽人才公寓

本版摄影：左泽瑞

洪泽·湖湾

洪泽湖龙舟赛

砚临河风光带

县城东区一角

空中看洪泽

HONGZE

洪泽湖欢乐广场

洪泽汽车客运站

本版摄影：左泽瑞　陈凯

一勺长淮广场

2015年7月15日，省委常委、宣传部长王燕文（前排左二）到洪泽县开展“三严三实”专题教育活动

闵祥峰 摄

2015年3月4日，副省长张雷（前排右二）到洪泽县调研医药卫生体制改革工作 闵祥峰 摄

2015年4月13日，国家防总秘书长、水利部副部长刘宁（前排右二）率国家防总淮河流域防汛抗旱检查组到洪泽县检查防汛抗旱工作　　闵祥峰 摄

2015年5月12日，省军区司令员李大清（前排左二）到洪泽县勘察防汛工作　　潘 龙 摄

2016年7月11日，市委书记姚晓东（前排右二）、市长惠建林（前排右一）率队到洪泽县督查推进上半年重大项目建设　　左泽瑞　摄

2016年8月29日，市委书记姚晓东（前排左二）到洪泽县调研经济社会发展以及省、市委全会精神贯彻落实情况　　闵祥峰　摄

中共洪泽县委主要领导调整

2016年7月8日，洪泽县召开领导干部会议。会议宣布省、市委对中共洪泽县委主要领导调整的决定，朱亚文任洪泽县委书记，徐东海不再担任洪泽县委书记。市委书记姚晓东出席会议，市委常委、组织部部长张彤主持会议，市委组织部副部长李松宣布省、市委决定。徐东海、朱亚文、殷强分别讲话。

市委书记姚晓东出席会议并发表讲话

徐东海发表讲话

朱亚文发表讲话

殷强发表讲话

宇天控股有限公司在香港证券交易所成功上市

2015年12月29日，中国宇天控股有限公司在香港证券交易所成功挂牌上市。这是洪泽县第一个、全市第三个上市企业。副市长唐道伦，县长殷强，县委常委、宣传部长董蔚参加上市仪式。

据了解，中国宇天控股有限公司主要从事制造及销售工业镀膜产品以及设计组装镀膜玻璃生产设备，2014年在Low-E玻璃(为建筑用镀膜玻璃的主要产品类别)制造商中位列第十，该公司是全国七家有能力设计、组装、建设及销售完整镀膜玻璃生产线的制造商之一。此次在港交所挂牌的股票代码为8230，现有总股本为8.1亿股，每股发行价为0.54港币，首发融资额为1.13亿港元，公司股票当日开盘价为1.73元港币，以开盘价计算公司市值达14亿元港币。

洪泽湖古堰景区获批国家AAAA级旅游景区

2015年12月30日，江苏省旅游局发布公示，洪泽湖古堰景区正式获批国家AAAA级旅游景区，成为淮安市第13家国家AAAA级旅游景区。

洪泽湖古堰景区位于洪泽湖畔，占地面积1200公顷。自2010年以来，总投资近10亿元，规划建设了包括洪泽湖大堤、水釜城、渔人湾、欢乐园四大旅游片区，是一个融文化体验、养生休闲、大湖观光、森林探秘、现代游乐于一体的综合性生态文化旅游景区。

本版摄影：左泽瑞

洪泽县通过国家生态县考核验收

环保志愿者开展宣传活动

设立生态红线保护区

天楹污水处理厂

近年来，在县委、县政府的坚强领导下，全县上下共同努力，扎实推进国家生态县创建工作。2015年10月27日，洪泽县通过国家生态县考核验收。

洪泽县重点实施了六大工程：一是实施基础设施建设工程。建成11座污水处理厂、县级垃圾卫生填埋场、18个垃圾中转站、1680座垃圾池（房），实现了县域生活垃圾中转站各镇全覆盖;新建地面水厂；建成重点污染源自动监控中心、大气自动监测站和水质自动监测站，新增环境空气PM2.5和重金属监测设备。二是实施农村环境整治工程。投入3.5亿元，对全县853个村庄进行环境整治；探索推进“五位一体”管护模式，扎实开展覆盖拉网式农村环境综合整治试点工作。三是实施环境监管执法工程。严格项目审批，严守环保“底线”和生态“红线”，对重点企业实行“一人一企”监管，近三年来共立案查处环境违法行为55起，依法对33家企业实施行政处罚。四是实施碧水蓝天工程。开展大气污染防治专项行动，共拆除大小锅炉30台；加强洪泽湖、白马湖等重点湖泊的保洁与管护；加强扬尘管理、油烟治理、秸秆综合利用等工作，全县空气良好天数达标率85.2%。五是实施生态修复工程。目前我县共有饮用水源、重要湿地、水通道维护区、渔业水域等4个类型6个生态区域。总面积604平方千米，占全县国土面积47.44%。先后实施了洪泽湖湿地保护移民迁建工程、污水处理工程、白马湖生态保护工程等三大工程。六是实施示范创建工程。全县各镇（街道）均创成国家生态镇，创成国家级生态村1个，省级生态村13个，市级以上生态村实现全覆盖。

尾水廊道

生态湿地

洪泽县入选第三批国家智慧城市试点

2014年8月，国家广电总局副局长童刚到洪泽县视察指导智慧洪泽建设工作

2014年，洪泽县成功入选第三批国家智慧城市建设试点，成为淮安市唯一试点城市。截至2015年底，云计算数据中心、城市公共基础数据库、社会管理与应急指挥平台、城市公共信息平台、视频综合监控系统、无线城市（一期）、智能停车场项目、智慧水利、智慧环保、智慧社区、社管中心智能化系统等18个项目已全部建成。在第22届国际覆盖与传输研讨会上，洪泽县作为江苏省唯一代表作了大会交流发言。当年，全省广电系统智慧城市建设现场会在洪泽县召开。

智慧洪泽运营展示中心

智慧环保

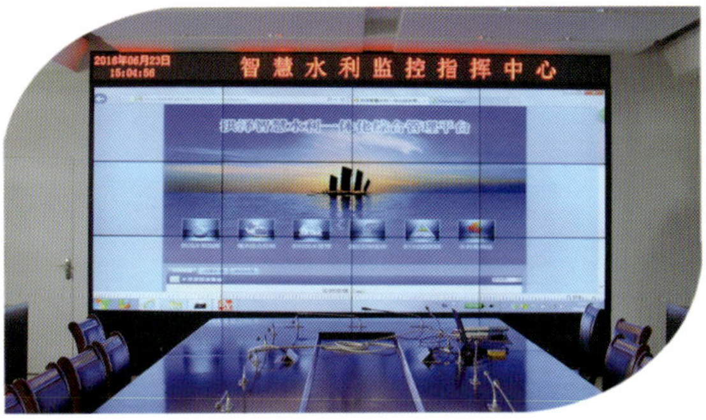

智慧水利

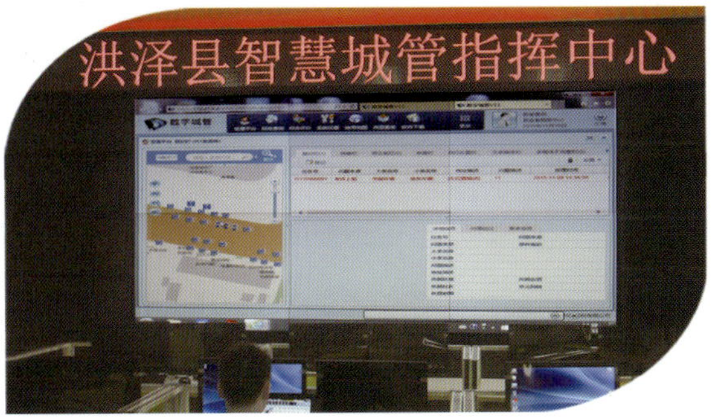

智慧城管

智慧旅游——水釜城景区建设

洪泽县通过国家卫生县城考核验收

县医院健康教育宣传栏

近年来，洪泽县委、县政府始终把创卫工作作为生态文明建设的重要方面、造福民生的重要内容，摆上位置，高度重视。天蓝、树绿、水清，新型小区洁净典雅，农贸市场焕然一新，主次干道及背街小巷清清爽爽，因创卫而更加靓丽。

洪泽县自2014年创建国家卫生县城以来，投入5.7亿元，用于市容环境、饮用水、道路建设等各项指标建设改造。各级政府、有关部门从老百姓最关心、最切身的实事、难事入手，把创卫工作作为精神文明建设的龙头工程、经济建设的配套工程、为民造福的民心工程来抓，城市面貌发生了质的变化。2016年5月，洪泽县顺利通过国家卫生县城创建工作考核验收。

划行整齐、干净卫生的富民农贸市场

苏北唯一一家有机物处理中心

砚临河健康教育主题公园（健身步道一角）

总目

CONTENTS

目录

特　　载

特　　辑

洪泽概况

大事记

中共洪泽县委员会

洪泽县人民代表大会常务委员会

洪泽县人民政府

政协洪泽县委员会

社会团体·工商联

武　装

法　治

人口·国土·环境

农业·水利

工业经济

商贸·旅游

交通·信息

城市建管

财政·税务

金融·保险

综合经济管理

教育·卫生·体育

文化·广电·科技

社会生活·社会保障

镇·街道

人　物

荣誉栏

重要文件目录

统计资料

索　引

突破抢先机 全力开好局 在新型城镇化道路上加快推进幸福洪泽建设(摘要)

——2015年12月30日在中国共产党洪泽县第十次代表大会第五次会议上

县委书记 徐东海

同志们：

这次会议的主要任务是，认真贯彻落实党的十八大、十八届三中四中五中全会、省委十二届十一次全会、市第六次党代会第五次会议和中央、省经济工作会议精神，回顾总结2015年工作，研究谋划“十三五”，重点对2016年工作作出部署。

一、扎实推进新型城镇化进程，幸福洪泽建设奠定坚实基础

即将过去的五年，是洪泽在科学发展道路上跨越前行的五年，也是洪泽新型城镇化建设取得显著成效的五年。五年来，特别是2015年以来，县委团结带领全县各级党组织和广大干群，以习近平总书记系列讲话特别是视察江苏重要讲话精神为指引，以新型城镇化建设为路径，凝聚力量，重点攻坚，加快推进城乡一体化发展，幸福洪泽建设奠定坚实基础。预计全年实现地区生产总值226.5亿元，增长10.5%；公共财政预算收入25.5亿元，增长14.7%；规模以上固定资产投资167.5亿元，增长26%；社会消费品零售总额85亿元，增长13%；城镇居民人均可支配收入28200元，增长9.5%；农村居民人均可支配收入1.45万元，增长10.3%。

一是产业基础更加坚实。实施“工业洪泽”战略，成立产业发展研究中心，以盐化新材料、机械制造、现代纺织、电子信息及新兴产业为主导的“4+1”工业产业体系逐步健全，预计可实现规模以上工业开票销售超230亿元，工业支撑更加有力。加快建设国家现代农业示范区，江苏食品科技产业园被确定为市“一县一题”项目，创成全国农业产业化示范基地，获批国家重大农技推广服务试点，获省级农村电子商务示范县，形成以优质稻米、生态渔业、食用菌为特色的现代农业产业体系，农业现代化水平位居全市第一，农业基础更加雄厚。获批国家知识产权强县工程试点县，新增国家高新技术企业11家，总数达31家，当年净增数位列全市第一，实现高新技术产业产值160亿元，占规模以上工业产值比重达25%；与省海外企业集团合资建立融资租赁平台，宇天港玻在香港上市，德润环保、正济药业、海拜科技在“新三板”挂牌，吉辉塑胶、玉龙食品、金马工贸在省股权交易中心挂牌，企业自主创新和资本运营能力显著提升，“造血”机能不断增强。

二是城镇集聚不断提速。中心城市综合承载力明显增强，县城区人口已超15万人；岔河镇获批全国重点中心镇，人口达到6.5万人。实施“项目攻坚三百工程”，实现亿元以上开工项目30个、竣工26个，签约落地10亿元以上项目达到4个。打造“1+6”工业平台，经济开发区完成基础设施投入3亿元，签约亿元以上项目24个，获批省级知识产权示范园区；6个镇、街道工业集中区完成基础设施投入8900万元，新入驻项目43个，固定资产投资15亿元，初步形成大项目进园区、配套项目进集中区的发展格局。在全国率先建立村级“五位一体”管护机制，改革经验得到国家相关部委的认可和推广，受邀参加全国农村改革试验区工作会议，得到国务院领导肯定。深化推进乡镇融合，调整完善经济开发区管理体制，完成镇、街道财税体制改革，“三街三大三特”发展格局进一步巩固。完善全民创业扶持政策，启动农村集体资产股份合作制改革试点，深化农村土地承包经营权确权登记颁证工作，建成县镇农村产权交易平台，推动农村土地适度规模经营，培育新型经营主体151家，新流转土地3万多亩，全县土地流转率达62%，农业人口转移速度明显加快，城镇要素加快集聚，发展潜力不断增强。

三是宜居条件持续改善。完成城南公园、6个老旧小区、13个棚户区、12条道路改造，推进砚临河风光带整治，开工建设348省道等项目，建成洪泽湖掼蛋文化园、中国印博物馆等“一园四馆”。深入开展“四城同创”，创成国家级生态县，建成省级文明城市，老子山镇创成全国文明镇，国家卫生县城和省级园林城市创建取得阶段性成果。严守生

态“红线”,生态发展理念深入人心,生态红线区域监督管理评估考核位居全省第一。加快建设智慧洪泽,建成公共信息平台、平安洪泽视频监控系统、应急指挥系统以及智慧水利、智慧城管等项目。持续开展村庄环境整治,完成1180个村庄整治任务,获批省村庄环境整治示范县。完善网格化安全生产监管体系,安全生产水平显著提升。创新小区管理,形成以街道为主导、城管监督管理与群众自治相结合的管理模式,管理力度不断增强。加强教育资源优化配置,落实12项学前教育改革举措,大湖娃幼儿园交付使用,成立江苏洪泽中等专业学校,县城区形成“两高中三初中四小学”格局,教育均衡发展水平进一步提升。启动县级公立医院改革,构建分级诊疗体系,县医院与市一院组建紧密型医疗联合体。加大社会保障力度,成立县居家养老服务协会,城镇登记失业率降至2.29%,城乡居民保险覆盖率达99.7%,五项保险覆盖率均在96%以上。

四是文旅开发步伐加快。建设古堰梅堤和景观道路,完成城区道路更名,铺设大堤26.2千米彩色路面,水釜城招商入住率达70%,获批洪泽湖古堰国家4A级景区、古堰省级森林公园。三河油田技校完成收购,湖滨旅游发展空间得到新拓展。蒋坝镇滨湖线改造、金陵大酒店等旅游项目加快建设,老复兴传统餐饮、头河美丽乡村等项目形成旅游新热点。老子山镇龟山传统村落获批省三星级乡村旅游区,水上村落新滩游客接待中心、荷花荡浮动平台成为游客新选择。西顺河镇张福河渔家风情游项目完成规划,国蟹园获批全国休闲渔业示范基地。黄集街道曹圩村荣获“江苏最美乡村”。成功举办第十届洪泽湖国际大闸蟹节,举行首届江苏“美丽经济”发展高峰论坛暨洪泽县旅游经济发展推介会、蒋坝百桌千人船帮宴等活动,面向全球征集洪泽湖大闸蟹卡通形象“朋朋”和“谢谢”,成立洪泽湖旅游联盟、老子山温泉联盟,受到社会广泛关注。召开全县文化工作会议,实施文化“五大工程”,以“上善包容、务实苦干、和谐共生”传统品质为核心的大湖文化深入人心;成功举办老子国际道学文化论坛,谱写《洪泽恋曲》,出版《洪泽故事》,即将出版《洪泽湖大堤石刻遗存》,充实基层文化人才,创成全国文化先进县,受到省委宣传部主要领导充分肯定。

五是党建创新保障有力。坚持从严治党,深入实施党建“六大工程”,召开专题工作会议,研究落实具有洪泽特色的政策措施,全面加强文化、群团、统战、基层党建、军民融合等工作。扎实开展“三严三实”专题教育活动,组织党员干部赴焦裕禄干部学院和井冈山干部学院开展党性专题教育,开设党员干部党性实践教育水上教学点,得到中央文献研究室领导肯定。加强人才队伍建设,联合江西财大在洪泽开办硕士研究生班,安排科级干部到江阴市、南京秦淮区、南京高新技术开发区、上海奉贤科技园区等地挂职锻炼,制度化选派年轻干部到县级重点部门、招商拆迁一线学习锻炼,干部能力素质得到提升。在镇、街道、经济开发区设立文明委,明确党(工)委书记任文明委主任;调整镇、街道宣传委员、组统委员工作职能,制定村党组织书记正负权力清单,夯实基层党组织基础。开展“四个问题”思想大讨论活动,增强党员干部“守土尽责、有为无憾”意识。开展领导干部立家规活动,实现纪检监察组织全覆盖,深化“五德”教育,编唱《廉政歌》,建成“金堤永固”勤廉教育基地,组织正科级以上干部赴浦口监狱接受警示教育,派发责任清单、季度工单,开展“两为”专项整治,提升党员干部拒腐防变能力,得到省纪委主要领导肯定。

六是民主法治纵深推进。坚持“法治洪泽”战略,积极支持人大依法履职,健全人大机构,加强人员配备。积极支持政协发挥职能作用,高度重视政协队伍建设,出台加强政协工作意见。召开全县依法治县大会,组织实施法治“五大民心工程”,建成省市一流的县级社会管理服务中心,高水平通过全国“六五”普法终期考核验收,“无讼村居”创建工作受到省高院主要领导和市委主要领导充分肯定,经验在全市推广,法治建设满意度和公众安全感位居全市前列;组织开展信访突出问题集中化解“百日行动”,取得时间过半化解率过半的良好效果。

二、坚持新型城镇化发展主轴,在幸福洪泽道路上奋力前行

经过多年连续奋斗,洪泽已经由打基础、备后劲步入总体进位、全面跨越发展的新阶段。今后五年,既是建成更高水平全面小康的决胜阶段,也是洪泽纵深推进新型城镇化发展、加快建设幸福洪泽的关键时期。做好这一时期工作,必须更加注重在宏观大势中准确把握发展机遇和条件。从全国来看:党的十八届五中全会提出,未来五年全国GDP平均增速为6.5%。可以预见,在宏观经济形势“偏冷”的大背景下,要保证GDP6.5%的中高速增长,国家将持续保持宽松的宏观政策环境。从全省来看:“十三五”期间,我省GDP将保持7.5%左右的中高速增长,国家级南京江北新区建设全面启动,淮安苏北重要中心城市、沿运河城镇轴建设加快推进,环洪泽湖旅游开发纳入省旅游发展“十三五”规划,为洪泽发展带来难得机遇。从全市来看:市委市政府加快推进纳湖入城、淮洪一体化(撤县设区)、白马湖开发等战略,支持打造魅力湖滨新城,鼓励发展沿洪泽湖、白马湖健康养生养老产业,为洪泽发展注入新的活力。从自身来看:秉持创新、开放、融入、争取“四大理念”,取得丰硕成果。注重“创新”,确立了以“十全”“十美”为内涵、“六大战略”为支撑的幸福洪泽蓝图;成立十二大重点工作领导小组,形成重点工作协同推进机制;坚持项目为王,建立动态扛旗、责任倒逼机制,发展活力不断激发;探索转型发展路径,建立全民创业发展基金、全民创业贷款担保基金、高层次人才创投基金,形成扶持企业创新、激励人才创业的新机制,创新创业逐渐成为经济发展重要驱动力。坚持“开放”,实际利用外资突破1亿美元,外贸完成率位居全市各县区前列;滨湖新区、高铁新区规划面向国际招标,洪盈有限公司在香港挂牌成立,“美丽蒋坝”PPP项目成为全省样板,被江苏浙商联盟授予“浙商最佳投资城市”称号,为在更广范围争取发展资源创造良好条件。主动“融入”,积极接受南京江北新区、淮安苏北重要中心城市辐射,做好项目承接转移、服务设施配套和新增长点培植,率先开展国家新型城镇化试点,乡镇“撤并”充分释放“镇”能量。积极“争取”,加快建设国家智慧城市试点县,城市综合竞争力明显提升;全省首家组织实

施建设用地"双减量"试点,发展空间不断拓展;获批全省金融生态优秀县,政府债务管理取得历史性突破,债务风险大幅降低,为洪泽发展增添新动力。

"十三五"期间,洪泽新型城镇化发展路径是:成熟之路、特色之路、率先之路。成熟之路,就是紧扣"幸福洪泽"奋斗目标,坚持"六大战略"不动摇,并在新的实践中不断充实完善,夯实洪泽跨越发展、突破抢先的坚实基础。特色之路,就是充分挖掘洪泽的大湖禀赋,坚持生态发展,攻坚文旅品牌,提升滨湖旅游,走出一条错位发展差别竞争之路。率先之路,就是始终秉持创新、开放、融入、争取"四大理念",以新型城镇化建设为动力主轴,落实国家供给侧改革相关举措,抢抓各类改革试点,放大典型示范效应,强势推进质量强县,培育发展新动能、拓宽发展新空间、增创发展新优势,努力实现洪泽经济社会发展的全面跨越。

"十三五"期间,洪泽新型城镇化发展步骤是:一年抢先机,就是在新型城镇化重点领域和重要举措上创造出一批全国试点、全省示范、全市样板的典型和经验;两年上水平,就是在新型城镇化的产业基础、要素集聚、人文素质等内涵发展上进入全市第一方阵;三年迈台阶,就是率先实现2013版全面小康,新型城镇化建设达到全市领先水平;四年初成型,就是县域综合实力显著增强,城乡面貌全面提升,新型城镇化建设达到苏北先进水平;五年呈模样,全面完成新型城镇化各项指标,成为全国新型城镇化的示范和样板,"十全""十美"成为洪泽人民的现实体验。

"十三五"期间,洪泽新型城镇化发展目标是:经济实力更强,经济发展质量和效益显著提升,市场主体创新活力全面迸发,县域经济具有较强竞争力和抗风险能力。实现地区生产总值380亿元,公共财政预算收入45亿元,均量指标保持全省前列,总量指标挺进全省中游,综合实力领先苏北、赶超江北。产业基础更实,现代产业体系完善,工业主导产业形成体系,文旅产业充分发展,现代农业特色彰显,现代服务业大幅提升,产业结构更加优化,二、三产业占GDP比重达90%,产业对经济发展的支撑作用更加稳固。群众生活更富,人民群众充分享有稳定的工作、优质的教育、满意的医疗、丰富的文化成果、可靠的社会保障、安定的生活环境;城乡居民生活水平不断提高,城镇人均可支配收入达41400元,农村人均可支配收入达23000元,镇村公交车(船)覆盖率为100%。城乡面貌更美,湖滨新城魅力彰显,城市架构合理,中心城区面积达26平方公里,滨湖新区和高铁新区初具规模,城镇化率达55%,城镇污水达标处理率达90%,城乡生活垃圾无害化处理率达95%,城市建成区绿化覆盖率达41.5%。文明程度更高,民主法治健全完善,党风政风更加纯正,党员干部忠诚干净担当,人民权利得到保障;和睦相处、友善互助等良好风气得到彰显,大湖文化成为洪泽人文精神新品牌。

三、聚力新型城镇化重点突破,抢占幸福洪泽转型跨越先机

2016年是全面贯彻落实党的十八届五中全会精神、实施"十三五"规划的首战之年,是深入推进新型城镇化、加快建设幸福洪泽的突破之年,也是洪泽建县60周年的喜庆之年,做好明年工作意义重大。我们要紧紧围绕幸福洪泽奋斗目标,积极探索城乡发展新路径、新方法,努力在国家新型城镇化试点工作中谋求突破、抢占先机。

2016年的总体目标是:地区生产总值增长10%,固定资产投资增长23%,公共财政预算收入增长12%,服务业增加值增长11%,注册外资实际到账增长10%,城镇居民人均可支配收入增长8.5%,农民人均可支配收入增长10%,城镇化率为52%,常住人口基本养老保险覆盖率为96.3%,城镇保障性住房体系健全率为91%,城市建成区绿化覆盖率为40.92%。

2016年的工作重点是:深入实施"六大战略",积极谋求发展要素融合、发展特色培育、发展空间拓展、发展文化引领、发展成果普惠、发展组织保障"六大突破",努力抢占产业转型升级、湖滨旅游开发、城乡一体推进、城市内涵提升、社会民生发展、党建创新创优"六大先机",确立新型城镇化优势地位。

(一)在发展要素融合上谋求突破,抢占产业转型升级先机。敏锐把握经济规律性和政策性变化,促进产业要素集聚,加快产业转型升级,实现经济高质量、有效益、可持续发展。

加速产业要素聚合。突出龙头项目带动要素聚合,以新型城镇化建设新辟市场引进重大项目,以国有资源资本资金灵活运用引进高附加值项目,以个性化精准策划引进关键性项目,以先进环保理念引进可持续发展项目。坚持"项目为王"不动摇,招大项目与大招项目结合,用好香港洪盈有限公司等平台,深化与韩国OCI株式会社、奥地利奥本多弗集团等跨国公司合作,推动卓达新型建材科技产业园、扬帆电梯产业园、源洁水务、长兴酒精等一批投资超10亿元项目落户,开工建设新型建筑材料预制件、高档商品设备、医用冰柜、宏润纺织、雅高机械、紫山食用菌三期等一批投资超1亿元、超3亿元、超5亿元项目。经济开发区引进10亿元以上项目2~3个,亿元以上项目10个以上,完成全县50%的外资任务;重点部门引进1个亿元以上项目;一般部门引进1个3000万元以上项目;各镇、街道引进亿元以上项目3个,其中食品加工项目1个。突出百花齐放加快要素聚合,掀起招引项目热潮,把符合生态环保要求和产业政策导向的各类产业形态纳入招引扶持范围,全力打造包容性更强的产业集聚地。突出科技创新引领要素聚合,抓住获批国家知识产权强县工程试点县、省创新型试点县、省知识产权战略示范县契机,依托洪泽经济开发区省知识产权示范园区等平台,规划建设人才大厦,统筹科技资源,集聚创新人才,强化文化引领,打造一批具有较强核心竞争力的企业,新增高新技术企业数量全市领先,科技创新全省进位。突出金融支撑吸引要素聚合,巩固省级金融生态优秀县成果,扶持洪泽湖建设投资集团、天鹅湾旅游公司等做大做强,力争突破AA信用评级,并发债成功;设立银河证券洪泽营业部,引进1~2家股份制银行在洪设点;鼓励宇天港玻、德润环保、海拜科技等挂牌上市企业发展壮大,支持圣欧芳纶、紫山食用菌、大有恒水产、洪泽湖旅游发展有限公司等企业筹备挂牌上市,争取实现国内上市突破,新增挂牌

上市企业3~5家，总数突破10家；建立银行与企业、项目对口跟进服务机制，强化企业信用建设，壮大企业资金互助会，完善金融部门考核办法，保证产业发展资金需求。

推动产业延伸发展。立足“4+1”工业主导产业，出台加强台资项目招引、扶持工业企业发展等政策性文件，引进培植一批产业链关键项目，引导瑞特电子、悦丰晶瓷等有条件的企业从产品制造向产品设计、消费服务延伸，支持鹿港毛纺、康丽欣电池等企业母体迁入、强强联合，推进方圆化工、圣欧芳纶与中化集团合作打造芳纶产业战略联盟，支持银珠集团、海珠集团、金象赛瑞等企业新上技改项目，加快做大做强。持续推进企业质效提升，对已停产半停产和资不抵债的“僵尸企业”进行处置，为骨干企业、优质项目腾出空间。以建设国家现代农业示范区和全国农业产业化示范基地为载体，加快创建国家级农业龙头企业，确保洪泽水产良种场顺利通过国家农业部复检验收；积极申报国家地理标志证明商标，提升岔河大米、洪泽湖大闸蟹、洪泽湖龙虾等特色农产品省内外知名度；发挥特色农业产业引导资金作用，加大对本地特色农产品销售的奖补力度，促进种养殖业向二三产开发延伸，抢占“第六产业”发展先机；大力推进全国第二批农村改革试验区和全国农村集体“三资”管理示范县建设，深化农村产权制度等系列改革，解决农村各类经营主体在融资担保、市场运作、规模化经营等方面遇到的难题；巩固全国平安农机示范县成果，实施国家重大农技推广服务试点项目，推动农机服务产业化经营，新增粮食机械化烘干中心10个以上，实现农机装备现代化；加大与紫山食用菌、胜伟食用菌等公司合作，引进实施秸秆综合利用全产业链项目，争做全市秸秆综合利用样板，农业规模化经营、产业化水平全市领先。

创新打造产业社区。以经济开发区为基础，完成投资30亿元以上，加强园区居住、金融、娱乐等社区服务功能配套和项目建设，加快创建国家级经济开发区，打造全省有地位、全市立标杆的产业融合示范区；抢抓江苏食品科技产业园获市“一县一题”项目支持机遇，注重居住小区配套和旅游元素的融入，完成基础设施投入5亿元，招引体量大、质效好的食品加工项目10个以上，完成固定资产投资2亿元以上，加快形成产业集聚态势，打造食品加工样板社区。选择区位优势明显、基础配套较好、具有一定产业基础的区域，包括各镇、街道镇区以及撤并的老集镇区，规划建设一批特色产业社区。在建设用地“双减量”过程中，新村居(社区)按照“美丽乡村”标准，先规划，后建设，重产业，形成一批宜工则工、宜农则农、宜商则商的新型村居。各镇、街道分别打造1个特色产业社区，启动建设1个新型村居。

(二)在发展特色培育上谋求突破，抢占湖滨旅游开发先机。抓住淮河生态经济带建设和环洪泽湖旅游纳入省“十三五”旅游规划契机，加快发展环洪泽湖旅游，争做环湖旅游发展龙头，让“大湖旅游”成为洪泽永恒的品牌。

建设国家级旅游公园(景区)。以建成国家级洪泽湖文旅生态示范区为总揽，启动建设两湖大道，改造浔河、砚临河、洪新河等重要河流，打造连接两湖的黄金大道和黄金水道，促进洪泽湖、白马湖旅游融合发展，重点打造和建设六个“国字头”的公园或景区。提升打造大堤梅花段、周桥大塘湖滨段、大吉祥寺等重要景点景区，新建古堰景区主入口、环洪泽湖游客集散中心等配套设施，改造贴堆河沿河风光带，建成生态尾水湿地公园一期工程，打造国家级古堰森林公园，启动创建国家级水利风景区。建成艳阳国际温泉养生中心、惠泽居家养老中心等项目，加快开发龟山传统村落、新滩水上村落，规划建设老子文化园，启动创建国家级温泉旅游度假区。实施蒋坝段滨湖线改造，建成运营金陵大酒店、头河美丽乡村，做响蒋坝百桌千人船帮宴品牌，加快建设国家级美食养生公园。积极参与白马湖保护与开发，建设慢客驿站、绿博园、乡恋产业园等项目，联合打造国家级白马湖生态休闲公园。以三河油田度假区为主平台，建设农业博览园、青年创客中心，推进江苏食品科技产业园与三河镇农旅要素深度融合，启动打造国家级生态农业公园。

打响节庆活动品牌。坚持市场化运作，继续创新举办中国洪泽湖国际大闸蟹节，提升大闸蟹节“中国十大品牌节庆”影响力。强化名人名媒名企与名泉名蟹名节有机结合，提升与国家级赛事管理部门和高端媒体合作水平，把CB-SA美式台球国际公开赛、洪泽湖大堤国际自行车公路赛、洪泽湖国际半程马拉松赛、洪泽湖国际龙舟赛、洪泽湖掼蛋大奖赛等重点赛事活动打造成全国知名品牌。持续邀请中直省直机关团队来洪开展体育赛事活动，积极做好赛事服务工作，扩大洪泽重点赛事活动在上级机关的影响力，争取更多资源和政策支持。以培育市场运营能力强、品牌效应好为目标，完善洪泽文化传播联合发展有限公司法人治理结构，强化绩效考核，提高市场运营管理能力，使其逐步具备独立承办全县重大节庆赛事活动能力。

提升旅游服务水平。将打造优质旅游消费品市场作为质量强县的重点，深度开发旅游商品，打造知名品牌，提升洪泽湖、白马湖特色旅游产品认知度和认可度。持续整治旅游消费品市场，在加大基础投入、提高硬件设施水平的基础上，规范服务标准，统一宾馆、酒店用品旅游标识，培育诚信经营旅游商品购物街和放心消费店，坚决打击假冒伪劣、短斤少两、价格虚高等欺诈游客行为，让游客尽兴消费、开心旅游。一季度完成洪泽湖水产品大市场整体改造，其他市场、商业街的改造要迅速提上议事日程。培养旅游人才，实行持证上岗，全面提升旅游从业人员素质；评选游客最满意景区、宾馆、酒店、农家乐及优秀导游、星级服务员，不断提升旅游服务水平。挖掘美食文化，举办餐饮美食大赛，评选最受游客欢迎的特色菜品和小吃，打造具有洪泽特色的名店名厨名菜。做好旅游营销宣传文章，与扬子晚报等国内有影响力的媒体建立稳定的合作关系，加强与中旅、青旅等知名旅行社和同程、途牛等知名旅游网站合作，力争使“大湖旅游”具有全省知名的品牌影响力。

(三)在发展空间拓展上谋求突破，抢占城乡一体推进先机。城乡一体是可持续发展的内在需要，是洪泽跨越发展的必经之路，更是建设幸福洪泽的必然选择。

规划建设两新区。加快实施滨湖新区和高铁新区规划国际招标，切实提高两新区规划水平，注重规划展示和宣

传，让建设两新区迅速成为全县上下共识。滨湖新区按照建设南京后花园和淮安苏北重要中心城市养生养老基地定位，以创建省健康养生养老试点县为抓手，投资10亿元以上，开工建设洪泽湖颐养社区、医养一体化社区和民防园等项目，引进全国知名养老、医疗、医护培训机构，打造江北健康养生养老"洪泽样本"。当前要加快洪泽湖颐养社区建筑设计和市场营销策划，抓紧资金筹集和项目招标，确保4月份开工建设。高铁新区按照打造集商贸物流、旅游集散等功能于一体的高端服务业集聚区，完成规划设计，确定前期配套建设项目；所在镇、街道根据高铁新区规划积极招引产业项目，启动征地拆迁、土地性质调整等前期工作，力争高铁新区建设进度与高铁通车同步。

全面提升县城区。加快建设348省道，改造南环路，提升洪泽湖大道景观，推进经济开发区与朱坝东区融合发展，拓展县城区发展空间。持续推进"四城同创"，重点推进国家卫生县城和省级园林城市创建，启动国家生态文明建设示范县创建。深入开展省优秀管理城市创建活动，着力提升城市管理水平。启动县人民医院异地选址建设，规划建设新县实验小学，实施棚户区和老旧小区改造，加快解决老城区拥挤杂乱问题。建成行政审批服务中心，建设农商行新营业楼，增强城市配套服务功能。提高主要干道档次，实行标准化管理，统一规划洪泽湖大道、人民路等城区主要干道户外广告，加强停车场、公厕等配套设施建设，持续开展防违治违，杜绝主要干道两侧青菜园现象及绿化、亮化、净化盲区，严禁占道经营现象和废品收购店出现，切实改善城区市容环境。实施小区管理服务提升工程，持续推进小区环境整治，组织开展"幸福小区"创建活动，创建10个文化特色小区、20个和谐文明小区、30个洁净卫生小区。继续推进"国家智慧城市试点县"建设，打造智慧洪泽运行中心、政府管理平台、政务服务平台、公共资源交易平台"一中心三平台"，重点实施一批智慧农业、智慧医疗等项目，提高中心城区的服务能力，顺利通过全国智慧城市试点县验收，力争智慧城市建设工作全国先进。

提速发展镇村区。根据"三街三大三特"定位，高良涧街道按照县城核心区定位，提升城市功能区承载能力；朱坝街道按照主城区标准，提高街区建设水平；黄集街道策应盐化新区和白马湖旅游开发，做好配套文章。岔河镇立足全国重点中心镇建设，使用新型建设标准和新型建材，试点建设新型农民安置小区，打造镇村社区建设引导工程；三河镇依托江苏食品科技产业园和以油田基地为核心的滨湖度假区，启动打造全国健康食品示范镇；东双沟镇依托滨湖新区建设，发展沿湖养老和休闲农业，持续做强镇工业集中区，打造城乡一体示范镇。蒋坝、老子山、西顺河三个镇依托自身旅游资源，蒋坝凸显古镇美食元素，老子山彰显道学温泉，西顺河突出民族元素和渔家风情，加强旅游景点打造，争创全省重点扶持特色镇。支持各镇、街道学习运用蒋坝PPP模式经验，解决资金、人才等瓶颈。各镇、街道要用拼搏精神抢抓项目编报，掀起融资争资热潮，高良涧街道、蒋坝镇、老子山镇基础设施建设投入（不含农业）1亿元以上，其他镇、街道不低于5000万元。县财政设立专项扶持资金，用于镇、街道新型城镇化基础设施建设融资奖补。

（四）在发展文化引领上谋求突破，抢占城市内涵提升先机。按照省"三强两高""八个更加"市"四力三美"文化建设目标要求，挖掘大湖文化品质，弘扬大湖文化精神，做响大湖文化品牌，促进城市内涵式发展。

构筑道德风尚高地。深入开展"中国梦"主题教育活动，创设"五堂一会"理论宣讲载体，弘扬社会主义核心价值观。加强诚信洪泽建设，健全完善诚信体系，着力推进政务诚信、商务诚信、社会诚信。建设"德润洪泽"，重点实施好人建设"百千万"工程，"身边好人"评选、百场好人宣讲百村行等活动，培塑一批全国、全省先进典型，将马浪岗海事所打造成全国时代模范。深化拓展"八礼四仪"养成教育，建成省级未成年人教育指导中心，打造一批"四仪"展演精品。成立县家风家训研究会，实施家风融入市民公约、村规民约工程，弘扬孝老爱亲、邻里和睦、热心公益等良好风气。举办老子道学文化论坛，实施老子道学经典名篇普及工程，传扬优秀传统文化，推动全社会形成良好道德风尚。打造大湖文创精品。实施文艺作品创优工程，围绕庆祝建县60周年，举办系列文化活动，创作一批蕴含大湖文化、反映经济社会发展成就的优秀地域特色文艺作品，争取实现省"五个一工程"奖等重要奖项突破。扶持文化产业发展壮大，用好文化发展专项资金，加快建设水釜城综合文化产业园、众创产业园等文化创意园区，重点引进一批文化企业，支持县广电有线信息网络发展有限公司等县域文化企业做大做强，创造更多文化产品，不断满足群众精神文化生活需求。抢占网络文化空间，加强网络文化正面引导，抓好网络文艺创作生产，培育一批网络文化创客，重视县内网站版主，积极引导他们传播正能量，发出好声音，不断增强网络文化传播力。加强文化人才队伍建设，配齐配强专职文化队伍，成立文化志愿者协会，建成政协文史工作室、名人名家书院、龟山两江书院，扶持培养洪泽乡土文化能人、非物质文化遗产传承人，增强文化创作活力。高良涧街道组建20支业余文艺队伍，培育100名文艺骨干，各镇、街道也要建立自己的文艺团队和文化队伍。

优化公共文化服务。完善文化基础设施，文化综合馆、体育综合馆、科技智慧展览馆等文化新地标主体基本建成，加快建设渔文化博物馆、水利博物馆、盐商博物馆，提升中国印博物馆；分类推进镇、街道公共文化设施建设，统筹建设镇、街道综合性公共文化服务中心和镇级特色文化展览馆、村级民俗文化展示馆，实现镇、街道综合文化站全部达到省定标准，推进省级公共文化服务体系示范区创建。深化省科普示范县、省防震减灾先进县建设，加强市民地震、科技、民防等知识普及教育，深入推进军民融合发展，将国防园、民防园打造成全省一流国防教育训练基地，全民科学文化普及工作走在全省前列。建立公共文化服务政府采购和资助制度，试行文化惠民"菜单式"服务和惠民项目"点餐制"，鼓励社会力量参与公共文化服务。

（五）在发展成果普惠上谋求突破，抢占社会民生发展先机。通过新型城镇化建设促进城乡人居环境、社会保障、生活品质等全面提升，让发展成果全民共享。

增强发展利民保障。深化社会保障制度改革，组织开展企业年金制度试点，规范农民工工资保证金标准，扩大覆盖面；落实中央去库存要求，通过政府回购闲置商品房，用于拆迁安置和低收入群体保障性住房，改善群众居住条件。完善社会救助体系，强化精准扶贫和就业援助帮扶，重点做好“零就业家庭”、“纯农就业家庭”和城乡特困人员就业工作；引导社会力量参与扶贫助困，强化机关结对帮扶，确保困难群体得到及时救助。坚持创业带动就业，以获批省级创业型城市为契机，发挥全民创业发展基金作用，积极培育创业主体、打造创业平台、优化创业环境，努力开创大众创业、万众创新的良好局面。

提升服务惠民质量。以创建高水平教育现代化示范县为引领，深化教育综合改革，突破教育人事、人才管理招引“瓶颈”；深入推进省学前教育改革发展示范区建设，落实好学前教育各项举措，打造全市学前教育强县；围绕中小学教育质量提升和内涵发展主题，推进义务教育综合改革，全面提升教育教学管理水平，继续保持义务教育质量全市第一方阵；提升高中教育质量和水平，实施“四名”教育工程，高考本科达线率、一本达线率在全市再进位，实现全国顶尖高校录取新突破；打造职教品牌，将洪泽中等专业学校打造成省高水平现代化中等专业学校。深化医疗卫生体制改革，构建县域医疗集团，建立独立医保机构，成立县基层医技人才储备中心，创新基层医疗卫生人才引进培养模式，加大镇村医技人才培养，推动优质医疗资源向基层倾斜。创新养老服务发展模式，试点推行镇、街道敬老院“公建民营”经营管理，努力构建以居家为基础、社区为依托、机构为支撑、医养融合发展的养老服务体系。

完善安民治理体系。坚持“法治洪泽”战略，积极支持人大、政协围绕中心，服务大局，依法履职，创造性地开展工作，确保民主法治工作始终走在全市前列。深入实施法治建设五大民心工程，大力推进法治文化、廉政文化、道德文化融合发展，继续开展信访突出问题集中化解行动，巩固省平安县、省信访工作先进县、市级综治信息化建设试点县建设成果。严格落实环境保护、安全生产“党政同责、一岗双责”监管责任制，深入推进色块化、网格化管理，加强应急队伍建设，杜绝重特大环保、安全事故发生。创新社会治理，探索市民社会福利与社会义务挂钩机制，从小区的公益活动、物业费缴纳等小事抓起，培养市民的社区义务感、归属感，增强市民责任担当；整合城管、交警、交通、市场监管等部门执法力量，推进城市联勤综合执法，提高执法服务水平。创新社区治理，建立城乡社区服务信息网络平台，全面推广“社区减负”，培育公益类、慈善类、服务类社区社会组织，高良涧街道组建20支社区热心服务队，发展100名社区治理网格员，其他镇、街道也要建立各自的社区热心服务和社区治理网格员队伍。

（六）在发展组织保障上谋求突破，抢占党建创新创优先机。巩固“三严三实”活动成果，以“上级评价有作为、群众眼中有公认、自我认知有价值”为导向，用实际行动回答好“守什么土、尽什么责、有什么为、无什么憾”，为洪泽科学跨越发展提供坚强保障。

强化宗旨意识，坚守信念之“土”。加强理想信念教育，深入实施理论武装“十百千万”行动，组织开展党的十八届五中全会等中央省市重要会议精神学习宣讲活动，不断提高广大干部的思想理论水平，坚决做到“不走神”。强化政治纪律教育，旗帜鲜明地反对政治自由主义，通过谈心谈话、党建述职、批评与自我批评等形式，引导党员干部紧绷政治之弦，始终坚持党的声音就是命令，党的指引就是方向，始终与党中央保持一致，与上级党组织保持一致，坚决做到“不走失”。坚定幸福洪泽目标，组织开展“幸福洪泽科学跨越”、“三学一争”等系列主题教育活动，倡导实干争先的价值追求，激发广大干群谋求幸福洪泽的光荣感、自豪感，坚决做到“不丢阵地”。

强化使命意识，尽好岗位之“责”。建设幸福洪泽是历史赋予我们的光荣使命。全县各级党组织和广大党员干部要心中有责不懈怠，始终将使命装在心中、扛在肩上，以茶饭不思、寝食难安的压力感和本领恐慌、观念更新的危机感，在推动跨越发展、促进进位争先中真抓实干，尽职尽责；要强化在岗意识，按照建设“361”诚信服务品牌要求，坚持把服务项目、服务发展作为第一责任，首问负责、主动帮办、台前办结，形成全员围绕项目服务、人人紧扣发展履责的浓厚氛围，各部门要以组建行政审批局为契机，抓紧清理行政审批事项，减少行政审批环节，抓紧审批项目移交，消除“中梗阻”。强化担当意识，展现为官之“为”。树立干部“有为”导向，结合县镇换届工作，完善正反评价体系，对党员干部进行全面考察，及时将综合素质好、工作实绩突出的干部推荐出来，重用起来。搭建干部“有为”平台，出台提高村干部待遇和村级保障水平意见，深化创星定级，持续实施“壮村”工程，选优配强“三型”书记，鼓励引导基层党组织和党员干部履行使命责任，不断激发基层党组织活力。提升干部“有为”能力，选派更多干部到新型城镇化建设主战场实践锻炼，鼓励干部在经济发展、民生改善等重点工作中解放思想、突破陈规，不断提升推动改革、服务发展的能力。增强干部“有为”担当，实行领导干部包项目强产业、“百项工程”包干等制度，让项目引得来、稳得住、发展好；健全完善动态扛旗、月度工单、“十面蓝旗”负面考核等机制，引导党员干部在事关洪泽长远发展和人民福祉的重大项目招引服务、向上争取项目资金政策、湖滨旅游开发、规模企业培植等重大责任面前主动担当、积极作为。

强化廉能意识，不留人生之“憾”。建设廉能洪泽，认真落实“两个责任”，修订个性化主体责任清单，健全主体责任压力传导机制，推动责任落实向镇（街道）和村（居）、站所延伸。强化权力监督，建立党政正职权力监督制约机制，严格执行“签字背书”和“一案双查”制度；健全完善“五项重点权力”“三重一大”事项、个人财产申报、改革公务用车等制度。坚持干部管理“两手抓”，县委将旗帜鲜明地为勤廉务实、勇于突破、敢于担当的干部保驾护航，营造包容失误、鼓励创新的良好氛围；对违规违纪、贪婪腐败者坚决给予严惩。注重源头防腐，持续推进“五德”教育，打造“金堤永固”清廉品牌，开展“贤内助” “廉内助”评选活动，建设廉政文化，提升干部“廉能”素质，让广大干部人生不留遗憾。

洪泽县人大常委会工作报告(摘要)

——2016年1月7日在洪泽县

第十四届人民代表大会第五次会议上

县人大常委会副主任 杨步新

各位代表:

我受县人大常委会委托,向大会报告工作,请予审议。

2015年主要工作回顾

2015年,县人大常委会共举行10次常委会会议、5次专题主任会议,听取和审议“一府两院”工作报告37项,作出决议、决定25项,开展执法检查2次、视察8次、调研40次,依法进行人事任免64人次,较好地完成了县十四届人大四次会议确定的各项目标任务。

一、在服务发展大局中,坚持党的领导,履行人大职能,推动幸福洪泽建设

(一)始终把坚持党的领导贯穿于人大工作的全过程。县人大常委会牢固树立大局意识,坚持把工作着重点放在推动县委重大决策部署和重点工作的落实上,及时把党的主张通过法定程序转化为人民群众的自觉行动,坚持人大常委会党组向县委请示报告制度,凡属重大问题、重要工作,均向县委请示报告,确保在党委的领导下做好人大各项工作。

(二)始终把助推经济发展作为人大工作的首要任务。面对经济增速放缓、下行压力加大的严峻形势,县人大常委会在充分调研的基础上,听取和审议了县国民经济和社会发展计划执行情况的报告,向县政府提出聚焦大项目、培植特色产业,大力发展实体经济;强化调结构、稳增长各项措施,着力推动经济转型升级、提质增效;坚持城乡统筹发展,加快推进新型城镇化和城乡一体化等审议意见,得到县政府重视和落实。加强全口径预算监督。听取和审议县政府关于财政预决算及审计工作情况的报告,跟踪督查全县财政专项资金使用情况,建议县政府及财政部门建立财政预算执行动态监控机制,推进和深化部门预算制度改革,强化预算综合管理,努力提高财政资金使用效益。开展国有资产管理情况的调研。建议政府加强监管机构建设,规范管理,严格监督,确保国有资产保值增值、不流失。开展质量兴县调研,强调坚持质量第一、创新发展思路,增强经济核心竞争力和县域综合竞争力。县人大常委会还直接参与服务经济建设工作,不断加大项目招商引资和帮办力度,全年完成现代服务业税收1200余万元。

(三)始终把督促“三农”发展作为人大依法监督的重要内容。一是开展农村饮用水安全工作视察。建议县政府及相关部门加快镇、村水厂回购试点工作,落实好管网改造资金,确保入户管网尽快改造到位,重视水质监测体系建设,提高饮用水污染应急处置能力,尽快解决第二水源地问题。二是调研秸秆综合利用工作。要求加大秸秆机械化还田力度,加强秸秆还田技术指导和政策扶持,拓宽秸秆综合利用渠道,推动秸秆“双禁”和综合利用工作上水平、常态化。三是听取县政府“壮村”工程进展情况报告。强调坚持走特色发展之路,各村要因地制宜选准增收渠道和项目,力争“一村一策”“一村一品”“一村一特色”;完善目标考核机制,以村集体经济实际增收业绩评价挂钩部门的工作成效;加强村级财务管理,确保村集体经济健康发展。

(四)始终把对国民经济和社会发展规划的监督作为人大工作的重要职责。县人大常委会加强对县国民经济和社会发展“十二五”规划完成情况和“十三五”规划编制工作的监督。开展“十二五”规划完成情况的调研,听取和审议县政府相关情况的报告,建议政府大力实施工业强县战略,加强重点项目建设,推进重点领域改革,努力保持稳中有进发展态势。关注县“十三五”规划《纲要》编制,重点在城市规划、特色县打造、产业园建设、湖滨生态旅游等方面提出可行性建议,为规划编制及完善提供参考。

二、在关注民生实事中,坚持以人为本,加强督促检查,推动发展成果普惠于民

(一)持续关注民生实事及重点项目建设。县人大常委会相关工委将政府2015年十件实事和社会事业重点项目进行梳理分类,排出督查时间表,通过看现场、查台账、座谈等方式,进行逐件逐项过堂检查。11月份,常委会又组织代表集中视察民生实事和社会事业重点项目建设情况,针对存在的部分项目进展滞后、重建轻管等问题,要求进一步明确责任,加快建设进度,保证工程质量,坚持建管并重,着力打造精品民生工程。2015年,县政府确定的民生实事得到较好完成。

(二)持续关注养老服务工作。养老服务是民生热点问题。洪泽县2014年老龄化率达到了18%,高于全国2.5个百分点,养老问题日趋突出。2015年3月,县人大常委会先后深入到部分镇村,以及乐龄爱老院、临河社区老龄关爱之家等养老服务机构调研。向县政府及相关部门提出科学规划养老服务机构建设,优化资源配置,推进医养融合,尽快出台符合洪泽实际的养老服务工作实施办法等交办意见。10月,常委会对交办意见“回头看”,进一步督促政府把这一保障老龄人权益的事业办好做实。目前,县政府已出台了《洪泽县关于加快发展养老服务业的实施意见》,并将养老服务业发展列入“十三五”规划。省人大常委会蒋宏坤副主任2015年到洪泽开展省养老服务条例立法调研,对洪泽县养老服务工作的经验和做法给予肯定。

(三)持续关注生态环境保护事业。一是开展视察活动。组织代表对全县村庄环境整治工作进行视察,建议在巩固“五位一体”运行机制成果的基础上,加强科学规划,完善长效管护机制,实现长久环境美。二是开展专项督查。重点检查《环保法》在县经济开发区的贯彻实施情况。随机

抽查园区企业，专题询问相关部门负责人，要求切实把企业“三废”治理作为环境执法重中之重，严格执法、铁腕治理。三是开展专题调研审议。深入到县环保局等相关部门和部分镇、街道、污水处理厂等现场进行调研座谈。常委会第三十五次会议听取和审议了县政府环境保护工作情况报告，督促政府及相关部门增强做好环保工作的紧迫感和责任感，形成合力治污机制，强化措施落实，共同守护蓝天碧水。

三、在实施法律监督中，坚持法律至上，依法履职行权，推动法治洪泽建设

（一）积极推动法律普及和贯彻实施。一是开展“六五”普法工作检查。督促落实依法治县措施，推动形成办事依法、遇事找法、解决问题用法、化解矛盾靠法的良好氛围。二是开展执法检查。对《中华人民共和国人民调解法》贯彻实施情况进行检查。建议高度重视人民调解在社会矛盾纠纷化解体系中的基础性作用。检查《中华人民共和国行政诉讼法》贯彻实施情况。要求进一步畅通行政诉讼渠道，增强行政诉讼公信力，构建行政纠纷解决机制，促进法治政府建设。三是听取部门执法情况报告。县人大常委会会议、主任会议共听取了县旅游、烟草、体育、民宗、工商、质监、妇联7个部门相关法律法规实施情况的报告。我们还积极参与全县社会治理和平安洪泽、法治洪泽建设工作，配合省、市人大开展民族宗教工作调研、《江苏省保护和促进香港澳门同胞投资条例》执法检查等工作。

（二）积极推动司法机关公正司法、严格执法。开展对县人民法院审判运行机制改革和执行工作情况的视察调研。督促县法院完善审理环节、健全考核评价机制，努力提升审判质效；改进执行工作，着力破解执行效率不高，执行公开度不够，执行力量薄弱等突出问题。听取了县检察院反贪污贿赂工作情况报告。要求检察院进一步加强反贪队伍建设，创新预防犯罪工作思路，完善内部监督机制，加大对贪污、行贿犯罪的打击力度，把反贪污贿赂工作不断引向深入。开展对县公安局交警执法规范化情况的调研。采取听取汇报、座谈评议、问卷调查、明察暗访、查阅卷宗等方式，充分了解情况，向公安局发出了“加强对节点时间重点路段交通安全管理”、“强化对电动三轮车专项整治和长效管理”等建议和意见，推动交警执法规范化建设。加强人大信访工作。创新工作机制，优化办理程序，妥善解决和化解信访问题。2015年，共受理群众来信31件，接待来访112人次。

（三）积极推动人事任免程序规范化和干部任后监督。依法进行人事任命。严格规范“法律考试”“拟任职发言”“依法审议”“颁发任命书”“向宪法宣誓”等程序。建成电子表决系统，有效保障投票者真实表达意愿。县人大常委会主任现场书写、颁发任命书，任命过程全程录像，增强被任命干部责任意识和荣誉感。切实加强干部任后监督。2015年上半年，常委会集中评议了县人社局、科技局、司法局、商务局四个政府组成部门主要负责人履职情况。评议前，通过访谈服务对象、征求政府分管领导意见、发放调查问卷等形式深入了解情况。评议时，常委会相关人员对被评议对象进行“一对一”点评，现场进行满意度表决。会后，将评议情况及表决结果以一定形式向社会公布。2015年下半年，又首次听取县法院副院长、检察院副检察长共6名同志履职情况报告。

四、在服务代表履职中，坚持主体地位，创新履职平台，提升代表工作水平

（一）建立健全常委会联系代表、代表联系群众制度。一是常委会组成人员固定联系两名基层人大代表，关心他们履职和工作生活情况。二是邀请代表列席人大常委会会议，参加人大常委会和县相关部门组织开展的视察、调研、检查、电视问政、创卫监督、行风评议、信访听证、公诉庭审等活动，拓宽了代表履职渠道。去年12月4日，我们邀请27名省市人大代表视察全县旅游工作，为我县环湖旅游项目规划和建设积极建言献策。全县省、市、县三级人大代表全年参加上述活动达200余人次。三是深化“一个载体、两项制度”建设。根据行政区划调整后的实际，调整了全县“代表之家”布局，并加强“硬件、软件”建设，做到配套设施标准化，日常管理规范化，代表接待选民和向选民述职常态化。四是代表利用短信、微信、电子邮件等现代通信方式联系群众，了解社情民意。

（二）深入开展“人大代表回选区见选民”活动。2015年11月份，根据市人大常委会统一部署，组织全县人大代表回选区见选民开展“万名代表进万家，联系群众促发展”主题活动。全县省、市、县、镇四级人大代表共走访选民5131人，127名代表向1793名选民代表进行了述职，开办讲座22次，送医送药18次，为群众兴办实事473件，投入帮扶资金70余万元，代表提出建议296件，并涌现了一批代表联系群众、服务群众、助推发展的先进典型。在全市“回见”活动总结大会上，洪泽县作了典型经验交流。

（三）创新开展闭会期间代表活动。一是开展实境课堂教育活动。组织代表参观周恩来纪念馆，撰写体会文章，选登在县人大网站上，增强代表为民履职的使命感。二是开展“双向体验”活动。机关代表到农村体验基层生活，访民情、解民忧；农村代表进机关零距离走访，拓思路，话发展。三是开展过“宪法日”活动。组织全县代表参加“12·4”国家宪法日活动，向宪法宣誓，参加“学习宪法、忠于宪法、遵守宪法、维护宪法权威”签名活动。现场设立咨询服务台，开展法律咨询和民意征询。四是组织代表集中开展“一日劳动”，助力县国家卫生城创建。

（四）认真督办议案建议。县人大常委会坚持以代表满意为根本、以群众认可为标准，加强和改进代表建议办理工作。年初，召开交办会及时交办，并确定常委会副主任牵头重点督办的建议；年中，抓按期办结，及时向代表反馈，组织代表专题询问建议办理不满意的承办单位负责人，加大推进力度；年末，常委会会议听取和审议县政府关于代表建议办理情况的报告。目前，“关于加快新型城镇化建设，推动幸福洪泽发展的议案”得到了较好办理，县政府高起点规划，按照产城融合，城乡一体的发展思路，统筹推进，已成功获批国家新型城镇化综合试点县。县十四届人大四次会议期间代表共提出99件建议，其中已解决的54件，占54.6%；正在解决的22件，占22.2%；受政策、管理权限等因素制约，现阶段无法解决的23件，占23.2%。办成率为76.8%，比上年提高14.2个百分点。

五、在加强自身建设中，坚持与时俱进，促进能力提升，开创人大工作新局面

（一）强化理论武装。认真学习党的十八大、十八届三中四中五中全会和习近平总书记系列重要讲话精神，用中国特色社会主义理论体系武装头脑，指导人大工作实践。认真贯彻落实中央、省市党委关于加强县乡人大工作和建设文件精神，不断加强法律法规和人大业务知识学习和培训，深化对人大工作规律性认识，把学习和培训的成效转化为做好人大工作的新思路、新举措、新成果。

（二）改进工作作风。按照“三严三实”专题教育要求，制订实施方案，认真开展上党课、学习研讨等活动，深入查摆问题，立足务实整改，改进工作作风。坚持问题导向，县人大常委会对开展视察、调研、检查、会议审议后，交由“一府两院”办理的意见落实情况，开展专项督查，跟踪问效，着力解决监督“不严不实”问题。坚持求真务实，密切联系基层群众，深入开展调查研究，力戒形式主义、走过场。一年之中，我们联系、走访代表和群众2000多人次，撰写调研报告30余篇。

（三）做好宣传工作。加强对县人大及其常委会依法履职和代表工作创新的宣传，积极向《人民代表报》《人民与权力》《淮安人民》等市级以上媒体投稿。全年被采用稿件80余篇。其中，向省人大网站投稿91篇，采用44篇，总得分在全省所有县区中排名第五、全市第一。

（四）加强对镇、街道人大工作的联系指导。组织镇、街道人大负责同志学习、培训和对外交流，提高从事人大工作的能力；出台了《洪泽县人大常委会街道人大工作委员会工作暂行规定》等相关制度，规范和指导基层人大工作；坚持对镇、街道人大工作进行年终考评，促进争先创优。

2016年主要工作安排

2016年，县人大常委会工作总体思路是：在中共洪泽县委的领导下，认真贯彻落实党的十八届三中四中五中全会和中央、省、市重要会议精神，紧紧围绕县第十次党代会第五次会议的决策部署和本次人代会确立的目标任务，认真履行宪法法律赋予的神圣职责，按照中央、省、市关于加强县乡人大工作和建设的总体要求和重要原则，进一步加强和改进全县人大工作，为推动民主法治进程、促进幸福洪泽建设作出应有贡献。

一、以提升监督实效为目标实现监督工作新突破。围绕县委聚力新型城镇化战略部署和人民群众的普遍关切，充分发挥人大职能作用，依法开展监督工作。强化经济工作监督。围绕发展要素融合，打造产业社区，加强工业经济监督；围绕湖滨旅游开发，开展视察调研，促进特色旅游发展；围绕滨湖新区和高铁新区规划建设，听取和审议政府相关情况报告。强化全口径预算监督。发挥人大财政经济专门委员会职能作用，进一步深化预算编制、执行和调整等环节的监督，实现从程序性审查向实质性审查的转变。强化“三农”工作监督。围绕国家现代农业示范区建设、农村产权制度改革、“五位一体”小型水利体制改革、农村电子商务发展等工作，综合运用视察、检查、询问等方式，加大监督力度，促进农业发展。强化民生监督。围绕住房保障、全民创业、文化惠民、教育卫生改革等工作，加强跟踪督查，促进民生改善；做好人大信访工作，维护群众合法权益。强化法律监督。围绕全县依法治县部署及司法改革工作，检查司法机关贯彻落实情况；听取部门执法情况报告，扩大法律监督面；加强规范性文件备案审查，提高文件合法性和有效性，推动依法行政；加强干部任后监督，进一步完善述职评议工作，促进干部依法履职。加强工作创新。建立人大联动监督机制，围绕某一项重点工作，检查各相关部门及其下属单位落实情况，实行被检查部门之间、常委会工委之间和县镇、街道人大之间的工作联动、互动。

二、以发挥代表作用为主线展现代表履职新风采。加强代表培训，实现人大代表培训全覆盖。完善常委会联系代表制度，增加常委会组成人员固定联系代表人数和频次，常委会组成人员下基层调研邀请代表参加。结合代表职业特点、业务专长，有针对地安排代表参加常委会会议及视察、检查等活动，促进代表提升参政议政能力。持续加强“一个载体、两项制度”建设，增强代表与群众的联系。建立代表建议长效督办机制，努力提高建议办成率和代表满意率。以建立代表履职网络平台为重点，扎实推进人大信息化建设。

三、以强化能力建设为关键推动人大工作新发展。一要着力建设学习型机关。加强政治理论学习，增强政治意识、大局意识和责任意识，坚定正确的政治方向；加强法律业务知识学习，不断提升法律素养和履职能力。二要加强制度建设。进一步健全人大常委会议事规则、人事任免办法等各项规章制度，不断提高人大工作法治化、制度化、规范化水平。三要加强作风建设。认真践行“三严三实”要求，建立整改清单，开展专项整治，强化立规执纪，切实改进工作作风，树立勤政廉政、务实高效的地方国家权力机关形象。四要继续加强对各镇、街道人大工作的联系和指导，推动基层人大工作不断迈上新台阶。

四、以坚持三项原则为根本扎实做好换届选举各项工作。2016年下半年，县镇人大将要进行换届选举，这是全县人民政治生活中的一件大事。县人大常委会将按照《选举法》、《省选举实施细则》的有关规定及中央、省、市的部署和要求，始终遵循“坚持党的领导，充分发扬民主，严格依法办事”三项原则，扎实做好换届选举的各个阶段、各个环节工作，确保换届选举圆满成功。

政府工作报告(摘要)

——2016年1月7日在洪泽县第十四届人民代表大会第五次会议上

县长 殷 强

各位代表:

现在,我代表县人民政府向大会作工作报告,请予审议,并请各位政协委员和其他列席人员提出意见。

一、小康建设取得新成就

"十二五"是洪泽发展历程中极不平凡的五年。面对复杂的外部环境、激烈的区域竞争,我们在市委市政府和县委的正确领导下,以全面小康社会和幸福洪泽建设为统揽,聚焦"六大战略",谋求"六大跨越",统筹推进稳增长、调结构、促改革、惠民生、防风险等各项工作,较好地完成了"十二五"确定的各项目标任务,经济社会发展创历史最高水平。

"十二五"是致力跨越赶超、综合实力大幅提升的五年。主要指标实现倍增。预计2015年,全县实现地区生产总值226.5亿元,是"十一五"末的2.2倍,年均增长17.1%,人均地区生产总值10400美元,位列苏北各县(市)第3位。规模以上固定资产投资、一般公共预算收入、社会消费品零售总额分别达167.5亿元、25.5亿元和85亿元,是"十一五"末的2.4倍、2.3倍、2.1倍,年均增长19.1%、18.1%、16.1%。城乡居民人均可支配收入分别达28200元、14500元,是"十一五"末的1.7倍、1.8倍,年均增长11.2%、12.5%。发展质效持续向好。二、三产业比重较"十一五"末提高3.9个百分点,实现了由"二、三、一"到"三、二、一"的转变。累计获批国家高新技术企业31家、位居全市前列,高新技术产业产值达160亿元,占规模以上工业产值的25%,较"十一五"末提高了15个百分点。全社会研发投入占GDP比重超过1.4%,大中型企业研发机构建成率达100%,科技创新成为引领产业升级的重要支撑。小康建设取得突破。在全市率先建成2003版全面小康社会,2013版全面小康社会建设省定36个指标中,已有13个达标、15个达超目标值的80%,完成度高于苏北和全市平均水平。先后获得中国全面小康成长型百佳县(市)、全国社会主义新农村建设示范县、全国义务教育发展基本均衡县、国家知识产权强县工程试点县、全国智慧城市试点县、全国平安农机示范县等荣誉称号。

"十二五"是实施创新驱动、转型升级加快提升的五年。工业经济提质增效。累计实施亿元以上工业项目85个、完成固定资产投资238亿元,金象赛瑞、国瑞化工、80万吨硝盐联产等重大项目竣工投产。2015年新增规模以上工业企业51户、总数达329户,实现开票销售超230亿元、全部工业入库税收5.8亿元,分别是"十一五"末的2.2倍、1.5倍,"4+1"工业主导产业产值占比达68%。企业上市取得突破,宇天港玻在香港成功上市,德润环保、吉辉塑胶等6家企业分别在"新三板"和省股权交易中心挂牌。现代农业提档升级。着力培育优质稻米、生态渔业、高效园艺等特色产业,高效种植业、设施渔业面积分别达40万亩、2.6万亩,粮食生产实现"十二连增",创成省级"亩产吨粮县"。成立洪泽湖大闸蟹产业联盟,洪泽银鱼等9个农产品获批地理标志证明商标,创成全市唯一的国家现代农业示范区,林果花卉一体化示范基地、紫山食用菌硅谷产业园建设有序推进,国蟹园获批全国休闲渔业示范基地,农业现代化水平走在全市前列。三产服务提速发展。电子商务、生态旅游等新型业态异军突起,服务业增加值占GDP比重年均提高1个百分点。2015年网络销售额突破9亿元,是"十一五"末的4.5倍,创成省级农村电子商务示范县。水釜城、大吉祥寺、渔人湾等36个重点旅游项目建成开放,洪泽湖大堤入选世界文化遗产名录,老子山镇龟山传统村落获批省三星级乡村旅游区。全年接待游客213万人次、实现旅游综合收入26.4亿元,分别是"十一五"末的2.8倍、3倍。

"十二五"是推动协调发展、城乡面貌显著提升的五年。城乡建设步伐加快。累计投入86亿元、实施城建重点项目142个,城区面积由2010年的17平方千米扩大到36平方公里。完成11个老旧小区和24个棚户区改造,富民家园、城乡挂钩等180万平方米安置房竣工交付,新汽车站、洪泽湖文化广场等标志性工程建成开放。稳步推进新型城镇化综合试点,率先在全市完成新一轮行政区划调整,岔河、西顺河、老子山分别获批全国重点中心镇、全国一村一品示范村镇、全国文明镇,朱坝大刘、蒋坝彭城和黄集曹圩分别获评省级"美丽乡村""江苏最美乡村"。基础设施不断完善。建成淮金公路洪泽段、洪三公路等主要通道,尾水收集处理及应用、天楹污水处理厂、高良涧船闸扩容等配套工程投入使用,疏浚县乡河道590公里,新改建农村公路366公里、农桥453座,蒋坝特大桥、西顺河大桥建成通车。实施砚临河风光带整治、河道雨污分流、城区主干道美化亮化工程,生活垃圾无害化处理场和18个垃圾中转站建成运营,区域供水实现全覆盖。生态环境日趋优化。累计投入33.7亿元,重点实施白马湖退圩还湖、尾水湿地二期等生态修复工程,新增造林2.2万亩,城市建成区绿化覆盖率达41%。持续开展村庄环境整治,1180个村庄完成整治任务,并初步通过省级验收,国家级生态镇实现全覆盖,获评省级村庄环境整治示范县、全省秸秆综合利用和禁烧工作优秀县。开展大气污染防治专项行动,实施节能技术改造项目26个、淘汰落后设备180台(套),全面完成市下达的"十二五"节能减排任务。

"十二五"是深化改革开放、内生活力有效提升的五年。各项改革稳步实施。完成新一轮政府机构改革,编制公布"五项清单",县级行政审批事项由"十一五"末的529项减少到217项。实施园区体制和镇级财税体制改革,科学划分财权事权,平台集聚能力和自主发展活力有效增强。全面启动农村集体资产股份合作制改革试点,推动农村土地规模经营,累计培育新型经营主体520家、流转土地12.5万亩。挂牌成立农村商业银行,组建洪泽湖建设投资集团和城市、园区、旅游、农业建设投资"1+4"融资平台,文化、教育、医疗卫生等领域改革统筹推进。项目招引成效明显。累计引进亿元以上产业项目203个,完成规模以上固定资产投资574亿元,分别是"十一五"的2.9倍、2.6倍。新批3000万美元以上外资项目15个，实际利用外资7.4亿美元，是“十一五”的3.2倍，外贸进出口总额突破9亿美元。加快打造“1+6”项目集聚平台，开发区完成基础设施投入12.6亿元、创成省级知识产权示范园区，6个镇(街道)工业集中区建成标准化厂房32万平方米，形成梯度跟进、互补发展的良性格局。创新创业深入拓展。加快产学研协同创新步伐，累计实施省级以上科技计划项目155项，建成省级“两站三中心”12家，申请专利8900件、总量居全市第一，获批省级知识产权战略示范县和创新型试点县，科技进步贡献率达52%，较“十一五”末提高了6个百分点。制定全民创业和贷款担保等扶持意见，实施各类创业项目400余个，发放贷款2000多万元，在全市率先创成省级创业型城市。

“十二五”是增进民生福祉、社会事业全面提升的五年。社会民生有效改善。公共财政用于民生支出累计达92亿元，是“十一五”的3.2倍，全面完成年度惠民十件实事，新增城镇就业3.2万人，城镇登记失业率保持在2.3%以内。教育文化、休闲娱乐和健康消费比重逐年提高，物价水平总体平稳，居民每百户家庭电脑、汽车拥有量较“十一五”末分别增长32%和28%，农村有线电视实现“户户通”。社会保障不断加强。率先在全市启动城乡居民养老保险制度，五项社会保险和新农合参保覆盖率分别达96%、100%。将城乡居民重大疾病纳入大病保险范围，低保、孤困、优抚、重残等弱势群体补助提标扩面，社会养老、慈善救助、妇女儿童权益保障得到有效加强。多渠道解决群众住房困难，新建廉租房、经济适用房、公租房等保障性住房4400余套(间)30.7万平方米，廉租房租赁补贴应保尽保。社会事业全面进步。完成新一轮教育布局调整，组建江苏洪泽中等专业学校，洪泽中学新校区建成使用，形成县城区“两高中三初中四小学”新布局。公共卫生体系逐步健全，县中医院、妇幼保健院晋升二级医院，三河等4个镇创成省级卫生镇，县镇村三级医疗卫生服务体系实现全覆盖。实施文化“五大工程”，洪泽湖渔鼓入选国家级非物质文化遗产项目，创成全国文化先进县和全国诗词之乡。此外，统计、电力、机关事务、物价、地震、广电、气象、地方志、民族宗教、外事侨务、双拥、老龄、关心下一代等事业均实现了新发展。

2015年，全县上下始终保持奋发有为的精神状态，攻坚克难，开拓创新，全面完成县十四届人大四次会议确定的各项任务，为“十二五”发展画上了圆满的句号。总体来看，呈现了“进”的发展态势。预计地区生产总值、规模以上固定资产投资、一般公共预算收入、城镇和农村居民人均可支配收入，同比分别增长10.5%、26%、13.4%、9.5%、10.3%。13项主要经济发展指标中，有4项指标增幅进入全市前三位，其中外贸进出口总额增幅位居全市第一，社会消费品零售总额和一般公共预算收入、农村居民人均可支配收入增幅位列全市第二、第三，服务业入库税收、固定资产购置进项税等增幅均超目标值10个百分点以上，高新技术产业产值增速快于工业增速12个百分点。保持了“快”的推进速度。重大项目加快集聚，实施“项目攻坚三百工程”，实现亿元以上项目开工30个、竣工26个，签约落地10亿元以上项目4个。“一县一题”实现突破，完成油田技校整体收购，江苏食品科技产业园获批全国农业产业化示范基地和省级现代农业科技园区。“四城同创”深入推进，创成国家生态县、省级文明城市，国家卫生县城通过省级评估，省级园林城市创建取得阶段性成果。民生福祉持续改善，投入公共财政资金2.6亿元，全面完成优化居民出行环境、改善农村生产生活条件等十大类36项民生实事。打造了“新”的竞争优势。在苏北率先启动智慧城市建设，县医院与市一院成功组建紧密型医疗联合体，公立医院改革走在全市前列。探索开展建设用地“双减量”试点和农村水利设施产权制度改革，跻身全国第二批农村改革试验区，“小水改”经验在全国汇报会上作典型交流，获批国家新型城镇化综合试点县。设立产业发展、乡镇集中区建设、创新创业、人才引进等8项引导和扶持基金，向上争取省财政置换债券29亿元，“美丽蒋坝”PPP融资项目成为全省样板，创成省级金融生态优秀县。成立环洪泽湖旅游和老子山温泉联盟，面向全球征集洪泽湖大闸蟹卡通形象，成功举办第十届中国洪泽湖国际大闸蟹节等系列活动，获批洪泽湖古堰国家4A级景区、古堰省级森林公园，大湖旅游的品牌影响力持续提升。

二、开启幸福洪泽新征程

各位代表，“十三五”期间，既是我们建成更高水平全面小康社会的决胜阶段，也是洪泽纵深推进新型城镇化发展、加快建设幸福洪泽的关键时期。放眼全省，更多的政策红利惠及洪泽，促使我们在“十三五”乘势而上，争做改革先行者。从宏观层面看，“十三五”是江苏实现“两个率先”目标的五年，也是洪泽大有可为的五年，洪泽拥有国家现代农业示范区、国家新型城镇化综合试点、国家智慧城市试点、国家知识产权强县工程试点等诸多先手，这些“国字头”的试点，将为洪泽在经济平稳复苏的关键期带来先天性优势。在这样的政策红利下，洪泽要敢闯敢试、敢为人先，辟新路、占先机，努力在全省实现“位次更靠前、名声更响亮”。置身苏北，更优的区位战略辐射洪泽，助力我们在“十三五”大展宏图，争创区域新轴心。从区域环境看，洪泽处于长江经济带和“一带一路”围合区域，随着长三角经济一体化、沿运河城镇轴打造、南京江北新区建设等战略深入实施，南京和淮安中心城市都市圈逐步形成，各类资本更加集中、各类要素加速集聚。在这样的区位优势下，洪泽须咬定目标、全力以赴，登台阶、上水平，努力在苏北实现“均量争第一、小康排头兵”。立足全市，更强的竞争态势驱动洪泽，激励我们在“十三五”弯道超车，争当发展领头羊。从自身发展看，洪泽未来目标更加明确、功能定位更为清晰、产业特色更趋明显，尤其是在市委市政府提出“启动纳湖入城、推进淮洪一体化发展”战略以来，我们加快“4+1”工业主导产业与全市“4+2”制造业深度融合，构建了国家现代农业示范区“三核三片三带”和沿湖旅游开发“一线四点”新格局。在这样的产业布局下，洪泽如箭在弦上、蓄势待发，加速度、促发展，努力让幸福洪泽“五年呈模样、蓝图变现实”。

面对新形势新任务，今后五年政府工作指导思想是：全面贯彻党的十八大和十八届三中四中五中全会、省委十二届十一次全会，以及习近平总书记系列讲话特别是视察江苏时的重要讲话精神，认真落实“四个全面”战略布局和“五大发展”理念，按照市、县党代会部署要求，紧紧围绕建设更高水平全面小康社会奋斗目标，以新型城镇化综合试点为统揽，持续实施“六大战略”、谋求“六大突破”、抢占“六大先机”，着力构建新常态下区域发展新优势，加快建成经济实力更强、产业基础更实、群众生活更富、城乡面貌更美、文明程度更高的幸福洪泽。

站在新的起点上，我们的主要奋斗目标是：围绕走“成熟、特色、率先”之路，一年抢先机、两年上水平、三年迈台阶、四年初成型、五年呈模样，让“强实富美高”成为幸福洪泽最真最美的现实体验。力争到2020年，实现总量上台阶，地区生产总值达到360亿元、力争380亿元，年均增长10%以上；人均超苏中，在人均地区生产总值超过苏中平均水平基础上，力争达到18000美元，与苏南平均水平的差距进一步缩小；财政40亿元，一般公共预算收入达到40亿元、冲刺45亿元，年均增长9%以上；收入达倍增，城乡居民人均可支配收入在2010年基础上实现倍增，年均增速高于地区生产总值增速。

围绕上述指导思想和奋斗目标，“十三五”期间，我们将秉持创新、开放、融入、争取“四大理念”，着力突出“五个发展”：

——在创新发展中增强竞争力。创新发展让动力更充足，坚持把发展的基点放在创新上，进一步增强创新意识、完善创新体系、汇聚创新人才，着力推动科技创新、产业创新、企业创新、市场创新、产品创新、管理创新，加快形成以创新为主要引领和支撑的经济体系和发展模式，让发展的质量更好、效益更高、结构更优。到“十三五”末，全社会研发投入占GDP比重达1.7%，科技进步贡献率提高到60%以上。

——在协调发展中增强带动力。协调发展让步伐更稳健，围绕推进国家新型城镇化综合试点，加快产业向园区集中、农民居住向城镇和新型社区集中、土地向规模经营集中，推动县城区域化、乡镇特色化、农村田园化发展；在此基础上，科学配置和利用城乡要素资源，努力实现城乡融合发展、共同繁荣。到“十三五”末，城区规划面积达到46平方公里，非农产业比重超过88%，城乡差距进一步缩小。

——在绿色发展中增强承载力。绿色发展让未来更永续，深入实施重点产业、重点园区、重点企业循环化改造，单位地区生产总值能耗下降和污染物排放总量控减等指标位居全市前列，基本形成节约能源资源、保护生态环境的产业结构和发展方式，进一步巩固国家生态县创建成果，创成国家级洪泽湖生态文旅示范区、省级园林城市。到“十三五”末，城市建成区绿化覆盖率达41.5%，50%以上的村（居）完成覆盖拉网式整治，环境更加怡人宜居。

——在开放发展中增强吸引力。开放发展让空间更广阔，抢抓“一带一路”、长江经济带、南京江北新区建设、淮洪一体化发展等国家和省市重大开放战略机遇，全面落实国家供给侧结构性改革相关措施，加快开放平台建设，扩大对外开放领域，进一步拓展“引进来”、“走出去”的深度和广度，努力以大开放带动大创新、推动大改革、促进大发展。到“十三五”末，全县进出口总额达2.2亿美元，实际到账外资1.3亿美元，创成国家级经济技术开发区。

——在共享发展中增强凝聚力。共享发展让群众更有获得感，始终把民生放在必保优先位置，更大力度促进城乡居民增收致富，健全完善公共服务、社会保障、社会治理体系，加快实现人民群众幸福指数与经济发展水平同步提升。“十三五”期间，一般公共预算收入70%、新增财力75%以上用于保障和改善民生，每年为城乡居民兴办十件实事，让洪泽的发展更有温度，让百姓的幸福更有质感。

三、谱写开局之年新篇章

2016年是全面贯彻落实党的十八届五中全会精神、实施“十三五”规划的开局之年，是深入推进新型城镇化、加快建设幸福洪泽的突破之年，也是洪泽建县60华诞的喜庆之年。做好今年各项工作，保持和巩固经济稳健增长良好势头、奋力实现“十三五”良好开局，意义重大，影响深远。按照县第十次党代会第五次会议总体要求，综合考虑各方面因素，今年全县经济社会发展的主要预期目标是：地区生产总值增长9%左右，一般公共预算收入增长10%左右，规模以上固定资产投资增长21%左右，社会消费品零售总额增长12%左右，全社会研发投入占GDP比重达1.5%，城乡居民人均可支配收入分别增长9%、10%左右，城镇登记失业率保持在2.3%以内，节能减排完成市定目标。重点抓好五个方面工作：

（一）千方百计稳运行，努力保持实体经济新增长。稳增长仍然是今年经济工作的头等大事，要切实抓牢企业、项目、招商三大关键，推动全县经济行稳致远。

突出企业主体稳增长。现有企业是稳增长最直接、最现实的基础，必须调动一切积极因素关心支持企业发展。一方面充分释放企业产能，紧扣开票销售、工业用电量等关键指标，加强运行监测分析，重点抓好银珠集团、华源新能源等56户骨干企业产出平稳增长，加快国瑞化工、宏基铝业等77个新增长点达效，力争全年实现开票销售165亿元，其中新增长点新增开票销售30亿元、拉动全县增长12.7个百分点。动员宇天港玻抢抓上市机遇，加快新上触摸屏生产线三期和智能机械手项目，年内完成投入5亿元，紫山食用菌、大有恒水产、洪泽湖电缆等企业争取在“新三板”或省股权交易中心挂牌。另一方面立足“4+1”工业主导产业，研究出台扶持工业企业发展若干意见，对综合实力20强、重大成长型企业和3000万元以上技改项目，落实“一企一策”帮扶机制，实行一户企业一个工作组、一张服务清单，千方百计帮助企业解决个性化需求。要密切关注经济运行中苗头性、倾向性问题，加强对企业互保、关停破产、在建项目停工等潜在风险的监控预警，有效应对各类经济风险。

加快项目建设强支撑。坚定不移地把项目建设放在首要位置，围绕年初排定的“百项工程”实施方案，进一步落实好挂钩帮扶、现场观摩、集中开工、动态考评等推进机制，促进项目快落地、快建设、快投产，确保全年新开工、新竣工亿元以上项目分别达35个、30个以上，其中工业项目20个和15个。对已签约未开工的博润科技、协鑫光伏等亿元以上项目，引资单位要围绕开工前置许可，抓紧办理土地、规划、立项等相关手续，着力提高项目转化率。加快推进投资达50亿元的卓达新型建材科技产业园、投资超10亿元的赣康电商综合体和大墩岛旅游开发等项目建设，对列入市重大投资计划和督考体系的32个重点项目，挂钩领导要深入一线、现场分析会办问题，帮助解决建设过程中存在的困难，确保有序推进、早日通过验收。继续实行督查会办机制，逐项逐家现场过堂，通报形象进度，形成倒逼之势，推动新东风科技、康丽恩技改等16个竣工项目早日达产达效，尽快形成新的增长点。

主攻有效投入增后劲。按照全员招商、平台招商、绿色招商"三位一体"的要求，大力实施"4+1"主导产业补链、扩链和强链招商，全年新签约亿元项目50个、协议投资120亿元以上，其中10亿元以上重大项目4个。坚持领导带头带领招商，各镇(街道)年内分别引进亿元项目3个以上，其中为江苏食品科技产业园招引食品加工类项目1个，重点部门引进1个以上亿元项目，党政"一把手"确保将三分之一以上的精力用于招商，每半个月开展重大项目过堂，每季度落实动态扛旗考评和负面考核。深入开展"5+X"产业招商联合攻坚行动，经济开发区5个招商分局要当好主力军，职业化、全身心地驻点上海、南京、江阴、萧山、深圳五大片区开展招商，年内引进亿元项目20个以上。更加注重绿色发展，进一步完善项目评审机制，确保评审入园项目符合产业规划、环评能评等建设要求，坚决杜绝高耗能、高污染项目。

（二）坚定不移快转型，持续推动产业体系新提升。转型升级必须坚持久久为功，要推动稳增长和调结构齐头并进，不断促进业态丰富、产业转型、质效提升。

打造创新型经济新引擎。深入开展县四套班子包项目强产业活动，重点围绕"4+1"工业主导产业，引导瑞特电子、悦丰晶瓷等有条件企业从产品制造向产品研发设计、消费服务延伸，实现制造业服务化发展，力争主导产业实现开票销售120亿元、增长20%以上。推进方圆化工、圣欧芳纶与中化集团合作打造芳纶产业战略联盟，积极发展物联网和大数据项目，加快打造4D地理信息平台，争取为南京高新区北斗导航提供配套服务，确保新材料、互联网经济等新兴产业实现开票销售40亿元、增长20%以上。以功能性保健食品和营养化食品为重点，加快引进深加工类龙头食品企业，结合洪泽湖水产品特点，发展具有地方特色的食品工业体系。鼓励和扶持企业加大研发投入，推进海珠集团、东俊机械、越城照明等企业"两站三中心"建设，年内建成市级以上研发平台10个、获批国家高新技术企业10家以上。

构筑生态型经济新空间。围绕优质稻米、生态渔业、食用菌等特色产业提升，加快国家重大农技推广服务项目和三河稻麦科技综合示范基地建设，大力推进水稻生产全程机械化，优质水稻产值突破10亿元。启动实施"321"工程，以国家级水产良种场为载体，推动绿色水产品生态养殖基地、全国休闲渔业示范基地建设，打造环洪泽湖中华绒螯蟹产业区；依托上海海洋大学、中科院水生所等科研院所，高标准建设产学研基地、河蟹繁育基地。加快紫山食用菌三期建设，提升食用菌工厂化生产质效，力争产量突破5.5万吨、产值2亿元。通过项目扩张、挂大靠强、技改扩能等途径，推动禾瑞实业、玉龙面业、三企食品等龙头企业提档增效，全年引进3000万元以上农业加工项目15个。完成水利基础设施投入10亿元，重点实施农村饮水安全等"九大工程"，建成高标准农田2万亩，农田水利现代化水平达90%以上。

增创服务型经济新优势。加快整合洪泽湖和白马湖旅游资源，促进两湖融合发展。按照沿湖旅游"一线四点"规划布局，全力推进环洪泽湖游客集散中心、两湖大道等10大类22个重点项目建设，金陵大酒店、老子山犹龙观、蒋坝段滨湖线改造等项目建成开放。围绕打造国家级洪泽湖生态文旅示范区，加快启动古堰森林、水利博览、道学温泉、古镇美食、白马慢城、生态观光农业6个国字头公园或景区创建工作，开工建设洪泽湖颐养社区、医养一体化社区等项目，全力争创省健康养老试点县。大力实施旅游品牌推介工程，重点扶持节庆文化企业做大做强，继续办好洪泽湖国际大闸蟹节、CBSA美式台球国际公开赛、洪泽湖国际半程马拉松赛等国际性赛事活动，进一步叫响大湖旅游品牌，全年实现旅游综合收入增长20%左右。依托洪泽湖电子商务中心，加快打造线上自主交易平台和洪泽湖特色馆，力争全县电商达1200户、交易规模10亿元以上，老子山镇新淮村创成省级电子商务示范村。

（三）全力以赴促改革，积极拓展对外发展新空间。改革开放需要互融共进，要以深化改革促进对外开放，以扩大开放深化各项改革，进一步集聚优质要素，激发内生活力。

深化重点领域改革。推进医疗卫生体制改革，加快构建县域医疗集团，整合城镇医保和新农合资源，建立统一的城乡居民基本医疗保险制度。深化教育综合改革，组建教师发展中心，建立"县管校用"教师管理制度，进一步完善教干教师交流机制。加快农村集体资产股份合作制改革，继续扩大农村土地承包经营权抵押贷款份额，高标准打造淮金路家庭农场公共服务中心，全面完成农村改革试验区、创新运行管护机制试验项目和土地承包经营权确权登记颁证工作。巩固推广政府与社会资本合作(PPP)投融资模式，引导社会资本与国有资本融合，并参与公共基础设施建设，加快完成城市资产公司AA信用评级审计工作，引进1~2家股份制银行在洪设点。稳步推进建设用地"双减量"试点，确保年内新增建设用地指标2000亩以上。

发挥开放拉动作用。突出优质外资利用，重点围绕湖滨旅游、健康养生、现代农业等产业，用好香港洪盈有限公司平台资源，深化与韩国OCI株式会社、奥地利奥本多弗集团和台湾中小企业总会合作，开工建设纯净水生产线、秸秆综合利用等项目，力争全年新批外资项目10个、注册外资实际到账1亿美元以上。继续实施外贸"双百"工程，积极争取和落实各项扶持政策，引导有实力企业"走出去"，抢占市场份额，扩大出口规模，全年进出口总额突破1.7亿美元，完成率和增幅继续保持全市前列。坚持融合发展推动对外开放，主动对接和参与"一带一路"、长江经济带、南京江北新区建设，积极策应市委市政府推进淮洪一体化战略，加强对上沟通联系，努力争取更多利好政策、改革试点、重大项目向洪泽集聚，向上争取资金7亿元以上。

增强平台承载能力。围绕创建国家级经济技术开发区目标,年内完成基础设施投入10亿元。启动冶金大道与高速接口、砚马河航道船闸申报工作,重点实施巢湖路、九牛路等道路改造提升和延伸工程,加快形成区内环型路网。规划建设园区形象展示中心、人才大厦和综合配套服务中心,完成电子信息产业园、软件园续建工程,打造电子商务洪泽模式,洪泽创客中心建成投入使用。按照"精准定位、错位发展"的思路,加快推动乡镇特色产业培育,朱坝、东双沟6个镇(街道)工业集中区完成新一轮规划和环评编制,进一步完善设施配套、扩大产业规模,全年落实5000万元以上项目20个,实现开票销售增幅18%以上。全面启动江苏食品科技产业园配套基础设施建设,加快油田技校改造,农业科技博览园和农业科普基地建成开放,年内入驻体量大、质效好的食品加工类项目6个。

(四)持之以恒抓统筹,加快构建城乡一体新形态。幸福洪泽建设的着力点在城乡,要以健全功能、融合发展、优化环境为抓手,加快推进以人为核心的新型城镇化。

在城乡建设上提速。结合城市总体规划和新型城镇化战略发展规划,进一步完善县城区控规、镇村布局规划和湖滨新区、高铁新区等专项规划,促进城乡建设、交通体系、产业发展等多规融合。启动建设湖滨新区,充分发挥交通枢纽优势,促进现代物流加速发展,全年实施城建交通重点项目87个、完成投资44亿元。加快文创广场、348省道城东段、农商银行新营业楼等项目建设,行政审批服务中心主体完工,348省道城南段建成通车。新建、改造城乡电网618公里,铺设雨污水管道7.8公里,推进交通新村等地块棚户区改造,全面完成55万平方米安置房建设任务。统筹推进镇村建设,高良涧、朱坝、黄集3个街道分别围绕功能承载、街区建设和配套服务,共同打造现代物流商贸繁荣主城区;岔河、三河、东双沟3个镇错位发展,分别打造全国重点中心镇、健康食品示范镇和城乡一体示范镇;蒋坝、老子山、西顺河3个镇依托自身资源禀赋,全力争创全省重点扶持特色镇。各镇(街道)年内分别完成基础设施投入5000万元以上,其中高良涧、蒋坝、老子山3个镇(街道)不低于1亿元。

在产镇融合上提质。立足自身资源和产业基础,各镇(街道)规划建设1个以上新型产业社区,逐步完善产业元素、居住元素、电商元素等业态,全面实施居住证制度,放宽县城区、城镇落户条件,鼓励务工人员进城购房,并积极引导农村转移劳动力到社区居住,实现就近就业,力争在全市率先建设一批新型镇村经济体。积极推进"大众创业",进一步降低市场准入门槛,从规划、土地、金融等方面强化政策扶持,鼓励能人大户、科技人才等群体发挥一技之长,兴办领办各类产业项目、农业园区,开展产品经纪、电子商务等线上线下营销活动,年内创建市级以上示范家庭农场12家、示范合作社10家,新增城镇就业7000人。实施新一轮精准扶贫开发行动,确保完成列入帮扶对象的低收入人口脱贫年度目标,村平集体经济经营性收入达40万元,村级创业点100个以上。

在环境打造上提升。按照"名湖古堰、蟹都水城"的创园理念,有序推进浔河、洪新河生态修复和县城区主干道绿化、亮化、美化工程,促进城市面貌持续改善,将城南公园与水釜城贯通打造成综合性公园,砚临河风光带建成开放。围绕省级园林城市创建目标,重点实施城市道路、公园绿地、街头游园、沿河景观、县城周边、社会单位六大绿化工程,新增绿地面积12公顷。深入开展14个行政村覆盖拉网式农村环境整治工作,岔河南街村、老子山新滩村通过省级"美丽乡村"验收。实施区域水环境改善工程,加快洪泽第二水源地达标项目建设,清涧污水处理厂二期投入使用,全面完成无公害生产基地、水产清洁养殖等白马湖保护与开发项目。严厉打击洪泽湖非法采砂和化工企业偷排偷放行为,有效遏制异味扰民问题,继续做好秸秆"两禁一利用"工作,进一步加强建筑工地和渣土车规范管理,不断推动城乡环境质量全面提升。

(五)集中力量惠民生,不断促进群众生活新改善。民生连着民心,要始终把保障和改善民生作为一切工作的出发点,推动发展成果更多更公平地惠及全县人民。

办好十件实事利民。完成投入4.6亿元,全力办好惠民实事。1. 实施惠民家园等31个老旧小区设施改造。2. 建设公共自行车系统,一期配备500辆公共自行车。3.新建2000平方米融社会救助管理、儿童福利、未成年人保护"三位一体"的功能中心。4. 新改建城区12座二类以上公厕。5.为360户残疾人家庭适配辅助器具和改造无障碍环境。6.新建2个镇共4000平方米多功能运动场,升级改造40个行政村(居)农民健身场地。7. 实施食管癌早诊早治项目,为2万名农村妇女免费开展"两癌"筛查服务。8. 改善农村交通条件,提档升级农村公路60公里、改建农桥8座。9. 优化城区公交线路与站点设置,科学调度公交运行时段,方便市民出行;开通3个镇(街道)镇村公交,实现全县行政村公交全覆盖。10. 实施小农水重点县工程,拆建各类小型农田水利工程1062座、疏浚沟渠24条,完成白马湖上游9条河流年度整治任务。

优化公共服务惠民。大力实施校安工程和改薄工程,投入6200万元新建校舍40000平方米,新实验小学、天鹅湖幼儿园主体竣工,全面提升教育教学管理水平,高考本科达线率和一本达线率在全市实现进位,力争将江苏洪泽中等专业学校打造成高水平现代化中等专业学校。落实全面二孩政策,启动县医院异地新建项目,加快发展中医保健康复和养老服务产业,为全县60岁以上失独家庭父母提供社会化家政服务,国家卫生县城创建通过现场考核评估。扶持文化产业发展壮大,分类推进基层文化服务设施建设,改造标准化社区文化中心3个,镇(街道)综合文化站全部达到省定标准,推动全国文明城市创建,蒋坝镇创成全国文明镇。继续推进国家智慧城市试点县建设,加快建成智慧管网、智慧旅游、智慧农业、智慧警务等子项目,力争通过全国智慧城市试点县验收。

创新社会治理安民。建立城乡社区服务信息网络平台,组织开展"无讼村居"和"幸福小区"创建评比活动,年内创建10个文化特色小区、20个和谐文明小区、30个洁净卫生小区。继续在全县范围内集中开展信访积案化解攻坚行动,创新网上信访、领导接访、诉访分离、分类处理等化解机制，推动信访形势持续向好发展。严格落实安全生产企业主体责任和政府监管责任，突出化工企业、建筑工程、交通旅游、食品药品等行业领域，全面排查治理安全生产隐患。进一步健全“大防控”机制，加快推进社会面监控设施建设，严厉打击各类违法犯罪活动，不断提升人民群众的安全感和幸福感。当前正值年末岁尾的特殊时期，各镇（街道）、各部门要在谋划首季“开门红”的同时，统筹抓好访贫问苦、市场供应、运力调度、应急值守等各项工作，确保广大群众度过欢乐祥和的春节。

四、打造创新政府新形象

以更大的力度深化简政放权。 改革是打造创新政府的动力源泉，要加快转变政府职能，减少对微观事务管理和资源直接配置，切实把该放的权放到位，把该管的事管得好。全面梳理县直部门行政权力事项，实现县级与省市两级行政权力事项的规范统一，做好政府工作部门权力清单和职责清单的修订发布。在巩固模拟审批成果基础上，推动审批模式由串联向并联转变，进一步优化审批流程、创新服务方式，加快构建“四联合”工作机制。持续推进县镇村三级贯通的政务服务体系建设，组建县行政审批局，全面建成涵盖政务服务管理、行政审批服务和公共资源交易平台的标准化体系。

以更实的举措推进依法行政。 法治是打造创新政府的硬性要求，要坚持用法治思维、法治方式、法治手段管理经济社会事务，严格按照法定权限和程序行使权力、履行职责。全面落实重大行政决策程序，坚持人大代表、政协委员列席政府常务会议制度，充分发挥法律顾问咨询论证作用，完善征求意见和听证等群众参与机制，强化对决策执行的效果评估和督查。加大环境保护、安全生产、食品药品等重点领域执法力度，推行说理执法、行政监督劝勉等柔性执法方式，推进行政处罚决定书网上公开，实现行政执法和刑事司法信息共享、无缝对接。

以更高的标准提升工作效能。 效率是打造创新政府的直观体现，要大力践行“马上办”的工作作风，少坐办公室，多到一线去，力求情况了解在一线、问题解决在一线、成效体现在一线。细化责任落实，对县委作出的决策部署和法定职责范围内的行政事务，严格定时间、定标准、定要求，确保让每件事有人抓、有人管、有人干。强化督查推进，在实施常规督查的同时，对年度核心指标、重点项目、民生实事等进展情况，进行全过程、全方位的跟踪督查推进，定期向社会公布镇（街道）、部门工作实绩，有效推进问题解决和工作落地。优化涉企服务，持续加强行政效能建设，探索构建效能标准体系，进一步清理面向市场主体的各类达标评比表彰，规范涉企检查，着力提升主动服务、高效服务的水平。

以更严的要求树好自身形象。 廉洁是打造创新政府的纪律保证，要认真落实党风廉政建设责任制，扎实开展廉洁政府建设，着力营造风清气正的政务环境。坚持廉能同建导向，深入推进“两为”整治，围绕“三学三增”、家风家训、明规守纪等主题，开展形式多样的学习教育活动，引导政务人员廉而敢为、廉而勤为、廉而有为，在加快幸福洪泽建设中守土尽责、有为无憾。

中国人民政治协商会议
洪泽县第九届委员会
常务委员会工作报告（摘要）

——2016年1月6日在政协洪泽县第九届委员会第五次会议上

县政协主席 陈继信

2015年工作回顾

一、紧扣“六大跨越”目标，强化“千钧重担大家挑”的责任意识，为建设幸福洪泽尽责

围绕中心，多层次进行政治协商。 认真贯彻落实中共中央《关于加强社会主义协商民主建设的意见》，紧密结合县委、县政府工作中心，就经济社会发展开展了多层次的协商议政。一是全委会协商主题鲜明。在县政协九届四次全会上，组织委员对《政府工作报告》及其他报告进行充分的协商讨论。全委会期间3名政协委员围绕洪泽县土地流转、工业经济、就业创业等问题作大会主题发言，引起了县委、政府的积极关注。九届四次全会期间，召开重点提案见面会、沟通会和协商会，搭建提案人与承办单位之间的交流协商平台，督促承办单位提高办理实效。“关于加快发展电子商务产业”“关于进一步加快古堰景区发展”等重点提案办理迅速有力。二是专题协商注重效果。以常委会协商议政形式，先后围绕教育资源均衡配置、政府兴办利民十件实事、特色产业培育、“十三五”规划编制等开展专题协商，累计提出的30多条意见建议，被县委、县政府及相关部门广泛采纳。三是界别协商内容丰富。各界别围绕各自相关的领域开展了多次协商活动，将基层群众的合理诉求、建议及时反馈给相关部门，促进了民生问题的有效解决。四是对口协商良性互动。各专门委员会加强与有关乡镇和部门的对口联系，通过专题会议、走访座谈、情况交流等形式，就区划调整、东八道路灯安装、城乡公共资源均衡配置等方面问题开展对口协商活动，化解了矛盾，促进了工作。

拓宽渠道，多形式推进民主监督。 紧盯全县重大决策、重大工程和重要工作，实施跟踪问效，充分行使政协的“话语权”，助推各项工作落实。一是通过委员提案开展监督。一年来，共立提案101件，其中45件涉及民主监督领域，引起相关部门的高度重视，并得到有效解决。二是利用反映社情民意开展监督。全年共收集各类意见建议42条，将其中有代表性、涉及群众切身利益的社情民意信息归纳整理报送市、县有关领导参阅，有11条被淮安市政协采用。《关于加强小区物业管理的几点建议》被淮安市政协选为优秀社情民意进行交流，为全县乃至全市物业的规范化管理发挥了参谋作用。三是围绕行风政风建设开展监督。推荐36名政协委员担任供电、政法、税务、交通、消防、卫生等部

门的行风监督员和人民陪审员，积极参与干部选拔、人才招聘、案件陪审等重点领域和热点岗位的监督。多次选派委员参加电视问政、民意测评、年度责任目标考评、窗口服务部门满意度测评等监督活动，推动了行风、政风建设。

深入调研，多角度开展参政议政。针对全县经济社会建设中的关键问题或环节，本着突出重点、注重实效的原则，以听取通报、走访视察、调查研究等方式集中开展参政议政。定期听取情况通报，组织视察重点项目建设，扎实开展调查研究活动。六大工作组围绕旅游、文化、生态、民生、城镇化、产业培育等版块开展24次卓有成效的调研活动，形成有质量、有分量的调研报告12篇。

二、紧扣“六大跨越”目标，坚定“人民政协为人民”的服务意识，为构建和谐社会助力

把“人民政协为人民”的理念贯穿于履行职能的各个方面，积极发挥联系群众的桥梁纽带作用，为创造和谐稳定的良好氛围积极助力。

高效帮扶。政协机关共为7个镇(街道)、8个村和社区解决难题、兴办实事26件，协调帮扶资金一百余万元，联系购置商业门面，增加集体资产，新上增收项目，增强了村集体经济自我“造血”功能。响应县委号召，组织政协机关干部与33户困难家庭开展一对一帮扶活动，定期上门慰问，主动问寒问暖，踊跃捐资捐物，深受帮扶对象的好评。

关注公益。2015年10月，由驻洪市政协“委员之家”成员牵头，在全县5个镇开展为期一个月的“亮身份、进基层”义诊活动，累计惠及1000多名居民。工商联界部分委员会同县艺企联合会组织30多位企业界和文艺界人士，共同举办了“记录岁月、温暖新春”大型公益活动，筹集10多万元钱物慰问岔河、三河等四个镇敬老院200多名老人。县爱心助学基金会委员捐赠善款近百万元，资助200多名洪泽籍学子，成为回馈家乡的典范。

促进和谐。组织委员开展“三问三送”活动，特色产业培育组深入企业“问经营、送对策”、新型城镇化建设组深入农村“问增收、送科技”。民生福祉提升组深入社区“问民生、送温暖”。重视信访稳定工作，配合开展信访处理网络化管理，帮助化解信访户缠访，全年接待和处理群众来信来访20余件次。

三、紧扣“六大跨越”目标，树立“民主和团结”的主题意识，为促进广泛联谊献智

坚持“团结和民主”两大主题，广泛联系联谊，加强交流合作，努力凝心聚智。

密切与社会各界联系。开展界别间定期交流活动，加强与社会各界的联系，增进了界别间的友谊。健全主席联系委员机制，开展主席约谈委员活动，加强对委员生活工作的关心。研究界别调整，扩大团结面，增强包容性，适当增加与新媒体等新社会阶层的接触联系，逐步吸收新社会阶层的代表性人士到政协组织中来，为界别建设输入了新鲜血液。

做优侨胞和宗教工作。搜集县“三胞”以及宗教活动分布资料，建立档案。组织部分委员视察少数民族村、宗教场所及台资企业生产经营情况。通过化解少数民族纠纷、协调教堂征地拆迁矛盾、配合开展平安宗教场所创建活动，融洽了民族宗教关系。

扩大对外联谊交流。充分发挥政协对外联系广泛的优势，先后接待浙江、安徽、湖北、黑龙江等地及省内兄弟市县政协到洪泽视察考察30余批次。组织委员赴省内外考察城市规划建设、旅游开发、医疗卫生及政协工作。通过联谊交流，宣传洪泽，推介洪泽，提高了洪泽的知名度和美誉度。

四、紧扣“六大跨越”目标，筑牢“作用发挥在委员”的主体意识，努力树好自身形象

注重大湖文化弘扬。以弘扬洪泽湖文化为主线，加强洪泽湖文史研究，不断挖掘和丰富洪泽湖文化历史内涵，打造大湖文化品牌特色。夏宝国委员配合“建设好家风，传承好教训”活动，应邀到相关部门和学校宣讲洪泽湖历史文化、名人家风家训36场次。万福建委员编著的30万字《洪泽土话》得到国内语言专家的高度称赞，该书为洪泽方言的保护与传承起到积极作用。特聘文史委员裴安年撰写的《洪泽湖大堤碑刻集锦》引起洪泽湖研究专家张卫东的关注，并亲自为该书修改作序。加大对外宣传力度，在《江苏政协》《淮安日报》《淮安政协》等报刊刊登工作文章信息12篇(次)，展现了大湖文化新风貌。

发挥委员主体作用。一是重视抓好委员队伍建设。抓好委员的思想作风建设，印发内部学习资料4期，组织思想交流活动6次；抓好委员工作作风建设，对长期不参加调研、会议的委员及时进行调整；积极为委员投身社会活动创造平台，以专委会和工作组为单位，通过视察、座谈等渠道，为委员知情明政、献计出力提供良好服务。二是广泛调动委员兴业创业激情。组织机关干部登门走访自主创业委员，采取帮助贷款、协调关系等措施为他们解决生产经营中遇到的问题，涌现了一批投资创业的先进典型。钱建国委员所在企业加大技改投入，投资一亿元新上人造纸板项目；周锦莹委员对创业兴办的企业加大企业技改投入力度，加快企业转型升级步伐，生产规模和效益显著增长，实现年开票销售1.5亿元、纳税2000多万元。三是充分展示委员风采。广大政协委员立足岗位，建功立业，成为了各行各业的“领头雁”。束其虎委员牵头组织的淮海雅集书法活动，吸引30多位书法家齐聚洪泽挥毫泼墨，活动影响广。陈凯委员为《洪泽恋曲》《廉政新歌》《风雨马浪岗》等歌曲谱曲，起到了弘扬正能量、唱响主旋律的效果。

切实加强机关建设。一是完善制度建设。坚持用制度管人管事管权，健全完善集体学习、考核奖励、廉政建设等方面12项制度，提高政协机关管理制度化、规范化、科学化水平。二是加强党建工作。认真履行“一岗双责”要求，扎实开展“三严三实”活动，加强廉政教育，筑牢思想防腐“金堤”。深入开展“建设好家风，传承好家训”、集中讨论县委书记徐东海的《领导干部要回答好四个问题》讲话精神等活动，增强了机关干部的守土有责、有为无憾的责任意识和进取精神。三是主动投身经济建设。积极投身中心工作，为文旅洪泽建设，特别是洪泽湖古堰成功获批国家AAAA级旅游区做了大量工作。招商引资工作取得较大突破，总投资2.2亿元中懿实业建材项目，已经开工建设；成功洽谈了农业加工项目和三产项目各1个；已经招商帮办的规模企业实现年开票销售达2.7亿元，入库税金超3000万元。

2016年工作部署

2016年工作的指导思想和总体要求是：全面学习贯彻十八大以来中央系列全会精神，紧紧围绕县第十次党代会第五次会议确定的目标，严格按照县委《关于加强人民政协工作的意见》要求，更加富有成效地履行职能，为突破抢先机、全力开好局，在新型城镇化道路上加快推进幸福洪泽建设贡献力量！

一、切实把提高履职能力的落脚点放在理论武装上

要在“真学”上下工夫。强化理想信念教育，坚定政治信仰，牢记政治责任，严守政治纪律和政治规矩。深刻理解中国特色社会主义理论实质，牢牢把握“四个全面”的战略布局，科学认识社会主义协商民主和政治协商的内在联系，准确把握政协的性质定位，自觉维护党的权威，在思想上、行动上始终与县委保持一致。

要在“知新”上下工夫。要学习新常态、认识新常态、融入新常态。学会运用新常态来分析问题、指导工作。深刻把握创新、协调、绿色、开放、共享五大发展理念的丰富内涵和构建关系，善于利用五大理念协商议政、推动工作。通过学“新”、知“新”、用“新”，增强工作的主动性和创造性，提高履职的针对性和实效性。

要在“过硬”上下工夫。自觉学法、守法、尊法、用法，敬畏宪法法律，敬畏政协章程，练就“过硬”本领，以勇于担当的精神、敢于创新的动力、勤于落实的作风、善于作为的能力，凝聚各方智慧和力量，更好地履行职能，不断创造新业绩，努力开创新局面。

二、切实把履行职能的着力点放在服务发展上

协商议题要重发展。按照切实把政治协商纳入决策程序的要求，制定政协政治协商工作规划，围绕县委、县政府描绘的“十三五”新蓝图，新型城镇化发展新目标，在助力全县经济社会发展中协商建言、积极作为。

民主监督要显实绩。探索和完善民主监督的机制、手段和形式，畅通民主监督渠道，建立健全制度，寓民主监督于政协委员提案、视察、调研、评议等活动之中，以提高民主监督的质量。今年民主监督的主旨要围绕建设幸福洪泽、创新洪泽、文化洪泽、法治洪泽来开展，使民主监督更好地为发展服务，为稳定服务。

调研视察要提实效。认真做好政协调研视察工作，把调研视察作为政协委员参政议政的重要手段落实到位。特别是在推进产业转型升级、城乡一体化等方面选好课题、认真调研，发出好声音、贡献正能量，将调研成果体现在幸福洪泽建设的进程中。

委员提案要上水平。提案要坚持“围绕中心、服务大局”的原则，以“提得准、写得好、办得了”的标准，推进提案提交由数量型向质量型转变，在保证提案数量的前提下，更加注重提案质量。继续坚持主席督办重点提案，促进提案办理质量提高、效果提升。继续开展优秀提案、提案承办先进单位评比活动，促进提案工作上台阶、上水平。

三、切实把履职为民的出发点放在关注民生上

主动倾听民意。我们将深入倾听群众呼声，关心群众疾苦，围绕就业、教育、医疗保障、安全生产等群众普遍关心的民生问题开展调查研究，积极建言献策，努力让广大百姓共享经济社会发展的成果。

真心关注民生。牢固树立“为民”意识，在为民办实事上有所作为。一要体恤民情，为政府为民办实事建良言；二要积极参与，发挥政协委员智力优势，为政府为民办实事献良策；三要为民解忧，坚持政协委员扶贫帮困传统，协助政府为民排忧办好事。

积极反映民意。积极做好搜集反映社情民意工作，拓宽信息渠道，健全信息网络，提高信息质量，做好为民立言、建言、代言的工作。充分利用大湖论坛、QQ、电子邮件等信息技术手段采集社情民意，推进社情民意采集工作现代化、便捷化。

四、切实把创新创优的结合点放在改进工作上

进一步建好“委员之家”。要按照“突出功能定位，体现政协特色”的原则，积极探索，注重创新，新建文史工作室，不断丰富“委员之家”的活动内容，通过开展学习培训、情况通报、文史研究等活动，使“委员之家”成为知情明政的微型看台；通过调研视察、反映社情民意、协商会、约谈会等形式，使“委员之家”成为委员建言献策的重要阵地。

进一步发挥界别作用。要注重发挥人民政协界别优势，扩大人民政协的团结面和包容性，积极探索开展界别活动的新方法新途径，充分调动各界别参政议政的积极性；注重加强政协委员队伍建设，尊重委员首创精神，鼓励和调动广大政协委员在经济建设主战场上创新创业；切实发挥在本职工作中的带头作用、政协工作中的主体作用、界别群众中的代表作用，自觉树立和展示政协委员良好形象。

进一步加强队伍建设。切实发挥好政协专门委员会作用，提高专门委员会组成人员政治和业务素质，探索专门委员会工作新思路新方式，增强工作活力和成效。加强政协机关建设，着力提高服务意识，增强服务能力和统筹协调能力，为人民政协有效履行职能、顺利开展工作提供有力保障。

进一步加强宣传工作。政协各委办组要把政协宣传工作作为一项重要的工作内容，及时总结工作经验，反映工作亮点，切实把好的做法宣传出去，以鼓舞人心，激发斗志。继续办好《政协工作简报》，把县委、县政府的重要决策部署第一时间送到委员手中。

进一步完善工作机制。落实六大工作组实绩考评制度，调动六大工作组履职积极性，增强委员参与调研视察、学习座谈、资政建言的主动性。健全调研视察、公务接待等方面制度，进一步推进各项工作制度化、规范化。

编辑：邵永芹

洪泽湖古堰创成国家AAAA级旅游景区

【概况】 2015年12月30日，江苏省旅游资源规划开发质量评定委员会发布公告，批准洪泽湖古堰景区为国家AAAA级旅游景区，洪泽县AAAA级旅游景区实现“零”的突破。洪泽湖古堰景区，由洪泽湖大堤、水釜城、渔人湾、洪泽湖欢乐园四个片区组成，总占地面积1200公顷。2015年3月申报，同年10月通过验收。当年洪泽湖古堰景区共接待游客52万人(次)，实现旅游收入3520万元，年增幅超过20%。

洪泽湖大堤(即洪泽湖古堰)始建于东汉建安年间，距今1800多年，全长70.4千米，古堰上有九龙湾、周桥大塘、信坝遗址、毛主席治淮碑、乾隆御碑、镇水铁牛等古碑碣、古遗址，被誉为水上长城、生态长城、天然氧吧。先后获评全国重点文物保护单位、江苏省省级森林公园。2014年6月，洪泽湖大堤作为大运河申遗的重要节点被列入世界文化遗产名录。而在AAAA级景区范围内的洪泽湖古堰长20.2千米，总面积1021公顷，其中森林面积714公顷，各类树木共11万多株，森林覆盖率达70%。

水釜城占地面积50.3公顷，总投资3.2亿元，是一个以仿宋建筑为特色的商业集聚区，功能丰富，特色独具，城内特色小吃、休闲旅店、精品购物、地方特产和中国印博物馆、地震体验馆、掼蛋文化乐园等文化项目一应俱全，绘就了一幅现代版的“清明上河图”。渔人湾占地面积12公顷，南北全长2.5千米，由湖滨浴场、艄公驿站、银沙湖岸、洪韵舞榭、老船渔港、游艇码头等景点组成，是一道集旅游观光、水上运动、休闲娱乐等多功能为一体的自然观光带。欢乐园占地面积5.3公顷，是苏北地区首家生态休闲主题乐园，拥有现代化程度最高的旋转自由落体机、往复式过山车、旋转飞椅、24人大摆锤等20个游乐项目。景区主题鲜明，环境优美。

洪泽湖古堰景区以洪泽湖大堤为主线，串珠成链，具有良好的生态风光、厚重的历史风韵、别致的渔家风俗、独特文化风采，是一个融文化体验、养生休闲、大湖观光、现代游乐于一体的综合性生态文化旅游景区。

【创建基础】 洪泽湖古堰景区建设蓄势已久。2009年，洪泽县成立县政府直属副处级事业单位——洪泽湖古堰景区管委会，开启旅游工作破题之路。围绕古堰景区建设，2010年水釜城、渔人湾、游乐园、古渔市等大批旅游项目、旅游配套设施陆续开工建设，为景区创建工作打下基础。2014年，洪泽县把“文旅洪泽”提升为洪泽发展的优势战略，专门成立“文旅洪泽”建设领导小组，编制《洪泽县旅游发展总体规划》，确立了“一线四点”的旅游布局，将古堰作为洪泽旅游开发的核心进行打造。同年10月，对洪泽湖大堤部分堤段实行封闭管理，整合旅游资源，加快基础建设，创建国家AAAA级景区的条件日益成熟。2015年3月，洪泽湖古堰国家AAAA级旅游景区创建工作启动。

水釜城船舫

【创建举措】 县委、县政府将景区创建工作列入2015年全县重点工程项目，结合创建国家生态县、国家卫生城、省级园林城、省级文明城“四城同创”活动，发动全社会力量参与，在建设资金、政策配套、人员配备、要素整合等方面举全县之力，给予全方位支持。按照“统一领导、分工协作、条块结合”的原则，洪泽县成立以县政府主要领导为组长、县分管领导为副组长，旅游、文化、规划、交通、水利等30多家单位主要负责人为成员的创建工作领导小组，建立起完整的创建工作网络。通过创建动员会把139项任务全部分解到各相关部门、单位；各相关单位将创建工作内容、工作目标、工作要求、完成期限等指标层层细化，逐项逐条落实到具体领导和责任人，并向县政府递交军令状，确保完成任务。县“文旅洪泽”建设领导小组全程推动落实。

专门编印《洪泽古堰争创国家AAAA级景区工作简报》，共走访景区周边居民、经营户300多家，发放各类宣传资料1万余份。

【旅游资源整合】 为把景区做大、做强、做亮，县委、县政府进一步整合洪泽湖大堤旅游资源，按照“一心一带，四轮驱动”的发展思路进行布局。“一心”即以“水釜城、渔人湾、洪泽湖欢乐园”为核心，“一带”即以洪泽湖大堤为纽带的“古堰文化长廊”，“四轮驱动”即以文化、生态、休闲、游乐为景区发展的核心驱动力。景区内已经建成中国印博物馆、中国掼蛋乐园、地震体验馆；古堰梅花段景点已经竣工，洪泽湖渔文化博物馆、城市立体公园等项目正在规划之中。按照“特色鲜明，业态多样”的总体要求，规划水釜城内业态布局，进行选择性招商，打造集休闲、购物、娱乐于一体的多元化、度假式的仿古街区。洪泽湖碑、周桥大塘、信坝遗址等人文景观及其周边环境提档升级。

国庆节期间洪泽湖古堰景区游人如织

【配套设施建设】 完成通往景区道路和堤顶公路黑色化23千米，增加彩色自行车赛道 20千米；改造和新建游客服务中心(处)4个，面积达300多平方米，完善室内配套设施，满足游客需求；改造和新建景区生态停车场5个，面积近3万平方米；增加双人多人自行车20辆，新增观光车10辆；新设分类垃圾箱120个；新购智慧导览机60台；安装特色座椅130张；完善消防安全及监控系统。 (蒯梅娟 郑利莎)

第十届中国洪泽湖国际大闸蟹节

【开幕式】 2015年9月29日，洪泽县举行“今世缘杯”第十届中国洪泽湖国际大闸蟹节暨第六届中国洪泽湖水上运动会开幕式。县委书记徐东海致开幕词。县长殷强主持活动仪式。

第十届中国洪泽湖国际大闸蟹节暨第六届中国洪泽湖水上运动会，由扬子晚报社、中国蟹都洪泽文化传播联会发展有限公司、洪泽湖国际大闸蟹节指导服务委员会办公室主办，县体育总会、洪泽湖旅游协会、县节庆产业协会、县传媒协会、县文广新局、县教育局承办，以宣传推进“文旅洪泽”战略为宗旨，以“中国蟹都·醉美洪泽”为主题，展示《美丽洪泽》《美味洪泽》《美意洪泽》三个篇章，分别演绎以洪泽湖为主题的美景，以大闸蟹为标志的美味，和洪泽人包容、热情、好客的一番美意。本次节会继续以“体育搭台、以赛招商、发展旅游”为办赛宗旨，形成连续办、转型办、节约办的办赛思路，建立了企业主办、协会承办、政府指导、群众参与、媒体支持的办赛机制，在参赛项目、参赛人数、赛事层次等方面有了进一步提升。

开幕式上，歌伴舞《爱在一湖山水间》《放歌洪泽湖》《水乡美》，舞蹈《螃蟹舞》，小合唱《渔家人就是这个样》，太极表演、撒网表演、水上表演、舞龙表演，水上拔河比赛、舞龙比赛等精彩呈现，博得现场观众阵阵掌声。

【招商引资重点项目签约仪式】 2015年9月29日，洪泽县举行招商引资重点项目签约仪式。共签约项目21个、总投资52.3亿元。其中：工业项目11个、总投资30.3亿元，三产项目6个、总投资19亿元，农业项目4个、总投资3亿元。

【中国洪泽湖大闸蟹产业联盟第二次会议】 2015年10月12日，中国洪泽湖大闸蟹产业联盟第二次会议在洪泽县召开。中国渔业协会河蟹分会会长李国平就《迎合形势，勇于创新，推进河蟹产业更好更快发展》作专题讲座。副市长赵洪权讲话。省洪泽湖渔管办主任王欣通报洪泽湖2015年大闸蟹产业发展情况。县委书记徐东海致辞。

2014年，沿洪泽湖四县两区大闸蟹养殖总面积58.1万亩，总产量59150吨，洪泽湖大闸蟹养殖面积33.10万亩，产量1.7万吨，产值10.3亿元。2015年洪泽湖大闸蟹养殖面积33.69万亩，预计总产量1.5万吨。2014年放流中华绒螯蟹大眼幼体800千克、豆蟹200万只，当年洪泽湖天然水域大闸蟹可捕资源量为58吨，直接经济产值233.2万元。2014年洪泽湖大闸蟹出口608.6吨、1426.1万美元，截至2015年10月11日，洪泽湖已经出口大闸蟹155.275吨。产业联盟积极推行无公害生态养殖技术，在生产方式上逐步由“大养蟹”向“养大蟹”转变，推进洪泽湖大闸蟹质量可追溯体系实施，不断推动洪泽湖大闸蟹产业发展。

会上，省洪泽湖渔业协会会长刘学杰宣读2014年度洪泽湖大闸蟹养殖能手的表彰决定，高良涧街道董继友、西顺河镇张立军、老子山镇朱万库名列其中。市农委副主任周伟丁宣读中国洪泽湖大闸蟹产业联盟倡议书，环洪泽湖6县(区)代表签订倡议书。

活动还邀请苏宁易购(总部)超市公司招商经理杨菲就大闸蟹电子商务发展作专题讲座。

【百桌船帮宴】 2015年10月17日，洪泽县在蒋坝古镇举办百桌船帮宴，100桌具有浓郁地方特色的宴席沿街道摆开，以最传统、最热情的方式庆祝丰收，喜迎宾朋。

此次举行百桌船帮宴，共邀请了在洪投资客商、高层次人才、劳动模范、创业标兵、洪泽好人、教师、政法干警、医护人员、环卫工人、各镇群众等社会各界代表和《扬子晚报》幸运读者共1000余人参加盛宴。"清蒸大闸蟹""渔家红烧肉""红烧甲鱼""酸汤鱼圆""活鱼锅贴""蟹黄豆腐""针鱼菌菇""黄集羊肉"等传统美食让大家开了眼界，饱了口福。

【老子道学文化国际论坛】 2015年11月7—8日，洪泽县举行第二届老子道学文化国际论坛暨世界老子同道会淮安分会揭牌仪式。县委书记徐东海致辞。县长殷强和世界老子同道会会长、中国国学院大学常务副校长李德深共同为世界老子同道会淮安分会揭牌。世界老子同道会于2003年由李德深、马树海策划筹建，2008年10月3日经由新加坡政府批准成立，是国际型学术团体，已在世界各地建立了33家分会，在全球范围内继承弘扬老子思想，开展"七个一"工程，即一本《老子四字经》书，一幅老子标准画像，一首《和谐颂》歌，一部老子电视连续剧，一台老子大型歌剧，一年筹办两届论坛，一部大典老藏。

【中国淮安洪泽湖·丝绸之路户外运动挑战赛】 2015年11月8日，2015中国淮安洪泽湖·丝绸之路户外运动挑战赛（洪泽站）在洪泽县洪泽湖古堰景区举行。中央国家机关户外健身运动协会常务副主席田力普宣布开幕，中央国家机关户外健身运动协会秘书长田兆荣，副市长王红红，县长殷强等出席开幕式。

挑战赛由迷你马拉松、自行车、皮划艇三项比赛组成。来自美国、英国、巴基斯坦、印度、新西兰、匈牙利、捷克、老挝等8个国家户外运动爱好者组成的驻华使节代表队、英联邦代表队、新西兰代表队及中央部委户外运动爱好者组成的12支中央部委代表队，国内户外运动俱乐部代表队、来自各行各业的户外运动爱好者等参加比赛。经过2个多小时的激烈争夺，公开组中国工商银行总行代表队、淮安市体育局代表队、国家卫计委代表队分别获得前三名。竞技组方面，北京酷赛户外队、猛犸地大户外队、斯坦格铁人户外队荣膺冠亚季军。

【2015CBSA洪泽9球国际公开赛】 2015年11月20—23日，第十届中国洪泽湖国际大闸蟹节——2015CBSA洪泽9球国际公开赛在老子山镇举行。来自俄罗斯、美国、英国、德国、韩国等20多个国家，以及中国香港、中华台北和内地的96名选手在此进行为期4天的比赛。最终，来自中华台北名不见经传的选手谢佳臻夺得男子冠军；陈思明夺得女子冠军。

【江苏省掼蛋大奖赛总决赛】 2015年12月19—20日，第十届中国洪泽湖国际大闸蟹节的压轴活动——2015江苏省"体彩大乐透"掼蛋大奖赛总决赛在洪泽县举行。 大奖赛由江苏省社会体育管理中心和江苏省体育彩票管理中心主办，江苏体育休闲频道、扬子晚报社、淮安市体育局、洪泽县人民政府、无锡龙游世界科技公司承办。全省13个市的线上、线下海选共历时8个月，上万名掼蛋爱好者参与，海选出的536名掼蛋选手进入总决赛。总决赛赛程两天，19日参赛选手们在老子山温泉山庄内进行预选赛，通过6轮积分预选赛胜出的64对选手进入20日的总决赛，总决赛在水釜城内的掼蛋乐园进行。最终来自连云港市的姚继平和淮安市淮安区的周笑宇组合获得冠军，奖金8万元。

【洪泽成都金秋经贸合作洽谈会】 2015年10月19日，洪泽县在成都市举行中国蟹都·江苏洪泽——金秋成都经贸合作恳谈会。县长殷强出席并致辞。四川省工商联副巡视员邓凯应邀出席，县工商联、双流县工商联、成华区工商联负责人及部分客商代表参加。

恳谈会上，与会人员观看了《中国蟹都·水韵洪泽》城市宣传片和江苏食品科技产业园宣传片；四川在洪投资客商代表、四川客商代表分别致辞；洪泽福滋肴水产实业有限公司负责人与成都城市名人酒店、西藏饭店、铁道大酒店等四家四星级以上酒店签订合作协议；洪泽县工商联与成都市成华区工商联、双流县工商联签订友好商会协议；洪泽县残联与罗孚橡胶有限公司签订投资合作协议。县领导还为获得中国蟹都的成都最美蟹女郎颁奖；为四家四星级以上酒店及成都市食品流通商会授予"洪泽湖大闸蟹联盟经营单位"牌匾。

【洪泽湖大闸蟹香港经贸合作对接会】 2015年10月22日，第十届中国洪泽湖国际大闸蟹节的重点活动之一、洪泽湖大闸蟹香港经贸合作对接会暨香港洪盈有限公司揭牌仪式在江苏展览中心举行。全国政协常委、香港江苏社团总会会长唐英年，中联办行财部副部长李载林，江苏海外企业集团、钟山有限公司董事长黄宏亮，香港中国企业协会副总裁朱华，淮安市委副书记练月琴，县委书记徐东海，县委常委夏明忠等县内外领导、嘉宾和香港客商百余人参加活动。唐英年、黄宏亮、练月琴、徐东海为淮安市第一家在香港成立的企业——香港洪盈有限公司揭牌。洪泽爱食派有限公司和香港国润水产有限公司成功签约。

【首届江苏"美丽经济"发展高峰论坛洪泽县旅游经济发展推介会】 10月31日，由洪泽县委、县政府和扬子晚报共同举办的首届江苏"美丽经济"发展高峰论坛暨洪泽县旅游经济发展推介会在南京举行。省人大常委会副主任赵鹏、市委书记姚晓东、县委书记徐东海、县长殷强等出席论坛。北京国际城市发展研究院副院长、研究员古波作"美丽经济"主旨演讲；出席论坛人员一同观看了洪泽城市形象片；共话洪泽"美丽经济"发展；洪泽湖大闸蟹卡通形象"朋朋""谢谢"同时揭晓。

编辑：邵永芹

洪泽概况

自然人文

【历史沿革】 洪泽，借湖得名，得名于隋。

夏朝时，为淮夷人聚落。西周时，是徐国腹地。春秋时期，属吴、越；战国时期，属楚国；秦时，境内东部属东阳县，南部属盱台（眙）县，西部属徐县，北部属淮阴县。

汉时，境域先后分属徐、高平、睢陵、盱眙、富陵、淮阴、东阳、平安等县。

三国时期全境属魏。晋时，隶属多变，境内先后分属淮阴、东阳、盱眙、山阳等县。南北朝南齐时期洪泽境内东部始属淮安县。

隋时，地处下邳郡、江都郡边界，东部属安宜县、山阳县，南部属盱眙县，西部属徐城县，北部属淮阴县。

唐时，全境处泗州与楚州边界，东部属宝应县、山阳县，南部属盱眙县，西部属徐城县、临淮县，北部属淮阴县。

五代十国时期，地处后晋边境；后，境域大部属南唐，分隶泗州和楚州。

北宋时，全境处泗州和楚州边界，东部属宝应县，南部属盱眙县，西部属临淮县，北部属淮阴县、山阳县。南宋、金时期，境域分属金与南宋。

元时，境域处河南江北行省、东道宣尉司边界，东部属山阳县、宝应县，南部属盱眙县、临淮县，西部属泗州，北部属桃源县、清河县。

明时，全境属南京（南直隶），地处凤阳、淮安、扬州三府边界；东部属宝应县，隶于扬州府高邮州；南部属盱眙县，西部属泗州，隶于凤阳府；北部属桃源县、清河县，东北属山阳县，隶于淮安府。

清初沿明制；康熙时，全境处江苏布政使和安徽布政使司边界；嘉庆时，全境处江苏省、安徽省边界。

民国时，全境处江苏、安徽两省边界。西部属泗县，南部属盱眙县，隶属安徽省淮泗道；北部属泗阳县、淮阴县，东部属淮安县、宝应县，隶属江苏省淮扬道；后略有调整，分隶于安徽省第六行政督察专员公署和江苏省第五（后改为第七）、第六行政督察专员公署。

抗日战争时期，新四军开辟洪泽湖地区根据地，于民国30年（1941年）10月，在县境东部建立淮宝县抗日民主政府；于民国31年（1942年）4月，在县境西部建立洪泽县抗日民主政府，洪泽建县始于此。后，两县相继撤销。

新中国成立初，全境分属盱眙、泗洪、泗阳和淮阴4县。

1956年5月，经中华人民共和国国务院批准，重新设置洪泽县，为丁等县，辖4个镇、16个乡，涵盖较完整的洪泽湖水面部分，隶属江苏省淮阴地区行政公署。

1963年10月，淮安县岔河、仁和、黄集3个公社划入。

1983年，江苏省实行市管县体制，洪泽县隶属淮阴市。

1985年12月，江苏省人民政府对洪泽县行政区划重新调整，洪泽湖部分水面及淮河、临河、半城、成河4个乡镇划出，盱眙县和淮阴县部分村划入；全县辖13个乡镇及部分湖面，仍隶属江苏省淮阴市。

2001年2月，淮阴市改名为淮安市后，隶属淮安市。

2014年10月，经江苏省人民政府批准，洪泽县部分乡镇行政区划进行了调整。

2015年，洪泽县辖3个街道办事处、6个镇、1个省级经济开发区及洪泽湖、白马湖两湖的部分湖区，仍隶属江苏省淮安市。

【地理位置】 洪泽，横跨“两湖”（洪泽湖、白马湖），纵贯“三水”（淮河入海水道、淮河入江水道、苏北灌溉总渠）。地处苏北中部，位于淮河下游，属淮河冲积平原的一部分。地处北纬33°02′～34°24′、东经118°28′～119°10′。东依白马湖，与淮安市淮安区、淮安市金湖县及扬州市宝应县水陆相依；南至淮河入江水道（三河），与淮安市盱眙县毗邻；西偎洪泽湖，与宿迁市泗洪、泗阳两县隔湖相望；北达苏北灌溉总渠与淮安市清浦区以苏北灌溉总渠及淮河入海水道为界。县城向南距南京160千米，向北距淮安市区45千米。

【地貌地况】 洪泽，呈西高东低之势。全境东西跨度63公里，南北跨度38.5公里。全县最高点在老子山镇的丹山顶，高程51.5米。最低点在白马湖区，高程仅为5.1米。洪泽湖西南面的老子山镇为不连片的低丘陵地，中部为洪泽湖区，东部皆为黄淮冲积平原，地势平坦。洪泽湖大堤高程18.5米，与东部平原落差达10米以上；湖底浅平，高程一般为10米～11米，最低处约8.5米，最高处为12米，高出洪泽湖大堤以东地区3米～5米，所以洪泽湖也称为“悬湖”。

【气候特征】 洪泽，四季分明，气候宜人。位于北半球中纬度，地处中国南北气候主要分界线——“秦岭—淮河—苏北灌溉总渠”南侧。属北亚热带和暖温带过渡性地带，受海洋气候影响，季风气候特征显著；四季分明，气候温和，雨量充沛，日照充足，无霜期长；冬季主导风为东北风，夏季主导风为东南风。

2015年，全县年平均气温15.1摄氏度。全年高温日数4天，其中8月5日为全年最高温日，气温达35.4摄氏度；11月27日为全年最低温日，气温零下6.7摄氏度。4月12日下午15时02分受强冷空气影响，出现16.2米/秒北西北（NNW）大风，洪泽湖上极大风速达22.2米/秒。年降水量1329.6毫米。年日照时数 1868.3小时。6月24日入梅，7月13日出梅，梅雨期 20天，梅雨量337.8毫米。

【行政区划】 2015年，洪泽县辖高良涧、朱坝、黄集3个街道办事处，岔河、东双沟、三河、蒋坝、老子山、西顺河6个镇及1个省级江苏洪泽经济开发区，计32个居委会、94个村委会。中共洪泽县委、县人大、县人民政府、县政协驻高良涧街道办事处，办公地址位于洪泽湖大道26号。

【土地面积】 2015年，洪泽县总面积1273.41平方千米（127341公顷，合1910115亩）。其中，陆地面积54965.25公顷，湖面47674公顷，其他水面24701.75公顷。水域面积占县域总面积57%。

【河湖资源】 洪泽，素称“水乡泽国”。西依洪泽湖，东携白马湖，内拥河塘沟渠。县境雨量充沛，水资源丰富。境内河流、湖泊属淮河流域水系和高邮湖水系，过境水量大。主要湖泊有洪泽湖部分水域和白马湖部分水域；淮河经老子山镇流入中国第四大淡水湖洪泽湖后，经二河、三河（淮河入江水道）、苏北灌溉总渠、淮河入海水道等河流分道流入长江和东海；草泽河、浔河、花河、张福河等是县境内重要河道。洪泽湖周桥灌区和洪泽湖洪金灌区两个自流灌区为县境内的主要农田灌溉河系。

【动物资源】 洪泽，动物资源丰富。县境水陆环境兼顾，生态环境良好；动物类型主要有哺乳类、鸟类、爬行类、两栖类、鱼类、软体类、环节类、节肢类等。珍贵动物有天鹅、鸳鸯、野鸭、野鸡和刺猬等。县境有野生动物291种。其中，哺乳类14种（狼、草獐、草狐、野猫近十多年未见）、鸟类90种、爬行类13种、两栖类6种、鱼类 84种、软体类28种、环节类5种、节肢类51种。洪泽湖鹅是洪泽县培育的地方新鹅种，为县内主要饲养鹅种。

洪泽湖有鱼类资源16科67种、底栖类动物 76种，鸟类194种，其中属国家一类重点保护的有4种、二类重点保护的有26种；是中华绒螯蟹（俗称洪泽湖大闸蟹）、洪泽银鱼原产地。

【植物资源】 洪泽，植物资源丰富。全县为典型的水网地区，滩涂、堤坝较多，植被类型分为落叶阔叶林、水生植物、农业植被。典型的地带性植被为落叶阔叶林，林木覆盖率21.99%；有乔木19科37种，灌木3科3种；草本植物78种。其中，高良涧办事处越城居委会的一株300多年的银杏树（俗称白果树）依然生长旺盛。东双沟镇顾圩村的一棵百年柿树，长势良好。2015年，由于城市绿化、植树造林，一些花草树木新品种被引进境域后，生长良好。水生植被主要分布在洪泽湖与白马湖的周边滩地、浅水域中，为混生、水生草本植物类型；内塘水域亦有分布。

洪泽湖常见的野生植物有6类529种（含水生高等植物81种，不包括渔业上的藻类）。其中，菌类9种、地衣类5种、蕨类12种、裸子植物25种、单子叶植物71种、双子叶植物 407种。洪泽县是洪泽湖芡实、洪泽湖菱角、洪泽湖藕等水产品原产地。

【水产资源】 洪泽，水产资源丰富。盛产洪泽湖大闸蟹、洪泽湖小龙虾、洪泽湖银鱼等，素有“日出斗金”之誉。洪泽湖、白马湖及内河水系还盛产甲鱼、鳝鱼（亦称黄鳝、长鱼）、白鱼、黄颡鱼（亦称昂刺鱼）、鳜鱼（亦称桂鱼、花鲫鱼、鳜花鱼）、青虾、毛刀鱼、河蚬、螺丝等鱼虾贝类90多种；菱角、芡实（鸡头）、莲子、藕、茭白、水芹、芦苇、蒲等水生植物30多种，产量高，品质好。

【矿产资源】 洪泽，矿产资源丰富。东南部蕴藏着石油、天然气，西南部储存着地热，西北部盛产芒硝，东北部富含盐矿。境内，金属矿产主要是赤铁矿，分布于东双沟镇以东的草泽河南岸；非金属矿藏主要有岩盐、芒硝、天然碱和石膏等。岩盐矿床主要位于西顺河镇及洪泽湖东北部。已探明陆上岩盐矿石量储量为28.78亿吨，氯化钠22.88亿吨；经测算，水下部分储量达1000亿吨以上，矿石平均品位达80%。芒硝为西顺河盐矿床的伴生矿床。硫酸钠储量为1.54亿吨，以无水芒硝为主，其次为钙芒硝。

【农业资源】 洪泽，生态环境优越。土地肥沃，大部分为渗育型水稻土，少部分为潮土、褐土、石灰岩土，有机质含量高，易于耕种。农业种植以有机、绿色、无公害农产品为重点，形成以稻麦为主，玉米、大豆、小麦为辅的农作物种植体系。

【旅游资源】 洪泽，旅游资源丰富。可供开发的旅游资源约有7大类、37种、91处。其中，国家自然旅游资源分类的26种中有11种，人文资源48种中有26种。旅游资源在空间上主要集中在洪泽湖大堤、三河闸、老子山、龟山、淮河口滩涂、钱码岛等6个区域。

境内名胜古迹众多，汇集着被誉为“水上长城”的洪泽湖大堤(全国重点文物保护单位)、以传说中“淮阴本土第一仙”张福而命名的张福河、历尽沧桑的镇水铁牛、乾隆御碑、老子炼丹台、龟山巫支祁(水母娘娘)井等历史景观。其中,洪泽湖大堤、张福河是构成大运河世界文化遗产重要节点之一,成为洪泽县重点旅游景点。当年,洪泽湖古堰成功创成国家AAAA级景区。

洪泽湖百座湖心岛、千顷荷花塘、万亩芦苇荡等自然景观和三河闸、二河闸、高良涧复线船闸、高良涧进水闸等现代大中型水利设施相互映衬,融于一体。

道教圣地老子山,传说老子曾在此隐居炼丹、施医救人,并留下仙人洞、青牛蹄印等古迹。

【文物】 2015年,全县有馆藏陶器、瓷器、书画、钱币、农渔具等文物500余件;拥有31处文物保护单位,其中国家级1处、省级5处、市级12处、县级13处。国家重点文物保护单位——洪泽湖大堤有千年历史,是淮河下游重要的大型土方工程,代表了当时最先进的工程设计和施工技术。其筑堤成库规划和直立条式防浪墙坝工程技术代表了当时世界的最高水平。另有仁和左家楼原新四军会议旧址、西顺河二十六烈士陵墓、仁和江淮大学旧址及散布于东双沟镇、岔河镇、老子山镇等地的多处革命烈士陵墓。

【非物质文化遗产】 2015年,全县拥有87项非物质文化遗产,围绕洪泽湖、白马湖的形成变迁及农渔民生活风俗的相关传说在县境广为流传,影响深远。其中,洪泽湖渔鼓被确定为国家级非物质文化遗产,另有省级非物质文化遗产的5项、市级33项、县级49项。

【名人足迹】 洪泽,人杰地灵,历代名人足迹遍布。唐代诗人白居易、崔颢、韦应物,宋代诗人苏轼、苏辙、王安石、范仲淹、杨万里、米芾、秦观、贺铸,元代诗人张以宁,明代诗人张禧、郑真,清代诗人曹若曾、黄景仁等均游历过洪泽,且留下许多脍炙人口的诗文等佳作。抗日战争时期,陈毅、彭雪枫、张爱萍、邓子恢等在洪泽湖地区与侵华日军浴血奋战,名垂史册。新中国成立后,刘少奇、胡耀邦、温家宝、习近平等党和国家领导人曾到洪泽县视察,为洪泽大地再添华章。

【民俗风情】 洪泽,民风淳朴,有众多民间歌谣,内容大多反映湖区渔民生活。其中《渔民谣》《渔夫号子》《湖上渔歌》等,在洪泽湖一带流传较广。春节、国庆等节日期间,城市乡镇有舞龙灯、赛龙舟、踩高跷、玩花船等节目表演。

【洪泽饮食】 洪泽,饮食文化历史悠久,承载着技艺独特的蟹文化,彰显着底蕴深厚的水文化。其中,“醉蟹法”和“藏蟹法”两种洪泽湖大闸蟹烹饪技术,在北魏时期就闻名天下,并形成洪泽湖大闸蟹、洪泽湖小龙虾、蒋坝鱼圆、老子山黑鱼三鲜汤、朱坝小鱼锅贴等传统系列美食。近年来,洪泽县又以本地特色水产品“洪泽湖八鲜”为基础,开发了新的系列美食。典型特色菜肴有朱坝小鱼锅贴、蒋坝狮子头、黄集羊肉、东双沟老鹅、老子山鱼圆以及遍及洪泽湖地区的清蒸鳜鱼、盐水青虾、蚌汁龙虾、清蒸白鱼、软兜黄鳝、红烧肥肠、槐花炒韭菜、凉拌香椿头等特色菜肴。

(孙汉军)

社会经济发展

【综合】 2015年,洪泽县实现地区生产总值230.81亿元,按可比价计算,比2014年增长10.8%。第一产业增加值31.58亿元,增长2.7%;第二产业增加值95.46亿元,增长11.8%,其中工业增加值81.49亿元,增长11.8%;第三产业增加值103.77亿元,增长12.2%。人均地区生产总值68459元,增长10.6%。经济结构进一步优化,三次产业增加值比例调整为13.7:41.4:44.9,二、三产业增加值占GDP的比重为86.3%,比上年提高0.5个百分点。

全县私营企业4487个,比上年增加702个;私营企业注册资本(金)为187亿元,增长10.5%。个体经营户22759户,比上年增加1402户;个体经营户注册资金为22.33亿元,增长5.2%。年末城镇登记失业率为2.3%,新增城镇就业7355人,下岗失业人员再就业2311人。“洪泽银鱼”等9个农产品获批地理标志证明商标,新增省著名商标4件、市知名商标7件。

2015年洪泽县地区生产总值构成项目情况一览表

表1　　　　单位:亿元

指　　标	绝对数	比上年增长(%)
地区生产总值	230.81	10.8
第一产业增加值	31.58	2.7
第二产业增加值	81.49	11.8
#工业增加值	95.46	11.8
第三产业增加值	103.77	12.2

注:增加值为现行价格、增幅为可比价

【农林牧渔业】 2015年,全县完成现价农林牧渔业总产值63.81亿元,比2014年增长6.4%。其中,农业32.95亿元,增长6.7%;林业3.83亿元,增长4.8%;牧业15.96亿元,增长7.6%;渔业9.96亿元,增长4.8%。

全县粮食种植面积86.6万亩,比上年下降3.6%,总产量43.99万吨,下降3.1%。其中,小麦种植面积为41.09万亩,总产量为16.44万吨;水稻种植面积为43.65万亩,总产量为27万吨;油料种植面积为1.65万亩,总产量为0.32万吨。

全县新增林地面积4846亩,同比增长16.4%。生猪饲养量37.95万头,同比下降2.1%。家禽饲养量1041万羽,同比下降1.4%。水产品产量5.7万吨,同比增长2.3%。

2015年洪泽县主要农产品产量情况一览表

表2

产品名称	单位	产量	比上年增长(%)
粮食	万吨	43.99	-3.13
#水稻	万吨	27	1.6
小麦	万吨	17.34	5.5
油料	万吨	0.27	-3.6
#油菜籽	万吨	0.15	-11.8
生猪饲养量	万头	37.95	-2.04
#生猪出栏量	万头	21.83	-4.0
家禽饲养量	万羽	1041	-1.42
#家禽出栏量	万羽	718	-0.42
水产品	万吨	5.7	2.3

【工业和建筑业】 2015年,全县规模以上工业企业完成工业总产值671.81亿元。主要工业产品产量情况:元明粉206.2万吨,增长5.5%;气缸套313.1万只,下降5.9%;水泥26.6万吨,下降24.6%;浓硝酸23.4万吨,增长2%;铜加工材5.22万吨,增长34.8%,电子测量仪器0.83万台,增长22.6%。全年用电量17.59亿千瓦时,增长3.5%,其中工业用电量14.5亿千瓦时,增长3%。

2015年洪泽县主要工业产品产量情况一览表

表3

品种	单位	累计	增长(±%)
元明粉	万吨	206.2	5.5
浓硝酸	万吨	23.4	2.0
合成氨	万吨	10.5	-5.2
气缸套	万只	313.1	-5.9
人造板	万立方米	73.4	21.3
水泥	万吨	26.6	-24.6
铜材	吨	52188.0	34.8
铝材	吨	31095.5	32.8
无缝钢管	吨	3728.0	-53.9
电子测量仪器	台	8280.0	22.6
机柜	台	35069.0	-7.9
无纺布	吨	52046.0	28.5
棉纱	吨	9887.7	-45.3
毛纱	吨	24616.1	8.3
服装	万件	2070.5	-16.7
发电量	万千瓦时	30493.9	1.2
太阳能电池	千瓦	68364.0	34.2

全县规模以上工业实现主营业务收入643.02亿元,比上年增长19.5%。规模以上工业实现利税总额68.08亿元。

全县规模以上工业三大主导产业(化工、机械、轻纺)共实现主营业务收入380.48亿元,比上年增长19.7%。占规模以上工业主营业务收入的比重为59.2%。规模以上工业三大主导产业实现利税38.31亿元,增长9.4%,占规模以上工业利税的比重为56.9%。

全县资质以上建筑企业完成总产值62.9亿元,比上年增长0.4%。房屋建筑施工面积427万平方米,比上年下降10.9%。

【固定资产投资】 2015年,全县规模以上固定资产投资完成170.03亿元,同比增长27.9%。第一产业完成投资1.21亿元,第二产业完成投资124亿元,第三产业完成投资44.82亿元。

全县商品房销售面积46.29万平方米,增长16.6%,其中住宅销售面积37.25万平方米,增长11.1%;商品房销售额18.25亿元,增长17.4%,其中住宅销售额12.89亿元,增长3%。

【交通】 2015年,全县全年完成公路客运量540万人,下降4.9%,公路货运量298万吨,下降2.4%。水上客运量2.17万人,下降0.9%,水上货运量784万吨,下降47.3%。港口货物吞吐量901万吨,增长12.6%。年末拥有公路里程1492公里,较上年增加4公里。

【邮电】 2015年,全县全年完成邮政业务收入4300万元,增长26.7%,电信业务收入1.72亿元,增长2.2%。年末固定电话用户数5.42万户,减少0.25万户。年末移动电话用户达到21.28万户,减少0.26万户。年末互联网用户4.71万户,增长0.28万户。

【旅游】 2015年,全县水釜城、大吉祥寺、渔人湾等40个重点旅游项目进展顺利,洪泽湖大堤作为中国大运河重要节点入选世界文化遗产名录,获批洪泽湖古堰国家AAAA级景区、省级森林公园,国蟹园创成全国休闲渔业示范基地,老子山镇龟山传统村落获批省三星级乡村旅游区。

【国内贸易】 2015年,洪泽县创成省级农村电子商务示范县。全年实现社会消费品零售总额为84.75亿元,增长12.8%。实现批发业销售额168.84亿元,同比增长17.5%;零售业销售额81.75亿元,同比增长16.5%;住宿业营业额3.91亿元,同比增长15.6%;餐饮业营业额12.32亿元,同比增长20.8%。

【开放型经济】 2015年,全县全年新签外资项目12个,同比增长3个;协议注册外资2.63亿美元,增长91.2%;注册外资实际到账1.24亿美元,增长56.7%。全年进出口总额2.1亿美元,下降11.2%。其中出口总额1.98亿美元,下降5.4%。

【财政】 2015年,全县财政总收入(不含土地出让金收入)30.65亿元,比上年增长10.9%。公共财政预算收入25.21亿元,增长13.4%。其中增值税1.3亿元,增长9.2%;营业税9.12亿元,增长62.5%。

2015年洪泽县财政收入分项情况一览表

表4 单位:亿元

指　标	绝对数	比上年增长(%)
财政总收入(不含土地出让金)	30.65	10.9
公共财政预算收入	25.21	13.4
#增值税(25%)	1.3	9.2
营业税	9.12	62.5
企业所得税(40%)	0.46	-29.1
个人所得税(40%)	0.32	-8.9
契税	2.72	-29.2
上划中央四税	5.44	0.8
#国内消费税	0.0013	85.7
增值税(75%)	3.91	9.2
基金预算收入	6.39	-30.2

全县公共财政预算支出47.75亿元,增长31.5%。其中一般公共服务支出3.62亿元,下降6.4%;教育支出为7.32亿元,增长7.0%;科技支出0.96亿元,增长21.8%;医疗卫生支出2.36亿元,增长6.4%;社会保障和就业支出3.58亿元,增长23%。

【金融】 2015年年末,全县金融机构存款余额180.2亿元,比年初增加39.04亿元,增长21.7%。贷款余额132.39亿元,比年初增加17.8亿元,增长13.4%。存款中,住户存款余额79.04亿元,比年初增加9.08亿元,增长11.5%;非金融企业存款63.18亿元,比年初增加15.64亿元,增长24.7%。贷款中,短期贷款余额46.2亿元,比年初减少2.42亿元,下降5.2%;中长期贷款72.31亿元,比年初增加14.42亿元,增长19.9%。

2015年洪泽县金融机构人民币存贷款情况一览表

表5

指　标	绝对数(亿元)	比年初增加(亿元)	比上年末增长(%)
一、金融机构各项存款余额	180.20	39.04	21.7
1、住户存款	79.04	9.08	11.5
#活期存款	29.37	2.45	8.4
#定期存款	49.67	6.63	13.3
2、非金融企业存款	63.18	15.64	24.7
二、金融机构各项贷款余额	132.39	17.80	13.4
(1)短期贷款	46.20	-2.42	-5.2
#个人贷款及透支	16.45	2.43	14.8
#个人消费贷款	1.05	0.35	32.8
单位普通贷款及透支	29.75	-4.85	-16.3
贸易融资	1.78	-0.12	-6.8
(2)中长期贷款	72.31	14.42	19.9
#个人贷款	32.22	1.89	5.9
#个人消费贷款	27.45	1.58	5.8

【科学技术】 2015年,全县专利授权量1214件,发明专利申请量715件,居全市第一。通过国家知识产权强县工程试点县认定,成功创建省科普示范县,食品科技园被省科技厅认定为省现代农业科技园区;新增国家高新技术企业11家;新建市级以上企业"两站三中心"19家,其中省级2家;获批市级以上高新技术产品29个,其中省级16个;获批省重大成果转化项目1项,连续两年获得该资助。签订产学研合作协议48项,获批省双创计划2名、省科技副总6名、淮上英才计划5名、千人计划11名。

全县社会事业全面进步。完成新一轮教育布局调整,组建江苏洪泽中等专业学校,洪泽中学新校区建成使用,形成县城区"两高中三初中四小学"新布局。

【教育】 2015年,全县各级各类学校在校生总数45579人。其中,普通高中在校生4947人,普通中等专业学校在校生1931人,技工学校在校生2495人,初中在校生8473人,小学在校生18514人。高考再创新高,本科达线978人,达线率50.9%,比去年提高6.2个百分点。

2015年洪泽县教育事业情况一览表

表6 单位:个,人

指　标	学校数	班级数	在校生数	招生数	毕业生数	教师数
普通中学教育	10	294	13420	4192	4746	1220
#高中	2	108	4947	1504	1673	448
初中	8	186	8473	2688	3073	772
普通中等专业学校	1	47	1931	715	686	139
技工学校教育	1	44	2495	244	1417	17
小学教育	12	441	18514	2681	2931	1321

【文化】 2015年,洪泽县创成全国文化先进县。成功举办第十届中国洪泽湖国际大闸蟹节、中国老子山道教文化论

坛等系列活动,洪泽湖渔鼓入选国家非物质文化遗产名目。

【卫生】 2015年,县中医院、妇幼保健院晋升二级医院,三河等4个镇创成省级卫生镇,县镇村三级医疗卫生服务体系实现全覆盖。全县新型农村合作医疗覆盖率达到100%。年末,全县共有各类卫生机构(含卫生室)26个,其中县级医院、乡镇卫生院14个,疾病预防控制中心(防疫站)1个,妇幼保健机构1个。全县各类卫生机构拥有病床1498张。共有卫生技术人员1342人,其中执业(助理)医师700人。全县有注册护士694人,疾控中心42人。婴儿死亡率2.5‰,孕妇住院分娩率100%。

【体育】 2015年,全县94个行政村建立体育健身站点,覆盖率100%。全县9个镇(街道)全部建成"三室一场一路径",126个居委会、行政村(社区)全部建成"两室一场一路径",体育室外健身路径160余套,县、镇、村(社区)的三级公共体育健身设施网络已具雏形。全县建成体育场地面积88.27万平方米,人均拥有体育场地面积2.62平方米。

当年,洪泽县成功举办第6届中国洪泽湖水上运动会、洪泽湖渔人湾钓鱼比赛、中国淮安·丝绸之路户外运动挑战赛(洪泽湖站)、"今世缘杯"洪泽湖国际半程马拉松赛、洪泽湖古堰自行车骑行活动和"艳阳度假·今世缘杯"2015年中国台球协会(CBSA)美式台球洪泽国际公开赛等系列赛事。

【城市建设】 2015年,全县建成区绿地总面积达692.6公顷,绿化覆盖面积744.6公顷,绿地率达38.1%,绿化覆盖率达40.9%,公园绿地面积163.74公顷,人均公共绿地面积达11.29平方米。全年投资1.03亿元实施市政建设工程14项,新建道路7.14千米、面积17.9万平方米,污水管道24千米,雨水管道7千米,维修道路面积2.2万平方米。

全县大力实施"新型城镇化开启年",编制新型城镇化发展规划,完成乡镇行政区划调整;实施老旧小区改造,砚临河风光带整治、河道雨污分流、城区主干道美化亮化工程;全县共建设11座污水处理厂、1条城市尾水生态湿地廊道,铺设污水管网167千米,建设岔河镇乾宁村等13座小型污水集中处理设施,开工建设食品科技产业园污水处理厂一期工程;基本完成洪泽经济开发区东扩地块等3个片区搬迁,协同推进盐化新区西区征迁安置、基础配套和项目落地;申报国家智慧城市创建试点工作。

【环境保护】 2015年,全县空气良好天数达标率85%,比上年提高1.2个百分点。当年完成洪泽湖东部湿地功能区调整和白马湖退圩还湖二期工程;其中,白马湖生态环境保护项目获得国家专项资金支持。

当年,全县"四城同创"深入推进,创成国家生态县、省级文明城市,国家卫生县城通过省级评估,省级园林城市创建取得阶段性成果。国家级生态镇实现全覆盖,获评省级村庄环境整治示范县、全省秸秆综合利用和禁烧工作优秀县。完成3个城中村和362个自然村的环境整治任务,建成省级村庄绿化示范村9个、森林生态村1个。

【安全生产】 2015年,全县各类安全事故死亡人数32人,较上年下降1人。亿元国内生产总值(GDP)安全事故死亡人数为0.14人,下降12.5%。

【人口】 2015年,全县人口出生率9.1‰,比上年下降0.81个千分点;死亡率7‰,增长1.26个千分点;人口自然增长率2.1‰,下降2.02个千分点。年末,全县户籍人口39.65万人,比上年增加0.56万人;常住人口33.76万人,比上年增加0.09万人。城镇化水平进一步提高。按常住人口计算的年末全县城镇人口为17.11万人,比上年增加0.66万人,城镇化率50.7%,比上年提高1.83个百分点。

【人民生活】 2015年,全县居民生活水平持续提高。城镇居民人均可支配收入为28120元,增长9.2%。农村居民人均可支配收入为14385元,增幅9.3%。

【社会保障】 2015年末,全县城镇参加失业保险职工5.04万人,比上年增加0.06万人;城镇企业参加基本养老保险职工8.46万人,比上年增加0.32万人;城镇职工参加基本医疗保险职工7.25万人,比上年增加0.1万人;参加农村合作医疗人数23.6万人,比上年减少0.27万人。 (孙汉军)

注:

1.部分指标为初步统计数

2.涉农面积单位用"亩"

3.其中"上年"指"2014年"

4.由于高良涧街道4个行政村划入市盐化工区,全县粮食总产略有下降

5.根据县统计局《洪泽县2015年国民经济和社会发展统计公报》整理

编辑:孙汉军

大事记

1月

1日 洪泽县举行"保护世界遗产·共建幸福洪泽"2015年洪泽湖古堰元旦长跑活动，县四套班子领导，洪泽好人、劳动模范、十佳百星代表等全县各条战线上的广大干群约2000人参加长跑。

△ 洪泽县举办"恒隆水城·2015大湖神韵"洪泽房产文化博览会。

7日 县委召开常委会，传达淮安市第六次党代会第四次会议、市委书记姚晓东在全市领导干部警示教育大会上的讲话、省人大常委会副主任刘永忠到洪泽县视察讲话精神，讨论研究有关工作。

△ 省委政法委副书记侍鹏一行到洪泽县督查现代农业发展情况。

10日 洪泽县召开创建"361诚信服务品牌提升年"活动动员会。会议要求全县上下立足新起点，以新形象新姿态新作为合力创建"361"诚信服务品牌。

13日 市委书记姚晓东到洪泽县督查推进重点项目建设。

14日 洪泽县分别举办全县电子商务培训会和全县生态文明建设专题报告会。

△ 省环保厅副厅长赵挺到洪泽县调研覆盖拉网式农村环境综合整治工作。

15日 洪泽县举行"水韵洪泽"城市形象片首播仪式暨"古韵新风"全县中华经典诵读首场展演。

16日 市委副书记练月琴一行到洪泽县开展"工业调研日暨慰问项目建设者"活动。

17日 洪泽县召开工业企业质效提升"百日会战"总结大会。会议要求，坚持"工业洪泽主战略"不动摇，开拓创新、攻坚克难，推动工业企业质效提升再上新台阶，为建设幸福洪泽做出新的贡献。

24日 洪泽县召开"十一大"重点工作领导小组(扩大)会议暨"大干一季度、确保开门红"动员会。

26日 洪泽县组织收看淮安市六届纪律检查委员会第四次全体会议视频会，并部署党风廉政建设和反腐败工作。

是月 洪泽县被农业部认定为第二批全国农村集体"三资"管理示范县，这是淮安市唯一获此殊荣的县。

△ 洪泽县被评为淮安市第一个国家级现代农业示范区，全省共5个县(市、区)上榜。

△ 洪泽县通过省级实施知识产权战略示范考核，成为省级知识产权战略示范县。

△ 洪泽县摘得"全国文化先进县"桂冠，淮安市唯一。全省同时获此殊荣的县(区)共4家。

2月

4日 县委书记徐东海在北京参加了由住建部组织的"全国智慧城市试点答辩会"。会后，洪泽县获批"全国第三批智慧城市试点县"。

5日 中共洪泽县委、洪泽县人民政府出台《关于扶持全民创业的若干意见》。

5—6日 中国人民政治协商会议洪泽县第九届委员会第四次会议召开。县委书记徐东海代表中共洪泽县委致辞。

6—7日 洪泽县第十四届人民代表大会第四次会议在县城召开，大会应到代表190人，实到代表172人。县长殷强代表县政府向大会作政府工作报告。报告共分2014年工作回顾、2015年工作总体部署、2015年重点工作、建设人民满意的法治政府四个部分。

10日 洪泽县开展"走基层·访千户·暖民心"提升年暨扶贫济困慈善一日捐活动。

15日 县委召开常委会议，讨论研究全县"十二大"重点工作领导小组设立方案、智慧洪泽项目推进有关事宜、三河油田资产处置工作等17项议题。

18—24日 春节黄金周期间，洪泽县接待游客总数超12.29万人(次)，实现旅游总收入近2亿元，接待游客人数比2014年同期多1.15万人，同比增长7.2%。

24日 县委召开常委会议，研究蒋坝旅游开发破题、城区道路命名方案、2015年拟实施城建项目、壮村工程有关事项等7项议题。

25日 全县城市建设工作会议召开，部署当年魅力湖滨新城建设各项任务。

28日 洪泽县召开省级园林城市创建工作推进会。

是月 老子山镇被中央文明委授予全国文明乡镇称号。这是该镇继省级旅游度假区、省级卫生镇等荣誉后获得的又一殊荣。

△ 县政府出台《洪泽县粮食局关于深化国有粮食企业改革的意见》。方案要求以做大做强国有粮食购销总公司为目标，在全县形成“1个粮食购销总公司+5个分公司+13个收纳库点”的经营格局。

3月

2日 洪泽湖大堤彩色路面铺设工程启动。项目总投资约240万元，从湖滨浴场起至周桥大塘段，全线长约10千米。路面铺设采用每1千米红绿相间，每200米设置自行车和荷花图案，道路两侧彩色人行道宽度各1.5米。4月中旬完成铺设。

4日 副省长张雷到洪泽县调研医药卫生体制改革工作。

10日 洪泽县召开“为官乱为、为官不为”专项整治暨机关作风建设会议，部署“两为”专项整治工作任务。

11日 县政府召开全体(扩大)会议，贯彻落实淮安市政府全体(扩大)会议和县第十次党代会第四次会议精神。

12日 省人大常委会民宗侨委主任邵军率队到洪泽县调研民族村工作。

17日 全省广电系统智慧城市建设现场会在洪泽县召开。

18日 第五届3·18中国·洪泽湖放鱼节公益活动在洪泽县洪泽湖·渔人湾风景区举行。共放流各类鱼种10万尾、计1万千克。

28日 台湾冠军建材集团中国区执行副总裁陈大伟一行到洪泽县考察。

29日 环保部生态司农村处处长陈和东到洪泽县调研生态建设。

30日 洪泽县在岔河镇举行2015年送书、送戏、送电影、送展览“四送”活动启动仪式。

31日 市长曲福田到洪泽县调研重大项目建设情况。

是月 洪泽县出台《关于进一步完善基层党建工作制度的通知》，从组织领导、组织生活、基层民主、教育管理、服务帮扶、督查推进等六个方面细化基层党建工作制度“30条”，着力提升全县基层党建工作规范化、科学化水平。

△ 洪泽县启动348省道南外环路画线和前期拆迁准备工作。348省道南外环段工程从县城安芯智能港东侧向南延伸至洪泽湖服务区北，再向西延伸至洪泽湖大堤，全长约7.2千米，设计为双向6车道，计划总投资2.9亿元，工程预计于2016年底前建成投入使用。

4月

1日 国务院南水北调工程建设委员会办公室副主任蒋旭光一行到洪泽县调研南水北调洪泽站工作。

1—2日 省人大常委会派员到洪泽县调研农业基础设施建设情况。

2日 洪泽县举行县政府整体收购原江苏石油勘探局油田技工学校资产意向协议签订仪式。

8日 县城区部分道路命名、更名对外发布，共有35个道路名称正式使用。

△ 全县农村土地承包经营权确权登记颁证工作启动。

10日 洪泽县司法鉴定所在洪泽县人民医院举行揭牌仪式。

13日 国家防总秘书长、水利部副部长刘宁，率国家防总淮河流域防汛抗旱检查组到洪泽县检查防汛抗旱工作。

14日 罗马尼亚社会党主席劳伦希娅·碧翠丝·德尼莎·瓦西列斯库带队到洪泽县商谈合作计划。

16日 全县“传承好家训·建设好家风”活动启动。

18日 中国银河证券公司董事、总经理朱伟仁，中国银河证券江苏分公司总经理王德胜一行到洪泽县考察。县长殷强与王德胜代表双方签订战略框架协议。

22日 县长殷强调研政务服务中心并颁发全县首张“三证合一”营业执照。“三证合一”整合了企业登记中涉及工商、质监、国税、地税等4个部门的审批事项，核发搭载营业执照号、组织机构代码和税务登记号的营业执照。

23日 洪泽县新购入的12辆新能源公交车投入县城91和92路线路运行。

28日 唐真亚在在京举行的2015年庆祝“五一”国际劳动节暨表彰全国劳动模范和先进工作者大会上受表彰。

5月

1—3日 水釜城景区中国印博物馆于"五一"假期对外开放，三天免费接待客人300多人次。中国印博物馆是华东地区唯一的印章博物馆，设在水釜城中的观景阁。

4日 县委书记徐东海调研江苏食品科技产业园建设情况。

6—11日 洪泽县50名科级干部到兰考焦裕禄干部学院接受为期六天的党性教育专题培训，这是该县继井冈山干部培训之后又一次较大规模的干部培训活动。

7日 市长曲福田到洪泽县视察防汛抗旱工作。

10日 江苏省军区司令员李大清到洪泽县调研人武工作。

11日 市委书记姚晓东到洪泽县调研土地确权登记颁证工作。

13日 洪泽县召开国家生态县技术评估迎检观摩推进会。

16日 洪泽县召开防汛防旱会议，研究部署相关工作。

18日 洪泽县整合工商、质监、药监职责，组建洪泽县市场监督管理局。

19—20日 省环保厅厅长陈蒙蒙到洪泽县开展"三解三促"活动。

20日 洪泽县在苏州举办台资招商推介会。全国台企联常务副会长孙佳均，冠军安心居中国区执行副总裁陈大伟，苏州台企联常务副会长黄裕园、秘书长郭真祥及台商代表80多位嘉宾参加推介会。

25日 洪泽县举行"三严三实"专题党课暨专题教育部署会。县委书记徐东海以《用恩来精神引领幸福洪泽发展航程》为题作专题讲解。

27日 县政府与华夏源洁水务签订战略合作协议。

是月 洪泽湖大堤二期改造工程开工建设。改造工程位于洪泽湖大堤五里牌至三河闸段，全长16.152千米，按二级公路标准进行局部修补，将原有的6.5米不等宽度增至7.5米，其中蒋坝街道扩至10.5米。

△ 洪泽县被评为江苏省农村电子商务示范县。

6月

3日 新疆生产建设兵团第七师党委书记、政委赵铁平一行到洪泽县考察洪泽湖古堰旅游风景区。

10日 市委书记姚晓东到洪泽县调研夏收夏种工作。

14日 县委书记徐东海主持召开"十三五"规划工作座谈会。

18日 洪泽县启动国家防震减灾示范县创建工作。

23日 县委召开全县上半年履行党风廉政建设主体责任汇报会，贯彻落实中央和省市县委有关会议精神，全面总结上半年"两个责任"落实情况。

△ 县委召开中心组家风专题学习(扩大)会。

25日 国务院南水北调办副主任张野到洪泽县视察南水北调工程。副省长徐鸣、省水利厅厅长李亚平、市长曲福田、县委书记徐东海等陪同。

29日 省洪泽湖渔管办投入苗种资金40万元，在洪泽县洪泽湖水域组织实施2015年鳜鱼专场放流活动，30万尾鳜鱼被放流湖中。

30日 市长曲福田赴盐化工区，推进国瑞化工项目建设。

是月 洪泽县获"2014年全省秸秆综合利用和禁烧工作十大优秀县(区)"称号。

7月

3日 市长曲福田、副市长赵洪权一行到洪泽县调研"十三五"规划重点项目：江苏食品科技产业园和淮河入海水道二期工程。

4日 洪泽县举行2015年工业重大项目集中开工仪式暨签约项目推进会，5个重点项目集中开工。

8日 市委书记姚晓东到洪泽县调研乡镇工作。

△ 洪泽县和江苏省海外企业集团举行合作签约仪式。签约项目是：江苏省海外企业集团和洪泽湖建设投资集团共同出资1.98亿元，成立中外合资的江苏省洪泽湖融资租赁有限公司。

15日 省委常委、宣传部部长王燕文到洪泽县开展"三严三实"专题教育调研。

18日 县委召开常委(扩大)会议，传达省委十二届十次全会精神和市委六届七次全会精神。

22—24日 洪泽县组织经贸代表团赴奥地利开展经贸考察和商务交流，分别与奥本多弗集团、希尔博门窗公司签订投资意向书。

25日 洪泽县举行年轻干部定期交流活动启动仪式。从7月始，每季度组织年轻干部1－2次集中交流活动、1－2次班级自行活动。

31日 市委书记姚晓东到洪泽县调研贯彻落实市委六届七次全会精神情况。

8月

4日 县委召开十届九次全体会议，贯彻落实习近平总书记系列重要讲话和十八大、十八届三中四中全会、省委十二届十次全会、市委六届七次全会精神，回顾总结上半年工作，研究部署下半年乃至下一阶段工作任务。会议通过《中国共产党洪泽县第十届委员会第九次全体会议决议》。

5日 洪泽县举行工业招商引资过堂汇报暨一季度开工项目推进会。要求各镇、街道、部门牢固树立“项目为王”理念，用项目招引建设助推幸福洪泽阔步前行。

△ 傍晚19时20分，洪泽湖突起大风、降雷雨，风力瞬间达到西北风7级以上。县海事处出动海巡艇，共救助遇险船舶21艘、救助遇险人员63人，无人员伤亡。

6日 全市小型水利工程管理体制改革工作推进会在洪泽县召开。

7日 洪泽县举行社会治安综合保险签字仪式，朱坝街道办马棚村30户村民与中国人民财产保险公司首批签订了社会治安综合保险，此举在省内开创了社会治理与保险机制相融合的新模式。

15日 洪泽县召开第九届中国洪泽湖国际大闸蟹节总结表彰暨第十届中国洪泽湖国际大闸蟹节动员部署会。

22日 县委书记徐东海主持召开县委常委（扩大）会议。传达市委六届七次全会精神贯彻落实情况调研座谈会等会议精神，听取江苏食品科技产业园建设、三馆一中心推进、蒋坝PPP项目等情况汇报。

31日 洪泽县与紫山集团总裁洪水河签订紫山三期食用菌深加工项目投资计划协议书。

9月

2日 洪泽县开展纪念抗战胜利70周年慰问活动，走访慰问抗战老战士、老同志和抗战烈士亲属代表。

3日 三河镇举行奖学基金设立暨捐赠仪式。该镇考取重点大学和普通院校的118名优秀学子分别获得了3000元、2000元、1500元、1000元不等的奖励。这在全县乡镇（街道）中，尚属首家。

8日 洪泽县举行亿元工业项目集中开工仪式。节能环保设备制造、年产20万立方米外墙保温材料、20万吨高档纱管原纸、高档无纺布生产线4个项目集中开工。

10日 洪泽县举行党风廉政建设专题报告会。市委常委、纪委书记葛平作《落实从严治党要求，争做“三严三实”表率》主题报告。

△ 县市场监督管理局为“洪泽县俊瑶永丰生态农业发展有限公司”等5家企业颁发电子营业执照。电子营业执照具有实现识别身份，确保数据机密性、信息完整性、操作的不可抵赖性等优点。

11日 全县推动文化建设迈上新台阶工作会议召开。

15日 洪泽县举行首届洪泽湖旅游联盟峰会暨洪泽湖智慧旅游电商合作签字仪式。洪泽湖4县（洪泽县、盱眙县、泗洪县、泗阳县）2区（淮阴区、宿城区）旅游联盟成员代表在《首届洪泽湖旅游联盟峰会宣言》上签字。

19日 省发改委党组副书记、副主任赵旻率队到洪泽县调研新型城镇化建设。

20日 洪泽县举行工业项目观摩暨洽谈项目推进会。

23日 省工商局局长王元慧到洪泽县调研洪泽县市场监督管理局成立后的工作开展情况。

25日 市委书记姚晓东到洪泽县调研老子山乡村旅游发展情况。

29日 第十届中国洪泽湖国际大闸蟹节第六届中国洪泽湖水上运动会开幕。

△ 洪泽县举行招商引资重点项目签约仪式。共有21个项目签约，总投资52.3亿元。其中：工业项目11个，总投资30.3亿元；三产项目6个，总投资19亿元；农业项目4个，总投资3亿元。

30日 洪泽县举办“民生面对面·干群心贴心”电视问政于民环保专场活动，县委书记徐东海就广大市民关心的空气异味等环境保护问题与大家进行面对面交流。

10月

1—7日 “十一”黄金周期间，到洪泽县游客逾31.36万人，同比增长28.3%；星级酒店客房入住人数突破8000人次，同比增长184.2%，各项旅游指标全面破纪录。

5日 县委常委会召开“三严三实”专题教育第四次学习研讨会，围绕“严以律己”专题，就如何贯彻落实好从严管理干部、全面从严治党新要求两个课题开展学习研讨。

10日 市委书记姚晓东、市长曲福田率队到洪泽县观摩三季度农业重点项目。

11日 市长曲福田到洪泽县调研文化旅游工作。

13日 全县简政放权转变政府职能打造服务型政府推进会召开。会议要求按照“弱化审批、强化事中事后监管”为导向，进一步加大简政放权力度，减少和规范行政审批，从根本上处理好政府与市场、政府与社会的关系。

16日 第十届中国洪泽湖国际大闸蟹节台商经贸恳谈会

召开。

17日 洪泽县举办洪泽·淮扬——蒋坝百桌船帮宴。在洪泽投资客商、高层次人才、老干部、劳动模范、创业标兵、洪泽好人、最美双拥人物、敬老爱老先进人物、教师、政法干警、医护人员、环卫工人、网友、各镇群众等社会各界代表1000余人参加盛宴。

19日 洪泽县在成都举行中国蟹都·江苏洪泽——金秋成都经贸合作恳谈会。洪泽福滋肴水产实业有限公司负责人与成都城市名人酒店、西藏饭店、铁道大酒店等四家四星级以上酒店签订合作协议；洪泽县工商联与成都市成华区工商联、双流县工商联签订友好商会协议；洪泽县残联与罗孚橡胶有限公司签订投资合作协议。

22日 洪泽湖大闸蟹香港经贸合作对接会暨香港洪盈有限公司揭牌仪式在江苏展览中心举行。香港洪盈有限公司揭牌，洪泽爱食派有限公司和香港国润水产有限公司成功签约。

30日 《扬子晚报》《北京晚报》等20家主流媒体负责人到洪泽县调研践行“美丽经济”发展理念成果。

31日 首届江苏“美丽经济”发展高峰论坛暨洪泽县旅游经济发展推介会在南京举行。省人大常委会副主任赵鹏，省委宣传部副部长、省文联主席章剑华、市委书记姚晓东、县委书记徐东海、县长殷强等出席论坛。

是月 洪泽县的江苏银珠集团海拜科技股份有限公司（简称“海拜科技”，股票代码833287）在北京全国中小企业股份转让系统参加第95期新三板集体挂牌上市仪式。

11月

1日 洪泽县举办“今世缘”杯’2015洪泽湖国际半程马拉松赛。半程马拉松赛全长21.0975千米。来自山东、安徽、江苏、北京、上海等20个省市及在华外籍选手近千人参加。最终肯尼亚选手雅各布以1小时7分02秒获得男子组冠军，山东青岛选手高来源以1小时7分6秒获得第二名，安徽选手吴向东以1小时7分54秒获得第三名。女子组肯尼亚选手尼蒙以1小时15分18秒获得冠军，上海选手顾怡雯以1小时26分46秒获得第二名，安徽选手王宗艺以1小时28分18秒获得第三名。

△ 洪泽县举行“银珠”杯’2015洪泽湖古堰自行车骑行活动。此次洪泽湖古堰自行车骑行活动从府前广场洪泽湖大道（起点）出发，途经洪泽湖大桥→洪泽湖古堰→璩大湾→洪三公路→水釜城南门（终点），全程约16公里。此次骑行活动，吸引了县内外350余名选手参加。

7日 洪泽县召开’2015首届江苏洪泽老子山温泉联盟成立暨传统村落推介会。

7—8日 洪泽县举行第二届老子道学文化国际论坛暨世界老子同道会淮安分会揭牌仪式。

8日 ’2015中国淮安洪泽湖·丝绸之路户外运动挑战赛（洪泽站）在洪泽县洪泽湖古堰景区举行。挑战赛由迷你马拉松、自行车、皮划艇三项比赛组成。来自美国、英国、巴基斯坦、印度、新西兰、匈牙利、捷克、老挝等8个国家户外运动爱好者组成的驻华使节代表队、英联邦代表队、新西兰代表队及中央部委户外运动爱好者组成的12支中央部委代表队，国内户外运动俱乐部代表队、来自各行各业的户外运动爱好者等参加比赛。公开组中国工商银行总行代表队、淮安市体育局代表队、国家卫计委代表队分别获得前三名。竞技组方面，北京酷赛户外队、猛犸地大户外队、斯坦格铁人户外队荣膺冠亚季军。

10日 淮安市暨洪泽县全民终身学习周活动开幕。

15日 由最高法院咨询委员、解放军军事法院原院长、一级大法官苏勇率队的巡查组到洪泽县调研。

16日 省交通运输厅副厅长王永安率队到洪泽县督查安全生产工作。

18日 洪泽县在镇江举办第十届中国洪泽湖国际大闸蟹节走进长三角——洪泽湖大闸蟹招商推介暨项目签约会，19个项目参加签约，总投资达40亿元。

19日 洪泽县3家企业——淮安吉辉塑胶有限公司、江苏玉龙食品有限公司、洪泽金马工贸有限公司在江苏股权交易中心挂牌。

20—23日 ’2015CBSA洪泽9球国际公开赛在老子山镇举行。来自俄罗斯、美国、英国、德国、韩国等20多个国家以及中国香港、中华台北和内地的96名选手在此进行为期4天的比赛。来自台湾高雄名不见经传的选手谢佳臻夺得男子冠军，陈思明夺得女子冠军。

25日 洪泽县人民政府与淮安市第一人民医院战略合作项目——洪泽县人民医院与淮安市第一人民医院组建紧密型医疗联合体举行签字仪式。县委书记、人大常委会主任徐东海、县长殷强、政协主席陈继信、人大常委会副主任杨步新等参加签约仪式。

26日 县委召开常委（扩大）会议，传达学习党的十八届五中全会和省委十二届十一次全会精神。

30日 洪泽县分别召开党的群团工作会议及统一战线工

作会议。

12月

1日 洪泽县推广启用洪泽湖大闸蟹卡通形象“朋朋”“谢谢”。

4日 洪泽县举办2015年“12·4”国家宪法日暨全国法制宣传日系列活动启动仪式。

7日 省委宣讲团到洪泽县宣讲中国共产党十八届五中全会和省委十二届十一次全会精神。

10日 洪泽县举行国家重大农技推广服务试点项目——洪泽县稻麦新品种新技术示范基地建设启动仪式。 洪泽县稻麦新品种新技术示范基地实施内容包括区域示范基地建设与技术示范、农技推广服务站点建设与技术服务、新型农业经营主体培育与技术服务，预计万余亩辐射区域小麦平均亩产400公斤、水稻600公斤，区域示范基地小麦平均亩产420公斤、水稻650公斤。

17日 中国农业发展银行总行彭玮一行到洪泽县评审棚户区改造工程项目。

△ 王伟伟荣登全国“十大”三农创业致富榜，参加了在中国农业电影电视中心演播大厅举行的’2015 CCTV“十大”三农创业致富榜样评选推介活动颁奖盛典。王伟伟系江苏省唯一一位入选者，且是十大榜样中最年轻的一位。

19—20日 ’2015江苏省“体彩大乐透”掼蛋大奖赛总决赛在洪泽县举行。淮安市周笑宇和连云港市姚继平组合夺得8万元大奖。

23日 县委书记徐东海主持召开“幸福洪泽专题调研报告”汇报会，并就相关工作提出要求。会议还研究讨论了如何培养壮大洪泽消费市场等12项议题。

24日 由国务院副总理汪洋主持召开的全国农村改革试验区工作汇报会在北京召开。县委书记徐东海就洪泽县小型水利工程管理体制改革工作在会上作了题为《聚力推进小型水利工程管理体制改革》的典型发言。

27日 洪泽县与卓达集团举行新型城镇化战略合作项目签约仪式。该项目总投资50亿元，具有投资体量大、产品应用范围广、科技环保附加值高等特点。

29日 中国宇天控股有限公司在香港证券交易所挂牌上市。这是洪泽县第一个、淮安市第三个上市企业。据了解，中国宇天控股有限公司主要从事制造及销售工业镀膜产品以及设计及组装镀膜玻璃生产设备，该公司是全国七家有能力设计、组装、建设及销售完整镀膜玻璃生产线的制造商之一。此次在港交所挂牌的股票代码为8230，现有总股本为8.1亿股，每股发行价为0.54港币，首发融资额为1.13亿港元，公司股票当日开盘价为1.73元港币，以开盘价计算公司市值达14亿元港币。中国宇天控股有限公司的成功上市，填补了洪泽县没有上市企业的空白。

30日 中共洪泽县第十次代表大会第五次会议开幕。县委书记徐东海代表中共洪泽县第十届委员会向大会作题为《突破抢先机，全力开好局，在新型城镇化道路上加快推进幸福洪泽建设》的工作报告，并就《中共洪泽县委关于制定洪泽县国民经济和社会发展第十三个五年规划的建议（草案）》作说明。

△ 洪泽湖古堰景区通过江苏省旅游资源规划开发评定委员会评定，成为国家AAAA级景区。洪泽湖古堰景区已经建成水釜城、中国印博物馆、中国掼蛋乐园、防震减灾体验馆、1000米长的古堰梅堤等景点。

是月 洪泽县被江苏省金融稳定协调小组批准为省级金融生态优秀县。

△ 智慧洪泽无线城市项目建成使用。该项目采取PPP模式，由洪泽县人民政府特许授权洪泽县广电有线信息网络公司建设运营。项目自2015年1月启动建设，12月份建成，总投资400万元，共建设无线AP点位250个，覆盖主城区17平方公里和岔河、蒋坝、老子山三个镇区，实现了省经信委要求的覆盖大型商圈、交通枢纽、医疗机构、政府机关、金融机构、星级酒店、星级景区、文化场馆和体育场馆九大区域的目标。总带宽总出口300M，采取一次性PORTAL认证、永久免费接入使用的方式为用户提供随时随地免费移动上网服务。项目建成以来累计接入用户30多万人次，最高在线人数3000多人。

“智慧洪泽”视频综合监控平台

编辑：邵永芹

县　委

【常委分工】 2015年2—8月，县委领导班子成员工作分工如下：

徐东海　主持县委全面工作，分管县人大、县政协工作，分管干部工作。

殷　强　主持县政府全面工作，分管经济工作和经济体制改革、机构编制、财政、审计、监察、统计、外事以及国防动员、人民武装等工作。

施恩佩　协助徐东海分管党的建设工作，分管党校工作、县委机关工作、双拥工作，负责重大项目和招商引资工作，分管农业农村工作和乡镇工业集中区、村级创业点工作，负责现代农业产业链项目招商工作，受书记委托处理县委有关事宜。

江　迈　主持县纪律检查委员会工作，分管全民创业工作、负责软环境建设工作，协助施恩佩做好重大项目审批服务工作。

顾祥悦　负责县政府常务工作，负责财税金融、服务业、发展改革、目标管理、人力资源管理和社会保障等方面工作，负责资产经营与管理、民生实事工作，负责三产服务业产业链项目招商工作。

杨国仁　主持县委政法委工作，分管城市建设、政法综治、信访稳定、联合执法工作。

乐　翔　主持县公安局工作，分管城市管理工作，协助分管信访稳定、联合执法工作。

董　蔚　主持县委宣传部工作，负责宣传文化、精神文明、人口与计划生育工作，负责教育、卫生、文化、体育等方面党的工作，负责旅游产业链项目招商工作。

许根林　主持县委组织部工作，协助徐东海分管干部工作，协助殷强分管机构编制工作，分管智慧洪泽建设工作，负责重大项目考核工作，分管基层组织建设、科技创新、知识分子和人才工作，分管老干部、统战、工商联、民族宗教、科协、关工委、老促会、红十字会和群众团体工作。

汪永源　主持县经济开发区（含盐化工区）工作，分管工业经济，负责工业产业链项目招商工作。

郝朝勇　主持县人武部工作，分管人民武装建设、国防动员、人防和驻洪部队联系工作，协助施恩佩分管双拥工作。

钱宏光　协助施恩佩分管新型城镇化和农业农村工作，协助有关领导分管县委办和政府办、民政实事、文化建设、水产发展工作，负责秸秆禁烧禁抛和综合利用工作，分管农机、粮食、供销工作。

夏明忠　协助施恩佩做好招商引资工作，协助汪永源做好南北挂钩和园区建设工作。

链接（2015年9—12月）

徐东海　主持县委全面工作，分管县人大、县政协工作，分管干部工作。

殷　强　主持县政府全面工作，分管经济工作和经济体制改革、机构编制、财政、审计、监察、统计、外事以及国防动员、人民武装等工作。

顾祥悦　协助徐东海分管党的建设工作，分管党校工作、县委机关工作、双拥工作，分管新型城镇化、城市建设和农业农村工作，负责重大项目工作，负责现代农业和健康养老产业发展及项目招商工作，受书记委托处理县委有关事宜。

杨国仁　负责县政府常务工作，负责财税金融、服务业、发展改革、目标管理、人力资源管理和社会保障等方面工作，负责资产经营与管理、民生实事工作，分管县经济开发区（含盐化工区）和乡镇工业集中区工作，负责县经济开发区党工委工作，负责工业和三产服务业发展及项目招商工作。

董　蔚　主持县委宣传部工作，负责宣传文化、精神文明工作，分管教育、卫计、文化、体育等工作，负责旅游产业发展及项目招商工作。

陈孝红　主持县纪律检查委员会工作，负责软环境、“361”诚信服务和家风家教建设工作，协助顾祥悦做好重大项目审批服务工作，联系全民创业工作。

乐　翔　主持县公安局工作，分管城市管理工作，协助分管信访稳定、联合执法工作。

许根林　主持县委组织部工作，协助徐东海分管干部工作，协助殷强分管机构编制工作，分管智慧洪泽建设工作，负责重大项目考核工作，分管基层组织建设、科技创新、知识分子和人才工作，分管老干部、统战、工商联、民族宗教、科协、关工委、老促会、红十字会和群众团体工作。

汪永源　主持县委政法委工作，分管政法综治、信访稳定、联合执法工作。

钱宏光　协助顾祥悦分管新型城镇化和农业农村工作，协助有关领导分管县委办和政府办、民政实事、文化建设、水产发展工作，负责秸秆禁烧禁抛和综合利用工作，分管农机、粮食、供销工作。

夏明忠　协助杨国仁做好南北挂钩工作，负责县经济开发区日常管理工作。

周海滨　协助杨国仁分管工业经济和乡镇工业集中区工作，分管招商引资、"四城同创"工作，负责党建办公室日常工作，负责县委主要领导交办的有关事项。

余　刚　协助顾祥悦分管农业农村工作，负责国家现代农业示范区建设工作，负责江苏食品科技产业园建设工作。

朱玉生　主持县人武部工作，分管人民武装建设、国防动员、人防和驻洪部队联系工作，负责军民融合发展工作，协助顾祥悦分管双拥工作。

【全县目标总结与工作部署】　2015年2月16日，召开全县2014年度目标总结与签状大会。会议指出，2014年，县委带领全县干群开拓创新、拼搏奋进，获批国家现代农业示范区、全国第二批农村改革试验区、全国小型水利工程管理体制改革试点县、"粮食生产全程机械化示范县"等一批改革试点，收获全国文化先进县、省级生态县、省级文明城市、省级创业型城市、"亩产吨粮县"，以及世界文化遗产（洪泽湖大堤）、省级旅游度假区、中国传统村落（老子山镇龟山村）、国家级非物质文化遗产（洪泽湖渔鼓舞）、省级电子商务示范村等一批荣誉称号，组织实施园区体制调整、城市投融资体系、全民创新创业、四城同创、"361"诚信服务等一批创新举措，以"上级评价有作为、群众眼中有公认、自我认知有价值"为导向，扎实开展群众路线教育实践活动，创新构建干部"正反评价"体系，全面落实党风廉政建设"两个责任"，锤炼出一支战斗力、凝聚力、公信力显著增强的洪泽干部队伍。会议提出，2015年，县委将团结带领全县人民以新型城镇化为统揽，聚力抓好"工业洪泽主战略、重大项目主抓手、园区平台主阵地、城乡一体主攻点、改革法治主旋律"五个方面工作，推动幸福洪泽阔步前行。会议要求，新的一年有新的目标，新的目标需要新的作为。一是一往无前谋发展，以"争先率先"的态度和精神誓让目标变为现实。重点抓好三个"先"：发展速度要率先。坚持高点定位、发力抢跑、后发赶超，以工作时间换取发展空间、以工作力度换取发展跨度、以工作频率换取发展效率，力争经济增速走在全市乃至全省平均水平以上。发展质量要领先。必须坚持以项目建设促进产业升级，以园区打造拓展发展空间，以自主创新提升竞争优势，以节能减排优化生态环境。发展位次要争先。民营经济等排名靠前的指标要保位争第一，工业总产值等排名中游的指标要站四争前列，公共财政预算收入等排名靠后的指标要进位争中游。二是一门心思抓项目，以"项目为王"的理念和决心誓让短板变为引擎。关键要推书三个"全力"，要全力拼抢抓招商。聚焦能够纳入市考核的亿元以上重点项目，能够培育成列统企业的工业项目，产业关联度大、市场竞争力强、辐射带动面广的现代农业项目。要全力以赴抓推进。全面实施领导挂钩、月度过堂、双月观摩、季度开工、扛旗动态考评等推进机制，尽量把各项工程的时间往前赶、工期往前排，加快项目建设进度，确保项目如期竣工、尽快达效。要全力建设强载体。按照"一主六辅"工业园区新格局，优化产业布局，加强功能拓展，突出产业集聚和基础配套，促进"产城融合"发展。围绕"一线四点"旅游布局，加快大堤沿线保护与开发，加速蒋坝旅游破题，做精做优老子山省级温泉旅游度假区，推进古堰省级森林公园建设，力争将洪泽湖古堰景区创成国家4A级景区。三是一如既往惠民生，以"普惠于民"的情怀和宗旨誓让发展变为福祉。要提升民生保障。集中有限财力解决好群众最关心、最切身的民生保障问题，使改革发展成果更好地惠及广大群众，在保障性住房建设、构建就业服务体系、扩大基础性保险覆盖、加大对困难弱势群体的帮扶力度等重点领域加大投入，让每一个人都感受到党委政府的关怀和温暖。要发展社会事业。加大教育布局调整力度，实现教育优质均衡发展，开展健康向上、喜闻乐见的文体活动，引导群众广泛参与，建立适应新形势要求的医疗卫生服务体系，全面提高服务城乡居民的医疗卫生水平，强化公共安全体系建设，坚决杜绝重大安全事故发生。要创新社会管理。运用新的社会管理理念，深化社区网格化管理，将社区管理与"四城同创"等工作有机结合，严格落实维稳工作责任制，推行社会稳定风险评估、矛盾纠纷排查调处机制和领导接访、领导包案、领导下访制度，不断完善社会治安防控体系，严厉打击各种违法犯罪，切实增强人民群众的安全感。四是一竿子到底抓推进，以"舍我其谁"的激情和干劲誓让决策变为落实。着力于"干"，做到干就干好。各镇、街道、部门务必要以时不我待的紧迫感和舍我其谁的精气神，解放思想、锐意创新、雷厉风行、真抓实干。要一竿子到底，掌握具体情况，制定具体措施，解决具体问题，凡是重要工作，都要亲自指挥、亲自操办，凡是重大问题，都要深入群众、深入实际，一项一项抓落实，一件一件求突破。要谋划实施好每一个项目、协调解决好每一个问题，做到关键时刻敢于负责、重大问题勇于担当、突出矛盾敢于碰硬。对于已经确定的重点项目、重点工作和各项硬性指标，要不摆困难、不讲条件、不打折扣，全力以赴、攻坚克难，不达目标不罢休、不见成效不收兵，切实做到干一件成一件。着力于"严"，做到严督严考。要秉持严督实查原则，加大督查督办力度，对县委重大决策部署和实施的重点项目、重点工作任务，有计划、有重点地开展多种形式的督查，确保工作推进、督查、考核、通报同步进行。两办督查室、县督考办等督查部门既要各有侧重、各司其职，也要加强协调、联动，善打组合拳，放大督查效应，增强督查的严肃性和权威性。要严格考核奖惩，统筹分解设置目标，进一步完善季度考核与年终考核相结合、量化考核与定性评价相结合、职能部门考核与群众评价相结合的考核机制，合理安排比例权重，严格保证金奖惩兑现。强化督查考核成果运用，督查考核结果纳入领导班子和领导干部考核评价内容，作为年度考评和干部选拔任用的重要参考和依据。着力于“正”，做到正人正己。各级干部必须维护党委的权威，始终在思想上政治上行动上与党委保持一致，做到“四个要”，要团结协作，不得各自为政；要勇于担当，不得推诿扯皮；要抓好落实，不得层层转批；要履行好分内职责，不得荒芜自己的责任田。心怀理想抱负，专注事业，不甘平庸。执政为民，一心为公，心往一处想，劲往一处使，为民谋福祉，推动快发展。有感恩之心，感谢组织、人民和社会给予的信任，做到“宠辱不惊，物我相忘”的恬淡与从容，不在权欲中变质，不在诱惑中迷失。有敬畏之心，在行使权力的过程中时刻保持警醒与敬畏，做到公平、公正、公开，始终做一名公道正派的党员干部。

【全面筑牢幸福洪泽发展基础】 8月4日，召开县委十届九次全体会议。会议认为，县委十届七次全会提出“十全”“十美”幸福洪泽目标蓝图和“六大战略”“六大跨越”发展思路，成为广大干群的思想引领、行动自觉和工作遵循。本年以来，全县干群主动适应经济新常态，积极应对经济下行压力，统筹推进各项工作，经济社会稳中有进、进中向好，主要指标顺利实现“双过半”，迈出了幸福洪泽建设的坚实步伐。全会指出，往后一段时期，是洪泽转型跨越的关键阶段，既拥有难得机遇和优势，又存在一些问题和困难。全会提出，改革发展机遇需要把握，文旅生态优势需要凸显，产业项目短板需要拉长，思想作风问题需要转变。全县上下必须敏察大势、自省自励，统一思想，坚定信心，咬定目标不动摇，主攻重点求突破，解放思想抓落实，为幸福洪泽建设提供强力保障。全会指出，建设幸福洪泽，没有终南捷径，唯有脚踏实地、实干笃行。谋划“十三五”发展，要坚持融入、争取、开放、创新“四大理念”。下半年及往后一段时期，要秉持“六大战略”“六大跨越”发展思路，重点开展“四大攻坚”：一是攻坚主导产业，围绕具备一定基础的“4+1”工业主导产业、现代农业和现代服务业，以高端、智能、低碳为方向，以集聚、创新、融合为路径，以建链、补链、壮链为关键，在打造特色经济上求突破；二是攻坚重大项目，始终秉持“项目为王”理念，招大引外，做优平台，推进项目，在做强发展动力上求突破；三是攻坚文旅品牌，充分利用好文旅优势，全面开发好湖滨空间，打造先进文化强县，建设道德风尚高地，彰显大湖美景特色，发展健康养老产业，在提升湖滨魅力上求突破；四是攻坚幸福民生，创新社会治理，推进惠民工程，优化服务保障，在发展社会事业上求突破。此外，要深化推进各项改革，更大力度推进全民创新创业，实施“质量兴县”战略，支持人大、政协群团工作，推动人武、统战、对台、党史、老干部、关心下一代等工作，调动各方面积极因素，形成赶超发展强大合力。全会强调，建设幸福洪泽，根本在党，关键在干部。要贯彻落实好中央省市关于全面从严治党部署要求，深入开展“三严三实”专题教育，推动思想大解放，提振干部精气神，强化落实执行力，保持为官好操守，在从严治党中打造一支思想解放、勇于担当、落实有力、清正廉洁的干部队伍，为幸福洪泽建设提供强大动力。全会号召，建设幸福洪泽，实现跨越赶超，是我们这代人必须承担的历史重任，要紧跟时代砥砺前行，担当责任奋发有为，为全面筑牢幸福洪泽发展基础贡献激情和力量！

【在新型城镇化道路上加快推进幸福洪泽建设】 12月30日，召开中国共产党洪泽县第十次代表大会第五次会议。会议认为，即将过去的五年，是洪泽在科学发展道路上跨越前行的五年，也是洪泽新型城镇化建设取得显著成效的五年。特别是本年，县委团结带领全县各级党组织和广大干群，以习近平总书记系列讲话特别是视察江苏重要讲话精神为指引，以新型城镇化建设为路径，凝聚力量，重点攻坚，呈现出产业基础更加坚实、城镇集聚不断提速、宜居条件持续改善、文旅开发步伐加快、党建创新保障有力、民主法治纵深推进的良好态势，幸福洪泽建设奠定坚实基础。会议指出，经过多年连续奋斗，洪泽已经由打基础、备后劲步入总体进位、全面跨越发展的新阶段。往后五年，既是建成更高水平全面小康的决胜阶段，也是洪泽纵深推进新型城镇化发展、加快建设幸福洪泽的关键时期。会议强调，未来五年，要牢牢把握中央“四个全面”战略布局，紧扣“五大发展理念”，认真对照“经济强、百姓富、环境美、社会文明程度高”的新江苏目标和“五个迈上新台阶”要求，坚持市委“三个紧扣”“三大引领”，围绕幸福洪泽建设，以新型城镇化为动力，以成熟之路、特色之路、率先之路为发展路径，以一年抢先机、两年上水平、三年迈台阶、四年初成型、五年呈模样为发展步骤，以经济实力更强、产业基础更实、群众生活更富、城乡面貌更美、文明程度更高为发展目标，让“十全”“十美”成为洪泽人民的现实体验。会议指出，2016年是全面贯彻落实党的十八届五中全会精神、实施“十三五”规划的首战之年，也是深入推进新型城镇化、加快建设幸福洪泽的突破之年，更是洪泽建县60周年，做好2016年工作意义重大。全县要紧紧围绕幸福洪泽奋斗目标，积极探索城乡发展新路径、新方法，努力在国家新型城镇化试点工作中谋求突破、抢占先机。2016年的总体目标是：地区生产总值、注册外资实际到账、农民人均可支配收入分别增长10%左右，城镇居民人均可支配收入增长8.5%左右，公共财政预算收入增长12%左右，固定资产投资增长23%左右，服务业增加值增长11%左右，城镇化率为52%左右，常住人口基本养老保险覆盖率为96.3%以上，城镇保障性住房体系健全率为91%左右，城市建成区绿化覆盖率为40.92%左右。会议指出，2016年要深入实施“六大战略”，积极谋求“六大突破”，努力抢占“六大先机”，确立新型城镇化建设优势地位。在发展要素融合上谋求突破，加速产业要素聚合，推动产业延伸发展，创新打造产业社区，抢占产业转型升级先机。在发展特色培育上谋求突破，建设国家级旅游公园（景区），打响节庆活动品牌，提升旅游服务水平，抢占湖滨旅游开发先机。在发展空间拓展上谋求突破，规划建设两新区，全面提升县城区，提速发展镇村区，抢占城乡一体推进先机。在发展文化引领上谋求突破，构筑道德风尚高地，打造大湖文创精品，优化公共文化服务，抢占城市内涵提升先机。在发展成果普惠上谋求突破，增强发展利民保障，提升服务惠民质量，优化治理安民体系，抢占社会民生发展先机。在发展组织保障上谋求突破，强化宗旨意识，坚守信念之"土"；强化使命意识，尽好岗位之"责"；强化担当意识，展现为官之"为"；强化清廉意识，不留人生之"憾"，抢占党建创新创优先机。会议号召，全县广大党员干部要紧密团结在以习近平同志为总书记的党中央周围，以敢为人先的魄力，敢谋新篇的勇气，敢于担当的作风，抢抓机遇，全力奋进，为建设"十全""十美"幸福洪泽而努力奋斗！

（徐加奎　王玉祥　陈嘉）

纪检监察

【层层压实"两个责任"】 2015年，县纪委（监察局）坚持清单化管理，项目化推进，压紧压实"两个责任"。县委以上率下，县委一号文件、县委第一次常委会均专题研究党建创新和党风廉政建设工作。县委常委会2次专题听取基层党委书记述责汇报，县委主要领导3次开展集体廉政约谈，年底县委13名常委带队赴64个单位开展责任制年度检查。县纪委会同县委办组织开展责任落实专项巡查，县纪委常委会集中听取53个基层纪委（纪检组）落实监督责任情况汇报，通报追责7起履责不力典型案件，初步形成半年督查、年终检查、专项巡查、"一案双查"的紧逼推进格局。全县党风廉政建设系列创新举措，得到省委常委、省纪委弘强书记批示肯定；在市委常委会落实主体责任述责测评中，洪泽县落实"主体责任"和"第一责任人责任"均获全票"满意度"评价；在市纪委组织的2015年度全市廉政状况第三方民意调查中，洪泽县得分列全市各县（区）第一名。

【正风肃纪】 2015年，县纪委（监察局）紧贴跨越发展中心，扎实开展"为官乱为、为官不为"专项整治，召开全县党员干部大会2次，86个单位向县委递交《百字承诺状》，组织督查49批次，党政纪处分26人，问责处理283人，下发通报64期，公开通报236人。持续开展"洪纪清风"专项督查，针对"四风"重点问题，组织专项督查13批次，开展明察暗访36批次，查处党员干部37人。认真开展"四项整治"，立案处分违规兼职取酬4人，清理涉农专项资金1304万元，追缴"两房"违规款326万元，规范公有房屋租金5200万元。开展12场电视公开问政，创建"361"诚信服务品牌，畅通12345政府公共服务平台，推动机关干部务实为民、干事创业。

全县深化"两为"专项整治推进会

【纪律审查】 2015年，县纪委（监察局）受理信访举报196件，立案165件，移送司法机关14人，挽回经济损失1200余万元。查处县林业局一案10人的系列"小金库"案件、县运管所套取农路油补700万元的渎职受贿案件等案件。用好执纪监督"四种形态"，对反映党员干部的苗头性问题，函询9次，约谈16人次，轻处分占83%，"两规"案件占比从6.7%下降到2.4%，体现惩前毖后、治病救人的执纪理念。实行直查快办，重视查处群众身边的"四风"和腐败问题，先后查处岔河镇淮宝居委会、黄集街道水利站等基层干部违纪案件78件，其中农村"三大员"31人、移送司法机关8人。严格线索管理，建成"五位一体"线索管理平台，扎口管理信访举报线索。强化精细审理，深化重点案件质量"一案三评"，党政纪处分执行到位率100%，案件审理质量考评全市领先。省纪委纪检监察信息以《洪泽聚合力量挺纪于前，推动纪律审查工作量质齐升》为题专刊推介。

【源头防腐】 2015年，县纪委（监察局）扎紧制度"笼子"，提请印发县委书记和县长10项权力清单，印发县委权力和县政府常务会议运行流程图，推动出台《县政府重大行政决策程序规定》，1000万元以上财政项目资金支付提请县政府常务会议票决成为常态。立项开展监督，督促基层纪委跟踪监督"五项权力"运行情况。关注农村基层，在全市率先制定村书记十项正负权力清单，村书记办事行权得到规范。推动简政放权，督促32个部门确权2160项，机关流程再造取得成效。

【廉政教育】 2015年，县纪委（监察局）连续第四年开展"五德"教育提神行动，"金堤永固"教育基地投入运行，创编传唱"廉政歌"，组织130余名正科级以上干部赴南京浦口监狱接受警示教育、630余名党员干部和150余名正科级干部家属赴市"德园"，开展"三警一线"警示教育。邀请市纪委书记葛平、省委巡视办副主任陈良灵到洪泽作专题廉政报告，有效增强党员干部的纪律和规矩意识。在全市纪检监察创新项目评比中，洪泽县“创新打造‘金堤永固’德纪教育品牌”名列县(区)第一。在全省率先开展“传承好家训·建设好家风”活动,省、市纪委纪检监察信息专刊推介,县委在中宣部座谈会上作典型发言。

【纪检监察队伍建设】 2015年,全县新设纪检组12个,新选配纪委书记(纪检组长)26名,在全省率先实现纪检组织全覆盖;在全市率先完成纪委内设机构调整,监督执纪机构占70%以上,编制占77%。开展基层纪委规范化建设年活动,举办综合业务培训班,邀请县委主要领导讲授开班第一课;开展业务练兵,先后5批次在全市业务比武中获得好成绩,县委主要领导3次批示表扬。开展纪检监察系统“有为担当”集中教育月活动,集体约谈16家零问责、零通报、零案件纪委(纪检组)负责人;印发《纪检监察干部监督工作暂行办法》,划出六条红线,加强日常监督,以铁的纪律打造纪检监察铁军队伍。 (张 明 徐 杰)

组织工作

【干部队伍建设】 2015年,县委组织部先后分5个批次提请县委常委会调整科级干部267人,其中提拔98人(正科26人,副科72人)、转任11人、交流121人,改任非领导职务18人,免职21人。全县共有科级领导干部499人,其中正科120人,副科379人,35岁以下37人,女干部62人,党外干部5人。分批次配齐纪检书记(组长),实现全县镇(街道)、部门纪检干部全覆盖,共配备纪检干部22人(5名纪委书记、6名纪检组长和11名派驻纪检组长)。结合重点一线工作专项考核和推荐结果,从交流轮岗干部和参与驻点招商、城市拆迁等全县重点中心工作的年轻干部中,选拔9名表现优秀、实绩突出、单位认可的晋升为科级领导干部。根据县委《关于人才工作的若干意见》文件精神,对具有全日制研究生以上学历,并取得相应学位的公务员和事业单位人员,在满足工作年限等相关要求的情况下,经推荐考察,择优提拔3名为副科级干部。

【中层干部管理】 2015年,洪泽县开展镇(街道)中层干部轮岗交流活动。对年龄在40周岁以下,表现优秀,需要通过交流培养锻炼的进行培养性交流,对在同一股级岗位任职满5年或在重点、热点股级岗位任职满3年的,进行了调整性交流,对同一单位(系统)内有夫妻关系、直系血亲关系、三代以内旁系血亲关系以及近姻亲等关系的进行回避性交流,共对18名中层干部进行跨镇(街道)交流。在总结前期中层干部轮岗交流做法、经验的基础上,形成《洪泽县全面推行干部轮岗交流激活“一池春水”》工作专报,获市委组织部肯定。与此同时,县委组织部认真做好中层干部任免工作,严格按照股级干部选拔任用相关规定,从编制职数、任职条件、人员身份等方面对各单位上报的中层干部调整建议方案进行审核,指导和规范相关单位民主推荐、组织考察以及任免材料的上报等工作,从源头上保证提请部务会研究的中层干部人选质量。此外,还注重高层次人才选拔,经各单位推荐和考察,将21名第一学历为全日制硕士研究生的干部提拔为中层正职或明确正股级。年内,提请部务会研究调整中层干部5次,涉及652人,其中,提拔269人,交流及其他383人。

【年轻干部培养】 2015年,县委组织部选派1名处级干部和1名熟悉经济工作的女干部到南京高新区挂职锻炼,1名镇政府主要领导到市发改委挂职锻炼,10名科级领导干部到江阴和南京秦淮区挂职跟班学习。举办青年干部培训班2期,培训年轻干部350余人次。选派干部赴兰考学习103人次,到江西学习198人次。根据《关于服务“幸福洪泽”年轻干部素质培优工程的实施意见(试行)》精神,组织年轻干部跟班学习活动。选派17名年轻干部到县纪委、县委办、政府办、组织部、财政局、开发区等重点部门跟班学习。利用县委党校和“洪泽县青年人才俱乐部”资源,定期组织年轻干部集中交流活动。截至2015年底,共组织集中交流活动12次,参加活动青年干部453人次。

【乡镇换届准备工作】 2015年,县委组织部超前谋划2016年乡镇党委换届工作,对部分镇(街道)党政正职和领导班子成员进行调整。根据县委《关于干部工作的若干意见(试行)》文件精神,实施部门正职交流活动,对3名在同一岗位上任职满10年的部门正职,进行强制性交流。2015年11月始,通过个别访谈、民主测评、实地走访、征求意见等方式,对2014年以来新调整的科级干部进行回访考察,共走访53个单位,考察83名干部(侧重考察副职干部,其中,正科级21人、副科级62人;镇(街道)21人、县直部门62人)。

【基层党组织建设】 2015年,全县基层党组织建设主要表现在以下几方面:一是新建村部3个、改造3个。全县113个村(居)综合服务中心,400平方米以上111个,创成全省“四有一责”先进县。推进以村级综合服务中心为重点的服务阵地建设,搭建功能完备、资源整合的公共服务平台。启动村(社区)综合服务中心改扩建工作计划,朱坝街道大刘村、黄集街道黄集居委会、西顺河镇张福河等3个村(居)综合服务中心土建工作已在年内交付使用,高良涧街道湖滨社区、岔河镇堆头集村等16个面积低于300平方米村、400平方米社区综合服务中心列入3年改造计划。二是出台党建工作文件。出台《关于进一步完善基层党建工作制度》。先后出台加强村书记队伍建设、落实待遇保障等系列文件,严格落实村书记任免备案、村干部值班坐班、村级“民事代办”等制度。将软弱后进村整顿纳入镇村党组织书记抓党建责任清单。开展村级组织“创星定级”活动,将创星结果与村干部报酬待遇、评先评优、任职调整等直接挂钩,推动村级组织争先进位。村级组织“创星定级”做法入选《江苏省农村基层党建工作创新集锦》。出台《村党组织书记权力正负清单》,梳理编制村书记权力20条正面清单和10条负面清单,明确划定村书记权力边界,村党组织书记“权力清单”做法在《新华日报》头版刊登推介。出台《基层组织工作考核办法》，细化基层党(工)委书记抓基层党建工作考评细则，采取年度考核与日常考核、组织考核与社会评价相结合，建立健全常规工作经常督查、交办工作随时督查、重点工作专项督查制度。三是完善和建立机制。完善基层党建“三级联述联评联考”、党组织书记党建专项述职评议等制度。健全党建督查考核机制，借力县委基层党建督导员、县委督查室和县委组织部三支督查力量，完善月度抽查、季度巡查、半年督查、年终检查的“四查”机制。四是县财政每年设立400万元党建专项经费，用于党建工作开展、走访慰问和表彰奖励；率先在全市对10年以下的离任村“三大员”和10年以上的离任村妇代会主任进行集中慰问。连续三年实施“壮村”工程，对45个经济薄弱村制定“一村一策”，安排专项资金扶持村集体发展项目资金配套、贷款贴息，实行精准扶持。五是建立我省首个以非公企业党组织书记工作室为载体的产业专家智库群，形成产业链上创建“党建+智库”模式，大力推进服务型党组织建设，实现企业发展和党建工作互融并进。六是建立每月20日为村(居)党组织党员“固定活动日”制度，认真开展“三会一课”、党群议事等活动。贯彻落实发展党员工作细则，严格执行发展党员“十项制度”，重视从青年工人、能人大户和高知群体中发展党员，优化党员队伍结构。推广发展党员全程纪实系统使用，以纪实系统为依托，实现党员发展过程网上网下同步提报、同步审核、同步公示，不断规范我县党员发展工作流程。严把入党积极分子和发展对象“入口关”，对300多名入党积极分子和发展对象进行党史党章党纪党规等方面的知识培训，180名发展对象参加了素质测试，16名不合格人员被取消发展资格。

【人才队伍建设】 至2015年底，全县人才总量约为2.1万人，共有本土高层次人才1453人。其中333培养对象8人、533培养对象95人、科技企业家3人，具有硕士(全日制)以上学历170人，副高以上专业技术职称1040人，通过国家考试取得注册执业资格37人，柔性引进外地人才千人计划、省双创等各类高层次人才79人，2013—2015年组建科技镇长团三届，共22人。洪泽人才工作在全市人才考核中排名第三，位列第一方阵。县财政投入5000余万元，新建310余套人才公寓，第一期163套公寓装修完毕，第一批56余名申报人员已通过审核，公示等程序，待入住。开展“五个一”暖心留才工程，成立高层次人才及企业家联席会，设立1200万元人才专项资金，提供标准化生产厂房和全程帮办服务，吸引高层次人才来洪，扶持人才创新创业，创业典型王伟伟当选中央电视台2015全国十大创业致富榜样。成立人才创投公司，对资金不足的初创企业，以股权投资方式提供资金支持，全力推动“全民创业、万众创新”。实施人才安居工程，每年分两次组织高层次人才健康疗养，免费发放高层次人才体检卡156张，设立高层次人才服务窗口，集中受理高层次人才签证落户、子女入学等问题。

【干部教育培训】 2015年，县委组织部采取“高校+党校”培训模式，创新“政院合作”“走出去”办学方法，利用优质教学资源“借地育才”。洪泽县与江西财经大学、浙江大学、东北农业大学、井冈山干部学院等院校建立合作关系，借助专业院校力量推动干部教育提档升级。积极搭建干部自学平台，与江西财经大学联合举办MPA研究生班，先后有70名干部取得研究生入学资格。举办党政干部(兰考)培训班、青年干部培训班等专题培训班31期，培训干部1500余人次。3月，洪泽构建精准化培训体系特色做法在全省干部教育培训工作座谈会上作书面交流。其中，建成具有湖区特色的党性教育实境课堂，得到中央政策研究室闫建琪主任、市委组织部张彤部长等领导的肯定，相关做法被省组工信息、党的生活等宣传推介。并入选《党的生活》“两学一做”党课创新案例。实现与“智慧党建”“洪泽网络图书馆”、农村远程教育等网络平台进行无缝对接，打造信息化、智能化的干部教育“云课堂”。现有注册学员679人，访问学习次数超过8.7万人次。开通全市唯一的县级网络培训平台，全县公务员和参公管理人员全部纳入网络学习和考核。年内，全县处级干部、科级干部在线学习完成率均达100%。

江西财经大学2015级MPA洪泽教学点开学典礼

【干部监督管理】 2015年，县委组织部根据中央精神和从严管理干部新常态要求，精心挑选熟悉纪检业务、自我要求严格、敢抓敢管的干部充实到纪检监察队伍，分2批次配齐纪检书记(组长)，进一步强化纪检监察干部队伍力量。同时，搭建干部日常管理“痕迹化”平台，建立干部量化积分日常管理系统，要求每位干部在手机上安装客户端。管理系统共有工作日志、任务交办、招商管理等10个模块，实行“一人一档”日志式管理，干部每天上报工作日志，鼓励在工作纪实中上传视频、图片，主管领导随时可以调阅和点评。系统每月汇总一次，年底分门别类形成全年业绩档案，根据纪实内容，有针对性地开展分层次分类别考评，重点考察领导班子的战斗力和干部的工作能力、人岗相适度和遵规守纪情况，让“为官不为”的干部无处隐身。

（余学科　王　斌）

宣　传

【中心组学习】 2015年，县委宣传部全力做好学习型党组织建设，邀请省级以上专家到洪泽，围绕新型城镇化、电子商务、综合改革发展等专题，开展县委中心组学习报告会12场，有效提升领导干部驾驭改革发展的能力和水平。全年举办12场“洪泽湖广场大学堂”，理论宣讲更加贴近基层、贴近生活。

【对外宣传】 2015年，在县委宣传部、县委外宣办的组织推动下，全县在《新华日报》重头稿件、《淮安日报》1版2版头条、市台《新闻联播》用稿全市领先。女“羊倌”王伟伟当选央视2015全国十大“三农”创业致富榜样，全省唯一。江苏首届“美丽经济”发展高峰论坛暨洪泽旅游经济发展推介会圆满成功，《县委书记南京卖旅游》受到20多家主流媒体集中报道。全国20家主流媒体老总看洪泽、《扬子晚报》50名幸运读者游洪泽活动影响广泛。《水韵洪泽》城市形象片、洪泽湖大闸蟹卡通形象片、《洪泽故事》图书等一批特色文宣品备受好评。第十届洪泽湖国际大闸蟹节取得圆满成功，半程马拉松赛、古堰自行车赛、老子山国际台球公开赛、道教文化论坛等品牌活动受到主流媒体广泛推介。

【舆论引导】 2015年，县委宣传部组织各重点部门每月定期举办1场新闻发布会，推动新闻发布会形成制度。县内报纸、电视、网站、论坛、微信、微博同步发布，发布渠道得到进一步拓展。政务微信、微博等发布平台影响力逐步增强，民间论坛、网站的引导管理水平不断提升。宝利嘉集访讨薪事件等一批突发舆情得到妥善管控。全年举办“民生面对面·干群心贴心”电视问政于民活动11场，解决群众关切的民生问题160多个，成功化解气味问题扰民的负面舆情，电视问政功能得到进一步拓展。

电视问政创建文明城市专场

【召开文化建设迈上新台阶会议】 2015年，洪泽县在全市县（区）首家召开推动文化建设迈上新台阶会议，出台实施意见，提出建设文化大县、文化强县的“两个五年”目标，精准提炼“大湖文化”品质内涵，设立文化发展专项资金1000万元。招聘18名专业文化人才，定向充实基层文化队伍。加强县级文联组织建设，完成全县文艺协会换届改选。组织召开全县文艺家座谈会，提振文化战线精气神。

【文化惠民活动】 2015年，县委宣传部、县文广新局组织开展“古韵新风”中华诗词经典诵读首场展演、精品舞台剧《原野》展演、纪念抗战胜利70周年大合唱比赛及主题书画摄影展等文化活动，深受群众欢迎。开展文化“四送”活动，全年送书2万余册，送戏90场次，送电影1700场次，展览16场。农渔民读书节影响不断扩大。

【文化设施建设】 2015年，县文化综合馆、体育综合馆、科技智慧展览馆“三馆”文化新地标启动建设，彭城渔具、董风草编、西顺河柳编等一批非遗项目传习所建成开放。三河花船舞入选第四批省级非物质文化遗产保护名录。实施周桥大塘环境整治工程、洪泽湖大堤石刻保护工程。《大堤石刻》编辑出版。

【文化产业升温】 2015年，洪泽县文化产业发展不断升温。洪泽湖水釜城文化产业园集聚能力提升，掼蛋文化乐园、中国印博物馆、防震减灾体验馆、“光影世界”科普馆、渔文化博物馆“一园四馆”群建成开放。“智慧洪泽”成为国家试点。

【德润洪泽建设】 2015年，县委宣传部放大“德润洪泽”品牌效应，积极释放正能量。组织开展“社会主义核心价值观·学好人在行动”——百名好人宣讲百村行活动，先后在120个村居宣讲了263名好人故事，培育洪泽好人候选人160多名。马浪岗海事所先进事迹在全省交通系统巡回宣讲。唐真亚获评“全国劳动模范”、全省首批“岗位学雷锋标兵”。孙成斌入选“江苏省道德模范”提名，其家庭获评“江苏最美家庭”。深入开展“传承好家训　建设好家风”活动，领导干部立家规活动全市试点。挖掘和提炼优秀家训家风格言120余条、故事230余篇，专版、专栏、专题刊登家训家风文章130余篇。《洪泽：好家风涵养好党风好民风》在新华日报头版刊发。建设家风文化墙350余米。持续开展家训家风“六进”活动100余场次，推动优秀家训家风融入市民公约、村规民约。

【党员冬训工作】 2015年，县委宣传部组织各级干部深入学习习近平总书记系列重要讲话十八大和十八届三中、四中、五中全会精神。扎实开展基层党员冬训讲座420余场，组织支部党课1900场，全县2万多人受教育。党员冬训组建法治洪泽、幸福洪泽、德润洪泽、创业洪泽、效能洪泽五个宣讲团和文艺说唱团简称“五讲一唱”。冬训活动获评全省基层党员冬训创新项目，受到省简报推介。黄集街道、岔河镇获评全省基层党员冬训示范镇。

【社科研究】 2015年，县社科联蝉联全国社科先进组织。系统化的县级社科课题立项研究成果显著，全年完成23项课题的立项和结题工作，1篇调研成果在国家级刊物发表，1篇调研成果获省三等奖，6篇调研成果在市级以上刊物发表。

【文明创建】 2015年，全县注册志愿者超1.5万人。启动文明小区联创共建，组织省市县级文明单位进小区开展志愿服务活动，启动“学雷锋·在行动”志愿服务进社区、“文明交通行”劝导等系列志愿服务活动。组织各级志愿团体深入“四城同创”创建一线开展志愿服务活动。实施省、市、县三级文明单位联动开展道德讲堂，举办大型联动专场16场。结合“四城同创”，巩固深化省级文明城市创建成果。组织开展“八礼四仪”进课堂、“微言传大义、影像说价值”微视频征集活动和“最美人物”系列评选。

（唐传奇　赵　晨）

统战工作

【创新工作】 2015年，县委统战部注重发挥无党派知识分子联谊会作用，开展创新创优活动。年初，由县无党派知识分子联谊会发起并组织全县部分非公经济代表人士，开展“记录岁月·温暖新春”爱老敬老大型公益活动。走访三河、共和、东双沟、岔河等镇敬老院看望和慰问老人，活动中洪泽县8位摄影家为敬老院200多位孤寡老人免费拍照，记录下老人们一张张幸福的笑脸和岁月的印记，并为每位老人送上一份爱心大礼包，让他们在关爱中感受到了春天般的温暖和家庭般的温馨，累计捐款捐物30多万元。《淮安日报》作专版宣传，在全社会释放了敬老爱老的正能量。洪泽县知联会积极与市知联会联系，争取到淮安增力爱心基金会洪泽图书角项目落户洪泽，项目总计捐赠书柜440个、图书约6.2万册，捐赠总额近100万元，惠及全县16所小学、440个班级、1.85万学生。该项目捐资的图书是由北京慈弘慈善基金会联合全国教育界知名人士，专门为不同年级段小学生设计定做并精挑细选的优秀课外辅导读本，有利于帮助各年级段小学生开启心智、滋润心灵，提高阅读兴趣、思维水平和写作能力。11月11日，举行淮安增力爱心基金会洪泽图书角项目捐赠仪式，市委常委、政法委书记张亚青、市政协副主席朱毅民、县委书记徐东海等领导出席启动仪式并讲话。

【开展“同心助推淮安科学跨越发展行动”】 2015年，县委统战部认真贯彻市委统战部提出的开展“同心助推淮安科学跨越发展行动”。出台《关于继续开展洪泽县统一战线“同心助推洪泽科学跨越发展行动”的实施意见》。重点抓好“三个服务”：一是全力服务重大项目。全力服务好我部引进的洪泽湖佛教旅游园项目。该项目一期共投入3亿多元，3月份通过市亿元重点项目考核验收。下半年，推进洪泽湖佛教旅游园项目二期工程，再次被列入市重点考核项目。年接待县外佛教居士和游客达15万人次以上，带动周边三产服务业消费超亿元，成为洪泽旅游发展的一个重要品牌和一张特色名片。二是全力服务非公企业。开展“下基层、访企业、解难题、促服务”活动，深入120多家企业，宣传《县委、县政府关于扶持全民创业的若干意见（试行）》文件精神，赠送《洪泽县涉企服务一本通》，并帮助企业协调解决用工、融资、市场等问题37件。三是全力推进招商引资。县委统战部实现规模企业开票销售近1.1亿元，完成县定目标任务139.2%；规模以上实体企业税收完成县定目标任务167.5%；向上争取到位资金150万元，完成目标任务500%；实现现代服务业税收近300万元；培植列统企业2个，完成目标任务200%；签约、开工并投产1000万元以上工业项目2个，全面完成全民创业各项县定目标。在全县跨越发展年度责任目标考核中，前三季度考核在22个相关部门评比中均名列第一。

【民族宗教工作】 2015年，县委统战部加强民族团结宣传教育，通过上门走访、召开座谈会、建立宣传栏等形式，进行民族团结进步和少数民族政策宣传。向省民委、省财政厅争取到帮扶资金20万元，帮助润园食用菌专业合作社食用菌标准化基地建设；争取到帮扶资金130万元，帮助洪西顺河镇街西村特色村镇续建。做好城市少数民族流动人员管理服务工作，重点加强对少数民族流动人口的服务和管理，组织开展少数民族情况调查，摸清底数，建立少数民族帮扶台账。11月初，先后深入西顺河镇、高良涧街道，为当地30余户少数民族困难家庭送去帮扶资金及食用油。及时、妥善协调处理矛盾纠纷，针对高良涧街道原钱码村基督教活动场所房产拆迁纠纷，加强与信徒沟通，多方征求意见，研究解决方案，迅速处理化解，避免矛盾进一步激化。全年未发生一起有影响的群体性事件。加强民族宗教领域的社会管理创新力度，开展宗教场所主要教职任职备案工作，实现宗教活动场所主要教职管理的制度化、民主化、系统化。开展星级宗教场所创建工作，进一步加强和创新宗教活动场所管理，促进场所管理的标准化、规范化。9月，对全县109处宗教场组织架构代码证进行规范管理。规范财务管理，各宗教场所均到银行办理集体账户。全县共有17个基督教私设聚会点得到根治。加强宗教团体建设，引导和促进宗教界参与社会管理创新，为全县经济社会发展做贡献，由县三自爱国运动委员会筹资建设的乐龄敬老院。

【港澳台和海外统战工作】 2015年8月，筹备成立洪泽县侨界联合会，侨界工作有组织、有队伍、有经费、有阵地、有活动。省侨联主要负责人到会讲话，省侨联简报及省侨联网站对活动分别予以报道。侨联成立后，开展服务侨胞活动，先后走访慰问了12位75岁以上归侨、侨眷，给他们送去祝福，送去真情。开展关爱侨企行动，组织政府有关部门深入侨企宇天港玻、自热风纺织开展调研，为他们解决企业生产经营中存在的问题和困难。开展侨胞交流活动，9月23日，县侨联召开归侨侨眷迎中秋国庆茶话会，与会人员对加强侨联工作提出好的意见和建议。开展对台经贸交流活动，组织公务赴台6次，拜访台商台企60家，接待到洪泽考察台商80余人，主动做好台商台属台胞服务工作，积极帮助协调解决相关矛盾，促进对台关系的和谐。

【党外干部工作】 2015年，县委统战部建立党外干部实职安排人物库，先后2次向县委推荐党外后备干部人选。多次与组织部门进行沟通，提拔使用6名党外干部到副科级领导岗位。鼓励和推荐党外干部参加外出驻点招商锻炼，有10余名党外干部参加全县组织的外出驻点招商活动。积极向组织部门推进党外干部参加县委组织的青年干部培训班，赴江西财经大学、井冈山革命传统教育基地培训学习。在11个政府必须配备部门以及法院、检察院党外领导干部配备方面，县委统战部向县委主要领导做了专题汇报，县委统战部出台文件明确规定党外干部配备使用要求。

【经济领域统战工作】 2015年，县委统战部支持工商联开展工作，新发展会员100家，新成立商会1家。全县基层商会达22家，行业商会8家，异地商会和其他商会各1家，企业会员634家。注重制度建设，积极推进“品牌商会”创建活动，目前全县12家商会全部创成AAA市级品牌，其中4家达到AAAA标准。加强与外地商会的沟通联络，先后与成都双流县、成华区工商联开展合作交流，并缔结友好商会。建立和完善企业专家工作站，成立了纺织、化工、机械、电子行业商会专家工作站。与浙江台州金属材料流通行业协会签订友好商会合作协议，11月21日，30多名企业家到洪泽考察，达成投资合作意向。发挥小微企业融资服务合作社作用，进一步拓展融资规模，缓解企业融资难问题。加强非公经济人士队伍建设。做好代表人士思想政治工作，注重教育培训，树立先进典型。切实加强非公经济党建工作，11月19日，举行非公企业党组织书记工作室暨专家工作站集中授牌仪式。组织以会代训——培训班2期。建立非公经济人士信息库。定期对非公经济代表人士综合评价，坚持综合评价两年有效原则，及时更新综合评价信息库。载至11月，信息库录入非公经济代表人士309家。组织非公经济代表人士开展“圆梦大学”“敬老助残”等活动，搭建平台，通过电视、报刊等媒体，对热心“光彩事业”奉献社会的海珠机械、江苏通圆等19家企业负责人进行表彰和事迹报道。建立并完善光彩事业活动台账。

【党外知识分子工作】 2015年，县委班子成员与党外代表人士建立联系制度。县“两会”期间，党外人士共提交各类提案、意见和建议累计近100条。积极组织党外知识分子开展“立足本职、争作贡献、助推跨越发展”等活动，涌现了一批先进典型，先后有40多名党外知识分子荣获“技术能手”“岗位标兵”等称号。做好新社会阶层统战工作，“两新组织”社会管理创新工作通过上级考核验收。做好无党派知识分子联谊会工作，联谊会成员积极开展文艺创作、分组调研、建言献策、扶贫济困、文明创建等活动，进一步增强联谊会组织的凝聚力、向心力和影响力。

【加强自身建设】 2015年6月，县委统战部举办县无党派知识分子联谊会成员培训班。5月和10月，开展“三严三实”和“家风家训”教育学习培训活动。切实加强自身建设，认真查摆统战系统领导班子和班子成员存在的问题和不足，教育引导机关党员干部树立群众观点，强化宗旨意识，弘扬优良作风，解决突出问题。县委先后2次召开由县委办、组织部、宣传部、统战部等10多个部门负责人参加的座谈会，听取各有关单位对统战工作的意见和建议。11月30日，专题召开县委统战工作会议，对全县统战工作作了全面部署。 （杨文龙）

农村工作

【概况】 2015年，全县9个镇(街道)有村民委员会116个、村民小组1670个；全县农村住户73405户，农业人口290094人，其中农业劳动力157285人；全县集体所有的农用地总面积804708亩。

【土地流转】 2015年，全县土地流转工作稳步推进，当年新增土地流转面积1666.67公顷，土地流转总面积1.88万公顷，流转率达62.32%。其中，流入新型农业经营主体土地面积1.83万公顷，适度规模经营率61.15%。

【新型农业经营主体】 2015年，全县新型农业经营主体发展迅猛，新培育合作社22个，总数达786个;新培育家庭农场158个，总数达410个；建成市级以上示范社68个、示范家庭农场20个。

【农村土地承包经营权确权登记颁证】 2015年，全县农村土地承包经营权确权登记颁证工作顺利开展，试点镇岔河镇岔河村完成经营权证书发放，另外 11个村完成经营权证书的印制。到年底，岔河、黄集、蒋坝、老子山、西顺河等镇(街道)基本完成，其他各镇、村均按序时进度进行。至年底，全县共发放经营权证书694册，印制证书7185册，完善合同8006份，建立登记簿8006份，实测面积2.27公顷。

【壮村工程】 2015年，全县壮村工程有序实施，村级集体经营性收入4645万元，实施村集体增收项目65个，增收348.73万元。

【农民负担监管】 2015年，全县农民负担监管有力，全面落实党在农村的各项减负政策，实现农民负担工作无信访、无集访。当年实施村级“一事一议”财政奖补项目35个，新建道路总长46.7千米，奖补村农业人口9.42万人，项目投资980万元，其中省财政奖补资金748万元。

【农村产权交易】 2015年9月，洪泽县农村产权交易服务中心正式挂牌运行。自挂牌成立以来，该中心通过到各镇（街道）实地指导工作，逐步建立起县镇两级产权交易平台，并在岔河镇成功举办洪泽县农村产权交易现场会。至年底，全县已有8个镇（街道）进入平台交易，通过省级农村产权交易信息平台成交项目22笔，成交金额386万元，交易总面积182.73公顷。

【农村集体资产产权制度改革试点】 2015年，洪泽县探索开展农村集体资产产权制度改革试点工作，选择高良涧街道邓码居委会等8个村（居）开展农村集体资产产权制度改革。截至2015年底，股改工作正有序开展，完成成立组织、宣传发动、清产核资、人口摸底、成员界定等工作，大都进入公示阶段，确保年底完成社区股份制改革工作任务。

【农业保险】 2015年，全县农业保险工作任务如期完成。经过广泛组织发动、调查摸底和全面推进，顺利完成市下达的农业保险工作目标，高效农业保险保费收入占比达45.2%。

【扶贫开发】 2015年，全县坚持以壮大村集体经济、增加农民收入为目标，以贫困人口脱贫为重点，认真组织开展低收入劳动力技能培训，积极推进省、市扶贫帮扶项目建设，不断探索帮扶到户新模式，大力实施精准扶贫，全县11个省定经济薄弱村已全部达到新“八有”，12136名低收入人口已全部脱贫。全面完成县“十二五”扶贫开发各项任务。

（陈　庆）

对台工作

【对台交流】 2015年，县台办接待台胞、台商60余人，开展医疗、科技交流2次，接待到洪泽考察台商80余人。邀请台湾中小企业总会、台湾高雄中小企业协会、台湾电机电子工业同业公、南京台湾同胞投资企业协会、台湾芝柏光电股份有限公司、台湾京漾生技事业股份有限公司等台商到洪泽县考察，参观紫山食用菌、国蟹园、玻璃制造、洪泽旅游等项目，探讨了合作发展前景及规划。

【对台服务】 2015年，县台办定期拜访在洪泽的台商台企，主动帮助他们解决各种困难，真心实意地为他们提供细致周到的服务。主动与县法院、公安局等部门共同协调，帮助台胞厉裕复解决与他人的经济纠纷问题。利用中秋、春节等传统节日契机，通过台属联谊会开展慰问台属台商工作，给台商送去节日的温暖，并请他们与台湾亲属联系，提供一些台商投资信息，欢迎有实力的台商来洪泽投资兴业。县台属联谊会定期与其他地区台联会开展交流活动。

【对台招商】 2015年，全县组织公务赴台6次，达40人次，拜访台商台企近60家。在台期间，重点拜访台湾中小企业总会、电机电子工业同业公会、芝柏光电股份有限公司等，对有意向的合作项目进行紧密跟踪。4月、5月分别在台北、苏州举办投资招商推介会，邀请近100名台商。至2015年年底，全县台资项目竣工7个，在建2个，签约2个，在谈11个。其中，淮安源成汽车零配件有限公司、洪泽立峰农业发展有限公司在建；三之三教育项目、5000万瓶（桶）纯净水生产线项目成功签约。

（王冬源）

县级机关党的工作

【统筹构建机关党建格局】 2015年，县级机关工委认真贯彻《中国共产党党和国家机关基层组织工作条例》，破解机关党建三大难点。推进中央《条例》及苏委工6号文件的贯彻落实。机关党组织关系不顺、人员配备不齐、党建经费不足等问题，在全市率先全面得到落实。抓住创新创优工作重点，破解党务与业务融合难点。通过加大工作力度、强化督查推动等举措，促进全县创新创优项目数量和质量双提升。全年申报创新创优项目61个，其中择优报送参评市创新创优项目3个。12月7日，3个项目通过市初评考核小组验收并进入答辩环节。12月24日，对28个通过初评的县级创新创优项目组织答辩评审，现场评出15个优秀项目。配合县委督查室开展《中共洪泽县委关于加强党建工作的若干意见》（洪发〔2015〕1号）督查4次、编印通报3次；参与党建责任清单、基层党建考核办法的研究制定。组织党建创新创优领导小组例会4次，通过分类划转、组织设置调整等举措，对机关党建工作统一规划、统一部署和统一考核。

【开展机关党组织活动】 2015年，县级机关工委大力推进学习型机关党组织创建工作。配合县委宣传部组织12场道德讲堂、承办1场广场大学堂，加强公民思想道德建设；依托法治、廉政文化教育基地等，加强机关党务干部廉政教育；开展“学党章、守纪律、讲规矩”活动，贯彻落实全面从严治党要求；“七一”前夕，组织60多名机关党务干部和新发展党员赴盐城新四军纪念馆开展“缅怀革命先烈、弘扬抗战文化”主题教育活动，隆重纪念建党94周年和世界反法西斯战争胜利70周年。丰富活动内容，加强机关服务型党组织建设。利用党建例会、党员冬训、集中培训等传统载体，强化政治引领；开辟“阳光党务”专栏，开展网上“每日一题”竞赛活动，增强互动交流；组织走基层访千户暖民心、传承好家训·建设好家风、机关党员进社区志愿服务等活动，推动机关作风转变。先后组织“掼蛋”比赛、科级以上干部羽毛球邀请赛、“绝对唱将”专场选拔赛、党政领导干部“爱国主义大合唱”“烟草杯·美丽的洪泽我的家”家风家训主题演讲、洪泽湖国际大闸蟹节古堰自行车骑行等活动，丰富机关业余生活。实施机关“智慧党建”项目，增强创新型机关党组织服务功能。依托县智慧党务平台，做好党员志愿服务“积分管理系统”的信息维护等工作，发挥“党员发展系统”功能，实现机关党员发展网上全程纪实化。创新开发党建工作绩效考核积分管理系统，对交办工作实时考核、排名，强化党建工作过程性考核。“智慧党建”项目得到省、市级机关工委领导的高度评价。

【推进机关党建责任落实】 2015年，县级机关工委组织开展机关党组织集中换届工作。从8月开始，对62个机关党组织开展集中换届，将机关党建经费纳入财政预算，强化组织建设。同时将机关党建工作纳入全县目标考核，全面推行党建基础工作百分制考核、党建特色工作积分制考核、创新创优激励制考核、党建信息加分制考核模式。落实党建工作责任制。建立机关党组织书记党建责任清单和党建责任保证金制度，增强机关党组织责任和压力；建立党组织书记半年述职、年度专项述职评议机制，12月21—23日，对53个机关总（支）部书记开展党建专项述职评议活动，促进机关党组织书记履职尽责；围绕推进“两个责任”落实，加强自身建设，增强全体员工守岗有责、有为无憾的担当意识。当年，洪泽机关党建特色工作代表淮安市在全省县（区）机关工委书记培训班上交流。

（王　晨）

老干部工作

【开展老干部“双先”争创活动】 2015年，县老干部局动员全县老干部党支部及其他各类老干部组织争创先进集体，全体老干部争当先进个人，充分发挥他们的正能量，为全县经济社会发展献计出力，并进行表彰。3月，遴选县人社局离退休干部党支部、三河镇老干部党支部等2个先进集体和王晔、严继福、汪庭华、刘贵卿4人为市离退休干部先进集体和先进个人，参加全市“双先”表彰大会。

【开展“扶贫助老”慈善捐助活动】 2015年，县老干部局在全县离退休干部中开展“扶贫助老”慈善捐助活动。县慈善总会单独设立“助老扶贫”基金账户。2月13日举行启动仪式，募集资金3.8万元。当年，组织老干部代表走访慰问了20户城乡困难老年职工、老年居民及农村老年人，发放慰问金1.6万元。

【开展“家风家训”活动】 8月13日，配合县委组织部召开全县老干部“家风家训与党风政风”座谈会。培育典型，在离退休老同志中间推选出特点鲜明、家风淳朴的优秀家风家训6个，分别培育典型，培植陈新民和接步宝两个先进家庭。以26位老同志的名义向全县发出倡议。

【完善离休干部居家养老服务机制】 2015年，县老干部局面向离休干部，开展医疗巡诊、家政服务和助老员上门服务，此项机制将长期坚持下去，更好地为离休老干部服务。从1月份起，完善与服务公司关于居家养老服务合同，组织医疗巡诊。年内，为老同志提供维修家电、水电等服务136人次，医疗巡诊116名离休老干部。在此合同的基础上加入了云终端的电子服务平台，引进365程序，为更好地服务离休干部发挥更大的作用。

【组织老干部外出参观学习】 为纪念抗日战争70周年，县老干部局组织离退休干部350人次前往黄花塘新四军军部纪念馆、彭雪枫烈士陵园、八十二烈士陵园、苏皖边区政府、淮安市老干部史料陈列馆瞻仰参观学习。配合县委、县政府做好市直退休干部20余人调研洪泽县“4+3”服务业特色产业建设情况的接待工作，先后视察调研了洪泽县水釜城、大吉祥寺和老子山艳阳温泉国际养生中心。

【修缮老干部活动场所】 2015年，县老干部局对夕阳红大院的绿化进行了补植，对亮化进行了规划建设，对破损地面进行了维修；更换86个消防灭火器，改造400伏配电房和重点部位双电路配置，确保不断电。

【建立联系走访慰问老干部制度】 2015年，县老干部局把走访看望老干部作为工作制度，坚持重点走访看望和经常性走访相结合。组织4个组对110名离休干部进行走访慰问。全年看望老干部450余人次；帮助离休干部解决实际问题28件，解难释疑53条。

【老干部文体活动】 2015年，县老干部局先后组织“迎新春”机关企事业单位老同志掼蛋比赛、乒乓球比赛、歌咏比赛、戏曲大赛，以及为民书春活动；开展“庆五一”全县离退休干部扑克牌比赛，有256名离退休干部参加比赛，其中14人获一等奖、14人获二等奖、28人获三等奖、64人获四等奖；开展“庆十一”全县离退休干部棋牌比赛。

【离休干部健康检查】 5月中旬，县老干部局组织全县213名离休干部和原担任县四套班子领导职务的退休干部进行健康检查，以达到无病预防、有病早治的目的。还根据老干部的体检情况，建立老干部健康档案，为老干部后续治疗创造条件。

（胡同成　丁　敏）

党　校

【党建创新】 2015年，县委党校着力推进党建创新创优，重点实施党员干部学历学位提升工程、年轻干部培优工程等项目，突出抓好党员干部教育培训。配合县委宣传部部署安排，按照“政策进农家、理论进社区”要求，开展党员冬训10场，受训超过2000人次。举办各级各类培训班和送教下基层活动，参训学员得到了党性锻炼，增强了干事热情，真正树立全心全意为人民服务的思想。科学谋划、精心实施党员干部学历学位提升工程。重点依托与江西财经

全县党政干部参训学员参观焦裕禄纪念馆

大学的政院合作战略关系，做好江西财经大学2015级MPA洪泽教学点服务工作。编制计划，加强管理，明确班主任跟班制度，每周安排两名教员全程服务。利用党性教育实境课堂，开展党性教育活动。全年组织到井冈山、周恩来纪念地、兰考等党性教育基地活动5次：全县政法干部社会治理研修班（江财、井冈山）、全县宣传文化干部（井冈山）培训班、全县科级干部（兰考）培训班、全县处级领导干部"三严三实"实境课堂（周恩来纪念地）专题教育活动。同时，组织实施教育实践培优计划，开展中共十八大专题、经济管理、法治法规、学历学位"四项教育"，重点安排十八届四中全会精神解读、习近平治国思想解读、新型社会治理视野下公安依法行政的推进、新司法改革背景下公检法关系构建、国家治理与政府治理能力现代化等课程；江西财经大学2015级MPA洪泽教学点已经举办面授4次。

【党员干部教育培训】 2015年，县委党校坚持以改革创新为动力，干部培训突出主体班，兼顾专题班。培训内容突出马克思主义基础理论、党性修养、党史党建、领导能力、世界眼光与战略思维等，要注重结合洪泽县情，注重提高全县领导干部推进洪泽跨越发展的能力。全年举办主体班8期，参训近800人次。3月，全县政法干部培训班，为期6天，参训50人；4月，全县宣传干部培训班，为期6天，参训20人；5月，全县科级干部培训班，为期6天，参训50人；8月，全县村（居）支部书记培训班，为期5天，参训144人；9月，全县非公企业党组织负责人培训班，为期7天，参训122人，其中48人赴厦门参加培训；10月，青年干部培训班，为期一个月，参训115人，其中100人赴江西财经大学、井冈山学习培训；11月，党政干部（兰考）培训班，参训57人，赴兰考焦裕禄干部学院培训；11月，党政干部（兰考）培训班赴兰考焦裕禄干部学院培训，努力探索县级党校规范主体班办学的新路子，提升办学水平和质量，充分发挥县级党校的主阵地、主渠道作用。

全县青年干部培训班采取集中培训一个月，培训方式包含集中培训、个人自学、县内调研和志愿服务活动。参训对象是县委和组织部门经过层层选拔的115名青年干部。课程内容主要包括坚持和发展中国特色社会主义、党性教育、互联网+、领导者素质与能力提升等。县委组织部、党校全程跟踪，量化考核，计入干部考察档案。针对全县中心工作和热点问题，推出10个调研题目，开班后的第一周在县内调研，写出调研报告，在全班进行汇报交流；另外，安排学员到一线岗位进行社会实践锻炼，20名青干班学员志愿服务CBSA美式台球（洪泽）国际公开赛，为参赛选手提供全方位赛事服务。另有几十名学员参加了秸秆禁烧工作和元旦长跑志愿服务实践锻炼。

与江西财大学联合举办公共管理硕士研究生班（MP（研究生班）单证班和双证班。上半年，MPA单证班，参训人数45人，主要内容为MPA研究生课程。9至10月份，MPA单证考前辅导班，参训人数65人，主要内容为MPA单证考试辅导。下半年，MPA秋季班，参训人数43人，主要内容为MPA研究生课程。还联合县机关工委、县公安局等单位举办了入党积极分子培训班、公安干警培训班等，受训人数达600人。开展党员冬训、"三严三实""家风家训"等送教上门活动40余场次，受训人数达3000人次。

全县科级干部培训班在红旗渠干部学院开展实境教学

【科研调研】 2015年，县委党校明确要求每个教师结合自己的教学特长，结合县情校情，确立自己的学科主攻方向和教学专题。重点抓课题研究和调查研究，明确“四个一”科研调研任务，即一个成熟的教学专题、每年一个课题、一篇调研报告、在市级以上刊物发表一篇以上文章。全年，在市级以上发表科研文章5篇，积极参与省、市、县科研立项，申报省、市、县级课题，其中姚永建老师的《论基于生态文明的新型城镇化——以洪泽县为例》论文获省委党校合格结项，市社科联结项优秀成果。

【教师队伍建设】 2015年，县委党校与党政部门、上级党校、知名高校合作，建立优质师资库，聘请一批实践经验丰富、理论水平较高、善于课堂讲授的县委县政府领导、高校专家教授，担任兼职教师，建立相对固定的、理论水平较高的兼职教师队伍。启动名师工程，致力于培养政治强、业务精、作风好的知名教师，坚持选送教师外出学习深造，开阔眼界，提高教师的综合素质。全年有30人次赴中央党校、省市党校、井冈山、焦裕禄干部学院等地学习深造。全年组织教学专题交流活动30场次，给青年教师提供苦练基本功的内部平台。张娟娟的课程《传统家风文化与领导干部家风建设》在全市党校系统教学竞赛中获二等奖。

（吴亚琴　张娟娟）

党　史

【《中国共产党洪泽历史》第二卷发行】 2015年2月16日，县委召开党史工作座谈会暨《中国共产党洪泽历史》第二卷首发式。市委党史工办主任孙洪斌出席会议并讲话，县委党史办负责人介绍了《中国共产党洪泽历史》第二卷编写情况及《中共洪泽县委关于进一步加强和改进党史工作的若干意见》的主要内容，向县教育局、党校等相关单位代表赠书。座谈会期间，各与会部门领导就如何贯彻落实《中共洪泽县委关于进一步加强和改进党史工作的若干意见》作了表态发言。

【开展党史宣传教育活动】 2015年，县委党史办以纪念抗战胜利70周年为契机，编印2000多本《纪念中国人民抗日战争胜利暨世界人民反法西斯战争胜利70周年宣讲材料》，供全县各级党组织学习、宣讲。在《洪泽报》和洪泽政府网站开辟专栏宣传洪泽人民抗战事迹。在省、市报刊撰写宣传洪泽党史文章，其中有2篇被《淮海晚报》采用，1篇获市纪念抗战胜70周年征文二等奖。4月，县委党史办为县入党积子培训班讲党史；8月，联合县级机关工委在洪泽湖文化广场举办“铭记历史开创未来”广场大学堂，宣讲洪泽抗战故事；9月，与教育局联合，在新学期入学为中小学生作《铭记历史珍爱和平》讲座；10月，在县“道德讲堂”演讲洪泽抗战宣传故事等。从5月份起，县委党史办举办洪泽人民抗战事迹图片展，先后县文化中心、洪泽湖影剧院等人群集聚场所展出，受到社会各界的欢迎和好评。

【举办洪泽地方党史专题编撰培训班】 12月24日，县委党史办举办洪泽地方党史专题编撰培训班，邀请市委党史工办党史专家马新文为全县机关、企事业单位，以及各镇（街道）新时期洪泽党史专题编研分管领导、主笔人作专题辅导，提升编撰人员理论水平。

【党史实景基地建设】 2015年，县委党史办联合西顺河镇、岔河镇、三河镇共同打造洪泽烈士陵园、江淮大学纪念馆两个党史教育实景基地，至7月，两个党史教育实景基地全部建成开放。

（管玉英）

编辑：吕后臻

会议决策

【县第十四届人大四次会议】 2015年2月5—7日，县第十四届人民代表大会第四次会议召开。190名代表出席会议。会议听取和审议《洪泽县人民政府工作报告》；审议《洪泽县2014年国民经济和社会发展计划执行情况及2015年国民经济和社会发展计划（草案）的报告》，审查、批准洪泽县2014年国民经济和社会发展计划执行情况的报告及2015年国民经济和社会发展计划；审议洪泽县2014年财政预算执行情况及2015年财政预算（草案）的报告，审查洪泽县2014年财政预算执行情况的报告和2015年财政预算（草案），审查、批准2014年县级财政预算执行情况的报告和2015年县级财政预算；听取和审议《洪泽县人民代表大会常务委员会工作报告》《洪泽县人民法院工作报告》和《洪泽县人民检察院工作报告》；进行大会选举。

【县第十四届人大常委会会议】 2015年，县第十四届人大常委会共举行10次常委会会议。

2月2日，县第十四届人大常委会举行第三十次会议。会议听取代表资格审查情况的报告；讨论通过县第十四届人大四次会议有关事项；讨论通过县人大常委会工作报告（讨论稿），并推定报告人；审议通过《洪泽县人大常委会街道人大工作委员会工作暂行规定》（草案）；审议通过县人大常委会关于“将大庆中路东侧等14个地块纳入2015年旧城改造计划”的决议；进行人事任免。

3月28日，县第十四届人大常委会举行第三十一次会议。会议听取县相关部门关于《中华人民共和国消费者权益保护法》《中华人民共和国产品质量法》《中华人民共和国旅游法》《中华人民共和国妇女权益保障法》贯彻实施情况报告；进行人事任免。

5月30日，县第十四届人大常委会举行第三十二次会议。会议听取和审议县政府部分组成部门主要负责人履职情况报告；听取和审议县政府“关于加快新型城镇化建设，推动幸福洪泽发展”议案实施方案的报告；听取和审议县人大执法检查组关于《中华人民共和国人民调解法》贯彻实施情况的检查报告；进行人事任免。

7月31日，县第十四届人大常委会举行第三十三次会议。会议听取和审议2014年财政决算草案和2015年上半年财政预算执行情况的报告；听取和审议2014年财政预算执行和其他收支审计情况的报告；听取和审议2015年上半年国民经济和社会发展计划执行情况的报告；审议通过洪泽县人大常委会工作制度；进行人事任免。

8月23日，县第十四届人大常委会举行第三十四次会议。会议审议通过县人大常委会关于《洪泽县城市总体规划（2014—2030）》的决议；进行人事任免。

9月30日，县第十四届人大常委会举行第三十五次会议。会议听取和审议县政府关于提请变更洪泽县国民经济和社会发展“十二五”规划部分指标的议案；听取和审议县检察院反贪污贿赂工作情况的报告；听取和审议县政府关于《中华人民共和国环境保护法》贯彻实施情况的报告。

11月6日，县第十四届人大常委会举行第三十六次会议；进行人事任免。

11月30日，县第十四届人大常委会举行第三十七次会议。会议听取和审议县政府关于建议办理情况的报告；听取和审议县政府关于2015年县本级财政预算部分变更情况的报告；听取和审议县人大执法检查组关于《行政诉讼法》执法检查的报告；听取县法院、县检察院负责人履职情况报告；市人大代表述职；进行人事任免。

12月17日，县第十四届人大常委会举行第三十八次会议；进行人事任免。

12月31日，县第十四届人大常委会举行第三十九次会议。会议听取和审议县“十三五”规划编制情况的报告；听取和审议县政府2016年国民经济和社会发展计划草案编制情况的报告；听取和审议2016年县财政预算草案编制情况的报告；听取了县人大常委会关于代表变动情况和补选代表的代表资格审查的报告；审议通过洪泽县十四届人大五次会议筹备工作组织机构和职责（草案）；进行人事任免。

【县人大常委会主任会议】 2015年，县第十四届人大常委会共召开5次主任会议。

2月25日，县第十四届人大常委会召开主任会议。会议讨论2015年工作要点及实施计划。

4月30日，县人大常委会召开主任会议。会议听取和审议县体育局关于《中华人民共和国体育法》、县民族宗教局关于《宗教事务条例》、县烟草专卖局关于《中华人民共和国烟草专卖法》贯彻实施情况的报告。

6月29日，县人大常委会召开主任会议。会议听取和审议县政府关于《洪泽县国民经济和社会发展"十二五"规划完成情况的报告》。

8月28日，县人大常委会召开主任会议。会议听取和审议县政府《关于洪泽县政府性债务处理情况的报告》；听取和审议县政府《关于秸秆"双禁"及综合利用工作情况的报告》。

10月30日，县人大常委会召开主任会议。会议听取和审议县政府"壮村"工程进展情况报告；听取和审议县发改委、住建局、水利局三个部门关于人大常委会2015年上半年交办意见落实情况的报告。

监督工作

【计划预算执行监督】 2015年，县人大常委会听取和审议了县国民经济和社会发展计划执行情况的报告，向县政府提出聚焦大项目、培植特色产业、大力发展实体经济、加快推进新型城镇化和城乡一体化等审议意见，得到县政府重视和落实。加强全口径预算监督。听取和审议了县政府关于财政预决算及审计工作情况的报告，跟踪督查了全县财政专项资金使用情况，建议县政府及财政部门建立财政预算执行动态监控机制，推进和深化部门预算制度改革，强化预算综合管理，提高财政资金使用效益。开展了国有资产管理、质量兴县情况的调研，提出建议意见，并督促抓好落实。县人大常委会还直接参与服务经济建设工作，不断加大项目招引和帮办力度，全年完成现代服务业税收1200余万元。

【"三农"工作监督】 2015年，县人大常委会开展农村饮用水安全工作视察。县人大常委会在充分调研的基础上，建议县政府及相关部门加快镇、村水厂回购试点工作，落实好管网改造资金，确保入户管网尽快改造到位，同时重视水质监测体系建设，提高饮用水污染应急处置能力，尽快解决第二水源地问题。调研秸秆综合利用工作。要求加大秸秆机械化还田力度，加强秸秆还田技术指导和政策扶持，拓宽秸秆综合利用渠道。听取县政府"壮村"工程进展情况报告。建议各村因地制宜选准增收渠道和项目，力争"一村一品""一村一特色"。

【民生实事监督】 督查民生实事及重点项目建设。县人大常委会相关工作委员会将县政府2015年10件实事和社会事业重点项目进行梳理分类，适时进行跟踪督查，要求实施单位坚持建管并重，保证工程质量，着力打造精品民生工程。2015年，县政府确定的民生实事得到较好完成。

督查养老服务工作。3月，县人大常委会组织人员先后深入部分镇村，以及乐龄爱老院、临河社区老龄关爱之家等养老服务机构调研。向县政府及相关部门提出科学规划养老服务机构建设，优化资源配置，推进医养融合，尽快出台符合洪泽实际的养老服务工作实施办法等建议。县政府出台《洪泽县关于加快发展养老服务业的实施意见》，并将养老服务业发展列入"十三五"规划。

督查生态环境保护工作。县人大常委会组织代表视察全县村庄环境整治工作，建议在巩固"五位一体"运行机制成果的基础上，科学规划，完善长效管护机制。

【法律监督】 2015年，县人大常委会开展"六五"普法工作检查工作。督促落实依法治县措施，推动形成办事依法、遇事找法、解决问题用法、化解矛盾靠法的良好氛围。一是对《中华人民共和国人民调解法》贯彻实施情况进行检查，建议高度重视人民调解在社会矛盾纠纷化解体系中的基础性作用；二是对《中华人民共和国行政诉讼法》贯彻实施情况进行检查，要求进一步畅通行政诉讼渠道，增强行政诉讼公信力，构建行政纠纷解决机制，促进行政机关依法行政、执法为民。县人大常委会会议、主任会议共听取县旅游、烟草、妇联等7个部门相关法律法规实施情况的报告。还积极参与全县社会治理和平安洪泽、法治洪泽建设工作，配合省、市人大开展执法检查工作。

代表工作

【联系代表渠道拓宽】 县人大常委会组成人员固定联系两名基层人大代表，关心代表履职情况和工作生活情况，直接听取代表的意见和建议。邀请代表列席人大常委会会议，参加人大常委会和县相关部门组织开展的视察、调研、检查、电视问政、创卫监督、行风评议、信访听证、公诉庭审等活动，拓宽代表履职渠道。全县省、市、县三级人大代表全年参加上述活动200余人(次)。

【代表活动】 开展"人大代表回选区见选民"活动。全县省、市、县、镇四级人大代表共走访选民5131人，127名代表向1793名选民代表进行述职，开办讲座22次，送医送药18次，为群众兴办实事473件，投入帮扶资金70余万元，代表提出建议296件。组织代表参观周恩来纪念馆，增强代表为民履职的使命感。开展"双向体验"活动，机关代表到农村体验基层生活，访民情、解民忧；农村代表进机关零距离走访，拓思路，话发展。

【议案建议督办】 县十四届人大四次会议期间，代表共提出建议99件，至2015年底，已解决的54件，占54.6%；在解决中的22件，占22.2%；受政策、管理权限等因素制约，现阶段无法解决的23件，占23.2%。办成率为76.8%，比2014年提高14.2个百分点。

(丁正涛)

编辑：邵永芹

洪泽县人民政府

县政府

【县政府领导成员分工】 2015年，县政府领导成员工作分工：

殷　强　主持县政府全面工作，兼管财政、审计、监察、统计、机构编制方面工作。

顾祥悦　负责县政府常务工作，负责发展改革、人力资源、公务员管理、社会保障、目标管理、一县一题、南北挂钩、企业上市、服务业、税收、物价、投融资、金融保险、政务服务、机关事务和现代服务业招商、金融招商方面工作。分管政府办、发改委、人力资源和社会保障局、物价局、政务办、阳光办、机关事务管理服务中心、金融办，协助分管财政局、审计局、监察局、统计局。联系国税局、地税局、驻洪金融保险机构。

乐　翔 负责司法、政府法制、民政、双拥、社区建设、城市管理、应急管理、民族宗教、社会稳定方面工作。分管公安局、民政局、司法局、民族宗教局、法制办、双拥办、城管局、信访局、应急办、维稳办。

钱宏光　负责新型城镇化、农业农村、秸秆禁烧禁抛和综合利用工作，分管农机局、粮食局、供销总社，协助分管政府办、民政局、文广新局、水产局。

王兆龙　负责城乡规划与建设、住房保障、征收安置、国土资源管理、人防、城市资产经营管理和城建招商方面工作。分管规划局、住房和城乡建设局、国土资源局、人防办、城市资产公司、江苏洪泽湖建设投资集团有限公司。联系住房公积金管理中心。

杨　杰　协助负责农业农村方面工作，侧重农业技术推广、农业园区建设、农业综合开发、农业项目争取和农业招商工作。分管农业开发局，协助分管农委。

徐　琳　负责文化、教育、体育、卫生、计划生育、广播电视、新闻出版和社会事业招商方面工作。分管文广新局、教育局、体育局、卫生局、人口计生委、广播电视台、地震局、县志办。联系妇联、档案局、文联、残联、关工委、红十字会。

张　亚　负责科技和科技招商方面工作，协助负责工业、环境保护方面工作。分管科技局，联系科协。

张培刚　负责开放型经济、商务、外事侨务、外资招商、安全生产、商贸流通、全民创业、市场监督管理、私营个体经济方面工作。分管商务局、外侨办、安监局、市场监督管理局（工商局、质监局、食品药品监督管理局）、商业总公司、物资总公司。联系台办、工商联、电信公司、邮政局、移动公司、联通公司。

高　军　负责工业、信息化、招商引资、交通运输、环境保护、工业集中区方面工作。分管经信委、乡镇企业局、信息化办公室、交通运输局、环保局。联系总工会、供电公司、烟草公司、盐务局、石油公司。

徐礼球　负责“三农”、水利、白马湖保护与开发、洪泽湖退圩还湖、扶贫、精神文明和农业招商方面工作。分管农委、林业局、水利局、水产局。联系农工部、气象局、共青团、社科联、文明办、信息中心。

陶　辉　协助负责城市管理、双拥、住房保障、征收安置和城建招商方面工作。

陈洪标 负责旅游和旅游开发、旅游招商方面工作，主持洪泽湖古堰景区管委会工作，分管旅游局。

赵成军　负责江苏洪泽湖建设投资集团有限公司工作，协助负责金融保险和金融招商方面工作。

高万成　负责江苏洪泽经济开发区管委会工作。

链接（2015年9—12月）

杨国仁　负责县政府常务工作，负责财税金融、服务业、发展改革、目标管理、人力资源管理和社会保障等方面工作，负责资产经营与管理、民生实事工作，分管县经济开发区（含盐化工区）和乡镇工业集中区工作，负责县经济开发区党工委工作，负责工业和三产服务业发展及项目招商工作。

【县政府常务会议】 2015年，县政府召开常务会议11次。

1月6日，县长殷强主持召开县十四届人民政府第15次常务会议，就政府项目融资管理、加强防违治违等问题进行专题研究。县委常委、常务副县长顾祥悦，副县长乐翔、王兆龙、杨杰、徐琳、张亚、张培刚 、赵成军，县政府党组成员陶辉、陈洪标等出席会议。有关镇、单位负责人列席会议。2名人大代表、2名政协委员应邀列席会议。会议纪要如下：

关于政府项目融资管理问题。会议听取县财政局副局长、会计局局长陈中军关于政府项目融资管理有关情况的汇报，决定原则通过，要求县财政局根据讨论意见，进一步修改完善后行文。会议指出，加强政府项目融资管理，是提高政府项目融资监管力度、确保资金高效运行的必要举措，对于规范政府投资行为、推动经济社会平稳健康发展具有重要的意义。会议强调：一要给予高度重视，各镇、各街道、各部门要从规范政府工作、建设幸福洪泽的高度出发，充分认识政府项目融资管理工作的重要意义，按照制度规定，严格工作流程，依法依规开展政府项目融资工作。二要明确工作职责，政府项目融资管理涉及单位要严格按照要求，履行相关责任，落实工作措施，同时要加强协调配合，形成工作合力，有效提升政府项目融资管理水平。三要加强资金管理，政府项目融资资金实行专户管理，进行专账核算，同时严格界定资金使用范围，确保项目资金专款专用、安全高效。

关于进一步加强防违治违问题。会议听取县城管局局长朱正港关于进一步加强防违治违工作的情况汇报，决定原则通过，要求县城管局根据讨论意见，进一步修改完善报县委审定后行文。会议指出，加强防违治违工作，是完善长效管理机制、加快新型城镇化步伐的重要举措。会议强调：一要加大宣传，通过发放宣传单和告村(居)民书等形式，积极宣传政府防治违法建设的重要意义，同时组织基层干部深入村(居)组，挨家逐户宣传政策，切实提高群众防违治违的认识，营造浓厚的防违治违氛围。二要抓好防治，县防违办要对外公布举报电话，对违章建房举报者要给予适当奖励，各镇、各街道、各部门要切实加强巡查，对违法建设问题做到第一时间发现、第一时间制止、第一时间拆除，切实把违法建设消除在萌芽状态。三要强化责任，要按照属地管理、分级负责的原则，严明防治违法建设工作职责，各镇、各街道、各部门要形成强有力的工作合力，单位主要领导就是第一责任人，村(居)书记、主任就是直接责任人，在具体工作中，要按照《洪泽县防违治违工作考核奖惩办法》严格考核，对防治不力的责任人将严肃追究责任。

关于共有产权住房工作问题。会议听取县住建局党委书记赵可林关于共有产权住房工作的情况汇报，决定原则通过，要求县住建局根据讨论意见，进一步修改完善后行文。会议指出，实施共有产权住房试点工作是市委市政府2015年实施的民生实事之一，是探索住房模式、健全住房保障制度的创新举措，对于帮助中低收入家庭、棚户区改造家庭、新就业和进城务工人员解决住房困难、改善住房条件具有十分重要的意义。会议强调：一要调研摸底，县住建局要认真开展共有产权住房调研工作，对我县城镇中等偏下收入家庭、棚户区改造家庭、新就业和进城务工人员进行逐一排查梳理，逐项完善方案，为组织实施工作奠定基础。二要积极宣传，各镇、各街道、各部门要广泛宣传我县共有产权住房工作实施方案，特别是对符合申请共有产权住房的保障对象，要宣传到户到人，将政策宣传到位。三要有序推进，在具体实施中，各相关街道、县民政局和住建局要严格对照工作细则，切实加强申请对象的审核和公示工作，坚决做到政策透明、程序规范。

关于2015年城建交通重点项目有关问题。会议听取县规划局局长邵永军关于2015年城建交通重点项目有关问题的汇报，决定原则通过提交的计划方案，要求县规划局根据讨论意见，进一步修改完善报县委审定后实施。会议强调：一要深入排查摸底，县规划、住建、交通等单位要在前期调研的基础上，进一步做好排查摸底，完善实施方案，为规划设计、征收拆迁、老旧小区改造等10大类项目启动建设奠定坚实的基础。二要加快组织实施，县相关职能部门要按照先急后缓的原则，有序推进10大类城建交通重点项目建设；对已启动的项目，要倒排序时进度，加快施工进度，确保如期投入使用。三要加大资金投入，要坚持多元化筹集资金，引导各类民间资本投资建设城市交通项目，确保重点项目有序顺利推进。

关于2015年政府为民办实事项目有关问题。会议听取县政府办副主任、金融办主任赵建清关于2015年政府为民办实事项目有关情况的汇报，决定原则通过，要求根据讨论意见，进一步修改完善后实施。会议强调：一要高度重视，各镇、各街道、各部门要把为民办实事工作摆上重要议事日程，对照实事项目安排表，按照牵头部门、配合部门相应职责，自觉主动做好相关工作。二要加快进度，对集中供水、办学条件改善、农贸市场改造等工程建设类项目，在严格执行招投标、竣工验收等制度的基础上，加快工程进度，力争提前完成年度目标任务。三要加强督查，县政府督查室要加强督查考核，定期组织集中汇报和督查推动，研究解决实事办理过程中遇到的问题和困难，切实推动各项实事项目加快实施。

关于2015年外资外贸考核问题。会议听取县商务局局长薛莉关于2015年外资外贸考核有关情况的汇报，决定原则通过，要求县商务局根据讨论意见，进一步修改完善报县委审定后实施。会议指出，出台年度外资外贸考核办法，就是要对全年外资外贸任务进行量化、细化和硬化，进一步明确工作职责，做到人人身上有任务、个个身上有压力，确保全县外资外贸目标的顺利实现。会议强调：各镇、各街道、经济开发区和各产业组要严格按照考核办法，明确工作任务，制订工作方案，强化工作举措，加快推进外资外贸工作。

关于整合职教资源有关问题。会议听取县教育局党委副书记孙云鹏关于整合职教资源的情况汇报，决定原则同意启动职教资源整合工作，要求县教育局根据讨论意见，进一步修改完善整合方案报县委审定后实施。会议指出，整合洪泽县职教资源，是优化职业教育资源、打造职教品牌的重要举措，对于服务地方经济社会发展具有十分重要意义。会议明确：1. 同意启动整合江苏省洪泽中等专业学校、卫校、技校等职教资源，组建成立新的洪泽县中等专业学校，县教育局要借鉴周边地区的先进经验，深入研究洪泽实际情况，精心制订翔实的工作方案。2. 县教育局、人社局、卫生局等学校主管部门要增强大局意识，加强对学校的安全和教学管理，确保职教资源未整合到位前各项工作平稳有序。3. 县教育局、人社局、卫生局等学校主管部门要严肃工作纪律，严格执行财务等规定，切实维护大局利益和维持社会稳定。

关于黄集等中小学合并组建九年一贯制学校和2015年度校舍安全工程有关问题。会议听取县教育局党委副书记孙云鹏关于黄集等中小学合并组建九年一贯制学校和2015年度校舍安全工程有关情况的汇报，决定原则同意上报方案，要求县教育局根据讨论意见，进一步修改完善报县委审定后实施。会议指出，整合黄集等六所中小学和实施2015年度校舍安全工程，符合洪泽县农村初中教育发展实际，是更好地整合、优化配置资源，促进全县教育均衡发展的必要举措。会议明确：1. 整合黄集、岔河、共和中小学资源，分别组建黄集、岔河、共和3所九年一贯制学校，其中黄集小学整体迁入黄集中学，岔河中学整体迁入岔河小学，共和小学整体迁入共和中学。2. 加快推进2015年校安工程建设，分别在黄集中学新建3300平方米综合楼、岔河小学新建1500平方米综合楼、共和中学新建2800平方米综合楼，同时在黄集中学、岔河小学、共和中学、蒋坝九年制学校分别新建塑胶运动场，所需资金在省补基础上，剩余部分由县财政据实安排。3. 由县教育局牵头，县人社、编办配合，在确保师资满足教学需求的前提下，制订合并学校富余人员分流安置方案，报县政府批准后予以实施。4. 由县教育局牵头，县财政配合，对撤并学校的国有资产进行清理，可动产一律随师生移交新校，土地、校舍等不动产移交县城市资产经营公司统一管理处置。

关于全县学前教育发展有关问题。会议听取县教育局党委副书记孙云鹏关于全县学前教育发展有关情况的汇报，决定原则同意，要求县教育局根据讨论意见，进一步修改完善报县委审定后实施。会议明确：1. 加快幼儿园新建步伐，计划2015年在杨码小区西侧地块新建1所幼儿园、2016年在王集小区新建1所幼儿园，同时计划在交通新村地块、大庆中路两侧地块、洪新河两侧地块（东九道以北）、洪泽中学西侧地块改造以及其他新建的规模小区分别同步配建1所单轨或双轨幼儿园，与其他建筑设施同步规划、同步设计、同步施工、同步验收。2. 在加快推进公办幼儿园发展的同时，要积极引进优质品牌资源来洪泽参与学前教育的建设和管理，促进学前教育多元投入和优质发展。3. 2015年解决全县20所公办幼儿园的独立法人问题，同时按省定50%的标准，新增拨幼儿教师事业编制150人，每年增加50人，分3年落实到位。4. 从2015年起，农村公办幼儿园生均公用经费提高到600元，所需经费由财政承担；公办幼儿园所缺的多媒体教学设备由政府采购，分2年配备到位，所需经费由县财政据实拨付。5. 在县财政、物价、教育等部门规定的各类幼儿园收费限额的范围内，由物价部门通过听证会，逐步提高幼儿园的收费标准。6. 县教育局要会同公安、住建、安监等部门，近期对民办幼儿园的园舍安全、安保设施等问题进行全面排查，发现问题要限期整改，确保彻底消除民办幼儿园安全隐患。7. 县教育局要加大对幼儿教育的宣传，扎实做好幼儿教师培训和骨干教师培养，积极与外地知名幼儿园结对共建，切实提高洪泽县幼儿办学水平。

1月29日，县长殷强主持召开县十四届人民政府第16次常务会议，就镇（街道）财政体制调整、实施“壮村富民”工程等问题进行专题研究。县委常委、常务副县长顾祥悦，副县长乐翔、钱宏光、杨杰、徐礼球，县政府党组成员陶辉、陈洪标等出席会议。有关镇（街道）、单位负责人列席会议。2名人大代表、2名政协委员应邀列席会议。会议纪要如下：

关于镇（街道）财政体制调整有关问题。会议听取县财政局副局长张广信关于镇（街道）财政体制调整有关问题的情况汇报，决定原则通过，要求县财政局根据讨论意见，进一步修改完善报县委审定后行文。会议指出，调整镇（街道）财政管理体制，是县委、县政府一项主要决策，也是洪泽县财税工作的一件大事。会议强调：一要高度重视，镇（街道）财政体制调整工作，涉及面广、政策性强、工作量大。各镇、各街道、各相关部门要从思想上、行动上与县委、县政府保持高度一致，按照县里统一部署，落实具体举措，保障落到实处。二要加强配合，县财政、国税、地税等部门既要明确责任、各司其职，又要密切配合、通力协作，切实增强工作合力，提高办事效率。县财政局作为牵头部门，要树立服务意识，加强与相关单位的沟通协调，保证镇（街道）财政体制调整到位。三要严肃纪律，各镇、各街道和各相关部门要严格执行各项纪律规定，保证每项措施按政策规定实施，县监察局会同财政、审计等部门，全程加强监督检查，对工作拖沓、敷衍塞责并造成严重后果和不良影响的，要严肃追究相关人的责任。

关于实施“壮村富民”工程有关问题。会议听取县农工部部长韩学荣关于实施“壮村富民”工程有关问题的情况汇报，决定原则通过，要求县农工部根据讨论意见，进一步修改完善后实施。会议指出，实施“壮村富民”工程，是洪泽壮大村级集体经济、推动镇村健康发展的重要举措，对于加快新型城镇化建设步伐具有十分重要的意义。会议强调：一要加大宣传力度，各镇、各街道要广泛宣传“壮村富民”工程实施方案，特别是对符合条件的经济薄弱村，要重点宣传，确保政策宣传到位。二要明确工作责任，县委农工部作为牵头部门，要统筹做好调研摸底、方案制定、组织协调等工作，岔河镇要负责好项目建设规划、选址、土地流转和项目建设等工作，县国土、审计等其他单位要按照职责分工，积极配合，确保“壮村富民”工程有序推进。三要加强资金管理，设立专有账户，管好用好“壮村富民”工程省级奖补资金，“壮村富民”工程项目要公开招标并根据招标结果核定和安排奖补资金。

关于全县安全生产有关问题。会议听取县安监局局长钟志华关于全县安全生产有关问题的情况汇报，决定原则通过提交的工作安排，要求县安监局根据讨论意见，进一步修改完善后实施。会议指出，安全生产责任重于泰山，事关人民生命财产安全，事关改革发展稳定大局，必须警钟长鸣、常抓不懈。会议强调：一要不断增强责任感，当前，全县安全生产基础仍然不够牢固，年终岁尾又是事故高发期，生产经营、交通运输、人员密集场所和消防等安全形势依然严峻,各镇、各街道、各部门必须进一步增强责任感和紧迫感,认清形势,强化措施,确保安全生产平稳有序。二要全力以赴抓当前,春节前,政府各位分管领导要结合各自分工,按条线开展安全生产和消防大检查,做到不留死角、不留隐患,确保全县安全生产形势持续稳定。三要加强应急防范,完善应急协调联动和快速反应机制,特别是要积极应对雨雪灾害天气和安全突发事件,并及时进行有效处置;要严格执行领导干部到岗带班和关键岗位24小时值班。

关于全县环境保护有关问题。会议听取县环保局副局长唐士海关于全县环境保护有关问题的情况汇报,决定原则通过提交的工作安排,要求县环保局根据讨论意见,进一步修改完善后实施。会议指出,加强环境保护、建设生态文明,是全县人民的共同期待,也是政府义不容辞的责任,必须予以高度重视,切实把各项环保措施落到实处。会议强调:一要高度重视,各镇、各街道、各部门要牢固树立环境保护和生态文明建设的责任意识、使命意识,把环境保护工作摆在事关全局的突出位置,确保工作责任明确到位、各项措施落实到位。二要加强协作,各单位要进一步增强全局观念,强化协作意识,共同支持和推进环保工作。特别是在国家生态县创建工作中,县环保局要充分发挥牵头作用,其他单位也要各司其职、各负其责,形成工作合力,确保当年顺利通过国家级生态县验收。三要严格执法,县环保局要持续深入开展各类环保专项行动,对环境违规违法行为坚持零容忍,切实加大对各类危害群众身体健康、威胁环境安全违法行为的综合惩处力度。

关于清理建设领域拖欠农民工工资问题。会议听取县住建局局长赵可林关于清理建设领域拖欠农民工工资问题的情况汇报,决定原则通过提交的工作方案,要求县住建局根据讨论意见,进一步修改完善后实施。会议指出,清理建设领域拖欠农民工工资问题是当前全社会关注的大事,必须予以高度重视。会议明确:1. 县住建局要在清欠工作领导小组的领导下,充分发挥主管部门职能,把清欠工作作为当前压倒一切的工作任务,集中人员、集中精力,稳妥推进此项工作。2. 县公安、法院、人社等部门要充分发挥自身职能,采取针对性措施,依法打击各类非法欠薪行为。3. 各镇、各街道要进一步摸清本辖区欠薪的建设项目,对问题突出的要拿出切实可行的办法,及时化解矛盾,切实维护好广大农民工的合法权益。

会议还讨论了《政府工作报告》(草稿),传达学习《国务院关于加强地方政府性债务管理的意见》《国务院关于清理规范税收等优惠政策的通知》《省政府关于深入推进依法行政加快建设法治政府的意见》《江苏省行政程序规定》等文件精神。

3月7日,县长殷强主持召开县十四届人民政府第17次常务会议,就加快推动乡镇工业集中区发展、县级机关差旅费管理等问题进行专题研究。县委常委、常务副县长顾祥悦,副县长乐翔、钱宏光、王兆龙、杨杰、徐琳、张培刚、高军、徐礼球,县政府党组成员陶辉、陈洪标等出席会议。有关镇(街道)、单位负责人列席会议。2名人大代表、2名政协委员应邀列席会议。会议纪要如下:

关于加快推动乡镇工业集中区发展有关问题。会议听取县乡镇局王成乡关于加快推动乡镇工业集中区发展有关问题的情况汇报,决定原则通过提交的《关于加快推动乡镇工业集中区发展的实施办法》,要求县乡镇局根据讨论意见,进一步修改完善后行文。会议指出,加快推动乡镇工业集中区发展,既是实施工业洪泽主战略、加速中小企业成长的重要举措,也是加快产城融合、推进新型城镇化的必由之路。会议明确:1. 加强规划建设,由县委、县政府统一组织,完成高良涧、朱坝、东双沟、岔河、三河、西顺河6个工业集中区空间布局、土地利用、产业发展等多规合一的规划编制,力争用三年时间,将每个工业集中区建成面积拓展到1500亩以上。2. 强化用地保障,加大对乡镇工业集中区建设土地指标供应,2015年,由县国土部门统筹安排,按每镇(街道)50亩的标准,将建设用地指标暂借给相关镇(街道)用于工业集中区建设。3. 规范项目管理,对计划入驻乡镇工业集中区的项目,引资单位要提前将项目简介、可行性报告、固定资产投资明细报县乡镇工业集中区建设工作领导小组,审核通过后方可签约入驻,并建立入驻项目档案,跟踪督查推进。

关于县级机关差旅费管理有关问题。会议听取县财政局副局长、会计局局长陈中军关于县级机关差旅费管理有关问题的情况汇报,决定原则通过提交的《洪泽县县级机关差旅费管理暂行办法》,要求县财政局根据讨论意见,进一步修改完善后行文。会议明确:1. 县财政部门要在《暂行办法》出台的基础上,制订具体的实施细则,各单位要按照《暂行办法》和实施细则要求,规范操作。2.《暂行办法》明确了公务出差审批制度,增加了监督问责机制,各单位要自觉接受审计部门对出差及经费支出的审计,财政部门要定期对县级机关差旅费管理和使用情况进行监督检查。

关于国有土地上房屋征收停产停业损失补偿有关问题。会议听取县征收办主任季平关于国有土地上房屋征收停产停业损失补偿有关问题的情况汇报,决定原则通过提交的《洪泽县国有土地房屋征收停产停业损失补偿办法》,要求县征收办根据讨论意见,进一步修改完善后行文,由县住建局印发实施。会议指出,实施国有土地上房屋征收停产停业损失补偿管理,是规范国有土地房屋征收、维护公共利益、保障被征收人合法权益的重要举措。会议强调:县征收办及各相关部门要充分认识加强国有土地上房屋征收停产停业损失补偿工作的重要性和必要性,深入落实文件精神,加快推进老城区房屋改造征收工作。

关于交通新村、大庆中路等地块房屋征收有关问题。会议听取县征收办主任季平关于交通新村、大庆中路等地块房屋征收有关问题的情况汇报,决定原则通过提交的方案,要求县征收办根据讨论意见,进一步修改完善后实施。会议强调,大庆中路、交通新村等7个地块被列入县委县政府2015年旧城改建重点项目,涉及居民多、任务非常重,县征收部门要进一步细化方案,倒排序时、挂图作战,要抓紧做好征收地块入户摸底工作,及时化解征收工作中的各类矛盾,确保公平公正、稳妥有序地完成年度征收任务。会议明确:1. 由县征收办负责,人社局配合,招聘工程技术人员、法学专业及文秘类人员共4名工作人员，同时适时选调或借用自愿参加征收事业的工作人员充实队伍，县征收办要创新工作方法，与县安置中心形成合力，同时探索借用社会力量参与征收工作。2. 建立征收激励机制，相关费用从征收工作经费中列支，县征收办要本着节俭节约的原则，从严从简使用工作经费。3. 房屋征收实行资金封闭运行管理，一个地块一本账，由洪泽湖建设投资集团财务部门进行监管。4. 为缩短过渡期限，减少过渡费用，降低房屋征收成本，对实施的征收项目尽可能采用政府存量安置房或购买开发企业商品房进行安置，探索实行共有产权房政策，用于解决房屋征收过程中特困户补偿安置问题。

关于自来水公司改制有关问题。会议听取县住建局局长赵可林关于自来水公司改制有关问题的情况汇报，决定原则通过提交的方案，要求县住建局根据讨论意见，进一步修改完善后实施。会议指出，自来水公司实施改制，是更好地理顺劳动关系、促进企业健康发展的重要举措。会议明确：1. 督促淮安鹏程联合会计事务所做好对自来水公司的财务审计和资产评估工作，尽快出具审计报告和评估报告。2. 成立自来水公司改制工作领导小组，由县政府分管领导任组长，县住建、人社、工会、审计等部门负责人为成员，全面负责自来水公司职工安置等改制各项工作。

关于县车辆综合性能检测站改制有关问题。会议听取县交通局局长赵希立关于县车辆综合性能检测站改制有关问题的情况汇报，决定原则通过提交的方案，要求县交通局根据讨论意见，进一步修改完善后实施。会议明确：1. 成立县车辆综合性能检测站改制工作领导小组，由县政府分管领导任组长，县交通、财政、发改、人社等部门负责人为成员，工作领导小组协调负责改制各项工作。2. 由县交通局负责，国资办配合，按照法定程序对县车辆综合性能检测站国有资产进行处置，处置所得资金由县交通局实行专户储存，用于交通系统企业解困和改制。3. 县交通局要会同相关部门，稳妥推进县车辆综合性能检测站改制工作，力争4月底前完成相关任务。

4月11日，县长殷强主持召开县十四届人民政府第18次常务会议，就2015年美丽乡村建设、洪泽湖古堰省级森林公园规划等问题进行专题研究。县委常委、常务副县长顾祥悦，副县长乐翔、钱宏光、王兆龙、杨杰、徐琳、张培刚、高军、徐礼球，县政府党组成员陶辉、陈洪标等出席会议。有关镇(街道)、单位负责人列席会议。2名人大代表、2名政协委员应邀列席会议。会议纪要如下：

关于2015年美丽乡村建设有关问题。会议听取县规划局局长邵永军关于2015年美丽乡村建设有关问题的情况汇报，决定原则通过提交的《2015年美丽乡村建设工作实施方案》，要求县规划局根据讨论意见，进一步修改完善后行文。会议指出，加强美丽乡村建设是扎实推进新型城镇化、建设幸福洪泽的有效举措。会议明确：1. 从2015年起，各镇、各街道每年要打造一个美丽乡村，近期要重点推进省、县干道沿线村庄的改造提升和示范线路打造，确保蒋坝彭城村、朱坝大刘村年内通过验收，建成省级美丽乡村。2. 各镇、各街道在推进美丽乡村建设、搞好乡村硬件的同时，注重村庄内涵建设，提高村民素质，全面提升美丽乡村建设软实力。3. 县规划局要牵头做好美丽乡村建设工作，县住建、交通等单位要积极配合、全力支持，美丽乡村建设示范工作领导小组要会同县政府督查室、规划局定期开展督查，发现问题及时整改到位。

关于洪泽湖古堰省级森林公园规划有关问题。会议听取古堰景区管委会副主任徐成军关于洪泽湖古堰省级森林公园规划有关问题的情况汇报，决定原则通过提交的《洪泽湖古堰省级森林公园规划》。会议指出，为加快洪泽旅游开发、提高洪泽湖古堰森林圈层划分的合理性，2014年7月洪泽县正式启动《洪泽湖古堰省级森林公园规划》编制工作，2015年2月该规划通过专家组评审。洪泽湖古堰森林公园的建设，将进一步改善洪泽湖古堰的环境，提升周边地区的土地价值，从而产生更大的经济效益。会议强调：县环保局要积极做好对洪泽湖古堰省级森林公园项目环评的审批，古堰景区管委会要按照《规划》设计，加快推进重点项目建设，切实抓好资金、后勤等保障工作，力争早日创成洪泽湖古堰省级森林公园。

关于古堰景区创建国家AAAA级景区有关问题。会议听取古堰景区管委会副主任徐成军关于古堰景区创建国家AAAA级景区有关问题的情况汇报，决定原则通过提交的方案。会议指出，古堰景区创建国家4A级景区是贯彻落实县委、县政府决策部署，进一步盘活洪泽湖旅游资源、推进“文旅洪泽”建设的重要举措。会议明确：1. 古堰景区提升改造所需经费按照项目完成进度，由县财政据实拨付，工程类项目直接纳入政府代建程序。2. 将景区无线网(Wi-Fi)、监控、应急广播、手机APP项目纳入智慧城市建设，由洪泽县广电有线信息网络有限公司具体组织实施。

关于洪泽农商行新营业大楼建设有关问题。会议听取洪泽农商行董事长朱彩涛关于洪泽农商行新营业大楼建设有关问题的情况汇报，决定原则通过提交的方案，要求洪泽农商行根据讨论意见，进一步修改完善后实施。会议明确：1. 加快洪泽农商行新营业大楼涉及地块征迁进度，确保按时开工建设。2. 新营业大楼建设过程中，建设规费属全县征收范围内、符合政策规定的，给予先征后奖；属省市征收范围内的，各相关部门要积极做好向上协调和争取工作，给予优惠或尽可能按最低限度收取。3. 由县委常委、常务副县长顾祥悦牵头，负责协调农商行新营业大楼建设相关工作，农商行积极做好与相关部门的对接协调，各相关部门要全力给予支持，确保新营业大楼建设有序推进，力争将其打造成具有洪泽特色的地标性建筑。

关于部门结余结转资金清理有关问题。会议听取财政局副局长陈中军关于部门结余结转资金清理有关问题的情况汇报，决定原则通过提交的方案，要求县财政局根据讨论意见，进一步修改完善后实施。会议明确：1. 各单位要高度重视部门结余结转资金清理工作，认真学习上级有关政策和我县清理办法、具体流程和相关要求，积极配合财政部门做好清理工作。2. 成立部门结余结转资金清理核实小组，排定清理核实计划，依据各部门提供的相关证明材料，对结余结转资金进行核实，限期完成清理核实工作。3. 严明工作纪律，对单位隐瞒结存资金的，一经查实，将视同私设“小金库”处理，对逾期不申报核实的部门结存资金，一律作为结余资金上缴国库。

5月14日，县长殷强主持召开县十四届人民政府第19次常务会议，就城市地下管线管理、城市公交扶持政策等问题进行专题研究。县委常委、常务副县长顾祥悦，副县长乐翔、钱宏光、王兆龙、张亚、高军、徐礼球，县政府党组成员陶辉、陈洪标等出席会议。有关镇（街道）、单位负责人列席会议。2名人大代表、2名政协委员应邀列席会议。会议纪要如下：

关于城市地下管线管理有关问题。会议听取县规划局局长邵永军关于洪泽县城市地下管线管理有关问题的情况汇报，决定原则通过提交的《洪泽县城市地下管线管理办法》，要求县规划局根据讨论意见，进一步修改完善后实施。会议明确：1. 县规划局牵头负责城市地下管线管理工作，县住建、城管等部门要各司其职、积极配合；洪泽县广电有线信息网络有限公司要将地下管网数据信息纳入到智慧洪泽项目中，做到资源共享。2. 建设单位申请建设工程规划许可证前，应从县规划局获取该地段地下管线的现状资料，对资料不明的地段，由县规划局安排专业队伍进行勘测，确保施工时不损坏地下管线，所需经费由建设单位支付，财政投资项目纳入投资总额。3. 县规划局牵头会同相关部门加大督查力度，对随意开挖、破坏地下管线的行为，要坚决查处、严厉处罚。

关于城市公交扶持政策有关问题。会议听取县交通局局长赵希立关于城市公交扶持政策的情况汇报，决定原则通过提交的《洪泽县城市公交扶持政策实施方案》，要求县交通局根据讨论意见，进一步修改完善后实施。会议指出，建立健全良性的城市公交扶持政策是进一步提升城市公交服务出行能力、提高群众满意度、增强群众幸福感的有效举措。会议明确：1. 对购置符合补助条件的公交车辆，按照购车价格的40%予以补助；对70周岁以上的老年人、现役军人、残疾人等特殊群体，按照60元/月的标准予以补助；对新开通公交线路，连续3年按照20万元/年/条标准补助。2. 设立服务质量信誉考核奖，标准为60万元/年，由县交通局制定考核办法，不定期进行明察暗访，并发动群众参与监督，对城市公交的运营安全、服务质量等方面进行综合考核。3. 县交通局要加强对城市公交的调度和管理，确保车辆到站准时、司机驾驶文明、车内外干净整洁，同时可利用公交车身进行公益或旅游景点宣传。4.《洪泽县城市公交扶持政策实施方案》自2015年1月起执行，涉及补助和奖励资金按年度结算，由县级财政部门据实拨付。

关于2015年度城市长效综合管理有关问题。会议听取县城管局局长朱正港关于洪泽县2015年度城市长效综合管理有关问题的情况汇报，决定原则通过提交的《洪泽县2015年度城市长效综合管理考核奖惩办法》。会议明确：1. 涉及城市长效综合管理考核的24家单位，要紧紧围绕本单位考核工作的重点内容，精心制定具体实施方案，扎实有序推进各项工作。2. 县城管局要会同督考办采取月度和年度方式，加大对城市长效管理工作的考核，并依据考核结果对相关责任单位缴纳的保证金进行配套奖励或扣除。3. 返还的保证金及所有配套奖金均用于城市长效综合管理奖励，配套奖金由县财政据实拨付。

关于江苏食品科技产业园基础设施一期工程建设有关问题。会议听取淮安食品科技产业园管理服务中心副主任韩强业关于江苏食品科技产业园基础设施一期工程建设有关问题的情况汇报，决定原则通过提交的方案，要求淮安食品科技产业园管理服务中心根据讨论意见，进一步修改完善后实施。会议明确：1. 加快启动园区基础设施一期工程建设代建程序，通过公开招标方式，确定有一定资质和实力的社会投资建设主体，县财政安排启动资金并给予融资支持。2. 淮安食品科技产业园管理服务中心为项目建设主体，负责园区的道路建设（含雨污水管道等基础设施）。强电由县供电部门负责同步实施，燃气、给水等由专业公司负责，费用自筹；弱电由通城通信管网发展有限公司与道路建设同步无偿建设，再由电信、移动、联通等公司买断使用。3. 此项工作由县政府徐礼球副县长负责协调推进，各相关部门要积极给予配合和支持。

关于江苏食品科技产业园设施蔬菜科技成果转化基地工程建设有关问题。会议听取淮安食品科技产业园管理服务中心副主任韩强业关于江苏食品科技产业园设施蔬菜科技成果转化基地（名称暂定）工程建设有关问题的情况汇报，决定原则通过提交的方案，要求淮安食品科技产业园管理服务中心根据讨论意见，进一步修改完善后实施。会议明确：1. 加快启动蔬菜科技成果转化基地代建程序，采用常规招标方式招标建设。2. 淮安食品科技产业园管理服务中心要组织相关人员赴六合、常熟、盐城等地考察学习先进经验，进一步完善经营机制，细化落实财政、农委等相关部门责任。3. 县财政及农口部门要抓紧编报项目，积极向上争取资金，并将项目资金合理整合，用于支持基地建设。4. 对入驻江苏食品科技产业园的项目，务必要经过科学论证，做到合理布局、有序建设。

关于“三馆一中心”项目建设有关问题。会议听取县城建办副主任高翔关于“三馆一中心”项目建设有关问题的情况汇报，决定原则通过提交的方案，要求江苏洪泽湖建设投资集团有限公司根据讨论意见，进一步修改完善后实施。会议指出，“三馆一中心”项目是2015年的民生重点项目，对于提升城市功能、建设幸福洪泽具有重要的意义。会议强调：各相关部门要探索推进政府和社会资本合作模式，积极拓宽融资渠道，提高项目使用效益。会议明确，1. “三馆一中心”项目建设由江苏洪泽湖建设投资集团有限公司作为发起人，通过公开招标和竞争性磋商方式确定社会投资建设方，招标前要做好预算工作，重点关注有投资意向的国企、央企和上市公司。2. 江苏洪泽湖建设投资集团有限公司对PPP模式要做深入研究与思考，确保“三馆一中心”项目建设既符合相关政策要求，又具有洪泽特色。3. 江苏洪泽湖建设投资集团有限公司要加强与相关部门的沟通联系，进一步完善工程实施方案，确保各项工作有序推进。

6月18日，县长殷强主持召开县十四届人民政府第20次常务会议，就冲刺“双过半”、农业保险工作等问题进行专题研究。县委常委、常务副县长顾祥悦，副县长乐翔、王兆龙、张亚、徐礼球，县政府党组成员陶辉、陈洪标等出席会议。有关镇(街道)、单位负责人列席会议。2名人大代表、2名政协委员应邀列席会议。会议纪要如下：

关于冲刺“双过半”有关问题。会议听取县直有关部门关于冲刺“双过半”存在问题以及下一步举措，传达学习全市经济社会发展“双过半”推进会议精神。会议指出，实现“双过半”既是大局，也是义不容辞的责任，距6月底不到两周时间，各镇、各街道、各部门要迅速进入战时状态，对照目标要求，突出薄弱环节，狠抓关键举措，确保各项工作达到或超过序时要求。会议明确：一要主攻薄弱指标，紧紧围绕外资到账、工业用电和重大项目引建等差欠序时指标，认真分析原因，采取有效举措，想方设法补齐缺口，确保各项指标达序时、力争超序时。二要强化责任担当，政府各位分管领导要加大对分管条线的指导，跟踪了解各项工作进展，及时协调会办有关问题，同时要实行政府领导AB岗制度，积极外出招商，加强项目对接。各经济主管部门要发挥牵头作用，适时监控各项指标数据运行情况，县经信委要积极推进“百企技改”、“百企帮扶”等活动，加快提升企业质效；县人行要创新开展银企对接帮扶活动，县金融办要充分发挥县担保机构、“过桥资金”的作用，帮助企业解决实际困难。各镇、各街道要发挥主体作用，按序时推进各项目标任务，确保指标不拖腿、排名不掉队、任务不落空。三要加强统筹推进，深入推进“四城同创”工作，大力实施城乡环境综合整治；深化改革攻坚，全面推开农村土地承包经营权确权登记颁证工作，持续推进城乡建设用地减量化试点工作，探索推广政府与社会资本合作的规范化PPP融资模式；持续做好安全、环保、信访等各项工作，确保社会和谐安定。

关于农业保险工作有关问题。会议听取县农工部部长韩学荣关于农业保险工作有关问题的情况汇报，决定原则通过提交的《洪泽县2015年农业保险工作实施方案》。会议指出，出台《农业保险工作实施方案》，对进一步做好我县农业保险工作，促进农业增效、农民增收具有重要意义。会议明确：1. 三麦、水稻按400元/亩进行投保，投保费用的60%由中央、省财政承担，其余部分由县、镇财政分级承担，其中，县级财政承担保费的24%，镇级财政承担16%，保费费率为4%。2. 县委农工部、各镇、各街道要加大对已投保险种的宣传力度，提高广大农户参加农业保险的积极性和主动性，确保符合参保条件的种植、养殖户应保尽保，鼓励农户自主投保非政策性农业保险，进一步扩大高效农业保险的覆盖面。3. 将农业保险工作作为县农业农村工作的一项重要内容，对各镇、各街道和相关部门进行考评，工作成效显著的给予表彰奖励。

关于洪泽湖水产批发市场管理整治有关问题。会议听取县政府办副主任、法制办负责人杨巨卫关于洪泽湖水产批发市场管理整治有关问题的情况汇报，决定原则通过提交的《洪泽湖水产批发市场管理整治方案》，要求县政府办根据讨论意见，进一步修改完善后行文。会议指出，洪泽湖水产大市场存在违规经营、服务不文明等现象，已经在一定程度上影响了我县的城市形象。会议明确：1. 成立洪泽湖水产批发市场整治工作领导小组，由县委常委、县政府党组成员、县公安局长乐翔任组长，领导小组下设办公室，办公室设在县市场监督管理局，由县政府办负责具体指导、协调、督查集中整治各项工作的推进。2. 洪泽湖水产批发市场整治工作领导小组各成员单位要对照任务分解表，按时保质保量完成任务，对拖欠任务进度的单位，要严肃追究其责任。3. 在整治过程中，需开发商和餐营业主出资的费用，由洪泽湖水产批发市场整治工作领导小组办公室负责协调筹收，其他费用由县财政据实拨付。

关于兵役工作奖惩有关问题。会议听取县人武部部长史新元关于兵役工作奖惩有关问题的情况汇报，决定原则通过提交的《洪泽县兵役工作奖惩实施意见》，要求县人武部根据讨论意见，进一步修改完善报县委审定后行文。会议明确：1. 兵役奖惩工作由县征兵工作领导小组牵头，县征兵办负责处理日常事务，具体办事机构设在县人武部军事科。2. 设立10万元的年度征兵专项奖励经费，专项用于征兵工作奖励，每年5月底前，由县财政据实拨付。3. 洪泽县义务兵服现役期间，发生逃避服兵役事件，取消其家属的军属待遇，收缴全部优待金，涉及的镇、街道、部门，也一并取消其获得的荣誉，所发奖励一律追回。

关于涉军维权工作有关问题。会议听取县人武部部长史新元关于涉军维权工作有关问题的情况汇报，决定原则通过提交的《洪泽县涉军维权工作实施办法》，要求县人武部根据讨论意见，进一步修改完善报县委审定后行文。会议指出，涉军维权是双拥工作的重要内容，涉军维权案件立办立结，是争创“双拥模范城”的重要举措。会议强调，各相关单位要加强对涉军维权工作的思想认识，维护好军地发展稳定大局。会议明确：1. 成立县涉军维权工作领导小组，县委常委、县政府党组成员、县公安局局长乐翔任组长，下设维权工作站，工作站设在县人武部政工科。2. 构建服务网络，设立国防利益和军人军属合法权益维权工作站，为军人军属合法权益维权工作提供援助。3. 将涉军维权领导小组成员单位纳入军民融合发展年度考评，对存在不积极参与、不作为、推脱逃避等行为的单位予以一票否决。

关于洪泽湖古堰景区运营管理有关问题。会议听取古堰景区管委会副主任许正文关于洪泽湖古堰景区运营管理有关问题的情况汇报，决定原则通过提交的方案。会议明确：1. 为提升古堰景区运营能力，同意古堰景区管委会招聘相关人员，并购置5辆观光车，相关费用由县财政据实拨付。2. 对景区内的相关设施进行维修，所需费用先由县财政垫付、单独建账，待中浦建设(集团)有限公司运营正常后与之结算。

7月6日，县长殷强主持召开县政府十四届第21次常务会议，就畜禽屠宰行业清理整顿、财政集资清理整顿工作等问题进行专题研究。县委常委、常务副县长顾祥悦，副县长乐　翔、钱宏光、王兆龙、徐琳、张培刚、高军、徐礼球，县政府党组成员陶辉、陈洪标等出席会议。有关镇(街道)、单位负责人列席会议。2名人大代表、2名政协委员应邀列席会议。会议纪要如下：

关于畜禽屠宰行业清理整顿有关问题。会议听取县林业局副局长邵正满关于畜禽屠宰行业清理整顿工作方案的汇报，决定原则同意汇报方案，要求按照会议讨论意见进一步修改完善后实施。会议明确：1. 县政府成立以徐礼球副县长为组长的畜禽屠宰行业清理整顿工作领导小组，加强对行业监管工作的领导，及时协调、解决清理整顿过程中的重大问题，以及抓好相关工作的落实。2. 分批推进不合格屠宰企业的限期关停。对2015年关停的县财政予以12万元/家奖补、2016年关停的予以6万元/家奖补，对2017年仍未关停的实施强制关停；对洪泽县食品有限责任公司人员安置安排专项经费16万元；对关停工作达标、考核优秀的镇（街道）和部门予以奖励。上述费用由县财政据实列支。3. 由县规划局牵头，按照市场化运作的模式，选址招商新建一个星级屠宰企业；在农贸市场改造过程中，对肉品销售区和活禽加工区实行专区经营。4. 追加畜禽屠宰主管部门2015年工作经费14万元，2016年起每年安排工作经费16万元，主要用于苏农牧〔2013〕47号文件规定支出。5. 各镇（街道）要加强辖区肉品质量安全管理，明确1名分管负责人且安排不少于1万元/年的工作经费。

关于财政集资清理整顿工作有关问题。会议听取县财政局局长陈中军关于财政集资清理整顿工作有关问题的情况汇报，决定原则通过提交的方案。会议明确：1. 各集资主体要排定化解计划，停止吸收新的集资款，控制现有集资规模，逐步兑现到期债务。2. 成立专门组织并加强与证券公司沟通，积极争取发债，同时突破现有融资模式，进一步拓宽融资渠道。新上项目尽量采取PPP融资模式，减轻政府负债。3. 建立完善监管机制，加强债务预算管理，严格控制现有债务规模和增长速度。

关于洪泽县水泥制品有限责任公司破产有关问题。会议听取县住建局局长赵可林关于洪泽县水泥制品有限责任公司破产有关问题的情况汇报，决定原则通过提交的方案，要求按照会议讨论意见依法依规实施。会议指出，妥善处理好水泥制品有限责任公司破产问题，对保障企业职工合法利益和社会稳定工作具有重要意义。会议明确：1. 参照原服装厂破产清算模式，依法收回洪泽县水泥制品有限责任公司土地资产并实施处置，所得资金优先用于职工安置。2. 洪泽县城市资产经营有限公司暂借269万元给企业破产清算组，用于该企业破产清算期间老职工医保缴纳、特殊人群定补发放，所借资金待企业资产变现后予以抵扣。3. 由县政府副县长王兆龙任协调小组组长、住建局牵头负责，涉及部门全力支持，稳妥推进此项工作，确保职工利益不受侵害。

关于民政对象提标事项有关问题。会议听取县民政局副局长石学元关于民政对象提标事项的情况汇报，决定原则通过提交的工作方案，要求按照会议讨论意见，进一步修改完善后实施。会议明确：1. 根据《市政府办关于提高城乡低保和特困人员供养标准的通知》（淮政办发〔2015〕21号）精神，城乡居民最低生活保障标准每人每月分别提高到490元、370元。2. 根据《关于提高医疗救助标准的通知》（淮民〔2015〕33号、淮财社〔2015〕11号）精神，符合医保补偿规定的个人（省定七类对象）自付医疗费用比例提高到70%，年度封顶线不低于城乡基本医保封顶线的50%。3. 根据《市政府办关于提高城乡低保和特困人员供养标准的通知》（淮政办发〔2015〕21号）精神，农村五保对象分散和集中供养标准每人每年分别提高到6580元、7380元。4. 根据《市政府办关于提高城乡低保和特困人员供养标准的通知》（淮政办发〔2015〕21号）精神，城市“三无”人员供养标准每人每月提高到1073元。5. 根据《江苏省实施〈军人抚恤优待条例〉办法》（江苏省人民政府令第96号）、《县人社局关于公布洪泽县最低工资标准的通知》（洪人社发〔2014〕48号），下岗失业残疾军人生活补助标准每人每月提高到1270元，并建立自然增长机制，以后与全县最低工资标准同步调整。上述民政提标事项，除下岗失业残疾军人生活补助从2014年11月1日执行外，其余保障经费标准均从2015年7月1日起执行，所需经费在积极争取上级资金的基础上，缺口部分根据县镇（街道）财政体制分别负担。

关于2015年转业士官安置工作有关问题。会议听取县民政局副局长石学元关于2015年转业士官安置方案的情况汇报，决定原则通过并要求按照会议讨论意见，进一步修改完善后实施。会议明确：1. 参照2014年6月15日县十四届人民政府常务会议纪要（2014年第11号），同意安置12名转业士官到事业单位编外岗位就业，按照档案积分排序、依次择岗，从2015年7月起正式上岗。2. 安置转业士官享受事业在编人员同工同酬待遇，工资、福利等经费由县财政据实纳入年度预算，在用人单位予以追加支出，转业士官参照事业单位核算工资数按比例缴纳“五险一金”，一次性抚恤金参照事业单位人员标准落实，相关手续办理由县人社局负责。

8月2日，县长殷强主持召开县政府十四届第22次常务会议，就县城地下管线普查建设共享平台及数据更新、城乡挂钩等项目进城农民安置工作等问题进行专题研究。县委常委、常务副县长顾祥悦，副县长乐翔、钱宏光、王兆龙、徐琳、张亚、张培刚、高军、徐礼球，县政府党组成员陶辉、陈洪标等出席会议。有关镇（街道）、单位负责人列席会议。2名人大代表、2名政协委员应邀列席会议。会议纪要如下：

关于县城地下管线普查建设共享平台及数据更新有关问题。会议听取县规划局局长邵永军关于县城地下管线普查建设共享平台及数据更新有关问题的情况汇报，决定原则同意提交的方案，要求按照会议讨论意见进一步修改完善后实施。会议指出，加强地下管线信息化管理，有利于促进县城地下空间统一规划、合理开发和科学管理，保障县城可持续发展和人民群众生命财产安全。会议明确：1. 建立洪泽县地下管线共享信息平台，并在此基础上，健全地下管线信息动态更新机制，为城市规划建设管理提供技术和数据支撑，同时为管线应急事故处理、智慧城市建设提供信息化服务保障。2. 成立由县政府主要领导任组长的洪泽县地下管线普查工作领导小组，领导小组下设办公室，地点在县规划局，县规划局局长邵永军兼任办公室主任。3. 各相关部门和管线单位要加强协作、密切配合，及时准确提供相关资料、数据，加强普查人员的安全培训教育，同时做好探测施工、成果验收等工作。4. 本次地下管线普查、城市大场景基础地理数据建设、共享信息平台建设及数据更新维护应严格执行政府采购有关要求，并将共享信息平台建设纳入智慧洪泽总体规划，避免重复建设。

关于城乡挂钩等项目进城农民安置工作有关问题。会议听取县规划局局长邵永军关于城乡挂钩等项目进城农民安置工作有关问题的情况汇报，决定原则通过提交的方案。会议明确：1. 同意城乡挂钩安置、渔民上岸工程安置、九里山煤矿安置等项目采用自建安置房进行安置，由县资产公司为业主单位负责建设，县规划、住建、国土、水产、经信委等单位，根据各自职责，全力牵头做好相关工作，其他安置项目原则上采用回购存量房方式进行安置。2. 资产公司牵头做好商品房回购工作，根据安置需求，划定商品房回购区域，坚持公开、公平、公正的原则制定回购安置方案。在此基础上，积极探索房票安置机制，根据征收补偿测算情况确定房票面额，征收户可自由选择商品房(限我县区域)，由商品房开发单位依据房票与资产公司进行结算。3. 县监察、财政、国土、住建、规划、征收办等相关部门要加强协作，相互配合，依法依规有序推进安置工作。

关于县远通公路工程有限公司拆迁置换土地手续办理有关问题。会议听取县国土局副局长植万洲关于县远通公路工程有限公司拆迁置换土地手续办理有关问题的情况汇报，决定原则通过提交的方案。会议明确：1. 由县远通公路工程有限公司分别到县规划局、发改委办理选址红线图和项目立项，由县国土局组织材料上报省、市国土部门，再由省国土厅统一报省政府征收。2. 以出让方式供地给县远通公路工程有限公司，根据评估价挂牌，出让金由县征收办拨付到县远通公路工程有限公司，再由该公司报名竞买该地块。

关于2015年度住房保障标准调整有关问题。会议听取县住建局局长赵可林关于2015年度住房保障标准调整有关问题的情况汇报，决定原则通过提交的方案，要求按照会议讨论意见，进一步修改完善后稳妥实施，在落实好保障房租赁的同时继续做好信访稳定工作。会议明确：1. 低收入线标准调整为城镇家庭人均收入1080元/月(含)；中等偏下收入线标准调整为城镇家庭人均收入1700元/月(含)。2. 根据《省政府关于进一步加强住房保障体系建设的实施意见》(苏政办发〔2010〕93号)精神，结合洪泽实际，确定低收入家庭申请公共租赁住房标准为：2口及2口人以下的家庭财产不超过8万元，3口人的家庭财产不超过13万元，4口及4口人以上的家庭财产不超过17万元；中等偏下收入家庭申请共有产权住房或公共租赁住房标准为：3口及3口人以下的家庭财产不超过26万元，4口及4口人以上的家庭财产不超过35万元。3. 申请公共租赁住房户籍标准为：城镇中低收入住房困难家庭具有县城区户口且实际居住二年以上。申请公共租赁住房家庭从申请之日起前5年内在就业地有房产转让行为的，仍视同有私有住房。

关于明确环境监管工作责任有关问题。会议听取县环保局局长唐传玲关于明确环境监管工作责任有关问题的情况汇报，决定原则通过提交的方案。会议明确：根据《省政府关于贯彻落实国务院办公厅加强环境监管执法通知的实施意见》(苏政发〔2015〕57号)精神和《江苏省大气污染防治条例》第八十九条规定，明确县住建局为建筑施工噪声污染、工地道路扬尘污染监管部门，县城管局为社会生活噪声污染监管部门，县市场监管局为饮食服务业油烟排放行业监管部门，各监管部门要切实履职尽责，从源头上控制污染。

关于县城区道路标牌标志更新经费有关问题。会议听取县公安局副局长赵卫国关于县城区道路标牌标志更新经费有关问题的情况汇报，决定原则通过提交的方案。会议明确：县城区迎宾大道、鄱阳湖路、东风路等24条路149个路口标志牌新增、翻新所需经费参考洪泽湖大道标志标牌价格计算共约543.7万元，具体金额以审计结果为准，所需资金由县财政据实拨付。

关于警务辅助人员工资标准提高有关问题。会议听取县公安局副局长赵卫国关于警务辅助人员工资标准提高有关问题的情况汇报，决定原则通过提交的方案。会议明确：1. 同意从2015年1月1日起，将公安机关的普通辅警每人每月平均工资提高到1800元(其中基本工资1600元、考核工资200元)，将维稳处突辅警每人每月平均工资提高到2000元(其中基本工资1800元、考核工资200元)。2. 从2015年1月1日起，县财政据实拨付警务辅助人员服装费、保险费、住房公积金所需费用。3. 实行警务辅助人员工资逐年增长机制，从2016年起，每年人均增加工资100元/月，暂定5年，所需经费纳入财政预算。

关于洪泽县和省海外企业集团合作有关问题。会议听取县财政局副局长潘春明关于洪泽县和省海外企业集团合作有关问题的情况汇报，决定原则通过提交的方案。会议明确：1. 洪泽湖建设投资集团有限公司向省海外企业集团指定的国内账户存入等值于500万美元的保证金，作为香港钟山有限公司借款及回购保证金；签订合同后先行支付省海外企业集团500万美元的10%(按7月8日汇率计算为人民币310.46万元)作为履约保证金。2. 江苏洪泽湖融资租赁有限公司的注册资本为1.98亿元人民币，按照合同章程要求，分三年到位。3. 同意支出洪泽县在香港依法成立的控股公司注册所需2万元左右中介费等。4. 省海外企业集团所属钟山有限公司在香港注册成立香港银星有限公司，注册所需的500万美元，由省海外企业集团借贷，洪泽湖建设投资集团有限公司承担利息，借款利息为3%(年化)，另行支付借款金额的1.5%(年化)作为担保费，期限一年，不足一年的以一年计。洪泽湖建设投资集团有限公司承担注册过程中的合理费用，以及服务费。5. 江苏洪泽湖融资租赁有限公司成立后，洪泽县在香港依法成立的控股公司一年后将溢价收购香港银星有限公司对江苏洪泽湖融资租赁有限公司的全部股权。省海外企业集团退出所产生的税金与相关费用由洪泽湖建设投资集团有限公司承担。以上资金和费用由洪泽湖建设投资集团有限公司统一支付，洪泽湖建设集团有限公司、县财政局要做好资金监管，严格按照程序运作，确保资金安全。

关于智慧洪泽建设项目签约结算有关问题。会议听取县广电网络公司总经理朱世前关于智慧洪泽建设项目签约结算有关问题的情况汇报，决定原则通过提交的方案。会议明确：1. 同意按照洪泽县与江苏广电有线信息网络股份有限公司签订的战略合作协议规定，将已建成或列入建设规划的智慧洪泽项目全部纳入建设结算范围，由项目使用单位作为主体和广电网络公司签约建设使用协议，所需经费列入单位预算管理；2. 在结算方式上，采取对已经签订合同的项目按原合同规定继续执行，合同期满后再商定续约的方式；对专项资金支持项目，工程完工验收交付使用后，按审计价从专项资金中按合同支付；对造价100万元以下的项目，按审计总价由县财政一次性支付；造价100万元以上项目按PPP模式逐年收取15%的资金成本和运行费用，授权县广电网络公司经营20年，由广电网络公司负责提供设备维护、零部件更换、运营管理后续相关服务，保证后续工程建设和正常运行，从每年15%的费用中拿出3%用于智慧办对广电网络公司技术维护和服务满意度考核。

关于国家现代农业示范区智慧农业建设有关问题。会议听取县农委主任杨步飞关于国家现代农业示范区智慧农业建设有关问题的情况汇报，决定原则通过提交的方案。会议明确：1. 对优质稻麦、食用菌、水生蔬菜等102个农业示范点开展实时视频监控和展示，同时将前期已安装的189个摄像头进行整合并入。2. 建设国家现代农业示范区网站，将基地实时监控纳入网站；在三河油田技工学校建设展示屏和农产品电子商务平台。3. 将该项目纳入智慧洪泽建设体系，在争取上级资金的同时，县财政给予支持，县广电网络公司负责项目建设和后期维护，争取该项目在当年三季度市委市政府农业农村重点项目督查前完成。

9月2日，县长殷强主持召开县十四届人民政府第23次常务会议，就县政府重大行政决策程序规定、推动文化建设迈上新台阶等问题进行专题研究。县委常委、常务副县长杨国仁，副县长乐翔、钱宏光、徐琳、王兆龙、张亚、张培刚、高军、徐礼球，县政府党组成员陶辉、陈洪标等出席会议。有关镇（街道）、单位负责人列席会议。2名人大代表、2名政协委员应邀列席会议。会议纪要如下：

关于县政府重大行政决策程序规定有关问题。会议听取县政府办副主任杨巨卫关于县政府重大行政决策程序规定有关问题的情况汇报，决定原则同意提交的规定，要求县政府办按照会议讨论意见进一步修改完善后实施。会议指出，《县政府重大行政决策程序规定》要依据《江苏省行政程序规定》《淮安市人民政府重大行政决策程序规定（试行）》，并结合市委、市政府《关于加强县区党政正职重点权力制约监督的若干规定》有关要求。会议明确：1. 重大行政决策是指由县政府依照法定职权，对关系全县经济社会发展全局、社会涉及面广、与公民、法人和其他组织利益密切相关的事项作出的决定，包括编制国民经济和社会发展规划、重要的区域规划和专项规划以及财政预算等重大事项。2. 重大行政决策要遵循公众参与、专家论证、风险评估、合法性审查和集体讨论决定相结合的重大行政决策机制，实行依法决策、科学决策、民主决策。3. 各镇、各街道、各部门每年应拟定提交县政府集体讨论研究的重大行政决策事项目录，报县政府办公室备案，并抄送风险评估管理部门、县政府法制办、县监察局。目录有调整的，应当及时报送备案，并抄送县相关部门。

关于推动文化建设迈上新台阶有关问题。会议听取县委宣传部副部长李大洋关于推动文化建设迈上新台阶有关问题的情况汇报，决定原则同意提交的实施意见，会后要按照会议讨论意见作进一步修改完善，并报经县委审定后下发。会议明确：1. 加强组织领导。坚持把文化建设摆在全局工作突出位置，健全“党委统一领导、党政齐抓共管、宣传部门组织协调、有关部门分工负责、社会力量积极参与”的工作体制和工作格局；坚持把文化建设成效作为领导干部政绩考核的重要内容，健全文化建设工作责任制，全面落实党政“一把手”的“第一责任”。2. 完善政策支持。设立年度文化发展专项资金1000万元，支持文化事业和产业发展，专项资金实行项目化管理，由宣传部牵头，会同文化、财政、审计、纪检监察部门制定管理细则。各镇、各街道年度公共财政文化建设资金不少于20万元，并逐年递增。3. 强化督查考核。文化建设任务分解到各镇、各街道和各部门，纳入年度科学跨越发展目标考核，县委宣传部要会同县委督查室、县政府督查室进行专项督查推进。4. 挖掘地方特色。县委宣传部要对文件中目标任务、产业支撑、保障措施进一步明确细化，使其更具针对性和可操作性，要注重对民俗文化、地域文化品牌的打造。

关于推进综合医改加快现代医疗卫生服务体系建设有关问题。会议听取县卫生局局长周保祥关于推进综合医改加快现代医疗卫生服务体系建设有关问题的情况汇报，决定原则同意提交的实施意见，要求县卫生局按照会议讨论意见作进一步修改完善，并报经县委审定后下发。会议指出，医疗卫生事业是一项重要的民生事业，医改工作事关广大人民群众的切身利益，必须稳妥有序推进，从而有效解决百姓“看病贵、看病难”问题。会议明确：1. 提高现有医疗卫生服务水平。科学配置医疗卫生资源，推进全县医疗服务能力及县镇村三级一体化医疗服务体系建设，进一步提高城乡医疗卫生技术、管理、服务效能，完善覆盖城乡、惠民利民的15分钟健康服务圈，基本形成“小病不出社区、大病不出县”的医疗服务新格局。2. 深化体制机制改革创新。加快建立医疗联合体、构建“基层首诊、双向转诊、急慢分治、上下联动”的分级诊疗机制、成立独立医保机构、建立“全县基层医技人才储备中心”等。3. 加强医疗卫生人才队伍建设。县卫生、财政、人社等部门在落实好现有人才政策的基础上，大力培养重点专科学科带头人、技术骨干和基层全科医生，积极引进高层次人才、高级专业技术人才及各类紧缺医学特殊专家。同时县卫生局要重视基层医疗人员的培养，探索采用高校委培等方式提升基层医疗人员技术水平。

关于洪泽县城市总体规划有关问题。会议听取县规划局局长邵永军关于《洪泽县城市总体规划（2014—2030）》编制情况的汇报，决定原则同意提交的规划，要求县规划局按照会议讨论意见进一步修改完善，报经县委审定后实施。会议指出，《洪泽县城市总体规划（2014—2030年）》符合洪泽县情，具有较高的前瞻性和科学性，能够有效地指导洪泽县城市未来一段时间的建设。会议明确：要坚持“布局一盘棋、发展一体化”的原则，加快完善城市总体规划编制，严格按照总体规划要求，有序推进城市建设。《洪泽县城市总体规划（2014—2030年）》经依法审批后，各镇、各街道、各部门要严格执行，县规划局及时将规划成果向社会公开，提高公众知晓率，并自觉接受社会和公众的监督。

关于岔河镇工业集中区规划有关问题。会议听取县规划局局长邵永军关于岔河镇工业集中区规划有关问题的情况汇报，决定原则通过提交的规划。会议指出，镇（街道）工业集中区是我县开展招商引资、承接招引项目的有效载体，加快建设岔河镇工业集中区对于推动全县经济社会发展具有重要的支撑作用。会议明确：1. 岔河镇要按照规划抓紧做好园区基础设施配套，进一步强化项目引建、做大做强园区，促其成为岔河镇经济发展新的增长极，并利用国家级重点中心镇建设的良好契机，积极申报省级开发园区。2. 县各有关部门要积极支持岔河工业集中区的发展，帮助岔河镇向省市部门争取项目、资金、政策方面的支持，共同推动岔河工业集中区和重点中心镇建设。

关于洪泽湖古堰景区旅游总体规划有关问题。会议听取古堰管委会副主任徐成军关于洪泽湖古堰景区旅游总体规划有关问题的情况汇报，决定原则通过提交的规划。会议强调，古堰管委会要按照规划设计，加快项目推介和引建力度，切实抓好资金、后勤等保障工作，力争洪泽湖古堰景区早日创成国家AAAA级旅游景区。

关于清涧污水处理厂改扩建项目有关问题。会议听取县住建局局长赵可林关于清涧污水处理厂改扩建项目有关问题的情况汇报，决定原则通过提交的方案。会议明确：1. 投资控制：土建、设备、安装分别按施工图预算8.75、8.5、8.5折计列。2. 特许经营期限及保底水量：特许经营期为27年（含1年建设期、26年运营期）；保底水量，第一年2.4万吨/日，第二年2.8万吨/日，第三年3万吨/日，第四年3.2万吨/日，第五年3.4万吨/日，第六年3.6万吨/日，第七年3.8万吨/日，第八年及以后每年4万吨/日。3. 污水处理服务费（不含M180）：项目自有资金内部收益率6.72%（一期投标时报价数据）；临时污水处理服务费单价为暂定价4.68元/吨，其中可变单价为2.42元/吨，固定单价为2.26元/吨；初始污水处理服务费单价，待工程审计报告出具后及污水处理厂药剂、电耗等经成本监审后，对污水处理服务费暂定单价进行据实调整，确定初始污水处理服务费单价；期间费用调整，执行初始污水处理服务费单价后，对执行临时污水处理服务费期间的差价进行据实调增或调减；M180不进入污水处理服务费单价，该费用按实际使用量结算，与污水处理服务费同期支付。4. 补充协议污水处理服务费执行时间为2015年9月1日；M180药剂费支付时间为2015年5月1日。5. 县住建、环保等部门要加强对清涧污水处理厂的日常监管，确保规范运作。6. 该项目BOT补充协议及污水处理服务费补充协议由县政府授权县住建局与洪泽泽清水务有限公司签订。

关于县城区新建和改造路灯建设模式有关问题。会议听取县住建局局长赵可林关于县城区新建、改造路灯建设模式有关问题的情况汇报，决定原则通过提交的方案。会议明确：1. 同意对杨码支路、微山湖路等七条道路安装路灯灯杆约349杆，采用1+20模式招引社会资本投资建设，项目竣工验收合格后每年支付约26万元，还款期限20年。2. 同意对洪泽湖大道、淮金路等47条道路约4900盏路灯（含2430盏中华灯）给予节能智慧升级改造，采用1+8模式招引社会资本投资建设，项目竣工验收合格后每年支付约212.5万元，总计约1700万元。3. 成立智慧照明工作领导小组，由县政府副县长王兆龙任组长，具体由住建局牵头负责，严格按照规范程序进行，财政等有关部门全力支持，确保此项工作高标准高质量完成。

关于延伸城市管理相对集中行政处罚权范围有关问题。会议听取县城管局局长朱正港关于延伸城市管理相对集中行政处罚权范围有关问题的情况汇报，决定原则通过提交的方案。会议明确：1. 在现有县城市管理行政执法大队基础上，组建3个片区执法组实行行政执法；2. 各镇、各街道、经济开发区、古堰管委会具体负责所辖范围内的日常城市管理工作，县城市管理行政执法大队要派员会同上述相关单位开展联合执法。

关于洪三公路林果花卉项目奖补资金兑现有关问题。会议听取县林业局负责人李加伟关于洪三公路林果花卉项目奖补资金兑现有关问题的情况汇报，决定原则通过提交的方案。会议明确：按照2014年8月25日县长办公会会议纪要（2014年第5号）内容，对2014年以来洪三公路林果花卉示范基地10个考核合格林苗项目，给予每亩600元的一次性补助，对考核不合格的桃花源和洪舜林苗项目，要求限期整改，整改完成并经验收合格后，兑现奖补资金；所需兑现奖补资金由县财政据实拨付，实行专款专用。

关于洪泽县汽车客运公司、洪泽大湖广电有限公司、江苏洪泽湖掼蛋文化传媒公司三家企业财政扶持政策有关问题。会议听取县财政局副局长张广信关于洪泽县汽车客运公司、洪泽大湖广电有限公司、江苏洪泽湖掼蛋文化传媒公司三家企业财政扶持政策有关问题的情况汇报，决定原则通过提交的方案，要求按照会议讨论意见，进一步修改完善后实施。会议明确：财政局要严格按照规定标准兑现奖扶资金，县审计局加强扶持资金使用情况审计，三家企业要依法纳税并按规定合理、合法使用财政扶持资金；政策执行期限为2014—2016年。

关于万通国际商城房产证办理费用有关问题。会议听取县供销合作总社主任徐月东关于万通国际商城房产证办理费用有关问题的情况汇报，决定原则通过提交的方案。会议明确：1. 根据县政府2010年9月29日与万都集团有限公司签订的协议第六条“人防费及墙改发展基金、城市建设基础设施配套费等各种规费实行统一打包，按每平方70元向新公司收缴，不另收其他费用”，同意按协议执行，免收万通国际商城办理房产证过程中在洪泽应缴纳的费用。2. 由县供销合作总社会同住建等职能部门具体进行落实，同时按照“361”诚信服务要求切实做好帮办服务工作，确保该项目顺利推进。

9月17日，县长殷强主持召开县十四届人民政府第24

次常务会议，就县公务用车制度改革后保留车辆测算具体方案有关问题进行研究。县委常委、常务副县长杨国仁，副县长乐翔、钱宏光、徐琳、王兆龙、高军、徐礼球，县政府党组成员陶辉、陈洪标等出席会议。有关镇(街道)、单位负责人列席会议。2名人大代表、2名政协委员应邀列席会议。会议纪要如下：

关于县公务用车制度改革后保留车辆测算具体方案有关问题。会议听取县机关事务中心主任王俊关于洪泽县公务用车制度改革后保留车辆测算具体方案有关问题的情况汇报，决定原则同意提交的方案。会议明确：1. 按照《江苏省公务用车制度改革总体方案》(苏车改〔2015〕1号)文件要求：参改人员范围包括党政机关行政编制、行政附属编制人员和参公人员；车改节支率(车改后的费用比车改前节约的比率)必须达到7%；机要通信、应急、接待调研和实物保障用车严格按照机构编制数100%测算保留，保留车辆用于全县统筹使用；12个部门内的一般执法执勤车辆按现有编制的70%以内保留，执法执勤特种专业技术用车经核定后全部保留；乡镇(街道)可保留1—2辆应急公务用车；12个部门以外的执法执勤车辆按60%以内保留，纳入综合执法车辆平台统一保障。2. 同意采用以下方案报市车改办审批：保留车辆总数为206辆，节支率7.17%，其中集中形式实物保障的车辆14辆，机要通信、应急用车64辆，接待调研用车5辆，执法执勤用车123辆。3. 县机关事务中心要认真学习领会上级文件精神，并通盘考虑全县实际情况，做到原则性和灵活性相结合，各镇、各街道、各部门要通力配合，支持车改工作，县财政局做好相关费用的测算，监察局加强对公车改革的督导检查。

会议还讨论了其他事项。

10月13日，县长殷强主持召开县十四届人民政府第25次常务会议，就四季度重点工作落实、洪泽县“救急难”专项救助实施细则等问题进行研究。县委常委、常务副县长杨国仁，副县长乐翔、钱宏光、徐琳、王兆龙、张亚、张培刚、高军、徐礼球、赵成军，县政府党组成员陶辉、陈洪标等出席会议。有关镇(街道)、单位负责人列席会议。2名人大代表、2名政协委员应邀列席会议。会议纪要如下：

关于四季度重点工作落实有关问题。会议指出，当前已进入四季度，各项工作到了见边见底、决战决胜的关键时刻。会议要求：要以省、市有关会议精神和县委决策部署为指导，统筹做好当前各项工作，确保“十二五”圆满收官，为“十三五”良好开局奠定坚实基础。一是强化目标意识，对县十四届人大四次会议、县第十次党代会第三次会议和列入市考核的指标要认真分析、查找差距、逐项弥补、分步落实，特别是差距较大、欠序时较多的，要采取有效措施，拉长“短板”、填平补齐，确保不拖腿、不掉队。二是主攻项目引建，在抓好项目招引的同时，更要牢牢抓住到资、开工、投产等关键环节，全力加快项目建设进度。对节会集中签约的重点项目，加大前期工作力度，确保项目早日开工建设；对在建项目，要进一步强化效率意识，确保项目快建设、快竣工、快见效。此外，对进展较慢甚至久推不动的项目，要逐一进行把脉问诊，深入查找症结源头，确保项目有明显的形象进度。三是弘扬担当精神，各条线严格落实好分工负责制，县政府各位领导对本条线的工作负总责，每项重点工作要做到目标再明确、责任再细化，确保各条线工作开展得有声有色。各主管部门要密切监控各项指标数据运行情况，加大协调推进和服务力度。各镇、各街道要切实扛起稳增长、促转型、惠民生的艰巨任务，按序时推进各项目标任务，力争多作贡献。

关于洪泽县“救急难”专项救助实施细则有关问题。会议听取县民政局副局长刘晓娟关于洪泽县“救急难”专项救助实施细则有关问题的情况汇报，决定原则同意提交的实施细则，要求县民政局按照会议讨论意见进一步修改完善后实施。会议明确：1. 按照《社会救助暂行办法》(国务院令第649号)、《江苏省社会救助办法》(省政府99号令)、《“救急难”工作试点实施方案》(苏民助〔2014〕9号)和《关于全面开展“救急难”试点工作的通知》(淮民〔2015〕58号)文件要求：(1)救助对象为因病、因灾、因学等特殊原因导致家庭基本生活出现暂时困难的具有本县户籍的最低生活保障对象、孤儿对象、城乡低收入家庭和城乡低保边缘家庭，经基本救助后生活仍难以维持的；(2)按照个人申请、镇(街道)受理审核、县民政局审批的程序组织实施，采用简化手续或先救助后补手续的方式实施救助，由县民政局直接发放现金或实物。2. 根据“救急难”救助内容、救助种类、贫困程度，实行分类救助，救助资金纳入政府财政预算，县财政每年拨付“救急难”资金30万元，并按5%逐年增加预算，暂定5年，另从社会福利彩票公益金中安排5%的资金用于“救急难”救助。3. 成立“救急难”工作领导小组，县委常委、县政府党组成员、公安局长乐翔同志任组长，具体由县民政局牵头负责，各相关单位加强协作、密切配合，确保此项工作顺利进行。

关于农村集体资产股份合作制改革试点有关问题。会议听取县委农工部部长韩学荣关于农村集体资产股份合作制改革试点有关问题的情况汇报，决定原则同意提交的报告，要求县委农工部按照会议讨论意见进一步修改完善后报县委审定。会议明确：根据《关于加强农村集体资产管理工作的通知》(国发〔1995〕35号)、《关于印发积极发展农民股份合作赋予农民对集体资产股份权能改革试点方案的通知》(农经发〔2014〕13号)和《江苏省农村集体资产管理办法》(省政府165号令)文件精神，选取县内部分村居对农村集体资产股份合作制开展改革试点工作。1. 试点范围：农村集体资产包括资源性资产、经营性资产和非经营性资产；资源性资产收入纳入农村集体经济组织收益分配(农户承包地除外)；经营性资产和非经营性资产列入折股量化范围。2. 收益分配:对村集体所有经营性资产、非经营性资产收入、村集体所有资源性资产收入和账外资产经营收益进行分配；红利分配实行盈利共享，风险共担；税后收益分配顺序优先弥补亏损，其次提取公积(益)金，最后按股分红。3. 股权管理：实行股份收益权静态管理，每五年一个周期，周期内股权不予调整，五年后重新按“股权设置”办法进行量化股份，股份收益权可馈赠、内部转让、继承，但不得退股提现。

关于洪三公路东侧高效设施农业奖励办法有关问题。会议听取县农委主任杨步飞关于洪三公路东侧高效设施农业奖励办法有关问题的情况汇报，决定原则同意提交的报告，要求县农委按照会议讨论意见进一步修改完善后实施，并做好产业布局规划。会议明确：1. 对2015年、2016年、2017年洪三公路东侧新增的100亩以上集中连片钢架大棚蔬菜基地，给予一次性奖补600元/亩，所需费用由县财政据实拨付。2. 申报奖励的高效农业项目须有土地流转手续，满足规划、管理和质量等方面要求，由县农委对项目进行初审，合格后组织相关部门对所报项目进行现场核实，经验收合格公示后，报经县政府审批、奖补。

关于2015年度农村饮水安全工程配套资金有关问题。会议听取县水利局局长郭明珠关于农村饮水安全工程配套资金有关问题的情况汇报，决定原则同意提交的报告，要求县水利局按照会议讨论意见进一步修改完善后实施。会议明确：1. 根据《关于洪泽县2015年度农村饮水安全工程初步设计的批复》（淮水农〔2015〕20号）文件精神，2015年度农村饮水安全工程所需资金3000万元，其中省级补助268万元、市级补助80万元、县级配套2652万元，配套资金由财政据实拨付。2. 为加快推进全县2015年农村安全饮水工程，对三河、蒋坝、黄集三镇（街道）及蒋坝果园农村小水厂开展处置试点。（1）处置方案：对农村集体水厂资产无偿托管给洪泽县农村供水有限公司管理和经营，由洪泽县农村供水有限公司与村委会签订托管协议，明确双方权利和义务。农村私营水厂处置工作由相关镇政府（街道办）牵头、县水利局配合，收购价格以第三方评估机构出具的评估报告为依据，收购资金由县财政承担。最终收购价格需报经县农村安全饮水工程建设领导小组审定，项目经审批合格后，由县财政据实拨付收购资金。（2）时间安排：先选择三河镇3个农村小水厂作为处置试点，11月份再全面推开。（3）考核奖励：对在规定时间内完成水厂处置任务的按每个小水厂奖励镇（街道）1万元。（4）明确职责：各相关镇政府（街道办）牵头负责并按要求做好农村水厂处置工作；水利局负责指导和协助各镇（街道）的农村水厂处置工作，按照时间要求完成地下水井封填任务；县审计局牵头做好农村水厂资产评估工作；县财政局根据农村水厂处置进度，及时拨付相关资金并全程监督资金的使用情况；县政府督查室牵头督查农村水厂处置进度。

关于洪泽湖大道加油站搬迁易址及汽车站加油站土地挂牌有关问题。会议听取县规划局局长邵永军关于洪泽湖大道加油站搬迁易址及汽车站加油站土地挂牌有关问题的情况汇报，决定原则同意提交的报告。会议明确：1. 洪泽湖大道加油站新站选址位于县国税局东侧、黄海路西侧、洪泽湖大道南侧，占地约5.29亩。中石化淮安分公司参加新站地块的竞标，摘牌款项由江苏洪泽湖建设投资集团有限公司先期垫付，待土地摘牌后，再由财政扣除提取的相关基金业务费并返还给江苏洪泽湖建设投资集团有限公司，所涉契税等税费由江苏洪泽湖建设投资集团有限公司承担，洪泽湖大道加油站新站建设和旧站拆除费用全部由中石化淮安分公司承担。中石化淮安分公司要积极支持"三馆"建设，洪泽湖大道加油站旧站搬迁工作不得影响项目推进。2. 县汽车站加油加气站占地约0.21公顷，土地已划拨给洪泽县汽车客运公司，其中加油区部分占地约0.13公顷，由国土局收回按商业用地挂牌，土地出让价格以国土局评估为准，相关费用由洪泽县腾达石化有限责任公司负责，其余用地及部分资产（加油站部分）以租赁形式取得使用权，仍按照原协议执行。

关于全县土地储备工作完善有关问题。会议听取县国土局局长赵可兵关于全县土地储备工作完善有关问题的情况汇报，决定原则通过提交的报告。会议明确：1. 建立健全由县土地储备中心集中统一的土地收购储备制度，自纪要发布之日起，未经县土地储备中心收储的土地一律不得进入一级市场，具体操作流程按照《土地储备管理办法》（国土资发〔2007〕277号）、《关于加强土地储备与融资管理的通知》（国土资发〔2012〕162号）等文件要求执行。2. 土地储备中心工作经费由县财政局核定后拨付，按土地出让成交价总额的2.8%以及使用储备土地融资的按融资金额的0.5%提取管理费，用于土地储备日常业务工作经费。3. 为保证土地储备工作正常开展，除内部调剂业务骨干外，另公开招聘部分企业人员，工资待遇参照事业人员标准执行。

关于智慧洪泽时空信息云平台建设有关问题。会议听取县国土局局长赵可兵关于智慧洪泽时空信息云平台建设有关问题的情况汇报，决定原则通过提交的报告。会议指出，智慧洪泽时空信息云平台建设，对构建城市地理空间框架、提高城市管理和决策水平具有重要作用。会议明确：1. 同意建设智慧洪泽时空信息云平台，并纳入智慧洪泽建设范围，统一规划、统一管理，按照智慧洪泽经费结算方式据实拨付相关费用。2. 县国土局和洪泽县广电网络信息有限公司要严格执行政府采购相关要求，县财政、审计等部门切实做好资金监管和审计工作。

关于2015年度第2批次村镇建设用地征地预存款有关问题。会议听取县国土局局长赵可兵关于2015年度第2批次村镇建设用地征地预存款有关问题的情况汇报，决定原则通过提交的报告。会议明确：1. 同意拨付所需征地预存款，财政局要密切配合此项工作据实拨付，确保不影响项目用地报批进度。2. 考虑征用土地上报材料具有较强的时效性，以后征地预存款经县政府同意后，即可由国土局和财政局按照预存相关规定直接办理。

关于滨湖健康养生园项目用地土地出让金有关问题。会议听取东双沟镇镇长赵卒生关于滨湖健康养生园项目用地土地出让金有关问题的情况汇报，决定原则通过提交的报告。会议同意：县城市资产公司按照与国土局于2015年2月3日签订《国有建设用地使用权出让合同》约定，交足土地出让金1450万元，免除洪泽湖房地产开发有限公司因逾期未缴纳土地出让金而产生的相关违约金。

关于江苏洪盐新能源有限公司收购处置江苏嘉诚化工有限责任公司和淮安洁能水煤浆有限公司供热资产及供热管道有关问题。会议听取县城建办副主任陈洪鑫关于江苏洪盐新能源有限公司（下称洪盐公司）收购处置江苏嘉诚化工有限责任公司（下称嘉诚化工）和淮安洁能水煤浆有限公司(下称洁能水煤浆)供热资产及供热管道有关问题的情况汇报,决定原则通过提交的报告。根据县政府专题会议纪要(2014年第1号)和洪盐公司与相关企业协议中的有关条款,会议明确:1. 洪盐公司收购嘉诚化工和洁能水煤浆两家公司供热资产及附属设施,并将其协议转让给淮安国信热力有限公司(下称国信公司,该公司由江苏淮阴发电有限责任公司和淮安市经信委联合成立,专题会议纪要和相关协议中均为江苏淮阴发电有限责任公司),国信公司通过与洪盐公司供气价差,来解决所需收购资金。2. 国信公司按程序收购洪盐公司供热管道。

【县长办公会议】 2015年,县政府召开9次县长办公会议。

1月6日,县长殷强主持召开县长办公会议,就建设全县4D地理信息系统公安业务模块、启动江苏食品科技产业园主干道建设等问题进行专题研究。会议纪要如下:

关于建设全县4D地理信息系统公安业务模块问题。会议听取县公安局政委朱国海关于建设全县4D地理信息系统公安业务模块有关问题的情况汇报,会议原则通过汇报方案,同意将全县4D地理信息系统公安业务模块纳入智慧洪泽项目统一建设,所需经费由县财政据实拨付。

关于启动江苏食品科技产业园主干道建设有关问题。会议听取县规划局局长邵永军关于启动江苏食品科技产业园主干道建设有关问题的情况汇报,会议原则通过汇报方案,同意启动纬一路等8条园区主干道建设前期工作。会议要求,江苏食品科技产业园要结合项目建设,建立有效的市场竞争机制,通过对外招商,广泛吸纳有实力的企业参与基础设施建设。

关于尾水收集处理及利用工程等地块延期过渡费拨付问题。会议听取县房屋征收安置中心主任陈东升关于尾水收集处理及利用工程等地块延期过渡费拨付问题的情况汇报,会议原则通过汇报方案,同意由县财政据实拨付2014年7月至12月期间延期过渡费用。会议要求进一步创新工作思路,采取有效措施,最大可能地利用现有闲置的安置房先行安置一批搬迁户,最大限度地减少过渡费用支出。

关于调整工业蒸汽价格问题。会议听取县物价局局长潘恩如关于调整工业蒸汽价格问题的情况汇报,会议原则通过汇报方案,同意从2014年10月1日起将10千克蒸汽价格由211元/吨调整为196元/吨,16千克蒸汽价格由226元/吨调整为212元/吨;参照市区做法,从2015年1月1日起实行煤热价格联动机制。

会议还研究了其他事项。

1月19日,县长殷强主持召开县长办公会议,就协助江苏新东风化工科技有限公司解决土建工程经济纠纷、申请拨付盐化工区土地补偿款问题进行专题研究。会议纪要如下:

关于协助江苏新东风化工科技有限公司解决土建工程经济纠纷问题。会议听取县政府办主任翟启荣关于协助江苏新东风化工科技有限公司解决土建工程经济纠纷有关问题的情况汇报,会议明确由县委常委、公安局长乐翔和县政府副县长王兆龙共同负责,县政府办、住建局、审计局等部门主动配合,积极稳妥处理好江苏新东风化工科技有限公司土建工程经济纠纷问题。

关于申请拨付盐化工区土地补偿款有关问题。会议听取县盐化工区管委会主任孙正东和财政局局长徐加奎关于申请拨付盐化工区土地补偿款有关问题的情况汇报,原则同意稳妥推进盐化工区土地补偿款清算工作,要求县盐化工区会同高良涧街道核实盐化工区占用渠南村、玉河村的土地面积,县国土局核实土地补偿标准,县财政依据核实情况及时拨付土地补偿款。

1月29日,县长殷强主持召开县长办公会议,就解决渔人湾、古渔市和水釜城景区绿化亮化等问题进行专题研究。会议纪要如下:

关于渔人湾、古渔市和水釜城景区绿化亮化问题。会议听取古堰景区管委会副主任汤红尉关于渔人湾、古渔市和水釜城景区绿化亮化有关问题的情况汇报,原则通过汇报方案。会议同意渔人湾、古渔市和水釜城景区绿化养护管理实行市场化模式,通过招投标方式发包给有资质、专业化的企业,并由古堰景区管委会按照合同约定全面考核;古渔市、渔人湾和水釜城二期亮化费用,纳入市政设施公用照明电费中统一核算。上述所需经费中,水釜城一期绿化养护费用先由县财政垫付、单独建账,待中浦建设(集团)有限公司运营正常后与之结算,其余费用由县财政据实拨付。

关于政府代建工程项目借款处置问题。会议听取县财政局副局长、会计局局长陈中军关于政府代建工程项目借款处置问题的情况汇报,原则通过汇报方案。会议明确:1. 对已交付的政府代建项目,且目前建筑企业有诉讼官司的,县审计局要坚持特事特办,加快审计进度,以便及时结算;对在抵冲借款时建筑企业暂无资金开票的,县财政局可通过业主单位垫付税款,在结算时一并扣回。2. 对暂时无法清理的借款,县财政局或业主单位作为借款主体要做好日常核对工作,以保证法律时效性,并要关注借款企业经营情况,必要时提起诉讼,以保证资金安全。3. 对与县政府签有合同的工业项目配套借款进行全面排查梳理,由县政府分管领导牵头负责并予集中会办。

会议研究了县政府领导成员分工,并就做好当前工作提出具体的要求。

2月10日,县长殷强主持召开县长办公会议,就3宗工业用地挂牌、安排2014年度全民创业项目扶持资金等问题进行专题研究。会议纪要如下:

关于3宗工业用地挂牌有关问题。会议听取县国土局副局长植万洲关于3宗工业用地挂牌有关问题的情况汇报,原则同意汇报方案,要求按照土地利用管理国家例行督查精神,认真落实整改意见。

关于安排2014年度全民创业项目扶持资金有关问题。会议听取县全民创业工作领导小组办公室主任、乡镇企业局局长程雪峰关于安排2014年度全民创业项目扶持资金有关问题的情况汇报,同意按照有关文件和会议精神,及时拨付和兑现2014年度全民创业项目扶持资金。

会议还研究了《政府工作报告》涉及的目标任务分解和县政府领导成员分工有关问题。

3月7日，县长殷强主持召开县长办公会议，就镇(街道)污水处理厂托管运营、湖滨步行街内市政设施维修等问题进行专题研究。会议纪要如下：

关于镇(街道)污水处理厂托管运营有关问题。会议听取县住建局局长赵可林关于镇(街道)污水处理厂托管运营有关问题的情况汇报，原则通过汇报方案。会议明确：1. 由县住建局作为协议主体，与北京桑德环境工程有限公司签署镇(街道)污水处理厂托管运营协议。2. 县环保局要会同住建局，共同对托管运营的镇(街道)污水处理厂处理的水量和水质进行确认，包括计量点和监测点的确定。3. 由县环保局与住建局及涉及镇(街道)组成污水处理厂托管运营移交小组，移交过程中涉及部分设施无法使用的，由所在镇(街道)负责维修并承担相关维修费用。4. 污水处理厂托管运营费用由北京桑德环境工程有限公司提出申请，县住建及环保部门签字确认，县财政部门按月拨付，并由县财政与相关镇(街道)进行内部结算，托管运营费不包含项目土地使用税、房产税和增值税。

关于湖滨步行街内市政设施维修有关问题。会议听取县住建局局长赵可林关于湖滨步行街内市政设施维修有关问题的情况汇报，原则通过汇报方案，同意将维修工程纳入北京路创模改造工程，一并履行代建手续。

关于路灯管理所移交有关问题。会议听取县住建局局长赵可林关于路灯管理所移交有关问题的情况汇报，原则通过汇报方案。会议明确：1. 将城管局管理的原路灯管理所移交给县住建局管理。2. 本着必须必要的原则，购置巡查面包车、专业工程车各一辆，所需经费由县财政据实拨付。3. 为满足工作需要，同意招聘2名专业电工，并将路灯管理所现有人员和从城管大队借调的内勤人员工资等相关经费纳入财政预算。4. 县住建局要牵头做好相关资源整合工作，避免造成资源浪费。

关于城市公交扶持政策有关问题。会议听取县交通局局长赵希立关于城市公交扶持政策有关问题的情况汇报，原则通过汇报方案，会议要求县交通局要针对新车购置、特殊群体免费乘车、服务质量考核、公交站场建设等重点工作，制订具体实施方案，报经县政府研究同意后予以实行。

关于实验小学城南校区及天鹅湖幼儿园建设有关问题。会议听取县教育局副局长、实验小学校长、第二中学党委书记李建成关于实验小学城南校区及天鹅湖幼儿园建设有关问题的情况汇报，原则通过汇报方案，会议明确：1. 县国土局要抓紧落实实验小学城南校区及天鹅湖幼儿园建设土地指标，县发改、规划、住建等部门要积极配合，简化审批程序，尽快立项、发证，力争项目尽早开工建设。2. 实验小学城南校区及天鹅湖幼儿园由洪泽湖建设投资集团作为业主单位，教育部门负责具体项目推进与建设。3. 高良涧街道要尽快发放土地补偿款，尽早完成清障工作。

关于县安委会组成人员调整有关问题。会议听取县安监局局长钟志华关于县安委会组成人员调整有关问题的情况汇报，原则通过汇报方案，会议要求县安监局按照市委、市政府有关要求，及时调整落实到位。

4月11日，县长殷强主持召开县长办公会议，就渔民上岸安置工程、“三馆”建设占用地下空间等问题进行专题研究。会议纪要如下：

关于渔民上岸安置工程有关问题。会议听取县规划局局长邵永军关于渔民上岸安置工程有关问题的情况汇报，原则通过汇报方案。会议指出，渔民上岸安置工程是一项重要的民生工程，对改善渔民居住环境、提高渔民生活质量具有实质性意义。会议强调，县规划局要切实做好政策宣传工作，动员渔民自愿上岸安置。会议明确由县政府分管领导负责此项工作，县规划局、国土局、住建局等部门主动配合，积极稳妥地推进渔民上岸安置工程。

关于“三馆”建设占用地下空间有关问题。会议听取县规划局局长邵永军关于“三馆”建设占用地下空间有关问题的情况汇报，原则通过汇报方案，会议明确：1. “三馆”建设占用宏润花园13.54亩地下空间面积，按照原挂牌价收回。2. 宏润花园现有地下空间无法满足人防建设要求，由开发商负责缴纳人防异地建设费，具体费用由县人防办计算为准。3. 为满足宏润花园小区停车位指标，“三馆”地下停车位优先有偿提供宏润小区购房业主使用，并服从洪泽湖建设投资集团统一管理。4. 为做好“三馆”与宏润花园小区的衔接，宏润花园开发商需将其他地下空间与“三馆”地下空间同步建设。5. 县城建交通工作领导小组要与宏润花园开发商一致意见，签署合同文本，确保不产生新矛盾、不留后遗症。

关于建设用地“减量化”试点等有关问题。会议听取县国土局副局长植万洲关于建设用地“减量化”试点等有关问题的情况汇报，原则通过汇报方案。会议指出，开展建设用地“减量化”试点工作是落实省委、省政府《关于全面推进节约集约用地的意见》，积极探索新型城镇化背景下土地管理制度改革创新的一项重要举措。会议要求，县国土局要切实做好政策宣传、人员培训等工作，并会同相关部门，尽快落实好建设用地“减量化”试点、土地利用总体规划调整完善和土地利用总体规划评估修改工作。

关于淮金路绿化项目养护经费有关问题。会议听取县住建局局长赵可林关于淮金路绿化项目养护经费有关问题的情况汇报，原则通过汇报方案。会议明确：1. 淮金路绿化养护经费单价为每年每平方米2.5元，养护费由县财政负责测算并纳入年度预算。2. 淮金路绿化项目由洪泽县园林绿化有限责任公司具体负责养护，县住建局要落实工作责任制，对绿化养护工作进行严格考核。

5月14日，县长殷强主持召开县长办公会议，就实施东七街雨水管道和人行道工程、实施涉及城市综合环境整治市政工程等问题进行专题研究。会议纪要如下：

关于实施东七街雨水管道和人行道工程有关问题。会议听取县政协副主席、住建局副局长王天林关于实施东七街雨水管道和人行道工程有关问题的情况汇报，原则通过汇报方案。会议指出，实施东七街雨水管道和人行道工程，是2015年全县的一项重要民生实事工程，对开展“四城同创”、美化城市环境、提升居民生活品质，具有积极的推动作用。会议明确：要加快启动工程建设代建程序，并由县住建局负责牵头组织实施；规划局负责工程图纸设计，相关设计费用纳入工程建设总体预算；代建办会同公共资源交易服务中心等单位具体落实好项目施工和监理单位；审计局要做好跟踪审计工作。

关于实施涉及城市综合环境整治市政工程有关问题。会议听取县政协副主席、住建局副局长王天林关于实施涉及城市综合环境整治市政工程有关问题的情况汇报，原则通过汇报方案。会议明确：1. 由县规划局牵头制订城市综合环境整治方案，并负责工程图纸设计；县城管局、住建局要积极配合，结合工作职责对方案提出修改意见，力求整治方案更具科学性和可操作性；洪泽市政建设公司负责实施道路零星维修工程，工程具体费用由县公共资源交易服务中心、代建办、审计局、住建局等单位洽商确定。2. 对太湖路慢车道、公园东路改造等工程，县住建局负责慢车道、道路改造等工程实施，县园林局负责园林绿化工程实施，所需费用纳入工程建设总投资；县代建办要会同公共资源交易服务中心等单位，采用公开招标的方式，择优选择好项目施工和监理单位；审计局做好跟踪审计工作。

关于洪泽湖大道改扩建工程有关问题。会议听取县政协副主席、住建局副局长王天林关于洪泽湖大道改扩建工程有关问题的情况汇报，原则通过汇报方案。会议指出，改扩建洪泽湖大道能够有效改善城市面貌、提升城市形象，对方便居民出行和污水排放具有重要意义。会议明确：1. 县住建局按照代建程序启动此项工程，县规划局负责提供施工图纸，县园林局负责绿化提升工程的实施，所需费用纳入工程建设总体费用，县代建办要会同公共资源交易服务中心等单位落实好项目施工和监理单位，审计局做好跟踪审计工作。2. 县住建局、园林局要加强对洪泽湖大道的工程监督，注意保护好道路两侧绿化，做到安全施工、节约建设。

关于采购洪泽人才公寓一期室内配套设施有关问题。会议听取县城建办副主任陈洪鑫关于采购洪泽人才公寓一期室内配套设施有关问题的情况汇报，原则通过汇报方案。会议指出，人才是一个地方发展的助推器，建设人才公寓是洪泽县推进人才建设工作的有效举措。会议明确：1. 江苏洪泽湖建设投资集团有限公司要会同县人才办，对人才公寓的入住条件、经营模式、日常管理等工作进行研究细化，并制定详细的工作方案，报经县政府研究同意后予以实施。2. 江苏洪泽湖建设投资集团有限公司要组织相关人员赴南通、如皋等地借鉴学习先进经验，进一步提升人才公寓的管理服务水平。

关于盛世华庭公寓楼及周边室外雨污等配套工程有关问题。会议听取县城建办副主任陈洪鑫关于盛世华庭公寓楼及周边室外雨污等配套工程有关问题的情况汇报，原则通过汇报方案。会议明确：1. 将盛世华庭公寓楼与周边室外雨污等配套工程一并打包，由原施工单位按原招标条件组织施工。2. 将盛世华庭公寓楼及周边室外雨污工程列入老旧小区改造范围，工程资金从老旧小区改造配套资金中列支。

关于城区市政下水道管理职能移交有关问题。会议听取县城管局副局长陈传银关于城区市政下水道管理职能移交有关问题的情况汇报，原则通过汇报方案。会议明确：1. 县城管局负责在2015年汛期前对县城区现有的119.58千米市政下水道进行全面疏浚。2. 待县住建局会同有关专业技术人员、对城区市政下水道疏浚工作验收合格后，县城管局要将市政下水道管理职能以及管理经费一并移交给住建局。3. 洪泽市政建设公司作为雨污水管道的巡查养护管理单位，要建立日常巡查管护机制，每年对雨水管道等设施疏浚不得少于两次，并要建立疏浚管养考核机制；县住建局要积极配合，做好职能接手工作，并对城区市政下水道的疏浚费用及以后每年度的正常维护、疏浚、巡查等管理费用进行测算，报经县政府研究同意后纳入县财政预算。

关于砚临河以西、东五道以南化工区500米范围征迁有关问题。会议听取县经济开发区规划建设局局长孙鹏关于砚临河以西、东五道以南化工区500米范围征迁有关问题的情况汇报，原则通过汇报方案。会议明确：1. 抓紧启动砚临河以西、东五道以南化工区500米范围征迁工作。2. 县经济开发区要明确专人负责征迁的协调、推进和服务工作，同时尽快制定切实可行的奖惩方案，加大对征迁工作的奖惩力度。3. 县征收办会同高良涧街道做好居民房屋征收工作，经信委负责企业的搬迁工作。4. 县环保局负责协助经济开发区做好回顾性环评工作，并确保顺利通过。5. 征迁费用由县经济开发区承担（通过融资方式解决），县财政予以一定的支持。

会议还就做好当前工作提出了具体要求。

7月6日，县长殷强主持召开县长办公会议，就全县幼儿园和农村中小学装备水平提升、增加学校保安人员等问题进行专题研究。会议纪要如下：

关于全县幼儿园和农村中小学装备水平提升有关问题。会议听取县教育局局长高祝芹关于幼儿园和农村中小学装备水平提升有关问题的情况汇报，原则通过汇报方案。会议明确：1. 根据《市政府办公室关于做好2015年市政府为城乡居民办十件实事的通知》（淮政办发〔2015〕1号）和《淮安市教育局关于印发淮安市农村中小学装备水平提升工程实施办法》（淮教发〔2014〕25号）文件精神，同意按照省教育现代化标准，为5所农村中小学提升装备水平，所需资金在省补资金基础上，其余部分由县财政据实拨付。2. 根据2015年1月6日县十四届人民政府第15次常务会议纪要精神，为全县公办幼儿园配备多媒体教学一体机30套，所需资金由县财政据实拨付。

关于增加学校保安人员有关问题。会议听取县教育局局长高祝芹关于增加学校保安人员有关问题的情况汇报，原则通过汇报方案。会议明确：为维护大湖娃幼儿园、洪泽湖实验小学等学校安全稳定，同意新招聘学校保安14名，新增保安经费纳入全县学校保安整体预算。

关于增加校车运行经费及驾驶员工资待遇有关问题。会议听取县交通局局长赵希立关于增加校车运行经费及驾驶员工资待遇有关问题的情况汇报，原则通过汇报方案。会议指出，校车驾驶员岗位较为特殊，对从业资格、职业道德、行车安全、责任意识等均有严格的要求，保持现有人员素质和队伍稳定将直接关系到学生的安全出行。会议明确：1. 参照《县人社局关于发布洪泽县2014年企业工资指导线的通知》(洪人社发〔2014〕43号)要求,同意校车驾驶员工资按基本工资9%比例逐年增长,从2015年3月起执行,暂定三年。2. 按照基本工资8%标准,为校车驾驶员缴纳住房公积金,从2015年3月起执行。3. 为加强校车运行管理,由县财政据实拨付校车办公室专项管理费5万元/年,用于校车运行安全检查、学习培训等项目支出。

关于原江苏石油勘探局技工学校资产改造使用有关问题。会议听取县农委主任杨步飞关于原江苏石油勘探局技工学校资产改造使用有关问题的情况汇报,原则通过汇报方案,会议明确:1. 对原江苏石油勘探局技工学校的办公室、实验楼、图书馆等楼房在原有基础上进行改造,将其作为国家现代农业示范区建设指挥部、智慧农业馆等场所。2. 改造工作7月20日前完成规划设计,9月底前改造到位,所需资金从洪泽农业发展投资集团有限公司已筹措的资金中支配。

关于洪泽湖国际大酒店资产收购有关问题。会议听取县城建办副主任陈洪鑫关于洪泽湖国际大酒店资产收购有关问题的情况汇报,原则通过汇报方案。会议明确:为解决省农发行抵押贷款问题,由洪泽湖建设投资集团有限公司在前期评估价的基础上,按照商谈确定的价格收购洪泽湖国际大酒店抵押资产(含土地)计9200万元。所需资金由洪泽湖建设投资集团有限公司出资8700万元,其余部分由省农发行从贷款息差中支出解决,确保洪泽湖国际大酒店后续管理平稳有序过渡。

10月13日,县长殷强主持召开县长办公会议,就设立洪泽中学教育奖励基金、智慧城管项目等问题进行专题研究。会议纪要如下:

关于设立洪泽中学教育奖励基金有关问题。会议听取洪泽中学副校长李建成关于设立教育奖励基金有关问题的情况汇报,决定原则通过提交的报告。会议指出,建立教育奖励基金有助于促进师生成长、提高教育教学质量,也有利于引导社会各界关心支持洪泽中学的发展。会议明确:1. 成立洪泽中学教育奖励基金会并负责基金日常管理,基金会依据《江苏省洪泽中学教育奖励基金会章程》开展工作,基金以暂存款形式存入县财政批准的专用账户,由学校会计室代管,县财政局加强资金监管。基金会按照合法、安全、有效的原则将基金存入相关有息机构,实现基金的保值和升值。2. 基金主要用于奖励在德育发展、学业竞赛等方面表现优异的学生,在教育教学领域做出突出贡献的教师,以及爱岗敬业、乐于奉献的教职员工。基金奖励严格依据《江苏省洪泽中学教育奖励基金奖励办法》,奖励办法由教代会通过、报县政府审核后执行。3. 鼓励设立更多种类的奖励基金,进一步完善引入机制,允许以个人或单位名义命名奖励基金,建立相关种类的奖励账户。

关于智慧城管项目有关问题。会议听取县城管局局长朱正港关于智慧城管项目有关问题的情况汇报,决定原则通过提交的报告。会议明确:根据《江苏省数字化城市管理系统建设指南》(苏建城〔2008〕239号)和《江苏省数字化城市管理系统建设与运行管理办法》(苏建城〔2011〕416号)文件精神,同意智慧城管项目配齐20名外部巡查员、4名坐席员和相关网络设备,其中20名外部巡查员由城管队员兼任,通过信息上报量发放考核工资,同时,将智慧城管项目所需经费98万元/年列入县财政预算。

关于相关单位违规收费处理有关问题。会议听取县物价局局长潘恩如关于相关单位违规收费处理有关问题的情况汇报,决定原则通过提交的报告。会议明确:1. 同意县物价局没收县人民医院违法所得2603382.72元、洪泽中学3257771.05元,所得费用上缴县财政,另对相关单位处以一倍以下、10%以上罚款。2. 各收费单位要规范收费行为,针对检查出的问题立即对照整改,积极配合物价部门工作,罚没款及时缴纳入库;教育、卫生等部门要切实负起规范收费的牵头责任,坚持"管业务必须管行风"的原则,积极改正行业内价格违规行为;县物价局要加大检查力度,规范各单位收费行为,对不符合国家政策法规规定的,提出限期整改要求,对相关违规收费依法予以查处。 (陈泽勇　程登科)

政府公共服务平台

【概况】 阳光洪泽·"12345"政府公共服务平台,包括"12345"政府公共服务热线、阳光纪检、民生通道、领导信箱、阳光信访五个受理平台。其中"12345"政府公共服务热线平台覆盖72个网络成员单位,同时作为市级平台的网络成员单位,与市级平台专线连接、资源共享、联动运行。平台受理中心采用即时受理、首接负责、限期办结、扎口回复、及时回访的工作机制,24小时无缝隙受理群众的电话、网络、短信、传真、微博、QQ等各种方式的咨询、求助、建议、批评、投诉、举报等事项,为群众提供全方位、全天候、高效率的政府公共服务。除自行受理、办理群众诉求,同时办理市平台交办的职责范围内的群众诉求。

【工作成效】 2015年,累计受理处置群众各类诉求22564件("12345"热线18443件,民生通道3752件,阳光纪检177件,领导信箱192封)。编印周报54期、月报12期、专报1期和《书记信箱月度报告》12期。先后对60个重点诉情进行剖析,提请成员单位予以重视;对40个潜在诉情进行预测分析、预警预告提请成员单位提前应对;对30多个难点问

阳光洪泽"12345"政府公共服务平台走进岔河

题进行分析解剖，提出合理化意见，为成员单位高效处置提供帮助；对多个热点问题进行追踪反馈，促进成员单位采取措施，长效管理。经县阳光办联合成员单位会办，解决了洪泽外国语中学树木生虫影响学生上课、人行道私设减速带、邓码小区养猪等一系列难点问题。

【创新工作】 2015年，县阳光办开展网友进部门、部门进平台、平台开放日、平台进社区等活动6次，提高部门工作透明度，增强政府公信力，放大阳光洪泽的运行效应。10月，开展"阳光洪泽·'12345平'台暨大湖论坛网友走进岔河镇"，现场接受群众反映问题60多件，当场解决咨询类、调解类问题30多件，登记在案对相关单位进行交办问题20件。

此外，县阳光办还开展"'12345'社会化便民服务"：在县政府网站、大湖论坛发布加盟公告，邀请全县范围内服务企业、个体工商户和社会志愿者免费加盟，对各类社会化服务项目进行征集登记，录入平台知识库，为群众提供及时服务，使市民的生活更加便捷。 （司振华）

政务服务

【概况】 2015年，县政务办以打造"整合最彻底、事项最齐全、授权最充分、系统最智能、环境最优美、服务最高效"一流政务服务平台为目标，全程参与县"三馆一中心"设计、招投标等项工作，全面深化行政审批制度改革。全年受理业务176381件，较上年同期117916件上升49.58%；累计办结176094件，办结率为99.83%，同比提高4.36%；群众评议满意率100%。全面工作以及政务服务体系建设、公共资源交易、政务信息等项工作受到市政务办表彰。

【推进行政审批制度改革】 建立行政审批目录清单。通过认真梳理，行政审批目录清单217项，行政审批目录清单等"5张清单"均在全市率先公布，做好承接、下发、取消等相关行政审批服务事项工作，及时更新行政审批服务事项。优化流程再造、提升办事效率。对进入政务中心的28个单位审批流程进行优化和再造，4月和10月分别颁发全县第一份"三证合一"和"一照一码"证书。

【加快政务服务标准化建设】 配合县编办开展"三集中三到位"工作，相关部门成立行政许可服务科，行政审批事项向一个科室集中。10月，牵头推动召开全县简政放权转变职能打造服务型政府推进会。推进便民服务中心建设，在黄集街道、岔河镇、东双沟镇试点建设便民服务中心，初步形成覆盖全县的县、镇（街道）、村（居）三级政务服务体系。

【规范公共资源交易服务平台】 2015年，县政务办将政府采购、建设工程、土地招拍挂、产权交易、医疗器械采购等涉及公共资源交易的项目统一进入县公共资源交易平台进行集中交易。实现公共资源交易与监管相分离，由县公共资源交易监督管理办公室派驻人员到县交易服务中心，全程参与公共资源交易综合监管。年内，完成进场交易项目339个，总交易额9.24亿元。其中，公开招标项目122个，总预算价6.49亿元，总中标价5.37亿元，节约资金1.12亿元；小型项目发包项目202个，总预算价1.18亿元，发包总额0.89亿元，节约资金0.29亿元；直接发包项目285个，总额为3.35亿元。全年处理3起弄虚作假及2起围标串标案件，处罚18家投标单位，罚款73.62万元。县政务办在全市治理串标围标专项行动工作会议、全市政务服务体系建设工作推进会上作经验交流发言。

【推进"361"诚信服务提升年活动】 年初，县政务办牵头召开361诚信品牌提升动员大会，表彰了一批先进集体、优秀帮办、服务之星；召开帮办协调会、座谈会18次，开展并联审批、联审联办53次，进驻项目现场7542人次，上传图片文字信息6182条，解决各类问题212个，编发5期361诚信服务简报。牵头推动在全县开展"361"诚信服务流动红旗竞赛活动。

10月8日，全县第一份"一照一码"证书发放

【窗口队伍建设】 2015年，县政务办扎实开展党建工作，以开展党员冬训工作活动为契机，采取集体学习、个人学习相结合，请进来、走出去相结合等方式切实提升中心窗口队伍政治理论水平和服务意识。开展爱心帮扶活动，倡议全体工作人员及社会各界爱心人士为重病患进行募捐救助活动，共筹集善款8870元；积极帮扶三河镇五里牌村，对五户困难家庭送上慰问金。完善《服务承诺制》《首问负责制》等五项制度，进一步提升工作人员服务质量。出台《政务服务中心窗口工作人员违纪责任逐级追究办法》，对窗口出现违纪情况责任人、窗口负责人、政务办督查人、

窗口单位分管领导、政务办分管领导、窗口单位主要领导、政务办主要领导依次进行责任追究，增强所有人员的责任意识。

（李　明）

信息化工作

【概况】 2015年，县信息化办公室完成全县50家部门网站第一次全国政府网站普查工作，确保网站普查工作取得初步成效。5月，在全省政府网站测评中，洪泽位列全省各县（市）中第18位，淮安市第一名；信息报送工作在全市各县（区）排名第一，全省前列。7月，在全市政务公开工作考核评比的四个项目中，洪泽县政府网站信息公开、网站建设管理、网站内容保障三项工作位列全市各县（区）第一名，行政权力网上公开透明运行工作位列第三名。是年，信息化办公室积极参加县创新创优评比工作，获全市创新创优工作二等奖；获全市首届网络信息安全技能竞赛三等奖。

【政府网站建设】 2015年，县信息化办公室培训全县部门网站运维负责人一次；配合县政府办编发七期全县网站普查工作通报。期间，累计关闭6家部门网站，排除不在普查范围的4家部门网站，关停合并3家部门网站，新建县市场局网站；普查范围内的50家部门网站未出现被上级抽查并通报的问题。

【新闻宣传】 2015年，县信息化办公室紧扣全县中心工作，全面报道县十四届人民代表大会第四次会议、县政协九届四次会议等重大活动盛况；统筹做好大闸蟹节暨水上运动会开幕式、蒋坝百桌船帮宴等活动现场直播工作。累计在县政府门户网站发布政务要闻950篇，部门信息540篇，各镇动态362篇，民生新闻98条，媒体聚焦350篇，视频新闻345条；专题内容保障1273条，公共服务频道628条，政务公开频道14条，洪泽概况频道312条，蟹都微博485条；草根杂谈1436条，大湖视线53期。年内，共报送省网站信息608条，被采用82条，其中包括政务专题19个，报送市网站信息2312条。

【大湖论坛运维】 2015年，大湖论坛继续做好政府与群众沟通的桥梁，为网民提供疑难事件咨询、投诉、求解的通道。论坛总用户5万余名，组织100余次线上线下活动；日均发帖2500个左右，其中新开设的聚焦洪泽版块，成为洪泽人的网络家园；论坛日均访问量超过2万次。是年，推出APP客户端（掌上大湖），开通微信公共号（爱洪泽）。其中，掌上大湖下载量突破5000余次，爱洪泽已有2.2万粉丝。

【智慧城市建设】 2015年，成立《智慧洪泽建设领导小组》，按照《全县十二大重点工作领导小组》，出台《关于加快推进智慧洪泽项目建设的实施意见》和《智慧洪泽建设管理办法》。是年，完成投资1.965亿元，布设物联网线路3.2万米、架设物联传感器近6000个，完成智慧洪泽专网铺设。建成项目8个、在建项目6个、续建项目1个、启动项目3个。现云计算数据中心、视频综合监控系统、无线城市、智慧党建等核心平台均投入使用；智慧水利、智慧城管、智慧环保、智慧党建 、智慧旅游、智慧洪泽展示中心等应用项目陆续推进中。

3月17日，省广电有线信息网络股份有限公司党委领导察看智慧洪泽运营中心

【网络党建工作】 2015年，坚持高点定位，持续抓好落实推进。明确党建责任，夯实党建基础工作。突出阵地建设，创新开展网络党建工作。完成党建网站建设和上线运行，实现党组织网络化管理；注重新媒体的应用，开发并推出党员博客系统。开展网络党建活动。先后开展“网晒好家风 弘扬正能量”活动、“学子火热迎高考 大湖茶水送清凉”志愿活动、“网友进乡镇”等活动，积极参与公益活动，加强网络党建阵地建设，激发党员参与网络党建工作的热情，进一步做好舆论引导工作。

（陈秋香）

信访工作

【概况】 2015年，全县信访工作突出做好矛盾排查化解、办理群众初信初访、领导接访、信访积案化解、信访稳定等工作。开展“信访基层基础工作上水平年”“信访工作法治建设年”和突出信访问题集中化解“百日行动”等活动，较多信访问题在县内得到妥善解决。全年未发生被上级通报、有影响的信访事件，圆满完成全国“两会”、抗战胜利纪念日、十八届五中全会等敏感时期信访稳定任务。在省、市信访工作绩效考核中，洪泽县分别被评为“全省信访工作优秀县”和“全市信访工作先进集体”。县信访局接访科被市总工会授予“工人先锋号”称号。

【矛盾纠纷排查化解】 2015年，县信访局扎实开展矛盾纠纷排查化解工作，信访稳定风险指数处于全市较低水平。年内，共排查矛盾纠纷403件，化解366件，到市及以上走访矛盾排查判重率90%以上，化解率94%以上。

【信访事项受理办理】 全年接待群众来访849批4639人次，受理群众来信和网上信访件208件，其中省、市党政主要领导信箱41件，复查信访案件12件，办理上级交办件14件。向县领导报送《重要信访摘报》38件，印发《县领导信访接待日简报》15期，《全县来信来访情况通报》12期。

【县领导接待日活动】 2015年，举办县领导接待日活动48次，接待群众107批530人次，其中县委、县政府主要领导接待群众40批191人次，接访事项按期办结率100%，化解率95%以上。

【突出信访问题化解】 按照“化解存量、减少增量”的积案化解总目标，在全市率先开展信访突出问题集中化解“百日行动”，共交办30件信访突出问题，化解24件，超额完成预定的化解目标。其中，化解中央四部委交办和省、市督办案各1件。

【普及运用阳光信访】 大力推动阳光信访普及运用，实现全县9个镇（街道）全覆盖，并直达51个县直部门。以“阳光信访”信息系统为载体，进一步畅通和拓宽信访渠道，让群众足不出户就可反映诉求、查看进度和查询结果，实现全部信访事项“网下办理、网上流转”，建成“信、访、网、电”四位一体、快速高效的群众信访诉求受理平台。

阳光信访业务培训

【信访法规宣传】 开展以“阳光信访，依法维权”为主题“信访工作法治建设年”宣传周活动，通过电视、网络、报纸、手机短信和流动宣传车等平台，实现信访法治进社区、进村居、进企业、进工地。通过开展信访法治主题宣传、提升信访法治能力、依法解决信访问题和信访秩序规范治理四个专项行动，大力推行诉访分离、逐级走访。（王爱荣）

机关事务管理

【公共机构节能管理】 2015年，公共机构节能工作重新纳入全县部门科学跨越发展责任目标考评范围，出台全县公共机构节能工作实施意见。组织全县328个公共机构填报年度单位能源资源消费数据，做好县域公共机构能耗数据核查工作，建立能耗数据基础数据库。9月27日，通过省能耗数据核查组的抽查。

年内，县机关事务管理局牵头召开全县公共机构能耗统计软件应用培训会议，有166名公共机构能耗统计员参加业务培训，培训内容是能耗统计软件的功能设置、操作流程等。

【办公用房清理】 5月7—19日，县机关事务管理局组织人员对全县党政机关办公用房再次核对和清理，将全县各单位上报的办公用房平面图扫描整理到电脑，形成全县办公用房数据库。对清理腾退的办公用房及时组织调配，调整安置6572平方米。全县每年可节约财政资金200余万元。

【县行政办公中心保障维修】 2015年，县机关事务管理局加强对县行政办公中心的管理，坚持日巡查、周检查制度，定期对电梯、空调、配电柜等各类设施设备检查、维护。清洗空调风机300多个、更换照明灯200多只、各种延时阀100多只，对办公大楼外墙整体修漏粉刷2000多平方米；配合新行政审批中心建设，拆除原地下泵房，修建临时泵房、临时用水管网和地下排污管网；配合园林局做好原绿化树木的移址和栽种工作；配合规划局做好行政审批中心图纸设计的修改工作及协调处理工作；把行政办公中心前广场改为临时停车场。强化办公区域交通秩序管理，增设广场道路停车位160个，安排专人引导驾驶人员规范停车。添置禁止停车标识牌30余只。

【县直机关工作午餐运行】 2015年，县机关事务管理局安排专人赴省、市政府机关及周边县（区）开展工作午餐调研，拟定县直机关工作午餐启动方案，做好工作午餐前期数据采集、就餐点招投标、就餐管理平台和软件引进等项工作。7月1日，县直机关午餐开始运行。

【提高会议服务水平】 1月，将县行政办公中心二楼原会议室改造为政府视频会议室，于2月底投入使用。培训音响师，组织会议服务人员到市政府会议中心接受业务培训，提高服务标准。每场会议前，会务人员要做好卫生、音响、灯光、空调、茶水等保障。全年，承接视频会、道德讲堂、汇报会等各种会议195场。

【县级政府公物仓投入运行】 5月，县级政府公物仓正式运行，地点设在机关事务局，积极调配办公场所、配置人员。接受9个单位转来的资产，为6个单位调剂办公桌椅、电脑、打印机等办公设备，推进国有资产共享、公用，提高的资产使用效益。

【推进公车改革】 2015年，县机关事务管理局完成公车及人员统计调查摸底工作和费用的测算工作，编制县车改方案并上报市政府审批。对参改车辆严格核定编制，进行车辆调拨安置。率先组建公车集中管理平台，设置公车管理科和公车服务中心，做好办公地点的安置及驾驶人员的招聘工作。12月31日，县公车中心服务保障工作正式启动，实现车改前后公务出行保障工作的平稳过渡。

加强对公车私用、节假日公车封存情况的检查督查，元旦、春节、清明、“五一”、国庆期间组织人员深入有关单位和乡镇、公共场所，开展公车私用及公车封存情况督查，共查处通报了未按申报地点封存的8个单位9辆车，有效扼制了公车私用、乱停乱放的行为。

【县机关小区物业进驻】 年初，县机关事务管理局对机关小区进行改造，并多方联系物业管理公司入驻。8月15日，淮安市兴达物业公司正式进驻县机关小区。县机关事务管理局积极配合该公司做好入驻初期准备工作，提供住户信息、办公场所和基本办公条件，做好相关宣传工作。投入2万元，进行小区绿化改造，新建花池4处，种植一批花木。

【安全维稳工作】 2015年，县机关事务管理局做好消防安全巡查工作，每月组织一次消防安全检查、维修，强化消防设备应用的培训教育，做好日常维护检查工作，更换充装灭火器136只。11月9日，举办了行政办公中心消防培训消防安全知识培训，组织办公中心单位工作人员前来接受培训。制作消防宣传视频，在电梯间滚动播放。在维稳方面，加强人防投入，设置公安巡警值班室，抽调公安巡警4人入驻行政办公中心大楼参加维稳工作。坚持24小时值班巡逻制度，加强对行政办公中心夜巡检查，消除安全隐患。引导上访人员按信访程序进行上访，配合信访、公安部门处置各种群体性上访事件40多起，有效维护机关正常工作秩序。

举办全县机关工作人员消防安全知识培训

【创卫活动】 2015年，县机关事务管理局开展健康知识普及教育，在行政办公中心四周设置大型创卫知识宣传橱窗和宣传栏3块。开展无烟大楼创建活动，利用电子宣传平台，制作卫生健康知识及《江苏省爱国卫生条例》《关于领导干部带头在公共场所禁烟有关事项的通知》宣传片，在楼梯口电视上滚动播放。设置新禁烟标志牌50块，在电梯等候间、会议室及每个楼层的走廊处张贴。安排2名禁烟劝导员，在办公楼内开展禁烟巡查及劝导活动。

组织党员干部186人次到包干区，清理小广告、清扫垃圾；开展除“四害”活动，增设毒鼠饵站8个。组织人员集中清理菜地、淤泥500平方米。（王　俊　沈迎春）

外事侨务

【参与外资项目洽谈】 2015年，县外侨办发挥自身职能优势，多次参与外商及外资项目交流洽谈活动。2月，中韩发展交流协会会长李明善等应邀到洪泽考察，实地考察县规划展览馆、食品科技产业园等，签署战略合作协议。5月，洪泽县组团随市政府代表团赴以色列、土耳其进行招商推介活动，期间县领导分别拜访悦丰晶瓷在土耳其的客商，签订进货合同，促进企业提质增效。11月，县委主要领导赴韩进一步洽谈盐化工项目，有效促进项目落地，强化双方合作交流。

【干部出国(境)证件管理】 2015年，县外侨办贯彻执行上级关于因公出国（境）人员审批的有关规定，从严把关，主动服务。对一般性的团组，特别是考察类团组一律不予报批。同时，与县委组织部、台办、公安局联合发文，加强县管干部出国（境）证件管理，认真做好证件回收工作，提高相关人员主动上交证件意识。全年报批出国（境）团组二十批55人次，其中自组团7个。协助企业办理3名外国人入境相关手续。年内，接待美国、新西兰、奥地利、罗马尼亚等20多个国家的留学生、客商和国际组织共80多人次来洪泽参观考察。

【侨情普查工作】 2015年，县外侨办开展侨情普查工作。对全县留学生、华人、华侨侨眷进行调查，逐一对乡镇、社区、单位进行摸底。据统计，洪泽共有归侨1人（系印尼归侨），华侨、华人30多人，侨眷200多人，分别旅居美国、英国、新加坡等10多个国家。

【情系归侨侨眷】 2015年，县外侨办加强与归侨侨眷的联系交流，通过上门拜访、电话问候、节日慰问等形式，了解归侨侨眷的工作与生活情况，帮助他们解决工作生活中的困难和问题，并为部分归侨侨眷订阅《华人时刊》杂志。中秋、春节等传统佳节期间，县外侨办领导还登门进行慰问活动。

【外侨示范点建设】 2015年，县外侨办推进社区外侨示范点建设。高良涧街道洪渠社区在侨务工作平台搭建、为侨服务等方面实施新举措和新方法。主要做法是配备电脑网络，拓宽侨法宣传渠道，以各类外侨活动为抓手，积极培育和整合社区外侨资源，凝聚侨心、维护侨益、汇聚侨力；建立归侨侨眷联系制度，做到每一位归侨侨眷由社区工作人员分别联系。（王佩萍）

编辑：吕后臻

政协洪泽县委员会

重要会议

【县政协九届四次会议】 2015年2月4—6日，政协洪泽县九届四次会议召开。会议学习讨论县委书记徐东海在政协洪泽县九届四次会议上的讲话；听取和审议政协洪泽县第九届委员会常务委员会工作报告；听取和审议政协洪泽县第九届委员会常务委员会关于提案工作情况的报告；列席洪泽县第十四届人民代表大会第四次会议，听取和讨论县政府工作报告和其他有关报告；表彰县政协九届三次会议优秀提案、优秀政协委员、大会发言及交流材料等；协商通过有关人事安排；通过大会决议。

【主席会议】 2015年，县政协共召开5次主席会议。

2月3日，县政协主席会议协商讨论有关人事安排、常委会工作报告和提案工作报告。

4月15日，县政协主席会议协商讨论重点提案，确定提案交办时限。

7月7日，县政协主席会议开展“三严三实”专题学习，并协商委员调整事宜。

12月14日，县政协主席会议集体学习全县政协工作会议精神。

12月29日，县政协主席会议协商讨论政协九届五次会议相关事宜。

【常委会议】 2015年，县政协共举行4次常委会议。

2月6日，县政协召开九届十三次常委会议。会议协商有关人事安排，审议会议决议（草案），提请小组讨论。

7月8日，县政协召开九届十四次常委会议。县政协常委视察了县企业退休人员管理中心、北京路小区改造工程、大湖娃幼儿园项目建设现场，并听取县政府副县长徐琳关于2015年为城乡居民兴办10件实事工作进展情况的通报。

10月14日，县政协召开九届十五次常委会议。县政协常委视察了圣欧芳纶（淮安）有限公司、东俊机械有限公司、江苏悦丰晶瓷科技有限公司，并听取发改委关于洪泽县“十三五”规划编制工作情况的通报和县政府分管领导关于2015年1-9月全县工业特色产业培育情况的通报；协商通过《关于建议实施机械工业园项目的调研报告》和有关人事安排。

县政协常委会组织视察大湖娃幼儿园建设现场

12月31日，县政协召开九届十六次常委会议。会议协商讨论县政府工作报告；协商通过县政协常委会工作报告；协商通过县政协九届五次会议有关事宜；协商通过有关人事调整。

参政议政

【政治协商】 县政协在九届四次全会期间，组织委员对《政府工作报告》及其他报告进行协商讨论。全委会期间3名政协委员围绕全县土地流转、工业经济、就业创业等问题作大会主题发言。还召开重点提案见面会、沟通会和协商会，搭建提案人与承办单位之间的交流协商平台。“关于加快发展电子商务产业”“关于进一步加快古堰景区发展”等重点提案办理迅速有力。

以常委会协商议政形式，先后围绕教育资源均衡配置、政府兴办利民十件实事、特色产业培育、“十三五”规划编制等开展专题协商，累计提出30多条意见建议，被县委、县政府及相关部门采纳。各界别围绕各自相关领域开展多次协商活动，将基层群众的合理诉求、建议及时反馈给相关部门,促进民生问题有效解决。

【民主监督】 县政协通过委员提案、反映社情民意、行风政风建设等途径开展监督。全年共立提案101件,其中45件涉及民主监督领域,引起相关部门重视并得到有效解决;收集各类意见建议42条,将其中有代表性、涉及群众切身利益的社情民意信息归纳整理报送市、县有关领导参阅,有11条被淮安市政协采用。《关于加强小区物业管理的几点建议》被淮安市政协选为优秀社情民意进行交流。推荐36名政协委员担任供电、政法、税务、交通、消防、卫生等部门行风监督员和人民陪审员,参与干部选拔、人才招聘、案件陪审等重点领域和热点岗位的监督。多次选派委员参加电视问政、民意测评、年度责任目标考评、窗口服务部门满意度测评等监督活动,推动行风、政风建设。

【建言献策】 六大工作组牵头组织对北京路小区改造、县企业退休人员管理中心、智慧洪泽等一批重点项目、重点工程视察72次,并以调研报告、视察纪要、委员提案等形式,现场指出问题,协商解决办法,积极督促加快实施。围绕旅游、文化、生态、民生、城镇化、产业培育等版块开展24次调研活动,形成调研报告12篇。旅游资源开发组的《弘扬蒋坝美食文化,助推全县旅游发展》调研报告,获得淮安市第四届现代服务业发展论坛优秀论文二等奖。特色产业培育组结合秸秆综合利用,撰写的《找回农业的"另一半":实施木煤生产项目,推进秸秆变废为宝》调研报告,得到了县委书记徐东海的重要批示。大湖文化弘扬组针对全县民办教育现状提出的《浅谈新时期民办教育健康发展的几点建议》,切中时弊,反应良好;新型城镇化建设组的《进一步提升"五位一体"管护成效的建议》,优化农村水利工程管护模式;民生福祉提升组撰写的《完善"五个机制"推动分级诊疗》,提出基层首诊、双向转诊、急慢分治、上下联动的分级诊疗服务模式更加贴近医改实际;生态文明建设组起草的《发展节能环保公共交通,推进湖滨生态城市建设》调研报告,倡导公共交通绿色出行,观点新、站位高。

【提案办理】 2015年,县政协共收到委员提案149件,立案100件,参与提案的委员达180人(次)。委员所提提案分别落实到40个承办单位、16个协办单位办理。至年底,政协提案已经全部得到答复,其中已办理98件,办结率98%,政协委员满意率100%。

其他工作

【帮扶活动】 全年,县政协机关共为7个镇(街道)、8个村和社区解决难题、兴办实事26件,协调帮扶资金100多万元,联系购置商业门面,增加集体资产,新上增收项目,增强村集体经济自我"造血"功能。组织政协机关干部与33户困难家庭开展一对一帮扶活动,定期上门慰问,主动问寒问暖,踊跃捐资捐物,深受帮扶对象的好评。

组织委员开展"三问三送"活动,特色产业培育组深入企业"问经营、送对策"、新型城镇化建设组深入农村"问增收、送科技"。民生福祉提升组深入社区"问民生、送温暖"。重视信访稳定工作,配合开展信访处理网络化管理,帮助化解信访户缠访,全年接待和处理群众来信来访20余件(次)。

【公益活动】 10月,由驻洪市政协"委员之家"成员牵头,在全县5个镇开展为期一个月的"亮身份、进基层"义诊活动,累计惠及居民1000多人。工商联界部分委员会同县艺企联合会组织30多位企业界和文艺界人士,共同举办"记录岁月·温暖新春"大型公益活动,筹集10多万元钱物慰问岔河镇、三河镇等4个镇敬老院200多名老人。县爱心助学基金会委员捐赠善款近百万元,资助200多名洪泽籍学子,成为回馈家乡的典范。

【联谊交流】 健全主席联系委员机制,开展主席约谈委员活动,关心委员的生活工作。研究界别调整,扩大团结面,增强包容性,适当增加与新媒体等新社会阶层的接触联系,逐步吸收新社会阶层的代表性人士到政协组织中来,为界别建设输入新鲜血液。组织部分委员视察少数民族村、宗教场所及台资企业生产经营情况。通过化解少数民族纠纷、协调教堂征地拆迁矛盾、配合开展平安宗教场所创建活动,融洽民族宗教关系。

发挥政协对外联系广泛的优势,先后接待浙江、安徽、湖北、黑龙江等省的政协组织到洪泽县视察、考察30余批次。同时组织委员赴省内外考察城市规划建设、旅游开发、医疗卫生及政协工作20余批(次)。通过联谊交流,提高了洪泽的知名度和美誉度。

【政协委员创业兴业】 县政协组织机关干部登门走访自主创业委员,采取帮助贷款、协调关系等措施为他们解决生产经营中遇到的问题,涌现了一批投资创业的先进典型。钱建国委员所在企业加大技改投入,投资一亿元新上人造纸板项目;周锦莹委员对创业兴办的企业加大企业技改投入力度,加快企业转型升级步伐,生产规模和效益显著增长,实现年开票销售1.5亿元、纳税2000多万元。政协委员们立足岗位,建功立业,成为各行各业的"领头雁"。束其虎委员牵头组织的淮海雅集书法活动,吸引30多位书法家齐聚洪泽挥毫泼墨。陈凯委员为《洪泽恋曲》《廉政新歌》《风雨马浪岗》等歌曲谱曲,起到弘扬正能量、唱响主旋律的效果。

(许 媛 陈 康)

编辑:邵永芹

社会团体·工商联

洪泽县总工会

【概况】 2015年，洪泽县新组建基层独立工会62家，新吸纳会员4132人。全县组建独立基层工会582个，吸纳会员65570人。县总工会获全县科学跨越发展目标考核二等奖，被县委宣传部、文明办表彰为年度洪泽县道德讲堂建设工作特别贡献单位。

【组织建设】 2015年，县总工会深化小微企业“党工联合之家”创建活动，联合朱坝街道在县开发区东区打造涵盖73家企业2700多名职工的职工综合服务中心。小微企业“党工联合之家”建设在镇(街道)、社区基本实现全覆盖。完善镇(街道)工会基础建设，全县9个镇(街道)工会全部改选换届，配齐配强工会主席、专职副主席。选聘8名工会专职协理员充实到各镇(街道)，确保镇(街道)工会实现场所、人员、经费“三到位”。持续推进“模范职工之家”建设。银珠化工集团工会被全总表彰为“全国模范职工之家”。邓码社区、海珠公司和翔宇纺织有限公司成为第三批全省党建带工建“四统筹一创争”示范点。东俊机械有限公司、农商行、县医院等10家企事业单位工会被评为“淮安市模范职工之家”。大洋化工芬胺厂分工会和汽车半轴制造有限公司金工车间工会小组被评为“淮安市模范职工小家”。

【民主维权】 2015年，县总工会推进以职代会为主要内容的厂务公开民主管理制度建设，切实保障职工知情权、参与权、表达权、监督权，全县已建会的单位中职代会建制率超98%，非公企业、行业、区域职代会建制率超过90%，金象赛瑞化工科技有限公司被评为“江苏省厂务公开民主管理先进单位”。依法推动工资集体协商，对200多名工会干部开展知识培训，提升参与民主协商能力。扎实推进工资集体协商合同签订工作，全年新签订协议117份。其中，非公企业104份、行业工会4份、区域工会9份。强势推进普法维权，大力构建和谐劳动关系，在县总工会网站开设“维权大讲堂”，定期更新职工维权案例，以案说法、以案代训；组织全县6000名职工参加“中国梦·劳动美”全省职工学法用法知识竞赛，切实增强职工的维权意识，提高维权本领；强化县总工会、县经济开发区、镇(街道)和“三庭合一”四级维权服务平台建设，突出和强化工会组织维权效能，全年参与协调劳动争议21起。

【素质提升】 2015年，县总工会推进职工素质工程建设，大力开展岗位业务培训，提升职工技能水平，全年县总工会及各基层工会累积培训各类人员5000多人次；开展“书香企业”创建活动，在打造“职工书屋”的同时，和县图书馆联合搭建职工“电子书屋”，向全县广大职工免费公开电子账号、图书馆公共微信号等，满足职工阅读新需求；广泛开展建功立业等劳动竞赛活动，在2015年淮安市劳动竞赛中，汽车半轴制造有限公司、亨通帽业有限公司、大洋化工等4家企业被评为“淮安市劳动竞赛先进集体”，海珠机械有限公司项目研发部被评为“淮安市十佳职工科技创新团队”，思诺泰克公司周成林被评为“淮安市十佳职工科技创新英才”。

【职工文化】 2015年，县总工会深化社会主义核心价值观教育，继续开展“中国梦·劳动美”等主题教育活动，引导职工树立高度的岗位自信，爱岗敬业，勤奋工作；举办“道德讲

8月27日，省总工会主席邢春宁到洪泽调研农民工入会和服务工作

堂”活动，引导全县广大职工积极投身道德实践；举办“幸福洪泽·我作贡献”职工演讲比赛，激发职工干事创业热情。开展形式多样的文体活动，组队参加淮安市第三届职工运动会；举办全县职工足球、乒乓球比赛；组织观看南京军区装备部到洪泽文化服务老区行表演多个文艺节目，丰富职工业余生活。进一步拓展职工文化平台，在县影剧院广场打造职工文化宣传阵地，对全县工会工作进行全方位多层次宣传，叫响工会品牌。

【典型选树】 2015年，县总工会在全县广泛开展全国劳模，省市县“五一”劳动奖状、奖章，工人先锋号等评选活动，开展“幸福洪泽·群星璀璨”劳动明星评选活动，在全县大力营造劳动光荣、劳动伟大的良好氛围。积极推评先进典型，全县有55家单位、60名职工受到市以上表彰，其中唐真亚被中共中央、国务院评选为“全国劳动模范”；江苏银珠化工集团荣获“江苏省五一劳动奖状”；县地税局第二税务分局被评选为“江苏省工人先锋号”；港宏玻璃、检察院、水利局获“淮安市五一劳动奖状”；赵建国、仲保等5人获“淮安市五一劳动奖章”和“淮安市五一劳动荣誉奖章”；孙成斌、邱兵分别被评选为“淮安市十佳文明职工”和“淮安市文明职工”。大力弘扬劳模精神，开展劳模精神进机关、进企业、进学校、进社区活动；与《读者》杂志联手，发行宣传专刊，宣传劳模和先进典型事迹；全国劳模唐真亚、洪泽湖水上书屋、马浪岗海事所入选省总《劳动故事》，在省电视台展播。

【帮扶救助】 2015年，县总工会持续推进工会帮扶服务工作转型发展：一是动态调查建档，对已建会企业、已入会职工组织进行全面调查摸底，摸清困难职工家庭的实际数目和基本情况，建档立卷，将1560名困难职工档案录入全国总工会数据库。二是常态推进春送岗位、夏送清凉、秋送助学、冬送温暖“四季送”活动，发放各类救助金150多万元；为101户特困职工办理了特困证；新吸纳735名职工加入互济会，累计为60多人申请互助救济，救助金额30多万元。三是拓展帮扶形式，根据不同困难职工家庭的不同情况，通过多种救助渠道和帮扶手段，有针对性的实施生活、医疗、就业等救助帮扶措施，使单一的困难救助向帮扶、维权、服务等综合型方向发展。

【劳动保护】 2015年，县总工会大力推进《劳动安全卫生专项集体合同》签订工作，劳动安全卫生专项集体合同签订率达92%。举办工会劳动保护监督检查员上岗培训，开展“安全生产月”宣传咨询活动，指导企业张贴安全宣传挂图5000多份，设置企业风险公告栏，教育引导广大职工增强安全观念，提升安全防范技能。深入开展“安康杯”竞赛活动，全县企事业单位参赛率达到90%以上，翔宇纺织有限公司被省总表彰为“江苏省安康杯竞赛优胜单位”；县供电公司、热电公司、银珠集团、航运公司被市总评为“淮安市安康杯竞赛优胜单位”；瑞特电子钣金车间钳工班和戴梦特第一化肥厂乙班生产线被评为“淮安市安康杯竞赛优胜小组”。广泛开展安全生产隐患排查治理活动，不定期协助做好安全生产大检查，组织全县5000多名高危行业职工开展“安全隐患随手拍”活动，在市总工会组织的投稿征集活动中，九牛公司陈玉涛荣获二等奖；开展夏季“五送”（送清凉、送安全、送法律、送知识、送文化）活动，累计发放各类慰问品3150份。（李延亮）

共青团洪泽县委员会

【概况】 2015年，洪泽县新成立非公企业团组织31家、机关国企团组织3家，全年新发展团员1159人，全县累计团员3.41万人。

【团队组织建设】 2015年，洪泽共青团、少先队工作继续保持全市共青团工作考核一等奖的位次。6月，团县委举办首届洪泽县在校生模拟法庭大赛，该项活动受到江苏省教育厅等10个单位联合表彰的“第二届江苏省中等职业学校在校生模拟法庭大赛优秀组织奖”荣誉。洪泽县少先队组织积极开展江苏新疆少年儿童手拉手活动，得到团省委、省少工委的肯定。洪泽县被授予“江苏新疆少年儿童‘手拉手’互助活动贡献奖”。江苏省银监局、江苏省农村信用社联合社等单位联合表彰洪泽县金融挂职工作，团县委获“江苏省银行业青年干部赴县级团委挂职工作先进单位”。

【青年典型选树】 2015年，团县委开展第二届“洪泽县十大杰出青年”评选活动，县委书记徐东海、团市委书记王娟出席洪泽县青年联合会第二届委员会全体会议暨第二届“洪泽县十大杰出青年”表彰大会，并为“十大杰出青年”颁奖。团县委推荐江苏思诺泰克电子技术有限公司董事长周

洪泽县青年联合会第二届委员会暨第二届“洪泽县十大杰出青年”表彰会

成林参加第十七届淮安市十大杰出青年评选活动并获“十大杰出青年”称号。指导2名青年创业者参加全省、全国青年创业大赛,其中王伟伟创业项目获全国创业大赛三等奖,创业故事在央视《致富经》栏目宣传播出。王伟伟还被评为“2015 CCTV 全国十大三农创业致富榜样”;戚夏夏获全省创业大赛三等奖,创业项目被评为全国优秀创业项目。县少先队总辅导员丁涛获“全国少先队优秀辅导员”称号,是全县首个获国家级表彰的少先队辅导员。

【青少年成长教育】 2015年,团县委开展“洪泽县首届少先队辅导员风采大赛”、洪泽县“农商银行”杯“青年干部谈家训,廉洁自律树家风”主题演说比赛等青年干部家风家训建设工作。 团县委以“奋斗青春最美丽”“红领巾寻访”为主题加强青少年社会主义核心价值观等内容的思想教育工作;以“青春自护·暑期安全”为主题强化青少年安全自护自救教育,增强风险防范能力;以“法制伴我行·共圆中国梦”为主题强化青少年法制教育,引导青少年自觉守法护法。

【践行志愿服务】 2015年,团县委壮大县青年志愿者协会,团结引导志愿者参加全县各类赛事志愿服务活动,带领青年志愿者为洪泽湖国际大闸蟹节、元旦长跑、放鱼节、全面健身日等全县大型节日赛会活动提供现场协调、后勤保障等服务。建立青少年事务志愿者队伍,其中包括由28名法制工作者组成的志愿服务团和由56名心理辅导员组成的志愿服务队伍,为维护青少年权益、青少年成长提供服务。在全县中小学开展留守流动儿童结对帮扶活动,已牵头组建机关单位志愿关爱服务队20支300多人参与留守流动青少年结对帮扶活动。组织1000余名志愿者,参与全县各类志愿服务活动40多次。团县委牵头的“嘟嘟来了”爱微公益项目被团省委、江苏志愿者协会联合评为“江苏省青年优秀志愿服务项目”。

【新媒体宣传引导】 2015年,团县委积极运营官方微信、微博、微邦等新媒体宣传媒介。“青春洪泽”官方微信多次闯进江苏共青团系统微信排行榜前10名,连续多月排名淮安市微信关注度第一。针对创业青年、待业青年等不同青年群体,团县委通过分地域、分层级、分行业建立了QQ群、微信群,构建起青年适时互动的“网络团员社区”。年内,全县组建203人的青年网络宣传员队伍,通过集中发声、解惑答疑等形式引导青年正确应对网络舆情。加强官方网站、论坛等载体建设,发布青年成长咨询、共享共青团工作成果,结合微信、微博、网站等打造全媒体矩阵,构建洪泽县“指尖上的共青团”服务体系。加强纸质媒介的工作宣传、思想领导工作。团县委被团省委评为“2015年度全省团属报刊宣传工作先进单位”。

(谷汇林)

洪泽县妇女联合会

【概况】 2015年,洪泽县设镇妇联6个,街道妇联3个,村(居)妇代会126个,县直机关事业单位妇委会12个,企业妇委会2个,均配备专职妇女干部。完成“十二五”规划终期评估,拟定“十三五”妇儿规划征求意见稿。

年内,新创全国巾帼建功先进集体1个、省级“巾帼文明岗”5个、市级“巾帼文明岗”8个,2人荣市级“巾帼建功标兵”称号。

【志愿服务组织培育】 2015年,洪泽县新成立以推动家庭教育为主的“心灵家园”志愿服务中心。积极编制、设计、策划接地气的服务项目,持续开展一系列贴近基层妇儿、走近基层家庭的服务活动。“心灵家园”志愿服务中心每周举办一次“亲子阅读”公益活动,从信息资讯、培训辅导、经验分享、情感支持和社会倡导五方面,向所需家庭提供专业培训、指导并分享成功个案。全年开展阅读活动30余场,受益人数达2000余人次。该中心还组织志愿者走进县实验小学、东双沟小学、教育局附属幼儿园、外国语中学、外国语实验小学、洪泽县第二中学等,配合各中小学心理健康常规教学活动,对青少年的人生规划、自我成长、情感能力等做辅导,预防青少年心理问题的发生。此外,该中心还面向学生家长及致力于家庭教育工作的爱心人士,开展“爱孩子,从家庭教育开始”主题培训活动,全年组织40名志愿者和家长参加家长能力提升、家庭教育指导、家庭文明建设等学习培训活动。8月,该中心承接政府购买困境人群心理关爱项目,为15名单亲母亲、孤困儿童、社会矫正少年提供专业化的关爱服务。

关爱留守儿童工作是“水上百合”巾帼志愿者协会重点开展的工作之一。县妇联全年组织“水上百合”志愿者走进朱坝小学、东双沟小学、水釜城等场所,开展以“百合相牵·

5月13日,洪泽县“心灵家园”家庭教育推进会现场

快乐相伴”为主题的留守儿童关爱活动4次。8月31日，“水上百合”20名志愿者作为“爱心妈妈”参加省妇联组织的关爱留守儿童环省行活动，实现了20名留守儿童的“微心愿”。水上百合”巾帼志愿者协会坚持每两个月走进居民小区，开展“邻里一家亲·温馨在社区”活动，通过发放睦邻卡、求生哨、居民自编自演文明新风微情景剧、在小区公开栏张贴“笑脸墙”等助推文明家庭建设。

【民生实事推进】 2015年，县妇联认真落实省政府妇女儿童8件实事项目。一是有序推进农村妇女“两癌”筛查。召开专题会议，组织基层妇联配合县卫生局、计生委，做好调查摸底、跟踪服务等工作，加大对农村罹患“两癌”贫困妇女救助，为4名患“两癌”的贫困妇女争取救助资金4万元。二是推动“好苏嫂”智慧家庭服务平台建设。整合妇联系统维权服务、就业服务、家庭服务、培训服务、健康服务等资源，4月，指导成立“好苏嫂”家政服务公司，推进妇女儿童及家庭综合服务平台建设。三是免费“一站式”婚检稳步提升。与县卫生、民政等部门协调沟通，加大对婚检工作的宣传、把关，通过收集全县育龄妇女的手机号码，与育龄妇女共同搭建飞信平台，宣传孕检常识。全县结婚青年婚检率达80%，超额完成“十二五”末工作目标。四是妇女创业就业成效显著。2015年，新创省级巾帼电子商务村、巾帼农业科技示范基地、市级巾帼来料加工示范基地、巾帼现代农业科技示范基地、巾帼示范专业合作社、女大学生创业就业实践基地，培育女性创业带头人，带动妇女就地创业；发放妇女小额担保贷款500余万元；联合县人社部门开展“春风行动”活动，为女性开设专场招聘会，帮助120余名妇女实现就业。积极向上争取培训资金9万元，与县教育局联合开展农村妇女“网上行”基础技能培训，培训妇女300名；与县农干校联合举办妇女创业技能培训，全县妇联系统干部及各行各业创业典型200余人参加；指导黄集街道、岔河镇、老子山镇结合地方特色发展经济，组织当地300余名妇女进行创业就业培训，实现就近就地创业就业。通过开展“巾帼创业带头人”活动，培树优秀创业女性典型20名。

【妇女权益维护】 2015年，县妇联与县公安、司法等部门联合，进一步健全妇女儿童联席会议制度，打造无诉讼社区。与县法院、检察院、教育局等单位联合出台《关于建立未成年人刑事案件联动协作工作机制的若干意见》，县妇联系统干部作为陪审员积极参加涉及妇儿相关案件的庭审，使各部门形成维权合力，共同维护妇儿权益。全年处理妇女群众来件来访32件（次），结案率100%；开展以“妇女学法律、家庭促和谐”为主题的法律法规宣传教育活动，在县城的主要街道和各镇悬挂过街横幅共计25条，走进广场、社区发放维权手册1000余份，对《中华人民共和国妇女权益保障法》《中华人民共和国未成年人保护法》《中华人民共和国婚姻法》等法律及禁毒和预防艾滋病进行宣传。3月，县人大常委会召开会议，听取县妇联关于《妇女权益保护法》贯彻实施情况的汇报。

【守护儿童安全】 2015年，县妇联围绕“儿童优先”“儿童利益最大化”的原则，做好困境儿童分类保障工作，建立健全各类困境儿童数据库。积极向省儿基会争取资金，在朱坝小学开办“音乐之声春蕾班”，25名儿童每人每年可获400元资助，资助期限为三年；定期组织志愿者通过“1+1”献爱心、争当“爱心妈妈”、与留守儿童结对等活动，通过进学校、进社区、进家庭等形式关爱孤困留守儿童。2015年，以女童保护为重点，聚力守护儿童安全；依托“心灵家园”志愿服务中心，开展女童保护志愿者培训，全县9个镇（街道）122名妇联干部，23所中小学、15所幼儿园教师及60名志愿者参加培训。组织“心灵家园”志愿者进社区、进学校、进阵地开展“女童保护”公益讲座共计20余场，为30名“春蕾女童”发放助学款，10月10日，“女童保护”发起人之一、京华时报记者张思佳、高昌给东双沟小学100余名一年级学生进行女童保护专题讲座。牵头开展“1+1”献爱心活动，为全县37名孤困儿童每人送去1000元慰问金及棉衣、食品等，让孩子们感觉到社会大家庭的温暖。

【家庭文明建设】 2015年，县妇联开展寻找“最美家庭”和“最美女性”活动，发放活动倡议书1万余份，让孝老爱亲、爱岗敬业、热心公益、邻里互助等不同类型的家庭都有所展现。年内，全县有2户家庭获市“最美家庭”称号，1名女性获得市“最美女性”荣誉。选送的孙成斌家庭获省级“最美家庭”称号；开展家风家训建设活动。将家风家训作为“最美家庭”评选重要条件之一，开展家风家训征集、好家风好家训故事分享会、家风家训图片影像征集等活动，组织开展《好家教成就好家风》专题讲座，指导基层妇联组织以“最美家庭”故事会、家风家训微故事展示等活动30余场；开展以《弘扬传统文化·传承家风家训》为主题的巡回讲座活动。全县30家各级文明单位，2800余名机关工作人员参加讲座；7月22日，特邀淮阴工学院衡朝阳教授，组织开展《传承周氏家训· 建设优良家风》广场大学堂活动。

【组织网络建设】 2015年，县妇联完善妇女儿童活动阵地建设。新创省级“妇儿之家”25家、市级“妇儿之家”3家，引导各“妇儿之家”常态化开展妇儿活动，发挥好妇儿活动阵地各项功能。至2015年底，共创省级妇儿之家63家，市级妇儿之家124家，实现妇儿活动阵地全覆盖。积极推动妇联组织从传统领域向非公企业、社会组织等新兴领域延伸，2015年，分别成立县人社局、淮安永烁食品有限公司妇委会，进一步调动非公企业参与全县经济建设和社会发展的积极性。

（邓　莹）

洪泽县科学技术协会

【概况】 洪泽县科学技术协会成立于1981年3月。2002年，根据县委办公室印发的《洪泽县科学技术协会机关机构改革方案》的通知（洪办发〔2002〕135号），县科协独立建制，纳入参公管理单位，核定编制3人。2007年、2011年，洪泽县连续两次被评为全国科普示范县。

【科普场馆建设】 2015年，县科协完善洪泽湖渔家风情科普馆、博物馆、防震减灾体验馆等科普场馆的开放和管理制度。投资50万元，与江苏华明科教设备有限公司合作共建了"光影世界"科普馆，10月1日开馆。

【科普示范县(镇、村)创建】 2015年，县科协围绕省科协颁发的《关于开展2016—2020年江苏省科普示范县（市、区）创建工作的实施意见》（苏科协发〔2014〕197号），认真开展2016—2020年江苏省科普示范县（市、区）创建工作。2月，县政府召开创建江苏省科普示范县推进会，调整省科普示范县创建工作领导小组，县政府办公室印发《关于做好2016－2020年度江苏省科普示范县创建工作的通知》（洪政办发〔2015〕5号），对创建江苏省科普示范县工作作了明确的要求和部署。6月，县科协获全省科协系统先进集体称号。7月，洪泽县第一批通过省科协组织的验收。10月，洪泽县被省科协授予"江苏省科普示范县"称号。12月，岔河镇获批省科普示范乡镇、岔河镇陈向村获批省科普示范村、邓码社区获批省科普示范社区，淮安市白马湖农业科技产业园生产基地获批科普惠农服务站称号，淮安市食用菌协会获批2015－2019年度江苏省科普教育基地称号。

【科普宣传】 2015年，县科协免费开放渔家风情科普馆、防震减灾体验馆、博物馆等科普场馆，接纳社会公众近2万人；组织科普大篷车在全县6所中小学进行巡展；开展健康知识等讲座8场，聆听群众近万人；联合县委宣传部开展"经济转型升级新路径"的专题报告会，邀请著名宏观经济管理和企业管理专家、南京大学博士生导师钱志新教授作专题报告，各镇镇长、街道办主任和分管工业负责人，县直各部门主要负责人，县重点企业负责人近百人参加了报告会；参与"百名首席科技传播专家进百校"活动，邀请南京航空航天大学戚成海教授在朱坝小学开展"直升机世界"讲座，近百名学生参加；9－11月份，联合教育局共同举办全县中小学科技课评选活动，30多名科技课教师参加了比赛，经过初赛和决赛，最终评选出一等奖4人，二等奖5人，三等奖21人。

【科普项目申报】 2015年，县科协积极组织申报"基层科普行动计划"，三河镇俊源家庭农场和淮安市宏伟牧业有限公司董事长王伟伟分别被表彰为江苏省科普惠农兴村计划先进集体和先进个人，共获奖补资金8万元。

【中小企业创新发展能力提升计划】 2015年，县科协实施"中小企业创新发展能力提升计划"，征集企业技术需求30多项，开展技术、人才项目对接21个，指导洪泽县灌区管理所获批省科技服务站。

（汤丽琴）

洪泽县文学艺术界联合会

【服务中心工作】 2015年，县文联把握工作导向，主动跟进服务全县中心工作。3月5日，组织召开全县文艺工作者座谈会，贯彻落实习近平总书记视察江苏时的讲话和在中央文艺工作座谈会上的讲话精神，听取他们对洪泽跨越发展，对文艺工作的想法和建议。牵头做好"洪泽谱新歌·邀您来参与"征集活动。通过《洪泽报》、洪泽论坛、大湖论坛、政府网站、微洪泽等平台，向社会各界人士、在外乡贤广泛征集对歌词的意见和建议，并通过现场问卷的方式向部分政协委员和人大代表，老干部代表、劳动模范代表、道德模范代表、创业典型代表、教师代表等征求对新歌词的评价和修改意见。活动有2万余人浏览歌词，近2000人参与投票。牵头组织开展中国传统村落考察及"深入生活·扎根人民"主题实践活动。各文艺家协会调研采风人员深入生活，精心调研，为传统村落的保护建设工作创作出更多更好的优秀作品积累了素材。组织召开专题调研座谈会，征求与会者对全县文化工作会议的意见和建议，组织撰写《为时代放歌》电视专题片脚本，起草完善"洪泽湖文化奖"评选办法。

【文艺惠民活动】 2015年，县文联开展形式多样的文艺惠民活动。举办2015年"新春送福·书法进万家""幸福家庭·摄影全家福"活动，县书法家协会、摄影家协会免费为群众书写春联2000余幅、拍摄全家福100多张。举办大美洪泽湖书法联谊活动，来自淮海经济区5省20个地级市的30余位书法名家、150余位书法爱好者齐聚洪泽，进行书法艺术的交流创作，对洪泽书法艺术的普及、推广和提升起到极大的促进作用。举办"百姓舞台·舞动洪泽"广场舞大赛，丰富中老年人的业余文化生活，倡导全民健身，为中老年人提供展示健康风采的舞台。举办洪泽县纪念中国人民抗日战争胜利暨世界反法西斯战争胜利70周年书画展活动，用笔墨追忆那段光辉的岁月、弘扬伟大的抗战精神，更好地激励和动员全县干部群众团结奋进。举办2015"庆中秋·迎国庆——万家团圆·幸福洪泽"广场文艺演出活动，县四套班子领导与近万名市民一起观看了演出，喜迎国庆佳节。

【精品文艺生产】 2015年，县文联以重大活动为载体，以全国、省级重要展览、比赛、出版为契机，激发文艺工作者的创作热情，扶持文艺精品创作，推出一批优秀文艺作品。

摄影方面：龚娟的摄影作品在中国摄影家协会主办的大赛、大展中1次获银奖、3次获铜奖、4次获优秀奖，获吴承恩文艺奖二等奖；张哲的摄影作品在中国摄影家协会主办的大赛、大展中4次获铜奖、5次获优秀奖、2次获佳作奖；周洪明的摄影作品4次在中国摄影家协会主办的大赛、大展中获奖，7次在由省摄影协会主办的大赛、大展中获奖入展。全年共有15人47次在国家、省、市影展中获奖（入展）。

文学方面：陈志晟创作的长篇小说《洪泽湖剿匪记》由

黄河出版社面向全国出版发行。十品的诗《沱江涛声里·危难显真情——致杨欢》(诗93行)由湖南文艺出版社面向全国出版发行。十品的诗歌在各类报纸杂志上共发表40余篇,其中马(外一首)获《翰迪杯》全国"马"诗大奖赛特等奖。季大相创作的散文在各类报纸杂志上发表10余篇。高锦潮的报告文学《马浪岗》获省级表彰。

书法方面:束其虎的草书作品在全国第二届圆瑛杯书画展中获优秀奖。韦可忠的硬笔作品在中国硬笔书法协会主办的第四届全国硬笔书法家"十杰百强"评选获提名奖,韦可忠、姜书海的硬笔作品在"中国梦·硬笔情"全国书法大赛中获优秀奖;韦可忠、高正梅的硬笔作品获中国硬笔书法协会颁发的中国硬笔书法创作奖;高正梅的作品"品翰堂杯"获中国硬笔书法公开赛优秀奖。张一冰和江孝龙的行书条幅获吴承恩文艺奖三等奖。

音乐方面:借智于名导名家,邀请著名作曲家秋嘉措到洪泽采风,希望借此打造新的洪泽湖代表歌曲。陈凯作曲,徐梦兰作词的歌曲《风雨马浪岗》获2015淮安市群文调演创作奖。

【文联协会换届】 2015年,县文联指导所属协会做好换届工作。根据各协(学)会《章程》,县文联所属10个团体会员协会同时换届。县文联召开协会换届工作专题会议,对协会换届进行全面部署,向各协会提出了做好换届工作的有关要求,明确换届纪律,保证换届工作规范、守纪、平稳、顺利。各协(学)会换届结束后,县文联对各协(学)会主席、秘书长进行集中培训,提高其组织、协调、指导、服务的能力。

(马伟红)

洪泽县哲学社会科学界联合会

【高端讲坛】 2015年,县社科联以"借力高端智囊,助力跨越发展"为宗旨,每月邀请省以上领导专家来洪泽举办报告会,为洪泽改革发展建言献策,把脉点穴。先后邀请省社科联党组书记刘德海、省商务局副厅长仲锁林、省委党校廉政教育研究中心主任王世谊、江苏省企业发展工程协会创始会长钱志新、省住建厅副厅长张泉、省创新经济研发基地首席专家蒋伏心、中国城市科学研究会智慧城市联合实验室首席科学家万碧玉、东南大学经管学院院长徐康宁等专家分别就四中全会精神、家风家训、生态文明、创新驱动与经济发展、新型城镇化建设、洪泽智慧城市、五中全会精神等专题辅导解读,有效提升各级干部驾驭改革发展的能力和水平。高端化、高层次的社科讲座成为洪泽社科普及新常态。

【课题研究】 2015年,县社科联围绕幸福洪泽目标,紧扣新型城镇化建设稳健发展发展举措,突出智慧洪泽、文旅洪泽、法治洪泽、生态洪泽、电子商务、创新驱动战略、现代农业发展、洪泽湖大堤历史文化等24个重点课题开展应用研究,采取课题资助等激励措施,推动形成一批有价值的研究成果,其中14项成果在市以上成果评比中获奖或在省以上刊物发表。程铁民的《三个体系支撑起社会治理的经脉——基于洪泽县系统化创新实践的视角》在省《社科应用研究》上刊发。县社科联2014年和2015年连续两年被评为全国先进社科组织。

【电视问政】 2015年,县社科联深入推进"三严三实"专题教育活动,更好地倾听群众呼声,解决群众诉求,围绕教育、规划、水利、卫生、供电、住建及"四城同创"存在的难点热点问题,由各单位领导班子现场与群众代表面对面,接受群众质询,尽力解决群众诉求,解答群众疑惑,搭建了与群众互动交流、增强彼此理解信任的有效平台。全年共开展11场电视问政,先后有132余名问政代表咨询、质询问题164个,现场解答131个,场外解决33个,办结率达99.3%。电视问政在有效推动政府履职和民生问题解决的同时,也充分运用问政平台,宣传政策法规,解答群众疑惑,引导群众理性看待问题、表达诉求,增强干群彼此理解和信任,推动构建和谐融洽的党群、干群关系。相比外地不定期问政,洪泽一月一场、逐家过堂的问政在全国具有开创意义,新华社、群众路线教育网、新华日报、省广电台等省以上传媒对活动都给予专题报道,市县各报网台更是给予了及时宣传和关注。百度搜索 "洪泽电视问政"相关信息达200多条,网络点击量达3万多次。

【社科宣传周】 2015年,县社科联围绕学习宣传县委十届九次全会精神,按照幸福洪泽建设目标部署,策划举办了"弘扬法治文化·建设法治洪泽"为主题的洪泽县第十二届社科普及宣传周暨'2015年度洪泽湖广场大学堂宣讲活动。围绕法律援助、四城同创、城市规划、医疗保障、家风家

洪泽县2015年度广场大学堂启动仪式

训、国防安全、爱国教育等12个热点专题，推出了12期洪泽湖广场大学堂活动，组织相关部门领导和业务骨干与广大市民群众就如何守法用法、爱护美丽家园、洪泽明天更美好、家风家训故事等专题面对面地宣传和交流，有效激发了全县干群为建设“十全”“十美”幸福洪泽而奋斗的壮志豪情。宣讲注重把宣传政策与解答热点、普及常识与提供服务、理论宣讲与文艺表演很好地结合起来，增强宣讲的生动性和实效性，受到干部群众的欢迎和好评。

【冬训宣讲】 2015年，县社科联围绕党的十八届四中全会和习近平总书记系列重要讲话精神为主题，组建“五讲一唱”冬训宣讲团，深入各镇（街道）、县直各单位、重点学校和企业开展集中宣讲活动。每场冬训宣讲向党员干部送学一张幸福洪泽城市形象宣传片光盘，送学一册以身边好人事迹和文明礼仪常识为主要内容的《社会主义核心价值观群众读本》，送学一份印有中国梦要义、社会主义核心价值观内涵、省市县洪泽好人群像的招贴画，增强党员干部对社会主义核心价值观的认知认同，以及热爱家乡、建设幸福洪泽的自豪感和责任感。各镇（街道）成立由大学生村干部、村组干部、创业大户、身边好人和道德模范参与的宣讲小分队，进村入户讲理论、道政策、话法治、聊创业、谈美德、说心事，传导正能量，凝聚精气神。举办全县万名党员干部冬训知识考试，努力使冬训教育内容入脑入心，增强党员干部创新创业本领。全县“五讲一唱”冬训宣讲获评省基层党员冬训创新项目。 （王淑静）

洪泽县关心下一代工作委员会

【用社会主义核心价值观引领青少年】 2015年，全县关工委紧紧围绕社会主义核心价值观这一主线，先后开展纪念抗日战争胜利70周年、学习周恩来精神、“传承好家训·建设好家风”等活动，通过报告会、演讲会、故事会、座谈会、知识竞赛、观看优秀影视片、祭扫烈士陵园缅怀先烈等形式，引导青少年树立正确的世界观、人生观和价值观。全县共组织“五老”宣讲报告员115人，宣讲报告会76场次，听众3.1万人次；组织450名学生对25名抗日老英雄（家属）进行走访；组织观看抗战题材影视片和“9·3”阅兵式71场次，1.5万人次青少年学生接受教育。在开展“我心目中的抗日老英雄”专题教育活动中，高良涧、黄集、岔河、三河、西顺河、老子山等镇（街道）关工委组织学生走访抗日老英雄、采写专访文章。据统计，全县共向省阳光少年网上传作品180余篇。与教育部门联合组织征文和演讲比赛，收到征文330篇，组织主题演讲比赛40场次，2.8万名学生参加演讲。

【预防青少年违法犯罪】 2015年，全县关工委与有关部门配合，在中小学校开展法制宣传40期，受教育1.3万人次；高良涧、老子山等地关工委组织“五老”文艺宣传队巡回演出，用贴近生活的文艺作品，向广大青少年及其家长宣传法律知识，全县共演出71场，受教育1万余人次。在排查的基础上，动员、组织“五老”人员与公安干警、基层干部计518人，对不良青少年开展结对帮扶，全县共结对416对。帮扶工作中涌现出一批先进“五老”典型，如高良涧潘得勇、朱坝高登元、岔河唐士功、三河赵长远等。县关工委组织42名“五老”网吧义务监督员，对全县28个网吧进行跟踪监督，每周检查不少于2次，节假日不定期监督检查，为青少年健康成长创造一个安全、稳定的社会环境。

年内，全县青少年犯罪47人，比2014年下降了36.5%。其中，未成年7人，比2014年的17人下降了58.8%；在校生2人，比2014年的3人下降了33.3%。青少年零犯罪村108个，同比增加16.6%；未成年人零犯罪村121个，同比增加4.1%。青少年违法犯罪大幅下降。

【校外辅导站建设】 2015年，全年县、镇、村三级辅导站开展活动5520场次，参加活动青少年达到10余万次。全县13个重点村辅导站活动水平有所提升，其中高良涧邓码、临河，岔河施汤、金李，朱坝大刘、三河涧前、西顺河于圩，黄集曹圩等村（社区）辅导站硬件设施和电子阅览室较为规范，活动按计划有序进行。4月，召开全县校外辅导站工作会议。5月，召开全县校外辅导站活动方案研讨会。努力提高全县辅导员素质、授课水平。

【推进“代理家长”工作】 2015年，县关工委开展为家教缺失的孩子和留守儿童选配“代理家长”工作，选聘1125名“五老”人员担任1124名中小学生“代理家长”。3月底，成立县家庭教育指导委员会，制定《洪泽县关工委2015年“代理家长”结对帮助工作计划》，对全年工作逐月、逐项安排。4月起，县、镇（街道）举办“代理家长”培训班，全县共培训1121名“代理家长”。5月，各镇组织村（居）关工委对留守、病困、孤贫等家庭教育缺失的儿童开展摸底工作，并登记造册，确定“代理家长”人选，与他们进行结对帮助。

【济困助学工作】 2015年，济困助学工作实现3个百分之一百，即：往届特困生跟踪资助率百分之百，应届申报审核后的贫困生资助率百分之百，孤、特困生叠加资助率百分之百，孤困中小学生人人都得到亲情关爱。资助队伍不断扩大。据不完全统计，2015年的资助单位有35家，比2014年增加了10家；他们是私营企业负责人、洪泽乡贤及爱心个人有126人，比2014年增加了60人。资助规模不断扩大。全年共资助贫困生913人，其中大学生509人，中小学生404人，分别比2014年增加277人和12人。全年资助金额204.02万元，比上年增加100余万元。资助程序不断规范。5月底至8月中旬，由县教育局向县关工委分别提供贫困应届高中毕业生和达二本线以上的高考生，县关工委将名单交由各镇（街道）关工委核实，确保资助对象准确无误。8月下旬，由联盟单位、爱心基金会以及各镇（街道），分别组织与资助对象对接，发放资助金和“助学联系卡”，实行助困助育并举。 （陈超美）

洪泽县红十字会

【概况】 2015年，县红十字会大力弘扬“人道、博爱、奉献”的红十字精神，主动服务全县经济社会发展大局，动员社会力量，开展备灾救灾、人道救助、应急救护培训、造血干细胞捐献、人体器官及遗体捐献等项工作，努力改善最易受损害群体境况，为推动幸福洪泽建设发挥积极作用。东双沟中心小学创建成省级红十字示范校，县实验中学、黄集九年制学校创建成市级红十字示范校。县红十字会获县级“文明单位”称号。

【人道救助】 2015年，县红十字会完善《人道救助金管理办法》，并在《洪泽报》、政府网站进行公布，使救助工作更加规范。向上争取救灾物资价值5万元，争取项目资金6万元，壮大救助实力，惠及困难群众。将“红十字博爱送万家”活动与全县开展的“走基层访千户暖民心”“扶贫日”活动结合起来，进一步扩大救助范围，增强救助实效。着力实施“博爱助孤”“圆梦助学”“大病救助”等项目，全年发放困难家庭大病救助款35万元，让全县160多户困难家庭的大病患者得到及时治疗。

【救护培训】 2015年，县红十字会在全县机关、社区、学校、企事业单位及特殊行业中，继续实施省政府为民办实事项目——公益性应急救护百万培训工程，增强全民应急救护意识，提高自救互救技能。全年举办初级救护员培训班17期，培训初级救护员904人，举办普及性救护知识培训27场，培训6267人。6月，选派2名优秀师资参加全省在南京举办的应急救护师资培训班；10月，组织参加省、市红十字应急救护师资授课大赛，获省三等奖、市一等奖。

【“三献”工作】 2015年，县红十字会按照“优先保证质量、稳步提升数量”的要求，强化舆论宣传，加大组织动员力度，积极招募造血干细胞捐献志愿者，全年完成造血干细胞血样采集100人份，完成再动员5例，完成高分配型2例。加强对人体器官、遗体捐献宣传及登记工作，完成对1名志愿者器官捐献登记和1名志愿者遗体捐献登记。积极推动无偿献血、开展预防艾滋病等宣传教育工作，发放宣传资料、画册8000余份。

【志愿服务】 2015年，县红十字会成立红十字志愿者服务队，加强志愿者队伍的管理和培训，不断提高志愿服务水平。开展“德润洪泽·学雷锋在行动”“关爱健康珍惜生命·关注安全科学避险”“与文明同行”——红十字志愿服务进社区等为主题的志愿服务活动8场次，通过制作急救知识展板巡展，发放宣传资料，义诊和健康咨询，志愿者现场演示心肺复苏技能操作、气道梗阻急救法等，向居民普及科学急救、科学避险知识与技能，产生良好的社会效益，得到市民的普遍欢迎。红十字志愿者服务队在全县志愿服务组织年度评比中获“特别贡献奖”。

【红十字知识宣传】 2015年，县红十字会以纪念“5·8世界红十字日”“世界急救日”等活动为契机，在主要街道悬挂宣传横幅，广场、社区设立义诊咨询台，发放宣传资料、播放红十字知识录像等方式，广泛宣传《中华人民共和国红十字会法》，让红十字精神家喻户晓、深入人心。全年在县电视台播报新闻10条，《洪泽报》刊登新闻稿8篇，大湖论坛用稿35条，县政府信息网用稿22条，市电视台用稿1条，《淮安日报》用稿1篇。向理事单位免费发放《江苏红十字报》500份，向机关、镇(街道)红十字会免费发放《中国红十字报》60份、《博爱》杂志25份。 (胡石清)

5月8日，县红十字会举办广场宣传活动

洪泽县侨界联合会

【概况】 截至2015年底，洪泽县共有海外华侨、华人、港澳同胞147人，归侨1人，华裔9人，分布在24个国家和地区；侨眷、港澳同胞眷属315人，留学生41人，侨、港资企业18家。

2015年1月，洪泽县侨界联合会(以下简称“县侨联”)筹备组成立；8月22日，县侨联成立大会暨第一次代表大会召开。会议选举郁素娟为县侨联主席，张益坤为县侨联副主席(驻会)，陈宽有、姚祥昌、吕成涛、王进东、孙平为洪泽县侨联副主席(不驻会)，王悦为县侨联秘书长；选举韦光亮、王泽胜、夏涟洪、赵航等23名同志为县侨联第一届委员会委员。

【主要活动】 7月1日，省侨联主席史宇到洪泽县调研，对县侨联的组建工作给予肯定。9月23日，县侨联召开归侨侨眷迎中秋国庆茶话会，与会归侨、侨眷参观了侨企和“法润江淮·幸福洪泽”法治文化宣传中心。重阳节前夕，县侨联组织慰问了12位75岁以上老归侨、老侨眷。

此外，县侨联帮助宇天港玻企业成功申报为江苏省第三届优秀侨资企业，推荐宇天港玻、通圆回转支承两企业负责人为省侨商总会科技委员会委员，并入选。 （郁素娟）

洪泽县工商业联合会

【概况】 2015年，洪泽县工商业联合会新成立行业商会1家，新发展会员100家，工商联企业会员634家，五星级商会2家，四星级商会3家。向省、市、县报送信息72篇，被《淮安日报》《江苏工商》及省工商联网站等媒体采用稿件45篇。获省、市工商联系统先进集体称号。

【非公人士教育培训】 2015年，县工商联先后开展了“红色教育”“国学教育”“诚信教育”“高校培训”等活动。组织全县20余名非公有制经济代表人士赴三河镇绍武烈士陵园，开展“缅怀先烈清明祭扫”增进诚信教育活动，缅怀革命先烈的丰功伟绩。开展“诚信教育”“法制教育”，引导非公人士知法懂法守法，增强企业家的法治思维、法治素养及依法治企水平。开展“国学教育”、非公企业家“家风家训”活动，召开座谈会、发放活动意见，征集家风家训故事，引导非公人士自觉适应经济新常态。开展多学科高校培训2期，参训200人次。

【对外友好商会联络】 4月24日，徐州市工商联到洪泽调研省级“五好县（区）工商联”工作，进一步加深两地商会友谊，搭建会员企业经贸往来的共赢平台，增进两地商会及会员企业间的交流与合作，铜山区工商联与洪泽县工商联缔结为友好商会。6月1日，新疆七师工商联主席马天珅带队到洪泽考察交流。市工商联副主席徐震，县政协副主席、统战部部长薛良柱等陪同考察。县工商联主席、总商会会长谢文章向到访人员介绍县情、民营经济发展状况以及洪泽关于全民创业、洪商崛起的相关政策。新疆七师工商联希望借鉴洪泽县工商联服务企业的经验，深化两地工商联和企业家的交流，更好地服务非公企业的发展。8月28日，涟水县政协副主席、工商联主席薛芹带队到洪泽考察交流省级“五好县（区）工商联”创建工作。加强县（区）间工商联的交流合作，共同提升发展本领，为县域经济发展做出更大贡献。9月11日、12月8日，县工商联先后在四川省成都市双流县、成华区等地举办对外友好合作联谊会活动，为全县各级商会及民营企业对外交流与合作搭建平台。11月20日，浙江省台州市金属材料流通行业协会组织36名企业家到洪泽考察交流，深化经贸互动，谋求务实合作新通道。

【履行参政议政职能】 2015年，县工商联开展调查研究，广泛听取非公有制经济代表人士的意见建议、了解其诉求，整合资源和力量，积极参与全县政治、经济、社会中重大问题的政治协商、民主监督，为全县经济社会发展、非公企业科学发展建言献策。不断引导企业界的人大代表、工商联界别的政协委员提高参政议政水平，创新参政议政的载体和形式，提高议案、提案质量。市县“两会”期间，推荐12名非公人士担任市县人大代表、政协委员，并组织开展调研，提出高质量的议案、提案17条。

【成立“1+3”专家智库】 2015年，县工商联着力打造行业专家智库，全力为纺织、化工、机械、电子信息四大行业非公企业量身打造“1+3”专家智库。“1”为党建引领，“3”是指产业主导、按需点单、智库支持三个方面，通过“1+3”运行机制，对症下药，“量身”定做工作方案，服务企业发展。全县纺织行业非公企业专家智库运行良好。

【服务企业】 2015年，全县小微企业面临成本高、融资难、招工难等现状，县工商联积极引导企业转型升级，推动“两个健康”发展，全力做好服务工作。

*服务小微企业，注重调查研究。*县工商联先后走访20多家会员企业，发放调查表300多份，形成《破解企业难题，转变企业发展方式》调研报告，对会员企业融资难、担保难、招工难、市场难、维权难、成本大的难题，提出对策和建议。召开会员企业座谈会，让企业家与政府职能部门负责人手拉手联动、面对面交流，现场为企业解惑释疑，督办、会办，汇总、筛选出20家企业反映的涉及总部用地、人才培育等12个方面内容。会同当地相关部门抓好落实，逐项解决。

*服务小微企业，注重银企结对。*县工商联定期召开银企座谈会，与基层商会会长共同探讨互保联贷机制，组织10多家会员企业与银行签署合作协议，先后帮助小微企业融资5000多万元。在商务交流活动中，组织基层商会商务考察团一行20余人到苏锡常等地知名企业进行考察，既让企业家开阔眼界，又为企业转型升级搭建平台。

*服务经济建设，注重思想引导。*4月，县工商联组织部分企业家赴淮安周恩来纪念馆、周恩来故居接受革命传统教育，提高企业家爱党、爱国、爱企激情。继续推动企业会员参与社会各项活动，激发企业家盘大盘强企业的自信心。

【光彩事业】 2015年，县工商联继续推动企业会员参与光彩事业，积极履行社会责任，为特困家庭子女入学捐资90多万元，15名贫困大学生、36名中小学生得到爱心帮助。举办“光彩助学”助学金发放仪式，帮助贫困大学新生读完大学课程。全县助学活动累计资助近千名贫困生，其中21名贫困学生得到21位企业家持续资助。 （赵学军）

编辑：吕后臻

武装

人民武装

【党管武装】 2015年，洪泽县完善"五管、六纳入"党管武装工作机制，坚持把武装工作纳入全县总体工作规划，纳入精神文明建设目标考核，纳入各级党委议事日程，提高人武工作在全县党建工作考核中百分制分值；严格落实党管武装各项制度，定期组织召开常委议军会、现场办公会、国动委会和基层党管武装工作述职会议，讲评议事，把关定向，对经费保障、专武干部队伍建设、军民融合式发展、国防教育、兵员征集、"两就"工作等都形成了具体的解决办法，有力地推动各项工作落实。

【思想政治建设】 2015年，县人武部严格落实党委中心组理论学习制度，认真学习党的十八大、十八届三中、四中、五中全会和习近平主席系列重要讲话精神，传达学习贯彻全军、南京军区政治工作会议精神。把"三严三实"专题教育活动向基层拓展、向广大民兵预备役人员延伸，全力推进民兵思想政治建设全面进入工作、落地生根。扎实开展"学习践行强军目标，做新一代革命军人"主题教育和"正确面对得与失，凝心聚力抓准备"专题教育活动，抓好当代革命军人核心价值观培育，传播正能量、提振精气神，始终确保部队和全县后备力量建设坚定正确的政治方向。

【"三严三实"专题教育】 2015年，县人武部把开展好"三严三实"专题教育活动作为一项重大严肃的政治任务，坚持高起点筹划、高标准推进、高质量落实，做到"四个贯穿始终"，即学习教育贯穿始终，解决问题贯彻始终，党内生活贯穿始终，加强领导贯穿始终；开展"军人要有军人的样子""我能为单位建设做什么"专题讨论等活动，正本清源、固本培元，夯实思想根基；梳理解决18个方面35个问题。

【训练战备】 2015年，县人武部强化前线省军区、"四海"作战基地、随时准备打仗意识，抓好军警民联合作战力量构建体系课题研究。组织首长机关信息化知识学习和业务技能训练，组织抗洪抢险分队骨干人员集训，完成省军区赋予的兄弟部队过境保障演习任务。开展形势战备教育，修订完善抗震救灾、抗洪抢险等18个非战争行动应急预案。组织应急维稳、冬季拉练、抢险救灾骨干集训3批300余人次，实战能力得到有效提升。加强战备基础设施建设，对现有作战、指挥器材库室等进行升级改造。

11月7日，县民兵应急分队参加市民兵比武考核竞赛

【国防动员】 2015年，县人武部加强对民兵整组工作组织领导，科学制定编组方案，摸清编组潜力底数，准确掌握各类数据，高标准完成专业技术分队、基干民兵编组任务。针对夏秋季征兵工作特点，牢固确立"保数量、保质量、保廉洁"的目标，及早筹划部署、扎实有效推进，确保兵役法规政策有效落实，报名应征人数创新高，圆满完成新兵征集任务。

【安全管理】 2015年，县人武部认真落实安全形势分析、风险评估和安全法规常识学习教育制度，持续开展"学法规、明职责、严纪律、正秩序"活动，认真组织安全隐患排查和拉网式安全检查，开展暑期安全竞赛活动，把住人车枪弹密、毒化油气火等重点环节，加强保密教育和办公电脑、涉密载体的管理，杜绝失泄密问题的发生。拟制完善防范暴恐袭击方案，增强干部职工安全防范、应急处置意识，把安全管理向社会延伸，形成单位、家庭、社会合力抓安全的格局。

【国防教育】 2015年，县人武部积极拓展国防教育渠道，努力丰富国防教育内容，突出抓好领导干部、青少年学生和民兵预备役人员三个重点，大力开展国防教育“进学校、进社区、进企业、进机关、进乡村”活动；建立健全少年军校各项规章制度，确保少年军校活动常态化。建强建实国防教育讲师团队伍，购置相关教材，组织讲师培训，提升师资力量和授课水平，坚持以点带面，全力推进国防教育向社会延伸、向全民普及。

【党风廉政建设】 2015年，县人武部彻底肃清周永康、郭伯雄、徐才厚等违法违纪问题影响，筑牢拒腐防变的思想道德防线。严格落实上级关于主官监督、事务公开等要求，在经费开支、兵员征集、干部调整等热点敏感问题上，坚持按原则、按规定、按程序办，保证公开公平公正和权力的阳光运行。严格落实党风廉政建设“两个责任”，健全组织，加强领导、强化监督，坚持正风为先、肃纪为要、源头治理，推动“四风”整治成果转化。

【军民融合】 2015年，县委、县政府出台《跨区双拥共建实施细则》《洪泽县涉军维权工作实施办法》《兵役工作奖惩实施办法》等文件。组织人武系统干部职工和民兵预备役人员密切关注社会动态，协助地方做好防控和维稳工作，积极参加“十全”“十美”幸福洪泽建设和“四城”同创工作。协调南京军区总医院来洪泽送医送药；邀请军区前线文工团、军区装备部演出队为群众演出。深入开展“双百双建”活动，人武部机关与东双沟镇敬老院、中心小学、张庄村、5名特困生结对帮扶，先后向敬老院赠送价值5万元药品、轮椅和生活物资。为东双沟小学留守儿童送去4000元学习用品和5000元生活贴补；为张庄村村部捐助电脑等基础设施，设立民兵创业致富示范岗2个，协助村委会修建2千米公路，把电子商务平台引入张庄村芡实销售行业；拿出10万元走访慰问洪泽籍战区部队12户基层现役干部家庭、8名困难现役军人家庭以及老伤残军人和特困户。有序推进2014—2016县委、县政府《关于加快推进军民融合深度发展的实施意见》，将国防动员、基础设施和信息化建设、人才培养储备相关保障纳入全县经济社会发展“总盘子”和科学发展考核体系，受到省军区、省军民融合领导小组领导高度评价。

（孙玉春）

武警洪泽县中队

【概况】 2015年，县武警中队紧紧围绕中央军委习近平主席提出的“建设一支听党指挥，能打胜仗，作风优良的现代化武装警察部队”的目标建队育人，始终贯彻“打得赢，不变质”的原则，抓安全求发展，部队官兵士气高昂，精神昂扬，圆满完成以执勤和“处突”为中心的各项任务，中队全面建设稳步发展。县武警中队被江苏省总队评为“先进中队”。

【技能训练】 2015年，武警洪泽中队党支部始终把训练作为首要任务，提升整体战斗力，确保执勤工作万无一失。严格按纲施训，积极开展评比竞赛、岗位轮换，“五小”练兵等活动。执勤训练坚持贴近目标、贴近哨位、贴近当前形势。通过练养成促进执勤动作规范，练素质促进处置能力提升，练协同促进任务完成高效。结合哨兵遭袭击、人质被劫、犯人逃跑进村等实战情况，有针对性地开展哨兵反袭击、“三快”（快速装退子弹、快速上刺刀、快速报警）、监区内解救人质、居民地捕歼战斗、红蓝对抗、夜间执勤方案演练等训练，提高官兵处置各种复杂情况的能力。针对季节变化、人员变动等因素多次调整执勤方案，进一步周密部署兵力。

【队伍建设】 2015年，县武警中队开展“学习践行强军目标、做新一代革命军人”主题教育。不断夯实官兵的战斗精神，涌现了大批先进典型，指导员姜建华被武警淮安市支队政治处记三等功一次，15名队员受到武警淮安市支队嘉奖，中队二班被武警淮安市支队表彰为“先进班”，中队建设稳步向前。

（姜建华）

武警洪泽县消防大队

【概况】 2015年，洪泽县发生火灾177起，没有人员死亡，财产损失283150元。县消防大队围绕“两个稳定”和服务保障全县经济社会跨越式发展目标，围绕“建一流警队、树一流业绩、创一流品牌”目标，以“四项建设”为依托，以提升官兵能力素质为抓手，以深化防火灭火主业为中心，狠抓部队基础建设和刚性任务完成，实现全县火灾形势和消防队伍的稳定，为平安洪泽建设创造良好的消防安全环境。

【消防装备投入】 2015年，县政府投入240万元，购置高喷消防车1辆，器材217件（套），个人防护装备113件（套）。9月，县委召开常委议军会议，会议要求县财政拨付60万元，按照标准配备1辆消防宣传车；拨付30万元专项经费，建设消防大队综合培训室。

【公共消防设施投入】 2015年，全县新建消火栓106只，取水码头3个。12月，县长办公会议专题研究养老机构消防安全工作，会议决定由县民政局、消防大队牵头，县财政局配合，出资50万元为全县11个公办养老机构安装简易报警、喷淋设施；16个民办养老机构安装简易报警设施。

【消防监督执法】 2015年，县消防大队消防监督人员检查出动5697人次，检查社会单位2793个次，发现火灾隐患4245处，督促整改火灾隐患或违法行为4183处，下发责令改正通知书2043份，下发行政处罚决定书122份，行政罚款48.306万元，行政拘留7人，下发重大火灾隐患整改通知书1份，下发临时查封决定书61份，下发公共聚集场所投入使用前消防安全检查合格证书33份，组织火灾原因调查6起，出具火灾事故认定书4份，出具火灾事故简易调查认定书2

份。消防设计备案抽查合格17起,竣工验收备案抽查合格10起。年内,县消防大队监督执法没有乱作为、不作为等现象。

【消防灭火救援】 2015年,县消防大队共接警出动322次,出动警力2652人次、车辆496辆次,抢救被困人员27人,疏散被困人员 52 人,抢救财产价值约778.9万元,成功处置"3·3"盐化工区浩源化工生产装置火灾、"11·5"宁连公路30吨浓硫酸泄露等火灾事故,圆满完成抗战胜利70周年消防安全保卫任务。（韩 坚）

11月5日,武警洪泽县消防大队灭火求援场面

人民防空

【概况】 2015年,县人防办在城区布设防空警报器10台,新增全彩多媒体警报器1台,覆盖率95%以上。投入46万元在高良涧街道洪渠社区、邓码社区建设两个"四级网",5月,通过市民防局的验收。组织预案的编制工作,9月,通过专家评审。

【民防知识宣传】 2015年,县人防办组织相关社区摆摊宣传,城区主干道设置标语宣传,组织民防志愿者在广场进行无偿服务、发放宣教读本等形式,加大宣传力度,营造宣传周氛围。1. 深化社区教育。全年组织民防社区法规宣传8次,志愿者活动4次,发放民防宣传册3000余本。2. 细化学校教育。5月,县人防办组织城区中小学"应急疏散演练"活动,整个演练过程秩序井然,紧张逼真;9月,在城区各中学免费发放《民防知识》3600册、教育光盘20个,学校民防教育工作有序推进。3. 走进媒体宣传。与淮安日报社、洪泽电视台、洪泽报社签订合作协议,利用电视和报刊宣传民防,让人们了解民防、熟悉民防、关心民防。在《淮安日报》《洪泽报》刊登8个专版宣传人民防空的方针、政策、法律法规、防空防灾知识以及防护技能,营造民防宣传工作的良好氛围。4. 社区民防创建。制订《民防社区创建实施方案》,召开动员会、现场会,为社区添置近万元应急物资,完成配备200套家庭应急包,制作宣传栏、橱窗,购买器材架,按照示范社区创建标准、逐项对照,全部达到示范达标验收的标准。全年完成示范社区创建1个、达标社区2个、回头看社区2个,完成市级年度目标任务。5. 组织纳凉宣传。2015年入夏高温天气一直持续, 8月3日至20日,适时开放具备条件的幸福广场、泽地华城、润园等地下人防工程作为便民纳凉点,提供凳子、矿泉水等纳凉用品。在纳凉的同时,邀请县消防大队官兵为居民讲授消防知识,邀请国家二级心理咨询师、曾参加汶川地震心理辅导的杨延宝老师为大家讲授应急自救防护、心理防护知识等。6. 组织摄影比赛。8月,联合县摄影家协会组织机关干部摄影作品比赛活动,分别以人防避暑纳凉、防汛职守、"9·18"疏散演练等为主题,反映和宣传洪泽县民防建设成果和民防重点工作。

9月15日上午, 县人防办在县城"幸福广场"举办"9·18"防空警报试鸣集中宣传活动。向广大居民播放人防专题片,介绍灾害基本知识、防灾减灾基本常识和避险自救互救的基本技能,发放《民防知识读本》800余册。市民主动咨询防空警报知识及防灾减灾等相关问题。

【应急疏散演练】 5月12日上午7:30~9:30,县人防办在高涧街道洪渠社区、惠民社区,洪泽外国语中学、高良涧中心小学举行防空防灾应急疏散演练,各演练小组到指定单元集中进行紧急疏散到指定区域,疏散演练圆满成功。这次演练提高了广大群参与应对突发事件的积极性,增强了

5月12日,洪泽高良涧街道园三村疏散演练现场

群众应急疏散、自救互救能力，检验了社区、学校应急疏散预案的实用性和可操作性。

【人防工程建设】 到2015年底，全县人防工程立项共48个项目，其中在建工程19个，竣工工程12个，尚未开工工程17个。立项总面积28.48万平方米，其中在建工程面积12.28万平方米，竣工工程面积5.68万平方米，尚未开工工程面积10.52万平方米。新建民用建筑配建医疗救护站工程1个、建筑面积1816平方米，专业队工程1个、建筑面积958平方米，物资库工程9个、总建筑面积31033平方米。做好竣工人防工程的防火、防汛检查，邀请设备厂家技术人员对泽地华城人防工程的内部设施设备进行维护，确保工程完好，排除工程潜在隐患。完成对幸福广场人防工程的开发利用工作，平时作为停车场对外开放使用，提供停车位260个，增加社会就业岗位近20人。

【群众防空组织】 2015年，县人防办组织整组342人。其中，抢险抢修分队122人、医疗救护分队50人、防化防疫分队20人、通信分队30人、消防分队20人、治安分队50人、运输分队50人。

制定洪泽县人防专业队整组工作实施方案，对抢险抢修、医疗救护、防化防疫、通信、消防、治安、运输等七种专业分队共342人进行整组。力求专业对口、科学规范，把讲政治、懂军事、文化高、年龄轻和科研技术人才编进来，做到分类指导，编组合理，确保人防专业队平时抢险和战时防空任务的完成。

【专业队集训】 5月21日，县人防专业队50人在省民防训练基地进行为期4天集训，主要由抢险抢修、防化防疫、医疗救护、心理防护、引偏诱爆等专业队组成。按照训练科目顺利完成各项训练内容。

县人防专业队部分队员赴三河防汛检查

【民防示范社区创建】 2015年，县高良涧街道邓码社区投入近1万元，配备数十种应急物资，配置50套家庭应急包和1套民防应急柜等器材，完成创建社区民防公益栏、宣传橱窗、制度牌、职责牌等安装，遵循社区“十落实”开展应急逃生演练、民防知识主题宣传等，做到进社区、面对面开展宣传，达到省级创建标准和要求，创建成示范社区。

【防空警报建设管理】 2015年，县人防办在建立健全各种维护管理制度的同时，与淮海地下空间资产有限公司签订委托管理协议，委托专人对警报器进行社会化维护及保养，做到每月对警报设施进行一次测试、维护，一次检查，确保警报设施一直处于良好状态。县城区警报覆盖率95%以上，鸣响率达100%。4月，南京厚华公司投入2.8万元，对洪泽湖文化广场大屏进行改造，通过增加无线警报终端和警报触发多媒体软件等实现了多媒体大屏警报功能。12月，在县城富民家园广场完成建设多媒体警报器1台。

【防空防灾体验馆】 县防空防灾体验馆由序厅区、民防知识区、地震威胁区、模拟体验区、逃生训练区等区组成。体验者可以通过对民防知识翻书学习、防空演练、警报试听、民防应急物资展示和使用演示、5D影院体验、地震模拟体验、模拟救护、虚拟灭火等项的参观与互动，学习民防知识，了解空袭和自然灾害的危害，学习和掌握自救互救技能。经过试运行，县防空防灾体验馆成功通过了检验和印证。 （仇 竹）

编辑：吕后臻

法 治

社会管理综合治理

【概况】 2015年，全县政法机关紧扣“法治洪泽”战略，认真履行维护稳定第一责任，主动服务全县发展大局，平安建设、法治建设、队伍建设取得新成效。公众安全感指数96.5%，全市第一；法治建设满意度96.5%，全市第三；人民群众对政法队伍满意度有了新的提升。

【社会治理综合平台建设】 2015年，县政法委全面完成县、镇、村三级平台建设任务，建成全市领先、全省一流的县级社会管理服务中心，9个镇(街道)级社会管理服务中心全部通过市级验收，122个行政村全部达到了村(居)社会管理服务规范化建设标准。县社会管理服务中心建成以来，先后接待省内外参观者30余批次，其中新疆农七师和西藏拉萨市政法系统干部先后到中心观摩交流；省、市政法委领导多次莅临中心指导工作；全市各县区政法委书记现场会在洪泽县社会管理服务中心召开；省政法委通过以奖代补的方式奖补洪泽县中心建设费65万元。

【综治信息化系统建设】 2015年，洪泽县完成综治信息化建设试点工作。强化制度保障，出台《洪泽县综治信息化建设试点方案》《洪泽县社会治安综合治理网格员管理考核办法》等文件。全面实施网格化管理，全县划分网格405个，配齐配强专兼职网格员405名，信息员1200余人，配备PC电脑130余台，移动终端405个。制作县、镇(街道)两级网格分布图，公示网格员信息，实现以网格为基础的管理服务全覆盖。建成县、镇(街道)、村(居)、基层网格四级综治信息平台，实现了基层信息网上采集、交办事项网上流转、工作过程网上监督、责任目标网上考核，为党委、政府第一时间掌握矛盾纠纷、突发事件等进行实时研判、应对处理提供了快速通道。采取收集信息和上报信息分离办法，确保信息录入、矛盾纠纷处置的准确性和时效性。上报各类事件信息15151件，办结15087件，办结率达99.43%，有效地化解社会治安隐患。强化人员培训，联合县电信公司成立技术保障组，采取轮训、跟班学习等方式对网格员和网格管理员进行业务辅导，培训1200余人次。建立综治信息化建设工作QQ群，邀请省专家入群，即时解决技术难题。严格考核奖惩，将综治信息化建设工作作为考核各镇(街道)和综治各相关单位平安法治建设的重要依据和评先评优的重要条件，定期督查通报，开展拉网式督查6次，对存在问题进行了会办督办。对网格员实行“七率”化考核和绩效管理，统一印制网格员工作日志本、信息采集登记簿1000余本，统一制作工作胸牌，实行网格员挂牌上岗。加强对网格员考核力度，每半年对网格员考评一次，全县网格员“七率”管理法被市综治办在全市推广。

【访调裁审一体化建设】 2015年，全县建立“访调裁审”一体化运行工作机制。县委政法委、县信访局、县司法局和县

县综治委定期召开稳定形势分析会

人社局仲裁院整体入驻县社会管理服务中心，住建、民政、人社等相关职能部门在中心设立常驻值班窗口，公检法等单位和部门在中心排班值日，其他单位和部门联动值班。充分整合各部门资源和平台，用好“网上”“网下”两个阵地。网上借助社管中心服务平台，实现问题网上受理、网上分流、网上交办、网上公布，让数据多“跑路”、群众少跑腿。网下由政法委牵头，出台《信访联合接待大调解工作暂行办法》，建立诉求受理交办组、督查督办组、调解处理组、应急处置组、失职追责组，规范中心运行，实现了中心一站式受理诉求、一条龙处置问题、一揽子化解矛盾。2015年，中心共接访825批4554人次，受理涉法涉诉信访案件23件，开展帮教服务200余人次，仲裁立案109起，结案108起。

【创建湖滨治安特色县】 2015年，洪泽县开展湖滨治安特色县创建工作，制定出台《洪泽县湖滨治安特色县创建实施方案》，排出22个湖滨治安微创新项目，每个项目均排出“时间表”和“路线图”，以点上突破带动全县政法工作整体上水平。“湖区平安六小工程”“湖区检察服务平台”、大湖普法驿站、白马湖农渔民法治文化书法联谊活动、三河、高良涧等镇（街道）平安法治文化大道和法治文化小区、关爱青少年“紫藤”成长工程等一大批微创新项目的实施，得到省、市各级领导的充分肯定，多次在全市工作交流会议上点名表扬。完成社会治安综合保险试点工作。市委政法委明确洪泽县为社会治安综合保险试点县，全县成立社会治安综合保险工作领导小组，召开专题工作会议对社会治安综合保险工作进行部署。在朱坝街道马棚村签下全省社会治安综合保险第一单。全年共签单21647户，参保率达30.6%。加大社会矛盾纠纷排查化解力度，全县各级人民调解组织、专业调解组织共受理各类矛盾纠纷1290件，调处成功率达100%。

【法治洪泽建设】 大力实施法治洪泽战略，召开了依法治县大会，出台《洪泽县全面推进依法治县实施意见》和《洪泽县依法治县工作实施方案》，制作《法治扬帆逐浪高》专题宣传片。

加强依法执政。县委出台《关于县委常委会全面贯彻执行民主集中制的意见》等系列文件，把“决策法治化”作为基本执政方式。县人大常委会听取和审议“一府两院”专项工作报告8项，开展执法检查5项，听取县执法部门执法工作情况报告7项，进行专题调研4项。县政协开展视察活动12次、调研活动6次。将领导干部述法工作和述职、述廉、述学工作一起纳入考核，领导干部任命前法律知识考试制度全面落实。

加强依法行政。推进行政审批制度改革，实行并联审批，实现营业执照、组织机构代码证、国地税税务登记证“三证合一”制度改革，极大方便了群众。完善行政审批事项监管，共清理出全县行政权力清单2160项，行政审批目录清单217项。完善政府决策机制，法律顾问参与重要法律文书讨论和协调处理土地纠纷12次。实行政府合同审查备案制，县政府法制办审核政府类合同322件。强化行政执法监督，进一步落实行政机关负责人出庭应诉制度，行政机关负责人出庭应诉率为100%。严格行政执法准入制度，对全县行政执法人员的执法资格进行重新确认。完善“两法衔接”的工作，全年两法衔接信息平台共录入信息164件，移送公安机关立案16件，公安机关立案侦查6件，起诉3件，判决3件。

加强公正司法。全面推进司法体制改革，县法院完成审判权运行机制改革、县检察院完成内设机构改革和主任检察官办案责任制改革等试点任务。县法院组建了16个以“法官+法官助理+书记员”为模式的审判团队；县检察院整合内设机构，构建“两局两室”（职务犯罪侦查预防局、刑事检察局、业务创新办公室和检察为民服务中心办公室）工作格局；县司法局完成镇、街道司法所垂直管理调整任务。深入开展执法规范化建设，开展了执法评议、行政执法案卷评查、“听百案庭审，评千案文书”等活动。在全市开展的“百百千”工程活动中，共有5件庭审和文书获奖。开展“公正司法示范点”创建评选活动，县公安局法制大队获评市级公正司法示范点。开展司法公开活动，审务、检务、警务和司法行政事务已全面公开，县法院以视频、图文、微博等方式公开庭审过程；县检察院通过微博、微信、QQ群等微媒体，发布检察“微新闻”“微动态”；县公安局开展110接处警短信回访，在互联网开通“平安民声服务台”，在18个办事部门、34个窗口席位安装服务评价器。积极推进涉法涉诉信访改革，涉法涉诉信访接待中心和法治维权中心实体化运行，引入法律援助律师等第三方参与涉法涉诉信访案件的调解和化解，组建35个涉法涉诉信访问题化解工作组。2015年，成功化解涉法涉诉历史积案9件，23件涉法涉诉案件没有一件因化解工作不到位去京赴省上访。

加强法制文化建设。邀请复旦大学法学专家前来开设高端论坛，为洪泽发展把脉点穴。组织十八届四中全会精神宣讲团深入各镇街道和各单位开展80余场宣讲活动。在《洪泽报》开辟《法治风帆水乡行》普法专栏，在洪泽电视台开辟《法治风帆水乡行》电视说法栏目，由政法各部门提供案例，电视台拍摄，每月一档，一期时长15分钟，并进行复播。深入开展“法律六进”活动，全年开展法制讲座23场，街头法律咨询16场，送法到湖区18场，送法到企业22场，送法到农村29场，送法到学校32场次，送法到教堂4次。强化法治文化阵地建设，打造了邓码小区法治文化公园、三河镇法治文化大道、高良涧街道大湖普法驿站、岔河镇白马湖农渔民法治文化书法联谊展等一批永久性法治文化阵地，全县建成法治文化阵地122个，县镇村三级法治文化阵地覆盖面达97%。建成全市最大的现代化县法治宣传教育中心，中心布展面积达630多平方米，实现了宣教功能、互动功能、展示功能的整合。开展了五期以依法治县为主题的“法治风帆水乡行”系列布展活动，接待前来观摩的省市县领导和省内外各界20余批次600余人。县法治宣传教育中心和三河镇法治文化大道获评市第五批“法治文化示范点”称号。

【队伍建设】 2015年，全县政法机关深入开展理想信念和宗旨教育，扎实开展“三严三实”专题教育、“向邹碧华同志学习”“践行恩来精神·争创模范警队”等活动。举办政法系统优秀家风故事演说比赛，共征集原创家风故事44篇，12个家风故事入围决赛并获得奖项。组织40余名政法干警赴井冈山干部教育学院培训学习。严格执行党风廉政建设和反腐败斗争各项规定，深入开展“为官乱为、为官不为”专项整治和公检法司开放日活动。打造公检法司各具特色的廉政文化长廊和文化墙，征集廉政格言，制作政法干警、家属廉政桌卡，定期发送廉政短信。科学制定年度实战轮训、岗位练兵等教育培训菜单，按需培训，实现从“集中培训”教学向“菜单式”选择培训转变。全力推行“警师制”“青年法官导师制”“齐学大讲堂”，以“老带新、强带弱”方式，不断提升执法能力和水平。组织评选“十佳政法干警”“洪泽最美人民警察”“洪泽优秀人民警察”各10名，进一步鼓舞士气、激发斗志。

（周承杰）

法治政府建设

【法制培训】 2015年，洪泽县加强行政机关的法治思维，进一步增强行政执法人员程序意识，坚持不断完善领导学法制度，制定年度学法计划。按照《中华人民共和国行政诉讼法》《江苏省行政程序规定》的新要求，4月，邀请省、市法制办领导到洪泽进行专题培训，260名行政执法人员参加培训。

【依法决策】 2015年，洪泽县全面建立法律顾问制度。制定出台县政府法律顾问制度、县镇村三级法律顾问制度实施意见等文件，通过确定专职政府法律顾问、聘请政府法律顾问、建立政府法律顾问人才库等措施，建立以政府法制机构人员为主体，专家、律师和基层法律工作者等人员在内的法律顾问队伍。对县政府重大行政决策事项和涉及政府的行政复议、诉讼案件，及时提供法律咨询和应诉服务，切实当好领导的参谋、助手和法律顾问。加强规范性文件管理。围绕统筹城乡发展、加强社会管理、保障和改善民生等重点内容，编制规范性文件年度计划，健全规范性文件合法性审查制度，配合县纪委开展制度文件“三审一评”工作。全年审查各类文件22件，提出书面意见112条。开展政府合同审查备案。做好涉府合同审查备案工作，10月，印发《关于进一步做好涉府合同审查备案工作的通知》，全年审核、备案政府合同354件。

【规范执法】 2015年，县法制办加强执法证件管理，严格行政执法准入制度，对新申领行政执法证人员，必须为本单位在编在岗人员，并经培训考试合格后方能申领行政执法证件，严禁临时工、合同工从事行政执法。全年办理641人执法证件年审。强化行政执法监督，进一步提高行政执法透明度和公信力，率先试点行政处罚文书网上公开工作，明确行政处罚文书公开的范围和要求，通过行政处罚决定书上网公开，将执法结果置于社会所有公众的监督、审视之下，接受公众的评判，从源头上控制人情案、关系案以及“同案不同罚”等现象的产生。开展执法案件评查。通过各行政执法单位自查、法制办随机抽查等方式，重点抽查了全县8个行政执法部门的行政执法案件卷宗34件，及时通报行政执法案件评查结果。

【行政案件】 2015年，县法制办畅通行政复议申请渠道，认真办理涉及县政府的行政复议案件。全年办结行政复议案件7件、向市政府申请行政复议案件9件。认真落实行政机关负责人出庭应诉制度，年内出庭应诉率为100%。

（郭海荣）

公　安

【维护社会政治稳定】 2015年，县公安机关围绕敏感节点以及“9·3”安保、洪泽湖国际大闸蟹节系列活动安保，收集涉恐涉稳类情报信息，摸排稳控重点人，为科学决策、本地稳控、应急处突等工作赢得先机。先后妥善处置宝利嘉（江苏）纺织有限公司员工讨薪集访等群体性事件120余起。依法打击信访违法行为，对14名挑头人员、1名涉嫌网络造谣人员予以行政拘留，打压一批闹访、集访、缠访人员的嚣张气焰，维护正常信访秩序。密切关注社情民意和网络舆情，对11条涉洪、涉警重点舆情进行有效引导，落地查证35人。

【确保社会治安安定】 2015年，县公安机关强化情报引领实战，建成合成侦查指挥中心；强化科技手段应用，将图侦、网侦、技侦和传统侦查手段有机结合，有效提升打击破案质态。全县全年共立刑事案件2041起，破案919起，破案率45.03%，八类案件立案9起，破案9起，破案率100%，命案发1起，破1起，破案率100%。紧盯民生犯罪、网络犯罪、智能犯罪、新型犯罪，组织开展“三打一整”等专项行动，先后侦破公安部、省厅挂牌督办一大批大要案件。加大对网络电信犯罪案件侦破力度，破案率全市排名第一。不断优化巡防运行机制，加大对易发案、多发案地区及重点单位、部位的巡逻警力投入，重要敏感节点时期实行武装巡逻、武装值守，屯警街面，按照“1分钟出击、3分钟到场、5分钟结束战斗”的要求，全面提升见警率、管事率和处置率。不断加强技防建设，继续加快推进社会面监控系统升级改造和联网整合步伐，结合全县社会治安特点，新增高清监控点位283个，点位设置更多、更密、更科学。

【加强公共安全监管】 2015年，县公安机关瞄准重点领域、重点部位，组织开展内部单位安全大检查，指导协助各内部单位完善各项安全管理制度，严格落实人防、物防、技防措施，及时发现整改安全隐患，确保将各类安保措施落实到位。扎实开展交通安全宣传活动，增强群众交通安全意识。始终加大对酒驾、毒驾以及“三超一疲劳”等严重交通违法犯罪行为的查处力度，全年未发生一次死亡3人以上的重特大交通事故。积极投身“四城同创”工作，以优化交通秩序、创成卫生城市为目标，先后组织开展2次为期8个月的城区道路交通秩序集中整治行动，圆满完成创建迎检工作任务。强化防火宣传，开展消防安全检查。全年未发生人员死亡、人员受伤的火灾事故，经济损失同比下降48.98%。

【执法规范化建设】 2015年，县公安机关综合运用执法培训、旁听庭审等方式，全面提高执法主体素质。推行月考核、季竞赛学法制度，营造学法、用法良好氛围。立足执法绩效综合评价管理系统，对民警执法进行积分管理，科学评判民警执法成效，营造公平公正、比学赶超的良好氛围。成立执法监督管理委员会，确保重大、疑难执法事项决定合法、准确，全面提升执法质量，严格落实执法责任，全力推动法治公安建设。县执法监督管理委员会全年组织疑难案件通案27次，对4类执法突出问题进行了及时预警。深入推进立案突出问题专项整治工作，排查整改各类问题1074条，并对工作不力的部门主要负责人和责任民警进行了约谈，通报全局。组织编制《110接处警工作指导手册》和《110接处警群众现场评议工作手册》，增加群众实时监督参与度，强化接处警民警责任心，全面提升规范接处警工作水平。

【公安队伍建设】 2015年，县公安机关学习贯彻习近平总书记系列重要讲话精神，将思想行动统一到党中央决策部署上来。认真学习《中国共产党纪律处分条例》《中国共产党廉洁自律准则》，将政治纪律和政治规矩挺在前面。积极开展"践行恩来精神·争创模范警队"和为警不为、为警乱为"两为"专项整治，不断强化队伍教育管理，全面排查队伍中存在的隐患，防微杜渐。以全省公安机关考核竞赛活动为抓手，战训结合，以练促战，切实提升基础信息化、警务实战化、执法规范化和队伍正规化建设水平。推行警师制，加强"传帮带"，提高民警综合素质，助推各项公安工作稳步提升。全力维护民警执法权益，从严打击阻碍民警依法执行职务的违法犯罪行为。坚定从优待警，建设和谐警营的方向不动摇，继续落实各项从优待警措施。县公安机关全年立二等功的集体1个；立三等功的集体3个、个人12名；个人嘉奖319人次；受到县处级以上表彰集体7个、个人29名。

（杨　健）

县公安局召开"为警乱为、为警不为"专项整治暨纪律作风建设会议

检　察

【概况】 2015年，县检察机关全面履行法律监督职责，不断提升法律监督能力和司法公信力，为"幸福洪泽"建设提供有力司法保障。县检察院连续4次被最高检表彰为"全国检察宣传工作先进单位"；控申接待室、驻看守所检察室连续多年被最高检表彰为"全国文明接待室""全国一级规范化驻所检察室"；被市委、市政府表彰为"全市社会治安综合治理先进集体"、授予"五一劳动奖状"；被市妇联表彰为"淮安市巾帼建功先进集体"。

【职务犯罪查处与预防】 2015年，县检察机关立案查办职务犯罪案件10件16人，科级干部4人，大案率100%。其中，查办反贪污贿赂案件7件11人，查办反渎职侵权案件3件5人，为国家挽回直接经济损失260余万元。受理行贿犯罪档案查询435次。组织开展预防职务犯罪行政审批流程重构工作，指导、督促县环保局、住建局重构原有行政审批流程。结合办案深入发案单位开展预防调查，督促相关单位建章立制6项。《村民理财小组监管环节虚化易引发村干部职务犯罪应予重视》的预防调查报告被县委、县政府主要领导批示肯定；县政府出台《洪泽县财政农业专项资金管理暂行办法》，县委农工部在全县开展专项整顿活动。组织县供电系统重点岗位人员夫妻同受警示教育活动，这一做法被央视四套"中国新闻"栏目宣传报道。在全省率先开展全县中学生"小手牵大手"预防职务犯罪主题征文评选、展播；全面开展"预防邮路"工作，成立志愿者服务队，建成东双沟镇刘庄村、黄集街道娄赵村等8家村级"预防邮路驿站"。

【刑事检察】 2015年，县检察机关批准逮捕各类犯罪嫌疑人77人，提起公诉521人。突出打击重点，依法起诉故意杀人、强奸、抢劫等严重刑事犯罪10人；非法吸收公众存款、虚开增值税发票等破坏市场经济秩序犯罪63人；生产、销售假药、有毒有害食品犯罪18人。不断完善对社会公共利益和弱势群体的保护机制，对全县首例拒不支付劳动报酬案件依法提起公诉。加强与侦查机关、审判机关协作配合，严把案件质量关口，快捕快诉，提高效能。案件数量同比增长29%，侦监部门快审快结，办案周期缩短21%；刑事案件逐年增长，案多人少，公诉人员加班加点，案件审结率达91%。

【诉讼监督】 2015年，县检察机关强化刑事立案和侦查活动监督，发放纠正违法通知书14份；建议侦查机关立案1人，撤案5人，提请逮捕2人，移送起诉单位犯罪1个。对侦查机关提请逮捕的案件，经依法审查，以事实不清、证据不足不批准逮捕34人，占提请逮捕人数的24.3%。强化刑事审判监督，针对审判活动发出纠正违法通知书2份；发出再审检察建议获改判1件；提请抗诉获改判1件。强化刑罚执行和监管活动监督，共书面监督纠正刑罚执行违法情形4件。加强与司法行政机关配合，加大对社区矫正人员监管力度。出台《引入“社会力量”推行行政执法“检民协作”监督工作实施意见》，创设《民生领域行政执法监督工作五项机制》，通过监督力量前置，实现监督形式多样化，提升司法监督实效。共办理各类民事行政案件30件，其中办理督促行政机关履行职责案件9件，支持起诉案件12件，民事执行监督案件5件，发出再审检察建议被审判机关采纳2件。

县检察院“五魂”文化长廊

【检务公开】 2015年，县检察机关优化检务公开方式，以手机报、微博、微信、检察信息网上公开平台为载体，编发以检察信息动态、介绍检察职能为主要内容的手机报13期，发布重要检察信息1000余条，重要案件信息60件，程序性案件信息675条，法律文书296份。重视媒体发声，全年在省级以上报刊媒体刊载宣传文章134篇。创新监督方式，聘任10名“网络民意代表”。自觉接受人大监督、政协民主监督和社会各界监督，保持与代表、委员、群众的密切联系，通过“检察开放月”“代表委员联络月”等形式，先后邀请人大代表、委员、人民监督员到县检察院视察7次，向他们通报情况，征求意见建议。邀请人民监督员对10件职务犯罪案件进行程序和实体监督。9月，向县人大常委会专题报告反贪污贿赂犯罪工作情况。

【规范司法行为】 2015年，县检察机关根据最高检统一部署，深入开展为期一年的规范司法行为专项整治工作。采用部门自查、互查、检委会评查等方式，对2014年以来所办理的683件案件逐案排查，突出整治司法办案不规范、执行纪律不严格等九大类问题。结合排查情况，编发专项督查通报37期。针对司法办案中容易发生问题的环节，出台《关于加强司法办案活动内部监督防止说情等干扰的规定》《“一案五表”司法监督实施办法》等各类规章制度10余项，切实将权力关进制度的笼子里，司法规范化水平持续提升。公诉部门被市委、市政府表彰为“全市首批公正司法示范点”，侦查部门规范办案的做法被省检察院以《江苏检察简报》的形式在全省推广。

【检察队伍建设】 2015年，县检察机关加大检务督查力度，严格问责问效，围绕队伍作风、工作效能全年开展专项督查12次。实行干警个人《实绩档案》《廉政档案》考核机制，提高廉政制度执行力。开展“三严三实”专题教育和“两为”专项整治活动，组织全体干警“立家规”，签订“百字承诺书”，开展“四个问题”大讨论，从宗旨意识、守土尽责等方面反躬自问。坚持问题导向，逐项解决顽疾，共梳理问题13项，均整改落实。坚持文化育检，建成以“五魂”为核心的特色检察文化长廊，以先进文化引领人、感染人。加强业务能力建设，组织或参加业务培训100余人次。组织干警赴南京大学参加专题培训，选派干警赴省检察院、县社会管理服务中心、财政局跟班轮训。开启“齐学”大讲堂，实行青年干警列席检委会制度，着力提高干警的专业水平和群众工作能力。14名干警参加全省检察业务专门人才和岗位能手评审；19名干警在市、县竞赛中获奖。其中5人在业务评比中获一等奖，1名干警被评为“全市优秀公诉人”。洪泽检察队伍管理的具体做法在全市检察机关队伍建设会议上作交流发言。检察队伍、业务类经验信息被省检察院转发14篇，位居全市第一、全省前列。（廖　颖）

法　院

【概况】 2015年，县法院新收各类案件5248件（不包括旧存），结案5316件（含旧存），一线法官人均办案194件，最多达364件。开展“三严三实”专题教育以及“向邹碧华同志学习活动”，有1篇文章在全省法院专题征文中获二等奖，有5篇学术论文在国家级和省级获奖，有2篇法律文书被市中院评为优秀法律文书。征集廉政格言、家属廉政寄语300余条，建成廉政文化长廊。全年发送廉政短信810条。县法院先后被省法院记“集体二等功”，被市委、市政府授予“文明单位”称号，在全县科学跨越发展目标考评及全市法院目标考核中均获一等奖。

【刑事审判】 2015年，县法院受理刑事案件364件，审结

333件。判处犯罪分子418人，其中判处五年以上有期徒刑16人。审结故意杀人、故意伤害、强奸等暴力犯罪案件以及抢劫、盗窃等多发性侵财犯罪案件68件，判处罪犯94人，维护人民群众生命财产安全。审结涉毒品犯罪案件18件，判处罪犯18人，有力遏制毒品犯罪高发态势。审结被告人陆某拒不支付劳动报酬犯罪案件、被告人赵某在医疗场所拐骗儿童犯罪案件以及被告人赵某某等生产、销售伪劣农药犯罪案件，有效维护了民生权益；审结被告人王某、赵某等职务犯罪案件8件，判处14人，其中科级干部4人，强化了司法反腐。坚持宽严相济，对210名被告人适用非监禁刑，减少社会对抗。

【民事审判】 2015年，县法院受理民事案件2329件，结案2312件。案件调解撤诉率为60.48%。审结权属侵权类纠纷案件362件，其中涉及交通事故损害赔偿案件257件，交通事故受害人获赔2232万元，保障人民群众的生命健康权和财产权；审结婚姻家庭、相邻关系纠纷案件563件，增进了家庭邻里和睦；审结劳动争议类纠纷案件167件，实现了保障劳动者权益和促进企业发展并重；审结民间借贷纠纷案件535件，结案标的8956万元，规范了民间资本运作；审结涉及农村土地经营权流转、农业承包合同、农资买卖等案件13件，维护了“三农”生产经营秩序。

【商事审判】 2015年，县法院受理商事案件640件，审结638件，及时帮助追回沉淀资金2.7亿元。审结买卖、租赁、加工承揽等合同纠纷案件172件，规范市场交易秩序。对有市场前景、一时经营困难的企业，慎对其基本经营账户和生产经营设备采取查封扣押措施，力促当事人通过展期还款、提供担保、债权入股等方式，协调解决经济纠纷。另一方面，主动延伸司法服务，在审结288件金融借款、保险、融资租赁等金融纠纷案件的同时，针对涉金融借款纠纷频发的情况下及时召开金融风险防范新闻发布会，引导金融机构及社会公众规范投资经营行为。对经营管理不善、产能落后的企业，加大破产清算力度，妥善审结华宇纺织、御翔粮业等10件破产案件，涉案标的7978万元，推动了经济结构调整。

【行政审判】 2015年，县法院受理行政诉讼案件23件，审结21件。受理行政非诉审查案件49件，裁定准予执行49件。推进行政机关负责人出庭应诉工作，行政机关负责人出庭应诉率达100%，县物价局局长等行政机关一把手出庭应诉。妥善审理朱坝三圩居委会周某等73户村民起诉的履行法定职责等集团行政诉讼案件，经依法裁判、诉外协调，全部息诉罢访。

【案件执行】 2015年，县法院执行案件1878件，执结1998件，执行到位金额4789万元。开展涉民生案件集中执行专项活动，执结案件87件，执行到位金额261.7万元。强化执行指挥中心和“点对点”查控划系统建设，快捷查询143409次，涉被执行人5263人，存款9311万元，房产453套，车辆69辆、土地375宗，婚姻信息1387条。加强联合信用惩戒，公布失信被执行人5917例，其中自然人5813人，法人及其他组织104个，限制相关被执行人乘坐飞机、高铁、列车软卧等高消费活动。加大对抗拒执行、逃避执行的惩治力度，建立24小时执行备勤机制，开展“集中打击拒执违法犯罪行为专项活动”，对19名被执行人实施拘留等司法强制措施。

【服务大局】 2015年，县法院出台《关于为幸福洪泽建设提供司法保障和服务的实施意见》，确保法院工作与经济社会发展同频共振。针对案件审理中发现的有关单位存在的工作疏漏、制度缺失和隐患风险等问题，及时发送司法建议31条，其中《关于加强保护未成年人身心健康和合法权益的建议》被评为全省法院系统优秀司法建议。派员参与涉砚临河观光带、洪泽湖大堤等地块房屋征收补偿、重大工程建设等纠纷化解，提供法律指引建议，依法有序解决相关纠纷。

创新机制推进社会治理。深入推进“无讼村居”创建活动，加强审务工作站、审务联系点建设，构建“一镇一庭室、一村一法官”的联系责任制，强化矛盾纠纷多元合力化解。通过“无讼村居”创建活动，在全国各地法院受案数量普遍激增的情况下，县法院受案数量同比下降13.7%，初步探索出一条“优化基层社会治理、缓减案多人少”的新路。“无讼村居”创建工作受到省高院、市委和县委主要领导的充分肯定。淮安市中院于2015年10月在洪泽县法院召开现场会予以推广。与县关工委等9部门建立未成年人刑事案件联动协作工作机制，探索适用合格成年人参与庭审，推进圆桌审判、轻罪记录封存制度实施，相关做法被市关工委肯定推广。积极构建“3+1”物业纠纷联动化解机制，在苏源绿洲小区、邓码小区、湖滨花园小区等地开展试点，快速化解物业纠纷289起。

9月8日，省高院领导到洪泽调研“无讼村居”创建工作

【司法为民】 落实“五件实事”让司法更惠民。一是与县电视台联办《法官说法》节目，精心制作播放与群众利益密切相关的涉恶意欠薪、未成年子女抚养等典型案例4期。二是建立法律文书面对面释明制度，院庭长、办案法官就案件裁判的事实、法律依据等向当事人当面释明，当事人服判息诉率达93.53%。三是建立诉讼档案便民服务数据库，在诉讼服务中心设立电子卷宗查阅台，为当事人提供电子卷宗远程查阅服务113件次。四是完善司法便民服务设施，在立案大厅配置电子触摸查询台，建立网上立案、电子查询、送达系统，网上立案227件。开通12368司法服务热线，以发送手机短信的方式及时告知当事人案件进展。五是开展“送法下基层”活动，开展“法官进村居”和“与法同行、法官讲法”系列法律宣讲，举办讲座50余场，巡回审判60余场，参加群众约3000人。

全面启动小额诉讼程序。小额诉讼即立即审、灵活办案，全年速裁各类纠纷案件380件，平均办案周期为9.52天。落实立案登记制度，对符合法定条件的坚持有诉必理。发挥大湖巡回法庭便民优势，依法审结飓某诉史某某等在船舶作业中因船舶倾覆致人身伤亡和财产损失的损害赔偿案件等涉渔纠纷案件104件，维护船民、渔民合法权益。扎实开展涉诉信访集中化解活动，邀请人大代表、政协委员参与信访化解4件次；就提出进京访请求的当事人，与最高法院预约远程视频接访4件，全年化解涉诉信访重点案件12件。强化司法救助，为176名经济困难当事人缓减免诉讼费116万元，为103名刑事被害人、申请执行人、信访人发放救助资金45.1万元，彰显司法的人文关怀。

推进司法公开。强化审判流程、法律文书和执行信息公开“三大平台”建设，全年上网公开裁判文书2348份，网上直播庭审58个，在《今日说法》等央视媒体播出案例4期。组织网上“司法拍卖”77件次，成交标的额5110.7万元。利用微博、微信、法院网站等发布审判、执行信息5000余条。强化司法民主。加强人民陪审员工作，人民陪审员参与案件审理1616件次，一审普通程序案件陪审率100%。完善司法协理员激励考核机制，司法协理员全年参与审判、执行活动197件次。组织“法院开放日”活动12场，接待各界群众1000余人。

【司法改革】 探索人员分类管理。先后选任17名业务能力强、审判经验丰富的法官为主审法官，建立以主审法官为核心的人员分类管理体系。实行审判辅助人员单独序列管理，对法官助理进行分级管理。对聘任制书记员根据专业技能确定职务等级和薪酬待遇，有19名书记员通过全省统一组织的定岗定级考试，占总数的70.4%。

构建新型办案模式。组建了刑事速裁、建设工程、婚姻家庭等17个专业审判团队，实现类案专业化审理。明晰审判团队审判权运行流程，赋予主审法官充分的审判权和管理权，院庭长对没有参与审理的案件法律文书不再签发。推进院庭长办案工作，院庭长全部回归办案一线，全年办理案件2088件，占结案总数的39%。设立民事、商事、刑事等5个专业法官会议，规范审委会议事程序，主审法官和合议庭直接定案率达99.3%，落实“让审理者裁判”。

建立约束问责机制。建立“事前、事中、事后”办案质量控制体系。“事前”侧重指导。制作《法庭审判手册》，强化主审法官庭前阅卷、庭审要点记录归纳工作；制定类案审理指南12份，统一裁判尺度。“事中”侧重规范。制定庭审操作、文书写作、书记员工作等工作规范，以规范促公正。“事后”侧重评查。加大庭审、法律文书、案件质量“三评查”及专项评查力度。制定《审判（执行）过错责任追究办法》，对41件存在工作差错的案件由审判委员会评定等次，并对承办人员予以责任追究，促使法官依法办案、慎重办案、公正办案，落实“由裁判者负责”。审判权运行机制改革实施一年来，县法院审判质效整体运行平稳，案件发改率、信访投诉率、服判息诉率等指标同比进一步优化，结收案比同比上升7.3%。

（胡思远）

司法行政

【概况】 2015年，县司法机关扎实推进矛盾纠纷排查调处、公共法律服务、特殊人群服务管理、法治宣传教育工作体系建设，加强组织领导，夯实基层基础，完善体制机制，不断创新服务大局、服务群众的措施手段，在助推经济发展、服务民生、维护社会稳定等方面取得显著成效，全面完成全年目标任务。洪泽县高标准通过省市“六五”普法终期考核验收，荣获“全国法治教育先进县”称号。县司法局年度绩效考核位居全市司法行政系统第一名，信息宣传工作在全市系统“四连冠”，执法质量考评工作位居全省系统前列，被评为全省司法行政系统“德法同行专项活动”先进集体、新闻宣传工作先进集体、绩效评价优秀单位，荣获“全省优秀县（区）司法局”称号；被县委、县政府评为精神文明及思想宣传工作先进集体、法治建设先进集体、科学跨越发展目标考核二等奖。

【人民调解】 2015年，县司法机关进一步完善排查预警机制、分析研判机制、专业调处机制和对接机制，整合功能，增加覆盖，提高效能。积极建立镇（街道）、村（社区）信息化、动态化、实战化、全覆盖的矛盾纠纷排查调处工作网络体系，按照“整合资源、整体联动”的要求，推进调解对接机制，重点抓好医患纠纷、交通事故、价格争议和公调对接等人民调解工作室的建立，在县法院、东双沟法庭、交巡警道路交通事故股等建立了调解工作室；在旅游开发、老城区改造、文明城市创建、秸秆禁烧等重要时间节点，做到预测工作走在预防前，预防工作走在调解前，有效落实防范措施；派出所“派驻式”人民调解工作室全部建成；调处案件录入率100%；人民调解“季度通报制”“典型案件讲评制”“年终考核制”三项制度常态化；调解个案补贴落实到位；全年排查化解矛盾纠纷1290件，调处成功率98%以上，无重大群体性事件发生。群众对人民调解工作的满意度98%以上。

【公共法律服务】 2015年，县司法机关法律服务便民惠民，以法律服务全覆盖、均等化为目标，坚持平台建设与管理并重，积极推进公共法律服务中心与12348公共服务平台的整合，构建实体与网络相融合的立体化服务体系。出台了《关于在县镇村三级建立法律顾问制度的实施意见》《关于加快构建覆盖城乡公共法律服务体系的实施意见》等文件；首批确定公证律师、法律援助等6大系列68项公共法律服务产品，部分项目纳入政府采购目录，成立洪泽人民医院司法鉴定所，在全市率先实行公证处改制，组织各类法律服务人员开展“维护农民工权益百日专项行动”“农民工学法周”“12348法润千万家”“公证助残月”“公证农村行”等活动，为困难群体开辟绿色通道；组建刑事法律服务团，建立看守所法律援助工作站;实施法律援助便民惠民制度，开展“法律顾问村村到”等活动，全县9个镇(街道)建成公共法律服务中心，122个村(社区)建成司法惠民服务站，县、镇、村三级公共法律服务平台建成率100%，并与县12348网络平台相对接，开展法律咨询和法律服务工作。全年律师及基层法律服务工作者代理民事案件607件、非诉讼案件365件，担任政府、企业法律顾问237家，办理见证512件，参与政府信访接待30次，调解纠纷350起，公证办理业务847件，法律援助办案335件，挽回经济损失1200余万元，受援人满意度达100%。

【特殊人群管理】 2015年，县司法机关加强信息化管理手段，县矫正局和9个司法所全面使用省社区矫正平台，配齐配全矫务通终端设备；建立面部识别报到管理系统，完善矫正人员电子档案、GPS定位管理，实现社区服刑人员管理的科学化、实时化、规范化；积极开展“严格管理严格执法专项行动”，坚决杜绝不请假外出行为；通过县“两办”发文，成立社区矫正工作领导小组，明确各镇(街道)和相关部门职责；通过县人大视察、县政协建议等方式推动社区矫正执法规范化建设；与浦口监狱开展结对共建活动，为实现矫正力量多元化提供平台和动力源；投入6万元购置了社区服刑人员心理咨询设备，邀请心理咨询师为困境人群进行心理矫治。全年接收社区服刑人员212人，解矫180人，开展批评教育90人次，警告处分4人，收监1人，没有因矫正工作不到位而导致重新犯罪现象发生。

【法治宣传】 2015年，县司法机关以“抓两头、促中间”为基本思路，全面提升法治宣传教育质效。加强领导干部法治宣传教育，把宪法列入党委中心组学习内容，列入党校、行政学院必修课，组织全县2000多名公务员参加网上法律知识竞赛；中小学校配备法治副校长，开展“普法达人校园行”活动，实施成长护航工程；开展“普法淮上行”“宪法进万家”“法治风帆水乡行”“12·4”国家宪法日等主题活动，大力宣传宪法至上、依宪治国、依宪执政理念；按照省、市“法润江苏春风行动”等专项活动部署，全员发动，整体联动，推动活动深入开展；“家风家训·德法大讲堂”和袁志西法治宣传队持续在街道、社区、城区广场巡回开讲，直接受众2万余人；投资1200多万元，建成全省领先的县级法治宣传教育中心，举办警示教育、纪念抗战胜利70周年等活动28场；山东、安徽、新疆农七师等地政法部门先后到洪泽考察交流法治文化阵地建设工作；先后建成邓码小区法治文化广场、三河法治文化大道、老子山法治一条街等镇村法治文化阵地；在“H5页面讲述普法故事”新媒体大赛中，《让我们一同走进洪泽法治宣传》作品荣获全国优秀奖；举办全国五大淡水湖地区法治书画巡展活动，评选出100幅优秀法治书画作品编印出版；创新开展“德法同行进湖区”活动，深度挖掘优秀传统文化资源，打造湖区特色品牌。积极推动多元化社会组织参与普法，出台《关于创新社会普法教育机制的意见》；积极开展民主法治村(社区)创建工作，全县达到省级标准的47家，达到市级标准的122家，省、市级比例分别为37.5%和98.3%，在全市处于领先地位。

12月4日，洪泽县举行宪法日签名活动

【司法队伍建设】 2015年，县司法机关以“三严三实”专项教育活动为抓手，按照省厅正规化、职业化、专业化的“三化”队伍建设要求，切实加强对干部职工的教育。加强思想政治教育，组织人员赴德园、金堤永固、新四军纪念馆、刘老庄八十二烈士陵园参观学习，通过警示教育、读书交流、制定惠民工作计划等举措，促进全体人员珍惜岗位、廉洁奉公、服务为民。加强规范化司法所建设，统一外观标识、统一工作服装，规范岗位管理、规范履职行为，建立司法所每月例会制度，举办实战化专项业务培训；切实解决司法行政队伍缺编空岗问题，通过政法干警培养、公务员招录、军转干安置等方式，共吸纳11名年富力强人员加入司法行政队伍；不断完善队伍教育培训机制，组织专职人民调解员和社工首次举行职业培训考试；推进律师队伍全面依法治国专题教育；不断加强信息化建设力度，全县系统内、外网网站建成并投入使用；深入开展项目化管理、督查督办和绩效考核工作，开展4次全系统督查，保证了各项工作部署有效开展。高良涧司法所被省厅表彰为“江苏省优秀司法所”，“司法所长韩夕玉”先进事迹得到省厅柳厅长批示肯定，被《法制日报》等主流媒体持续报道，引发社会热议。 (董 锴)

编辑：吕后臻

人口·国土·环境

人口与计划生育

【概况】 2015年，全县新出生人口2532人，出生人口男女性别比100∶105.35；人口出生政策符合率95.3%，孕前优生健康检查目标人群覆盖率98%，计生奖励优惠政策兑现率100%。0~14周岁独生子女提标实现全覆盖，独生子女特困家庭、手术并发症人员综合保险参保率100%。12月，洪泽县顺利通过省“十二五”人口协调发展先进县复查验收。

【“城市单独”新政稳步实施】 2015年，全县积极宣传国家“城市单独”新政策，切实做好新政策范围内生育服务工作。当年，县、镇(街道)两级计生部门积极受理审批“城市单独”再生育一孩申请1121人，切实维护育龄群众合法生育权利。

【“提标工作”全面完成】 2015年初，市、县两级政府把独生子女父母奖励金提标工作列为当年为民兴办的十件实事之一。3月，召开全县独生子女父母奖励金提标工作推进会。至6月底，全县24167户、45957人独生子女家庭20元综合保险、每人每年40元的独生子女父母奖励金已全部发放到位，累计发放综合保单45132份、兑现金额1838280元。

【“免费孕检”扎实推进】 2015年，市下达洪泽县参加孕前健康检查的目标人群数为1400对。截至12月底，全县完成免费孕前健康检查 1410对，所有妊娠的随访对象均建立完整的电子台账，档案健全，管理规范。对检测出具有风险人群的352名人员进行个性化指导和建议。

【“奖扶政策”实现全覆盖】 2015年，全县认真落实省、市计生奖励扶助政策、特别扶助政策和持证企业退休职工一次性奖励政策，全县省、市奖扶政策及一次性奖励政策惠及16093名群众，其中省奖励扶助对象5356人，省特扶对象320人，市奖扶对象9944人，退休企业职工兑现一次性奖励对象473人，全年共发放奖励扶助资金1337.5万元。此外，县财政每年拨付计划生育公益金15万元，用于对计划生育特困家庭实行帮扶救助。

【机构队伍建设】 2015年，县人口计生委位于县公共卫生中心六楼，办公面积1200平方米，主要负责全县人口和计划生育行政管理与综合服务工作。内设办公室、宣传教育科、政策法规科、规划统计科、科学技术科和流动人口计划生育管理科等6个股级职能科室，下设县计划生育指导站。年内，县人口计生委在岗在职人员16人。其中公务员6人，行政附属编制2人，借用事业编制人员4名，其他人员4名。

县计生指导站主要设备有血细胞分析仪、尿液分析仪、半自动生化分析仪、化学发光免疫分析仪、生物安全柜、酶标分析仪、B超机、心电图机、乳腺诊断仪、可见光光度计、50mAX光及柴油发电机组等，具备提供多种检验和开展多项计划生育技术服务的能力。 （凌学国）

国土资源

【概况】 2015年，洪泽县国土面积1273.41平方千米(127341公顷)。其中，陆地面积54965.25公顷，湖面47674公顷，其他水面24701.75公顷。建制镇3050.23公顷，村庄6990.40公顷，耕地36783.13公顷。经查明，洪泽县境内有无水芒硝、岩盐、石油、地热(温泉)、矿泉水等矿产资源。

2015年初，县政府与各镇政府签订耕地和基本农田保护责任状，将耕地保护和基本农田保护纳入政府年度目标考核中，落实耕地保护责任体系。努力加强耕地尤其是基本农田的保护力度，实现全县基本农田总量不减少、用途不改变、质量不下降的工作目标。全县上报并获准农用地转用、集体土地征收建设用地项目6个，单独选址建设项目1个，征收土地总面积167.89公顷，其中白马湖滩涂20兆瓦地面光伏站项目用地总面积0.66公顷。

当年，县国土局获2014—2015年度全省国土资源政务信息工作先进单位、信访工作先进集体；获全市国土资源管理工作先进单位；获2015年度全县科学跨越发展考核先进集体特别贡献单位、新型城镇化工作先进集体。

【获批建设用地"双减量"试点县】 2015年12月25日,《洪泽县建设用地"双减量"工作方案》获江苏省国土资源厅批准,标志着洪泽县成为全省第一个建设用地"双减量"试点县。该方案对"十三五"期间全县各年度农村建设用地整治规模和重点整治区进行细化,详细分解五年期目标任务,逐一落实到相关镇(街道),实行全县"一盘棋",逐年稳步推进。

【国土资源监管】 2015年,县土地管理监察大队认真执行国土资源执法监察责任制。在土地动态巡查中,加强对经济开发区、盐化工区、镇工业集中区、基本农田保护区、农村居住点、主要交通道路两侧新增建设用地巡查监察力度,落实市局"2112"土地执法动态巡查制度,对发现的违法用地做到及时制止、及时汇报、及时查处。全年巡回检查24次,发生并处理违法用地10宗;其中现场制止4宗,立案查处6宗。完成2014年度例行督察违法用地图斑的整改工作,对发现的150宗违法违规行为,目前已整改149宗,违法违规整改率99%,整改率居全市前列。

【矿产资源监管】 2015年,县国土局全年累计征收各项矿业规费215万元,完成矿产资源补偿费网络直报及入库任务。按时做好矿产资源开发利用统计年报、地质环境统计年报、储量年报、矿山两权年检等工作。协助江苏银珠芒硝矿山开展转让矿业权评估审查工作,协助中盐淮安盐化集团有限公司向省国土厅申报地勘基金矿产资源保护类项目,完成大洋盐化有限公司划定矿区范围15.45公顷审查工作。修编《洪泽县突发地质灾害应急预案》,并编制年度地质灾害防治方案,做好地质灾害防范巡查工作,全年地质灾害零事故。

【土地节约集约利用】 2015年,县国土局从源头上把好项目用地关,进一步提高土地节约集约利用水平。一是严格执行亩均投资、效益、税收、利润、用工和容积率指标达标制度,力争每个项目竣工投产后都能快速成为列统企业;二是抬高项目准入门槛,致力打造高效高质亿企园;三是加大闲置土地处置力度,经查:全县闲置土地1宗,面积8.3067公顷(合124亩),净土地资产998万元。

9月,召开洪泽县土地征收专项治理工作会议

【土地整治项目】 2015年,县国土局大力推进国、省投项目建设。目前,省投岔河岔东片土地整理项目、共和永丰市投项目均已完工,等待验收。东双沟镇高标准基本农田建设项目已完成主体工程的施工,总投资2371万元,即将提请审计单位审计。岔河等3个镇整村推进土地整治项目正在施工,总投资4571万元。三河镇长河等村高标准基本农田建设项目于2015年11月获批,总投资1359万元。我县耕地占补平衡项目库建设实施项目24个,可新增耕地1427亩。稳妥实施城乡增减挂钩工作,城乡挂钩复垦项目67个,总规模1886亩,新增农用地面积1878亩。

【农村土地确权发证及数据库建设】 2015年,县国土局全面推行全县农村土地确权发证工作,全年发放确权发证9080份。同时,建立确权认证土地数据库,进一步细化确权工作。7月,洪泽县农村土地确权发证及数据库建设工程验收会召开;全县农村土地确权数据库工程通过市级验收。

7月,召开洪泽县农村土地确权发证及数据库建设工程验收会

【宣传国土资源法规】 2015年,县国土局加大国土资源法律、法规的宣传普及力度,积极开展"六五"普法工作。在国土系统内部开展4期国土资源管理政策法规培训班,加强对土地管理法的宣传。积极组织参与"4·22"世界地球日、"5·18" 行政执法服务月、"6·25"全国土地日、"8·29"测绘

12月,县国土资源局开展国家宪法日暨全国法制宣传日活动

法宣传日、"12·4"国家宪法日暨全国法制宣传日等主题宣传活动,发放宣传资料万余份,向社会各界宣传国土方面法律知识,形成自觉守法用地的社会氛围。

【维护农民合法权益】 2015年,县国土局全年共接待群众来访21批36人次,来信38件(其中上级转办29件),办结率100%,处理率100%。口头接待受理、答复各类信访问题13件,通过法制宣传和政策疏导,全部得到处理和妥善解决。

【地理国情普查】 2015年,县国土局做好全县第一次地理国情普查工作,成立领导小组,进行项目预算,申请落实财政资金,顺利完成第一次全县地理国情普查工作。

【挂牌出让土地使用权】 2015年,全县对外公开发布土地挂牌出让公告14期,其中经营性用地挂牌出让8期,面积2432.921亩,成交价300570万元;挂牌出让工业用地6期,面积351.01亩,成交价2949万元。

2015年洪泽县部分挂牌出让土地使用权情况一览表

表7

序号	地块编号	受让单位(个人)	土地坐落	面积(平方米)	小计(万元)
1	洪地经挂字2015-04号	赵凤领	黄集街道办公园路北侧、中沟河东侧	11185	510
2	洪地经挂字2015-05号	江苏洪泽湖大闸蟹产业有限公司	张福河西侧、原砖瓦厂南侧	29519	530
3	洪地经挂字2015-11号	中国石化销售有限公司江苏淮安石油分公司	东一道北侧、328省道东侧	5159	880
4	洪地经挂字2015-12号	江苏万通置业有限公司	东十道北侧、东十五街东侧	9850	450
5	洪地经挂字2015-13号	江苏文创建设发展有限公司	东九道南侧、东九街东侧	54961	9620
6	洪地经挂字2015-14号	江苏文创建设发展有限公司	东五道西侧、东八道南侧	30667	5380
7	洪地经挂字2015-15号	洪泽县洪泽湖老子山旅游开发有限公司	老子山镇十老路东侧、淮仁路南侧	3020	230
8	洪地经挂字2015-16号	江苏洪泽湖旅游发展有限公司	洪三公路西侧、温泉路南	26636	1360
9	洪地经挂字2015-17号	洪泽仁济康复医院有限公司	东九街东侧、东六道南侧	1861	110
10	洪地经挂字2015-18号	江苏洪泽湖建设投资集团有限公司	黄海路西侧、千岛湖路北侧	6553	880
11	洪地经挂字2015-19号	中国石化销售有限公司江苏淮安石油分公司	东九道南侧、东九街西侧	3529	610
12	洪地经挂字2015-21号	江苏洪泽湖建设投资集团有限公司	洪三公路西侧、环城南路南侧	44375	5630
13	洪地经挂字2015-23号	淮安市白马湖投资发展有限公司	岔河镇白马湖西侧	59258	9100
14	洪地经挂字2015-24号	淮安市白马湖投资发展有限公司	岔河镇白马湖西侧、大荡河南侧	58071	8900
15	洪地经挂字2015-25号	淮安市白马湖投资发展有限公司	岔河镇白马湖南侧	63130	9700
16	洪地经挂字2015-26号	淮安市白马湖投资发展有限公司	岔河镇白马湖南侧	68090	10400
17	洪地经挂字2015-27号	淮安市白马湖投资发展有限公司	岔河镇白马湖西侧、浔河南侧	53632	9500
18	洪地经挂字2015-28号	淮安市白马湖投资发展有限公司	岔河镇白马湖西侧、夹剪河北侧	40228	7100
19	洪地经挂字2015-29号	淮安市白马湖投资发展有限公司	岔河镇白马湖西侧、夹剪河北侧	56336	9800
20	洪地经挂字2015-30号	淮安市白马湖投资发展有限公司	岔河镇白马湖西侧、浔河南侧	66028	11600
21	洪地经挂字2015-31号	淮安市白马湖投资发展有限公司	岔河镇白马湖西侧、浔河南侧	68217	11400
22	洪地经挂字2015-32号	淮安市白马湖投资发展有限公司	岔河镇白马湖北侧、丰产河北侧	54105	8100
23	洪地经挂字2015-33号	淮安市白马湖投资发展有限公司	岔河镇白马湖西侧、丰产河南侧	40796	6000
24	洪地经挂字2015-34号	淮安市白马湖投资发展有限公司	岔河镇白马湖西侧、丰产河南侧	56517	8400
25	洪地经挂字2015-35号	淮安市白马湖投资发展有限公司	岔河镇白马湖西侧、山阳河南侧	67955	10000
26	洪地经挂字2015-36号	洪泽县腾达石化有限责任公司	东九道北侧、宁淮高速东侧	1306	230
27	洪地工挂字2015-01号	江苏春江润田农化有限公司	淮洪路北侧、外环西路东	43164	519
28	洪地工挂字2015-02号	汇能生物科技(江苏)有限公司	328省道东侧、东三道北	19947	241
29	洪地工挂字2015-03号	江苏欣颖新材料科技有限公司	328省道东侧、东三道北	8302	101
30	洪地工挂字2015-04号	江苏华海管道燃气有限责任公司	328省道东侧、北一道南侧	9512	116
31	洪地工挂字2015-05号	洪泽县三河镇祥发农机服务专业合作社	三河镇梁墩路南侧、梁四路东侧	2667	34

续表7

序号	地块编号	受让单位（个人）	土地坐落	面积（平方米）	小计（万元）
32	洪地工挂字2015-07号	江苏资恒装饰材料有限公司	东三道北侧、三圩中沟西侧	19487	237
33	洪地工挂字2015-08号	江苏润雨化工有限公司	李湾路北侧、剑峤化工西	9903	122
34	洪地工挂字2015-09号	江苏新润化工有限公司	洪盐路东侧、李湾路北侧	16625	201
35	洪地工挂字2015-10号	淮安洪阳化工有限公司	外环西路东侧、李湾路北	19941	241
36	洪地工挂字2015-11号	洪泽天泽管业有限公司	328省道东侧、东一道南	1751	23
37	洪地工挂字2015-12号	江苏中泰生物科技有限公司	盐都路南侧、洪盐路西侧	12548	152
38	洪地工挂字2015-13号	淮安永裕化工有限公司	郭桥路南侧、洪盐路西侧	5821	71
39	洪地工挂字2015-14号	华东助剂有限公司	郭桥路南侧、洪盐路东侧	13784	167
40	洪地工挂字2015-15号	淮安国瑞化工有限公司	盐都路南侧、外环路西侧	13078	158
41	洪地工挂字2015-16号	淮安奔腾旅游用品有限公司	污水处理厂西侧、永泰路北侧	1002	122
42	洪地工挂字2015-17号	淮安盛宇电子有限公司	东双沟镇砚临河东侧、永泰路南侧	2500	31
43	洪地工挂字2015-18号	洪泽中皓船舶工程有限公司	昆山路西侧、淮河路北侧	4184	52
44	洪地工挂字2015-19号	江苏黄马化工有限公司	盐都路北侧、永泰丰东侧	1906	24
45	洪地工挂字2015-20号	淮安明天种业科技有限公司	朱坝街道办益新路北侧、黄山路东侧	12633	153
46	洪地工挂字2015-21号	江苏泽大建筑材料有限公司	宁连一级公路西侧、建材路南侧	5426	66
47	洪地工挂字2015-22号	江苏新东风化工科技有限公司	盐都路北侧、台玻大道西	9823	118

（陈寿云　潘　萍）

环境保护

【概况】 2015年，洪泽县环境质量较2014年稳中有升，集中式饮用水源水质达标率100%，地表水水质综合达标率100%，城区声环境达标率100%，空气污染指数达良以上的天数为310天，占总数的84.9%。县环保局受理县信访局、县阳光信访、环保举报热线“12369”电话热线等转办的环保信访投诉486件，办结率100%。

洪泽县获2014年度全省生态红线区域监督管理考核103.2分，全省排名第一；2015年，洪泽县高标准通过环保部组织的“国家生态县”考核验收，成功创建成“国家生态县”。

【环境执法监管】 2015年，县环保局依法审批危废转移39件次，许可转移量（含转入、转出量）16064.709吨，没有发生因危险废物非法倾倒导致的环境污染案件。当年，县环保局对52起环境违法行为作出处罚决定，对2家企业申请法院强制执行，对70余起环境违法行为下达限期改正通知书。

【主要污染物排放监管】 2015年，全县累计削减化学需氧量2124吨、氨氮120吨、二氧化硫1392吨，氮氧化物629.05吨，削减率分别为38%、13%、26%、40%，均超额完成年度削减任务，污染物削减率综合排名全市第一。当年，县环保局严格执行排污费征收制度，在足额征收的原则下，提高征收率，全年征收排污费396.58万元。

【工业固体废物排放监管】 2015年，全县产生工业固体废物307800吨，其中危险废物2683吨，约占工业固体废物产生总量的0.87%；综合利用量294600吨，综合利用率达

县环保局环境监察测人员在县化工企业进行空气采样分析　（仲苏洪　摄）

95.71%；贮存量356吨，全部为危险废物；处置量13180吨，其中危险废物处置量2292吨，送往危险废物集中处置场2292吨；危险废物实现零排放。

【噪声源监管】 2015年，县环保局会同县城管、公安等部门加强全县噪声源排查监管力度，对居民小区、学校、医院周边地段商贩噪声扰民现象进行治理规范；对全县建筑施工、文化娱乐等场所进行噪声排放巡查监管；对违反县政府颁布的限时作业规定单位及时制止并严肃处理，保证高考、中考期间全县各考场考点和师生食宿区域不受噪声影响。

当年，县环保局在全县设立121个噪声监测点。全县区域环境噪声平均值54.3 d B(A)，达到城市区域环境噪声二级水平。同时，在县城10条道路设24个监测点，测得平均车流量为370辆/小时。道路交通噪声白天均值64.2 d B(A)，比2014年同期下降2.9 d B(A)。

【城市饮用水源和地面水监测】 2015年，洪泽县在洪泽湖周桥渠饮用水源地取水口建成水质自动监测站。监测显示：全年，洪泽湖周桥渠饮用水源地取水口水质保持良好。白马湖水质中总磷、总氮年均值超标，为Ⅴ类；其他指标均达Ⅲ类水质标准。白马湖总体水质综合营养状态指数58.2，属轻度富营养。全县河流水质稳定。其中，入江水道、苏北灌溉总渠共3个监测断面水质一次性监测值均符合Ⅲ类水质标准，浔河3个监测断面水质一次性监测值均符合Ⅳ类水质标准，断面均达到功能区划要求，功能区达标率100%。当年，县城地下水综合评分值2.14，属良好（Ⅰ类）级。

【秸秆禁烧禁抛】 2015年，洪泽县继续施行秸秆全面禁烧工作，硬化措施，落实责任，制订落实《洪泽县2015年秋季秸秆禁烧禁抛和综合利用实施办法》，对合理处置秸秆的农民给予适当补贴，调动农民积极性。各镇（街道）以及环保等部门履行"一把手"领导职责、属地包干职责和部门监管职责，严防死守第一把火。落实好分级分片包干制度，按照镇（街道）包村、村包组、组包户、户包田的要求，层层签订责任状，把责任落实到每个人，把工作具体到农户和地块，实现工作责任的全覆盖。以村（社区）为单位，统一规划，充分利用空闲地建立秸秆集中堆放点，抓紧落实秸秆收购主体和清运队伍，做到收割一片、清运一片，严禁将秸秆散落堆放在田边、路边、河边，杜绝焚烧隐患。充分发挥龙头企业的引领带动作用，鼓励和扶持三河紫山食用菌、岔河胜伟食用菌等企业，大力发展以秸秆为主要基料的工厂化食用菌生产，促其扩大规模，提高秸秆转化能力。招引有实力的外地客商与本地种植大户和合作社开展合作，利用对方的资金、技术和渠道，发展秸秆综合利用相关配套产业，促进转化升值，提高利用效益。当年，全县秸秆还田率100%，实现卫星监测"零火点"、省市巡查"零通报"。

【环保宣传】 2015年，全县环境宣教工作先后被中国环境报、省环境保护宣教中心评为"宣传工作先进单位"。县环保局以"六·五"世界环境日等为契机，进一步加大新《中华人民共和国环保法》等环保法律、法规宣传力度，通过召开全县重点企业主要负责人、环保分管负责人会议，学习新《环保法》，传达环保新精神；积极组织推进环保宣传"进企业、进社区、进城区、进学校"活动；组织县实验小学学生参观污水处理厂，发送环保宣传画1600份。全年在各新闻媒体刊发稿件74篇，其中《中国环境报》3篇、《江苏环保网》16篇、《江苏环境》6篇、《淮安环保网》14篇、《淮安日报》5篇。

"世界环境日"期间，县环保开展环保法规宣传活动 （仲苏洪 摄）

【争取项目资金】 2015年，县环保局完成向上争取资金40369.07万元。其中，省级环境保护引导切块资金352万元；2015年全省覆盖拉网式农村环境综合整治试点补助资金1120万元；2015年省级环保引导资金（重点流域水污染防治及城市河道环境综合整治项目）2559万元；2015年省级环保引导资金（国控重点污染源在线监控系统第三方运营维护项目）2万元；2015年淮安市白马湖环境综合治理项目中央贴补资金36336.07万元。 （朱建生）

编辑：孙汉军

农　业

【概况】 2015年，全县小麦种植面积2.74万公顷，因盐化工园区设立及区域规划调整比2014年减少0.012万公顷；亩产400.3千克，同比减产6.66千克；总产16.445万吨，同比减产0.9万吨。水稻种植面积3.01万公顷，同比增加0.04万公顷；亩产618千克，超过2013年的历史最高单产；总产27.93万吨，稻麦周年亩产1018千克，分别比2013年、2014年增17千克、3千克。粮食生产实现十二连增。

2月，洪泽县成功获批为国家现代农业示范区；10月22日，洪泽县被农业部认定为国家农业产业化示范基地(即江苏省洪泽县农业产业化示范基地)。

当年，县农委被江苏省农业广播电视学校表彰为江苏省农民教育培训工作先进集体，获得县科学跨越发展考核先进集体二等奖，向上争取资金、全民创业工作先进集体。县植保站被江苏省植物保护站表彰为江苏省2015年度"十佳植保站"。

【创建国家现代农业示范区】 该示范区于2014年5月创建，2015年2月，获农业部批准。同年，洪泽县调整完善国家现代农业示范区创建工作方案，制定12个工作组推进方案；建成洪泽县国家现代农业示范区网站；打造12大类100个示范点，安装592个实地监控视频探头。10月22日，该示范区又被农业部认定为国家农业产业化示范基地，命名为"江苏省洪泽县农业产业化示范基地"。

【部(省)级稻麦万亩示范片建设】 2015年，全县组织创建部(省)级稻麦万亩示范片13个，总面积9786.67公顷，占全县稻麦面积的17.3%。其中，小麦种植示范片5个，创建面积3526.67公顷；水稻种植示范片8个，创建面积6260公顷。

据测产验收资料记载：全县5个小麦高产创建万亩示范片平均亩产达501.2千克，较大面积亩平均增产25%－30%。岔河镇滨河水稻万亩示范片市级专家实产验收平均亩产达782.6千克以上，较大面积增产26.63%；三河镇杂粳品种甬优2640钵苗机插平均实收亩产达901.3千克，创全市历史最高产量纪录。

洪泽县有机稻米种植基地

【农业产业化建设】 2015年，全县省级农业龙头企业6家，当年新增2家，分别是江苏大湖面粉有限公司、紫山现代农业江苏有限公司。

全县市级农业龙头企业39家，当年新增6家，分别是江苏禾瑞实业有限公司、江苏洪泽湖水产良种发展有限公司、淮安永烁食品有限公司、洪泽凤兰生态果业有限公司、淮安市宏伟牧业有限公司、洪泽鑫隆渔业科技有限公司；递补市级农业龙头企业3家，分别是江苏玉龙食品有限公司、洪泽春雷农牧发展有限公司、江苏洪丰现代农业建设发展有限公司。

全县销售超亿元涉农龙头企业总数达12家。当年新增3家，分别是江苏佳禾木业有限公司、江苏胜伟食用菌科技有限公司、洪泽正丰米业有限公司。

【"四新"蔬菜展示园】 该园位于洪泽县三河镇境内江苏食品科技产业园"一体两翼"的西翼生态农业种植区内，占地1000亩；总投资1亿元，计划3年建成，由江苏省农科院和江苏省洪泽县三河镇共同投资，2015年7月10日开工建设。采取吸纳有实力、有经验的涉农企业、农村经济合作组织、家庭农场和种植大户等经营主体参与生产经营形式的院地合作园区。该园集工厂化种苗生产、蔬菜新优品种展示示范、新技术示范推广、科普教育和旅游观光于一体的现代化设施蔬菜科技成果展示基地。

年内，建成518栋单体大棚主体框架、2座智能温室及6栋连栋温室主体框架；园区内2条主干道及部分支路基础铺设成功。

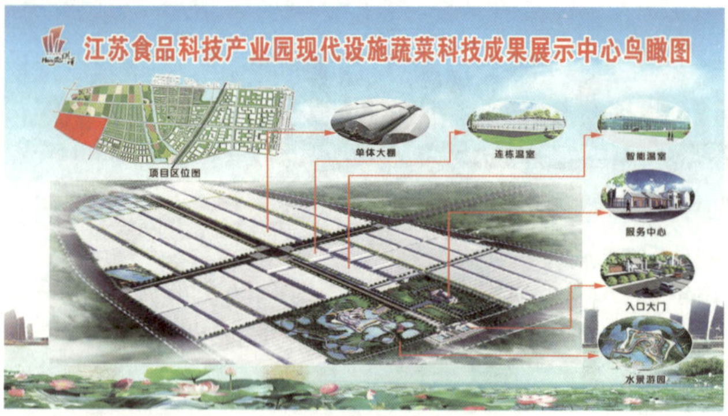

江苏食品科技产业园现代设施蔬菜科技成果展示中心鸟瞰图

【新型职业农民培训】 2015年，全县共举办新型职业农民培训班23期、培训人数3517人，占目标数2520人的139.56%。新型职业农民占农业劳动力比重提高5.71%，占全年目标任务的163.14%。其中举办电子商务培训班2期、培训农民194人；举办省级新型职业农民培训班18期、培训农民2668人；举办部级新型职业农民培训班3期，培训农民394人；开展农业职业技能鉴定261人。

【高效设施农业建设】 2015年，全县有高效设施农业面积8013.33公顷，当年新增高效设施农业面积400公顷。其中，三河镇创建省级现代农业（稻麦）科技综合示范推广基地，占地21.33公顷，年展示稻麦新品种、新技术50个（项）以上。岔河镇建成淮安柴米河环白马湖集中育供秧基地14.4公顷，形成年育供秧64万盘的育供秧能力。

东双沟镇沿河村辣椒塑料大棚

【水稻集中育秧试点项目】 2015年，洪泽县率先承担全省水稻集中育秧试点项目，建成8384平方米育秧智能连栋温室，提升规模集中育秧点技术装备层次与水平。其中，岔河镇工厂化集中育供秧示范点多次作为省、市有关部门考察观摩点。当年，全县集中育秧面积173.33公顷。机插秧面积28000公顷，占全县水稻种植面积的93%。

【农产品质量监管】 2015年，全县开展农业投入品市场专项整治，出动执法人员166人次，检查企业、批发市场78家，与农产品生产者签订承诺书80多份。开展农残快速检测，完成蔬菜速测样品3300多个，完成市级监督性抽检样品66个，合格率100%，省例行监测样品90个，检测合格率100%。

全县9个企业、合作社及个人共申报有机食品、绿色食品、无公害农产品（种植业）42个，认定基地面积0.17万公顷。

【农资市场监管】 2015年，全县组织开展“3·15”活动、“放心农资”下乡进村宣传周、行政执法服务月、食品安全宣传周、农产品质量安全宣传周等活动，散发宣传手册2000多册，农资常识、惠农政策等方面的宣传资料1万多份，农民现场咨询800多人次。共出动执法人员166人次，检查种子经营网点（店）1256个次，监督抽取常规稻麦种子样品28个；抽检农药样品16个，立案处理案件7件，处理举报、投诉11起，挽回经济损失30多万元。

【植物病虫害防护】 2015年，县植保站开展稻麦田间调查420多次，发布病虫情况预报12期，测报准确率95%以上，产地检疫5万亩次。购置航空植保无人机3驾、大型自走式植保防治机械96台，开展主要农作物专业化统防统治350多万亩次，覆盖率达60%。

小麦生产种植期间，开展70%氟唑磺隆防除麦田抗性杂草、60%炔草酯复配剂防除小麦田禾本科杂草试验；承担省植物保护站委托项目，开展45%戊唑·咪鲜胺EW等12种不同药剂对小麦赤霉病的防治效果试验示范。

水稻生产种植期间，开展250克/升嘧菌酯SC、20%稻瘟酰胺、75%嘧菌酯戊唑醇WP等8种药剂防治水稻稻瘟病试验；20%氟苯虫酰胺SC、20%氯虫苯甲酰胺SC、40%甲氧苗虫威SC、10%阿维氟酰胺SC等10种药剂防治水稻纵卷叶螟的试验，以及20%呋虫胺SG、20%噻虫胺SC、25%噻虫嗪WP等9种药剂防治水稻稻飞虱的试验示范。

加强农作物病虫害防治知识宣传，开展种植大户植保培训1000人次、田头技术指导培训20场次。印发植保技术宣传材料46万份、悬挂宣传条幅380条、张贴大幅防治通知3000份、播放电视流动字幕58天、制作电视宣传短片2档，发布网络信息10期、发送短信2万条；出动LED宣传车4天，联合各镇（街道）播放LED宣传屏20天。

【耕地质量建设】 2015年，全县建立耕地质量监测点6个。其中，国家级监测点1个，位于高良涧街道浔河村四组；省级监测点2，分别位于东双沟镇青云居委会十五组和岔河镇施汤村三组；市级监测点3个，分别位于岔河镇岔河村，东双沟镇宋庄村和三河油田地调居委会洪泽县农业新技术示范场内。发放配方肥技术宣传单2万份,小麦、水稻施肥建议卡16万份。

全县推广稻麦测土配方施肥面积5.75万公顷。其中,72个行政村实行整建制推进,岔河、三河2个镇实行整建制推进。全年采集土壤样品400个,对400农户进行施肥情况调查,化验土壤样品400个;检测大量元素2000项次,中微量元素1200项次,化验小麦植株样品60个,测试240项次;销售小麦配方肥14000吨,水稻配方肥14000吨,实施配方施肥面积2.33万公顷。

【项目资金争取】 2015年,全县向上申报农业项目30个,争取财政贴补资金10336.92万元。项目主要涉及粮食直补及农资综合补贴、农作物良种推广补贴、农药技术试验示范、粮食高产创建、农产品质量安全、农村农源、农业“三新”工程、农业产业化引导、测土配方施肥、高标准农田、农民培训、科技推广等方面。

2015年洪泽县向上争取农业项目资金情况一览表

表8　　单位:万元

序号	执行文件	项目内容	金额
1	关于下达2014年市级财政支持现代农业园区和重点农业项目建设资金的通知	1.现代农业园建设 2.重点农业项目建设 3.淮安红椒品种推广 4.农业园区规划编制	250
2	关于提前下达2015年部分农业专项指标的通知	1.科技培训 2.高产创建 3.农技推广 4.农作物秸秆利用	1177
3	关于下达2015年省级农业可持续发展能力建设类项目实施指导意见和资金计划的通知	1.市场监督抽样 2.常规质量检测 3.新品种安全性种植测试	20
4	关于下达2015年省级农业可持续发展能力建设类项目实施指导意见和资金计划的通知	1.农业可再生资源利用项目 2.现代种业项目 3.耕地质量建设项目 4.农产品产地土壤重金属污染防治项目	342.6
5	关于下达2015年农业部新型职业农民培育工程任务与资金计划的通知	1.专业技能型和专业服务型人才;2.生产经营性、青年农场主	65
6	关于做好中央财政小麦“一喷三防”补助政策落实工作的通知	1.补助标准和对象 2.补助方式和操作办法 3.保障措施	170
7	关于组织实施2015年基层农技推广体系改革与建设补助项目的通知	1.加强组织领导,创新体制机制;2.精心组织实施,加快工作进度	780
8	关于下达2015年对种粮农民直接补贴资金的通知	1.粮食直补 2.农资综合补贴	4722.32
9	关于下达省级示范平台项目经费的通知	1.省级农作物病虫害示范合作组织 2.省级农产品电子商务示范基地	16
10	关于《2015年江苏省中央农业生产救灾资金(重大农作物病虫害防治)经费实施指导意见》的通知	1.绿色防控示范区 2.农企合作共建示范基地 3.蝗虫防治	30
11	关于做好2015年部级园艺作物标准化创建项目实施工作的通知	1.菜篮子工程 2.水果茶叶规模化基地 3.标准化种植模式	50

续表8

序号	执行文件	项目内容	金额
12	关于下达2015年中央财政农业技术推广资金的通知	1.粮食安全 2.高效农业	114
13	关于做好2015年现代农业产业化(农业产业化引导)项目实施工作的通知	1.蔬菜园艺业 2.农产品加工业	700
14	关于下达2015年度中央水污染防治专项资金(湖泊生态保护)预算的通知	1.岔河镇无公害基地建设项目； 2.洪泽县秸秆综合利用工程	1900
	合　　计	38项	10336.92

（张来运）

林牧业

【概况】 2015年,全县完成造林333.33公顷,四旁植树60万株,采伐林木10万株;建成森林生态示范村1个,绿色示范村8个;完成中幼林抚育333.33公顷。全县畜禽存栏总量327.56万头(羽),其中牛72头、猪13.1万头、羊3.9万只、鹅12.6万羽、鸭11.5万羽、鸡286.45万羽。

【林木采伐管理】 2015年,县林业局依法审批林木采伐许可证129件、木材运输许可证3200份。其中,涉及农田林网的林木采伐申请9份,涉及水利、供电、交通工程建设的林木采伐申请5份,涉及省级以上重点公益林地段的林木采伐申请5份。全年,全县采伐林木10万株,没有涉及50年以上树龄的树木。

【林木病虫害防治】 2015年,县林业局加大林木病虫害防治工作力度,投入130万余元,购置防治机械140多台,高枝剪、手电钻等工具2300余把,储备防治药物约12吨。

当年,县林业局完成宁连公路、宁连高速、洪泽湖大堤两侧树木病虫害防治任务。全县未发生树木被连片吃光吃残的现象。此外,县林业局还采用“以虫治虫”的方法来防治杨树食叶害虫。在洪三路、苏北灌溉总渠等地段释放周氏啮小蜂孕蜂柞蚕蛹3000个,减少了农药的使用,保护了环境。同时,多措并举做好美国白蛾防控工作。建立美国白蛾专业监测防治队伍,全县各镇(街道)各村和防控责任单位都设立了疫情监测点,明确防控责任人和疫情监测员,组建防控应急队伍1000余人;并与各镇(街道)及防控责任单位签订责任状,做到分工明确,责任到人。当年,全县没发生美国白蛾病虫害。

【畜禽产品质量监管】 2015年,县动物卫生监督所加强对全县动物疫病监督检查工作,重点抓好“瘦肉精”检测工作,加强畜产品质量安全监管,保障广大群众肉食品安全。全年共实施产地报检点16个,开展产地检疫生猪6330头,禽28.9万羽;检疫屠宰生猪 2万头,检疫动物产品26.5吨,检疫率达100%。检出不合格及染疫动物256头(只、羽)、动物产品466千克,并全部进行无害化处理。

【畜牧业规模生产】 2015年,全县生猪出栏量22.3万头,其中生猪大中型规模(养殖)比重达69.1%。肉鸡出栏量1350万羽,蛋禽存栏量86.7万羽,洪泽湖鹅出栏量196.3万羽,山羊饲养量12.1万只。

三河镇俊源家庭农场规模化山羊养殖场

【重大动物疫病防控】 全年,全县防疫生猪46万头,家禽2600万羽,山羊22.6万头。全县生猪、山羊、家禽防疫密度100%;生猪、山羊口蹄疫抗体合格率96.5%,猪瘟91.1%,蓝耳病92.6%;家禽禽流感抗体合格率93.5%,鸡瘟94.6%。全面完成小反刍兽疫的补免工作,保证养羊业健康发展。当年,全县动物疫病防控工作顺利通过市级检查验收。

【林柴场收入近240万元】 2015年,县林柴场完成100亩95杨示范林项目;投入10万元为淮龙分场群众新增电力变压器4台;对跃进滩、上台子成熟林(柳树)进行采伐更新;完成老酒厂闲置部分土地对外承包工作;顺利完成了两季秸秆禁烧禁抛工作;全场各项承包费筹收率达到100%,创历史最好。

全年各项收入总额239.5万元,比2014年增加47万元,同比增长24.4%。

【县苗圃创成省级林木良种基地】 2015年,县苗圃投入资金87万元,对73公顷圃内水利、道路等基础设施进行改造;

并购置了汽油泵、弥雾机等设备，成功创建成省级林木良种基地。全年出圃优质良种苗木120余万株。

【县三河果园收入160万元】 2015年，洪泽县三河果园（简称县三河果园）占地90公顷，主要生产桃、梨、葡萄、水稻和小麦。当年生产桃约2万千克、梨1万千克、葡萄5万千克、生产小麦30万千克、水稻25万千克，各项经营总收入160万元。年内，向省财政争取资金25万元，新修水泥路2500米。

【项目资金争取】 2015年，县林业局积极组织，多方争取，向省、市主管部门申报高效设施农业、绿色江苏等项目，争取资金总金额达1399万元，占目标任务的139.9%。

（张文骥）

水产业

【概况】 2015年，全县水产养殖面积7000公顷，其中河蟹等名优水产品养殖面积5733公顷，标准化池塘养殖规模达到2000公顷。渔业总产量6万吨，比2014年增长9%；渔业经济总量达到19亿元，同比增长26%。

【水产品质量安全监管】 2015年，洪泽县制定水产品质量安全实施方案，进一步规范水产品质量安全监管体制。全年开展水产苗种专项执法检查11次，出动人员58人次，检查养殖场24家，苗种场12家，要求整改2家。

【渔船检验】 2015年，全县登记在册的渔船4324艘。其中，木质渔船34艘，占0.8%；水泥渔船693艘，占16%；钢质渔船3597艘，占83.2%。根据省局相关规定，2015年后，全县将不再对水泥、木质渔船进行年度检验，全县木质、水泥渔船须到有资质的船厂进行更新改造。

【渔船柴油补贴】 2015年，全县符合国家柴油补贴条件的机动渔船3184艘，共发放柴油补贴资金2304.2493万元。其中，捕捞渔船合计发放1891.8313万元，养殖渔船合计发放412.418万元。

【洪泽湖生物资源调查】 2015年，县水产局组织技术人员深入洪泽湖，对湖区水生生物资源现状及其分布进行调查，共采集水生生物标本108种，拍摄图片300余张，配以简要的文字说明，描述相应物种种类、形态特征、生长习性、地理分布和经济价值，编纂《洪泽湖水生经济生物图鉴》，形成初稿。

【违法捕鱼整治】 2015年，全县电捕鱼现象十分猖獗，屡禁不止。洪泽湖区、周桥灌区、洪金灌区、三河、二河、苏北灌溉总渠及县内村庄水网都成为电捕鱼重灾区，人民群众反响强烈。8月，县水产局及时制作打击电捕鱼专题片，进行宣传播放。同时联合县公安等部门清理整治非法捕捞，打击非法电捕鱼。当年查处违法捕捞行为28起，收缴电捕鱼电瓶24个、逆变器27个、小铁船2只；口头警告教育19人。

开展打击违法捕捞宣传活动

【淡水渔业产学研基地挂牌】 2015年12月，洪泽县淡水渔业产学研基地正式挂牌。该基地由县水产站和上海海洋大学共同创建，位于洪泽县龙禹生态园内，占地面积30公顷。主要进行南美白对虾、螃蟹、龙虾等养殖品种、养殖模式试验示范，为全县水产业的发展提供技术支撑，对全县水产养殖结构调整、养殖新技术、新品种、新模式的示范、应用及推广起到示范引领作用。

【洪泽县"十三五"渔业规划】 2015年，洪泽县委托上海怡口生态农业科技有限公司、上海海洋大学水产与生命学院制定《洪泽县"十三五"渔业发展规划》。11月底完成规划初稿，12月下旬通过由上海海洋大学、上海市农委、江苏省海洋与渔业局、江苏省农委、江苏省淡水所、淮安市农委等单位领导和专家组成的7人评审团的评审。

该规划明确，2020年洪泽县渔业发展战略目标包括：建设三大基地、二个中心、一个核心。三大基地为：绿色水产品生态养殖基地、淡水渔业产学研基地、休闲渔业示范基地；二个中心是：淡水水产品冷链物流中心、渔业技术研发培训中心；一个核心目标是：加快水产养殖业从第一产业为主向第二产业、第三产业为主的战略转型，最终实现渔业总产值年均复合增长率10%，至2020年渔业产值34亿元的总体目标。计划到2020年全县渔业总产值达34亿元。水产业内部养殖业、加工业和流通服务业三大产业产值比值为30∶23∶47，第三产业在渔业中占较大比重。

【渔业科技入户】 2015年，县水产局成立渔业养殖技术指导组，由7名专家和21名技术指导员组成。选取450户渔业科技入户项目示范户，实现科技示范户实用技术入户率100%。

当年，全县河蟹养殖示范户合计亩均产河蟹119.3公斤，亩均利润2346.7元；龙虾养殖户平均亩均产龙虾127.3公斤，亩均效益2555.7元；异育银鲫"中科3号"养殖示范户平均亩均产异育银鲫“中科3号”1082.6公斤，项目实施成效显著。

【项目资金争取】 2015年，县水产局向上争取渔业项目补贴资金 2762万元，主要涉及渔用燃油补贴、渔业设施改造、渔业科技服务、水产品质量安全等方面。

2015年向上争取项目资金情况一览表

表9　　　　　　　　　　单位：万元

序号	项目名称	项目内容	金额
1	预拨渔业成品油价格补贴资金	全县渔民渔业成品油价格补贴	1835
2	渔业成品油价格补贴2014年度清算资金	全县渔民渔业成品油价格补贴	538
3	2015年高效设施渔业项目	高效设施渔业建设	130
4	水产品质量安全工作绩效评价奖励资金	水产品质量安全检查、检测、督查、病害处理等	10
5	无公害水产品奖励资金	无公害水产品申报	5
6	水产品质量安全快速检测抽检补助项目	水产品质量快速检测	20
7	水生动物疫病监测监控补助项目	开展测报点遴选、病害测报、样品采集、病原检测等	17
8	省级海监渔政执法能力建设项目	购置渔政执法快艇1艘	12
9	省级海监渔政专业执法补助项目	内陆水域打击非法捕捞，水产品质量安全等车船燃油补助、维护	10
10	省级水产良种场能力发展项目	水产良种场建设	120
11	渔业科技入户	渔业科技服务	45
12	省级以上水产良种场保种项目	保存方正银鲫亲本2万尾，兴国红鲤亲本5000尾	20
合计			2762

（陈　祥）

农业机械化

【概况】 2015年，全县农机总动力83.64万千瓦，比2014年增加8.04万千瓦。其中大中型拖拉机2207台、秸秆还田机2584台、插秧机3835台、粮食烘干机保有量232台。当年，洪泽县成功创成国家级水稻生产全程机械化示范县、全国“平安农机”示范县、省级秸秆机械化还田示范县。县农机局被评为2015年度全市农机化工作先进单位。

【全国“平安农机”示范县创建】 2015年，洪泽县召开全县创建全国“平安农机”示范县动员会，正式启动创建全国“平安农机”县活动，将农机安全生产指标层层分解，形成“政府牵头、农机部门主抓、其他部门协作、社会参与”的农机安全防控管理机制。县农机局通过采取“关口前移、重心下移”的工作方式，组织农机监理人员深入田间、场院、集市等农机作业场所，逐村、逐户、逐机对无牌、无证和未参加年检的拖拉机、联合收割机等进行全面排查；与县公安、交通、消防等部门联合开展6次农机安全生产专项整治行动，全县农机安全作业生产环境得到明显改善。同时，借助开展农机集中“送检下乡”等活动，组织农机监理人员对服务对象开展学习教育活动，全年开展学习培训12期，发放安全教育宣传单1.2万余份，增强了农机手的安全意识。当年，成功创成全国“平安农机”示范县。

【秸秆焚烧远程监控】 2015年，县财政投入31万元建设“蓝天卫士”视频监控系统。全县区域内共接入60个视频点位，每个视频点位清晰监控有效距离2千米~3千米，通过“户外基站铁塔+有线光纤线路+高清球型可旋转探头”，对全县秸秆禁烧进行全方位、全天候、全覆盖的远程监控，全面掌握了秸秆“双禁一利用”工作的主动权。全年实现卫星监测“零火点”、省市巡查“零通报”，县域范围内未发生一起大面积秸秆焚烧现象。

【秸秆还田及综合利用】 2015年，全县扎实推进秸秆“双禁”工作。当年新增大中型拖拉机320台，新增与大中拖配套的秸秆还田机460台，重点机具装备数量足以支撑全县秸秆机械化还田工作要求。稻麦秸秆机械化还田面积计5.88万公顷，秸秆综合利用率达99%以上。

【落实农机具购补政策】 2015年，全县推广购置各类补贴农机具1261台套，争取农机购置补贴资金3002.86万元。其中，中央补贴2904.98万元、省补贴69.78万元、报废补贴28.1万元。通过农机购置补贴政策引导，一大批科技含量高、作业性能好、能耗低的大型农机具得到了推广，壮大了农机规模，调整优化了农机装备结构。新增服务高效农业

组织人员赴南京参观第八届中国（江苏）国际农业机械展览会

特色农机具1660台套，新建市级特色农机示范基地3个，高效设施农业机械化水平达64%以上。

全年，县农机局先后5次组织人员进村入户对补贴机具在位情况开展检查，对经销商定期开展全面过堂检查，规范全县农机经销商的市场运作，进一步强化了农机购置补贴政策实施的监督管理。

【推进水稻生产全程机械化】 2015年，洪泽县扎实推进水稻生产全程机械化进程，在县域内建成集中连片0.14万公顷水稻生产全程机械化作业示范推广区，实现统一机收、机耕（还田）、机械施肥、机育插秧、机械化植保、烘干的“六统一”模式。

当年，全县以推进工厂化（大棚）商品集中育秧育供秧为载体，依托淮安柴米河农业发展公司和县德富、祥发农机合作社为主体，投资140万元建成水稻规模化育秧示范基地3个。投资1200万元加强淮安柴米河环白马湖工厂化集中育供秧等基地建设，加速推进水稻种植机械化进程。新增插秧机422台，其中高速插秧机135台；落实育秧流水线17条，保有量达到51条；全县水稻机插秧水平达88%。县财政加大投入力度，对农户购买粮食烘干机具给予每台2万元的资金扶持。全县共新建粮食烘干机械86台套，建成区域性烘干基地10个，年烘干粮食能力达20万吨。

开展水稻生产全程机械化培训

【农机合作社服务能力提升】 2015年，全县新增农机合作社24个；全年合作社流转土地面积0.75万公顷。组织联合收割机开展跨区作业3600台次，实现跨区作业收入

农机合作社机械化收割现场 （严定春 摄）

2.06亿元。围绕发展壮大农机人才队伍，开展各类技术培训指导2860人次，农机职业技能获证奖补合格人数115人。重点发展壮大一批在全国颇具影响、在全省处于领先的农机专业合作社。其中，三河镇祥发合作社按照“五好”建设标准，强力打造“祥发”农机服务品牌，全年流转土地面积超过0.1万公顷，合作社提供“统一供种、统一还田、统一育插秧、统一植保、统一收获”的一条龙服务，经营服务效益和社会效益显著提高，成为全市农机作业一条龙服务和土地流转自主经营农业产业的“龙头”。积极为农机合作组织争取合作项目，挑选一批实力强劲的农机专业合作社在三河镇、淮金公路一线实施了546.67公顷土地犁耕深翻项目，累计投入犁耕深翻补助经费41万元，有力促进了农机合作组织在服务现代农业发展中的积极作用。

（吴兵成）

农业资源开发

【农业综合开发项目】 2015年，全县农业部门精心编制农业开发项目，力争国家卫生发展项目资金，努力促进企业农业科学可持续发展，调整农业产业结构，提升农业产品品质，稳步提高全县农民收入。当年，全县向上争取农业综合开发项目财政贴补资金总额3740万元。其中，3个高标准农田建设项目开发，涉及农田1400公顷，总投入资金2824万元，含上级财政补助资金2730万元；另有农业产业化经营综合开发项目8个，上级财政补助资金总额1010万元。

2015年度洪泽县农业资源综合开发项目情况一览表

表10　　单位：万元

项目名称	开发内容	资金及来源		
		总额	上级补助	自筹资金
洪泽县高良涧高标准农田建设项目	建设高标准农田1万亩，项目区主要涉及高良涧街道王集、贺接、浔河三村。建设内容为：新开、疏浚沟、渠49.62千米，完成土方14.12万立方米；建设衬砌渠道5.77千米；新建排灌泵站5座，架设电力线路0.73千米；新建配套建筑物361座；铺设机耕路10.31千米；营造和完善农田防护林网0.4万亩（折林地200亩），并进行科技推广和培训等	1316	1300	16

续表10

项目名称	开发内容	资金及来源		
		总额	上级补助	自筹资金
洪泽县共和高标准农田建设项目	建设高标准农田1万亩，项目区主要涉及三河镇草桥和刘尖两村。建设内容为：新开、疏浚沟、渠48.7千米，完成土方9.3万立方米；铺设衬砌渠道5.21千米；新建排灌站2座，架设电力线路0.32千米；新建水利配套建筑物282座；铺设机耕路13.39千米；完善农田林网0.6万亩（折林地300亩）；并进行科技推广和培训等	1313	1300	13
淮安市明天种业科技有限公司实施高标准农田试点项目	项目建设高标准农田0.1万亩，项目位于岔河镇滨河村。设内容：新开、疏浚沟、渠3千米，完成土方1.48万立方米；铺设衬砌渠道2.29千米；新建排灌站3座，架设电力线路0.25千米；新建水利配套建筑物96座；铺设机耕路1.22千米；并进行科技推广和培训等	195	130	65
农业产业化经营综合开发项目	1.5万头肉猪养殖基地扩建项目		130	
	60万羽肉鸡养殖基地扩建项目		130	
	100万羽肉鸡养殖基地扩建项目		130	
	110亩水果种植基地扩建项目		130	
	100万羽肉鸡养殖基地扩建项目		130	
	60万羽肉鸡养殖基地扩建项目		130	
	800吨秸秆食用菌基地扩建项目		130	
	150亩高产水产养殖改建项目		100	
上级补助合计			3740	

【2014年度农业开发项目通过市级验收】 2015年7月，2014年度全县农业资源综合开发项目全面完成。11月通过市级验收。2014年度洪泽县农业资源综合开发项目，主要涉及土地治理项目3个，农业产业化经营项目8个，上级财政补助资金总额3680万元。项目实施后改善灌溉面积1133.33公顷，新增和改善除涝面积1000公顷，新增节水灌溉面积333.33公顷，年节约灌溉水量100万立方米；增加农田防护林面积666.67公顷，项目区农产品种植面积1400公顷；年增加粮食生产能力307万千克。项目有效地改善农业生产条件，夯实农业发展基础，提高农业综合生产能力。

（史文霞）

水　利

【概况】 2015年，全县水陆总面积1394平方千米，其中水域面积占54%。境内共有42条圩堤计133千米、2888条灌溉渠道计2650千米、3214条排涝河道计2570千米、728座农村小型机电灌排固定站以及9406座各类灌排渠系配套建筑物等水利设施，建成相对完善的防洪、除涝、灌溉、降渍等综合水利体系。全县有效灌溉面积增加到52万亩，占总耕地面积的95%。截至2015年年底，全县实灌水田面积为43.65万亩、水浇地1.51万亩；共有地下水源井157口，其中城区18口，三河油田16口，农村改水、乡镇自来水厂104口，其他地下水源井19口。县公共供水工程实施者为井源水务（洪泽）有限公司，供水范围包括县内及市盐化新材料产业园。城区有2座污水处理厂，县污水处理厂及配套管网工程服务县城区和朱坝街道，服务面积约20.2平方千米，县清涧污水处理厂服务洪泽经济开发区部分区域、盐化工区（洪泽片）及黄集街道，服务面积约25.5平方千米。

2015年，全县用水总量年度目标数3.2亿立方米，实际取水量为2.68亿立方米，其中地表水量为2.61亿立方米、地下水量为0.07亿立方米；单位工业增加值用水量年度下降率为7.7%；农业灌溉水利用系数为0.587；水功能区水质达标率年均值为93.3%。

当年，全县重点实施六大类工程，完成水利基本建设投资2.4亿元，节水总量3000万立方米。

【水利管理机构建设】 2015年，全县水利系统有企事业单位22个，其中县水政监察大队、县防汛防旱指挥部办公室、县河湖管理处、县灌区管理所、县砚台船闸管理所、县河道管理所、县防汛物资管理中心等7个为县水利局直属事业单位；另因县区划调整，在高良涧、朱坝、岔河、东双沟、三河5个镇（街道）设水利中心站。全系统在岗职工245人，其中在编在岗职工115人。当年，县水利系统有2个单位申报省级文明单位，7个单位申报县级文明单位。县水利局被淮安市政府授予淮安市“五一劳动奖状”，被淮安市环保局授予全市生态市建设工作先进单位，被县委、县政府授予创建“361”诚信服务品牌先进集体。

【水利工程建设】 2015年，全县重点实施洪泽湖大堤除险加固、中小河流治理、洪泽湖周边滞洪区移民迁建、浔河整治、尾水收集处理二期、淮安市洪泽县浔河以南岔河片区域治理工程等六大类工程，总投资10亿元。

当年，全县继续加大城市水利建设力度，努力打造优良的城市水环境。结合浔河整治工程，对洪新河进行了改造，县实验中学两侧已基本完成，初具规模。对县城区东五街、东九街、北京路边沟进行彻底整治，有效改善城区水环境。

小型农田水利重点县项目土方疏浚　　（吴银杰 摄）

全县主要实施了洪金灌区节水改造八期工程、小型农田水利重点县工程、农村河道疏浚整治工程、中小河流治理重点县、农村饮水安全、浔河整治等项目，完成投入1.72亿元，共完成疏浚县乡河道38条，整治村庄河塘139面（个），新（拆）建农村桥梁70座，整治渠道285.36千米，配套建筑物1200多座。灌区按照“节水、生态、景观”的理念，加强工程建设管理，建设工作得到省厅充分肯定，多次接受省市领导的参观检查。完成4.64万人的农村饮水安全工程建设任务，积极推进小水厂并购工作，基本实现区域供水全覆盖。农田水利系统建设进一步推进，全县有效灌溉面积增加到52万亩，占总耕地面积的95%，基本完成洪金、周桥等大中型灌区的续建配套和节水改造任务，农业旱涝保收能力稳步提升。大力实施中小河流整治、小农水重点县等项目，着力解决农业灌溉“最后一公里问题”。

当年，全县继续采用水利工程代建制以及水利工程建设集中监理制度；引进社会资本方投入水利工程建设，成功完成白马湖上游9条河流整治。构建水改新模式，在县、镇两级政府成立“五位一体”管护办公室，完善“五位一体”管护模式。12月24日，县委书记徐东海在北京出席全国农村改革试验区工作汇报会，并在会上作题为《聚力推进小型水利工程管理体制改革》的典型发言。

洪金八期项目洪金北干渠护砌　　（吴银杰 摄）

洪泽湖大堤除险加固工程　该项工程为2011年10月国家发改委“发改农经〔2011〕2245号”文件批复同意实施。工程于2013年1月21日正式开工，2015年5月14日全部完工。

该项目涉及洪泽县5个地段。分别是蒋坝老涵洞段，城区老车站段，钱码段，二河林场段及十三堡大塘段。工程建设内容：对老车站段（桩号35+000－35+737）737米堤防按堤顶高程19.5米、宽8.0米、边坡1:2.5进行复堤，对堤前原二级块石护坡拆建为浆砌石护坡，新建737米防汛道路；对钱码头临湖段石工墙险工段（桩号33+214－33+760）546米石工墙采用墙前做戗台加固；对二河林场段（桩号29+670－30+400）730米采用浆砌块石挡土墙及护坡加固；对十三堡大塘北段（桩号19+876－20+900）1024米采用墙前增做戗台，其中324米已有土戗台采用浆砌石护坡进行防护；新建管理设施、征迁补偿及相关移民安置等工程。洪泽县实施的工程总投资13968.47万元，其中工程投资995.47万元、征迁投资12973万元。资金来源为市级以上投资12613.47万元，县级配套资金1355万元。

中小河流治理工程　该项目为水利部、财政部联合建设试点项目。2012年，通过竞争立项，洪泽县被列入江苏省18个中小河流综合整治重点县之一。2013年，水利厅、财政厅批复同意实施。2014年，淮安市财政局、水利局批复同意实施。2014年12月下旬开工，2015年底工程已基本完成。

2013年度实施项目批复总投资9433.03万元，其中中央补助3600万元，省级补助2700万元，县财政配套3133.03万元。项目分高良涧北、朱坝、东双沟三个项目区。高良涧北项目区总投资3305.38万元，主要内容包括：对砚临沟等10条河道进行综合整治，总长42.25公里，清淤疏浚土方42.23万方，岸坡整治76.05公里，生态修复及景观工程3.52万平方米；新、拆建水系沟通及交叉建筑物53座；清除垃圾、杂草、拆除阻水建筑物等。朱坝项目区总投资3048.51万元，主要内容包括：对八一沟等15条河道进行整治，总长62.16公里，清淤疏浚土方43.54万平方米，岸坡整治123.09公里，生态修复及景观工程1.06万平方米；新、拆建水系沟通及交叉建筑物87座；清除垃圾、杂草等。东双沟项目区总投资3079.14万元，主要内容包括：对土圩沟等14条河道进行整治，总长42.63公里，清淤疏浚土方41.29万平方米，岸坡整治81.77公里，生态修复及景观工程4.31万平方米；新、拆建水系沟通及交叉建筑物66座；清除垃圾、杂草、拆除阻水建筑物等。

洪泽湖周边滞洪区移民迁建工程　截至2015年年底，该工程完成移民搬迁474户，其中城区段（高良涧街道和西顺河镇）373户，老子山镇101户，未搬迁居民472户（城区段44户和老子山镇428户）。

浔河整治工程　该工程为江苏省水利厅批准建设项目，概算投资2358万元，其中省级补助为1651万元。该工程2013年4月20日开工；2015年底，因城区段拆迁工作未完成，影响了清淤、护岸、堤顶道路等工程进度，其余工程全部完成。

具体项目建设为：以砚临干渠为界分为“闸上段、闸下段”，浔河在砚临干渠交界处桩号为K3+500，该处通过地下涵洞勾通浔河套闸，K3+500～K3+600为浔河套闸位置，套闸以上河道为“闸上段”，贯穿整个洪泽老城区至起点砚台闸，长3.6千米；套闸以下为“闸下段”，河道经龙庙、朱坝、马棚、岔河东入白马湖，长24.3千米。浔河整治工程总长19.8公里，其中“闸上段”1.2公里河底清淤、堤防加固改造、新建自嵌式挡墙，增设堤顶防汛道路1.76千米；“闸下段”19.8公里范围内两岸拆建圩口闸12座（其中一座新建）、穿堤涵闸11座和排涝闸站3座，以及堤防加固640米。

【防汛防旱】 2015年，全县基本建立工程措施和非工程措施相结合的防洪减灾体系。洪泽湖大堤防洪标准进一步提高，防洪能力达到100年一遇。平原圩区排涝体系不断完善，系统实施白马湖周边洼地治理和区域性骨干排涝河道整治，新建城区排涝动力5座540千瓦，新建城区排涝能力基本达到10年一遇。镇村防洪排涝能力显著提升，全面开展河道疏浚和村庄河塘整治等，积极开展中小河流治理，乡镇河道堤防基本达标。防汛防台非工程体系不断得到完善。随着智慧水利信息平台、水雨情遥测系统和重要水利工程监控系统的建设，以及防汛防旱各类预案、基层防汛防台体系的不断健全，防汛物资的不断补充，防汛队伍的有序演练，我县已基本形成了集监测、预报、预警、防汛指挥和应急抢险等综合防洪减灾非工程体系，防汛防灾的社会管理水平得到明显提升，在历年的防汛抢险中发挥了重要作用。

2015年6月，受淮河上游来水影响，洪泽湖水位持续上涨，老子山东大圩、龟山圩和总渠右堤均出现了不同程度的渗水险情，三河闸大流量行洪20多天，其中6月29日、6月30日淮河入江水道三河闸泄洪流量分别为5710立方米/秒、6180立方米/秒。为确保淮河入江水道洪泽范围内的行洪安全，积极应对自6月29日起的新一轮暴雨过程，洪泽县防汛防旱指挥部在淮河入江水道北堤组织开展了入江水道防汛巡查“实景课堂”活动。在入江水道北堤1.3K、9K、14K、22K等4个点，分别对洪泽县东双沟、三河、蒋坝、岔河镇4个镇的180名防汛巡堤人员、近两年新进水利部门工作的20多名专业技术人员，进行了4场现场业务培训。各位防汛指挥部成员和技术人员，克服困难，吃住在防汛第一线，河湖管理处等单位的干部职工，24小时值守在大堤上，及时查处险情。

【洪泽湖非法采沙专项整治】 2015年，洪泽县加大水行政执法力度，投入150万元为县河湖管理处新购置吃水1米执法艇一艘。

《省水利厅关于组织开展打击洪泽湖非法采砂“利剑2015”行动的通知》（苏水传发〔2015〕26号）文件下发后，县委、县政府对洪泽湖非法采砂行动开展高压打击态势，决定从5月8日始实施“利剑2015”行动，为期4个月。6月23日凌晨，县委书记徐东海亲任总指挥，带领执法人员一行60余人，对老子山镇水域进行突击执法检查。当年，全县组织联合执法行动56次，其中夜间联合执法行动5次，出动巡查、执法人员4293人次，查处水事案件116起，执法车辆256台次、执法艇400艘次，扣押采砂船36条，摧毁采砂设备1622台套、罚款310余万元，立案110起。

【项目资金争取】 2015年，县水利局抓住国家加大农村基础设施建设的契机，主要从六大类水利工程建设项目方面，向上争取水利建设项目资金54578.27万元。

2015年洪泽县水利工程建设向上争取资金情况一览表

表11　　　　单位：万元

项目名称	争取资金
白马湖上游九条中小河道整治及生态修复工程、洪泽县节水灌溉工程	48336.07
2015年农桥项目	70
2015年省级农桥项目建设资金	238
2015年骆马湖周边淮河入江水道沿线地区排涝降渍补助经费	77
2014年农村饮水安全工程省级考核奖补资金	164
2015年度省级农村河道疏浚整治专项资金	158
2014年度小型农田水利重点县项目绩效考评	300
2015年小型农田水利省级以上补助资金	800
2015年度市级水利工程维修养护经费	10
2015年度省骨干河道市级管护经费	7
2015年新增千亿斤粮食产能规划	1500
2016年农田水利设施建设中央补助资金	1017
2015年省水利基本建设第六批投资计划的通知	1500
2015年省级水利工程维修养护专项资金（维修项目）	241
2015年省级水利工程维修养护专项资金（养护及湖泊管理经费）	80.2
2015年度农村河道管护经费	80
合　计	54578.27

（徐剑　吕春怡）

注：部分涉农面积单位用亩

编辑：孙汉军

工业经济

综　述

【概况】 2015年，全县聚力工业洪泽主战略，主攻重点项目，强化帮办服务，加速产业转型升级，规模以上工业实现开票销售259.8亿元，入库税收6.1亿元，分别同比增长30.6%、7.9%。

【工业质效】 2015年，全县培植开票销售超亿元企业51户，净增5户；新增列统企业51户，新增数量位居全市前列。"4+1"主导产业实现开票销售120.8亿元、入库税金3.8亿元，占比分别达46.5%、82.6%，主体地位进一步凸显。

【项目建设】 2015年，全县完成规模以上工业投资116.8亿元，同比增长26.1%；完成固定资产购置进项抵扣税1.17亿元；洽谈签约亿元以上工业项目50个，其中投资50亿元的卓达新材料产业园正式开工建设，加速推进投资30亿元的电梯产业园项目和10亿元的食用酒精项目；实施亿元以上新开、竣工项目分别为23个、17个，项目数和投资总额均位居全市前列。

2015年洪泽县引进3000万元以上农业加工项目一览表

表12　　　　单位：万元

序号	企业名称	项目	计划投资	实际投资	建设地点	帮办单位
1	江苏华斯达食品有限公司	肉鸡宰杀生产线项目	8700	8241	经济开发区	岔河镇
2	江苏弘嘉木业有限公司	50万件橱柜加工	5100	5310	经济开发区	三河镇
3	江苏大湖面粉有限公司	年产6万吨专用粉生产线建设项目	4500	3166	经济开发区	东双沟镇
4	江苏鲜迪食品有限公司	调味品加工项目	3800	3270	经济开发区	人大办
5	江苏禾瑞实业有限公司	脱水蔬菜及超微粉提取项目	3762	3075	三河镇	三河镇
6	江苏华泰食品有限公司	年产5300吨脱水蔬菜及肉制品加工项目	3600	3152	经济开发区	三河镇 粮食局
7	洪泽县闽洪食用菌科技有限公司	闽洪食用菌种植和加工项目	3500	3039	三河镇	三河镇 水产局
8	淮安鑫山米业有限公司	年产4万吨大米生产线项目	3500	3465	朱坝街道	朱坝街道
9	卓典食品香料(江苏)有限公司	年产5000吨新型复合食品调味料项目	3300	3036	经济开发区	人大办
10	江苏玉龙食品有限公司	挂面生产线项目	3270	3035	经济开发区	老子山镇
11	汇能生物科技(江苏)有限公司	食品加工项目	3100	1345	经济开发区	计生委
12	淮安汇丰新能源科技有限公司	年产10万吨生物质秸秆固体成型燃料项目	3100	1940	东双沟镇	东双沟镇
13	淮安永烁食品有限公司	速冻食品加工项目	3100	3109	经济开发区	物价局
14	淮安天旸有机肥有限公司	生物有机肥项目	3050	3004	三河镇	三河镇 农委

2015年洪泽县新开工亿元以上经营性三产项目一览表

表13　　单位：万元

序号	企业名称	项　　目	计划投资	实际投资	建设地点	帮办单位
1	江苏文创建设发展有限公司	洪泽湖文创广场项目	151924	53580	城区	规划局 人大办 政协办
2	江苏洪泽湖旅游发展有限公司	美丽蒋坝旅游综合体项目	108000	37020	蒋坝镇	蒋坝镇
3	江苏天楹赛特环保能源集团有限公司	尾水湿地游园项目	60000	2520	城区	水利局 环保局 经济开发区
4	淮安市白马湖投资发展有限公司	白马湖森林公园南线工程项目	53600	30450	岔河镇	岔河镇 发改委
5	江苏文创建设发展有限公司	洪泽县文务中心项目	27215	13220	城区	经济开发区 规划局
6	洪泽县旅游发展投资集团有限公司	洪泽湖古堰景区工程一期项目	26000	16560	城区	旅游局 宣传部
7	洪泽县大吉祥寺	洪泽湖佛教旅游园二期工程	15000	14445	高良涧街道	统战部
8	洪泽龙禹生态农业产业园有限公司	滨湖生态旅游产业园项目	15000	7870	三河镇	三河镇 水产局 食品产业园
9	江苏万通置业有限公司	万通国际商城四期项目	13400	16953	城区	供销社
10	洪泽振通物流有限公司	西顺河现代服务业集聚区物流项目功能区	13000	4190	西顺河镇	西顺河镇
11	江苏富有旅游开发有限公司	龟山旅游综合开发项目	12000	5170	老子山镇	老子山镇
12	淮安市白马湖投资发展有限公司	淮安市白马湖森林公园曹圩景区工程一期项目	12000	24337	黄集街道	黄集街道
13	井源水务(洪泽)有限公司	区域供水项目	11000	10470	城区	商务局
14	洪泽县鹿港房地产开发有限公司	小微企业创业服务平台项目	11000	22680	朱坝街道	组织部

2015年洪泽县新开工亿元以上工业项目 一览表

表14　　单位：万元

序号	企业名称	项　　目	计划投资	实际投资	建设地点	帮办单位
1	江苏紫山生物股份有限公司	双孢菇深加工生产线项目	30000	2320	三河镇	三河镇 水产局
2	淮安宏亚新能源开发有限公司	渔光互补光伏电站项目	16590	15500	三河镇	县委办
3	淮安恒盛海绵有限公司	年产5000吨海绵及旅游用品项目	16000	8050	东双沟镇	东双沟镇
4	江苏富港钢铁有限公司	年产30万吨热轧钢筋生产线项目	15000	11787	经济开发区	蒋坝镇
5	圣欧芳纶(淮安)有限公司	年产1650吨芳纶1313纤维、660吨绝缘复合材料(二期工程)项目	15000	7470	经济开发区	黄集街道
6	江苏同鑫塑业有限公司	生物质降解及汽车配件项目	13500	2360	经济开发区	物价局 经济开发区
7	江苏皓一机械制造有限公司	节能环保设备制造与机械加工项目	13000	1380	经济开发区	高良涧街道 经济开发区 水利局
8	江苏恒铸机械有限公司	机械配件生产项目	13000	8020	经济开发区	蒋坝镇
9	江苏富鼎化学有限公司	年产9200吨农药原药、合成制剂技改项目	12500	10240	盐化工区	农委

续表14

序号	企业名称	项　目	计划投资	实际投资	建设地点	帮办单位
10	润龙科技有限公司	乙氧基喹啉系列产品以及年产8800吨新型多功能光稳定剂项目	12000	10700	盐化工区	规划局 高良涧街道
11	洪泽天泽管业有限公司	机械配件加工与自动化控制柜组装项目	12000	9390	经济开发区	高良涧街道
12	江苏省卡威尔新型材料有限公司	新型纳米催化剂项目一期	12000	1640	盐化工区	东双沟镇
13	江苏沃金砂节能科技有限公司	年产20万立方米外墙保温材料项目	11500	8070	经济开发区	经济开发区
14	洪泽合源光伏电力有限公司	10MWP分布式光伏发电项目	11040	10889	经信委	经济开发区
15	江苏海信医药化工有限公司	年产3万吨医药中间体项目	11000	8462	盐化工区	高良涧街道
16	江苏中泰生物科技有限公司	10万吨生物油-酚醛树脂胶粘剂技改项目	11000	10094	盐化工区	环保局
17	江苏华龙无纺布有限公司	高档无纺布项目	11000	8930	经济开发区	岔河镇
18	江苏国圣纸业有限公司	20万吨高档纱管原纸技改项目	11000	7640	经济开发区	西顺河镇
19	江苏省和安智能技术有限公司	安轩产业园项目	11000	6050	经济开发区	人社局
20	洪泽蓝天化工科技有限公司	22700吨/年危险废物集中焚烧扩建项目	10877	12435	盐化工区	东双沟镇
21	江苏东泰人造板有限公司	中高密度板技术改造项目	10600	7160	经济开发区	林业局
22	江苏兰健药业有限公司	年产200吨洛索洛芬钠原料药技改项目	10569	8787	经济开发区	市场管理局
23	华东助剂有限公司	年产38800吨橡胶助剂、30000吨15%次氯酸钠，580吨苯并噻唑(BT)、880吨塑解剂DBD、6688吨70%硫氢化钠、800吨焦化树脂技改项目	10118	6180	盐化工区	财政局

【技术改造】 2015年，全县共实施工业技术改造项目87个，总投资78.2亿元，当年完成投资55亿元，同比增长14.6%，12个项目被列入市重点技改项目，15个项目投资超亿元，其中悦丰晶瓷高档耐热乳白玻璃器皿生产线技术改造等6个重点项目竣工投产；银珠集团创成省级企业技术中心，越城照明、鸿运元明粉创成市级企业技术中心；宇天港玻、思诺泰克等企业4个技术产品列入省级重点推广应用新技术新产品目录。

【企业服务】 2015年，全县深入开展“百企帮扶”活动，着力破解企业发展难题，突出抓好企业用地、用电、用工、资金、人才等生产要素保障工作，企业服务工作在全市位居前列；帮助企业开展资本运作，宇天港玻成为全市首家在香港上市企业，德润环保、正济药业、海拜科技等企业在“新三板”挂牌，吉辉塑胶、玉龙食品、金马工贸等企业在省股权交易中心挂牌，7家企业登陆多层次资本市场，企业资本运作水平显著提升。

【两化融合加速发展】 2015年，组织动员全县规模以上企业进行网上两化融合自评估，帮助引导企业以融合和创新的理念推进两化融合，金象赛瑞、翔宇纺织等4户企业创成省级两化融合示范、试点企业，曜曜机械、佳禾木业等6户企业创成市级两化融合示范、示点企业，全县省、市级两化融合示范、试点企业分别达21户、34户。同时，围绕打造互联网经济，加快发展基于我县产业集群和优势行业的第三方电子商务平台，推进工业企业入驻淮安特色工业品在线平台平台、发布产品信息，打造新型产销购智慧化模式。全年，有92户列统企业入驻平台。

【节能减排】 年内，全县单位GDP能耗下降4.5%，中盐盐化苦卤资源综合利用等5个节能改造项目、东泰人造板等9户企业资源综合利用项目顺利实施，节约标煤2万吨，综合利用粉煤灰15万吨、秸秆9万吨、枝桠材15万吨、二氧化碳15万吨。

节能减排企业一角

（谢秀兰　杨　垒）

江苏洪泽经济开发区

【概况】 2015年，江苏洪泽经济开发区进驻企业450多家，其中规模以上企业230多家，美、德、日等外资企业近20家。拥有自主知识产权企业50多家，年申请专利达2000件。规模以上企业实现开票销售178.33亿元，入库税收2.11亿元，其中县经济开发区机关引资规模以上企业实现开票销售31.29亿元，入库税收2841.4万元。开票在5000万元以上企业59家，其中亿元以上企业35家。完成公共预算收入4.1亿元，占年目标128%；完成服务业2.34亿元、现代服务业1450万元；向上争取资金1446万元，占年目标181%；实现外资到账3186万美元，完成外贸进出口4340万美元；新培植规模企业8家。在全省省级经济开发区中综合排名第76名，较2014年上升2个名次，南北共建园区通过省级考核，列27位。

【项目引建】 2015年，县经济开发区围绕主导特色产业，探索开展“5+X”招商模式，先后接待奥地利及中华台北、中国香港，以及浙江、福建等地客商40余批次。累计新签约亿元以上项目17个，签约外资项目5个，新开工项目7个，其中卓达新材料项目总投资达50亿元；洽谈重点项目7个，重大项目5个。全年列入质效提升项目32个，其中14个企业启动或恢复生产，8个项目进场施工，7个项目正在办理置换、新项目注册、环评等手续；新增固定资产投入到位1.2亿元，新增开票销售1.8亿元，盘活土地57.67公顷，利用闲置厂房12万多平方米。

【科技创新】 2015年，县经济开发区以智能制造为主攻方向发展先进制造业，加大对思诺泰克等具有自主产权的重点企业扶持，注重引导瑞特电子、悦丰晶瓷等有条件的企业延伸发展，支持鹿港毛纺、康丽欣电池等企业迁入，推进方圆化工、圣欧芳纶打造产业联盟，重点培育创新型领军企业和国家级高新技术企业，抢占创新制高点。县经济开发区新增国家级高新技术企业10家；市级以上“两站三中心”14家，其中省级企业技术中心1家、市级工程技术中心11家、市级企业技术中心2家；获批省级研究生工作站7家；高新技术产业产值达57亿元；研发投入13110万元。中国宇天控股有限公司在香港证券交易所成功挂牌上市，成为淮安一张响亮名片。江苏洪泽湖电缆、洪泽金宇电缆、洪泽诗雨工贸等10家企业在新三板和省股权交易中心挂牌上市。

【规划建设】 2015年，县经济开发区完成东拓区新建道路2.8千米及10千米雨污水管网建设；新建路灯191盏，道路指标牌已配置到位；完成清涧污水管网建设二期工程管道铺设4.5公里及泵站建设；重点推进“两园一城”建设，强化信息产业园和软件产业园“两园”基础设施完善工作和项目入驻进度，将县经济开发区东区建设提升与高铁新城规划建设融为一体；全面打造开发区园林绿化景观提升工程，全年道路绿化养护面积约55万平方米；新植、补植东三道（328省道以东）、东五道、东区等工程绿化面积约13万平方米；完成北三道、东七街、盐化工西环道路修补7500多平方米。

【特色“园中园”建设】 2015年，县经济开发区围绕省委、省政府提出的“一区八园”规划战略，瞄准发展重点，致力打造特色“园中园”。建成南北共建园区、省级知识产权示范园区、省级农产品加工集中区、软件产业园区、循环化改造试点园区、“两化融合”示范区、特种纤维纺织产业园区。规划建设台资产业园、欧美国别园等一批外资特色园区。积极创建省级生态工业园区、创新型园区、智慧型园区、金融合作创新园区等。

【帮办服务】 2015年，县经济开发区积极打造361诚信服务品牌，按照“依法规范、高效运转、协作服务”要求，优化审批流程，提高审批效率，开辟绿色通道，跟踪会办督办项目签约、开工、竣工环节，推进项目建设进度。完善领导挂钩、专人帮办制度，开展挂钩服务园区企业工作制度，建立全员走访企业常态机制，每名员工挂钩2～3家企业，定期上门走访，了解厂情企况，重点对企业在生产经营中遇到的资金、技术等难题献计献策，为企业排忧解难，帮助企业进一步做大做强。

【要事记述】 3月5日，淮安市副市长唐道伦到洪泽调研工业经济发展情况，实地察看了方圆化工、国瑞化工、悦丰晶瓷等企业。

3月31日，淮安市市长曲福田到洪泽调研重大项目建设情况。

5月21，县委书记徐东海走访调研江苏思诺泰克电子技术有限公司，并会办电子信息产业园破题相关事宜。

5月27日，北京华夏源洁水务科技有限公司董事长赵秀英、北京高能时代环境技术股份有限公司财务总监凌锦明一行到洪泽访问，县经济开发区与赵秀英签订MDW多维水设备制造项目投资协议书。

6月26日，国有重点大型企业监事会主席李继平，监事会第11办事处主任鲍洪湘，中国有色矿业集团有限公司副总经理严弟勇到洪泽调研，走访江苏宇天港玻新材料有限公司等项目。

9月8日，举行亿元工业项目集中开工仪式，县经济开发区引资的江苏源洁节能环保水务设备制造项目、沃因思外墙保温材料项目、西顺河招引的高档纱管纸项目、岔河镇招引的高档无纺布项目参加集中开工仪式。

11月19日，淮安吉辉塑胶有限公司、江苏玉龙食品有限公司、洪泽金马工贸有限公司在江苏股权交易中心挂牌。

12月3日，京漾生技事业股份有限公司董事长赖培锜、芳缘实业有限公司总经理林正芳等5名台湾客商到洪泽考察，实地考察港宏玻璃等项目。 （吴　旭）

江苏淮安食品科技产业园

【概况】 江苏淮安食品科技产业园位于洪泽县三河镇境内，一期总规划面积6.26平方千米（626.45公顷），东至镇区建业路，西至洪泽湖东岸，南至洪金南干渠，北至洪泽湖路。园区于2014年9月筹建，计划总投资70亿元，按“一体两翼两轴八区”的空间格局规划建设。一体：园区中部的综合体，涵盖行政、办公、教育、科研、居住、市场等功能；两翼：东翼涵盖农副食品加工和食品制造产业的加工区，西翼涵盖设施农业、光电农业、智慧农业、观光农业等现代农业；两轴：横轴为产业园区综合功能轴，纵轴为现代种植观光旅游示范轴；八区：产业园内部规划的八个具体功能区，分别是农副食品加工区、食品制造产业区、有机农业观光区、科技教育研发区、食品商贸会展区、综合行政服务区、冷链物流服务区、现代生态居住区。

【机构设立】 2015年2月15日，江苏淮安食品科技产业园管理服务中心经淮安市机构编制委员会办公室批准设立，核定编制10人。7月1日，江苏淮安食品科技产业园经淮安市人民政府批准设立，作为市级经济园区，纳入全市开发园区统一管理，遵循“布局集中、用地集中、产业集聚”的总体要求，建设成特色鲜明、综合配套能力强的食品产业集聚区。

12月30日，食品科技产业园被江苏省科技厅命名为“江苏洪泽食品科技园”，标志着食品科技产业园上升为省级科技型园区。

【基础设施建设】 总投资2.29亿元，规划建设含纬一路、纬三路、纬六路、纬七路、经一路、经二路、经六路、经十一路、经十四路九条主干道路，总长18.24千米。工程12月底施工，沟渠、给水供电管网、供气供热管网、绿化工程等配套基础设施同步进行。总投资8545.18万元的污水处理厂相关可行性调研、环评通过专家评审，启动图纸设计。

11月，县人民政府整体收购原江苏石油勘探局技工学校资产，拟改造建设食品科技产业园行政中心、现代职业农民培训中心、洪泽农特农民电子商务中心、研发创客中心和产业集聚中心、洪泽农业博览园和洪泽南部旅游休闲中心。

【实施项目】 福建紫山食用菌项目占地500亩，计划投资5.7亿元，总体规划分三期实施，2015年9月，一期、二期已建成日产25吨的全自动控温控湿双孢菇种植车间3.4万平方米，有效种植面积5.7万平方米；12月，三期工程开工建设，固定资产投资3亿元，新建种植菇房二幢3.2万平方米、深加工生产线一条、综合办公楼6000平方米。

12月，江苏淮安食品科技产业园与江苏食品药品职业技术学院合作，签订院地合作框架协议，计划将食品科技产业园打造成国家产教融合示范基地。年内，已完成食品学院实训基地规划选址工作。

“四新”蔬菜基地项目总投资1亿元，占地1000亩，东至洪三路，南临南水北调工程，西依洪泽湖，北靠致富路。2015年底，园区“四新”蔬菜基地道路和蔬菜生产设施框架基本完成，建成5000平方米的日光智能温室2座、1760平方米的连栋温室6座、8米单体钢架大棚518座共20万平方米、50亩的水生蔬菜立体游园、2万平方米的水生蔬菜标准化种植池。

【要事记述】 1月29日，淮安市政府确定江苏食品科技产业园为2015年“一县一策　一县一题”项目（淮政办发〔2015〕2号）。

2月6－7日，韩中发展交流协会会长李明善，韩中发展交流协会副会长元在先，韩中发展交流协会常务副会长、中国总代表李忠国等实地考察了淮安食品科技产业园。

4月17日，中国食品安全报社社长朱长学、紫山集团董事长洪长水到淮安食品科技产业园调研。

7月3日，市长曲福田、副市长赵洪权一行到洪泽调研“十三五”规划重点项目——江苏食品科技产业园工程。

7月31日，市委书记姚晓东就贯彻落实市委六届七次全会精神到洪泽开展调研，实地考察了食品科技产业园“四新”蔬菜基地。

11月16日，县委徐书记对江苏食品科技产业园拆迁安置工作做出批示，将产业园拆迁工作纳入县级层面进行统筹协调。

11月19日，洪泽县人民政府整体收购原江苏石油勘探局技工学校资产协议签约仪式在老子山举行，油田技校正式成为洪泽县资产。

12月26日，江苏食品科技产业园举行道路PPP项目开工仪式。 （刘星彤）

乡镇工业

【概况】 2015年，全县乡镇工业企业营业收入279亿元，同比增长12.8%；实现增加值32亿元，同比增长30.2%；实交税金6.32亿元。同比增长19.3%；其中，规模以上企业实现工业总产值136.57亿元，同比增长23.0%；固定资产投资完成4143万元，同比增长20.1%，实交税金4.01亿元。

【工业集中区】 2015年，全县乡镇工作集中区实现工业开票销售收入增幅22.7%；新竣工固定资产投资3000万元以上项目41个；固定资产投资超亿元项目10个；新增列统企业30户；新增开票销售超亿元企业3户；完成质效提升或置换项目15个。

2015年洪泽县乡镇工业集中区企业一览表

表15

序号	企业全称	所在地	主要产品	年营业收入(万元)	年入库税收(万元)
1	洪泽县宏港毛纺有限公司	园区东五道	棉、化纤纺织加工	49521	1907
2	江苏康丽欣电池有限公司	园区东三道38号	铅酸蓄电池制造	25472	709
3	江苏康丽恩动力电源有限公司	经济开发区	蓄电池生产	35110	666
4	洪泽县翔宇纺织有限公司	经济开发区	纺纱	17111	549
5	洪泽县飞翔纺织有限公司	经济开发区东七街西侧、北二道北侧	服装加工	7724	150
6	洪泽县富达纺织有限公司	经济开发区	毛条加工、服装加工	2088	68
7	洪泽逸洋钢管有限公司	北一道北侧、东三街东侧	无缝钢管制造	10105	377
8	江苏宏基铝业科技有限公司	经济开发区	铝材加工	18807	211
9	淮安鑫友金属制品有限公司	经济开发区	铅锭生产	8929	49
10	淮安合力橡胶工业有限公司	经济开发区东三街西侧、东三道南侧	垫带	842	15
11	洪泽县杰诚制管有限公司	经济开发区	无缝钢管钛合金管生产	2724	57
12	江苏洪泽湖电缆有限公司	经济开发区	电线电缆制造	16008	36
13	洪泽金宇电缆材料有限公司	经济开发区高良涧创业园	电缆线铜芯生产	15020	5
14	洪泽诗雨工贸有限公司	经济开发区高良涧创业园	电线电缆制造	13948	5
15	中电洪泽热电有限公司	人民北路40号	火力发电、热力生产	6910	545
16	中电洪泽生物质电热电有限公司	人民北路50号	火力发电	2804	161
17	江苏曜曜机械有限公司	经济开发区	铸件加工	1296	37
18	江苏曜曜铸业有限公司	经济开发区东一道北侧	铸造机械及零部件、汽车配件	6007	1
19	洪泽道特朗联合机械制造有限公司	经济开发区	铸造机械及配件生产	167	40
20	洪泽天泽管业有限公司	经济开发区	金属管加工	10023	24
21	洪泽同利工贸有限公司	经济开发区东一道南侧	无缝钢管加工	7163	9
22	洪泽天韧铸造材料有限公司	经济开发区科技创业园	铸件加工	646	18
23	洪泽恒鑫服饰有限公司	经济开发区	无纺布生产	2928	7
24	江苏紫奇化工科技有限公司	盐化工开发区李湾路南、外环西路东侧	光稳定剂生产、紫外线吸收剂	4573	53
25	江苏越城炉料有限公司	高良涧北京西路中洋旺街彩虹B座112室	耐火材料	1343	20
26	洪泽天翼鞋业有限公司	经济开发区	塑料鞋生产	1194	104
27	江苏瑞祥电子设备有限公司	经济开发区	机箱	661	13
28	洪泽宁淮气体有限公司	人民北路20号	液态二氧化碳生产	705	50
29	洪泽众联混凝土有限公司	建材路10号	混凝土生产	785	36
30	江苏申宏塑胶有限公司	经济开发区高良涧创业园	塑料玩具加工	822	46
31	洪泽县明兴钢管有限公司	经济开发区	精密管生产	307	7
32	江苏瑞泽农化有限公司	经济开发区	化学农药生产	26	2
33	洪泽县锦业食品有限公司	经济开发区	食品包装袋生产	38903	2
34	洪泽天韧工贸有限公司	洪泽科技创业园北三道北侧、东九街东侧	钛合金生产	67	2.2
35	洪泽国超科技有限公司	朱坝工业集中区328省道东侧	塑料瓶盖	3418	170.8
36	洪泽港宏玻璃瓶制造有限公司	朱坝街道迎宾路一号	玻璃瓶	5002	404.1
37	洪泽高良涧家志粮贸	高良涧浔河村头圩中路54号	粮食加工	2001	2.3
38	洪泽高良涧国才粮贸	高良涧杨码社区居委会秦邓庄29号	粮食加工	2001	2.6

续表15－1

序号	企业全称	所在地	主要产品	年营业收入(万元)	年入库税收(万元)
39	淮安中技建业有限公司	经济开发区建材产业园	砼结构构件制造	15000	791
40	淮安佳明工贸有限公司	经济开发区	皮革鞣制加工	2080	24
41	洪泽东俊机械有限公司	经济开发区	阀门生产	4100	103
42	淮安鼎盛门业科技有限公司	经济开发区	不锈钢制管	0	0
43	洪泽茂顺电光源制造有限公司	经济开发区科技创业园砚马北路	节能灯管制造	0	0
44	淮安华章建材有限公司	经济开发区科技产业园砚马北路北侧、北三道南侧	钢结构制造	0	0
45	洪泽华胜工贸有限公司	洪泽经济开发区	铜杆	120000	20
46	洪泽港宏玻璃瓶制造有限公司	朱坝工业集中区南区	香水玻璃瓶	10000	500
47	江苏增钦云表面处理有限公司	朱坝工业集中区南区	金属表面处理	1500	100
48	洪泽县国超科技有限公司	朱坝工业集中区南区	塑料瓶盖	6500	300
49	江苏悦新装饰工程有限公司	朱坝工业集中区北区	合金门窗	1200	50
50	洪泽稻花香米业有限公司	朱坝街道长江东路	大米	450	2
51	淮安明天种业科技有限公司	朱坝工业集中区北区	良种加工	3690	55
52	洪泽县宏远木业制品厂	朱坝街道马棚园区	多层板	200	5
53	淮安市国源电力器材有限公司	朱坝工业集中区北区	纸包铜铝线	5000	60
54	淮安市东南新型建材有限公司	朱坝工业集中区南区	免烧砖	600	1
55	洪泽县荣昌服饰有限公司	朱坝工业集中区南区	劳保用品	140	3
56	洪泽县福友门业厂	朱坝工业集中区北区	木门	100	0
57	洪泽齐裕家用纺织品有限公司	经济开发区东区	床上用品	1899	54
58	淮安润信玻璃制造品有限公司	朱坝工业集中区南区	玻璃制品	300	25
59	洪泽双友玻璃制造品有限公司	朱坝工业集中区南区	玻璃制品	280	10
60	洪泽森裕汽车休闲服务有限公司	朱坝工业集中区南区	汽车服务	600	10
61	洪泽县安达物流有限公司	朱坝工业集中区南区	运输	2000	80
62	洪泽县和玉玻璃制品有限公司	朱坝工业集中区南区	玻璃制品	220	16
63	洪泽恒益汽车配件有限公司	经济开发区东区	汽车配件	2300	35
64	洪泽县永振精密管业有限公司	朱坝工业集中区北区	精密钢管	560	20
65	洪泽县正兴防火材料有限公司	朱坝工业集中区北区	多层板	200	0
66	洪泽县朱坝镇鸿鑫门业	朱坝工业集中区北区	木门	100	0
67	洪泽长红彩钢夹芯板厂	朱坝工业集中区北区	夹芯板	100	0
68	洪泽宏瑞新型包装材料有限公司	朱坝工业集中区北区	泡沫板	450	8
69	淮安市鑫山米业有限公司	朱坝工业集中区北区	大米	1400	5
70	淮安市科德电子有限公司	朱坝工业集中区北区	二极管	1300	3
71	洪泽天诚机电有限公司	朱坝工业集中区北区	机电产品	800	3
72	洪泽县晓天木业制品厂	朱坝街道马棚园区	多层板	280	7
73	洪泽明珠木业制品厂	朱坝街道马棚园区	多层板	230	8
74	洪泽县永昕木业制板厂	朱坝工业集中区南区	多层板	190	4
75	洪泽县宏宁包装有限公司	经济开发区东区	纸箱	300	3
76	洪泽绿绎木业	朱坝工业集中区南区	多层板	580	2

续表15－2

序号	企业全称	所在地	主要产品	年营业收入(万元)	年入库税收(万元)
77	华威包装厂	朱坝工业集中区北区	泡沫板	240	5
78	淮安佳达塑料包装材料有限公司	朱坝工业集中区北区	塑料袋	790	9
79	洪泽县华鑫泡沫厂	朱坝工业集中区北区	泡沫板	220	5
80	洪泽圣洛迪新材料有限公司	经济开发区东区	地板	2200	30
81	江苏南方服饰有限公司	经济开发区东区	服装	1000	2
82	江苏自然风纺织品有限公司	经济开发区东区	纺织品	2300	36
83	江苏(中电投)洪泽分公司	岔河镇陈向	电	4000	200
84	洪泽县顺风米厂	岔河镇陈向	大米	3000	1
85	洪泽县晶玉米厂	岔河镇临泽	大米	6000	1
86	洪泽华峰剑麻有限公司	岔河镇金李	剑麻	1200	50
87	洪泽金李秸秆有限公司	岔河镇金李	秸秆	3000	0.5
88	洪泽县腾飞纸业贸易有限公司	岔河镇江淮东路1号	纸箱、纸盒	800	15
89	洪泽县连明制品厂	岔河镇江淮东路3号	水泥制品	500	0.5
90	洪泽宏宇包装有限公司	岔河镇江淮东路10号	纸箱、纸盒	1200	30
91	洪泽县恒利机械有限责任公司	岔河镇江淮中路55号	汽车配件	1600	20
92	洪泽县金属门窗厂	岔河镇育才路8号	门窗	800	5
93	洪泽县华发包装厂	岔河镇江淮西路37号	纸箱、纸盒	1800	80
94	洪泽县高阳助剂有限公司	岔河镇江淮西路60号	草甘膦助剂	500	2
95	洪泽县强业机械有限公司	岔河镇江淮西路60号	机械配件	600	3
96	洪泽县江淮制管厂	岔河镇江淮西路80号	自应力	200	1
97	江苏胜伟食用菌有限公司	岔河工业集中区	食用菌	12000	1
98	洪泽县闽洪食用菌有限公司	岔河工业集中区	食用菌	3000	0
99	淮安久宏石英玻璃有限公司	岔河工业集中区	石英砣	500	
100	淮安飞博光电有限公司	岔河工业集中区	石英棒	400	—
101	洪泽金田铸造厂	岔河工业集中区	农机配件	100	1
102	洪泽国瑞绿色食品有限公司	岔河工业集中区	大米	600	1
103	江苏岔东绿色食品有限公司	岔河工业集中区	大米	400	1
104	江苏苏粮绿色食品有限公司	岔河工业集中区	大米	200	0.5
105	淮安富泽木业有限公司	岔河工业集中区	木材	500	10
106	洪泽润泽机械厂	岔河工业集中区	空调配件	300	1
107	淮安苏源物资回收有限公司	岔河工业集中区	铝锭	300	1
108	洪泽金铝工贸有限公司	岔河工业集中区	铝锭	300	1
109	洪泽金鑫机械配件厂	岔河工业集中区	机械配件	300	1
110	洪泽丰泽包装材料厂	岔河工业集中区	包装材料	300	1
111	洪泽开元服饰有限公司	岔河工业集中区	服饰	200	0
112	淮安沃尔康肥业有限公司	岔河工业集中区	有机肥	2000	2
113	洪泽农旺肥业有限公司	岔河工业集中区	有机肥	800	1
114	淮安嘉鹏工贸有限公司	岔河工业集中区	—	3000	5
115	淮安贝斯特环保有限公司	岔河工业集中区	切割液	300	10

续表15－3

序号	企业全称	所在地	主要产品	年营业收入(万元)	年入库税收(万元)
116	洪泽仁杰制品有限公司	岔河工业集中区	金属制品	2000	10
117	淮安三正路面工程有限公司洪泽分公司	岔河镇桃园	沥青	1200	10
118	淮安润华新能源有限公司	东双沟工业集中区	煤气	199	4
119	淮安盛宇电子有限公司	东双沟工业集中区	电子元件	327	6
120	淮安泽阳光伏科技有限公司	东双沟工业集中区	太阳能组件	318	2
121	淮安中博纺织品有限公司	东双沟镇工业集中区	服装	617	17
122	淮安鑫塬铭新材料有限公司	东双沟工业集中区	树脂混凝土	321	0
123	江苏淮安万达建材有限公司	东双沟工业集中区	轻质隔墙板	919	18
124	淮安永赢服饰有限公司	东双沟工业集中区	服装	121	20
125	江苏通圆回转支承有限公司	东双沟工业集中区	回转支承	748	33
126	江苏亿宝莱电气有限公司	东双沟工业集中区	电气桥架	884	47
127	江苏永华包装印务有限公司	东双沟工业集中区	纸箱	931	27
128	洪泽县光华包装厂	东双沟工业集中区	纸箱	604	22
129	洪泽县洪宝圣诞礼品工艺品厂	东双沟工业集中区	工艺品	129	7
130	洪泽县华盛板材加工厂	东双沟工业集中区	板材	61	2
131	洪泽县金海木业加工厂	东双沟工业集中区	板材	82	3
132	洪泽县擎宇制衣厂	东双沟工业集中区	服装	35	6
133	洪泽县润泽木业加工厂	东双沟工业集中区	板材	44	2
134	洪泽县闪亮玻璃工艺品厂	东双沟工业集中区	工艺品	222	14
135	洪泽县申新工艺品有限责任公司	东双沟工业集中区	工艺品	226	9
136	洪泽县圣飞玻璃工艺品厂	东双沟工业集中区	工艺品	142	8
137	洪泽县万丰玻璃工艺制品厂	东双沟工业集中区	工艺品	231	12
138	洪泽县欣龙添加剂厂	东双沟工业集中区	乙氧基喹啉	4902	128
139	淮安创伟雨具有限公司	东双沟工业集中区	雨具	362	18
140	淮安沪中粮油工储有限公司	黄集工业集中区	粮食收购、加工	—	22.06
141	淮安旺德福彩印包装有限公司	黄集工业集中区	高低铬合金球、衬板	89	4.96
142	淮安市海洋新型建材有限公司	黄集工业集中区	民用建材、钢材、胶合板	623	24
143	淮安金鹰饲料有限公司	黄集工业集中区	饲料	0	0
144	淮安育德科教设备有限公司	黄集工业集中区	装饰板、办公家具	729	12.96
145	淮安信龙纸制品有限公司	黄集工业集中区	纸板桶	0	0
146	江苏老狼建材科技有限公司	黄集工业集中区	建筑涂料、建材	—	6.9
147	洪泽鑫源工贸有限公司	黄集工业集中区	水泥砖	23	0.09
148	淮安力拓包装印刷材料有限公司	黄集工业集中区	纸塑包装盒	39	2.09
149	淮安感恩电子有限公司	黄集工业集中区	电子元件	67	4.58
150	淮安捷通铸造耐磨材料厂	黄集工业集中区	塑料包装袋	61	0.48
151	洪泽县飞跃建材有限责任公司	黄集工业集中区	石头粉加工、钢材	—	8.15
152	洪泽久盛五金制品有限公司	三河工业集中区	五金材料	1858	2
153	江苏融源再生资源科技有限公司	三河工业集中区	金属材料	2747	4

续表15－4

序号	企业全称	所在地	主要产品	年营业收入(万元)	年入库税收(万元)
154	洪泽金龙木业有限公司	三河工业集中区	多层板	2209	74
155	淮安三新木业有限公司	三河工业集中区	多层板	1602	54
156	洪泽德广机械制造有限公司	三河工业集中区	机械配件	356	11
157	淮安淘源节能科技有限公司	三河工业集中区	节能空调	161	4
158	江苏禾瑞实业有限公司	三河工业集中区	脱水蔬菜	1830	3
159	洪泽宏福工贸有限公司	三河工业集中区	化工制剂	314	14
160	淮安中麦粮油收储有限公司	三河工业集中区	粮食	2011	9
161	江苏林海塑业有限公司	三河工业集中区	塑钢管	1387	76
162	洪泽鑫隆金属有限公司	三河工业集中区	金属材料	496	1
163	江苏金麦粮油有限公司	三河工业集中区	粮食	734	1
164	洪泽县百瑞特生物科技有限公司	三河工业集中区	工业明胶	558	29
165	淮安鼎安建筑锚固有限公司	三河工业集中区	建筑锚固	369	1
166	淮安华晨交通设施有限公司	三河工业集中区	标志漆	337	7
167	江苏宋嫂食品有限公司	三河工业集中区	食品	0	0
168	中盐淮安鸿运盐化有限公司	西顺河工业集中区	元明粉	22111.84	553
169	中盐洪泽元明粉有限公司	西顺河工业集中区	元明粉	56.21	0.89
170	洪泽沪洪包装材料有限公司	西顺河工业集中区	包装袋	1783.36	13.6
171	洪泽大洋化工有限公司元明粉厂	西顺河工业集中区	元明粉	18037.48	139.76
172	洪泽大洋盐化有限公司	西顺河工业集中区	元明粉、工业盐、蒸汽	121262	400.64
173	洪泽县龙洋经贸有限公司	西顺河工业集中区	元明粉、煤	20165	0.46
174	洪泽县盛联油墨涂料有限公司	西顺河工业集中区	油墨	27.33	0.01
175	洪泽永达塑料制品经营部	西顺河工业集中区	塑料颗粒	41.25	0.03
176	淮安鸿运元明粉有限公司	西顺河工业集中区	元明粉	12258.52	282.38
177	江苏瑞洪盐业有限公司	西顺河工业集中区	无水硫酸钠和工业盐	15815.13	220.79
178	中盐淮安盐化集团有限公司	西顺河工业集中区	元明粉	2796.04	388.11

【民营经济】 2015年，全县新增民营企业1272户，占市目标182%；新发展个体工商户3930户，占市目标175%。两项指标完成率均排名全市第二，民营经济工作总得分列全市第一。

【争取资金】 2015年，全年争取到国家、省、市各类扶持资金110万元。其中，省级中小企业创业基地项目30万元、省级公共平台项目30万元、省级产业集聚区标房租金减免补贴项目50万元。

（王　颖）

编辑：吕后臻

对外及港澳台贸易

【概况】 2015年，洪泽县注册外资实际到账1.24亿美元，开工项目外资到账1.1亿美元。新批骄阳能源、协鑫光伏、文创实业等总投资3000万美元以上项目6个。完成进出口额1.6亿美元，其中出口额1.5亿美元。

【利用外资】 2015年，全县完成外资并购项目2个（江苏源洁高能综合水务工程有限公司、江苏骄阳能源有限公司），完成时代生物、和安智能等增资扩股项目11个，新增协议外资7185万美元。

【企业上市】 2015年12月，江苏宇天港玻新材料有限公司在香港证券交易所上市，这是洪泽县第一个、全市第三个上市企业，当年追加投资1000万美元。

【对外投资】 2015年，洪泽县人民政府在香港设立投融资平台暨香港洪盈有限公司。

【外贸载体培育】 2015年，全县新增外贸出口载体19家。其中生产型出口企业13家，分别为：洪泽县富达纺织有限公司、淮安市鑫琮化工有限公司、江苏春江润田农化有限公司、江苏禾瑞实业有限公司、江苏龙腾卫浴科技有限公司、江苏盈恒化工有限公司、洪泽县恒力汽车配件有限公司、淮安三友化工有限公司、江苏欣颖新材料科技有限公司、洪泽县宏发电子有限公司、江苏永泰丰作物科学有限公司、江苏欣舟化工科技有限公司、江苏泽邦机械有限公司。

【电子商务】 2015年，洪泽县全力推进电子商务发展，被江苏省商务厅评为“省级农村电子商务示范县”。岔河镇滨河村、老子山镇新淮村相继被评为“江苏省农村电子商务示范村”。

年内，洪泽县电子商务产业园成立，园区位于洪泽县高新技术产业园内，占地7.2公顷，建筑面积4.6万平方米，项目总投资逾亿元，是洪泽县首个电子商务特色产业园。电商园主要分为A、B、C、D四个区，建筑面积各为4000平方米。

洪泽电子商务产业园

该产业园以电子商务为发展主线，重点构建以B2B、B2C为核心的电子商务交易技术平台，依托并持续优化电子商务产业链的专业园区，通过成熟的产业配套和政府扶持，已吸引本地及全国各地的优秀电商企业进驻和发展。

【农贸市场改造升级】 2015年，洪泽县将农贸市场建设改造纳入政府10件民生实事工程，投资近400万元对城区临河农贸市场、城南农贸市场、富民农贸市场进行提档升级。

（杨泉泉）

粮食流通

【粮食购销】 2015年，洪泽县共收购小麦16.9万吨。其中，国有粮食购销企业收购小麦15.5万吨（通过中储粮验收托市小麦10.2万吨），非国有粮食收购主体收购小麦1.4万吨，较2014年同期总收购量相比基本持平。全县收购稻谷13.9万吨。其中，国有粮食购销企业收购9.1万吨，非国有粮食收购主体收购稻谷4.8万吨。

截至2015年底，全县共有粮食在库库存量24.6万吨，分性质看：商品粮6.1万吨，托市粮10.5万吨，地方储备8万吨，政策性粮占库存量75.2%；分品种看：小麦16.8万吨，稻谷7.8万吨，小麦占库存量68.3%。粮食库存量再创历史新高。2015年收购主渠道特点突显：国有企业收购量占90.4%，非国有企业收购量仅占9.6%。全县国有粮食购销企业粮食总销售支出27.5万吨，其中，销售小麦17.5万吨，稻谷10万吨。

【粮食储备】 2015年，洪泽县完成省储备轮出任务7.7万吨，市县储备轮换任务0.5万吨，地方储备粮轮入任务保质保量完成。争取到县级储备粮补贴资金51万元。

【优质稻米购销】 2015年，宁淮优质稻米基地购销企业共订单收购洪泽县优质稻谷3.4万吨，销售到南京市下关、鼓楼、玄武、六合、江宁等5个区10多个经营企业，销售大米2.4万吨。宁淮优质稻米基地建设工作得到较好落实。

【专业合作社与“放心粮油店”创建】 2015年，洪泽县以争创省级、市级粮食专业合作社为抓手，落实合作平台、订单基地、直销窗口、品牌创建，粮食专业合作社建设进展顺利，共完成15家合作社创建任务，其中煜荣农产品合作社被评为全市“十佳粮食合作社”。在华润苏果、大润发等超市开展“放心粮油店”创建工作，军粮供应站被评为全市“十佳放心粮油店”。

【行政执法】 2015年，全县共进行4次共30多人次的粮食收购市场执法，维护了售粮群众的合法权益。 （徐朝文）

供销合作

【概况】 2015年，洪泽县创新为农服务方式、构建农村现代流通治理机制、加快社有企业转型升级。县供销合作总社连续4年获全县跨越发展目标考核一等奖，在淮安市供销系统2015年度考核中再次获得特等奖。

【为农服务体系建设】 2015年，洪泽县采取县社投资、强社带动、“两社”合一、为农服务升级等模式，推进基层社组织体系建设。县供销合作总社与县宏贸商业有限公司（原蒋坝国营商店）合作成立洪泽县蒋坝镇中心供销合作社，填补了该镇基层社空白，实现镇（街道）基层社全覆盖。截至2015年底，已初步恢复重建基层社11家，完成目标的100%。

重点建设农资超市、日用品超市和庄稼医院，至2015年底，已建成三星级为农服务社16家，实现镇（街道）为农服务社覆盖率100%。加大农村社区综合服务社建设，成立东双沟镇滨湖综合为农服务社，吸引了“千村植保”等县外大型企业和农资超市入驻。

东双沟滨湖农资合作社

【农技与农产品推广】 2015年，洪泽县定期组织农产品经纪人参加省农产品协会组织的各类讲座10期，参加人数130多人（次）。定期邀请《江苏农业科技报》高级农艺师、江苏农科院专家到洪泽县为农户讲授农技知识、我国农业产业现状等。

【农民专业合作社】 2015年，县供销合作总社健全农资经营服务体系，提高农业规模化服务水平。通过领办、协办、合办等形式发展专业合作社。对已办的江苏兴邦农产品专业合作联合社等超大型专业合作社，探索出龙头企业+合作社+农户的合作模式，使其成为带动地方特色产业的主要力量。全年共完成农民专业合作社6个，完成目标的100%。 （李剑波）

商业贸易

【概况】 2015年，洪泽县商业（集团）总公司内设机构有办公室、财务科、招商办公室和商业职工学校，新增设了维稳办公室、全民创业办公室。下属企业包括托管中心1个（对改制后未组建新企业的企业资产、人员等事务进行管理），从事经营企业7个（其中6个企业为民营，1个企业为国有）。

【经营情况】 2015年，洪泽县商业（集团）总公司全系统经营情况良好，完成商业流通企业入库税金196.4万元，占目标的109.11%。系统连续13年安全无事故。

【企业换届选举】 2015年，洪泽县糖酒有限责任公司、洪泽县鸿鑫经贸发展有限公司2个企业进行换届选举，选举产生新一届董事会和监事会。

【引资助发展】 2015年，洪泽县商业（集团）总公司完成外资外贸100万美元，引进民营企业5个。由托管中心引进的景悦楼全国连锁店已投入运营；洪泽县酿酒有限责任公司完成技改项目1个，共投入技改资金3000多万元；金鼎科技汽车产业城项目签约。 （王德高　蒯志军）

烟草专卖

【概况】 2015年,洪泽县烟草专卖局(分公司)有从业人员56人,担负全县卷烟市场的营销服务和专卖管理的双重职能。全县持证经营卷烟零售户1858户。全年销售卷烟11047箱,与2014年持平;销售额3.24亿元,比2014年增长15%;完成税利7622万元,比2014年增长36.4%;实现利润6023万元,比2014年增长32.6%;上交税金1599万元,增幅35.9%。

【专卖管理】 2015年,县烟草专卖局(分公司)组织开展"冬季会战""闪电行动"等系列集中整治卷烟市场打假破网专项行动,市场净化率稳定在98%以上。全年查获涉烟违法案件57起,先行登记保存卷烟17315条,罚没款47.5万元。县烟草专卖局(分公司)获江苏省烟草专卖局嘉奖令2个,获淮安市烟草专卖局嘉奖令3个,完成国标网络案件1起,市标网络案件2起。清理无证经营20户,亮证经营率保持100%,无证户控制在3%以内。

【内部监管】 2015年,县烟草专卖局(分公司)按照"全面覆盖、良性互动、注重实效"的监管模式,开展内部专卖管理监督工作,突出专卖执法行为监督,将内部管理监督工作推进并延伸至专卖稽查中队,实现专卖内管与中队工作的有效对接,增强员工自律意识。做到卷烟"入网销售、落地销售、落户销售"3个100%。推进办事公开,民主管理,保障职工的知情权、参与权、表达权、监督权,畅通员工建言献策渠道,完善员工参政议政制度,保证各项工作规范运作。

【营销服务】 2015年,县烟草专卖局(分公司)树立"与客户共创成功"服务理念,开展"客户满意提升"工程。按照"总量控制、产销协调、稍紧平衡"的调控方针,卷烟营销实行市场化取向改革,5月,国家实施提税顺价政策,从卷烟批发环节对消费税率进行上调,全部卷烟批发价格统一提高6%,卷烟牌号实现顺价销售,以合理的赢利带动客户销售积极性。

从卷烟经营和市场稳定的实际出发,以打造"批零结盟、共创双赢"为出发点,成立洪泽县卷烟经营者协会,协会的成立为根治"假、私、非"三种烟设置了一层滤网,也为卷烟经营户之间互帮互助、互相监督,规范经营行为,营造公平有序的市场环境发挥了作用。

【贯标管理】 2015年,县烟草专卖局(分公司)全面实施ISO9000质量管理体系、GB/T28001-2001职业健康安全管理体系和环境管理体系。组织开展安全生产标准化工作,全年保持安全生产无事故。

【争取项目资金】 2015年,县烟草专卖局(分公司)累计向上争取资金14.74万元,主要用于壮村帮扶的东双沟镇万集居委会购买"活水车",增加集体经济收入;慰问驻洪武警、消防官兵、县城中心小学困难教师;印制烟草专卖法律法规宣传手册、客户服务手册等。 (茆志龙)

食盐专卖

【概况】 2015年,江苏省苏盐连锁有限公司洪泽分公司(县盐务管理局)负责全县的食用盐、工业盐的供应工作。全年购进盐产品4537吨,销售4642吨,其中加碘食用盐4335吨,人均消费4.47千克,实现年利润108.98万元。

【市场管理】 2015年,县盐务管理局构建社会化食盐安全体系,促进全民食用碘盐工程实施,开展多部门联合执法和食盐市场专项整治活动,确保食盐安全。全年出动车辆358车次,出动执法人员1083人(次),检查零售网点、饭店9944个(次),查处盐业违法案件29件,查处盐产品0.61吨,罚没款1.89万元。

【盐业宣传】 2015年,县盐务管理局加大健康知识和盐业法规宣传力度,把消除碘缺乏病,提高全民健康水平作为宣传重点,搞好"3·15"消费者权益日和"5·15"防治碘缺乏病危害宣传日活动。设宣传咨询点4个,摆放宣传牌26块、挂横幅标语48条,散发宣传材料近2万份。

【规范服务】 2015年,县盐务管理局更新营销理念,将客户需要作为市场第一信号,正确处理食盐专营与优质服务的关系。按照国家食盐批发企业等级标准配全便民措施,把服务承诺、法律法规、盐的品种价格公布上墙。加快转型发展,推行直配直送,减少中间环节,降低成本。加强质量管理,强化网点服务意识,做好售后服务,发现破损及质量问题,及时上门解决。确保碘盐覆盖率、合格率和合格碘盐食用率在98%以上。 (王国胜)

石油销售

【经营指标完成情况】 2015年,县石油公司实现加油站成品油零售量37063吨,完成计划36987吨的100.2%,同比上升1.4%。直分销销售8979吨,完成计划8320吨的107.9%,同比上升3.4%。

【油品营销】 2015年,受经济萧条影响,洪泽县厂矿企业油品消耗保持稳量。随着私家车的增加,汽油自然增长10%,柴油保持稳定水平。县石油公司对公路型站点特别是干道站的大客车、货车,采取供应普柴,实行贴近市场价格,同时实行油品与非油品互动,加大灌桶力度。农网型站点继续保持小站家庭承包经营方式,选择在农忙期间供应普柴,灌桶价格贴近市场价格。继续做好农机双优卡发卡和充值工作,农机年检期间,率先在洪泽农机监理所设立流动充值点，靠前服务农机手。同时落实“一站一策”“一户一策”措施，开展“加满油、心满意”活动，扩大销售量。

【油站常规管理】 2015年，县石油公司强化加油站现场管理，加大检查力度，特别提倡温暖服务，温馨环境，提升满意指数；强化油品质量管理，定期抽取油样，经检测质量全部合格。定期校验加油枪，确保每台加油机在校验范围之内，实现“每一滴油都是承诺”的目标。

【油站安全管理】 2015年，县石油公司强化安全教育，提高全员安全防范意识。组织开展月度风险排查工作，建立完善隐患数据库，对排查出的隐患项采取定措施、定期限、定资金、定人员以落实整改；组织开展公司管理人员及油站全体员工HSE知识考评；开展施工安全监管人员B证培训；开展应急预案演练，提高员工正确处理突发事件能力。全年实现安全生产无事故。（赵友芹）

旅　游

【概况】 2015年，洪泽县旅游工作围绕湖滨生态旅游城市目标定位，以“幸福洪泽”为理念，依托“湖、堤、山、泉、寺”核心旅游资源，加快“一线四点”的旅游开发格局，着力打造美丽清纯洪泽湖，湖滨名城洪泽县。全年接待游客231.75万人(次)，同比增长12.5%；实现旅游收入27.41亿元，同比增长14.7%。

【旅游规划】 2015年，洪泽县以《洪泽县旅游发展总体规划》为指导，编制完成《洪泽湖古堰省级森林公园规划》《古堰AAAA级景区创建规划》《洪泽湖古堰景区旅游总体规划(修编)(2015—2030)》《洪泽湖大堤节点改造方案》《洪泽湖大堤南北入口环境整治规划》《龟山传统村落保护与开发一体综合规划》等系列详规，进一步明确旅游开发目标，保证各项旅游项目有序展开。

【旅游项目实施】 2015年，洪泽县按照“一线四点”的规划布局，深化《洪泽县旅游发展总体规划》，实施旅游项目提速工程，逐步实施42个重点旅游项目。

至2015年底，县城区的洪泽湖古堰景区建设初具规模，已建成水釜城、渔人湾和欢乐园；水釜城风景区里已建成并对外开放的有中国印博物馆、掼蛋文化乐园、地震体验馆等项目；洪泽湖大堤2千米梅花段景观建成开放；洪泽湖碑、周桥大塘、信坝遗址、乾隆御碑、国家级水利风景区——三河闸等人文景观提档升级。老子山镇的艳阳国际温泉养生中心完成土特产超市建设，11栋养生公寓二层已封顶；龟山传统村落保护与开发项目完成首批石屋民居改造。西顺河镇《镇域旅游总体规划》通过专家评审；国蟹园景区投资近1亿元，建成开放旅客接待中心、渔夫码头、垂钓中心、景观拉索桥、珍稀鸟类园等项目，初步形成集观光体验、休闲垂钓、水乡餐饮等功能于一体的综合性湖边生态休闲景区。蒋坝镇的天鹅湾温泉综合体酒店部分已封顶；彭城美丽乡村，已完成立面改造和绿化景观提升工作。白马湖森林公园一期项目已完成北入口景观工程、园林绿化、生态条岛(36个)、游客接待中心、停车场、蓝莓园等工程。

【景区创建】 2015年，洪泽县整合水釜城、渔人湾、欢乐园及洪泽湖大堤沿线旅游资源，启动创建成洪泽湖古堰国家AAAA级景区和省级森林公园工作。老子山温泉旅游度假区创为省级度假区，老子山镇龟山村入选中国传统村落名录；国蟹园创成全国休闲渔业示范基地；洪泽湖渔鼓列入国家非物质文化遗产项目。截至2015年底，全县共有省级乡村旅游点4个(三星级乡村旅游点——朱坝锦鸿生态园、中国传统村落——龟山；二星级乡村旅游点——洪泽湖渔家生态乐园；一星级乡村旅游点——东双沟滨湖观光农业采摘园)；AAAA级景区1个——洪泽湖古堰景区，AA级景区6个(蒋坝老街、西顺河二十六烈士陵园、老子山旅游景区、三河闸水利风景区、渔家花园景区、南水北调洪泽站景区)；省级旅游度假区1个——省级老子山温泉旅游度假区。

【旅游配套设施】 2015年，洪泽县按照优化布局、完善功能、提升品位的原则，推动一批酒店提档升级，至2015年底，全县有四星级酒店1家(洪泽湖国际大酒店)，三星级酒店2家(艳阳度假老子山温泉山庄、温泉一号)。有旅行社(含服务网点)13家，拥有持证导游近30多人。编制县水上、陆上旅游专线，推出省内、市内、县内旅游班车。

【星级乡村旅游点培育】 2015年，对朱坝锦鸿生态园、洪泽湖龙禹度假村、东双沟采摘园等农家乐进行升级改造前期指导工作，力争2016年底创成三星级乡村旅游点。

【旅游宣传推介】 2015年，洪泽县与央视、中国旅游报、南京日报、扬子晚报、淮安日报等媒体合作，宣传洪泽旅游资源。利用网站、微博、微信等多种渠道，视频、音频等多种形式推介洪泽旅游。

年内，召开首届洪泽湖旅游联盟峰会，与环湖各县区通过旅游资源共享、信息同览、客源互送等方式，做强做大洪泽湖旅游品牌。举办第二届中国洪泽湖摄影大赛、蒋坝百桌船帮宴和首届洪泽老子山温泉联盟暨龟山传统村落推介会等系列活动，提升洪泽旅游的知名度与美誉度。

【智慧旅游】 至2015年底，洪泽县“智慧旅游”建设成效初显，形成以重要景区、景点、酒店为重点的智慧城市雏形。景区视频监控、360度3D虚拟景区等均投入使用，洪泽湖古堰景区视频监控全覆盖。

【部分景区简介】 水釜城　占地50余公顷，建筑面积2.8万平方米。融仿宋建筑与园林风格为一体，是自然美与人工美的有机糅合。亭台楼阁错落有致，小桥流水情趣万千，古建筑与原生态相得益彰，绘就了一幅现代版的“清明上河图”。城中商贾云集，市声盈耳，风味小吃、休闲度假、精品购物应有尽有；文化氛围浓郁，名家手笔云集，中国印博物馆、地震体验馆、掼蛋乐园等特色鲜明。

水釜城南门楼

中国印博物馆

洪泽湖渔人湾　座落在洪泽湖东部湿地保护区、洪泽县城西部，全长2.5千米，由洪泽湖湾、湖滨浴场、洪韵舞榭、游艇码头等景点组成。是华东地区最大的天然浴场，能同时容纳上万名游泳爱好者。在此，大湖风光一览无余。

渔人湾一角

湖滨浴场

欢乐园　欢乐园占地面积5.33公顷，与桅杆林立的大湖船坞比邻共拥，是苏北地区首家生态休闲主题乐园，拥有现代化程度最高的旋转自由落体机、往复式过山车、旋转飞椅、24人大摆锤等20多个游乐项目。

洪泽湖欢乐园

旋转飞椅

过山车

（蒯　芳）

编辑：邵永芹

交通·信息

交通运输

【概况】 2015年，全县完成公路客运量540万人，同比下降4.9%，公路货运量298万吨，同比下降2.4%。水上客运量2.17万人，同比下降0.9%，水上货运量784万吨，同比下降47.3%。港口货物吞吐量901万吨，同比增长12.6%。年末拥有公路里程1492公里，较上年增加4公里。

当年，县交通系统共创建省级文明单位2个、市级文明单位1个、县级文明单位1个。县交通运输局获得全市交通运输系统第二方阵第一名，全县科学跨越发展目标考核二等奖。并获全县组织工作先进集体、“阳光洪泽”建设先进集体、家风活动先进集体、“行风十佳”金牌单位、精神文明及宣传思想工作先进集体等奖项。“马浪岗海事所典型培树”在全县党建类创新创优项目答辩活动中获得第一名。

2015年洪泽县交通系统年末船舶、车辆实有数一览表

表16

项目	计量单位	2015年	项目	计量单位	2015年
一、运输船总计	艘	840	二、汽车总计	辆	190
载重量	吨位	327480	其中：载客汽车	辆	190
载客量	客位	385		客位	5270
功率	千瓦	184367	1. 大型客车	辆	72
1. 客船	艘	10		客位	3263
载客量	客位	467	2. 中型客车	辆	105
功率	千瓦	1480	—	客位	2070
2. 驳船及货船	艘	1027	—	—	—
载客量	客位	322815	—	—	—
功率	千瓦	177525	—	—	—
3. 拖船	艘	28	—	—	—
载重量	吨位	2088	—	—	—
功率	千瓦	5362	—	—	—

【公路建设】 2015年，全县公路总里程1492千米。其中，高速公路34.4千米，一级公路15.1千米，二级公路170.55千米，三级公路104.24千米，四级公路1055.25千米，等外公路112.46千米。当年新增公路19.78千米，均为农村公路。

【桥梁建设】 2015年，全县有桥梁418座，桥梁总延长9173.29米。当年新建成桥梁8座，增加桥梁延长833.29米。

【航道建设】 2015年，全县有干、支线航道195.33千米。其中，等级航道7条，146.29千米(含洪泽湖南线三级航道44.58千米，苏北灌溉总渠三级航道16.89千米，1号闸接线三级航道7.53千米，洪泽湖西线五级航道6.49千米，金宝线六级航道31.2千米，张福河五级航道11.65千米，浔运西线七级航道27.95千米)；等外级航道3条，49.04千米。苏北灌溉总渠1号船闸至张马洞16.89千米航道、洪泽湖南线马浪岗至官滩渡口44.5千米航道为省级文明航道。各种助航标志47座。其中，固定标30座、横流标4座、杆形标6座、浮标7座。

【路政监管】 2015年，县交通运输局加大路政巡查力度，及时查纠损害路域环境行为。清除非交通标志悬挂物32块，清除建筑控制区堆积物5532平方米，收取路产损失赔补偿费12.69万元，案件查处率、结案率均为100%。共查处超限车辆114台，罚款7.79万元，卸载超限货物551.82吨。道路超限率控制在1.26%。全年无一起涉及路政行政诉讼和行政复议案件，公路用地范围内未发生一起新增违章建筑。

【港口监管】 2015年，全县有港口20个，码头泊位60个，码头岸线3837米，总吞吐量901万吨，同比增长12.5%。年内，县交通运输局对辖区航道周围的码头、吊机船等设施设备进行重新复核、测算，收取设备使用补偿费40.8万元。指导瑞洪盐业和中盐淮安鸿远等2家港口企业完成安全标准化创建，新建港口视频监控点6个；指导7家港口企业安装

岸电设备11套、LED节能灯187盏。

【运输市场监管】 2015年,县交通运输局累计出动稽查人员5700余人次,检查车辆4620辆次,妥善办理投诉举报18起,回复率100%,没有发生一起行政复议和诉讼案件,未发生违规执法行为和公路“三乱”问题,保证全县公平、和谐、畅通的道路运输秩序。

【出租车监管】 2015年,全县登记在册的出租车100 辆,与2014年持平,载客量638万人次。出租车市场运行平稳。

【公交客运】 2015年,全县客运线路56条,总里程5851千米;其中,城市公交线路6条,乡镇公交线路11条,城际客运

12月18日,30辆新能源公交车投入使用 (陈 亮 摄)

线路39条。全县有客运站9个,其中农村客运站8个。当年改造城市公交站台70个。全县客运车辆372辆。其中,城市公交车辆87辆,农村客运车辆94辆,县外客运车辆191辆。

当年,县公交公司新增12辆油电混合动力公交车和30辆纯电动公交车,建设充电站1个、充电桩12座。全年客运量572.9万人次;其中,农村客运量67.9万人次,县境内公路客运量450万人次;旅客周转量33.52亿人千米。

【航政监管】 2015年,县航道站组织2次干、支线航道的清障扫床工作,实际扫床总里程443公里,清除大型沉积物2处,干支线的通航率达100%。全年上航上线巡查91天,巡查里程9800公里。收取航道补偿费40.8万元,比2014年同期上升21.8%。维护航标45航次,其中夜航维护12次,正常维护1656座次,非正常维护9座次,航标正常率达100%。

【湖区安全监管】 2015年,县海事部门实施施恶劣天气封航33次,处置“12395”全国统一水上遇险求救电话接警160起,抢险救助遇险船舶180艘次,救助遇险船员460人,抢救遇险货物80万吨,挽回经济损失达350余万元,水上搜救成功率100%。

【水陆货运】 2015年,全县有货运车辆1592辆,总吨位15927万吨。全县有货运拖船802艘,功率177525千瓦。有驳船及货船929 艘,净载重吨位117334万吨;其中千吨级货运船只75艘,总吨位39264万吨。全年水陆货运总量2248.0万吨。

【公路养护】 2015年,县政府出台《洪泽县农村公路管理办法》,切实加强328省道、淮金公路洪泽段养护。全县国、省干道优良率100%,县道优良率85%,乡村好路率84%。当年维修县道27.84千米。农村公路养护考核获全省第五、全市第一。

【非法采砂专项整治】 2015年,县交通运输管理局联合县水利、公安、渔政等部门开展4次辖区水域非法采砂专项整治行动。共查获非法采砂船舶188艘,摧毁非法采砂工具184套,扣留非法采砂的船舶11条。

【交通重点工程建设】 2015年,全县完成交通重点工程6项,完成项目总投资3.85亿元。

348省道洪泽县城南环段工程。该工程路段全长7.185千米,建设标准为一级公路,双向六车道,规划总投资3.3亿元;8月19日正式开工。当年,完成投资额1.53亿元。

洪泽湖大堤改造和彩色慢行道铺设工程。4月26日,洪

4月26日,洪泽湖大堤改造和彩色路面铺设全面完成 (陈 亮 摄)

泽湖大堤改造和彩色路面铺设全面完成。当年改造洪泽湖大堤周桥大塘至三河闸段道路16.15千米，铺设洪泽湖大堤欢乐园至三河闸段彩色路面26.65千米。总投资7914万元。

农村公路提档升级和农桥改建工程。全年完成农村公路提档升级67.54千米、农桥改造12座，总投资3853万元。

景区道路通达工程。为策应洪泽湖古堰AAAA景区创建，投资341万元治理洪泽湖大堤欢乐园段沉降道路，投入820万元改造通往景区的浔河路。

航道建设养护工程。9月底，完成湖区3座横流标新改建工程，总投资120万元。12月1日，张福河航道护岸一期工程正式开工，新建直立式护岸400米，总投资200万元。

高良涧船闸扩容工程。规划总投资3.03亿元，2015年完成投资1亿元、施工土方量22万立方米，并成功协调8家住户、7家企业拆迁。12月28日，高良涧船闸扩容工程建成通航。

【全国首个湖区船舶交通管理系统投入运行】 该系统为中国首个湖区船舶交通管理系统（洪泽湖VTS），于2014年8月试运行，2015年7月21日，正式运行，总投资500万元。

洪泽湖海事安全监管系统湖区监控摄像头 （陈 亮 摄）

该系统利用VTS系统对湖区航道实施全覆盖监控，全面掌控进入洪泽湖湖区船舶的实时动态、航行轨迹。为水上交通事故的处理和船舶的违法行为取证提供第一手资料。在突发天气来临时，能够掌握湖区内船舶数量和位置，便于海巡艇快速、准确组织搜寻救助。从而实现对湖区船舶动态监控、电子报港、安全检查、搜救指挥、电子警察、电子巡航、统计分析等业务功能，进一步提高洪泽交通海事部门水上搜集和应急反应能力，提升服务船民质量。

【举行洪泽湖突发风灾事故应急处置演习】 2015年9月30日，县海事部门牵头组织县渔政、航政、水政等部门在洪泽湖南线航道3号航标附近水域组织洪泽湖突发风灾事故应急处置演习。主要开展紧急预警、船舶疏导、组织指挥和搜寻救助等科目的演练，出动各类船只26艘、150多名工作人员，提升突发风灾事故应急处置能力。 （王开成）

邮 政

【概况】 2015年，全县有邮政网点14个，邮运汽车2辆，投递邮路32条，其中农村投递邮路16条；邮政从业人员160人。全年，县邮政公司实现各类邮政业务收入3625.67万元，比2014年增长16.54%。

【邮政机构更名】 2015年5月1日，洪泽县邮政局根据《中国邮政集团公司关于授权各省（区、市）邮政公司所属分支结构办理变更登记的通知》（中国邮政〔2015〕100号）精神要求，更名为“中国邮政集团公司江苏省洪泽县分公司”（简称为县邮政公司），下属14个邮政支局。

【邮政业务】 2015年，县邮政公司投递国内函件287.04万件，同比增长360.92%。其中，国际平函出口0.05万件，进口0.06万件；国际给据函件出口0.04万件，进口0.02万件；国内平函出口98.94万件，进口165.5万件；国内给据函件出口10.56万件，进口11.87万件；国内函件业务完成收入187.99万元，同比减少59.02% ，完成年计划的100.53%，同比减少30.94%。机要邮件0.32万份；代理速递信函3.51万件；机要邮件业务收入0.26万元，同比下降7.14%。出口包件（快包、普包）0.19万件，进口包件（快包、普包）1.54万件，国内小包业务揽收12.37万件；包件收入1.42万元，同比增长3.65%。全年投递报纸463.19万份，杂志13.32万份；报刊业务收入190.20万元，完成年计划的100.11%，同比增长0.37%。

【邮政中间业务】 2015年，县邮政公司实现集邮业务收入115.56万元，完成年计划的110.06%，同比增长16.53%。办理汇兑2.63万笔。完成邮政金融业务收入2792.98万元，同比增长19.58%。全年完成新保3.36亿元，标保2.52亿元，同比净增200%。其中中邮期缴460.92万元，点均51.21万元，点均产能位居全省第二名。

【唐真亚获“全国劳动模范”称号】 2015年4月28日，县邮政公司老子山支局局长兼投递员唐真亚获“全国劳动模范”称号。他把荣誉当做新的起点，表示只要渔民需要，就会在这条“水上邮路”上一直干下去，希望通过“水上邮路”给湖区渔民们带去更多有用的信息，帮助渔民们尽快富起来，过上好日子。

【通过ISO 9001管理体系复审】 2015年初，县邮政公司在2014年ISO 9001质量管理体系认证基础上，本着“科学管理，制度管理”的原则，着重完善质量手册，进一步规范经营管理工作。对2014年度认证工作中发现的问题及时整改完善，加强相关人员培训。同时，重视加强内部审核频次，对所查问题进行闭环处理，提出纠正预防措施计划，落实整改责任部门。

8月，县邮政公司通过ISO 9001质量管理体系认证专家组的再次外部复审，基础管理工作有较大提升。

【纪祥获全国无偿献血奉献奖铜奖】 2015年3月，县邮政公司驾驶员纪祥因累计献血4000毫升获国家卫计委、红十字会总会、解放军总后勤部联合颁发的“2012—2013年度全国无偿献血奉献奖铜奖”。多年来，公司一直致力于文明创建和公益事业的参与工作，引导全体员工要树立常怀热心、多献爱心的信念。

全国无偿献血奉献奖铜奖获得者纪祥 （严君华 摄）

（刘 军 严君华）

电 信

【概况】 2015年，县电信公司拥有营业网点69家。其中，自有营业厅13家、合作厅56家。另建有便民服务点80家，网点覆盖全县所有镇和中心村。当年，县电信公司拥有固定电话用户5.06万户，移动电话用户7.5万户，互联网宽带用户4.2万户，网络视讯（ITV）用户1.89万户，实现各项业务收入6395万元。

当年，县电信公司获淮安市电信系统“三好”装维班组创建一等奖、淮安市客户服务一体化专项工作一等奖、4G网络质量提升专项行动一等奖、行业应用市县一体化支撑专项活动一等奖、移动用户感知优化专项行动二等奖、资源质量提升专项工作二等奖、网络运营维护质量提升二等奖、4G 网络建设竞赛三等奖及“淮安市巾帼文明岗”等奖项荣誉。

【电信基站建设】 2015年7月底，县电信公司完成传统交换机（PSTN）全部退网工程；新建4G网基站191个，新增华为5680T光纤交换机11台。至年末，县电信公司拥有天翼（C网3G）基站92个、4G基站257个、Wi-Fi基站219个。拥有中兴9806H光纤交换机308台、中兴F820光纤交换机713台、华为5680T光纤交换机38台。

【网络建设】 2015年，县电信公司加快电信宽带网络建设，以打造“百兆光宽带”精品网络为目标，推进城镇光纤到户工程，扩大农村地区光纤宽带网络覆盖范围。8月底，实现全县光网能力全覆盖。同时，优化电信网络质量，加快推进宽带网络的光纤化升级，建设100M超高速宽带网络接入，使城乡居民皆可使用100M带宽接入互联网。全面提升综合信息服务能力，提高全县信息化整体水平，积极推进“光网城市”建设，为智慧洪泽建设提供网络基础。当年，电信无线4G网络实现县域内能力全覆盖。至年底，全县家庭光纤入户（FTTH）上网用户3.6万户、20M及以上用户数规模到达2.4万户。

（周中平）

移 动

【概况】 2015年，县移动公司下设综合部、市场经营部、集团客户部、全业务运营中心等部门，在职员工96人，大专以上文化程度占98%。公司总部位于县城瑞特大道13号。至年底，县移动公司拥有固定资产510万元，用户19.87万户，各项经营收入1.13亿元。

当年，县移动公司努力提升服务质量，组织自愿者参与社会活动，获市级“文明单位”称号；获县“科学跨越发展目标考核先进集体二等奖”“行风十佳优胜单位”“道德讲堂建设工作先进单位”“洪泽县五四红旗团支部”。

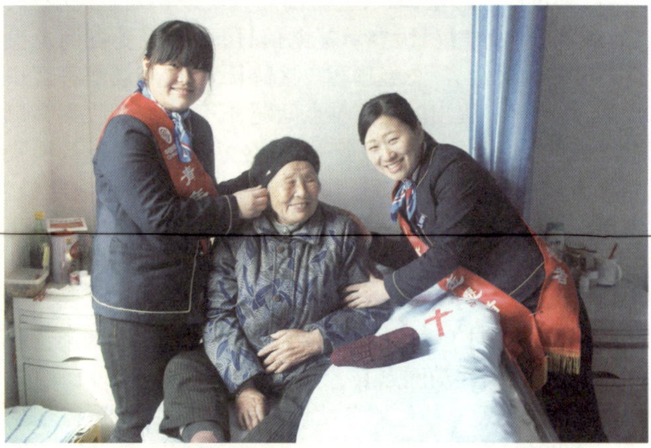

县移动公司自愿者慰问孤寡老人

【移动基站及网络建设】 2015年，县移动公司投资3000万元，新建4G网络基站158座，4G室分站点共计53个，总数增至211座，2G/3G/4G站点总数达到255个。拥有移动通信传输网692公里杆线，管道205千米，光缆长度222千米。

实现移动信号全县(包括洪泽湖区及淮河防汛区)全覆盖。县移动公司采用FTTH模式共新建驻地网小区203个,覆盖用户数68458户,驻地网小区覆盖数达到310个,总覆盖用户数达107893户。

【移动通信业务】 2015年,县移动公司主要经营个人移动通信服务、家庭和集团单位移动通信中的移动办公(MOA)、固定(可视)电话、宽带、互联网电视及企业整体信息化解决方案等综合性通信业务。主要推出客服热线、网上营业厅、短信掌上营业厅、补换卡、话单查询、跨区服务(异地办理业务)等22种基础服务项目。

当年,县移动公司各类业务用户19.87万户。其中,移动电话用户17万户(含"4G"用户6.6万户),互联网宽带用户2.5万户,互联网电视用户0.37万户。

【集团信息化建设】 2015年,县移动公司完成集团信息化业务服务收入1469万,比2014年增长70.4%。其中政企固话、互联网、数据传输线路达到866条,年完成电路出租收入492.9万元,较2014年提升36.5%;当年,新增收费线路347条。

当年,县移动公司顺利完成环保局智能执法联网平台系统建设、洪泽县"蓝天卫士"监控项目,新增高清远程监控60路、成功签约航道站航道监管项目、建设公安局智能短信触发系统、建设财政局预算系统传输线路80条,通过法院、农商行移动OA项目成功拓展4G工作手机160台。全年签约政企信息化项目6个,项目金额达到550万元。

【提升服务质量】 2015年,县移动公司持续秉承"客户为根,服务为本"理念,开展"为民服务,创先争优"活动,以"网络更优质、资费更实惠、信息更安全、消费更透明、窗口更便捷"为目标,推出20项切实满足客户需求的服务举措,力求以诚信、优质的服务回馈广大客户和社会。公司响应政府号召,彰显社会形象,联合县工商局开展一系列亲民服务:"3·15"消费者维权日、"5·17"电信日,现场接受咨询及投诉;开展"为民服务"总经理客户接待日活动,现场解答客户咨询,解决客户提出的热点难点问题,广泛听取和收集客户意见与建议;制作《亲民服务手册》,公开《亲民服务八项服务承诺》《服务行业标准》《服务五条禁令》,接受用户监督。当年,县移动公司县城人民路营业厅营业员陈中华被评为"淮安市通信行业用户服务明星"。

【营业网点建设】 至2015年年底,县移动公司有88家营业网点,当年新增移动网点16家。其中,移动营业部11家、合作厅82家,另建有便民服务站点85家,移动网点覆盖全县所有镇和中心村。 (沈海月)

联　通

【概述】 2015年,县联通公司下设综合部、市场经营部、集团客户部等部门,在职员工26人。公司拥有各类电信移动基站131座,当年新建成移动基站27座;实现联通电信信号县区全覆盖。至年底,联通客户拥有57829户,比2014年增长10%;各项经营收入2835万元。

【通信业务】 2015年,县联通公司主要为全县客户提供移动电话通信服务。主要业务有移动通信、互联网宽带等业务。当年,县联通公司新建宽带小区10个,宽带小区总数达80个。家庭宽带实行全部免费提速,最大带宽升至100兆;年服务费为720。至年底,公司拥有家庭宽带用户0.38万户,比上年增加5%;家庭宽带业务收入130万元,比上年增长7%。

【拓展集团业务】 2015年,县联通公司继续拓展集团通信服务业务,集团业务项目增加8项。集团客户数达到50家,集团服务专线31条,其中当年新增加7条;全年,实现集团业务收入500万元,比上年增加2%。 (马兆新)

编辑:孙汉军

城市建管

城乡规划

【概况】 2015年，洪泽县启动10项城市规划编制项目，完成8项城市规划编制项目，修改完善2项城市规划项目。全县村庄环境全域整治工作通过省考核组验收。

当年，县规划局除完成主要工作外，还根据县委、县政府安排协同县有关部门完成农村危房改造工程、渔民上岸工程、村庄整治工程、安置房规划等。荣获2012～2014年度淮安市文明单位；获全县科学跨越发展目标考核先进集体一等奖、村庄环境整治先进集体、城建交通工作先进集体、新型城镇化工作先进集体、基层党员冬训先进集体、招商引资三等奖、壮村工作先进集体等。

【城市建设规划编制】 2015年，县规划局完成《洪泽县城市总体规划(2015—2030)》及6个乡镇(街道)工业集中区规划编制工作，完成《岔河重点中心镇总体规划(2015—2030)》、9个镇(街道)新一轮镇村布局规划、4个镇控制性详细规划修编工作。完善《应急避难场所规划》《抗震防灾规划》《燃气利用规划》等6个专项规划。启动滨湖新区、高铁新区、养老服务设施、排涝、区域供水、水源地保护等建设规划项目；启动洪泽湖欢乐广场、洪泽湖文化广场和应急避难场所改造项目设计工作。

【洪泽县城市总体规划(2015—2030)】 该规划主要有规划期限、城市性质、县域总人口规模及城市人口规模、城市建设用地规模、城市发展目标与战略、城镇体系规划、规划区范围、城镇空间结构等部分组织。

规划期限：近期：2015—2020年；远期：2021—2030年。

城市性质：长三角地区湖滨旅游度假城市，江苏省中北部地区新兴产业基地，淮安市域副中心城市。

县域总人口规模、城市人口规模：

1. 2012年现状县域总人口为39.48万人，城镇人口为19.07万人，县域城市化水平为48.30%。中心城区城市人口12.79万人，人均城市建设用地173.19平方米。

2. 至2020年，洪泽县域总人口为46万人，城镇人口为32万人，县域城市化水平为69.6%。中心城区城市人口规模约为21万人，人均城市建设用地控制在115平方米。

3. 至2030年，洪泽县域总人口为52万人，城镇人口为42万人，县域城市化水平为80.8%。中心城区城市人口31万人，人均城市建设用地115平方米。

城市建设用地规模：

1. 2012年，中心城区城市建设用地规模为22.15平方千米；

2. 2020年，中心城区城市建设用地规模为24.15平方千米；

3. 2030年，中心城区城市建设用地规模为35.65平方千米。

(不含城乡统筹的6平方千米)

城市发展目标与战略：

1. 发展目标。融入长三角，立足长三角，在区域结构重组中，以自身独有优势，打造独具特色的湖滨生态旅游城市，建设现代化、多元化、可持续发展的“水乡洪泽、美丽洪泽、创新洪泽、幸福洪泽、富民洪泽”。

2. 城市发展战略。生态立县战略、产业强县战略、旅游兴县战略。

城镇体系规划：1. 城镇规模等级分为三级：

(1)县域中心城市，1座，即洪泽县城(县城驻地高良涧街道)，规划人口31万人，为县域政治、经济、文化中心。(2)重点镇，3座，包括岔河镇、三河镇和老子山镇，规划城镇人口2万~3万人，其中岔河镇为重点中心镇。(3)一般镇，3座，即东双沟镇、西顺河镇、蒋坝镇，规划城镇人口1万人。

2. 城镇职能分为综合型、旅游型、农贸型三类。(1)综合型城镇3座，分别为洪泽县城(高良涧街道)、岔河镇和三河镇。(2)旅游型城镇3座，分别为老子山镇、西顺河镇和蒋坝镇。(3)农贸型城镇1座，即东双沟镇。

洪泽旅游定位：面向长三角地区，以名湖风光与水泽田园为特色，打造集传统旅游与新兴度假于一体，具有一定国内知名度的现代旅游城市。

规划区范围：规划区是指城市建成区以及因城乡建设和发展需要，必须实行规划控制的区域，本次总体规划规划区范围为洪泽县域。

城镇空间结构：1. 构建“一带两区，一核多点”的县域城镇空间结构。(1)一带：即城镇与产业发展带，依托宁连高速公路和宁连一级公路的交通优势和滨湖旅游资源，带动沿线的城镇和产业发展，形成县域南北向的城镇与产业发展带。(2)两区：即指洪泽盐碱科技园区和白马湖生态旅游度假区。(3)一核：即洪泽中心城区，为县域政治、经济功能发展的核心地区，是县域推进城镇化的重点地区。(4)多点：即多个县域重点发展城镇，作为农村地区的城镇化主要载体。

2. 规划中心城区空间结构为“一心六片”。(1)一心：为城市核心片区，以行政办公、商业金融、文化体育为主要职能。整合现状公共设施，打造城市公共中心。(2)六片：包括城西片区、城北片区、城南片区、朱坝片区、湖滨片区和盐化片区。

【岔河重点中心镇总体规划】 该规划主要由人口规模和城镇化水平、规划范围、发展目标、发展战略等部分组成。

人口规模和城镇化水平：近期(2020年)7万~7.5万人，城镇化水平约40%；远期(2030年)7.5万~8.5万人，城镇化水平约75%。

规划范围：镇域：岔河镇行政区范围，总面积191.22平方公里；镇区：包括岔河镇中心镇区、仁和社区和白马湖旅游片区。其中，中心镇区范围东至淮金公路，西至老淮金公路，北至城河路，南至南河路和界沟路。

发展目标：以绿色农业为基础，水生生态为优势，滨湖旅游为抓手，建设 融入长三角，服务淮安市，带动县域经济发展的融城、乡、园为一体的宜居、宜业、宜游的苏北水乡特色风情小镇。

发展战略：

1. 城湖联动，聚力发展。前期岔河镇可采取以湖优城的发展模式，依托白马湖旅游来提升城镇的整体服务功能，逐步带动城镇发展，进而达到城湖交融，最终实现城湖共生。规划应从产业发展、城乡建设、生态保护、道路交通、文化建设几方面强化城湖联动。

2. 特色彰显，品质发展。延续与弘扬城镇特质，彰显“水乡风貌”的自然特色和红色文化，塑造与提升滨湖旅游城镇的现代形象。同时结合县域副中心的职能和发展小城市的目标，完善基础设施和公共服务设施，加强旅游服务功能的提升，加强商贸服务功能的积聚，加快产业结构优化与升级，实现城镇品质发展。

3. 生态优先，永续发展。严格保护岔河镇域生态环境，维护生态安全格局，强调岔河镇生态水域、生态岸线、生态林地、生态农田等空间资源的梳理，尤其要重视白马湖生态岸线的保护，形成生态为主线的发展模式，生态、生产、生活有机融合，实现可持续健康发展。

【城市建设规划监管】 2015年，县规划局完善“一书二证”核发程序，加强城市建设规划项目监管。核发建设项目选址意见书25份，面积707506.14平方米；核发建设用地规划许可证22份，面积434492.04平方米；核发建筑工程规划许可证194份，面积216286.78平方米。实施建设工程批后跟踪管理17项，涉及建筑单体17个，涵盖建筑总面积83993.88平方米。

洪泽人才大厦设计鸟瞰效果图

【新型城镇化建设规划实施】 2015年，全县新型城镇化建设规划全面实施。“三馆一中心”、国防园、大湖娃幼儿园、新实验小学及幼儿园、农商行办公楼、人民银行新办公楼、人才大厦等重点城建规划项目开工。县城千岛湖路、益寿路、杨码路等11条路网建设以及洪泽湖大道景观大道提升工程规划得以实施。规划并完善城区燃气管网构架，新铺设燃气管道80千米，新建小区基本实现管道燃气户户通。同时，加强对城市地下管线排查管理工作，推进地下管线普查工作。至年底，全县城市化率达55%，城镇绿化覆盖率24.8%；新型城镇化建设规划成果初步展现。

【村庄环境整治】 2015年，县规划局牵头协同县有关部门负责的全县村庄整治任务全面结束。全县各镇(街道)全覆盖全域整治，完成1248项村庄整治任务，主要对生活垃圾、河道沟塘、乱堆乱放进行整治。建立全县村庄环境管理“五位一体”长效管护机制，由县水利局主管，县规划局等单位协同管理。

当年，成功创建三河镇双坝村、岔河镇乾宁村、高良涧街道越城村3个江苏省村庄环境整治“三星级康居乡村”。

【美丽乡村建设】 2015年，规划局牵头实施“美丽乡村建设”民生实事。朱坝街道大刘村、蒋坝镇彭城村共投入1818.6万元，对村庄进行改造升级，并通过省级验收；老子山镇新滩村、岔河镇南街村总计投入276万元，完善基础设施建设。全县村庄环境全域整治工作通过省考核组验收。

（陈　苗）

城乡建设

【概况】 2015年，全县建筑业总产值86亿元，比2014年增长5%；其中，外出施工产值50亿元，出国出境733人，比上年增长3%。全县实施市政公用工程19项，总投资约1.3亿元；实施园林绿化项目10项，总投资5800万元。

当年，县住建局先后荣获“全省住房保障和保障性安居工程建设劳动竞赛先进单位”“省住建系统窗口单位和服务行业优质服务竞赛活动先进单位”“省住建系统‘安康杯’竞赛先进单位”；获市住建系统目标考核先进单位、安全生产先进单位、科学跨越发展考核及经济与社会发展先进集体；获全县科学跨越发展目标考核先进集体二等奖。

【建筑质量安全监管】 2015年，全县在建工程15项，其中当年新开工6项，年内完成17项；创市翔宇杯工程质量奖4个，创市级QC成果12个；10个项目通过市级标准化文明示范工地现场考核验收，5个项目通过省级标准化文明示范工地现场考核验收。受监工程项目28个，总建筑面积103.29万平方米。

当年，县建筑工程质量安全监督管理站组织各类建设工程质量、安全监督抽查835次，提出整改意见2500余条，发出整改通知书48份，发出停工通知15份。召开质量安全技术交流会、施工现场观摩会5次，约谈建设、监理、施工单位6家。

【经济保障房建管】 2015年，全县新开工各类保障性住房470套，基本建成600套，其中建成保障性住房小区四期经济适用住房60套。新开工建设龙庙城邦公共租赁住房五期工程，建筑面积0.4万平方米、计72套；基本建成公共租赁住房112套（间），其中县保障性住房小区四期公共租赁住房24套，宏基铝业有限公司职工公寓88间。

当年，调整经济适用住房申请标准，低收入线标准由城镇家庭人均月收入低于990元调整到低于1080元，中等偏下收入线标准由城镇家庭人均月收入低于1500元调整到低于1700元。同时，将全县中等偏下收入家庭、新就业人员、进城务工人员和棚户区改造家庭纳入共有产权住房保障范围，对新申请经济适用住房的住户，实行房屋产权共有化。

【市政工程建设】 2015年，全县实施实施市政公用工程19项，总投资约1.3亿元。当年，县住建局组织实施14项市政道路和污水工程。其中，新建道路17.9万平方米，维修、改造道路2.2万平方米；铺设污水管道24千米、雨水管道7千米，城镇污水达标处理率83.2%。

【房屋征收安置】 2015年，全县实施征收（拆迁）项目10个，涉及居民和企事业公房1371户，建筑面积约22.39万平方米。其中国有土地征收项目6个，征收户数687户（含企事业单位公房7家），征收建筑面积约12.03万平方米；集体用地拆迁项目4个，拆迁户数684户，建筑面积约10.36万平方米。

年内，越城大吉祥寺周边储备用地项目完成18户拆迁户协议签订工作，占总拆迁量的90%；盐化新区拓展区第二批新增储备用地项目完成344户拆迁户协议签订工作，占总拆迁量的98.29%；浔河整治工程（洪新河两侧）项目完成88户拆迁户协议签订工作，占总拆迁量的93.26%；348省道洪泽段工程项目69户拆迁户全部完成；交通新村地块旧城改建项目1期目前已完成92户拆迁户协议签订工作，占总拆迁量的83.64%；砚临河两侧地块（东侧）旧城改建项目完成130户拆迁户协议签订工作，占总拆迁量的77.38%；经济开发区环评影响范围旧城改建项目完成203户拆迁户协议签订工作，占总拆迁量的90.22%；清润沿线尾水湿地二期项目已完成244户拆迁户协议签订工作，占总拆迁量的99.59%；完成杨码花园西侧地块旧城改建项目涉及的1户拆迁企业签约工作；完成东十三道建设项目（砚临河—东一街段）房屋征收调查和违建面积界定等工作。

【园林绿化】 2015年，县园林局组织实施洪泽湖文化广场、洪泽湖欢乐广场、城南公园3个城市公园绿地提质工

洪泽城区一角　　（孙汉军 摄）

程，启动砚临河7号地东侧及大湖娃幼儿园北侧两处综合性公园建设改造工程。补植城区道路绿化带乔木400株，更换路牙300米，安装铁质护栏1300米，完成节日摆放草花120万盆。

当年，全县新开工建设砚临河风光带二期(1、2、7)、城乡挂钩3、4期、洪泽湖大堤移民迁建安置小区1、2期、万顷良田等绿化，新增绿化面积18.73公顷，绿化覆盖总面积746.48公顷，绿化覆盖率达40.9%，投资2341万元，对城南公园、洪泽湖大道，17.5万平方米绿化进行改造提升。完成太湖路(原东风路)行道树补植、护栏安装等工作；完成浔河路绿化补植、北京路绿岛、东七道、东十街等道路绿化补植；完成高速入口、东九道与宁连路接点、东十一道与宁连路接点绿化提升。

【白蚁防治】 2015年，全县签订白蚁防治合同9份，收取白蚁防治费59.07万元，实施防治面积26.5万平方米。其中，签订新建小区白蚁防治合同1份，收取白蚁防治费6.86万元，实施防治面积5.37万平方米。

【居民小区物业管理】 2015年，全县有物业管理企业41家，其中具有一级资质4 家，具有二级资质3家，具有三级资质11家，其余为三级暂定资质。当年，洪泽县鹏程物业服务有限公司成功申报二级资质，洪泽洪城物业服务企业成功申报三级资质。

至年底，全县有居民小区106个，总住户65769户；其中县城范围内99个。6月，完成新建小区 天城一品的前期物业招投标工作，南京建宇物业管理公司(壹级)中标进驻管理。年底前，宝利嘉花苑、丽景花园、东城一品(二期)3个居民小区通过物业承接验收。

年初，全县房屋维修资金总额10923.67万元；年底，全县房屋维修资金余额14098.68万元。当年，县三河闸宿舍楼、银珠花苑、天由商都、兴泽苑、商贸城、惠民家园二期、世纪名都、中亿城市花园等21个小区申请使用房屋维修资金，申请资金总额2388009元。年内，浔河花苑、华厦世纪嘉园、北京路小区、政法委大院、金盛花苑、教师公寓等6个老旧居民小区实施改造，改造面积27.15万平方米、涉及住户2439户。当年3月开工，12月完成改造工程 。

【房屋建设审批登记】 2015年，全县完成各类房屋登记业务25909起，登记面积982万平方米。其中，所有权登记13663起，登记面积185万平方米；抵押权登记7446起，登记面积241万平方米；预告登记3795起，登记面积420万平方米；其他各类登记1005起，登记面积136万平方米。

全年，为23个项目办理合同备案，发放施工许可证33本，施工许可面积40.4万平方米。

【城建档案】 2015年，县城建档案馆收藏各类档案2010余卷，其中按规范化、标准化归档要求整理的档案1264卷。当年接收房产档案2010份，其中初始登记322份、预告登记1581份、转移登记4948份、拆迁登记1193份、抵押登记6279份。开具档案接收证明22份，收取档案整编费12.2万元。

全年，县城建档案馆接待咨询、查档人员100余人次，提供案卷45卷次、出具房屋信息证明5467份、办理抵押注销2098份、协助法院查封房产648份、解封80户；办理司法查档3188份、单位查档751份、个人查档285份、办证窗口查档473次。

【建筑外墙节能改造工程】 2015年，全县建筑工程竣工面积31.12万平方米，其中节能建筑竣工面积23万平方米，占建筑工程竣工面积的73.9%；节能新材料墙体竣工面积30万平方米，占总墙材竣工总面积的96%。全年墙体材料总产量1.75亿块，全部为新型墙体材料。

全年，全县征收墙改基金714176.31万元，无减免、缓征现象，征收率达100%。 (葛善铮)

城市管理

【概况】 2015年，县政府出台《洪泽县2015年度城市长效综合管理考核奖惩办法》，城市管理工作得到进一步加强。县城管局组织开展市容秩序、城市景观、小区管理等难点问题联合整治12次，协助有关部门集中整治30次，下发长效管理工作交办单300多份，交办问题600多个，整改率达96%；完成“931”整治项目31个，绿化改造等三大提升型项目54个，受益居民1200多户。新增停车泊位600多个，铺设地下管网1300余米，修复道路6000多米，增设路灯58盏，出新立面3万多平方米，补植绿化2000多平方米。查处违法建设291处，交办192件，协助高良涧、朱坝等街道开展集中拆违行动32次，出动城管队员约960人次，拆除面积约8300平方米。按照二类公厕标准新建协作路公厕1座，改造出新二中等处公厕4座，建成东九街压缩式垃圾中转站；洪泽县有机物处理中心主体工程竣工，除臭设备等安装到位。年内，县城城市路灯管理和城区下水道疏浚职能移交给县住建局。

当年，县城管局被市委、市政府评为城市环境综合整治、长效综合管理先进单位；获全县科学跨越发展目标考核先进集体二等奖；环卫站中转站管理组被市总工会表彰为“工人先锋号”；全年有20多人次受到县级以上表彰奖励。

【垃圾处理】 2015年，县城管局切实做好城乡垃圾统一拉运、统一集中处理工作，将居民生活垃圾和城市建筑垃圾分项集中处理。根据国家生态县技术评估要求，县城管局组织人员赴老子山、三河、岔河、西顺河等镇，全面检查督促镇村垃圾集中转运工作。

当年，全县城乡生活垃圾处理总量5.68万吨，实施无害化处理率94.8%。

【街道保洁】 2015年，县城区街道保洁面积220万平方米，主要采取环卫工人划片包干、管理人员跟班作业的管理模式。同时,开展环境卫生集中整治行动20多次,共清理垃圾杂物160多吨。当年,县环保所新购置无泄漏垃圾吊桶车、拉臂式垃圾运输车各1辆,购置小型扫路车、道路洗扫车共3辆,道路机械清扫保洁率达到85%以上。

扫路车清扫街道　(曹夕峰 摄)

【城市景观提升】 2015年,县城管局组织实施县城浔河路、洪泽湖文化广场等主要城市景观改造提升工程,主要粉刷外墙墙体、统一设计装修店铺招牌,实现出新、出景、出彩的效果。

当年,县城管局组织粉刷墙体立面2万多平方米,拆除店铺不规范遮阳棚400多个,划设非机动车停车泊位1150个,维修更换广场及砚临河风光带景观灯440多盏。其中,县城浔河路被市城管局命名为"市级城市管理示范路"。

【城管监察】 2015年,县城管局组织4.2万人次开展集中整治600多次,成立非机动车专项整治中队,下发各类整治通知3500多份,清理小广告8000多张,整治乱停乱放非机动车辆5100多辆,暂扣违规物品1100多个其中非机动车345辆;同时与主次干道经营业主签订《门前三好》责任书4500多份,签订率100%,履约率90%以上,进一步落实长效管理,巩固整治成果。

【智慧城管系统平台建成】 2015年,洪泽县智慧城管系统平台开始建设,并作为智慧洪泽子项目着力打造。全年投入600万元,共接入20家职能部门,年底前建成并投入试运行。当年,通过智慧城管系统处理相关案件2000多起。

县领导调研洪泽智慧城管系统建设　(曹夕峰 摄)

(曹夕峰)

城市资产经营

【概况】 2015年,洪泽县城市资产经营有限公司坚持以经济效益为中心,以城市发展为方向,认真履行"投资、融资、资本运营"三大职能,不断创新经营理念、改革管理体系、拓展经营渠道,充分发挥"龙头引领、资源整合、资本放大、品质提升"四大作用。当年,共实施融资项目31个,融资总额17.17亿元。其中,到账项目20个,到账资金6.98亿元;申报项目11个,融资额10.19亿元。

【国有资产运作与管理】 2015年,县城市资产经营有限公司对名下的资产进行集中清理,建立动态管理档案,进行科学规范管理。利用出售、出租等多种运作形式,盘活存量资产,保证国有资产保值增值。同时,加大闲置资产处置力度,清理出杜甫广厦、盛世豪庭、盛世华庭、杨码花园、富国家园、洪福名都等10个安置小区中被非法侵占的商铺,共计604间,总面积约25000平方米。

当年,收取安置房定金375万元,收取水岸花城住宅小区48套签约销售房定金和房款2627万元,收取盛世华庭公寓楼10套签约销售房定金和房款512万元,收取清理回收的商铺等房屋租金39.79万元。

【安置小区建管】 2015年,全县加大安置及公建项目工程建设力度,完成多项工程建设项目。一是完成洪泽湖大堤老船厂段移民迁建安置房一、二期,城乡挂钩三、四期,万顷良田项目拆建等5个安置房项目建设,建成住宅2144套,建筑面积约23.8万平方米。

当年,县城市资产经营公司牵头县住建局、规划局、审计局等部门对盛世华庭、鸿盈小区、潘家花园、惠民家园、富民家园等20多个安置小区约200万平方米政府安置房进行维修;完成587户安置房业主反映的房屋渗水、墙体开裂、下水道堵塞等维修任务。

【公建项目工程建设】 2015年,县城市资产经营有限公司自主开发水岸花城住宅小区、盛世华庭公寓楼、县中东侧门面房3个建设项目,建成住宅510套,门面房124间,总建筑面积8.82万平方米。

当年,有序推进"三馆一中心"、实验小学城南校区、天鹅湖幼儿园、人民银行新营业用房及西七道大桥4个公建项目和328省道、348省道、经济开发区、盐化工、交通新村5个安置房项目。为更好地推进"三馆一中心"开发建设工作,县城市资产经营有限公司派专人赴扬州、重庆等地学习公私合营模式(PPP)运营理论,并成功利用公私合营模式(PPP)模式引进中建一局为合作单位。"三馆一中心"项目成为2015年度江苏省首批公私合营模式(PPP)入库项目。在“滨湖润养社区”项目建设中,邀请上海、南京等地策划公司提前介入策划,依据洪泽县实际情况提交初步设计方案。

【江苏洪泽湖建设投资集团有限公司】 2015年,该公司稳步搭建组织架构,进一步完善集团公司的法人结构,招聘8名专业技术人员,强化企业化运作模式,积极开展融资、项目建设等工作,为全县城市建设及投融资工作全面推进奠定坚实基础。

当年,该公司加大力度支持县内完善镇级公司结构、提升融资能力,协助老子山、西顺河、岔河3个镇实施融资工作。其中,该公司与蒋坝镇共同成立天鹅湾旅游开发公司,并成功引入江苏大千生态景观股份有限公司作为社会资本方,全面开发蒋坝镇的旅游资源。年内,部分项目开始实施。老子山镇民生银行融资项目正式启动,融资额1.5亿元至2亿元;西顺河镇现代服务业集聚区项目已与江苏银行进行对接;岔河镇流动资金贷款项目已与相关银行进行洽谈。

(王　枫)

供　电

【概况】 2015年,全县供电用户182730户,比2014年增加7239户。其中,非普工业用电户6087户,大工业用电户246户;城镇居民用电户50194户,农村居民用电户99871户;农村生产及其他用电户26332户。县供电公司全年实现供电总量14.66亿千瓦时,同比下降2.98%;线损率4.28%,同比降低0.25个百分点。网供最高供电负荷26.45万千瓦,完成业扩报装容量16.11万千伏安。

当年,县供电公司被江苏省电力公司表彰为同业对标综合评价进步单位、业绩对标进步单位、检修专业对标进步单位。农电综合管理专业对标获全省标杆单位称号;被淮安供电公司表彰为2015年度“四好领导班子”、文明单位标兵、党风廉政建设先进单位、安全生产先进单位;被县委、县政府表彰为跨越发展目标考核先进集体一等奖。

2015年洪泽县用电情况一览表

表17

项目	本期售电量(万千瓦时)	售电收入(万元)	本期电量增长率(%)	平均电价(元/千千瓦时)
大工业	103293.69	69592.46	-5.69%	673.73
非普工业	8464.26	7270.01	-3.30%	858.91
农业生产	2450.02	1211.35	18.49%	494.42
城镇居民	7644.87	3932.62	-5.65%	514.41
农村居民	9486.12	4969.94	12.63%	523.92
其他照明	8946.03	7432.82	16.00%	830.85
合计	140284.99	94409.20	-2.98%	672.98

【电网建设】 2015年,全县有变电站(所)33座,其中用户自建变电站19座。县供电公司维护的14座变电站变电容量790.5兆伏安,10千伏及以上线路149条2005.92千米。

当年,县供电公司组织编制《“一流配电网”规划》,实现农村配网一镇一规划,城区配网分片分区域的规划目标;完成《洪泽县“十三五”电网规划》编制工作,并通过淮安市供电公司验收,储备配网项目605个。按期竣工高良涧供电所小型基建工程项目。完成110千伏邓码主变调换、黄集变主变扩建项目。新建110千伏杨码输变电工程基本完成。完成配农网工程项目649个,全县城乡居民户均配变容量分别达4.6、3.7千伏安,完成低电压整改651户,重载配变整治23台。其中,白马湖地面滩涂光伏发电配套110千伏线路工程和邓码110千伏变电站扩建工程获国网公司2015年度输变电优质工程奖,邓码变工程获江苏省建筑业“扬子杯”优质工程奖。

【供电安全监管】 2015年,县供电公司严格落实安全生产保证体系和监督体系责任,扎实开展多项主题专项活动,电力主网设备安全运行水平得到提升。2月至12月期间,实现4个月城区配网10千伏~20千伏55条计375公里线路零跳闸记录,配电线路跳闸同比下降21.42%。截至年底,供电连续安全生产10448天。县供电公司被江苏省安监局命名为“江苏省安全文化建设示范企业”,获江苏省电力公司“安康杯”竞赛优胜企业。

县供电公司电力维修人员抢修电力设备 (李　成　摄)

【质量管理创新】 至2015年年底,县供电公司获得实用新型国家专利19项。其中当年申报3项国家专利。

当年,县供电公司供电质量管理创新活动QC小组获全国电力行业优秀QC小组和优秀质量管理小组称号,QC成果连续三年获省公司一等奖;二次系统检修班被表彰为省质量信得过班组和江苏省公司年度“标兵班组”。

【岸电入湖工程】 2015年,县供电公司投入121万元资金,在复线船闸、大堤码头等港口货轮、渔民渔船集中点建设低压一体化岸电桩。11月,完成岸电入湖工程建设项目。共建成岸电箱和岸电桩80个。该项目建成可为近

技术人员在高良涧船塘安装电力设备　（李　成摄）

百条千吨级货船降低靠港成本和维护费用，每年可减少二氧化碳排放700吨，二氧化硫排放7吨，氮氧化物排放11吨，大幅减少船舶对环境污染和噪音污染。此举被中央电视台、江苏卫视、《江苏电力报》《淮安日报》等媒体进行了集中报道。

【创建"零投诉"供电所】　2015年，县供电公司组织开展"零投诉"供电所创建活动。全县10个供电所参加活动，其中4个供电所实现"零投诉"目标。当年，县供电公司农网报修和投诉分别比2014年下降45%和50%。县农电综合管理专业同业对标获全省系统标杆称号，供电所同业对标综合考评全省第一；共和供电所被省电力公司表彰为2015年度乡镇供电所管理提升劳动竞赛先进供电所。

【构建供电协同监管模式】　2015年，县供电公司构建供电协同监督网络，在各部门设立兼职纪检员，实时监督管理在岗人员服务情况。全年，向公司中层管理人员下达督查督办纪要48份；开展劳动纪律、公车管理等问题专项督查9次，发出纪委监督建议书66份；开展短信平台廉政提醒，及时提醒相关人员做好管理工作。创新农电协同监督形式，设立农电协同监督专栏，实现对供电所日常协同监督工作的实时监控和检查。这一举措为淮安供电公司系统下属县级公司首创。（杨苏仁）

供　水

【概况】　2015年，洪泽县加强居民生活用水安全供应工作，对洪泽湖周桥灌区渠首居民生活用水取水口实行水质监控24小时不间断，确保自来水水源地水质符合国家标准。加大居民用自来水质量监管力度，确保居民生活用水安全。当年，全县自来水用户6万户，其中居民用户5.35万户。至年底，全县供水总量2108.28万吨，含县井源水务公司供水量1806万吨，其中城市居民生活供水量1652.3万吨。

【供水管网建设】　2015年，全县完成洪泽县东双沟镇至三河镇（含原共和镇）、三河镇至蒋坝镇、盱眙县管滩镇至洪泽县老子山镇、淮阴区赵集镇至洪泽县西顺河镇的区域供水一级管道的铺设目标任务，现全县各镇除老子山、西顺河外，全部正常供水。在城区完成了天泽名城二期、天湖豪庭二期、水木清华二期、恒隆水城、五丰公馆、银座、翰林学府、安芯智能港、润湖景苑等新建居民小区的供水工程及自来水供应工作。在新城区完成盐化新区及洪泽工业园区部分单位，如实联化工、盐都商务广场、张码六期、江苏天新化工等单位的供水工程。（县井源水务公司）

供　气

【概况】　2015年，县域燃气供应方式仍主要有瓶装气和管道燃气两类，其中当年居民管道天然气普及率达70%。至年底，全县管道燃气用户2.6万户，当年新增管道燃气用户7980户（含新挂表用户），其中非居民用户100户。

【燃气管站建设】　2015年，全县新铺设燃气管道14.17千米，燃气管道总里程达到215.22千米。全县有燃气小区75个，其中当年新建9个。全县有天然气供应站2个，当年新

燃气公司员工安装燃气管道　（孙　星摄）

建1 个。燃气储存总量达4万立方米。

【天然气价格稳定】 2015年，全县天然气使用量12815549立方米。燃气价格在2元至4元之间，与上年度基本持平；其中，居民用天然气价格为2.6元/立方米，工业用天然气价格为3.45元/立方米，商业用天然气价格为3.65元/立方米。

（县华海管道燃气有限责任公司）

供 热

【概况】 2015年，中电洪泽热电有限公司各项业务收入6854万元。其中，完成售电量2040.14万千瓦时，实现销售收入815万元；供热35.47万吨，实现销售收入6039万元。

【安全生产】 2015年，中电洪泽热电有限公司针对季节特点认真开展安全大检查工作，重点开展了防寒防冻检查、节前安全检查、春季安全检查、秋季安全检查、防汛专项安全检查、输煤系统专项检查和外包商专项检查等；积极参加新能源组织安健环培训学习，组织员工学习中电新能源安健环风险管理体系管理手册、导则和指南，发布管理手册建立和完善公司危险辨识与风险评估数据库，关键任务28个、关注任务542个、一般任务552个、风险数评估161项工作任务。按照规范化标准化管控的要求，完善安全生产保证及监督两个体系，健全安全生产三级管理网络，明确责任，定期开展工作。

热公司技术人员在检修设备

【建章立制】 2015年，中电洪泽热电有限公司对公司制度进行了完善、修订、宣贯，提高制度的指导性和可操性，以适应公司发展的需要，2015年共修订、完善制度65个；加大制度执行力的考核，以完备的考核体系和严格的考核刚性，用流程化的形式体现制度的执行过程，使其一目了然、操作便利可行；围绕公司的年度生产经营目标，结合制度建设执行年主题，制定了公司2015年16项重点工作计划，明确了责任人和目标，有效推进了各项工作的开展。

【环保升级改造工程】 2015年2月，中电洪泽热电有限公司对生物质#6炉布袋除尘器进行环保升级改造，对布袋除尘器仓盖、花板、布袋、袋笼全部进行更换，将除尘器清灰喷吹方式改为离线/在线可切换控制，烟尘排放由改造前的500毫克/立方米下降到现在的20毫克/立方米；9月，对#1~#3链条炉进行了环保脱硫提效改造，将#1~#3炉烟气排放集中到一只脱硫塔中进行脱硫后排放，试运行效果良好，烟气SO_2排放达到国家排放标准；#5锅炉电除尘、低氮燃烧改造工作已于2014年底完成，目前脱硫改造（尾部增湿）设备安装已结束，设备调试工作于2015年11月已完成。

【经营管理】 2015年，中电洪泽热电有限公司以预算管理为基础，通过指标分解、落实责任、严格审批制度；寻求融资渠道，努力降低财务费用。6月，在中电新能源会计部的帮助下，3200万元融资款全部到位，且租赁年利率均在实际利率的基础上下浮5%。并于6月底完成了1950万元存量贷款置换工作，为公司节约财务费用40万元。将申请资源综合利用优惠政策作为2015年重点工作之一，积极准备，收集相关资料，于8月取得资源综合利用增值税即征即退资格，缓解了资金压力。

【项目发展】 2015年6月9日，中电洪泽热电有限公司15MW扩建项目取得了省能源局路条，至12月底，各项前置支撑性报告已编制完成，正在走核准报批程序；积极推进生物质机组升级改造项目，2015年10月，完成了中电国际组织的可研评审，争取在2016年底前完成主体工程建设；密切关注淮安市规划建设江苏食品科技产业园的工作进展情况，力争获得三河食品科技产业的天然气分布式能源项目的开发和经营权，为公司的可持续发展奠定基础。

（赵 莉）

编辑：孙汉军

财　政

【概况】 2015年，洪泽县完成一般公共预算收入252079万元，比2014增长13.4%。其中，税收收入、非税收入分别完成213101万元、38978万元，分别同比增长13.8%、11.3%。完成一般公共预算支出477538万元，占调整预算数501513万元的95.2%，同比增长31.4%。

年内，县财政局积极配合相关单位精心编制项目，积极对接沟通，争取专项转移支付补助10.83亿元。被县委、县政府授予“向上争取资金”等6项先进集体称号，并在全县责任目标综合考评中荣获特别贡献单位奖。

【县级预决算公开】 2015年，全县实行全口径预算管理编制，新增国有资本经营预算和社会保险基金预算。当年，全县有158个单位完成部门预决算和“三公”经费预决算公开工作，公开率100%。

10月14日，召开全县2016年度预算编制工作会议

【财政支出管理】 2015年，全县严格执行中央“八项规定”和省、市、县有关规定，控制“三公”经费支出，在年初预算基础上将公务接待费和车辆运行费压缩10%。由县财政部门牵头，清理、盘活全县存量资金1.48亿元，统筹用于急需项目。其中，调整用途使用0.21亿元，政府性基金调入一般公共预算0.1亿元，同级政府收回1.17亿元。联合中介机构对19个重点项目、近4000万元的资金进行了绩效评价。完成政府采购额8750万元，比上年同期增长11%，其中通过公开招标采购7120万元，节约财政资金756万元。正式实施县级政府公物仓制度，制定出台《洪泽县财政农业专项资金管理暂行办法》、洪泽县县级机关差旅费管理暂行办法》等管理制度。组织学习落实《省政府印发关于创新财政支持方式促进经济健康发展若干政策措施的通知》《省政府关于在公共服务领域推广政府和社会资本合作模式的实施意见》等文件精神。认真开展涉农资金专项整治、节假日期间机关作风建设及“三公经费”专项检查，取得较好成效。

【国库支付管理】 2015年，县财政局进一步深化财政国库集中支付改革，不断强化财政项目资金的预算编审和执行工作。在局内部各科室之间，对各类项目资金的预算执行情况实行交叉互审，确保做到“有预算不超支、无预算不列支”。全县共支付各类资金27.43亿元，其中纳入项目管理的财政资金8.50亿元，共1211项。全县所有项目资金全部实行国库集中支付，直接支付比例95%以上。

【会计事务管理】 2015年，全县会计事务管理工作在实现信息管理系统全省联网的基础上，进一步完善动态管理，做好会计管理方面的各项工作。强化会计从业资格管理，办理会计从业资格档案转档手续107份，及时按规定办理并发放会计从业资格证书208本，办理会计人员注册登记手续

33份。加强全县会计人员继续教育和培训工作，组织全县会计人员各种培训3213人次。县财政局获2015年度淮安市会计人员继续教育工作先进单位。

【非税收费管理】 2015年，县收费管理局以规范非税收入管理为着力点，多措并举增收创收，力促非税收入提档升级，完成了年初既定收入目标。全年，各项收费总额65177万元。其中，行政事业性收费收入12469万元、罚没收入5390 万元（含公安罚缴分离1347万元）、国有资产（资源）有偿使用收入12043万元、政府性基金收入累计完成20161万元（含土地出让金收入15594万元）、教育收费（预算外）5850万元、专项收入9076万元、国有资本经营收入188万。各项资金全部纳入财政专户管理。

【国有资产管理】 2015年，全县规范县级政府公务舱运行工作，对闲置的资产统一收回公物仓，实行统一再分配和统一处置，从而节约财政资金，提高资产使用效率。当年，全县回收报废资产292台（套、辆），处置收入5.53万元。

县市场监督管理局成立后，县财政局及时做好原县工商、质监、药监三部门资产下划和接收工作，聘请中介对三个部门资产进行审计，共审计资产总额3283.97万元，负债总额41.13万元，净资产总额3215.54万元。

县财政局积极配合做好中等教育资源清查整合工作。自4月起，对县中等专业学校、技工学校、卫校及农干校等4所中等学校资产进行清查审计。经清查，4所学校资产总额6743.45万元，负债总额1522.84万元，净资产4848.78万元。其中，固定资产账面数5688.66万元，清查数为5235.67万元；可使用移交固定资产4947.2万元（含县中等专业学校系统入账账面尚未入账140.25万元，农干校盘盈7.66万元），不可使用待报废固定资产285.67万元，无偿划拨2.8万元。

【政府采购规范化】 2015年，县财政局组织开发政府采购网上竞价系统，使采购过程更加公开化、公平化；推进政府购买服务，全县政府购买服务额达2841万元；同时，扩大采购范围，将许多涉及乡镇的农业项目纳入政府采购范围。

当年，全县政府采购总额60413万元，比2014年增长279.96%；其中，公开招标51128万元，同比增长326.07%，节约财政资金8371万元，节约率14.8%。

【推进财政体制改革】 2015年，全县实施县镇（街道）财政体制改革，科学、合理地划分县镇（街道）财权与事权，进一步调动各镇（街道）培植财源、加快发展的积极性，切实增强镇（街道）级财政基本公共服务能力。优化发展环境，围绕县委“六大战略”实施需求，设立1000万元乡镇集中区建设专项引导资金、200万元全民创业担保基金和500万电子商务发展基金，并将中小企业应急互助会基金规模逐步做大到5000万元，有力支持经济结构转型升级，为经济发展营造良好环境。

【“公共私营合作制”（PPP）融资】 2015年，全县加大建设项目“公共私营合作制”（PPP）融资模式应用改革力度，“三馆一中心”、蒋坝镇旅游休闲养老、老子山温泉小镇、临河社区周边棚户区改造等5个建设项目入选江苏省PPP项目库，其中蒋坝镇旅游休闲养老项目入选省PPP示范项目，全市唯一。 （曹 艳）

地方税收

【概况】 2015年，淮安市洪泽地方税务局累计组织各项入库地方税收198081万元，比2014年增收23178万元，增长13.3%；其中，市县级（公共财政预算）收入入库185613万元，同比增收22520万元，增长13.8%。另外，全年征收教育费附加4655万元，同比增收1189万元；征收社会保险费62516万元，同比增收1419万元；征收其他基（资）金费4879万元，同比增收738万元。

当年，县地税局在全县科学跨越发展目标考核中获突出贡献奖。

【税务稽查】 2015年，县地税局立案查处各类涉税违法案件24件，选案准确率100%。年内，结案24件，补交税款、滞纳金、罚款1231万元；入库率100%、处罚率100%。

【税源管理】 2015年，县地税局共接收个人所得税自行申报703人，同比增长49.26%。非上市公司个人股权转让个人所得税入库1714.25万元，全市排名第一。企业所得税全年累计入库6045万元，同比增收675万元，增长12.57%。

县地税局工作人员在企业开展纳税辅导 （徐 凡 摄）

当年,清算(含预清算)建筑项目377个,涉及项目金额6亿元,共推送中、高等风险应对建筑业22户、房地产企业18户。全年房地产税收入库16437万元,同比增收272万元,增长1.68%;建筑业税收入库18140万元,同比增收5979万元,增长49.17%。

【税收减免】 2015年,县地税局累计为纳税人办理各项税收减免2237万元,主要有高新技术企业、研发费用加计扣除减免企业所得税213万元;农林牧渔、物流、客运、福利企业减免城镇土地使用税345万元;个人购买首套房、拆迁回购房减免契税328万元;金融企业对农户的小额贷款减免营业税132万元;保险公司返还型人身保险减免营业税336万元;月营业收入不超过3万元减免营业税842万元;其他减免41万元。固定资产一次性扣除的优惠面达32%。

(徐　凡)

国家税收

【概况】 2015年,江苏省洪泽县国家税务局多项举措加强税收工作,全年共组织入库税收7.35亿元,比2014年增长5.5%。其中,"两税"收入6.21亿元,同比增长15.9%;所得税收入1.14亿元,同比下降29.1%。

2015年,县国税局在全县科学跨越发展考核中,被县委、县政府授予"科学跨越发展先进集体特别贡献单位"、软环境建设工作"行风十佳"优胜单位。第一税务分局获"财税服务业工作先进集体称号"。县国税局第一税务分局被全国妇联授予"全国巾帼建功先进集体"称号。

【纳税评估】 2015年,县国税局继续抓好纳税评估工作,堵塞税款流失通道。全年,开展各类纳税评估198户次,完成181次,累计查补税款2527.15万元,冲减留抵1474.53万元,调减亏损17084.53万元,合计评估成效8272.81万元。

【国税退减】 2015年,县国税局依法兑现税收优惠政策,减免税收11681万元,同比增长134.0%。减免税收项目主要有改善民生类计5932万元、鼓励高新技术类计370万元、促进小微企业发展类计1444万元、节能环保类计340万元、

县国税局工作人员向纳税人宣讲国税退减优惠政策

支持其他各项事业类计2640万元,其他合计955万元。

全年,办理各类退税6400万元,同比增长20.56%。其中出口退税3917万元,其他退税2483万元。

【税收征管】 2015年,县国税局坚持以依法行政为前提,全力以赴组织税收收入,征管水平不断提升:加强所得税税基管理,全年完成所得税汇算清缴3479户次,所得税汇缴面达100%;加强税收风险管理,进一步规范风险应对人员的执法检查行为;加强对营改增企业的纳税辅导和宣传,严格按政策规定实施税收征管。当年,共征收入库营改增税款9890万元,同比增长41.64%。

【提升纳税服务水平】 2015年,县国税局全面深化税收征管改革,优化税收服务举措。全年共举办纳税人学堂10

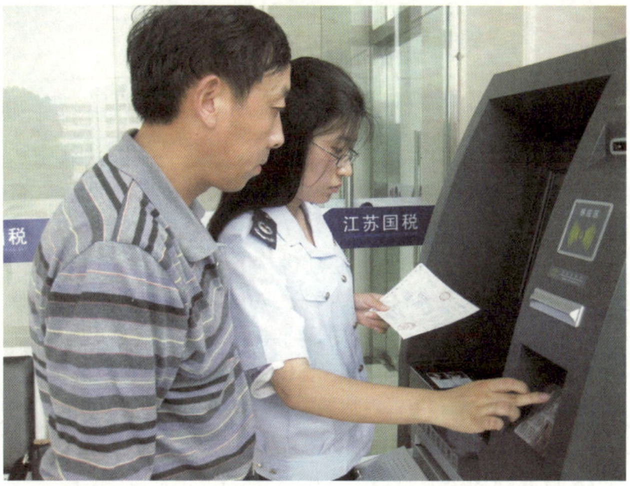

县国税局工作人员对纳税人开展自助办税操作辅导

次,其中与县地税局合办1次。全面推行一般纳税人登记制,取消一般纳税人认定审批制度,方便纳税人依法纳税。局领导班子带队走访重点企业,通过举行"税法公告会""专家咨询日"等活动,广泛宣传税法,征集纳税人需求和建议。升级自助办税终端系统,新增2台自助办税设备,打造"24小时自助办税服务",方便纳税人灵活办税。开展年度纳税服务标兵及服务明星评选活动,提高干部职工服务纳税户、服务纳税人意识;当年,吴学勇被评为县局"纳税服务标兵",徐佳敏、高尚好、张震、曾楠、刘焱焱等5人被评为县局"纳税服务明星"。

【第一税务分局获"全国巾帼建功先进集体"称号】 2015年,县国税局第一税务分局新办税务登记户1427户,注销314户,认定增值税一般纳税人301户。协助科技局上报认定高新技术企业12户。办理各类退税589户次,退税额累计6399.51万元,其中办理出口退税168户次,退税3917万元;办理汇算清缴退税190户次,退税793.27万元;办理先征后退131户次,退税1211.96万元。当年,县国税局第一税务分局被全国妇联表彰为"全国巾帼建功先进集体"。(王　玉)

编辑:孙汉军

金融·保险

人民银行

【概况】 2015年，全县各类银行业金融机构10家（其中法人机构2家，支行以下机构 8家），各类分支机构36家（含国有控股银行10家），银行员工714人。

至年末，全县银行业金融机构各项存款余额180.2亿元，比年初增加39.04亿元，增长27.66%；其中，人民币存款余额179.32亿元，比年初增加38.96亿元，同比多增16.09亿元；外汇存款余额0.14亿美元，比年初增加0.0048亿美元。县内银行业金融机构各项贷款余额132.39亿元，比年初增加17.8亿元；其中，人民币贷款余额132.34亿元，比年初增加18.11亿元；外汇贷款余额 0.0074亿美元，比年初减少0.052亿美元。

当年，洪泽县被省金融稳定工作协调小组授予2014年度江苏省“金融生态优秀县”。县人行被人行淮安市中心支行授予年度落实党风廉政建设“两个责任”示范支行和优秀基层党组织等荣誉称号；获县“科学跨越发展考核先进集体一等奖”“财税服务业工作先进集体”。

【落实稳健货币政策】 2015年，县人行围绕稳健货币政策，加强窗口指导、金融创新和信贷结构调整，引导金融对实体经济、民生事业支持，促进辖内经济金融稳定协调发展。通过强化合意贷款管理，引导法人机构重点加大对“三农”和小微企业的信贷支持，全年2家法人机构实际执行合意贷款83337.59万元。通过强化政策工具运用，认真执行人民银行总行有关再贷款管理等信贷政策，全年累计向法人机构发放再贷款3笔9000万元。通过召开行长座谈会、信贷股长例会等窗口指导手段传达、解读货币政策新要求，牵头制订分解2015年度金融跨越发展目标，召开全县政银企保融资对接会暨金融生态优秀县创建推进会，全年共落实银企对接资金40.39亿元。

【维护金融秩序稳定】 2015年，全县金融健康平稳运行。县人行切实做好金融稳定和金融生态创建工作，进一步完善金融稳定工作机制，将县商务局、住建局纳入金融稳定协调小组，使成员单位扩大至25家。加强金融知识普及宣传和金融投资者教育，联合县委宣传部开展“科学理财、富裕人生”金融知识大讲堂，联合县消协开展“3·15”金融消费权益保护宣传，联合公安等开展非法集资风险专项排查和防范非法集资风险专项宣传，开展存款保险条例实施的宣传和舆情监测。加强对金融风险监测工作，重点对法人金融机构、农民资金互助社、融资性担保公司、地方政府融资平台的风险状况监测，及时跟踪和处置江苏宝利嘉（洪泽）纺织有限公司停产后金融风险状况。组织开展金融业突发风险事件应急预案演练。做好组织召开全县金融生态优秀县创建推进会和省级金融生态优秀县申报工作；年底，洪泽县获批省级“金融生态优秀县”。

【创新对实体经济金融支持】 2015年，县人行围绕实体经济的金融需求，创新服务载体。推进农村土地承包经营权抵押贷款试点，推动县政府制定《洪泽县农村土地承包经营权抵押贷款管理办法（试行）》，配合政府申报国家“两权”抵押贷款试点可选地区名单。开展家庭农场和专业合作社金融需求情况调查。推动县江苏银行设立小微支行、县农商行营运智慧银行，启动专业面向小微企业及社会公众为其提供更便捷服务。县江苏银行创新并发放“苏科贷”700万元，县农商行设计“兴业贷款、跨越贷款”等信贷品种。宣

全县政银企保融资对接暨金融生态优秀县创建推进会召开

传、推介和使用"淮安融资网",深化"网格化"金融帮办机制,组织开展银行信贷知识培训班。推广应收账款融资服务,共发放应收账款融资金额6.9亿元。

【完善农村金融服务功能】 2015年,县人行牵头召开全县农村金融综合服务站提质扩面推进会,开展对农村金融综合服务站质效评估,组织对全县78个农村金融综合服务进行检查验收,验收面达100%,并配合县人社局、邮政银行等部门推动全市民生实事"农村便民服务点"建设,完善全县农村金融服务功能,解决农村金融服务"最后一公里"问题。

【国库管理】 2015年,国家金库洪泽县支库(简称:县支库)实现三级预算收入30.97亿元,比2014年增长9.54%。调拨收入53.76亿,同比增加243.76%;支出83.65亿元,同比增加87.53%;退库1.39亿元,同比增加25.05%。

【人民币管理】 2015年,县人行加强与县各金融机构、公安机关的协调,切实加强人民币流通管理,维护人民币信誉。做好人民币知识宣传,督促各金融机构利用网点开展反假币宣传,利用"3·15"等重要时间节点开展人民币知识进超市、进乡镇、进社区宣传活动;与交通部门联合开展2015年版新100元人民币的发行宣传。做好假人民币收缴工作,全年收缴假人民币520张,金额52535元。组织开展对法人机构人民币冠字号查询管理工作巡视。做好纪念币银行网点发行的宣传、引导、监督。

【征信体系建设】 2015年,县人行着力推进农村信用体系建设,按照"政府主导、人行主推、农商行主办"的原则,成立洪泽县农村信用体系建设工作领导小组,制订《洪泽县农村信用体系建设工作实施方案》,启动农村信用体系试验区建设工作。至12月末,全县农户信息系统中有贷户数为14463户,有贷户信息条数14463条,当年新增有贷户266户,新增有贷信息条数266条。与团县委、关工委联合进一步推进农村青年信用示范户创建工作,对313名青年信用示范户进行了表彰。做好个人信用查询服务,全年累计查询3648人(次)。

【外汇业务】 2015年,县人行推进"外汇账户备案、名录登记、变更、注销"等外汇县市直通业务。当年办理外汇名录登记23笔,直通业务中新设外商直接投资登记1笔。试运行资本项目外商直接投资人民币结算业务,全年办理外商直接投资人民币业务3笔。 (袁启斌)

农业发展银行

【概况】 2015年,中国农业发展银行洪泽县支行(以下简称县农发行)积极实施国家农业政策性存贷业务,实现"精品行"的目标。当年,实现经营性利润4062.16万元,比当年目标任务净增792.16万元,比2014年增长21.2%。

【人民币存款业务】 2015年年底,县农发行实现人民币各项存款余额76708万元,比年初增加15944万元,同比增长26.2%。当年,县农发行完成市农发行人民币存款任务的122.48%。

【人民币贷款业务】 2015年年底,县农发行各项贷款余额152129万元,较年初增加51877万元,同比增长46.5%。全年累计投放各类贷款133522.02万元,其中投放中长期贷款73000万元。

【银企对接总量近八亿】 2015年,县农发行继续加大支持地方经济建设力度,积极与地方企业沟通,了解项目发展状况及资金投向动态,主动化解资金放贷风险。当年成功开展银企对接5户,注入企业发展资金总量78522万元。

(刘 超)

工商银行

【概况】 2015年,中国工商银行股份有限公司洪泽支行(以下简称县工行)积极应对经济结构调整的新常态,全力外拓市场,内抓管理,严控金融风险,较好地完成各项工作任务。至年底,县工行实现各项存款余额15.58亿元,各项贷款余额17.11亿元,中间业务收入2138万元;全年实现利息收入9067万元、营业利润5759万元、税后利润4362万元。

当年,县工行被中国工商银行江苏省分行授予"先进基础党组织""先进单位"称号;获县政府"五一劳动奖状"。

【存款业务】 截至2015年12月31日,县工行各项存款155762万元,较年初新增25704万元,同比增长19.8%。其中对公存款余额83422万元,较年初增加19977万元;储蓄存款余额69448万元,较年初增加3253万元;同业存款2890万元,较年初增加2503万元。

【贷款业务】 截至2015年12月31日,县工行各项贷款余额171128万元,较年初增长17272万元,同比增长11.2%。其中公司类贷款余额101495万元,较年初上升7717万元;项目贷款余额73321万元,较年初上升14934万元;个人类贷款余额为68845万元,较年初增加8767万元,其中个人住房贷款余额57875万元,较年初增加11267万元;分期付款业务一路上行,个贷业务为全市工行系统10个支行的排头兵。

【不良贷款压降】 2015年,县工行加大不良贷款压降力度,多方组织清收压降工作。全年累计清收不良贷款150户,清收不良贷款总额200万元。截至12月末,县工行不良贷款压降到776万元,全面完成市工行下达任务。

(叶志秀)

中国银行

【概况】 2015年，中国银行股份有限公司洪泽支行（以下简称县中行）于县城东风路50号，拥有综合办公楼1幢，总面积1032平方米，其中营业面积300平方米。县城东风路93-5号（县人民医院对面）办公，拥有营业厅一处，面积872平方米。

当年，县中行在岗职工27人，内设公司部、个金部、营业部、办公室等4个部门，有营业网点1个，自助服务区2个。主要经营本外币存贷款业务、个人银行、信用卡等业务以及支付和结算服务，以及个人理财业务和公司财务管理等中间业务。至12月末实现账面拨备前利润2010万元，绩效排名进位3位；全年实现安全运营无事故。

【存款业务】 截至2015年12月末，县中行各项存款余额72788万元，较年初新增24418万元，比2014年初增长50.5%，新增额在当地四大行中列第一。其中，对公存款余额为49526万元，较年初新增22978万元；对私存款余额为23262万元，较年初新增1440万元。

【贷款业务】 截至2015年12月末，县中行人民币贷款余额73123万元，比年初下降8073万元，同比减少6.3%。其中，人民币公司贷款余额43627万元，比年初下降10542万元；消费贷款余额29496万元，比年初新增2468万元，新增额在全县四大行中位列第二。

【中间业务】 截至2015年12月末，县中行实现中间业务收入458.65万元。其中，公司板块中间业务收入168.69万元，个金板块中间业务收入289.96万元。

【安全管理质量提升】 2015年，县中行认真贯彻落实总行和省行加强基层网点风险管控和案防工作的要求，扎实开展“双遏制”专项检查及大额存款风险排查、专项检查“回头看”自查活动。在认真组织学习银监会出台的防范柜面业务操作风险20条、总行出台的基层管控50条的基础上狠抓落实，堵塞内控和操作风险漏洞；切实加强日常员工的合规教育，全年先后开展了“违规案例月月讲，合规底线人人守”企业文化活动、“合规操作、杜绝案件”主题教育活动、“打造合规文化、提高案防质效”攻坚行动，深入传导安全合规风险管理理念，进一步提升员工安全意识、风险意识、合规意识和责任意识；加强日常安保工作，确保全年安全无事故。

（陈　斌）

农业银行

【概况】 2015年，中国农业银行股份有限公司洪泽县支行（以下简称县农行）克服经济下行、经济发展进入非常态等不利因素影响，稳健经营，重抓业务经营和内部管理工作，突出案件防范工作取得较好成绩。至年末，县农行全行本外币各项存款总额15.53亿元，较2014年净增2.16亿元，增长16.2%；各项贷款总额12.6亿元，同比增长23.4%；贷款利息净收入4181万元，中间业务收入967万元，年末实现拨备后利润2556万元。全年无经济案件、无严重违章违规事件、无安全事故。

【存款业务】 截至2015年年末，县农行本外币各项存款余额15.53亿元。其中，对公存款余额6.14亿元，比2014年新增1.38亿元，同比增长29%；个人存款余额为9.39亿元，比2014年新增0.78亿元，同比增长9.1%。

【贷款业务】 截止2015年年末，县农行各项贷款余额12.6亿元，比年初新增2.39亿元，增加19%。其中，法人客户实体贷款余额4.96亿元，比年初增加2.31亿元；贴现贷款余额0.3亿元，比年初下降了0.06亿元；个人零售业务贷款余额7.30亿元，比年初增加0.14亿元。

【不良资产清收处置】 2015年，县农行加强不良资产清理处置力度，对不良资产责任人进行责任追究，通过责任人清偿不良资产；通过公安部门加强信用卡透支的清理工作，清收不良透支资金；通过法院起诉的方式，依法清收不良贷款。年末，全行不良贷款余额269.71万元，不良资产占有率为0.13% ；比2014年增加102.71万元，增长61.5%；不良资产占有率下降0.03个百分点。

【农行岔河网点开业】 2015年9月8日，县农行岔河镇网点正式营业。该网点有店员3人，专职服务于“三农”，为县农行1996撤并农村网点后第一次向农村乡镇增设服务机构，是全市农行系统第一家“惠农便利店”。

【拓展“三农业务”】 2015年，县农行加强对农村、农业、农民“三农”业务的拓展，立足本职，加大支持力度。当年，县农行与县政府合作，支持“洪泽县城乡建设用地增减挂钩项目”，增加连片的高标准农田整治等项目。共贷款2.25亿元，其中投放贷款1亿元，用于支持“洪泽县‘十二五’区域供水工程项目”，提高洪泽县农村居民饮用水质量。

【机构建设】 2015年，县农行辖县支行营业部、高良涧镇分理处、高涧分理处、三河分理处4个营业网点，金泽花苑和泽地华城两个离行式自助银行；新设岔河惠农便利店，隶属于支行营业部。年底，县农行在职员工人数89人，其中网点人员56人；行本部机关设综合管理部、财会运营部、信贷管理部、客户部等4个部门，有职工33人。　（毕植科）

建设银行

【概况】 2015年，中国建设银行股份有限公司洪泽支行

(以下简称县建行)内设办公室、客户部、营业部三个部门,有员工47人;在县城东风路85号有综合办公楼一幢,总面积1600平方米。当年,县建行主要经营存款、贷款、会计结算、代扣税与电费、代发工资、代缴电话费、代理国债、基金与保险的销售、银证转账、贵金属买卖、汽车分期贷款等业务。全年实现利润3315万元、税收入库417万元。

【存款业务】 截至2015年年末,县建行一般性存款余额为11.92亿元,较年初新增2.38亿元;其中:对公存款余额为7.81亿元,较年初增加2.26亿元;个人存款余额为4.11亿元,较年初新增0.12亿元。全年办理储蓄卡超过14000张、个人电子银行8800余户、外币资本金流入美元3490万元、港币2701万元、跨境人民币1.68亿元,同业排名靠前。

【信贷业务】 2015年年末,县建行各项贷款余额为10.72亿元,较年初减少0.82亿元。其中,对公贷款余额为3.23亿元,较年初减少1亿元。2015年,县建行共办理16户融资业务,总计1.60亿元。

全年新签住房贷款按揭协议5个,个人贷款累计发放429户计10883万元,新增贷款余额1670万元,累计回收贷款9214万元,个人贷款余额为74928万元,不良贷款余额为110.29万元,较年初增加63万元,不良率为0.15%。全年共办理分期贷款业务4000余万元,其中汽车分期贷款426户计3578万元、装修分期26户计212万元、账单及其他分期300余万元,进一步推动全县消费市场快速发展。

【业务管理】 2015年,县建行围绕政府类客户、重大基础设施项目、大型龙头企业和供应链四个重点,扎实推进"主动授信、百行千户"活动,深入园区、贴近客户、走进市场,全面推进综合营销工作。调整大中小型企业授信策略,按照存量客户与新增客户并举、长期限与中短期并举,以中短期为主的指导要求,将制造业客户、本地特色产业、贷款需求旺盛的中小企业业务领域作为授信业务的主要着力点,挖掘优质存量客户潜力,全力推进公司客户信贷业务发展,积极支持地方实体经济发展。2015年审批通过旅游集团2亿元一类债的理财产品置换方案和新城建设9000万元城镇化项目。

扎实服务个人住房按揭贷款市场,加快推进零售信贷业务转型,积极拓展如汽车分期贷款、"安居分期""快贷"和"助业贷款"等产品,全力支持县域消费市场发展。

(陈少超)

农村商业银行

【概况】 2015年,江苏洪泽农村商业银行股份有限公司(以下简称县农商行)下设13个部门,拥有18个营业网点,职工总数316人,其中具备本科学历223人,占员工总数的71%。

12月6日,县农商行在由经济日报县域经济研究中心、中国县域经济报社主办的"2015中国县域金融年会"上,被授予"中国服务县域经济领军银行"称号。

2015年县农商行内设机构一览表

表18

部门名称	工作职责	负责人	服务电话
办公室	综合、党建等	王金宏	87222762
市场营销部	市场营销、产品研发	王伟民	87231550
金融同业部	同业金融产品	袁维娣	87206333
审计稽核部	审计稽核	陈　亮	87227733
计划财务部	财务核算与管理	徐　海	87296373
运营保障部	会计核算与管理	徐　萍	87230660
信贷管理部	信贷管理	赵万军	87261770
资产保全部	资产保全	赵可玉	87234402
风险合规部	风险合规管理	曹　阳	87261771
人力资源部	人事考核与管理	周致远	87222816
安全保卫部	安全保卫管理	周德明	87226850
监察室	投诉、行风行纪督查	沈　胜	87231308
科技信息部	网络管理与运行	李　静	87231330

2015年县农商行下属支行(营业部)一览表

表19

名　称	地　址	负责人	服务电话
营业部	洪泽县人民路23号	李　红	87231361
高良涧支行	洪泽县东风东路44号	郭　沅	87223772
朱坝支行	洪泽县朱坝镇新街东路6号	管晓雷	87633011
黄集支行	洪泽县黄集镇黄河路132号	张中孝	87612219
岔河支行	洪泽县岔河镇振兴路60号	王金宏	87662059
仁和支行	洪泽县仁和镇江淮中路48号	石　亚	87552215
万集支行	洪泽县万集镇双龙路132号	陈昌兴	87532219
东双沟支行	洪泽县东双沟街青云路	周　军	87515285
共和支行	洪泽县共和街大治路50号	吕朋仁	87452978
三河支行	三河镇建业路3号	吴　扬	87412623
蒋坝支行	洪泽县蒋坝镇淮宁路58号	徐　浩	87446147
西顺河支行	洪泽县西顺河镇街道	章　涛	87301011
老子山支行	洪泽县老子山镇迎湖路10号	宋　杰	87312483
开发区支行	洪泽县东五街东侧,开发区管委会北侧	郭云松	87231317
城北支行	洪泽县中洋旺街蓝波C座108-109号	陈永桂	87223169
城南支行	幸福广场步行街南门东侧	蔡凤蓉	87223962
北京路支行	洪泽县东九道北侧、东二街西侧	周冬辰	87229800
泗州支行	县城东风路中兴名都8幢S8号	李德华	87261317

【存款业务】 至2015年年末,县农商行各项存款余额73.69亿元,较年初净增23.32亿元,完成全年目标任务

194.35%，增幅达46.31%，位居全省农信系统第一名。

【贷款业务】 至2015年年末，县农商行各项贷款余额47.4亿元，较年初增加7.6亿，增幅19.11%，存、增量市场份额分别达35.8%、42.73%，增幅位居全省农信系统第五名。

【银联业务】 至2015年年末，县农商行新增圆鼎借记卡2.6万张、手机银行2977户、支付宝"卡通"8723户、个人网银1620户，开通企业网银客户9246户，发展特约商户179户，新增自助设备6台，开通短信通知2.8万户，代扣电费3.6万户，渠道替代率达63.76%，较年初增长3.76个百分点，荣获省联社"电子银行业务专项营销竞赛"一等奖。

【中间业务】 至2015年年末，县农商行设立金融同业部，全年实现净收入9035万元，同比增加2460万元，增幅37%，买入同业福费廷22笔，累计金额6.3亿元，全年累计发行自营理财17期，代销理财30期，累计募集金额2.87亿元。

【经营效益】 2015年，县农商行实现各项收入4.19亿元，较同期增加0.56亿元，增长15.43%；利润总额7884万元，较同期增长1688万元，增长27.24%；资产0.56%，资本利润率9.79%。

【资产监管】 至2015年年末，县农商行资产规模80.59亿元，较年初增加24.6亿元；金融增加值2.5亿元，较上年同期增加了0.31亿元，增幅14.16%；不良贷款损失准备充足率471.36%，资本充足率11.28%，不良贷款拨备覆盖率151.17%。

【风险管理】 2015年，县农商行进一步提升风险管控主动性、系统性，打好风险防控主动仗，强抓内控管理。一是推进商务转型，召开商务转型落地推动会。二是立足合规建设，搭建监测员工违规积分平台，强化培养合规意识，保障运营无风险。三是确保安全无事故，紧绷安全这根弦，实现全年"三无"目标。四是关心员工成长，举办"青春农商，周年起航——新员工入职仪式"；对部分岗位进行公开选拔，畅通晋升路径；组织人员到培训机构、兄弟单位学习交流109次，3474人次，营造温馨工作氛围。

【公益活动】 2015年，县农商行举行"三项基金"发放仪式，情系青少年学子，奖励优秀学子12.6万元，资助困难学生4万元，被县委、县政府评为捐资助学先进集体；积极参与创建卫生城市和文明城市活动，策划组织县"绝对唱将赛歌会""青年干部谈家训"演讲比赛，开展"扶老助医，走进养老院"等活动；涌现出杜平勇救落水少年、北京路支行员工1035元故事、开发区支行清点14.2万零币的感人事迹。

（王金宏）

太仓农商行洪泽支行

【概况】 2015年，江苏太仓农村商业银行有限公司洪泽支行（以下简称太仓银行洪泽支行）着力打造服务型行业特色，建立完善的信贷审批流程，减少审批环节，提高金融服务效率。重点拓展小微企业客户业务，挖掘企业潜力，提高服务质量，提升企业信誉，抓住发展机遇，寻求发展空间。全年存贷总额12.04亿元，同比增长2.9%；业务收入0.46亿元，同比增长9.5%。

【存款业务】 2015年，太仓农村商业银行洪泽支行多面努力积极吸储。当年，个人存款0.36亿元，对公存款6.17亿元。年底，各项存款余额6.53亿元，比年初增加0.33亿元，同比增长5.3%。

【贷款业务】 2015年，太仓农村商业银行洪泽支行做实做细信贷征信工作，加大对小微企业贷款扶持，支持地方经济建设。至年底，各项贷款余额4.6亿元，比年初减少0.27亿元，同比减少5.5%。全年，贷款总额5.51亿元，同比增长0.07%。

（王晓东）

邮政储蓄银行

【概况】 2015年，中国邮政储蓄银行股份有限公司洪泽县支行（以下简称县邮储银行）内设4个职能部门。全行在岗职工47人，其中行机关11人。主要经营人民币存贷业务，兼营保险费、水电费收取等中间业务。全年实现各种收入3785万元，离序时进度差3.9个百分点，完成年计划的96.10%，同比增长24.65%，计划完成率全市县区行排名第二。完成利润1855.97万元，是年计划的110.40%，同比增长54.25%，计划完成率全市县区行排名第一。实现人均业务收入80.78万元，人均创利润39.49万元。

【存款业务】 2015年年末，县邮储银行存款余额32979万元，比2014年净增740万元。

当年，县邮储银行对公存款44442万元，较年初净增15139万元，超过年计划8442万元，完成年计划226%；全年日均约35970万元，较年初净增7782万元，超计划2470万元，完成年计划146%。

【贷款业务】 2015年年末，县邮储银行小额贷款余额10966万元，商务贷款余额14028万元，消费贷款余额1552万元，二手房贷款余额12162万元，一手房贷款余额2591万元。个人贷款总余额41301万元，较2014年累计净增8705万元。小微企业贷款余额9969万元。

【营业网点建设】 2015年，县邮储银行在县境内设有各类营业网点12个，其中3个自营网点、6个二类网点、3个邮政代理点。

2015年县邮储银行下属支行情况一览表

表20

名　称	地 址	负责人	服务电话
洪泽县支行营业部	洪泽县东风路47号(自营)	徐　文	8722902
洪泽县北京路支行	洪泽县北京路华盛小区北大门(自营)	高玉柱	87297999
洪泽县共和镇支行	洪泽县共和镇振兴路(自营)	范　敏	87457598
洪泽县黄集镇支行	洪泽县黄集镇黄河路54号(代理)	赵洪珍	87611188
洪泽县岔河镇支行	洪泽县岔河镇振兴路58号(代理)	陶洪亮	87662099
洪泽县仁和镇支行	洪泽县仁和镇江淮路131号(代理)	金　慧	87552077
洪泽县万集镇支行	洪泽县万集镇双龙路143号(代理)	张　景	87536588
洪泽县东双沟镇支行	洪泽县东双沟镇青云居委会二组6号(代理)	徐成榆	87515188
洪泽县蒋坝镇支行	洪泽县蒋坝镇淮宁路97(代理)	谷文琪	87446477
洪泽县人民路支行	洪泽县人民路22号(代理)	赵　林	87286119
洪泽县三河镇支行	洪泽县三河镇三油西路1号(代理)	陈仕珍	87411888
洪泽县朱坝镇营业所	洪泽县朱坝镇华山北路40(代理)	吴迪翰	87633188

(万　军　袁宏伟)

金阳光村镇银行

【概况】 江苏洪泽金阳光村镇银行股份有限公司(以下简称县金阳光村镇银行)2011年12月31日开始筹建;2012年6月21日正式成立,由姜堰农村商业银行股份有限公司发起成立,为新型农村金融机构。总部办公地点位于县城东风路114-10号,注册资金8000万元,总资产5.67亿元。县金阳光村镇银行坚持以"立足当地、服务三农、支持中小微企业"为市场定位,秉承"客户至上,服务第一"的经营理念,充分发挥村镇银行"机制灵活、服务高效、办事快捷、周到细致"的服务优势,不断完善内控制度,倾力为三农、中小微企业和居民提供方便、高效、优质的金融服务,2015年,县金阳光村镇银行在职员工38人,下设综合管理部、风险管理部、客户业务部3个职能部门和1个营业部,另在岔河镇设1个支行。主要开展对公对私结算、发放贷款、票据承兑与贴现、代收代付等业务。

3·15消费者权益日,县金阳光村镇银行工作人员向市民讲解人民币防伪知识　　(王　蓉　摄)

当年,县金阳光村镇银行存款余额过4亿元、贷款余额近4亿元。

是年,县金阳光村镇银行被县委、县政府表彰为"2015年度科学跨越发展考核先进集体二等奖"。

【存款业务】 截至2015年12月末,县金阳光村镇银行各项存款余额4.5亿元,比年初增加1.68亿元,同比增长59.5%。其中,对公存款3.33亿元,比年初增加1.54亿元,同比增长86.03%;储蓄存款1.17亿元,比年初增加1392.36万元,同比增长13.5%。

【贷款业务】 截至2015年12月末,县金阳光村镇银行各项贷款余额3.9亿元,比年初增加7280.34万元;贷款总户数493,户均贷款79万元。其中,农村企业贷款1.65亿元,农户贷款1.45亿元,非农贷款420万元,票据贴现7507.89万元。

【银行卡业务】 2015年8月,县金阳光村镇银行正式发行"金阳光卡"。截至12月末,共发行"金阳光卡"2062张,卡中余额总量2100万元。

【参与社会公益活动】 2015年,县金阳光村镇银行积极响应县文明办倡导的社会公益活动,认真承办金融业"道德讲堂"活动,踊跃参加国庆期间洪泽湖古堰景区"文明旅游"志愿服务活动、县"铭记历史,圆梦中华"爱国主义歌曲大合唱比赛、文明餐桌行动、学雷锋活动等,并向全县"留守流动儿童之家"捐款1万元整。县金金阳光村镇银行被洪泽县妇女联合会、洪泽县水上百合巾帼志愿者协会表彰为“2015年度志愿服务特别贡献单位”；公司工会被洪泽县总工会表彰为“2015年度洪泽县‘模范职工之家’称号”。

9月8日，县金阳光村镇银行在县城县食品小区开展“金融知识普及月”活动。图为工作人员向群众宣传新牌百元人民币相关知识

（王　蓉）

人寿保险

【概况】 2015年，中国人寿保险股份有限公司洪泽支公司（以下简称县人寿保险公司）完成保险业务量13097.33万元，比2014年增长31.51%。其中，长期保险首年期交6361.78万元，同比减少60.74%；短期保险943.25万元，同比增长23.86%；续期保险5796.68万元，同比增长10.56%。当年，各项保险业务产生理赔付支出4283.64万元；其中，满期给付3381.79万元，各项保险赔款支出901.85万元。

全年，实现各项业务收入13186.66万元，比2014年增长30.04%；纳税254.43万元，比上年增加63.19万元。

【人身保险业务】 2015年，县人寿保险公司主要开展一般寿险、短期健康险、短期意外险、分红类保险等类型人身保险业务。全年共实现保费7305.02元。其中，一般寿险5597.71元、短期健康险272.11元、短期意外险671.14元、分红类保险764.06万。当年人身保险业务产生理赔总额4283.64万元。（颜嘉军）

人保财险

【概况】 2015年，中国人民财产保险股份有限公司洪泽支公司（以下简称县人保财险公司）有从业人员30人，其中正式员工19人（大专以上学历9人，专业技术人员10人），聘用员工11人，保险营销员持证上岗率100%。主要经营财产损失保险、责任保险、信用保险、意外伤害保险、短期健康保险、保证保险等人民币或外币保险业务；以及与上述保险有关的再保险业务。同时，县人保财险公司还开展各类财产保险、意外伤害保险、短期健康保险及其再保险的服务与咨询业务。

【业务业绩】 2015年，县人保财险公司各项保费收入6099万，表结利润536万，实现税收300余万元。全县380户企业，62600辆公、私机动车，近6000户家庭的24万人参加保险，保险保障总额10亿元，占全县财产保险市场份额48.1%，全面完成县委、县政府下达的责任目标。

【保险理赔】 2015年，县人保财险公司加强保险理赔服务工作，及时为受灾保户办理保险理赔事项，按保险条款足额赔付，努力稳定全县社会生产，保障人民生命财产不受损失。当年，县人保财险公司办结理赔结案3815件，理赔总额3616万元，结案率98.5%。（胡国林）

中华财保

【概况】 2015年，中华联合财产保险股份有限公司洪泽支公司（以下简称县中华财保公司）主要经营机动车辆保险、非车险、人身意外险、政策性农业保险等险种承保业务。当年，成功竞标政策性农业保险，承保苗木保险10万元。全年，县中华财保公司各项保险费收入总额500万元。

【保险业务】 2015年，县中华财保公司各完成机动车保费380万元、非车险及人身意外险等保费计120万。全年产生保险赔付2116起，赔付率60%，赔付总额283万元。

【承保中学生平安险】 2015年，县中华财保公司为全县中学生承保学生平安险。当年，全县各中学全部参加该项保险，参保学生10900名，参保率100%。年内，该项保险产生医疗费用赔付总额25万元。（金　林）

编辑：孙汉军

综合经济管理

发展和改革工作

【概况】 2015年，县发改委围绕中心工作，紧扣发展和改革两条主线，扭住政策、项目、资金三个重点，坚持对上全力争取、对外倾力服务，制订《洪泽县2015年国民经济和社会发展计划(草案)》，完成全年各项目标任务。县发改委被市委、市政府授予“文明单位”称号，获全县科学跨越发展考核二等奖、新型城镇化工作先进集体。

【编制“十三五”规划】 2015年，县发改委牵头编制全县“十三五”规划，协助县委完成“十三五”建议，指导编制22项专项规划。基于对规划重要性的认识，在规划编制之前，县发改委分工业、农业、服务业、旅游、交通、水利、教育、文化、卫生等专题进行认真的调查研究；在规划编制过程中，广泛征求各镇(街道)、各部门以及党代表、人大代表、政协委员、统战人士、老干部代表，部分洪泽籍在外乡贤的意见和建议；在规划纲要初稿形成后，呈请县四套班子领导审阅，经多次修改，形成“十三五”规划草案。草案共13章55节。第一章“迈向全面建设小康的决定性阶段”统领全文。第二章“优化区域空间布局”对“多规融合”进行专题部署，体现洪泽规划特色，勾勒魅力湖滨新城发展蓝图。第三章至第十二章贯穿“六大战略”，融入“十全”“十美”幸福洪泽的内涵，规划的最后部分第十三章对规划实施保障进行安排。

【重大项目管理】 2015年，县发改委牵头做好全县重大项目管理工作，排定重大项目推进时间节点、责任单位、帮办人员，牵头召开重大项目推进会议，组织重大项目观摩活动，及时会办解决重大项目推进过程中存在的问题。同时，做好稽查保障，抓好重要稽查活动的筹划工作。当年，列入市重大项目投资计划的项目共18个，计划总投资162.7亿元，年度计划投资50亿元，完成投资55.78亿元。

【发展现代服务业】 2015年，县发改委做好现代服务业推进工作，结合洪泽实际，充分利用资源优势，主攻集聚区建设、重点项目建设，全县服务业经济呈现健康发展的良好态势。实现服务业增加值103.8亿元、同比增长12.2%，服务业增加值占GDP比重达45%；实施亿元以上服务业重点项目24个，完成投资33.9亿元，“美丽蒋坝”PPP融资项目成为全省样板；电子商务、生态旅游等新型业态蓬勃发展，创成省级农村电子商务示范县，获批洪泽湖古堰国家AAAA级旅游景区、古堰省级森林公园，全年接待游客213万人次，实现旅游综合收入26.4亿元。

【新型城镇化建设】 2015年，县发改委牵头制订《洪泽县2015年新型城镇化与城乡发展一体化工作方案》和《洪泽县2015年度新型城镇化工作考核办法》，将工作任务细化到镇(街道)、单位和责任人，明确序时进度。同时，定期召开协调推进会，按照一月一报送 、一季一汇报的形式开展督查考核，及时掌握新型城镇化重点项目进展情况。针对薄弱环节和重点任务，第四季度开展新型城镇化攻坚活动，确保完成全年目标。8月，通过向上申报争取，并编制《洪泽县国家新型城镇化综合试点实施方案》，推动洪泽入围国家新型城镇化综合试点县。

【行政审批服务】 2015年，县发改委在项目审批工作中，切实做好对企业、客商的服务工作，坚持做到对前来咨询的客商，做到热情接待，认真解答；对前来办理立项的企业，全程服务，在审批权限内的项目，企业材料齐备，工作人员坚持做到快办审批；对于转报项目，明确专人帮办、催办。同时，严把“产业政策”关，积极配合县经济开发区做好项目会审工作，项目咨询、审批工作。全年审批项目151个，其中企业投资项目71个，政府投资项目80个。

【项目资金争取】 2015年，县发改委开拓思路，超前谋划，及时掌握项目投资信息，有重点、有针对性地筛选项目，充分发挥职能优势，积极做好向上争取资金工作，争取到位资金4522万元。还牵头做好全县向上争取资金工作，指导、配合全县各相关单位做好各类项目编报工作，争取到位资金12.49亿元。

(冯尚尚)

市场监督管理

【整合市场监管力量】 2015年，县市场监督管理局确立“和谐、诚信、实干、廉政”市场监管精神，努力营造积极向上、敬业守责浓烈的干事氛围。整合举报投诉热线，对原三部门（工商、质检、药监）执法文书进行梳理，制作市场监管部门新执法文书，开辟县市场监督管理局门户网站，启用新版OA系统，实行每月例会制度，梳理月度工作重点，在局网站进行公示，推动市场监管工作有序运行。

5月18日，市、县领导为县市场监管局揭牌

【食品安全监管】 2015年，县市场监督管理局调整食品安全委员会成员名单，制订《洪泽县2015年食品安全工作计划》，进一步规范、明确食品安全委员会的工作职责与要求。开展专项整治，先后组织开展春节前食品安全联合督查、校园及周边食品安全专项整治、田螺质量安全联合检查、食用明胶专项检查等一系列专项整治。开展小餐饮集中整治，围绕创建国家卫生城，组织开展以小餐饮为重点内容的集中整治行动，促进小餐饮服务环境改善、服务质量提升。

【特种设备安全监管】 2015年，县市场监督管理局认真履行特种设备安全监察工作的各项职责和措施，强化特种设备安全现场监察，组织开展电梯安全大整治，对全县122家电梯使用单位在用的558台各类电梯进行全覆盖检查，全年未发生特种设备事故。

【药品器械市场整治】 2015年，县市场监督管理局持续规范药品器械市场。组织开展各类药品器械整治20余次，全年立案29起，查获假劣药品器械货值金额4.41万元，罚没款20万余元。

【规范网络市场秩序】 2015年，县市场监督管理局规范网络市场秩序，积极开展红盾网剑行动，加大网络市场秩序整治力度，打击网络商标侵权和销售假冒伪劣商品等违法行为。网上检查网站85个，实地检查网站35个。

【开展农资专项检查】 2015年，县市场监督管理局共检查农资经营者248户，抽检肥料55个批次，农机具15个批次，查处农资案件7起，挽回经济损失5万余元。稽查大队联合省质监局办理的苏州某企业生产销售不合格控释肥案获省十大经典案例。

【商品质量监管】 2015年，县市场监督管理局加大商品市场监管力度，完成抽样155批次。对在质量监测中抽检出不合格商品进行严厉查处，全年立案10起，查处10起，罚没11万余元，有效地规范全县经营户的经营行为，提升商品质量合格率。

【维护消费者合法权益】 2015年，县市场监督管理局整合举报投诉渠道，整合“12315”“12331”、阳光纪检、民生通道等各类消费举报投诉渠道，成立县市场监督理管局举报投诉中心，统一受理、分流、回复各类举报投诉。全年共受理各类咨询、申投诉举报364条，其中咨询141件，投诉举报223条，诉转案1件，受理率达100%，为消费者挽回15万元经济损失。3·15期间，散发消费维权宣传册6000余份，接受咨询700人次，接处消费者投诉24件。

【推进商事制度改革】 2015年，县市场监督管理局发放“三证合一”执照430份，500多户新设企业实现从网上登记，办理500件工商企业通业务。推行登记注册便利工程，为小微企业电子商务核发“电子执照”58份。办理个体户升级登记32户。

【实施商标品牌战略】 2015年，县市场监督管理局指导、帮办和督促各镇（街道）完成商标发展任务360件。指导江苏大湖面粉有限公司、江苏银珠集团海拜科技股份有限公司等4户新申报2015年度省著名商标。指导洪泽建材机械有限公司等7户企业新申报2015年度省知名商标。洪泽湖白鱼、蒋坝大糕等6件被国家商标局批准为新注册地理标志商标。

【计量惠民服务】 2015年，县市场监督管理局全年免费为全县12个乡镇卫生院、12家计划生育指导站、87个村级卫生室检定医用计量器具610台件，免费为全县19家集贸市场检定计量器具1435台，检定合格率为97%。对辖区内的13家石油石化、冶金、化工等重点领域生产企业开展安全用计量器具专项监督检查。帮助20个企业完成26个产品标准的备案工作，完成6个企业物品条码申报工作，完成16

个企业物品条码续展工作，完成4个企业计量诚信示范单位申报工作，帮助2家企业通过省级计量保证确认验收、8家企业通过计量合格确认验收。

一、2015年获得“计量保证确认”证书企业名单：

1. 江苏爱吉斯海珠机械有限公司
2. 中石化淮安洪泽石油分公司

二、2015年获得“计量合格确认”证书企业名单

1. 江苏瑞洪盐业有限公司
2. 洪泽迈克剑麻有限公司
3. 中国电信股份有限公司洪泽分公司
4. 中盐淮安盐化集团有限公司
5. 洪泽建材机械有限公司
6. 淮安天旸有机肥有限公司
7. 淮安洪泽湖纸业有限公司
8. 洪泽县恒瑞水产有限公司

【服务地方经济社会发展】 2015年，县市场监督管理局为紫山现代农业江苏有限公司、江苏兰健药业有限公司等5户企业股改上市实行全程帮办服务。拓宽资本运作渠道，解决企业融资难题。为江苏宏华新材料有限公司江苏华源新能源科技有限公司办理股权出资、债权转股权7800万元，缓解中小企业融资难问题。支持家庭农场发展，办理各类家庭农场167户。成立县市场监管局志愿者队伍，积极参与交通执勤等志愿者服务活动。参与四城同创，建成园林式单位。帮扶挂钩村岔河镇前进村、三河镇梁墩村，落实扶贫资金5万元，帮扶挂钩村招引1个总部经济项目，积极为村集体经济发展出谋划策。（姚 亮）

物价管理

【概况】 2015年，县物价局重点抓好价格管理、监督、认证、监测工作。被国家发改委授予“全国价格监督检查工作基层联系先进点”；省物价局命名为“江苏省价格诚信区域”；被市政府授予“2015－2016年全市依法行政示范点”“淮安市行政执法规范化示范点”称号；获市价格系统目标考评二等奖，县委、县政府科学跨越发展目标考核二等奖。

【价格管理】 2015年，县物价局对井源水务公司自来水进行成本调查，做好居民阶梯水价实施准备工作；深入华海燃气公司对供气情况进行调查，召开用气户座谈会，做好居民生活用气阶梯价格前期工作。完善供热价格调整机制。联合县经信委出台《洪泽县煤热价格联动暂行办法》，解决供热价格及时调整的问题。稳步推进县级公立医院医药价格改革，取消药品加成，合理调整医技类医疗服务价格，逐步破除“以药补医”机制。政策实施后，有1100余种西成药品实行零差价，400余项医疗服务项目提高价格。同时强化医药价格明码标价工作，全面推行医疗机构医疗服务、医疗器械和药品价格公示及住院费用“一日清单”等制度。制订《洪泽县城区机动车停放服务收费管理暂行办法》。

8月18日，市价格争议调解处理工作推进会在洪泽召开

【收费管理】 2015年，县物价局积极推进收费管理制度改革。建立收费清单目录制度，对全县行政事业性收费进行全面清理，编制成《洪泽县行政事业性收费目录清单》发放至各个收费单位，并在门户网站中予以公布，便于社会监督。取消收费许可证及年度审验制度，建立收费报告制度。

【价格监管】 2015年，县物价局进一步加强市场价格行为监管，突出节假日等市场检查巡查，重点规范商贸流通、旅游景点、交通运输、餐饮住宿等行业的价格行为；突出教育、医药、住房等民生价格，公用事业、公益服务等热点问题开展专项检查；继续加快价格诚信体系建设，探索建立经营者价格信用档案，加大查处力度，引导经营者价格自律、诚信经营。在洪泽县水产批发市场开展“价格诚信示范区”创建活动；实施举报案件即时化处理，共受理各类举报111件。其中，省、市物价局转发投诉14件，大湖论坛网站投诉82件，来人来访15件。做到事事有落实，件件有回应。

【价格认证】 2015年，县物价局发挥认证职能履行服务意识，积极做好县政府交办的置换企业资产认证工作，免费为企业出具房产过户评估报告；县委、县政府在收购原江苏油田技校过程中，县物价局对现场进行实地勘查，结合房屋结构、使用年限、成新率等方面内容，评估出合理的价格，最终谈判取得满意成果，节约资金近800万元。在县级组建专门价格调解服务中心，利用价格鉴证师专业知识和能力优势，主动参与调处价格争议矛盾调处，着力推进价格争议调处工作。

【价格监测】 2015年，县物价局主要做好加强民生价格信息监测预警、预报工作。利用新技术，采用手机采报价系统、即时拍照等形式，掌握市场动态信息，及时监测上报市场价格，共上报成品粮、居民食品、农资价格、农村服务收费、桑蚕茧等7大类106个品种6900多条数据。让商家和老百姓及时了解价格走势，也为政府部门及时掌握市场动态提供准确的信息。此外，县物价局还在实地调研的基础上，撰写调研文章《食用菌产业发展大有可为》《洪泽县县级公立医院医药价格综合改革实施情况调查》《乡镇卫生院违规收费问题解析》在《淮安日报》《江苏价格》等报刊上发表。

【平价商店监管】 2015年，县物价局强化平价店日常巡查和监管，把为民办实事工程办好办实。每月至少集中检查1次，做到有检查、有总结、提出改进要求，不断提升平价商店建设质量。确保平价店的价格与市场价格同步增减，确保15个品种平价蔬菜比市场价格至少低15%。全县7家平价商店、1家平价直销区农副产品达到"绿色环保、健康安全、价廉物美、平价惠民"。

【农本调查】 2015年，县物价局加强成本监审制度。成立定调价成本监审集体审议组织，严格执行每项价格调整政策、措施。所有价格调整必须经过集体审议规定，保证定调价工作科学化、民主化、制度化、合理化。做好专项调查，结合本地特色开展就百姓关心的价格问题实地调查研究，撰写的题为《食用菌产业发展大有可为》调研报告在市级以上刊物发表，农本调查成果较好地为洪泽经济发展提供价格依据。

【省物价局领导到洪泽调研】 7月6—10日，省物价局副局长孔祥平率队到洪泽调研"三解三促"工作开展情况；10月10日，省物价局局长张卫东率队到洪泽调研《关于进一步深化价格改革强化价格监管的实施意见》落实情况。省物价局领导对洪泽价格工作予以充分肯定。

（姜亚津　郑桂华）

审　计

【概况】 2015年，县审计局完成审计项目211个，其中经济责任审计项目10个，固定资产投资审计项目194个，财政财务收支审计项目3个，专项审计项目4个。固定资产投资审计报审价12.15亿元，审定价10.3亿元，核减工程造价1.85亿元。

【财政预算执行审计】 2015年，县审计局在预算执行和其他财政收支审计工作中，加大对重大政策执行、重点领域、重点部门和重点资金的审计力度。审计中发现，存在虚列财政收入、财政支出、部分财政资金未纳入预算统一管理、部分专项资金使用不规范、往来账清理不及时、违规开设财政专户等问题。县政府主要领导批示要求县财政局对审计出的问题，按相关政策要求整改到位。

【安置房专项审计】 2015年，县审计局在安置房管理情况专项审计中发现，存在部分拆迁户已选房，未缴齐房屋差价，未办理相关手续入住安置房、部分项目征收程序不合规等问题。县政府主要领导批示要求，进一步规范安置房房源的管理和项目征收程序，严格控制拆迁成本，严肃拆迁补偿政策，避免随意性。

【经济责任审计】 2015年，县审计局完成10个经济责任审计项目，在审计过程中，发现超标准、超范围列支招待费用、专项资金长期挂账、原始票据不合规、其他收入未纳入预算管理等问题。县领导要求对审计发现的问题进行整改，并将整改情况书面报县政府。

【政府投资项目审计】 2015年，县审计局共完成政府固定资产投资项目194个，工程送审金额12.15亿元，审定价10.3亿元，核减工程造价1.85亿元，核减率15.2%。

【审计队伍建设】 2015年，县审计局围绕"盯住钱、管好权、履好职、防风险、促发展"的任务，采取有力措施，抓好廉政建设，筑牢审计队伍思想防线，有效提高审计人员廉洁从审水平。一是开展廉政文化教育。4月，组织审计人员走进雪枫墓园，缅怀革命先烈，重温入党誓词。6至11月，举办道德讲堂、家风故事征集、廉政读书月、家风家训演讲比赛活动，着力推进廉政文化建设常态化、长效化。二是做好廉政专题教育。7月，开展"三严三实"专题教育，并组织干部职工参观"金堤永固"勤廉教育基地。11月，开展"有为担当"集中教育月活动，并组织党员干部集中学习新修改后的《中国共产党纪律处分条例》和《中国共产党廉洁自律准则》。三是狠抓廉政制度落实。结合全县纪检监察干部"有为担当"活动，重新完善局学习、财务、公务接待、上下班纪律等九项制度，杜绝公款大吃大喝，公务用车实行"五统一"管理。结合"三严三实"专题教育活动，与局领导班子成员签订"两为"专项整治百字承诺状，与审计人员签订审计纪律"八不准"承诺状，加强廉政防控。通过狠抓制度落实，把权力关进制度笼子，用制度管权管物管人。四是强化纪律监督。深入开展"两为"和兼职取酬专项治理活动，严把纪律规矩戒尺，从严管理干部职工。每月不定期督查上下班纪律、"两为"遵守情况，严查顶风违纪行为，严肃问责相关当事人。年内，行政记过处分1人次，通报批评1人次，问责1人次。五是做好廉政信息宣传。全年，在光明网、《淮安日报》等媒体发表廉政信息20余篇。

（万伏庆）

统　计

【概　况】 2015年，全县统计工作较好地完成了GDP、农业、工业、能源、投资、建筑业、贸易、服务业、人口、劳资、科技、城乡一体化住户调查等专业2014年统计年报及2015年定期报表等各项统计调查工作任务。

【统计监测】 2015年，县统计局加强全面小康、八项工程、新兴产业、生态县、文化产业、城乡发展一体化、农业现代化和基本现代化、社会发展、妇女儿童等各种统计监测工作，服务全县经济社会发展。

【统计服务】 2015年，县统计局编印《洪泽统计月报》《洪泽统计年鉴》，并进行部分改版；发布《洪泽县国民经济和社会发展统计公报》，每年向县委、县政府报送10多篇《统计专报》《统计分析》。完善统计信息报送制度，政务信息由办公室审核把关，分管领导阅批；统计业务信息由综合科负责审核把关，分管领导阅批，信息由办公室、综合科向"两办"以及其他上级统计部门报送，并发布在洪泽统计信息网上，满足社会各界对统计产品的需求。

【列统企业培植】 2015年，县统计局对"四上"企业培植实行全天候服务，全过程帮办，全方位督促。对已符合申报条件的企业及时指导，组织材料申报，确保一户不漏，应报尽报。全年新增规模以上工业企业51个，贸易企业新增21个，服务业企业新增22个，房地产建筑业企业新增2个。

【统计规范化建设】 2015年，县统计局调动各种积极因素，克服困难，紧扣统计数据质量这一核心，突出抓好统计基层基础规范化建设，取得显著成效，受到省、市统计部门的充分肯定。县、镇两级统计机构顺利通过省局统计规范化验收。县统计局被省局评为"县级示范单位"。利用第二批省级奖补资金，为西顺河镇、老子山镇、经济开发区统计办公室统一购置电脑、打印机、空调、办公桌椅等办公用品。实现了各镇均有专用的统计办公室，有专用的计算机，打印机，传真机和电话，较好的改善基层统计工作条件，提高了镇级统计人员的工作积极性。

【全国1%人口抽样调查】 2015年，县统计局了解2010年以来洪泽县人口在数量、素质、结构、分布以及居住等方面的变化情况，研究未来人口状况的发展趋势，为制订全县国民经济和社会发展规划提供科学准确的统计信息支持。根据国务院办公厅的统一安排部署，顺利完成全县1%人口抽样调查工作。 （张　彬）

安全生产监督管理

【概况】 2015年，全县各类生产安全事故死亡32人，亿元GDP生产安全事故死亡率为0.141，同比下降7.8%，工矿商贸就业人员10万人生产安全事故死亡率同比下降33.3%，特种设备万台死亡率为0，全年未发生较大以上安全生产事故。县安监局获国家安监总局办公厅、中华全国总工会办公厅授予的"全国职业病防治知识竞赛优胜单位"和中国安全生产科学研究院授予的"贯彻实施新安全法知识竞赛优胜奖"荣誉称号；被市安全生产委员会表彰为"2015年度安全生产工作先进集体"，被市安全生产监督管理局表彰为"2015年淮安市职业卫生基础建设活动先进集体"。

【落实安全生产责任】 2015年，县安监局坚持科学发展、安全发展，把促进全县安全生产与经济社会发展同步考虑、同步部署、同步落实，将安全生产控制指标纳入经济社会科学跨越发展考评体系，牢牢守住发展不能以牺牲人的生命为代价这条"红线"，切实增强安全发展"底线"思维。一方面健全安全生产责任体系。建立完善"党政同责、一岗双责、齐抓共管"的责任体系，党政一把手高度重视安全生产，把安全责任落实到岗位、落实到人头，定期组织研究部署全县安全生产工作，解决安全生产重点难点问题。2015年县委常委会研究安全生产相关工作3次，县政府常务会议和县长办公会议研究安全生产工作4次，及时调整安委会组成人员，县安委会全年召开8次安委会例会，协调解决安全生产各个时段的重点工作。要求管行业必须管安全、管业务必须管安全、管生产经营必须管安全，严格落实行业主管部门直接监管、安全监管部门综合监管、各镇（街道）属地监管责任。加大安全生产指标考核权重，严格考核奖惩，实行安全生产"一票否决"制度。通过层层签订安全生产责任书、定期开展工作督查等方式，确保安全监管责任落实到位，2015年全县共签订安全生产责任书、安全承诺书1100余份。强化领导带队检查督查，不定期地深入一线抓督查、抓落实，全年开展安全生产大检查8次、工作督查5次，解决各类问题296个。严肃责任追究，全面启动"一票否决"制度，按照"四不放过"原则，依法强化对安全生产违法行为的处罚。督促企业严格执行安全生产法律法规、规章制度与技术标准，依法依规加强安全生产。落实企业主要负责人、实际控制人、职业病防治第一责任人和从业人员岗位安全生产责任。强化企业领导班子现场带班制度，加强现场安全管理。加大安全投入，健全安全管理机构，加强班组安全建设，保持安全设备设施有效运行。企业主要负责人、安全管理人员、特种作业人员一律经严格考核后持证上岗。企业用工必须全部经培训合格后上岗。另一方面全面推进"五覆盖"和"五落实"。全县9个镇（街道）和经济开发区"五覆盖"覆盖率100%，有工矿企业的行政村（居）"五覆盖"覆盖率100%，企业"五到位五落实"覆盖率98.9%，其中规模以上企业覆盖率98.8%。

【安全综合监管】 2015年，县安监局从四个方面提升生产安全监管水平：一是网格化监管常态化。2015年在总结化工企业网格化管理和经济开发区企业分色管理的基础上，修订完善实施方案，全面启动镇（街道）属工贸企业和建筑工程领域安全生产网格化管理工作，形成覆盖全县企业安全生产管理网格，实现监管部门、监管企业和监管时间的全覆盖，进一步织密安全生产监管网络。同时，自6月开始，县安委办每月编印一期安全生产网格化管理《要情简报》，将网格化监管情况及时予以通报，并将网格化监管中的典型经验和好的做法予以推介，督促纠正存在问题，交办事故隐患，交流经验体会，提升监管水平。二是开展暗查暗访。按照"不发通知、不打招呼、不听汇报、不用陪同，直奔基层、直赴现场”的方式随机开展暗查暗访工作，并做成视频纪录片，及时通报给相关单位，强化隐患检查整改的实效性。三是强化事故隐患督办整改。严格落实重大隐患挂牌和领导跟踪督办制度，2015年共交办督办各类较大以上事故隐患10个，其中市安委会督办隐患2个已全部整改到位，县安委会督办8个按序时进度已整改到位。四是加强执法服务，寓执法于服务中，切实提升安全生产执法效率和监管服务水平。

【安全生产工作基础】 2015年，县安监局从七个方面全面夯实安全生产工作基础：一是开展小微企业安全标准化创建工作。结合实际制定创建方案，分解落实任务，加大推进力度，实行定期通报，积极组织验收评审，将创建任务纳入全年目标考核，已达标验收60家企业。二是开展用人单位职业卫生基本情况摸底调查工作。对存在职业病风险的，建立健全急性职业病危害事故应急救援预案，定期维护应急救援设施，定期演练职业病危害事故应急救援预案，夯实相关工作基础。三是规范烟花爆竹经营行为。结合国家安监总局烟花爆竹“两关闭”“三严禁”专项整治要求和市安委办、市安监局的工作部署，坚持从早、从严对全县341家烟花爆竹经营点逐一过堂，并按照统一的标准和要求完成重新布点工作，实现所有零售经营户专店经营，强化烟花爆竹零售点规范化建设。四是落实安全总监制度。在非煤矿山、烟花爆竹、危险化学品、建筑施工、交通运输等重点领域和规模以上企业中落实安全总监制度，强化和落实企业安全生产主体责任，提高企业安全管理水平。全县有64家重点企业配备安全生产总监。五是积极推进安监机构能力建设。依据《江苏省基层安监机构能力建设项目达标考核验收标准》要求，组织县经济开发区安监分局、安监局监察大队、岔河镇安监站、老子山镇安监站等4个单位申报省级达标验收，督促落实机构、场所、人员、经费、设备，强化基层机构能力建设，当年有县安监局监察大队、岔河镇安监站和老子山镇安监站通过验收，分别获得省安监局配发安监执法用车各1辆。六是加强应急管理。投入15万元专门购置了应急救援器材，改善事故应急处置的硬件条件，保证戴梦特化工、福斯特化工和金象赛瑞化工3支应急救援队伍每季度开展不少于1次的应急演练活动，确保关键时候能拉得出，用得上。七是建立动态一企一档。全面掌握监管企业安全生产动态情况，做到安全监管有的放矢。

【安全文化宣传】 2015年，县安监局加强对新《安全生产法》等最新法律法规的宣传贯彻，增强安全责任意识；强化对企业负责人、安全管理人员、特种作业人员和烟花爆竹经营（零售）人员的安全资格培训工作，落实持证上岗和先培训后上岗制度，全年培训各类人员1800余人；开展安全生产宣传月活动，通过开展安全生产文化周、安全生产应急演练周、安全生产广场咨询日、新《安全生产法》宣传普及、安全事故警示教育、安全文化“六进”活动、“安康杯”竞赛和“青年安全示范岗”创建等活动，加强群众性安全文化宣传教育普及工作。当年，县供电公司和烟草公司2家企业积极开展创建活动，分别荣获“江苏省安全文化建设示范企业”称号。

开展安全生产月活动

【“7+1”工作创新机制】 2015年，县安监局为解决企业安全生产主体责任意识不强、安全投入不足、安全生产文化氛围不浓的现状，摸索出“7+1”工作机制，重点解决企业不会、不懂、不能难题，变“要我重视安全生产”为“我要重视安全生产”，进而实现政府安全监督管理与企业自我安全管理的同频共振。“7+1”工作机制，是指落实七项措施，实现一个目标。“七项措施”，即成立安全生产企业志愿者协会、定期发送安全知识小贴士、企业“三项岗位”人员分层分类精准培训、周到细致的执法服务、全面推进各类企业安全生产标准化创建、建立和完善动态的“一企一档”和加强企业安全生产诚信体系建设。“一个目标”，即助推企业安全生产文化建设，全面提升企业安全生产管理水平。洪泽县探索的“7+1”工作机制受到了省、市主管部门领导的肯定和鼓励，在国家级安全生产报及省、市相关媒体上宣传推介。 （仲爱林　江　森）

编辑：吕后臻

教育·卫生·体育

教　育

【概况】 2015年，洪泽县共有幼儿园24所、小学12所、初中4所、九年制学校4所（黄集九年制学校、岔河九年制学校、共和九年制学校、老子山九年制学校）、普通高中2所、中等专业学校及特殊教育学校各1所。有在校生42943人。其中，小学生18514人，初中生8473人，普通高中生4947人，中职生1787人，特校学生109人，在园幼儿9113人。

【学前教育】 2015年，洪泽县新增幼儿园1所，全县幼儿园达24所，其中乡镇幼儿园16所，城区幼儿园8所；在园幼儿9113名，学前三年幼儿入园率99.52%，比2014年提高0.69个百分点。年内，老子山第二幼儿园创成市级优质幼儿园。全县共有市级优质幼儿园3所，省级优质幼儿园19所。

大湖娃幼儿园

【义务教育】 2015年，全县拥有义务教育阶段中小学20所。全县小学、中学入学率和巩固率均达100%。小学学业水平测试成绩进一步提高，中考总分700分以上187人，占比居全市前列。

【高中教育】 2015年，全县有普通高中2所，分别是江苏省洪泽中学和洪泽县第二中学，在校普通高中生4947人。全县1921人参加高考，二本以上达线人数978人（其中文化类515人），二本以上达线率51%。

江苏省洪泽中学

【职业教育】 2015年，洪泽中等专业学校有全日制在籍生1787人；教职工139人，其中研究生（含在读）13人，中、高级职称教师96人，“双师型”专业教师58人，有省职教领军人才1人，市兼职教研员4人，县骨干教师18人。职教对口单招取得新突破，本科达线7人，省技能大赛、创新大赛3人获奖。

【特殊教育】 2015年，全县6—14周岁残疾儿童141人（其中盲聋哑17人，智力残疾88人，肢体残疾15人，其他残疾21人。在校就读96人，送教上门45人），入学141人，入学率100%。县特殊教育学校1所，教职工22人，特校学生109人。年内，学校投资50多万元，为每个教室安装了教学一体化机；新建两口学前班教室；铺设500多平方米的塑胶操场。学校开展“送教上门”主题教育特色活动，使全县特殊儿童全部实施全纳教育和医教结合教育。

【学校安全】 2015年，洪泽县落实学校安全管理责任制，健全校车运营管理机制，没有发生一起安全责任事故。全县各学校按要求组织应急预案演练3次以上；全县各中小学校（含幼儿园）食堂全部达B级以上，其中城区供餐300人以上食堂100%达A级。

【队伍建设】 2015年，洪泽县招聘新教师164名。举办各类培训班98个，参训人数近1.4万人次。完善骨干教师评选机制，激发队伍活力；开展“千师访万家”等活动，提升师德师风水平，密切家校联系。全县有18位教师荣获市“功勋教师”“优秀教师”称号。陈国凤老师被评为“拉萨市优秀援藏教师”和“淮安市最美教师”。

【体艺教育】 2015年，全县教育系统坚持以教学模式构建和学校文化建设为抓手，推进“中华武术进校园”等素质教育活动，三年一届的教育艺术节、一年一度的田径运动会、文艺调演，以及“阳光体育”、大课间等主题教育活动常态化开展，学生体质健康合格率达95%，优秀率超10%。

洪泽县大力推进中华武术进校园活动

【教育装备建设】 2015年，全县投入1.4亿元,拆除、封存旧校舍1.67万平方米，新建校舍5.26万平方米，大湖娃幼儿园建成使用，县实验小学城南校区、天鹅湖幼儿园等一批县教育重点工程项目稳步推进；岔河九年制学校等5所农村中小学教育装备水平达省一类标准；建成教育现代化先进学校8所、先进乡镇（街道）2个，现代化建设进度超过规划目标要求。

【教育布局调整】 年内，洪泽县平稳实施城区中小学、幼儿园布局调整，形成两高中、三初中、四小学、五幼儿园的格局，同时扩大县实验中学、实验小学等学校施教区，提高优质资源覆盖面。育才助困累计发放资助总金额645.9万元，全年共资助学生9745人（次）。 （刘凡光）

卫 生

【概况】 2015年，洪泽县拥有医疗卫生机构134个，其中二级甲等医院2所，二级妇幼保健机构1所，每千人医师数、护士数、床位数分别达到2.08、1.8、3.1。新添医疗设备560万元，共有10万元以上医疗设备145台，完成门（急）诊112万人（次），住院3.3万人（次），开展新技术4项，申报二类技术项目7项。全年完成义务献血量86.38万毫升（2602人次），临床用血100%来自无偿献血。完成县中医院“国医堂”项目建设；县人民医院司法鉴定所挂牌成立，通过国家爱婴医院复评审，与淮安市第一人民医院建立紧密型医疗联合体。建成覆盖城乡的“15分钟健康服务圈”。各镇（街道）卫生院、村（居）卫生室实现标准化建设，实行规范化分类管理，建成1个国家级“群众满意乡镇卫生院”、5个省级“示范乡镇卫生院”。

【医政与科技】 2015年，全县引进本科以上学历卫生技术人员22人（含硕士2人），新生儿科和妇产科副主任医师2名；选派医务人员到三甲医院进修学习100多人（次），发表论文58篇。开展联合鼻内窥镜泪道置管术等四项新技术，组织消化科EMR、ESD等7项二类技术项目申报，完成市级科研立项6项。县人民医院对住院医生站、出入院管理系统、药房管理系统等进行了提档升级。县妇幼保健院购置腹腔镜、宫腔镜开展微创手术，引进应用新辅助化疗技术治疗乳腺癌、Bakri产后止血球囊技术抢救产后出血等新技术；新增肿瘤六项、过敏源测定和血气分析等新项目。县人民医院消化内科申报市级重点专科，黄集中心卫生院开设全县首个具备基层中医特色老年康复病区，高良涧卫生院的精神科、仁和卫生院骨科等基层专科建设取得较大进展。实施进一步改善医疗服务行动计划，增加70岁以上老年人优先挂号、优先检查和优先取药项目，改善患者就医体验项目。县人民医院将导医导诊、预约服务等多项服务流程和服务内容整合成“一站式服务”，对病人实行零距离的快捷服务。

推进淮医惠民行动，免费为60岁以上老年人进行B超、肝功能、心电图等11项健康检查，将体检结果录入居民健康档案，对发现的慢性病患者进行健康管理，指导老年人进行自我健康管理，全年免费体检48652人（次），减免费用389.21万元。全县700多名医务人员参加了徒手心肺复苏术、气管插管术、简易呼吸囊使用术等知识为主的急救知识技能培训和考核。县人民医院在全市首届院前急救技能竞赛及综合急救竞赛中获团体三等奖2次、单项二等奖2项。县直单位13名医务人员对口支援7家镇（街道）卫生院，开展坐诊、查房、会诊、组织抢救危重病人和手术演示等技术指导，累计接诊患者800人次，举办讲座培训11场次，培训人员450人次。县人民医院与各镇（街道）卫生院之间建立双向转诊机制，实施双向转诊，形成有序的医疗服务格局。开展医疗质量“月月查”活动，对医疗机构依法执业、核心制度执行情况、合理用药等进行专项检查；建立考核制度，提高医疗质量的管理，防范医疗纠纷和医疗事故。组织抗菌药物临床应用专项整治活动督导检查，巩固抗菌药物专项整治成果，保证临床用药安全。

【中医药】 2015年，县中医院通过二级甲等中医院评审，全县中医药适宜技术培训率80%以上。10月，县中医院建成“国医堂”，9名老中医汇聚县中医院坐堂开诊。县中医院中医综合治疗区开展针灸、推拿、刮痧、拔罐、穴位埋线、穴位敷贴、小针刀、无烟艾灸、康复治疗等30余项中医特色诊疗项目。首次推出“三伏贴”冬病夏治、“三九贴”夏病冬治和“冬令膏方”制作等特色医疗服务。83.3%的镇（街道）卫生院设立中医科，三河镇卫生院被授予“江苏省乡镇卫生院示范中医科”称号；共和卫生院能常规开展中药、针灸、小针刀、颈腰椎牵引等传统以及新型中医理疗技术，中医科门诊患者月均600余人(次),每月收住院10余人。

【基层卫生】 2015年,全县累计建立居民健康档案313843份(同时建立电子档案);健康管理65岁以上老年人35275人,规范管理高血压33197人,规范管理2型糖尿病8385人,规范管理重性精神病患者1037人,访视新生儿2792人,0~6岁儿童保健覆盖19362人,产后访视2764人,孕产妇健康管理率99%,早孕建册率95.9%。

县中医院进社区义诊活动

重新规划全县村级医疗机构设置,新建大管、韦集、沈渡等村卫生室,强化对村卫生室季度绩效考核,继续执行离岗乡村医生养老补助政策,离岗乡村医生补助到位率100%。制订"十佳"健康管理团队评比机制,全县健康管理团队服务覆盖率100%。制定"种类合理、特色明显、内容丰富,适应不同人群"服务包,为老年人、慢性病人、肿瘤病人等重点人群提供专业健康管理,全县服务人口签约率达85%。高良涧洪渠、黄集曹圩、仁和韦集卫生室被评为"2015年度江苏省示范村卫生室"。共和卫生院被国家卫计委评选为"2014－2015年度群众满意的乡镇卫生院"。

【妇幼保健】 2015年,全县23128名农村妇女接受了"两癌"(乳腺癌、宫颈癌)免费检查,占省定任务的115.64%。落实农村孕产妇住院分娩补助政策,共为1834名农村孕产妇实施住院分娩补助,补助金额91.69万元。实施农村妇女免费增补叶酸预防神经管缺陷项目工作,免费增补叶酸1742人(份)。为4176对新婚夫妇免费婚检,婚检率90%。开展机关企事业单位女职工妇女病普查工作和儿童体检工作,妇女病普查2523人,儿童体检5600人,为720名托幼机构保健老师进行健康体检,为9330名儿童进行视力与口腔病筛查,对37家托幼机构卫生保健工作进行评审。

【疾病控制】 2015年,全县强化重点区域、重点人群、重大传染病防控措施的落实,累计发现活动性肺结核病人107例;完成HIV抗体检测37237人;开展监管场所被监管人员艾滋病病毒抗体检测237人(次);报告麻风病疑似12例,管理治疗现症麻风病1例,随访体检治愈存活麻风病家属150余人。加强人禽流感、埃博拉出血热、MERS、不明原因肺炎、霍乱等重点传染病防治工作,全年共采集外环境标本82份,职业暴露人群血清标本60份。完善卫生应急体系,强化应急工作常态管理。做好第十届中国洪泽湖国际大闸蟹节、中高考等重大活动和重要会议的卫生应急保障工作。有效有序规范处置2起因手足口病引发的聚集性病例。无突发公共卫生事件。

接种一类疫苗6万余人(次),对119名适龄儿童开展麻疹疫苗查漏补种,对1038名重点人群开展麻疹疫苗接种。对全县幼儿园、小学5648名新入托入学儿童开展接种证查验。新发现高血压2044例,管理高血压患者36375例,新发现糖尿病患者703例,管理糖尿病患者8803例,新发现恶性肿瘤患者408例,管理恶性肿瘤患者3266例,冠心病等其他慢病建档3458份。完成疟疾防治知识宣教2023人(次),1000人份土源性线虫监测,肝吸虫病情调查540人,完成中间宿主麦穗鱼、棒花鱼检测249条,保虫宿主猪、狗、猫共60只;完成弓形虫调查血样采集40份。

投入137万元改造县疾控中心实验室,建成县水质检测中心,对全县饮用水监测实现全覆盖。完成40—69岁食管癌高危因素筛查6917人。对2010—2013年早诊早治项目发现的268例病人开展随访工作。开展基本公共卫生服务慢性病患者管理和老年人健康管理工作评价项目,完成300名高血压、200名糖尿病患者的随访管理。

完成省食品安全风险监测食品样品理化监测任务24份。抽样检测一次性消毒餐具300件,合格率100%。监测和评价公共场所经营单位60家。对18所学校进行学生因病缺课监测。县城各类从业人员健康体检4505人;职业健康监护体检43家3709人;职业危害因素现场检测9户(次)。

【卫生监督】 2015年,全县共发放卫生许可证56户,校验卫生许可证62户。全年出动执法车辆784次,先后对2家游泳场馆、14家公共场所经营单位进行监督检查;对15家医疗机构进行控烟监督检查;对26所中小学开展学校卫生综合评价工作;开展饮用水卫生监督检查80户(次),开展水质快速检测354个点次;对5家餐具集中消毒单位进行日常的监督检查和样品抽样检测;对各级各类医疗机构和无证"黑诊所""游医"易聚集的场所进行执法检查。全年共查处案件18起,其中无证行医和医疗机构超范围行医案件15起,餐具消毒企业消毒质量不合格行政处罚案件1起,骗取农村合作医疗基金案件2起,罚款到位金额23291.1元。

【合作医疗】 2015年,洪泽县新型农村合作医疗个人资金筹集标准110元,财政每人补助380元(省财政占60%,县财政占40%),参合人数23.6万人,到位基金1.16亿元。县农合办开展住院管理评比及"五合理"检查,对定点医院机构加强监管，完善结报程序，简化办事流程。加大意外伤害核查力度，防范违规报销，调查外伤1000份，退回不符合报销条件150份，为新农合基金挽回资金120.23万元；加大公示力度，查处骗保案件2起，追回资金3.6万元。全年共报销89.59万人（次）。其中，住院2.67万人（次），门诊85.78万人（次），血透病人1.14万人（次）。基金支出1.13亿元，结余237万元。

【医疗卫生改革】 2015年，县委、县政府出台《洪泽县推进医疗卫生体制改革实施意见》，县人民医院与淮安市第一人民院组建紧密型医疗联合体，由市第一人民院派出3名管理人员到县人民医院组建管理团队，实行同质化管理，实现市级医院与县级医疗机构的纵向资源流动，为群众提供分级、连续、节约、高效的医疗服务。

【创建国家级卫生城市】 2015年，洪泽县把健康教育工作纳入爱国卫生发展规划，利用板报、网络、电视等形式进行健康教育知识宣传，累计在广场、门诊大楼、社区内开展健康教育活动25次，发放宣传资料20余种约1.35万份，发放居民营养膳食手册8500本，发放健康素养66条小册子2500份，发放健康教育宣传入户资料7.62万份，向全县各创建包干单位发放印刷宣传资料4000余份。邀请省市专家组对各创建包干单位进行健康教育和病媒防治创卫知识业务培训与指导。完成改厕1016座。严格公共场所禁烟规定，指导各单位及公共场所设置禁烟标志。向全县各创建包干单位发放病媒防治实用手册，对全县病媒生物防治工作进行技术指导和督查。建设毒饵站4万多个，购置灭鼠药品2500千克，灭蚊蝇药品500千克。公共场所卫生许可证有证率、从业人员健康证、卫生知识培训率均为100%。

（张拥军）

体　育

【概况】 2015年，洪泽县举办元旦长跑、冬泳、健身操、全民健身日等各类群众体育健身活动30余次。完成民生实事——“十分钟体育健身圈”提档升级，实现镇（街道）、行政村（社区）“三室一场一路径”和“两室一场一路径”全覆盖，新建古堰梅堤8千米健身步道。11月，洪泽县被省体育局命名为《第二批江苏省公共体育服务体系示范区》。

至2015年底，全县有体育场地面积88.27万平方米，人均拥有体育场地面积2.62平方米。有体育社会组织29个（含民办非企），定期举办三级社会体育指导员培训班，新增三级社会体育指导员248人。全县有社会体育指导员1253人。其中，三级社会体育指导员915人，二级社会体育指导员230人，一级社会体育指导员101人，国家级社会体育指导员7人。万人拥有社会体育指导员数37.21。完成国民体质测试3000人样本，总体合格达标率在95%以上。培养龙舟、拔河项目国家一级裁判员3名。

7月，洪泽县武术套路运动队代表淮安市参加江苏省武术套路锦标赛，获得2金3银4铜。

【群众体育】 1月，举办“保护世界遗产·共建幸福洪泽”2015年洪泽湖古堰元旦长跑活动，全县各镇（街道）、机关、企事业单位以及广大市民、社会团体等2000余人参加。在洪泽湖湾举办“庆祝冬泳日·欢乐迎新年”第五届中国洪泽湖冬泳节。

3月，举办洪泽县女职工庆“三八”掼蛋比赛。4月，在老子山镇举行江苏省老年人体育节洪泽分会场启动仪式；举办淮安市“南三县”（金湖县、盱眙县、洪泽县）乒乓球联谊赛。5—6月，举行“蓝天环境杯”男子篮球赛。5月下旬，承办了江苏省一线社会体育指导员柔力球培训班（洪泽站）。7月，举办洪泽县“丽景花园杯”足球联赛、健身操比赛、社会体育指导员“四德歌”广场舞培训等活动。8月，举行 “全民健身日”活动启动仪式，十余个单项体育协会2000余人进行太极拳、广场舞、军鼓等健身项目展示。9月，举办第十届中国洪泽湖国际大闸蟹节暨第六届中国洪泽湖水上运动会、洪泽湖首届水釜城钓鱼比赛。10月，举办“老来乐”杯中老年人庆重阳乒乓球比赛。11月，举办“银珠”杯洪泽湖古堰自行车骑行活动、“今世缘”杯洪泽县国际半程马拉松赛。

【重要赛事】 11月8日，“今世缘” 2015中国·淮安丝绸之路国际户外挑战赛（洪泽站）在洪泽古堰景区开幕。来自美国、英国、巴基斯坦、印度、新西兰、匈牙利、捷克、老挝等国家驻华使节和中央部委等21个代表队参加比赛。

11月17日，“艳阳度假·老子山温泉”2015CBSA洪泽9球国际公开赛会外赛在老子山温泉山庄举行，来自全球20个国家和地区的选手参加比赛。

【体育社团组织】 截至2015年底，洪泽县共有各类体育协会29个，其中民办非企业4个（洪泽湖掼蛋俱乐部、洪泽县运动康复中心、洪泽县乒乓球训练中心、洪泽县力博跆拳道俱乐部），2015年新成立协会4个（太极养生协会、徒步协会、钓鱼协会、力博跆拳道俱乐部）。

【体育设施建设】 在2014年县城主城区11个社区建成“十分钟体育健身圈”的基础上，2015年，洪泽县又投入64万元对城市社区“十分钟体育健身圈”进行提档升级，购置了健身路径、篮球架、乒乓球桌及其他体育健身器材，体育设施建设向镇（街道）、村延伸。各镇（街道）均建成“三室一场一路径”，各行政村（社区）均建成“两室一场一路径”，室外健身路径投入达160多套，建成县、镇（街道）、村（社区）三级公共体育健身设施网络覆盖。

（蔡守廷）

编辑：邵永芹

文化·广电·科技

文化事业

【概况】 2015年,洪泽县在全市乃至全省率先召开推动文化建设迈上新台阶会议,出台《关于推动文化建设迈上新台阶的实施意见》,文化阵地建设、文化活动开展、人才队伍培养等方面取得成效。

【群众文化活动】 2015年,洪泽县开展系列群众文化活动,丰富百姓文化生活。先后举办为民书春活动、古堰石韵——洪泽湖大堤石刻遗存展、春节灯谜有奖竞猜、迎新春舞龙表演、第六届洪泽县农渔民读书节、纪念抗日战争胜利70周年书画展、“铭记历史·圆梦中华”大合唱、“庆中秋·迎国庆”广场文艺演出、“传承好家训·建设好家风”书画展、第三届广场舞大赛、“洪泽湖风情”文艺节目展演等活动。

春节猜灯谜活动

【公共文化服务】 至2015年底,洪泽县公共文化服务设施覆盖率100%,人均拥有公共文化设施面积约0.2平方米,人均公共图书馆总藏量0.79册。创建惠民社区文化中心、越城居委会文化中心、浔河居委会文化中心3个面积不少于100平方米的社区文化活动中心。

【“文化四城”创建】 2015年,洪泽县扎实推进书香城市、博物馆城市、版权保护示范城市、网吧管理示范城市等“文化四城”创建工作。其中洪泽湖博物馆通过扩建展厅、充实藏品等方式,将专题博物馆“洪泽湖博物馆”升级为综合性博物馆。建成开放中国印博物馆、渔文化博物馆、掼蛋博物馆。制订《2013－2015年洪泽县网吧示范城市创建工作实施方案》,为全县网吧统一制作证照公示、五项制度标牌,悬挂在网吧显著位置,在网吧入口处显著位置设置警示标志和举报电话。此举在全市被推广。

【文化惠民】 开展文化惠民活动,完成为民办实事项目——文化“四送”工作任务。全年送书2.6万余册,送电影1700场,送戏90场,送展览16场。

【文化市场管理】 2015年,全县共开展较大规模的联合集中执法专项行动10次。分别为:元旦、春节期间文化市场专项整治及“扫黄打非”集中行动;“扫黄打非·护苗2015”“扫黄打非·净网2015”“扫黄打非·清源2015”“扫黄打非·秋风2015”四个专项行动; 3月,开展网吧整治月行动;4月,开展校园周边社会文化环境专项整治工作; 4—5月,每周开展一次网吧突击检查行动,重点打击网吧违规接纳未成年人、未按规定核对登记上网消费者有效身份证件以及超时经营等行为; 5—10月,在全县开展整治非法安装和使用卫星地面接收实施工作;实行双休日、节假日、8小时工作以外时间市场巡查值班制度;开展农村演出市场专项整治,严厉打击色情淫秽演出;开展暑期文化市场整治行动,为中小学生暑期生活创造良好的社会文化环境;对全县文物保护单位开展一次执法巡查。

全年立案查处案件16起,下达整改通知书11份,出动执法人员3696人(次),检查印刷复制企业116家(次)、出版物经营单位326家(次)、文化经营场所1321家(次),收缴非法图书1963册,低俗读物167册,侵权盗版工具书62本,取缔无证经营书报刊摊点2个。

【洪泽湖博物馆】 洪泽湖博物馆2005年成立,为国家三级博物馆,位于洪泽县城北京路南侧文化中心四楼,展厅面积2000平方米,截至2015年底,洪泽湖博物馆共有藏品500件,其中二级文物12件。

中学生参观洪泽湖博物馆

2015年,该馆开展多项社会教育延伸活动,举办蝴蝶展、文明小义工、小小讲解员等系列活动,累计接待国内外观众2万余人(次)。

【文物工作】 2015年,洪泽县完成全国第一次可移动文物普查工作,上传文物410件,申报历史文化名城名镇名村重点文物抢救工程项目,推进市县级文保单位"四有"工作,进行爱国主义教育基地排查摸底,督查江淮大学旧址维修各项工作,做好全国重点文物保护单位——洪泽湖大堤综合管理系统信息输入。

【非物质文化遗产】 2015年,洪泽县继续推进洪泽湖渔文化生态保护区建设工作,在水釜城内建设洪泽湖木船制造技艺、董风草编、洪泽湖地区门缨、天钱制作技艺、西顺河柳编四个传承基地,编制《白马湖民间歌舞文化生态保护实验区初步规划编制》。举办第十届洪泽县非物质文化遗产节,对25名市级传承人进行考核并发放非物质文化遗产补助经费4.71万元。

【图书工作】 2015年,洪泽县图书馆新增馆藏20508册,订购杂志520种、报纸64种。新办理图书证4926张,阅览人(次)86007人,读者利用人(次)185125人。新建成的少儿数字体验馆与亲子活动中心,配有最先进的3D互动立体书,全省领先。在县汽车客运站设立数字图书馆阅读平台。

年内,县图书馆开展志愿者招募、春节谜语有奖竞猜、亲子阅读、摄影知识系列讲座、2015年周恩来读书节暨第六届洪泽湖农渔民读书节、公共图书馆服务宣传周、2015—2016年度优秀读者评比、红领巾读书征文比赛、新书推荐、送书下乡等多种读者活动。

【农家书屋】 2015年,洪泽县继续推进农家书屋功能提升工程试点,组织开展"星级农家书屋"创建、评比工作,推荐三星级示范书屋13家、四星级示范书屋4家、五星级示范书屋1家,完成农家书屋功能提升先进县试点镇(黄集街道办事处)建设任务,并获得省奖补资金3万元。

【2015年周恩来读书节暨第六届洪泽湖农渔民读书节】 2015年4月23日开幕,9月结束,历时半年。读书节活动包括名家讲座、书籍的历史图片展、亲子阅读活动、摄影知识讲座、优秀读者评选、"红领巾"读书征文、演讲比赛等系列子活动。

推进"书香洪泽"创建工作。上报淮安市全民阅读促进会团体会员8家、个人会员5人、理事1人;成立洪泽县全民阅读促进会,会员53人。组织开展"全民阅读手拉手"阅读引导推广和助读服务活动,县图书馆定期向读者推荐公布一次基本阅读书目。

(林 娟 高 燕)

广播电视

【对内宣传】 2015年,县广播电视台聚焦县委、县政府"五个区""五个主"中心工作和"四城同创"、新型城镇化建设、湖滨旅游开发、重大项目招引等决策部署,结合年度时段时节特点,组织策划《聚力招商攻坚项目》《聚焦四城同创共建幸福洪泽》等电视专栏15个、广播专栏7个。完成第十届中国洪泽湖国际大闸蟹节、2015CBSA美式台球国际公开赛(洪泽站)、洪泽湖半程马拉松、古堰自行车赛等重大节庆赛事宣传报道。开展"走转改"活动,组织采编人员深入基层一线,播发一大批更朴实、更亲民的"走基层"稿件,较好地发挥了广电媒体作用。

【对外宣传】 2015年,县广播电视台抓住洪泽特色,聚焦重点热点,对外宣传工作走在全市前列。全年累计完成中央电视台用稿7条、江苏电视台用稿151条、淮安电视台用稿218条,其中《江苏新时空》用稿33条。外宣积分累计达7975分,位列全市各县区第二名。其中《江苏洪泽:供电员节前巡线保供电》在央视13套《新闻直播间》播出，《江苏洪泽：重点岗位开展责任教育》在央视4套《中国新闻》播出，《洪泽：部分市民提前返程长深高速宁淮段车流量大幅度增加》在央视2套《第一时间》播出，多篇新闻在淮安电视台《新闻联播》头条播出。

【创新宣传方式】 2015年，县广播电视台改进会议报道、领导活动报道，增加自采新闻，丰富新闻内容，把镜头、话筒对准群众和基层。改造提档《洪泽新闻》，做优电视新闻。开展电视问卷调查，回应群众期盼。每月策划一个主题，进行系列报道、深度报道。《洪泽新闻》已成为时效性强、内容质量优、大家喜欢看的品牌节目。

【特色栏目】 2015年，县广播电视台精心策划《电视问政》《政行风热线》栏目，加强媒体社会责任和公信力建设。"民生面对面·干群心贴心"电视问政栏目被评为淮安市宣传创新项目，全年举办11场，参与群众1200多人，解决群众诉求170多件。

【新闻精品创优】 2015年，县广播电视台坚持质量取胜，加强策划、制作、包装工作，全面提高广播电视自办节目水平。在全市2015年度优秀广播电视节目（作品）评选中，选送的16个节目（作品）获得专家一致认可，获奖数量为历年之最，列全市县级台第三，其中《大学生女"羊倌"续写青春传奇》选送参加全省2015年度广播电视节目（作品）评选。

【事业发展】 2015年，县广播电视台投入150多万元改造提升虚拟演播室、采编播设备系统，建成媒资库和文稿审阅系统；投入20万元完成中波台自动化播控系统；投入40多万元完成无线数字覆盖工程节目传输和双路供电备份线路工程，全面提高广播电视播出质量和水平。

【安全播出】 2015年，县广播电视台实行"三审三校"制度，严格审查节目的引进、制作、编排等环节，保证节目内容健康，积极向上。健全安全优质播出制度，在中波台、发射台、主控机房安装监控系统，实行24小时、全方位监督管理。组织开展重点场所安全演练，提高突发事件的应对处置能力。全年安全播出无事故，中波台连续五年考核100分，受到省新闻出版广电局嘉奖。 （朱正海）

广电网络

【概况】 2012年10月，经县委、县政府同意，洪泽广播电视台与江苏有线（以下简称"省网络公司"）共同出资组建洪泽广电有线信息网络有限公司（以下简称"县网络公司"），成为苏北第二家、淮安市第一家与省网络公司进行股份合作的公司。注册资金4705.88万元，省网络公司占51%的股权，洪泽广播电视台占49%的股权。

2014年4月，省网络公司和洪泽县人民政府就智慧洪泽项目签订战略合作协议，省网络公司以增加注册资本金至1亿元投资建设智慧洪泽项目，省网络公司占77%的股权，洪泽广播电视台占23%的股权。双方按投资比例进行利润分红。

县网络公司成立一年多的时间里，在全省范围内率先实施直播卫星接收设施试点建设；在全市率先完成城乡有线数字电视整转，形成全县城乡有线数字"一张网"，先后实现有线电视"村村通""组组通"，洪泽县成功创成省级有线电视达标县、先进县；启动实施的智慧洪泽建设项目，使得洪泽县成功获批国家第三批智慧城市试点，其成功经验和做法在全省推广，并在国家级论坛上进行经验交流。2015年，县网络公司获江苏省经信委评选认定的三网融合创新基地（示范）称号，所建智慧洪泽项目获国家广电总局颁发的科技创新三等奖，在全省18个合资公司中年度考评名列第一。

【机构编制】 2015年，县网络公司有职工124人（其中城区87人、乡镇37人），事业编制27人（其中城区20人、乡镇7人）。设有5个职能部门，分别为综合管理部、财务资产部、市场营销部、技术保障部、工程维护部。全县设11个广电服务中心，实现垂直管理。人员来源为：原县有线电视台在编人员、长期从事有线网络工作企业、临时人员和乡镇文广站从事广电工作在编、临时人员。公司所有人员全部签订劳动合同，实行企业化管理，工资、福利与业绩挂钩，实行绩效考核。

【业务经营】 2015年，县网络公司实现总收入2986万元，占年收入预算指标的111%。其中，营业收入2886万元，占预算2635万元的110%；营业外收入100万元，占预算51万元的196.7%。净利润310万元，占预算的120%，净资产收益率4%，比2014年提高0.4%。

年内，全县新增有线数字电视用户3414户，完成年目标的114%；新增高清电视用户3246户，完成年目标的325%；新增宽带用户2197户，完成年目标的203%。截至2015年底，全县共有缴费有线数字电视用户5.25万户，高清、互动用户8143户，宽带用户3193户，高清互动率达15.5%，宽带覆盖率达6%。

【智慧洪泽建设】 县委十届七次全会把"智慧洪泽"列入幸福洪泽"六大战略"中的特色战略，成立智慧洪泽工作领导小组。县网络公司作为智慧洪泽项目建设的承建主体，迅速推进此项工程。先后邀请深圳中兴、北京软通、上海宝信、杭州华三等多家实力雄厚的软硬件提供商、集成商到洪泽县考察接洽，参与总体规划和子项目规划论证工作，并前往北京、上海、广州等地调研学习、借鉴经验。

县网络公司发挥已经建成覆盖全县的广电网络资源，坚持集约原则，统一建设标准，严格监管措施，截至2015年底，云计算数据中心、城市公共基础数据库、社会管理与应急指挥平台、城市公共信息平台、视频综合监控系统、无线城市（一期）、智能停车场项目、智慧水利、智慧环保、智慧社区、社管中心智能化系统等18个项目已全部建成，项目推进速度在全省处于领先位置。智慧洪泽项目主要采取政府购买服务、政府代建和市场化运作三种运营模式。对于政府购买服务模式的结算方式，按PPP模式逐年收取服务费的方式，授权广电网络公司经营20年。2015年，智慧洪泽项目收入达1000万元。（余珙玮）

《洪泽报》

【概况】 2015年，县信息中心全年编发《洪泽报》162期，用稿2万余篇，刊发新闻图片2000余幅，并在洪泽新闻网上刊载，及时在微信和微博发送，发挥了引导正确舆论导向、营造良好舆论氛围、对内凝聚力量的作用。

【品牌栏目培育】 2015年，县信息中心注意培育品牌栏目，推出“幸福洪泽看民生”“创业路上我们意气风发”“文明故事会”等群众爱看的专版专栏。开通“洪泽新闻网”，建起微信公众号、官方微博“洪泽新闻”，主要内容有：洪泽微新闻、微看点、洪泽报电子版、洪泽新闻网链接、历史文化、洪泽好人等，打破了传统媒体的地域性、时效性等局限，利用移动互联网技术，将各类在洪泽发生的新闻推送到手机上，收视率近100%。

【《洪泽报》改版】 2015年，县信息中心对《洪泽报》再改版。从报头设计、版面美化及栏目设置等方面进行全方位的改革创新，并将洪泽大闸蟹卡通形象——“朋朋”和“谢谢”融入版面。在整张报纸的设计定位上，做到图文并茂、赏心悦目、富于变化。

【新闻宣传】 突出重点宣传。2015年，县信息中心围绕县委中心大局，加大策划力度，做到专题策划，提前谋划。开展2014年回眸活动，用5个整版图文并茂地反映洪泽2014年所取得的成就。开设“大干一季度·确保开门红”“走基层访千户暖民心”等专栏，刊发专题报道200余篇。策应全民创业、壮村工程、名优产品、民营经济等重点工作，开设“重大项目进行时”“推动幸福洪泽阔步前行”等专栏，组织专访、专题，以消息、言论、通讯、图片等形式对重点工作进行报道，刊发稿件4000余篇。

县信息中心配合阶段性重点工作的推进，开展集中式宣传。秸秆禁烧、全民创业、洪泽湖旅游开发5个整版宣传等均取得较大反响，刊发稿件100余篇。在“四城同创”中，开辟“开展四城同创·共建美好家园”“文明故事会”、曝光台等栏目，及时宣传报道全县和各单位创建工作的最新进展及成果。在《洪泽报》“洪泽新闻网”上共刊发各类文明城市创建稿件1226篇，其中重点稿件87篇，刊发9个整版，在报眉等重要位置刊发“讲文明·树新风”公益广告及文明创建新闻图片368幅。

《洪泽报》专门增刊，用3个整版刊发县委、县政府全民创业扶持政策，刊登了10多个创业典型。同时，宣传一批“洪泽好人”。开设“小人物微幸福”栏目，把镜头对准普通平民百姓，通过报道“小人物” 的工作、生活、感受，传递一种乐观向上、创业奋斗的正能量。

【对外宣传】 全年，县信息中心在《人民日报》《新华日报》《淮安日报》等主流媒体刊稿量大幅上升，《新华日报》头版就刊发了5篇重头稿件，外宣刊用稿件数是2014年的5倍。（徐成堂）

科技工作

【概况】 2015年，洪泽县全社会研发投入实现5.92亿元，占GDP比重2.61%。专利授权量1214件；专利申请总量2067件（其中发明专利715件），均为全市第一。当年，洪泽县被省知识产权局表彰为先进集体，通过省级科普示范县验收，并获批国家级知识产权强县工程试点县（全市第一个）。

【高新技术产业】 年初，县科技局会同县国税局、地税局等部门对全县27个重点科技型企业开展国家高新技术企业申报培训会，指导企业按照高新技术企业标准申报。多次走访全县45个科技型企业，了解企业技术难题、高层次创新创业人才需求；帮助洪泽东俊机械等5个公司，获市级科技进步奖。全年实现高新技术产业产值160亿元，占规模工业比重26.1%。新认定国家级高新技术企业11个、市级高新技术企业2个，新增省级高新技术产品16个、市级高新技术产品13个。

2015年洪泽县获批高新技术企业一览表

表21

序号	企业名称	级别	文件依据
1	江苏悦丰晶瓷科技有限公司	国家级	苏高企协〔2015〕17号
2	淮安盛宇电子有限公司		
3	江苏欧西建材科技发展有限公司		
4	江苏丰源环保科技工程有限公司		
5	洪泽县华晨机械有限公司		
6	洪泽联合化纤有限公司	国家级	苏高企协〔2015〕20号
7	江苏皓一机械制造有限公司		
8	江苏棋成化工有限公司		
9	江苏唯思康食品科技发展有限公司		
10	江苏埃夫信自动化工程有限公司		
11	罗孚橡胶（江苏）有限公司		
12	江苏欣舟化工科技有限公司	市级	淮科〔2015〕47号
13	江苏佳禾木业有限公司	市级	淮科〔2015〕97号

2015年洪泽县获批高新技术产品一览表

表22

序号	产品名称	企业名称	级别	文件依据
1	生物加药型MBR一体化净化槽	江苏丰源环保科技工程有限公司	省级	苏科高发〔2015〕122号
2	一套新型加药装置	江苏丰源环保科技工程有限公司		
3	特制防滑圆形防盗螺母	洪泽县恒利机械有限责任公司	省级	苏科高发〔2015〕217号
4	荧光增白剂OB	江苏格罗瑞化学有限公司		
5	优质低钙镁高纯度大颗粒元明粉	洪泽大洋化工有限公司	省级	苏科高发〔2015〕259号
6	电瓶叉车半轴	洪泽县汽车半轴制造有限公司		
7	黄河载重柴油机汽车半轴	洪泽县汽车半轴制造有限公司		
8	远洋船舶用高性能新结构发动机缸套	洪泽县华晨机械有限公司		
9	全自动跟踪式太阳能生态光伏电站	江苏华源新能源科技有限公司	省级	苏科高发〔2015〕303号
10	一种多级防脱型刷式汽封	江苏鑫信润科技有限公司		
11	高克重超薄热风布	江苏华龙无纺布有限公司		
12	亲水抗菌热轧布	江苏华龙无纺布有限公司		
13	7180152长寿命电瓶叉车半轴	洪泽县汽车半轴制造有限公司		
14	三(三溴苯氧基)三嗪高效阻燃剂	江苏欣舟化工科技有限公司		
15	聚醚多元醇用双金属催化剂	淮安巴德聚氨酯科技有限公司		
16	LOCA非沥青基自粘高分子防水卷材	江苏欧西建材科技发展有限公司		
17	生物加强型MBR一体化净化槽	江苏丰源环保科技工程有限公司	市级	淮科〔2015〕47号
18	新型加药装置	江苏丰源环保科技工程有限公司		
19	远洋船舶高性能新结构发动机气缸套	洪泽县华晨机械有限公司		
20	滚压强化气缸套	江苏爱吉斯海珠机械有限公司		
21	三(三溴苯氧基)三嗪	江苏欣舟化工科技有限公司		
22	高性能农用车汽车半轴	洪泽县汽车半轴制造有限公司		
23	新型免绝缘条太阳能板	江苏新源太阳能科技有限公司	市级	淮科〔2015〕97号
24	井口密封装置	洪泽东俊阀门有限公司		
25	单筒双井高压控制阀门	洪泽东俊机械有限公司		
26	长寿命黄河载重柴油机汽车半轴	洪泽县汽车半轴制造有限公司		
27	高性能电瓶叉车半轴	洪泽县汽车半轴制造有限公司		
28	长寿命重型汽车后桥半轴	洪泽县汽车半轴制造有限公司		
29	基于ARM系统的智能JP柜	江苏瑞特电子设备有限公司		

【产学研工作】 2015年，县科技局多次邀请高校院所专家到洪泽县走访企业，开展各项对接活动，促进产学研合作，推动企业转型升级。7月，中国矿业大学化工学院与江苏中泰生物科技有限公司签署校企产学研合作协议书。8月，省气象学会与江苏国瑞绿色食品有限公司洽谈合作事宜，双方就农业气象服务站项目达成协议。南京工业大学朱月华教授一行到洪泽与江苏越城照明电器科技有限公司洽谈合作事宜，双方就建立江苏省企业研究生工作站、共建江苏省节能荧光灯工程技术研究中心达成协议。9月，驻苏部属科研院所联合会代表、专家一行走访江苏丰源环保科技工程有限公司、洪泽县华晨机械有限公司等10个企业，并建立长期、稳定的合作关系。10月，组织企业参加第五届省科洽会。指导企业登录省产学研信息平台发布有效技术需求3个，发动和组织15个以上企业开展前期对接洽谈活动，完成《前期对接(项目类)成效登记表》《前期对接(共建载体、协议类)成效登记表》，组织15个企业赴南京参加省科技洽谈会，现场签约项目2个。10月17日，邀请安徽省合肥工业大学甘国强、薛克敏、程继贵3位专家到洪泽县走访县内装备制造、能源环保、新材料等类型企业，寻求合作领域。全年共对接产学研项目21个，成功申报1个省科技服务站、1个省首席专家、6个省科技副总，新增工程技术研究中心16个，其中省级2个，省级研究生工作站7个。

2015年洪泽县获批工程技术研究中心一览表

表23

序号	名　　称	企　　业	文件依据
1	江苏省微汞长寿命节能灯工程技术研究中心	江苏越城照明电器科技有限公司	苏科条发〔2015〕249号
2	江苏银珠化工集团有限公司技术中心	江苏银珠化工集团有限公司	苏科条发〔2015〕726号
3	淮安市环保贴面装饰板工程技术研究中心	江苏佳禾木业有限公司	淮科〔2015〕79号
4	淮安市特种高分子量聚醚多元醇工程技术研究中心	淮安巴德聚氨酯科技有限公	
5	淮安市高性能铝合金材料工程技术研究中心	江苏宏基铝业科技有限公司	
6	淮安市食品工程技术研究中心	江苏南方食品科技有限公司	
7	淮安市元明粉工程技术研究中心	中盐淮安鸿运盐化有限公司	
8	淮安市废旧电子再生资源绿色处理工程技术研究中心	江苏融源再生资源科技有限公司	
9	淮安市酚醛树脂台球工程技术研究中心	江苏欣颖新材料科技有限公司	
10	淮安市消失模铸造工程技术研究中心	江苏曜曜铸业有限公司	
11	淮安市新型节银主栅晶体硅太阳电池组件工程技术研究中心	江苏新源太阳能科技有限公司	
12	淮安市塑料添加剂工程技术研究中心	江苏欣舟化工科技有限公司	
13	淮安市医药中间体工程技术研究中心	淮安洪阳化工有限公司	
14	淮安市绿色化工工程技术研究中心	江苏振方生物化学有限公司	
15	淮安市氟橡胶硫化剂工程技术研究中心	罗孚橡胶(江苏)有限公司	淮科〔2015〕99号
16	淮安市硝盐联产工程技术研究中心	江苏瑞洪盐业有限公司	

2015年洪泽县获批省级研究生工作站一览表

表24

序号	名　　称	企　　业	文件依据
1	江苏新源太阳能科技有限公司研究生工作站	江苏新源太阳能科技有限公司	苏科条发〔2015〕283号
2	江苏融源再生资源科技有限公司研究生工作站	江苏融源再生资源科技有限公司	
3	江苏华龙无纺布有限公司研究生工作站	江苏华龙无纺布有限公司	
4	江苏越城照明电器科技有限公司研究生工作站	江苏越城照明电器科技有限公司	
5	江苏悦丰晶瓷科技有限公司研究生工作站	江苏悦丰晶瓷科技有限公司	
6	洪泽县恒利机械有限责任公司研究生工作站	洪泽县恒利机械有限责任公司	
7	江苏斯德瑞克化工有限公司研究生工作站	江苏斯德瑞克化工有限公司	

【科技项目】 2015年,洪泽县组织实施市级以上科技计划项目35项,向上争取资金1655.99万元。其中,华晨机械获批省级重大成果转化项目,争取资金1000万元,当年已到账600万元。

2015年洪泽县科技局向上争取资金一览表

表25

序号	项目名称	拨付单位	争取额（万元）	文件依据
1	省级企业创新与成果转化专项资金项目2015年度分年度拨款	省财政厅	400	苏财教〔2015〕64号
2	2015年度省知识产权创造与应用(专利资助)专项资金	省财政厅	12.3	苏财教〔2015〕92号
3	2015年度江苏省企业知识产权管理标准化示范先进单位奖补经费	省财政厅	10	苏财教〔2015〕93号
4	2015年省级重点研发专项资金(第二批)	省财政厅	50	苏财教〔2015〕105号
5	2015年度省级政策引导类专项资金(第三批)	省财政厅	100	苏财教〔2015〕107号

续表25

序号	项目名称	拨付单位	争取额（万元）	文件依据
6	2015年省级企业创新与成果转化专项资金(第一批)	省财政厅	600	苏财教〔2015〕178号
7	2015年度江苏省政策引导类计划(农业科技社会化服务奖补资金)	省财政厅	15	苏财教〔2015〕183号
8	2015年度江苏省“基层科普行动计划”省级专项资金	省财政局	8	苏财教〔2015〕184号
10	2014年度省、市科技创新券资助经费	市财政局	39.38	淮财教〔2015〕2号
11	2014年度第二批省、市科技创新券资助经费	市财政局	43.07	淮财教〔2015〕17号
9	2015年度市级科技计划专项资金项目分年度拨款	市财政局	90	淮财教〔2014〕22号
15	2015年度市专利资助经费	市财政局	70	淮财教〔2015〕35号
14	2015年市级科技计划专项资金(第二批)	市财政局	61	淮财教〔2015〕45号
12	2015年度市科技创新券资助经费	市财政局	4.05	淮财教〔2015〕50号
13	2015年度省、市科技创新券资助经费	市财政局	53.19	淮财教〔2015〕51号
14	2015年度市级科技计划专项资金(第三批)	市财政局	100	淮财教〔2015〕53号
合　　计			1655.99	

【知识产权】 2015年，洪泽县华晨机械有限公司的“远洋船舶发动机气缸套及其气缸套材质”获第九届江苏省专利项目优秀奖。淮安优联工业自动化装备有限公司的“机器人用自动换带立式砂光机床”和江苏爱吉斯有限公司的“气缸套合金铸铁的中频感应电炉熔炼方法及离心浇铸方法”获批2014年度市级十大优秀发明专利。

【科普惠农惠企惠民】 2015年，县科技局帮助东俊机械、融源再生资源、越城照明等3个企业申报“金桥工程”项目。组织15个企业参加“企业专利应用工程师培训”，促进企业提升技术创新能力。组织企业参加“互联网+企业发展方式创新”活动，华晨机械的张家中在活动中被评为“江苏省推动创新创业工作先进个人”。6月，邀请省、市主管部门负责人和专家及县相关部门负责人对高新技术企业税收优惠政策、研究开发费用加计扣除、高层次人才引进、人才创新创业等相关优惠政策进行解读，县内近50个企业参会。

（邱迎婷）

气象服务

【天气概况】 2015年，洪泽县年平均气温15.1℃，与常年值一致，但各月冷暖不均，与常年同期相比，1月、2月、3月月平均气温分别偏高1.8℃、1.0℃、1.1℃，7月月平均气温偏低1.5℃，其余月份正常或接近常年值。年降水量1329.6毫米，比常年值942.7毫米偏多386.9毫米，但降水时空分布不均，与常年同期相比，5月、6月、8月、11月降水量分别偏多12.5毫米、237.0毫米、101.9毫米和114.3毫米，1月、9月、12月降水量分别偏少15.9毫米、32.1毫米、11.9毫米，其余各月降水量正常或接近常年值。年日照时数1868.3小时，比常年值2171.6小时偏少303.3小时，但年内各月日照多寡不均，与常年同期相比，只有9月日照时数偏多19.5小时，而1月、2月、5月、6月、7月、11月、12月日照时数分别偏少36.2小时、20.9小时、46.6小时、46.9小时、53.0小时、104.5小时、38.7小时，其余各月日照正常或接近常年值。

【重要灾害性天气及影响】 2015年，境内共有暴雨日7天，分别出现在6月25日、27日、30日，7月31日，8月10日、20日，11月7日，其中6月25日雨量130.5毫米，为年最大日雨量。全年高温日数仅4天，分别出现在6月13日、7月14日、8月4—5日，其中8月5日最高气温35.4℃，为年最高气温。4月12日下午15时02分受强冷空气影响，出现16.2米/秒NNW大风，洪泽湖上极大风速达22.2米/秒。湖上有23条船只遇险，沉没6条船，救起53人，无人员伤亡，直接经济损失100万元。8月9—11日，受2015年第13号台风“苏迪罗”外围影响，出现7级东北风，累计降水量达94.8毫米。7月31日、8月1日、5日、8日出现强对流天气，其中7月31日伴有强雷电、9级西南大风、大暴雨，洪泽县城区还出现短暂冰雹天气。强降水致使县城区、乡镇农田出现内涝，积水深度在50厘米以上。11月下旬，受强冷空气入侵，27日出现-6.7℃低温天气，创1959年有气象记录以来新低；11月持续阴雨寡照，月降水量158.4毫米，创1959年有气象记录以来新高；月日照时数仅83.9小时，为1959年有气象记录以来最低值。低温雨雪天气使部分露天农作物出现冻害。

【持续不利天气】 2015年6月24日入梅、7月13日出梅。梅雨特点：入梅略偏迟、出梅正常，梅期略偏短；梅雨量明显偏多，达337.8毫米，比常年偏多近四成；强降水集中在梅雨前段，后段晴雨相间；梅雨期间受9号台风（7月11—12日）外围影响。由于入梅后强降水不断，特别6月25日、27日、30日接连出现三场暴雨，全县46209亩水稻被淹受灾，其中23679亩成灾，受灾人口16023人，经济损失924.56万元；城区不少路段积水，积水深度在30–50厘米。11月持续阴雨寡照对秋收秋种影响很大，水稻收割推迟，腾茬延迟，小麦播期推后。

【气象预报服务】 2015年，洪泽县共出现7次暴雨、大暴雨天气和2次台风高影响天气，县气象局都能提前准确预报，及时开展服务。县政府根据预报及建议，及时下发紧急通知，启动重大气象灾害（高温、台风）Ⅳ级、Ⅲ级应急响应各1次，有效避免气象灾害对农业生产特别是设施农业造成的损失。

在春耕春播、夏收夏种、秋收秋种等关键农事季节，县气象局先后10多次组织"专家联盟"技术人员深入田间地头，对小麦赤霉病防治、水稻穗期病虫害防治等进行现场指导。做好夏秋两季秆禁烧禁抛和综合利用工作，及时向县领导提供秸秆焚烧卫星遥感监测信息，利用手机短信等服务平台和电视天气预报发送有关秸秆"两禁一利用"的宣传短信和流动字幕，每天向县"两禁一利用"办公室提供实时天气预报信息。

完成淮安市气象局下达的村（居）气象信息服务站和气象预警设施建设任务；编写《洪泽气象与农业生产》书籍和气象灾害指引科普画册。与县农干校联合为农业新型经营户举办一期农业气象培训。"农业气象防灾减灾体系建设工程"纳入《洪泽县国家现代农业示范区建设总体规划》。在岔河镇、黄集街道办事处、东双沟镇、三河镇打造洪泽国家现代农业示范区气象服务示范点5个。邀请省气象局减灾处、服务中心、气象学会领导到洪泽指导气象为农服务示范县创建工作，并和省气象学会签订气象科技服务站合作共建协议。创成江苏省标准化气象为农服务县。

【气象现代化建设】 2015年，县气象局向省气象局争取100万元资金用于洪泽气象现代化建设。先后完成洪泽县气象预警指挥中心主体工程，岔河镇岔河村、陈向村及黄集街道曹圩村自动站建设及老子山镇自动站升级搬迁工作，洪泽县基本实现气象现代化进程监测评价年度报告（2015年）。洪泽县气象现代化进程指标评分在全市名列第一。

（陈　翔）

防震减灾

【概况】 2015年，洪泽县贯彻落实防震减灾法律法规，推动地震监测预报、震害防御、应急救援三大工作体系建设，防震减灾工作取得较大突破。当年，洪泽县地震局先后被市地震局、省地震局和国家地震局评为年度防震减灾工作综合考核先进单位。

【监测预报】 2015年，县地震局完成深井数字测震仪器安装并投入运行；县政府办公室出台地震观测环境保护文件（洪政办发〔2015〕99号），加强台站管理，在地震台安装远程实时监控系统，地震数据实现全年100%连续观测。

【震害防御】 2015年，县地震局按照建设工程抗震设防要求，认真做好管理工作，全年共审批建设项目14个，其中"三馆"项目进行了二级地震安全性评价。启动城区地震小区划工作，完成《洪泽县城区地震小区划工作实施方案》。开展地震科普宣传教育活动，"5·12"与科普周期间，在学校、社区等开展科普宣传活动，组织地震应急疏散演练现场观摩活动和社区地震应急疏散演练等；"7·28"唐山地震纪念日期间，组织街头宣传、社区宣传各1次。高良涧街道办事处临河社区创成国家级地震安全示范社区，惠民家园社区被省地震局评为地震安全示范社区；洪泽县实验中学和洪泽湖实验小学创成省级地震科普示范学校。建成洪泽防震减灾体验馆，并申报创建了省级防震减灾科普教育基地。调整县防震减灾联席会议组成人员和"三网一员"（"三网"是指地震宏观测报网、地震灾情速报网、地震知识宣传网；"一员"是指防震减灾助理员），新增地震宏观观测点1个，开展各类"三网一员"培训4次。

高良涧中心小学开展地震演练

【地震应急体系建设】 2015年，由县住建局牵头启动洪泽湖欢乐广场、洪泽湖文化广场地震应急避难场所改造，计划利用"三馆"项目建设新的地震应急避难场所，并于年底完成建设方案和图纸设计。

【防震减灾示范县创建】 6月，洪泽县启动防震减灾示范县创建工作，成立创建国家防震减灾示范县工作领导小组，印发创建工作方案，召开防震减灾示范县动员会。创建工作计划2017年完成。

（王天伟）

地方志

【概况】 2015年，全县志鉴工作稳步推进。《洪泽县志(1988—2010)》通过终审并进入出版程序；出版《洪泽年鉴》(2015)；6条信息被《江苏方志信息》杂志采用。洪泽县地方志工作被淮安市人民政府表彰为“2015年度先进县区”。

【二轮修志】 2月，《洪泽县志(1988—2010)》通过专家组审评，成为淮安市第二家通过终审的县区二轮志书。通过终审后，县地方志办公室及时组织人员对专家组的评审意见进行归类总结，认真筛选。并对志稿进行精心修改、补充和完善。11月，完成二轮志稿修改工作，随即启动二轮志书出版程序。至12月初，志书样书装订成册，报送市志办验收。

【乡镇志编纂】 2015年，县志办继续做好乡镇志书编纂业务指导工作，重点对《朱坝镇志》提出了具体的审核意见。年初，《朱坝镇志》由电子科技出版社正式出版发行。全县已编纂出版过乡镇志书的镇增至5个。

当年6月，县志办报送6份乡镇志参加江苏省第一届乡镇村志评比活动。

【年鉴工作】 1月，县委办公室、县政府办公室发出《关于做好〈洪泽年鉴(2015)〉编纂工作的通知》，要求各相关镇、部门和单位在3月底前将有关资料报至县地方志办公室。县地方志办公室组织人员对各单位报送稿件编辑修改，6月，完成年鉴稿件编辑，形成初稿；9月，完成稿件反馈、补充、完善工作；10月，按时序完成年鉴送审稿；11月，完成年鉴稿件的出版社审核程序；12月上旬，正式排版印刷。

做好《洪泽年鉴(2014)》发行工作。年内，共发行《洪泽年鉴(2014)》400余册(免费赠阅)。及时更新县图书馆、新华书店、县城主要宾馆等场所的《洪泽年鉴》，更好发挥年鉴的资政、教化、存史作用。 (洪志办)

档案管理

【档案创新服务】 2015年，洪泽县档案局(馆)共接待查档1784人次，提供证明复印件1022件。完成接收进馆档案的编目上架工作，共接收高良涧街道办事处、朱坝街道办事处、县纪委、司法局、文广新局、代建办等单位共90卷15909件276盒档案，其中文书档案90卷10793件，专业档案276盒5116件。

【资料整理与划控】 2015年，县档案局(馆)整理资料318卷(册)，装订新接收进馆档案的手工目录并完善相关统计台账。完成到期档案划控工作。本次划控为1986—1989年度，共70个全宗，已划控总数为4324卷，其中永久1889卷，长期2435卷；未划控总数764卷，其中永久564卷，长期200卷。

【档案数字化和新馆建设】 7月初，县档案局(馆)全面启动档案数字化扫描工作。截至12月底，共扫描5个全宗9400多卷14147件，形成扫描文件124万多页。10月，洪泽县新档案馆破土动工。

【档案法律法规宣传】 2015年，县档案局(馆)制订《洪泽县档案局档案法治宣传教育计划》和《2015年洪泽县档案法治宣传工作方案》，突出档案法制宣传教育工作的重点，加强对领导干部、档案管理人员的档案法律法规的宣传教育。在6月9日“国际档案日”、9月份“档案法制宣传月”“12·4”全国法制宣传日等，通过悬挂过街条幅，发送档案知识宣传资料等形式开展宣传活动。

【星级档案工作创建】 2015年，县公安局档案室通过“省五星级档案室”测评；基督教三自中心堂、西顺河镇、江苏省南水北调洪泽站、县烟草专卖局、市高良涧水利工程处等5个单位通过“省三星级档案室”测评。

【档案业务培训】 5月11—15日，县档案局(馆)举办全县档案业务培训班。各镇(街道)、部门专(兼)职档案工作人员80余人参加培训。培训主要内容为机关文件材料归档范围和文书档案保管期限表、归档文件整理、镇区划调整后档案管理工作、农村土地承包经营权确权登记领办证档案管理工作等。培训采用理论和实践相结合的方式进行，具有很强的可操作性。 (周 游)

编辑：邵永芹

社会生活·社会保障

人力资源和社会保障

【人事人才】 至2015年底，洪泽县机关事业单位在编人员6756人，其中公务员1317人，事业单位人员5439人，女性2362人，党员3262人，高层次人才208人，高级职称989人，机关事业单位中工人性质546人，技师及以上81人。

年内，全县新招录公务员55人，其中党群、乡镇19人，县直机关36人。引进硕士（副高）以上学历高层次人才18人，引进紧缺本科生293人，新增专业技术人才数242人。为县教育、卫生、江苏洪泽经济开发区和其他事业单位新招录工作人员279人。

【工资福利与退休管理】 2015年，县人力资源和社会保障局调整了全县6500多名事业单位在职人员一年一次薪级工资和机关符合滚动晋级人员工资。办理机关单位行政级别调整兑资55人（次）、事业单位职称变动与工人考工定级兑资1403人（次）。正常办理机关、事业单位人员退休手续203人，全部上报淮安市人力资源和社会保障局审批，审批率100%。对全县202户遗属对象换发2015年生活困难补助证，并提高生活困难补助金。办理抚恤金、丧葬费手续70人，按月完善退休人员、遗属补助人员信息库。

【企业养老保险】 2015年，洪泽县为全县企业离退休人员按时足额发放养老保险金3.8亿元。企业职工基本养老保险参保职工4.4万人，净增参保职工3300人，个体灵活就业人员参保4.1万人。征收养老保险基金3.9亿元，完成年目标的94%，其中清欠910万元，完成年目标的100%。社区管理率100%；档案累计接收率100%；累计为14552名退休人员免费体检，完成目标的133%。稽核参保职工2.3万人，稽核应补基金3.5万元，实际到账3.5万元，补缴基金到账率100%，无虚报冒领养老金现象。

【机关事业单位养老保险】 2015年，洪泽县征收机关事业单位养老保险费1.24亿元，征缴率99.8%，实地稽核率36%，清理历年欠费53万元。

县人社局举办退休人员书画展

【城乡居民社会养老保险】 2015年，洪泽县被征地农民社会保障覆盖率100%，城乡居民社会养老保险共参保74712人，参保率99.7%；城乡居民社会养老保险征缴基金2968.62万元，累计为54119人发放养老金7746.46万元，发放率100%。

【医疗保险】 2015年，洪泽县城镇基本医疗保险参保人数132583人，当年新增参保近3000人，完成年目标的91.97%。其中，农民工参加医疗保险近1000人，城镇居民参加医疗保险6万余人，征收基本医疗保险基金1.83亿元。

【工伤生育保险】 2015年，洪泽县工伤保险参保人员42388人,其中农民工参加工伤保险12710人,均超额完成全年目标。征收工伤保险基金1143万元。生育保险参保职工32417人,完成年目标的100%,当年新增参保1015人;征收生育保险基金422万元,完成年目标的100%。

【失业保险】 2015年,洪泽县失业保险参保人员48339人,新增参保7304人;征缴失业保险基金1788万元,完成年目标的292%。

【就业再就业】 2015年,洪泽县城镇新增就业7355人,完成年目标的105%;城镇登记失业率为2.29%;新增农村劳动力转移2810人,实现城镇下岗失业人员再就业2311人,完成年目标的115%,实现就业困难人员再就业461人,完成年目标的153%;发放小额贷款2163万元。

【职业技能培训】 2015年,洪泽县城乡劳动者职业技能培训2303人,其中新成长劳动力技能培训1102人,企业职工技能提升培训3118人。当期组织鉴定2984人,发证2855人,组织高级工培训新技师培训657人,其中技师101人,高级工556人。通过政策扶持、资金保障、基层平台协理员培训等方式进一步完善和加强县、镇(街道)、村三级社会保障平台建设,共组织社区、镇(街道)基层劳动保障协理员业务培训4期,累计轮训160多人(次)。

【劳动合同管理】 2015年,全县11812人签订劳动合同,各类企业劳动合同签订率达98.8%。年内,办理劳动合同备案13275人,鉴定15660人。集体合同订立267户,企业集体合同签订率100%。

【劳动争议和监察】 2015年,全县立案受理劳动争议案件109件,案外调解95件,处理结案109件,按期结案率100%。全年开展农民工工资支付情况、清理整顿人力资源市场秩序、规范劳动用工和劳务派遣行为、用人单位遵守劳动用工、社会保险法律法规情况专项检查活动4次。主动监察用人单位530户,人均主动监察用人单位66户。受理群众投诉举报98件,立案处理93件,案外调解56件,处理结案93件,案件立案率94.9%,按期结案率100%。开展"两网化"建设,建立一级网格4个,二级网格15个,"网格化"覆盖率100%。

(高 元)

民 政

【社会救助】 2015年,洪泽县出台《洪泽县社会救助实施细则》《洪泽县城乡居民临时救助实施办法》《洪泽县城乡困难群众临时救助实施细则》等一系列政策文件,对城乡最低生活保障标准进行调整。将城市最低生活保障标准调整到490元,人均月补助260元,人均上调13.2元;将农村最低生活保障标准提高到370元,人均月补助206元,人均上调12.4元。累计救助城市最低生活保障对象1.82万人(次),发放救助资金464.37万元;救助农村最低生活保障对象7.34万人(次),发放救助资金1405.81万元。实现医疗救助全覆盖,建成城乡医疗救助同步结算平台,出台《洪泽县城乡医疗救助实施细则》。截至2015年12月,累计为1900人(次)实施医疗救助,发放救助资金486万元。出台,为临时救助工作提供制度保障。累计救助1100人(次),发放救助资金64.18万元。

【社区建设】 2015年,洪泽县推进政社互动工作,着力创新基层组织管理模式。全县126个村(居、社区)中,综合服务中心面积达400平方米以上的119个,城乡社区综合服务设施覆盖率达94.1%。城乡社区服务管理体制覆盖率100%。

【社会福利事业】 2015年,洪泽县建立孤儿养育标准自然增长机制,从7月1日起,每人每月提高到1080元,全年为174名孤儿发放补助资金226万元。提升儿童福利机构服务能力,投资300万元建成占地3350平方米、建筑面积1900平方米,集生活、医疗康复、生活保障、技能培训为一体的县儿童福利院。加强流浪人员救助管理,建立覆盖城乡的救助体系,全面开展未成年人社会保护工作。

【殡葬改革】 2015年,洪泽县深化殡葬改革,全面推行惠民殡葬政策,全年为2400多户减免丧葬费用240余万元。推行文明治丧,投入300余万元新建建筑面积1200平方米的殡葬服务部,为集中治丧活动创造条件。

【婚姻登记服务】 2015年,全面落实免费婚姻登记和免费婚前检查政策,建立婚前检查、婚姻登记"一站式"便民服务大厅。2015年,共办理结婚登记4116对,离婚登记836对。

【优抚安置】 2015年,洪泽县建立重点优抚对象抚恤补助标准自然增长机制,发放抚恤资金145.2万元。帮助无住房优抚对象解决困难,对城乡义务兵家属,按不低于上年城镇人均收入45%标准兑现。开展纪念抗战胜利70周年慰问活动,发放慰问金3.04万元,发放一次性生活补助11.5万元。全年共接受退役士兵(士官)188人,符合政府安置岗位12人,共发放自主就业补助金560万元,安置率100%,全县报名参加中长期职业技能培训100人、短期培训79人、复学3人,参训率100%。

【社会组织管理】 2015年,洪泽县加大社会组织培育发展力度,新增社会组织37家。截至2015年底,全县共有社会组织274家。其中,培育AAA等级社会组织10家、AA等级社会组织15家。落实购买服务资金2.4万元。

【区划地名】 2015年,洪泽县完成乡镇区划调整工作,将原有的12个镇调整为9个镇和街道。完成命名道路35条,开展地名数据库系统整理工作,为全县地名数字化建设奠定基础。做好勘界工作，埋设界桩28处，属洪泽县管护界桩23棵。完成界线联检工作，开展第二次全国地名普查。

洪泽县城区道路命名、更名一览表

表26

序号	名 称	走向	起讫点	原 名
1	洪泽湖大道	东西	古堰路—宁连高速公路	北京路、瑞特大道(东九道)
2	幸福大道	南北	浔河路—九牛路	东五街
3	迎宾大道	东西	人民路—总渠路	南环路
4	巢湖路	东西	人民路—宁连一级公路	热电大道(东一道)
5	洞庭湖路	东西	人民路—振兴路	东盾大道(东五道)
6	太湖路	东西	砚临河—宁连高速公路	东十一道
7	鄱阳湖路	东西	洪泽湖大堤—东海路	(规划中348省道)
8	微山湖路	东西	宁连高速路—北海路	东八道
9	千岛湖路	东西	东海路—砚临河	东十道
10	东海路	南北	浔河路—金鸡路	东十三街(328省道)
11	南海路	南北	太湖路—精益路	东十一街
12	黄海路	南北	浔河路—金鸡路	东九街
13	渤海路	南北	浔河路—金鸡路	东七街
14	北海路	南北	浔河路—大禹路	东一街
15	长江路	东西	幸福大道—砚临河	东四道
16	淮河路	东西	振兴路—砚临河	东三道
17	黄河路	东西	幸福大道—砚临河	东二道
18	浔河路	东西	东海路—总渠路	浔河路
19	引河路	东西	砚临河—总渠路	—
20	砚马河路	东西	328省道—幸福大道	—
21	复兴路	南北	洪泽湖大道—精益路	东三街
22	振兴路	南北	砚马河—大禹路	(规划中)
23	东三街	南北	浔河路—洪泽湖大道	东三街
24	商业街	南北	浔河路—石油路	商业街、洞小路
25	美食街	南北	洪泽湖大道—洞庭湖路	东二街
26	精益路	东西	振兴路—复兴路	北一道
27	康达路	东西	黄海路—幸福大道	北二道
28	九牛路	东西	东海路—幸福大道	北三道
29	双虎路	东西	东海路—渤海路	北四道
30	金鸡路	东西	东海路—黄海路	北五道
31	淮宝路	东西	黄海路—大庆路	东七道
32	大禹路	东西	振兴路—幸福大道	东六道

续表26

序号	名 称	走向	起讫点	原 名
33	古堰路	南北	浔河路—二河闸	滨湖路
34	志远路	东西	砚临河—大庆路	—
35	百盛路	南北	浔河路—东风路	—

（陈益生）

双拥工作

【组织建设】 2015年，洪泽县委、县政府调整由县委书记徐东海为组长，县36个部委办局主要负责人为成员的县双拥工作领导小组，全县形成党政一把手主抓，军政联动的双拥工作组织网络。

【政策落实】 2015年，洪泽县全面落实各项双拥政策，各类优抚优待对象的抚恤定补费用，全部按国家、省、市标准足额按时发放，并实施自然增长机制，12名转业士官得到及时安置，安置率100%。退役士兵技能培训工作有序进行，培训率在98%以上，上岗率100%。

【拥军实事】 2015年，洪泽县为驻洪官兵每人每月增加100元的生活医疗补助、每年1000元的集体医保，为驻洪部队赠送电脑4台，赠送科技类图书200册。年内，洪泽县设立双拥基金30万元。在“八一”、春节前夕，县领导走访慰问驻洪部队的同时，还走访慰问驻淮部队防空旅、市军分区、十五分部、消防支队和武警支队官兵。

【军民融合】 2015年，洪泽县军民融合工作领导小组成立，县委、县政府印发《关于加快推进军民融合式发展的意见》，把军民整合深度发展纳入“十全十美”幸福洪泽的具体实践中。驻洪泽部队与东双沟镇敬老院结对共建，定期到敬老院走访慰问，向敬老院失能老人赠送代步轮椅10台套。县人武部、县消防大队6名营以上干部，每人联系帮助2名困难学生。

（段广辉）

残疾人事业

【残疾人概况】 至2015年底，全县共有残疾人9122人。其中，视力残疾1138人，听力残疾806人，言语残疾39人，肢体残疾4955人，智力残疾1099人，精神残疾989人，多重残疾96人。

【扶残助残】 2015年，洪泽县在县城区主次干道、巷道、菜场、农贸市场等地，首批设置10个固定式“爱心亭”，供城区符合条件的残疾人经营早点、卤菜、报刊、修理、水果、衣帽、日杂等，鼓励残疾人创业创收。

年初，注册成立洪泽县洪泽湖残疾人烙画公司，组建近10人的残疾人烙画团队，创设了洪泽县残疾人托养中心、洪泽县特殊教育学校2个烙画基地和洪泽县水釜城残疾人烙画艺术中心展示窗口，在淘宝网上开辟洪泽县残疾人烙画销售网店。洪泽县洪泽湖残疾人烙画公司已完成烙画作品近120幅，销售30余幅，被选为全省残联系统文化宣传工作会议现场观摩点。

听力残疾人石志军烙画作品《水乡风情》

【康复辅助】 2015年，洪泽县在残疾人托养中心设立县特殊儿童康复中心，面积1000平方米，在训儿童26名。将参加新型农村合作医疗的529名持证精神残疾人全部纳入特殊病种，享受每人每年3000元的服药费用。对城镇132名参保精神病人，每人每年补贴600元的医保报销门槛费。为825名残疾人（其中低视力60户，肢体765户）配发了适合自身特征的个性化辅助器具。

【助残补贴】 2015年，全县共发放各类助残补贴1591万元。其中，低保中重残补贴418人计32万元，护理补贴954人计136万元，重残救助金3236人计1423万元。县财政出资18.4万元，为4573名持证的三、四级轻度残疾人购买人身意外伤害保险。

【残疾人就业与培训】 2015年，全县残疾人就业渠道和就业培训人数不断扩大，已安置122人。其中，按比例就业20人，集中就业20人，农村劳动力转移31人，自主创业15人，其他形式就业36人。培训残疾人121人。 （余功翔）

老龄工作

【居家养老服务体系建设】 2015年，全县新建19个村（社区）居家养老服务中心（站），其中标准化养老服务中心11个、AA级居家养老服务中心（站）8个。截至2015年底，全县7个城市社区均已建成居家养老服务中心（站），完成率100%；农村社区居家养老服务中心（站）建成98个，占农村117个村（居）的83.8%。

建成三河镇老年关爱驿站。该驿站位于镇中心小学对面，面积1500多平方米，共有28间房屋，设有休息室、图书阅览室、健身室、精神关爱室、活动室等。室外有健身广场，可供500多名送小孩上学的老人到关爱驿站休息、看书、下棋、健身。

【养老机构建设】 截至2015年底，全县共有养老床位2430张（2015年新增床位200张），其中公办养老机构12家，床位940张；民办养老机构15家，床位970张；各类居家养老服务机构床位520张，每千名老人床位数为33.09张。社会力量举办和经营的养老机构床位1290张，占养老机构床位总数的53.1%；护理型床位911张，占养老机构床位总数的37.5%。年内，三河镇敬老院创成省三星级敬老院；岔河镇、黄集街道、朱坝街道、蒋坝镇、老子山镇、东双沟镇、西顺河镇敬老院创成省一星级敬老院；并通过市级验收。

支持社会力量举办养老服务机构、开展养老服务。2015年，洪泽县对2家民办养老机构分别给予10万元一次性建设补助；对县老年公寓等5家养老机构给予15万元运营补助；对获得初、中级职称的55名养老护理员每人给予500—1000元补贴，累计补助2.85万元。

【养老医疗服务】 截至2015年底，全县有养老机构27家，1家单独设立医疗机构，其他均与医疗机构建立合作关系。县卫生局、镇卫生院支持养老服务业的开展，为入住养老机构的老人建立健康档案。城乡社区医务室定期为养老机构老年人免费检查，宣传老年慢性病防治，进行康复护理。

【特困老人供养】 从2015年7月1日起，洪泽县城市“三无”老人供养标准提高为每月1073元；集中供养的“五保”老人每年供养标准提高至7380元，分散供养的供养标准提高至每年6580元。

【尊老金发放】 2015年，全县共发放尊老金619.52万元。一季度，新增1539人，核销死亡人数409名，80周岁以上老人9655人，发放尊老金163.6万元；二季度，新增42人，核销死亡人数208名，80周岁以上老人9489人，发放尊老金158.83万元；三季度，80周岁以上老人9311人，发放尊老金155.16万元；四季度，80周岁以上老人9187人，发放尊老金141.93万元。

【老年人意外伤害保险】 2015年，全县有2.9万名老年人参加意外伤害保险，投保率35%，认缴保费57.8万元。

【老年人优待服务】 2015年，全县共发放老年人优待证384份，办理老年人免费乘车卡1718张、军残卡42张、残疾卡133张、离休卡65张。

【老年协会建设】 4月22日，县老年协会第四次会员代表大会召开，完成第四次换届选举工作。完善县、镇（街道）、村三级老年协会组织网络，实行村（居）老年协会全覆盖，阵地建设、人员配备、活动经费、老年协会章程制度全面落实。开展适合老年人特点的文化娱乐、体育健身、休闲旅游、健康服务活动。 （董业斌）

民族宗教事务

【概况】 2015年，洪泽县有佛教协会和基督教三自爱国运动委员会2个宗教团体，共有经审批登记的基督教活动场所101处。其中教堂10个，固定场所91个。有4座经审批登记的寺庙，3座寺庙筹备设立，1处道教活动场所筹备设立。信教群众约2.56万人。全县有21个少数民族、1个少数民族村（西顺河街西居委会），主要是回族、布依族、苗族。回族人口较多，主要集中在西顺河镇和高良涧街道。

新建的大吉祥寺门楼

【民族团结进步】 2015年，县民族宗教事务局通过上门走访、召开座谈会、建立宣传栏等形式，进行民族团结进步和少数民族政策宣传，凝聚少数民族群众的爱国热情。组织开展少数民族情况调查，完善少数民族台账，重点加强对少数民族流动人口的服务和管理。截至年底，为30户少数民族困难户送去帮扶资金及物品。投资1200万元建成少数民族村特色村寨，改善少数民族群众居住环境。2015年6月，县民族宗教事务局被省政府授予"全省民族团结进步模范集体"。

【信访稳定】 2015年，县民族宗教事务局加大对民族宗教领域不稳定因素的排查力度，对排查出的问题在第一时间落实整改，妥善处置一起外地在洪泽县的少数民族群众纠纷。针对部分宗教活动场所拆迁及安置问题，加强与信徒沟通，多方征求意见，研究解决方案。全年没有发生有影响的群体性事件。

【平安创建】 2015年，县民族宗教事务局在各宗教活动场所自查的基础上，重点从寺观教堂建筑物、电力线路、消防设备、火源管理及值班记录等方面，对全县宗教活动场所进行"拉网式"安全检查。对检查中发现的电力设施陈旧、缺少安全防护、场所内乱堆乱放及管理不到位等安全问题，明确整改期限，确保全县宗教活动场所安定有序。

【宗教星级场所创建】 2015年，县民族宗教事务局开展宗教星级场所创建活动，建成四星级宗教场所1家，一、二星级宗教场所30家。

【争取项目资金】 2015年，县民族宗教事务局向省民委、省财政厅争取帮扶资金150万元。其中130万元用于西顺河镇街西少数民族村特色村寨建设，20万元用于帮助岔河镇润园食用菌合作社发展少数民族户食用菌种植。

【宗教活动场所管理】 2015年，县民族宗教事务局加强和创新宗教活动场所管理，通过宗教政策法规学习月、宗教界食品安全宣传教育、反邪教警示教育等一系列活动的开展，确保全县100多个宗教活动场所和谐稳定。举办基督教义工传道培训班，提高宗教教职人员的综合素质。整治全县17处基督教私设聚会点。

大吉祥寺组织开展湖边"放生"活动

（徐成洋　殷海峰）

编辑：邵永芹

高良涧街道

【概况】 高良涧街道是洪泽县城关街道，下辖19个居委会，35个村(居)民小组；社会总人口11.96万人，其中农业人口37611人，农村劳动力19562人。地域面积89.72平方千米，其中农业耕地2644.36公顷，水面面积2198.79公顷。2015年，高良涧街道实现全社会固定资产投资13亿元，农民人均纯收入1.9万元，城镇居民可支配收入2.7万元，财政收入2.76亿元，分别比“十一五”末同比增长30%、90.8%、70%、150%。

农业 2015年，高良涧街道抓住国家现代农业示范区建设契机，围绕“规模经营、市场需要”两条主线，坚持高效、特色、绿色、融合发展之路，实施了杨码现代农业示范园、贺接日本樱花园、越城芡实种植加工示范区和大管清涧苗木一体化示范区等“两园两区”建设。策应洪泽湖国际大闸蟹节节庆活动，实施特色大闸蟹养殖工程，建成河蟹出口标准化养殖示范区2000亩，特色水产养殖面积超过1万亩，建立了水产品质量追溯平台。农业基础设施持续完善，完成浔南片和灯塔片所有排灌河道全面整治，完成各类水利项目配套工程350座、农桥改造11座。全街道秸秆还田3.9万亩，占比超过80%。

工业 2015年，高良涧街道实现规模以上工业投资8亿元、规模以上工业开票34亿元，同比分别增长8.3%、11.5%。

全年实施规模以上项目8个，协议引资额6.05亿元，到位资金4亿元。分别是投资1.2亿元的海信医药化工项目，投资4600万元的埃夫信自动化控制柜项目，投资3亿元的鹿港华都项目，投资6500万元的瑞泽农化项目，投资3500万元的功能性纱线纺纱三期技改项目，投资2500万元的机械配件加工及废酸、水循环处理项目，投资750万元的电线电缆改造项目、投资850万元的消失模生产线改造项目。顺利建成洪泽县电子商务产业园，招引进驻电商40余家。

社会事业 2015年，高良涧街道全面落实社保补贴、农业直补、全民创业小额贷款担保、就业再就业等优惠政策，扶贫工作稳步推进，城乡低保实现应保尽保，进一步提高和扩大农民新型合作医疗参保率、城镇居民医疗保险覆盖面。

城镇建设与管理 2015年，高良涧街道加快老旧小区改造，投入近1000万元完成对北京路小区、华厦小区、浔河花苑小区、教工小区、金盛花苑小区、政法委大院等6个小区的基础设施改造，涉及户数2500多户，改造整治面积27.15万平方米。加快中心村建设工作，王集小区二期主体工程已竣工。投入近200万元改造20条背街小巷。策应县委、县政府拆迁扫尾会战工作，保障了农民集中居住点、348省道等30多个重点城建项目的实施。协助县征收办做好尾水廊道及洪泽湖大堤近千户迁建移民分房安置工作，做好328省道两侧洪泽园三村拆迁扫尾工作。

环境优美的王集小区

【电视问政高良涧社区专场】 12月10日，洪泽县举行高良涧街道“民生面对面·干群心贴心”电视问政于民社区专场活动，倾听群众呼声，解决群众诉求。县委书记徐东海等县领导及县住建局、人社局、城管局等相关部门负责人，高良涧街道站(所)、村(居)委会干部、问政代表参加活动。在电视问政现场，12名问政代表围绕环境、卫生、道路、文化等方面工作进行提问，高良涧街道班子成员接受咨询和质询，并当场给予解答和承诺。县委书记徐东海对活动进行点评。

【高良涧街道领导成员名录】

党工委书记　陶　陶(3月任)　高　军(3月免)

党工委副书记　陈　磊　吕伏洋(3月免)　顾金新(9月任)

党工委委员　接玉元　胡正旦　王　海　赵建政　骈业祥　谢红军(3月免)　楚一卿(3月任)　王素萍(3月任)

人大工委主任　袁书朋(9月任)　刘仁美(9月免)

办事处主任　陈　磊

办事处副主任　胡正旦　王　海　孙志宝(3月任)　刘如军　贝怀强(3月任)

纪工委书记　接玉元

注:镇(街道)党(工)委书记、副书记在党(工)委委员中不重复列名。本栏目其他各镇(街道)亦同,注略。

2015年高良涧街道经济与社会发展概况一览表

表27

项目	单位	2015年	2014年	增长(%)	项目	单位	2015年	2014年	增长(%)
村数	个	12	12	0	第三产业	万元	—	—	—
社区数	个	7	7	0	财政收入	万元	27600	23500	17.4
村民小组和农业组数	个	174	174	0	农林牧渔业总产值	万元	59980	66528	-10
户数	户	44058	44297	-0.5	服务业总产值	万元	900	850	5.9
总人口	人	130249	129645	0.47	乡村实有从业人员数	人	16684	21427	-22.2
其中非农业人口	人	—	—	—	农民人均纯收入	元	22744	19600	16
人口出生率	‰	1.8	1.7	0.1	粮食总产量	吨	34661	51148	-33
人口死亡率	‰	0.2	0.2	0	油料产量	吨	312	126	147
人口自然增长率	‰	1.6	1.5	0.1	生猪饲养量	头	22566	24566	-8.2
总面积	公顷	8972.91	12100	-26	三禽饲养量	万羽	1438	1560	-7.9
其中:耕地面积	公顷	2718	4048	-33	水产品产量	吨	6504	6485	0.3
地区生产总值	万元	—	—	—	规模以上企业	个	44	42	4.8
其中:第一产业	万元	—	—	—	规模以上工业产值	万元	809013	769915	5.1
第二产业	万元	—	—	—	规模以上工业利税总额	万元	50100	49500	2.2

2015年高良涧街道社区(居委会)概况一览表

表28

社区(居委会)名	支部书记	村(居)民小组(个)	户数(户)	人口(人)	劳动力(人)	耕地面积(公顷)
临河社区居委会	谢爱国	—	9227	16392	—	6.73
邓码社区居委会	邓德旭	—	4232	12848	—	—
湖滨社区居委会	邓加俊	—	2861	11227	—	—
洪建社区居委会	毕来书	—	6514	19995	—	—
洪渠社区居委会	李其云	—	2678	10576	—	—
惠民家园社区居委会	谷奎宝	—	4213	7911	—	—
杨码社区居委会	陈华宝	—	3348	9954	594	93.5
洪泽园三村居委会	潘恩锦	—	733	2591	1541	201.6
崔朱居委会	孙佩元	—	746	2371	0	5.47
越城居委会	晋高华	—	910	3302	1922	301.93
浔河居委会	周志忠	—	756	2795	1666	265.5
贺接居委会	接玉博	—	620	2492	1300	286.7
王庄居委会	侍夕梅	—	528	1939	1050	187.5

续表28

社区(居委会)名	支部书记	村(居)民小组(个)	户数(户)	人口(人)	劳动力(人)	耕地面积(公顷)
王集居委会	卜正宝	—	594	2371	1355	274.9
砚台居委会	朱正莲	—	806	1802	—	—
灯塔居委会	孙守鹏	10	746	2867	1422	304.46
清涧居委会	康寿飞	12	867	3179	1881	339
大管居委会	李长林	9	635	2402	1784	252.87
胡庄居委会	蒯守堂	4	712	2669	471	124.2
合计		35	41726	119683	14986	2644.36

(杨壹淇)

朱坝街道

【概况】 朱坝街道位于洪泽县城东部,距县城约5千米,辖7个行政村、3个居委会,81个村民小组,总人口2.92万余人,总面积约60平方千米。2015年,实现地区生产总值12.2亿元;完成公共财政预算收入1.25亿元;实现农民人均纯收入15544元。在全市27个工业主导型乡镇工作绩效排名和全县科学跨越发展工业经济考核中,朱坝街道均名列第一。

农业 2015年,朱坝街道初步建成占地1500亩的朱坝花卉园艺示范园,新增草莓、高档水果设施化种植240亩。总投资3500万元的鑫山米业项目通过淮安市验收;实施投资1000万元以上农业项目3个;完成投资750万元的农业开发项目。新增城乡建设用地增减挂钩指标161亩,复垦土地340亩。新增市级家庭示范农场4家、农民专业合作社6个;发展壮大村级集体经济,实现每村平均集体经济收入38万元,农村改革稳步推进。

工业 2015年,朱坝街道新培植列统企业9个。其中培植国瑞化工、军辉纺织、科美纺织、苏裕金属、新兴金属等工业列统企业5个。新培植亿元以上工业企业2个,累计达4个;全年实现规模以上工业开票销售收入14.5亿元,完成规模以上工业企业实体税收1100万元,分别占年目标的130.9%和103.4%;工业列统企业培植数、固定资产进项税完成数、规模以上工业开票销售收入完成数均居镇(街道)之首。

朱坝街道加快工业集中区建设,完成新一轮工业集中区规划调整,新拓展面积80公顷,总面积达153.33公顷。加强重点企业的帮办服务,对重点企业明确专人帮办,实行全天候服务,帮助解决生产经营中遇到的问题,促进企业满负荷生产。港宏玻璃、国超科技、增钦云表面处理等3个企业纳税超100万元,纳税最多的港宏玻璃实现入库税收超800万元,国瑞化工、齐裕家纺、安达化工等3个企业纳税超50万元。街道集中区通过省中小企业局"江苏省中小企业创业示范基地"考核。

招商引资 2015年,朱坝街道实行全员招商、全面招商,工业经济提质增效。引进华丰玻璃等投资3500万元以上的项目8个。总投资3000万元的农产品加工项目——鑫山米业当年开工当年竣工;总投资5.56亿元的国瑞化工一车间、二车间竣工,并通过市级验收。

社会事业 2015年,朱坝街道共发放社会救助、扶助和优抚资金570余万元,其中为230余户特困家庭落实最低生活保障经费120万元;为130多名五保老人落实供养费用90余万元;为80岁以上老人发放尊老金48万余元;为340名重残人员提供生活补助费用160多万元;为伤残军人、优抚对象发放各种生活补贴费80多万元。投入资金114万元,实施一事一议道路财政奖补工程;争取农路项目指标29.5千米,新铺设西管季河东侧道路,改造拓宽华山南路、浔南路,建成主街区外循环。配合县水利部门实施河道整治、河塘疏浚和河流治理工程,总投资2400万元。新农保

5月13日,省住建厅派员到朱坝街道大魏居委会调研村庄环境整治工作

参保率达98%。农村新型合作医疗参合率达100%。

城镇建设与管理 2015年，朱坝街道投资350万元，实施长江路、东十一道和宁连路绿化提升工程。投资60万元，建成街道围墙、市民广场内部曲径、排水沟等配套工程。投资50万元，新架设西管季河、金季路等路段路灯110盏。投资40多万元，对商贸城进行绿化改造、提档升级，并完成街道窨井、污水管道清淤和垃圾中转站改造工程，建成农贸市场公厕及道路等配套工程。

完成大刘美丽乡村整体建设，道路、排水管道、路灯、村综合服务中心、绿化等配套项目全部完工，并通过省级验收。完成全覆盖拉网式农村环境整治工程，马棚村3.77千米的污水管网全线竣工，朱高、马棚两村147座垃圾房全部到位，村庄环境全域整治工作通过市级验收，并通过省级暗访。

【朱坝街道领导成员名录】

党工委书记　管桂芬
党工委副书记　卜正贤　曹加华
党工委委员　孟祥永　徐士马　张　朝　夏永政　俞永海(3月任)　颜君羽（3月任）
人大工委主任　郭兆俊
办事处主任　卜正贤
办事处副主任　徐士马　曹文俊(3月任)　张成东(3月任)
纪工委书记　孟祥永

2015年朱坝街道经济与社会发展概况一览表

表29

项目	单位	2015年	2014年	增长(%)	项目	单位	2015年	2014年	增长(%)
村数	个	7	7	—	第三产业	万元	30640	21420	30.1
社区数	个	0	0	—	财政收入	万元	12473	11021	11.64
村民小组和农业组数	个	81	81	—	农林牧渔总产值	万元	58963	54018	8.39
户数	户	7647	7416	3.02	服务业总产值	万元	31264	29145	6.78
总人口	人	29205	28510	2.37	乡村实有从业人员数	人	17200	17060	0.81
其中非农业人口	人	—	—	—	农民人均纯收入	元	15544	13854	10.87
人口出生率	‰	8.06	9.07	—	粮食总产量	吨	44067	43598	1.06
人口死亡率	‰	4.54	4.94	—	油料产量	吨	81	74	8.64
人口自然增长率	‰	3.52	4.13	—	生猪饲养量	头	42610	38120	10.53
总面积	公顷	6000	6000	—	三禽饲养量	万羽	152.1	112.91	25.76
其中：耕地面积	公顷	3383	3146	7	水产品产量	吨	1991	1842	7.48
地区生产总值	万元	122340	102100	16.54	规模以上企业	个	41	36	12.2
其中：第一产业	万元	29601	26888	9.17	规模以上工业产值	万元	367384	291853	20.56
第二产业	万元	62099	53792	13.38	规模以上工业利税总额	万元	29349	28578	2.6

2015年朱坝街道村(居)委会概况一览表

表30

村(居)名	支部书记	村(居)民小组(个)	户数(户)	人口(人)	劳动力(人)	耕地面积(公顷)	人均纯收入(元)
朱高村	曹文凤	9	936	3626	2106	470.7	15551
马棚村	赵柱云	11	962	3810	2225	409.3	15553
袁集村	丁茂生	9	845	3204	1885	493	15558
大刘村	赵培成	8	512	1851	1176	287.7	15546
曹庄村	曹廷爱	3	316	1213	686	160.1	15548
朱坝居委会	朱克锋	10	1412	5031	2816	322.3	15651
三圩居委会	成　龙	6	527	2248	1411	139	15653
大魏居委会	魏殿和	5	436	1741	1045	183.1	15655
墩南村	褚国礼	10	889	3489	1999	461.8	15560
富民村	陈守国	10	812	2992	1851	457.5	15172
合　计		81	7647	29205	17200	3384.5	155447

（季大相）

黄集街道

【概况】 黄集街道位于洪泽县、清浦区、淮安区三县(区)交界处,东连白马湖,北临苏北灌溉总渠,西接宁连一级公路,328省道、洪淮公路、淮金公路穿境而过。街道辖7个行政村、1个居委会,总人口约2.1万人。区域面积51平方千米。2015年,实现地区生产总值6.53亿元、财政收入9725万元、农民人均纯收入14087元。

农业 2015年,黄集街道按照县委提出的发展高产、优质、高效、生态、安全农业的总体要求,紧盯全年目标,狠抓关键措施,圆满完成各项目标任务。

农业指标稳中有升。新增土地适度规模经营面积5342亩,吨粮田建设核心区面积达5000亩。粮食生产又获丰收,水稻平均亩产1300斤,增产因素冲抵了粮价下跌因素。村平均集体经济收入达38万元,同比增长14%。

农业重点项目进展顺利。实施3000万元以上农产品加工项目2个,分别是投资6400万元的资恒装饰板项目和投资6000万元的同心禽业饲料加工和现代化育雏项目。实施1000万元以上项目4个,即良彬家庭农场波尔羊养殖、九九合作社肉鸡规模养殖、正升禽业蛋鸡一体化养殖、白马湖森林公园二期项目。

春雷肉鸡养殖场

2015年,黄集街道创市级家庭农场和示范合作社各1个,新增家庭农场10个、专业合作社3个。开展农民家庭承包土地确权登记颁证工作;农村集体产权股份改革试点工作在黄集居委会有序进行;农村集体资产产权网上交易工作启动,至2015年底已交易2笔。

工业 2015年,黄集街道实现工业开票销售11.88亿元、工业产值11.82亿元、工业利税8592万元。全年竣工重点项目2个;开工亿元项目1个,即投资1.5亿元的圣欧芳纶二期项目;签约亿元及重点项目4个,分别是投资4.2亿元的固废处置项目、投资3.2亿元的混二胺项目、投资2.2亿元的建材加工项目、投资6000万元的饲料加工和现代化育雏项目。实施投资2000万元左右的中小项目9个。实现外资注册资金1050万美元。

黄集街道围绕现有的高新材料、新型建材、机械加工、农产品加工等重点产业和圣欧芳纶、鑫信润等重点企业,积极招引关联项目,做大、做强、做长产业链。全年共洽谈项目21个,签约项目17个(其中5000万元以上项目8个)。

三产服务业 2015年,黄集街道主要发展以羊肉为主打的餐饮服务业,对拉动市场、繁荣经济起到显著作用。同时抓住县城区东扩、盐化新材料产业园推进机遇,扩大交通运输业和开发房地产业。全年三产服务业产值达1.58亿元。

旅游业 2015年,黄集街道抓住白马湖旅游开发等机遇,建成曹圩水美乡村,并获"江苏省第三届最美乡村提名村"殊荣。投资3.8亿元的白马湖森林公园一期项目开工建设,投资3.5亿元的白马湖森林公园二期项目成功签约。

社会事业 2015年,黄集街道新型合作医疗参保率100%,城乡居民养老保险续保率达99.9%,农村低保和五保供养家庭实现应保尽保。开展免费孕前检查和农村"两癌"普查工作;先后为2368名独生子女办理保险。

城镇建设与管理 黄集街道累计投入近1500万元,新建了九年制中心校教学楼、卫生院防保楼、派出所办公楼、市民健身广场、居委会便民服务中心楼。投入近3500万元,重点完善污水管网、道路硬化、河道美化、街道绿化和亮化等基础配套设施。为黄集居委会、曹圩村和仇石社区铺设污水管网共2.2千米;建成"一事一议"道路7.98千米和东农场、曹圩村、良河村农村公路4.1千米;修缮市场路、文化路等破损路面1.26千米;改造农贸市场,维修损坏供电线路及更新路灯26盏;完成墩口、龙港、仇石村"三格式"化粪池160座,建成微动力水污染处理池1座。重点治理集镇"脏、乱、差"现象,努力打造秩序井然、管理规范、环境优美的示范集镇。

【八礼四仪教育指导中心】 2015年,黄集街道利用黄集中心小学的闲置资产,建成"黄集街道八礼四仪教育指导中心",作为开展未成年人八礼四仪等思想道德建设的平台和阵地。指导中心占地约1.47公顷,建筑面积8000平方米,设有"青少年道德教育馆""八礼四仪教育馆"和"八礼四仪体验中心"。

【白马湖森林公园项目】 该项目位于白马湖规划控制区西北角,计划总投资10.06亿元,涉及黄集街道曹圩村面积约213公顷。曹圩景区工程位于曹圩村境内,计划投资6.8亿元,围绕"江淮灵秀,神在白马"的定位,致力于建设以湖滨休闲度假、特色乡村旅游、生态保育涵养为主导,同时集文化、游乐、商务会议、生态居住、养生、地产等为一体的综合型旅游度假胜地。一期项目投资约1.5亿元,由广州普邦园林股份有限公司负责承建,重点建设北入口景观、旅游大道、游客接待中心、停车场、群马雕塑、生态条岛、景观绿化、蓝莓园、红叶谷、湖边护坡及花河整治等工程。

白马湖森林公园一角

【最美乡村建设】 2015年，黄集街道曹圩村申报创建第三届“江苏省最美乡村”，经过申报推荐、资料评审、媒体展示、现场考察、审核确定和通报宣传六项推选程序，获得省验收组的一致好评，在全省60个候选村中得分排第27名，当选为第三届“江苏最美乡村”提名村。

【黄集街道领导成员名录】

党工委书记　李　飞
党工委副书记　肖建平　高　飞(3月任)
党工委委员　高晓梅　王　蓉　邱晓明　殷开成　钟　刚　赵　斌(3月任)
人大工委主任　张夕高
办事处主任　肖建平
办事处副主任　王　蓉　邱晓明　陈　进(3月任)
纪工委书记　高晓梅

2015年黄集街道经济与社会发展概况一览表

表31

项　目	单位	2015年	2014年	增长(%)	项　目	单位	2015年	2014年	增长(%)
村数	个	8	8	—	第三产业	万元	15850	12192	30
社区数	个	—	—	—	财政收入	万元	9725	9053	7.4
村民小组和农业组数	个	81	81	0	农林牧渔业总产值	万元	44830.6	40769.1	9.96
户数	户	6435	6445	-0.16	服务业总产值	万元	3950	3120	26.6
总人口	人	20640	20556	0.4	乡村实有从业人员数	人	13762	13650	0.82
其中非农业人口	人	2966	3315	-10.5	农民人均纯收入	元	14087	12544	12.3
人口出生率	‰	9.9	12	-21	粮食总产量	吨	38810	38012	2
人口死亡率	‰	6.25	5.9	3.5	油料产量	吨	75	73	2.74
人口自然增长率	‰	3.6	6.1	-25	生猪饲养量	头	31307	21280	47.1
总面积	公顷	5100	5100	0	三禽饲养量	万羽	173.29	152.86	13.4
其中:耕地面积	公顷	2709.87	2695.27	0.54	水产品产量	吨	2341	1825	28.3
地区生产总值	万元	65303	57607	13.36	规模以上企业	个	18	13	38.5
其中:第一产业	万元	23134	19888	16.3	规模以上工业产值	万元	118242	82192	43.9
第二产业	万元	26319	25527	3.1	规模以上工业利税总额	万元	8592	3707	131.8

2015年黄集街道村(居)委会概况一览表

表32

村(居)名	支部书记	村(居)民小组(个)	户数(户)	人口(人)	劳动力(人)	耕地面积(公顷)	人均纯收入(元)
曹圩村	邵艾红	9	564	2103	1560	394.3	15443
龙港村	孙如好	16	932	3116	2228	732.7	13633
双涧村	徐登银	9	700	2290	1647	301.8	13876
黄集居委会	潘文顺	8	1177	2983	1954	97.4	15523
墩口村	杜　译	12	995	3172	2149	357.7	13627
良河村	孙伏金	6	515	1787	1268	207.3	13228

续表32

村(居)名	支部书记	村(居)民小组(个)	户数(户)	人口(人)	劳动力(人)	耕地面积(公顷)	人均纯收入(元)
娄赵村	张正金	10	672	2368	1709	283.6	13655
仇石村	陈金恩	11	890	2822	2298	335	13711
合计		81	6445	20641	14813	2709.8	平均14087

（郭兆勇）

岔河镇

【概况】 岔河镇地处洪泽县东部，北邻淮安区，南毗金湖县，西与朱坝街道接壤，东隔白马湖与宝应县相望。2014年11月，由原岔河、仁和两镇合并组建，行政区划调整后辖22个行政村、4个居委会，总人口6.56万人。镇域总面积235平方千米，其中白马湖水域44平方千米，耕地面积15万亩。2015年，岔河镇实现地区生产总值28.1亿元，同比增幅14.6%；公共财政预算收入1.91亿元，同比增幅15.1%；村集体经济收入1346.48万元，村平均集体经济收入51.78万元，同比增长18%；农民人均纯收入15733元，同比增幅14.3%。获得省公共文化服务示范镇、省级科普示范镇、省级卫生镇、省级电商示范镇以及省级电商示范村、水美乡村等荣誉称号。

农业　镇区域调整后，村级发展呈现出明显的区域分化：东高西低、北高南低。根据地域特征，岔河镇将全镇分为中心镇区、仁和社区“两个组团”和沿湖、沿路、岔西“三个片区”。立足资源优势，加速土地流转，强化农业招商，通过园区示范和龙头企业拉动，扩大高效农业产业化经营规模，提高产业效益，增加农民收入。向上编报农业项目，规划和实施了投资2600万元的东陈村万顷良田复垦建设工程，整理面积9000多亩，整理后新增耕地面积1000余亩。

发展特色产业园区。环白马湖的幸福、其虎、东陈、白马湖、唐圩、滨河、南街、陈向、沈渡、堆头集10个行政村建设生态农业产业带，发展旅游经济和物业服务；沿淮金大道的幸福、东陈、岔河、施汤、同议、桃元6个行政村发展有机稻米种植为主的生态农业示范园、芡实荷藕等万亩水生蔬菜园、现代渔业示范园、标准化育供秧示范园、食用菌产业园、肉鸡产业园；沿328省道和老淮金线的界沟、西城、张马、前进、金李、临泽、超群、韦集、淮徐、乾宁10个岔西村发展特种种植业和养殖业。全镇形成有机稻米、水生蔬菜、食用菌、肉鸡、特种水产品养殖以及良种繁育、工厂化育秧等优势产业10多个。

全镇有成片林500亩，农田林网4000亩，四旁植树9万株，绿化覆盖率23%；水产养殖1.3万亩，其中高效渔业占70%，设施渔业占20%，有机、绿色、无公害“三品”占70%，投资50万元新建温控大棚24亩；年饲养肉鸡680万羽、鹅10万羽、草鸡120万羽、蛋鸭6万羽、生猪约6.5万头、山羊1万只，农民人均增收逾1000元。

培植畜禽养殖科技示范户180户、种植科技示范户400户。全镇由村组干部、能人大户牵头注册的农民专业合作社共222个，其中国家级2个，省级“四有”合作社10个，市级“五好”示范社30个、县级示范社40个、家庭农场60家。打造电商产业园和电商一条街，形成“基地＋合作社＋公司＋网店”的完整产业链，构建“一村一品一店”“多村多品多店”格局。

工业　2015年，岔河镇实现规模以上工业企业开票销售16.4亿元，同比增幅9.3%；实现规模工业入库税金2225万元，同比增幅27.2%；完成规模以上固定资产投资14.7亿元，同比增幅15.7%。全镇共发展规模以上工业列统企业25个。

岔河镇通过招商引资建、自筹资金建、联合投资建等方式推进镇工业集中区标准厂房建设，着力打造工业经济发展载体和投资平台。至2015年底，建成镇工业集中区约28.67公顷、标准化厂房10.29万平方米，初步集聚了建材、粮食加工、机械装备等主要产业，被评为全省重点培育小企业创业基地。

华龙无纺布生产车间

招商引资　全年新开工建设3000万元以上一、二、三产项目9个，其中固定资产投资超亿元项目4个(华斯达肉鸡、汽车配件项目、高档无纺布、白马湖森林公园南线工程4个项目)、超10亿元项目1个。

社会事业　2015年，岔河镇进一步完善社保和民政工作体系，落实城镇低保和农村低保政策，妥善安排困难群众的生产生活。全镇纳入五保供养户270人。其中集中供养59人，每人每年发放养老生活费7380元；分散五保户每人每年发放生活费6580元。孤儿供养30人，每人每月发放生活费1075元。全镇享受农村最低生活保障人数达410户858人，累计发放生活保障金318万元；城市“三无”人员12人，发放生活保障金18万元；全镇重残人员607名，补贴296万元；优抚对象281人，发放优抚金300万元。完成农村危房改造60户，棚户区改造800户。落实大病医疗救助245人，共发放救助款48万余元。全镇参加新型合作医疗人数达51257人，参合率在99%以上。推进区域供水和安全饮水，实现城乡一体供水管网联网，全镇自来水普及率达99%。数字电视“村村通”、全覆盖，全镇数字电视用户8000多户。

惠农实事　农村各项惠农支农政策得到全面落实，发放耕地地力保护补贴1333.39万元。全年新增插秧机49台，反转灭茬拖拉机35台，收割机11台，秸秆还田机械39台，植保机械2台，共补贴资金241.8万元。

【闽洪食用菌产业园】　闽洪食用菌产业园位于岔河镇张马居委会境内，占地120亩，总投资3860万元。该项目使用省级脱贫奔小康专项资金、集体资金和社会资金建设标准化菇房，实施精准扶贫。至2015年底，已建成食用菌培养架3万平方米，购置控温、烘干等自动化设备，配套建设加工用房、盐渍加工池、保鲜库、菌种培育房等。项目建成后，年综合利用水稻秸秆4800吨（约1.2万亩稻田），年产草菇1500吨、白蘑菇1600吨，产值1亿元以上。

岔河镇扶持引导6个经济薄弱村成立食用菌合作社，统一建设菇房并发包给贫困户承包。依托江苏胜伟食用菌科技有限公司的龙头带动，采取“公司+协会（合作社）+农户”的运行模式，由公司负责统一供料、统一服务、统一收购、统一加工、统一销售，解决农户资金、技术、市场等方面的困难。已实现6个薄弱村集体经济发展壮大，带动60多户农户脱贫致富，覆盖贫困人口200人以上。

【白马湖保护与开发】　岔河镇全面组织实施白马湖二次退渔还湖、专业渔民洗脚上岸和环湖大道拓宽工程，已完成1.51万亩退渔还湖任务，1643名专业渔民社保办理到位。配合市、县大力推进沿湖项目实施，启动了白马湖森林公园工程、小李庄乡村旅游、王骆殿最美渔村、湿地公园、四季花海、餐饮娱乐、休闲观光、旅游度假为一体的现代型生态园和生态旅游胜地建设，完成征地、拆迁、迁坟、河道清障等工作。

【岔河镇领导成员名录】

党委书记　朱来俊（3月任）
副书记　杨建浩（5月免）　邵加成（9月任）
　　　　杨晓竹（9月免）
委　员　赵家兵（3月免）　韦夕岭　成美煜
　　　　植万洋（3月免）　沈伟标（5月免）
　　　　王素萍（3月免）　滕维一
　　　　钟　伟（3月任）　李国家（3月免）
人大主席　杨晓竹（9月任）　邵加成（9月免）
镇　长　邵加成（9月任）　杨建浩（5月免）
副镇长　韦夕岭　沈伟标（5月免）　郭建强
　　　　杜冰雪（3月任）
纪委书记　刘　奎

2015年岔河镇经济与社会发展概况一览表

表33

项目	单位	2015年	2014年	增长(%)	项目	单位	2015年	2014年	增长(%)
村数	个	22	22	—	第三产业	万元	77954	64962	20
社区数	个	4	4	—	财政收入	万元	21600	17662	22.3
村民小组和农业组数	个	209	209	—	农林牧渔总产值	万元	125660	119497	5.16
户数	户	18249	17689	3.17	服务业总产值	万元	2885	2754	4.76
总人口	人	65907	65641	0.07	乡村实有从业人员数	人	42963	40560	0.59
其中非农业人口	人	16708	16641	0.4	农民人均纯收入	元	15773	14008	12.6
人口出生率	‰	5.68	9.76	41.8	粮食总产量	吨	111796	109033	2.53
人口死亡率	‰	5.62	3.93	43	油料产量	吨	1407	422	233.41
人口自然增长率	‰	0.04	5.83	-99.3	生猪饲养量	头	64990	61319	5.98
总面积	公顷	19968	19968	—	三禽饲养量	万羽	4.2	4.7	-10.64
其中：耕地面积	公顷	7468	7306	2.22	水产品产量	吨	14720	10385	41.74
地区生产总值	万元	281046	247077	13.75	规模以上企业	个	40	35	14.2
其中：第一产业	万元	67781	64453	5.16	规模以上工业产值	万元	961393	769447	24.95
第二产业	万元	135311	117662	15	规模以上工业利税总额	万元	1280978	98715	29.8

2015年岔河镇村(居)委会概况一览表

表34

村(居)名	支部书记	村(居)民小组(个)	户数(户)	人口(人)	劳动力(人)	耕地面积(亩)	水产面积(亩)	人均纯收入(元)
淮宝居委会	邵加军	3	655	1975	1332	214	500	15794
岔河村	张学洪	8	682	2433	1703	6107	1604	16281
滨河村	赵长洪	9	865	3198	2245	6987	587	16150
唐圩村	徐成柏	11	966	3768	2669	6911	260	15669
白马湖村	谢可芹	5	284	870	646	—	97	15789
南街村	倪克德	10	885	3302	2288	6247	820	15582
施汤村	施广洋	7	662	2596	1813	5088	524	15602
前进村	贝文年	9	708	2603	1783	6893	150	15231
张马居委会	郑金霞	8	647	2287	1592	4179	97	15801
西城居委会	范如宁	8	658	2604	1855	4815	55	15438
界沟村	张乔山	8	630	2506	1744	6587	123	15366
幸福村	王连国	6	605	2475	1739	4905	556	15778
东陈村	张宝如	11	902	3382	2368	4436	431	15341
其虎村	王成银	6	636	2450	1720	4080	300	15780
堆头集村	王军	3	154	548	394	—	1647	14438
陈向村	陈少兵	9	640	2562	1556	5950	685	15011
沈渡村	杨茂勤	8	543	2103	1655	3890	310	14517
桃园村	李明成	12	695	2595	1812	6375	415	14381
同议村	袁启友	9	510	2010	1464	3750	135	15011
临泽村	付士清	6	433	1650	1131	2730	175	15005
金李村	陈祥生	6	565	2260	1781	4330	315	15013
乾宁村	张天龙	10	615	2424	1868	5359	165	15017
江淮居委会	姚永林	9	1340	4428	2578	3484	200	15031
超群村	贝启国	12	924	3560	2657	7153	70	14079
韦集村	朱启权	8	583	2187	1921	5198	80	14366
淮徐村	田爱国	8	524	2041	1448	5508	60	14413

(李文俊)

东双沟镇

【概况】 东双沟镇(由原东双沟镇和原万集镇合并而成)位于洪泽湖东岸,南与三河镇交界,北与高良涧街道接壤。辖16个行政村、4个居委会、99个联组10215户,人口6.18万余人。镇域面积161平方千米。2015年,实现GDP11.46亿元,人均可支配收入16013元,获全县科学跨越发展目标考核二等奖。

农业　2015年,东双沟镇大力发展高效设施农业,全镇高效农业面积达3万亩。滨湖现代农业产业园作为沿湖国家级现代农业示范区,已建成高标准设施面积3400亩,成为农民增收的引领基地、大学生村官的创业基地、科技推广的示范基地和观光旅游的休闲基地。东区(原万集镇境内)稻米、特种养殖农业园全面启动,建成优质稻米种植区1万亩,鳜鱼、水蛭等特种养殖1000亩。洪三路以西的林果花卉示范带初具规模,已建成1200亩。实施农村土地流转,累计土地流转面积5万多亩,占总面积的40%。壮村工程成效显著,通过盘活资源、招引总部经济和购买商铺等措施,实现村级集体经济总收入525.26万元,占全年目标数的81.06%。

全年，东双沟镇向上级争取实施农业重点项目8个，总投入7360.41万元。分别是投资3000万元的中小河流综合整治工程项目，投资3000万元的城乡挂钩项目，投资650万元的和平、青云片5000亩开发工程建设项目，投资280万元土地占补平衡项目，投资237.89万元的农村公共服务运行维护机制建设试点项目，投资100万元的优质稻米产业化示范基地建设项目，投资48万元的河道疏浚和村庄河塘疏浚整治工程项目，投资44.52万元的村创业点补助项目。

工业　2015年，东双沟镇完成工业开票销售11亿元，同比增长21%；实现公共财政预算收入1.32亿元，同比增长19.6%。全年新培植列统企业4家，新增开票超亿元项目2个，新开工亿元项目3个，列入督考办年度验收竣工项目4个，到账外资500万美元。

全年引进工业项目11个，固定资产投资达6亿元。其中签约的亿元项目3个，投资5亿元项目1个；2个规划项目入驻镇工业集中区，项目建设进展顺利。蓝天化工二期、亿达化工已通过市督考办组织的竣工验收；方圆化工项目一期已竣工；五金机械项目和天合新材料置换了江苏洪泽经济开发区的御翔粮业和宇全机械2个破产企业；坤达生物质项目和泽阳光伏科技项目盘活了镇工业集中区的百顺制衣和广兴石英2个破产项目。

在镇工业集中区成立中小企业服务中心；建立“361诚信帮办”服务平台。共投入460万元为永华包装、先锋轮胎、通圆支承等企业办理土地征用手续，累计为企业提供资金近1200万元。

社会事业　2015年，东双沟镇做好农村最低生活保障工作，扩大低保覆盖面，加强低保工作规范化管理，保障特困家庭有低保；推行社会福利工作机制，使对空巢老人和留守儿童提供物质帮助和精神关爱常态化；加快完善农业保险体系，增强农民抗风险能力。

年内，投入150万元的镇敬老院扩建工程完成招标；建设村(居)养老服务中心2个；推进湖滨花园、碧水湾等城乡挂钩、土地“双减量”农民居住区建设，改善群众居住环境；做好村级一事一议，修缮村级道路，方便群众出行。

城镇建设与管理　推进居住区建设。东双沟镇吸纳2亿元社会资本，在中心镇区分别实施占地400亩的徽派集中安置点项目和占地2公顷的农民自建点，至2015年底，已建成住宅623套，建筑面积7.17万平方米。铺设雨污分流管网5.5千米；投入1100万元，新铺设宁国路、府前路、洪金路、砚临路等9条镇区道路1.8万平方米，新增了近5000平方米的集镇绿化，架设路灯180余盏，投入500万元实施了砚临河河道整治及护砌工程；购买垃圾桶1700个，垃圾车41辆。

2015年，东双沟镇规范农村社区建设。滨湖社区部分房地产已由县资产公司整体收购，东片万家乐园小区已建成，两个农村社区入住500户以上。南甸村、宋庄村、太平村、张庄村等基本形成中心村集中居住模式。完善“五位一体”长效管护提升机制和生活垃圾收运体系，不断改善农村环境；完成河道疏浚和村庄沟塘整治。

志愿者深入村(居)送温暖

【东双沟镇领导成员名录】

党委书记　宋成勇
副 书 记　谢红军(3月任)
委　　员　滕家文　贝怀成　唐学报
　　　　　张自生(3月任)　赵万满(3月任)
　　　　　胡长宝(5月任)
人大主席　高　锋
镇　　长　赵卒生(9月任)
副 镇 长　贝怀成(3月任)　孙　丽(3月任)
纪委书记　滕家文

2015年东双沟镇经济与社会发展概况一览表

表35

项　目	单位	2015年	2014年	增长(%)	项　目	单位	2015年	2014年	增长(%)
村数	个	21	21	—	第三产业	万元	67521	62726	7.56
社区数	个	8	8	—	财政收入	万元	20728	14274	45.22
村民小组和农业组数	个	138	138	—	农林牧渔业总产值	万元	115438	108740	6.2
户数	户	17383	17443	-0.34	服务业总产值	万元	4655	1330	250
总人口	人	61027	60776	0.41	乡村实有从业人员数	人	34240	33138	3.33
其中非农业人口	人	8378	11724	-28.6	农民人均纯收入	元	16013	14297	12
人口出生率	‰	10.5	12.2	-11.4	粮食总产量	吨	102724	102038	0.67

续表35

项　　目	单位	2015年	2014年	增长(%)	项　　目	单位	2015年	2014年	增长(%)
人口死亡率	‰	5.8	6.3	-8	油料产量	吨	205	215	-4.65
人口自然增长率	‰	4.7	5.9	-20.4	生猪饲养量	头	91503	90213	1.4
总面积	公顷	15184	15107	0.51	三禽饲养量	万羽	6257	8204	-23.8
其中:耕地面积	公顷	7345	7264	1.24	水产品产量	吨	4599	4482	2.61
地区生产总值	万元	221255	218690	1.17	规模以上企业	个	37	34	8.82
其中:第一产业	万元	48449	53291	-9.09	规模以上工业产值	万元	910658	728234	25.05
第二产业	万元	105285	102676	2.54	规模以上工业利税总额	万元	111010	85527	29.8

2015年东双沟镇村(居)委会概况一览表

表36

村(居)名	支部书记	村(居)民小组(个)	户数(户)	人口(人)	劳动力(人)	耕地面积(公顷)
青云居委会	吴　明	8	1862	4906	4632	385
邵庄村	杜建山	9	843	3033	2501	279.40
宋庄村	杨怀虎	11	1011	3709	3041	437
南甸村	孙文涛	9	888	3266	2622	361
庆祥村	李文义	9	770	2776	2291	329.33
滨湖居委会	王守国	6	750	2566	2090	301
沿河村	韦祥彬	10	938	3362	2789	380
张庄村	岳德兵	8	881	3202	2673	289
太平村	邵开湖	12	859	3152	2611	424
和平村	李　芬	9	816	2260	1708	349
三庄村	韦长江	7	654	2312	1955	335.20
万集居委会	韦广玉	9	780	3850	2200	253
草泽居委会	袁国金	9	764	3158	1920	340
徐庄居委会	庄学金	8	723	2450	1780	322
郭贝村	郭吉玉	7	506	2018	920	283
严渡村	严登虎	9	732	2812	1600	373
山阳村	潘久洪	11	890	3600	1800	653
董集村	董连美	6	265	2065	890	326
合兴村	黄吉标	12	896	3760	1860	467
丰收村	李开华	10	825	3269	1325	400
合　计		179	16653	61526	43208	7286.93

(刘　彬)

三 河 镇

【概况】 三河镇(由原三河镇和原共和镇合并而成)位于洪泽县东南部,东与金湖县陈桥镇交界,南临淮河入江水道与盱眙县观音寺镇、金湖县戴楼镇隔河相望,西依洪泽湖大堤,北与东双沟镇毗邻,宁淮、宁连高速公路穿腹而过。全镇辖15个行政村、4个居委会,总人口4.6万人,总面积141.85平方千米。2015年,实现地区生产总值15.7亿元,财政收入2.02亿元,农民人均纯收入1.36万元。

农业　三河镇突出发展高效农业、生态农业和品牌农业。投资1100万元的旺农肉鸡养殖、投资1300万元的东晨草坪等一批农业重点项目相继建成投产。新建成县级以上水稻机插秧万亩示范片7个，县级以上小麦机条播万亩示范片8个，国家级稻麦示范区3.4万亩，完成全市第一家水稻钵苗机插面积520亩。投资1300万元，占地6500亩的刘尖、草桥片区获批为高标准良田示范项目。全镇建成省级农业龙头企业1家，市级龙头企业3家。至2015年，全镇合作社及家庭农场共85家。其中，国家级1家、省级13家、市级24家。

回乡大学生创办的宏伟牧业家庭农场

工业 2015年，三河镇以项目建设为抓手，强力推进工业经济，完成工业产值91亿元，规模以上工业实现开票收入11.56亿元，规模以上固定资产投资14.17亿元，新增列统企业3个，入库税金1640万元，现代服务业入库税金5300万元；实现注册外资到账790万美元，外资进出口1100万美元。全年新增私营企业130个，个体工商户450户。全镇纳入淮安市督考体系并通过验收的项目共有9个，其中亿元以上项目5个，分别是紫山食用菌三期项目、维特焊丝项目、泽田商务广场项目、龙禹生态园项目、五里牌农光互补项目；3000万元以上农业加工项目4个，分别是禾瑞实业项目、天旸有机肥项目、弘嘉木业项目、华泰食品项目。

三河镇紫山食用菌生产车间一角

社会事业 2015年，三河镇全面落实低保、五保政策，共落实城乡低保100人；落实重残对象410人，重残经费182万元；报批医疗救助对象530人(次)，救助金额150余万元；救灾和临时救助2000余人(次)，救助金额36万元；发放优抚经费165万元。加大农村医疗卫生基础建设，完善新型农村合作医疗制度，农村合作医疗实现全覆盖。加快推进区域供水进程，改善饮用水水质，新增受益人口5000人。全年开展群众性文体活动28场(次)，新增农家书屋图书2万余册。

城镇建设与管理 2015年，三河镇围绕产镇融合的总体思路，结合以油田基地为核心的滨湖度假区建设，启动并完成三河镇总体规划。以“石油小镇”为平台，结合五里牌联合国援建项目，完成“三河院子”规划设计，并启动建设，打造集餐饮、住宿、观光、体验、休闲于一体的乡村旅游综合体。

投入1200万元对镇区道路进行修补改造、绿化补植及围栏设置等，改善镇区居住环境。进一步巩固国家生态镇和省级卫生镇创建成果，完善环境综合管理和卫生保洁长效机制，推进广场绿地、农贸市场、集镇公厕、道路设施和垃圾中转站的建设及维护，集镇秩序井然。

【三河镇领导成员名录】

党委书记 李阔
副书记 杨步飞(5月免) 韩辉(9月任)
邓玉鸿(3月任)
委员 施吉春 王永俊 徐化峰 赵巧玉
石千 郭自清
人大主席 杨国标
镇长 韩辉(10月任) 杨步飞(5月免)
副镇长 王永俊 石千 赵恩忠(3月任)
胡德雷(3月任)
纪委书记 施吉春

2015年三河镇经济与社会发展概况一览表

表37

项目	单位	2015年	2014年	增长(%)	项目	单位	2015年	2014年	增长(%)
村数	个	15	15	—	第三产业	万元	34108	33624	1.4
社区数	个	4	4	—	财政收入	万元	22002	21700	4.7
村民小组和农业组数	个	239	239	—	农林牧渔业总产值	万元	97944	96326	1.7

续表37

项　　目	单位	2015年	2014年	增长(%)	项　　目	单位	2015年	2014年	增长(%)
户数	户	12395	12482	-0.69	服务业总产值	万元	13568	11453	18.5
总人口	人	48933	49947	-2	乡村实有从业人员数	人	29455	28364	3.8
其中非农业人口	人	21463	19832	8.2	农民人均纯收入	元	13600	12350	10.6
人口出生率	%	0.64	0.64	—	粮食总产量	吨	76872	84078	-8.5
人口死亡率	%	0.45	0.47	—	油料产量	吨	860	810	6.1
人口自然增长率	%	0.22	0.21	—	生猪饲养量	头	9816	8614	13.9
总面积	公顷	6709.7	6709.7	—	三禽饲养量	万只	21580	14687	46.9
其中:耕地面积	公顷	6288.7	6288.7	—	水产品产量	吨	9346	9120	2.4
地区生产总值	万元	167083	160487	4.1	规模以上企业	个	47	41	14.6
其中:第一产业	万元	56117	52368	7.1	规模以上工业产值	万元	870543	633062	37.5
第二产业	万元	76858	74495	3.1	规模以上工业利税总额	万元	95759	69637	37.5

2015年三河镇村(居)委会概况一览表

表38

村(居)名	支部书记	村(居)民小组(个)	户　数(户)	人　口(人)	劳动力(人)	耕地面积(公顷)	人均纯收入(元)
共和居委会	潘国平	11	575	2217	834	349	13400
刘尖村	朱明巧	16	696	2469	1240	350	13800
草桥村	胡厚兵	17	602	2278	925	248	13350
涧前村	冯高原	16	585	2193	1280	485	13450
小坝村	张能会	19	542	1846	950	382	13500
新集村	戚加华	16	606	2121	988	420	13380
朱圩村	潘立喜	18	720	2600	1236	485	13600
赵集村	赵长流	22	860	3210	1123	340	13650
双坝村	王延波	19	836	3180	1023	499	13200
永丰村	赵长兵	11	365	1520	780	340	13670
八里居委会	李巾年	5	515	2098	682	232.7	13800
桥南居委会	李国祥	5	513	2190	760	261.3	13700
长堤居委会	郭永年	9	1293	5815	2210	224.2	13900
长河村	张如标	9	673	2620	1310	252.8	13000
梁墩村	赵忠政	7	456	1720	600	207.2	13600
联堡村	赵建东	11	626	2736	1120	334.8	13500
塘西村	赵家松	9	537	2300	750	384.1	13400
四坝村	王成刚	11	665	2560	1320	424.3	13150
五里牌村	梁家爱	8	730	3260	1120	69.3	14000
合　计		239	12395	48933	19417	6288.7	243650

（赵洪江　樊　军）

蒋坝镇

【概况】 蒋坝镇西临洪泽湖，南接全国闻名的水利枢纽三河闸，东与三河镇接壤，北依南水北调东线工程（洪泽站），是洪泽湖大堤最南端的古镇，距县城约25千米。全镇下辖2个行政村、2个居委会，14个村民小组，总人口1万人，镇域面积12.1平方千米。2015年，实现财政总收入1.27亿元，同比增长20.3%；实现公共预算收入1.012亿元，同比增长23%；其中实体公共预算收入1791万元，同比增长25.8%；农民人均纯收入19461元，比2014年增长9.6%。

农业　2015年，蒋坝镇推进现代农业进程，新增高效农业面积200亩，建成草莓采摘园；发展水生蔬菜400亩；土地流转率在90%以上，农业综合机械化水平达88%。发展壮大集体经济，通过盘活“存量”，创造“增量”，全镇完成集体经济收入42.29万元，与2014年同比增加13.09万元。全年新增家庭农场4个，土地股份合作社1个，新建农家乐餐饮2家，培育市级家庭农场和“五好”示范合作社各1个。

9月，蒋坝镇农村产权交易服务站挂牌成立。

工业　2015年，蒋坝镇实现规模工业开票销售7.83亿元，工业入库税金 2676万元，规模以上工业用电量1.65 亿千瓦时，同比分别增长10.5%、50%、22.8%。固定资产购置进项抵扣税1210万元，全年新增亿元开票企业1个，新上500万元以上工业制造类项目3个，通过市重点竣工项目2个。在全县工业招商引资动态扛旗评比活动中，二、三、四季度3次为动态扛红旗单位；获全县科学跨越发展目标考核第一名。

全年竣工工业项目3个，总投资超10亿元。分别是投资1.9亿元的江苏富港特钢年产30万吨热轧生产线项目、投资4.6亿元的威凌生化科技（一期）和投资5亿元的春江润田农化项目。

城镇建设与管理　蒋坝镇加快新型城镇化建设步伐，完成《蒋坝镇总体规划（2015—2030）》《蒋坝镇旅游开发前期规划》、头河村村庄规划编制；加快实施农村饮用水安全工程，铺设管道17千米，新建闸门井4个，入户水表127户；新改建农村公路0.75千米；镇村公交覆盖率100%。引进投资超10亿元美丽蒋坝旅游综合体项目。把农村环境整治提升与美丽乡村创建相结合，落实“五位一体 ”长效管护机制，加强农村环境常态化整治。完成洪泽湖大堤除险加固工程蒋坝段拆迁、树木清障等工作。

【美丽蒋坝PPP项目】 2015年，蒋坝镇结合自身项目特点，在天鹅湾温泉综合体、美丽乡村建设和银杏广场等项目建设的基础上，借助财政和中介咨询机构的力量，对已经成熟的项目进行包装，并以江苏天鹅湾旅游开发有限公司作为国有出资方，与即将主板上市的社会资本——大千生态景观股份有限公司采取PPP的合作模式，进行总额达15.8亿元的项目合作，对蒋坝镇进行整体开发，提升全镇的公共服务设施和基础配套设施，为推动蒋坝省级旅游度假区创建工作打下坚实基础。

云瑞温泉酒店效果图

【蒋坝镇领导成员名录】

党委书记　王　伟
副 书 记　潘　洋（9月任）
　　韩　辉（9月免）　严国风（3月免）
委　　员　郭孝洋（3月任）　曹俊成（3月任）
　　陈文生　孟祥国（3月任）
　　孙　翔（3月任）　胡金海（3月任）
　　王军辉（5月任）　张正权（3月免）
　　高　飞（3月免）　田　婷（3月免）
人大主席　严国风（3月任）　潘翠萍（3月免）
镇　　长　潘　洋（9月任）　韩　辉（9月免）
副 镇 长　孟祥国（3月任）　孙　翔（3月任）
　　顾树香（3月任）　王军辉（3月任，5月免）
　　高　飞（3月免）　陈文生（3月免）
纪委书记　曹俊成（3月任）　张正权（3月免）

2015年蒋坝镇经济与社会发展概况一览表

表39

项　目	单位	2015年	2014年	增长（%）	项　目	单位	2015年	2014年	增长（%）
村数	个	2	1	100	第三产业	万元	13586	10644	27.63
社区数	个	2	3	-33.33	财政收入	万元	12710	10561	20.34
村民小组和农业组数	个	14	14	0	农林牧渔总产值	万元	5610	5388	4.12
户数	户	3450	3489	-1.13	服务业总产值	万元	3610	3210	12.46
总人口	人	9829	9897	-0.69	乡村实有从业人员数	人	4693	4660	0.70

续表39

项　目	单位	2015年	2014年	增长(%)	项　目	单位	2015年	2014年	增长(%)
其中非农业人口	人	6831	4026	69.67	农民人均纯收入	元	19461	17822	9.19
人口出生率	‰	6.65	6.9	-3.62	粮食总产量	吨	5216	4854	7.45
人口死亡率	‰	4.76	4.8	-0.83	油料产量	吨	157	160	1.87
人口自然增长率	‰	1.89	2.1	-10	生猪饲养量	头	4120	4010	2.74
总面积	公顷	12.1	12.1	0	三禽饲养量	万羽	4.61	4.53	1.87
其中:耕地面积	公顷	325.9	325.6	0.09	水产品产量	吨	1793	1748	2.57
地区生产总值	万元	116479	95100	22.48	规模以上企业	个	14	13	7.69
其中:第一产业	万元	4533	4058	11.70	规模以上工业产值	万元	592507	474554	24.85
第二产业	万元	98360	80398	22.34	规模以上工业利税总额	万元	73405	61230	19.88

2015年蒋坝镇村(居)委会概况一览表

表40

村(居)名	支部书记	村(居)民小组(个)	户数(户)	人口(人)	劳动力(人)	耕地面积(公顷)
头河村委会	郑红军	8	825	2826	1520	125
彭城村委会	黄得鸿	6	602	2217	780	200.9
西堤居委会	汪　渠	3	613	2038	880	0
中街居委会	高　松	2	578	1764	670	0
合　计		19	2618	8845	3850	325.9

(杨　庆)

老子山镇

【概况】 老子山镇位于洪泽县境南部,南边与盱眙县官滩镇毗邻,隔湖与蒋坝、高良涧等镇(街道)相望,西北边为洪泽湖。水路距洪泽县城32千米,陆路距县城88千米。辖2个居委会、9个行政村,总人口1.76万人,其中渔民约占60%,分布定居在湖区60多个滩头。总面积300平方千米,滩涂约占90%;镇区面积4.8平方千米,素有“水乡泽国”“温泉之乡”之美誉。2015年底,实现财政总收入11623万元、公共财政预算收入10326万元;规模以上企业开票销售5亿元,分别是“十一五”末的2倍、2.4倍、2.6倍。

农业　2015年,全镇大力发展现代化农业,以设施农业建设为重点,全年新建蔬果大棚65座,其中茶庵居委会新建温室大棚35座,刘咀村新建温室大棚30座,每棚年平均收入可达2万元。至年底,全镇共建成大棚126座。以养殖为主产业的新滩、洪明等村继续加大投入,发展高效渔业养殖,与2014年相比,水产养殖面积、品种、养殖资金投入的增加使得产业规模持续扩大,全年水产品产量达到14178吨,与2014年同比增加11.5个百分点。

全年全镇实现农林牧渔总产值6.1亿元,同比增长11%。新增高效设施渔业养殖2300亩、秸秆机械化还田率达91.2%,新发展农民专业合作社35个、注册农产品商标30枚、培育出“一村一品”特色产业10余个,创成市以上社会主义新农村示范村1个,培育市级以上龙头企业1个。全年举办培训班52期,培训各类技术人才638人次,发放资料5000余份、科技书籍800多本,发布农业信息122条。

工业　2015年,老子山镇共实现规模以上工业产值19.21亿元、利税1.45亿元,同比增长22.5%和20.8%;工业用电量497万千瓦时;实现社会固定资产投资7.5亿元,其中规模以上固定资产投资7.2亿元,同比增长15.4%和19.2%;新增列统企业8家,实现规模以上企业开票销售4.97亿元,同比增长32.7%,注册外资到账1740万美元,全县第一。宇天港玻成为淮安市第一家在港交所上市的企业;玉龙食品在江苏股权交易中心挂牌;宇天太阳能电池投资4.8亿元的触摸屏生产线已投产,新上了20台数控磨床,企业规模进一步扩大;顶瑞精密工业机械有限公司全年投入1.75亿元,1号厂房生产线投产,2号厂房改造完毕。

第三产业　老子山镇旅游内涵不断提升,景区基础设施进一步完善,龟山村获批省三星级乡村旅游示范区。电子商务蓬勃发展,拥有各类网店30余家,全年电商交易额突破500万元,新淮村获省级电子商务示范村。新增200万元以上三产服务业项目3个。建成江苏省第一家中台协台球培训基地，全年累计接待国内外游客约180万人(次)，实现旅游经济综合收入2.6亿元，新增就业220余人。

老子山镇新滩靓美渔村

社会事业　2015年，全镇完成农村创业意识培训77人，创业技能培训53人，再就业320人，创成创业孵化基地1家。发放各类惠农资金370余万元。低保、孤困、优抚、重残等弱势群体补助实现提标扩面，城乡居民重大疾病纳入低保和大病救助范围；新型农村合作医疗参合率100%；完成5270人的农村养老保险参保工作，农村基础养老金发放覆盖率100%。义务教育优质均衡发展，初中毕业生升学率100%。改造提升各村居家养老服务中心；免费对全镇60周岁以上老人进行体检；免费为全镇35－60岁年龄段的妇女进行“两癌”检查。开展“慈善一日捐”和走基层、访千户、暖民心活动。建立涉法涉诉联合接访中心，化解社会矛盾，信访案件同比下降15%，矛盾纠纷调解成功率99.78%，公众安全感达99.6%。

城镇建设与管理　全年投入200余万元，重点对规划布点的迎湖东路、长山、龟山和刘咀四大片区进行环境整治，清扫村庄道路，疏浚沟渠50条，修建泵站20座。新铺设总长1.8千米的茶庵、书院居民区排污管道，新增镇区停车位150个；完成镇区主要道路更名工作。实施迎湖路、湖滨路两侧店铺店招店牌更换亮化工作，镇区主干道和重点地段绿化亮化工程稳步推进。完善污水和垃圾处理运行体系，实现“组收集、村保洁、镇处理、县转运”的垃圾收运体系；加大对背街小巷的环境整治，完成国家级生态县创建任务，入选全国美丽宜居小镇，为淮安市唯一。

中国传统村落——龟山村

【老子山镇领导成员名录】

党委书记　周　庆
副 书 记　傅建霞(女，4月任)　黄建军(3月任)
委　　员　王兆银　李勇涛(3月任)
　　　　　杨　洋　唐国章　倪立明(5月任)
　　　　　施官俊(3月任)
人大主席　陈正梅(女，5月免)
镇　　长　傅建霞(女，4月任)
副 镇 长　王兆银
纪委书记　李勇涛(3月任)

2015年老子山镇经济与社会发展概况一览表

表41

项　目	单位	2015年	2014年	增长(%)	项　目	单位	2015年	2014年	增长(%)
村数	个	9	94	0	第三产业	万元	12400	9500	30.5
社区数	个	2	2	0	财政收入	万元	11623	9461	22.9
村民小组和农业组数	个	52	52	0	农林牧渔总产值	万元	49170	41093	19.7
户数	户	6145	6135	0.2	服务业总产值	万元	26000	22700	14.5
总人口	人	18237	18053	1	乡村实有从业人员数	人	11335	10351	9.5
其中非农业人口	人	14590	12637	15.5	农民人均纯收入	元	14500	13063	11
人口出生率	‰	12.8	12.6	1.6	粮食总产量	吨	2462	2450	7.8
人口死亡率	‰	2.7	3.2	-15.6	油料产量	吨	268	256	4.7
人口自然增长率	‰	10.1	9.4	7.4	生猪饲养量	头	6450	5320	21.2
总面积	公顷	20000	20000	0	三禽饲养量	万羽	1.05	0.96	9.4
其中：耕地面积	公顷	368.6	368.6	0	水产品产量	吨	14178	12715	11.5
地区生产总值	万元	265400	232450	14.2	规模以上企业	个	13	11	18.2

续表41

项　目	单位	2015年	2014年	增长(%)	项　目	单位	2015年	2014年	增长(%)
其中:第一产业	万元	61000	54950	11	规模以上工业产值	万元	192000	156700	22.5
第二产业	万元	192000	168000	14.3	规模以上工业利税总额	万元	14500	12000	20.8

2015年老子山镇村(居)委会概况一览表

表42

村(居)名	支部书记	村(居)民小组(个)	户数(户)	人口(人)	劳动力(人)	耕地面积(公顷)	水产面积(公顷)	人均纯收入(元)
书院居委会	杨兆斌	5	720	2539	1521	—	337	15300
茶庵居委会	孙广启	3	2630	5179	2539	17	171	15200
新滩村	朱宝强	4	246	946	742	—	438	15400
洪明村	孙成志	5	304	944	520	—	536	14300
新淮村	贺庆贵	6	553	2118	1198	5.6	412	14200
张咀村	杨华金	6	423	1353	793	—	243	14500
安淮村	胡宝柱	6	327	1338	844	—	445	14200
长山村	徐化贵	6	434	1759	967	233	211	14500
龟山村	胡明江	3	131	742	513	—	278	13900
兴隆村	倪秀祥	5	163	626	365	—	380	13800
刘咀村	朱兆全	3	214	693	402	113	308	14200
合　计		52	5497	18237	10404	368.6	3759	14500

(朱　杰)

西顺河镇

【概况】 西顺河镇位于洪泽湖北畔,三面环水,全镇三分之二区域在洪泽湖东部湿地省级自然保护区内。全镇下辖4个行政村、1个居委会,人口1万余人,区域面积18.1平方千米,耕地面积3639亩,水产养殖面积2.5万亩。2015年,实现地区生产总值58241万元,农民人均纯收入18054元。

农业　2015年,西顺河镇按照“基地化建设、规模化经营、产业化发展”的道路,加大洪泽湖大闸蟹养殖示范区、水生蔬菜种植示范区、高效渔业养殖示范区和大闸蟹出口创汇等“四个基地”建设。实施“壮村”“创星”专项行动。逐村调研制定“一村一品”发展规划,壮村工程目标全面完成。加大土地流转力度,在2014年流转土地1600亩的基础上,2015年又流转土地200亩,流转土地已占全镇耕地面积的40%。

工业　2015年,西顺河镇实现列统企业开票销售9.4亿元,同比增长23.7%;固定资产购置进项税1859万元,占全年目标的232.4%;工业用电量12295千瓦时,占全年目标的132.4%。国圣纸业技改项目改造的两条造纸生产线和一条制浆生产线竣工试运行;浙江同景新能源有限公司投资5亿元,新上集光伏发电、高效渔业、观光、科普于一体的渔光互补综合体项目。

第三产业　西顺河镇利用年产400万吨的硝盐产业基础,大力发展与之配套服务的现代服务业集聚区。银珠物流、水运公司、恒通商贸等20多家物流商贸公司进驻,年实现税收3000万元。深化与爱食派、悬湖蟹业的合作,通过专题培训、建设网创基地、电子商务服务中心等方式,按照“政府建设、企业代运营”的模式,向镇域内的网商提供咨询、网店建设、营销推广等服务。全年开展电子商务培训班15期,培训600余人次。对新开的40余户网店进行电子商务运营、推广指导,对已运营的抓好店铺装修、产品上架、客户服务、产品拍摄等工作。

社会事业　全面推行新型农村合作医疗,不断完善农村困难群众医疗救助制度,新型农村合作医疗参保率96%以上,新型农民养老保险参保率95%以上。落实低保户“应保尽保”政策,全镇87户低保户共144人享受低保待遇。加大教育、卫生等公共事业投入,学校水电等基础设施建设进一步完善。新建的于圩村村部已交付使用;建成镇社会管理服务中心并投入使用。投入40余万元新建镇敬老院。

城镇建设与管理　2015年,西顺河镇加大对集镇卫生、车辆秩序、商户摊点和乱搭乱建的治理力度。完善责任、服务、管理和考核四大长效机制,做到垃圾日产日清、环境管理有序。实施5个村(居)委会环境整治工作;对顺达路、顺兴路、硝矿路及陵园进行绿化或花木补植;投资90万元修建街南污水管网3.5千米，优化村庄环境。投入600万元建成回民小区，已入驻29户。

西顺河镇将好家训配以卡通形象，绘制在镇村街道墙面上

【西顺河镇领导成员名录】

党委书记　严定刚
副 书 记　周宗燕(女,9月任)　杨巨卫(5月免)
　　　　　孟庆国
委　　员　戴夕伟(女)　曹俊成(3月免)
　　　　　沈　澎(9月免)　马　军
　　　　　陈　玲(女,3月免)　王　军(3月任)
　　　　　徐留芳(女,3月任)　王　涛(3月任)
人大主席　沈　澎(9月任)
　　　　　周宗燕(女,3月任,9月免)
镇　　长　周宗燕(女,9月任)　杨巨卫(5月免)
副 镇 长　马　军　曹俊成(3月免)
　　　　　沈　澎(9月免)　胡　详(9月任)
纪委书记　戴夕伟(女)

2015年西顺河镇经济与社会发展概况一览表

表43

项　　目	单位	2015年	2014年	增长(%)	项　　目	单位	2015年	2014年	增长(%)
村数	个	4	4	0	第三产业	万元	—	—	—
社区数	个	1	1	0	财政收入	万元	15600	11900	31.1
村民小组和农业组数	个	31	31	0	农林牧渔总产值	万元	16630	11900	31.1
户数	户	3032	3048	0.52	服务业总产值	万元	—	—	—
总人口	人	9395	9358	0.395	乡村实有从业人员数	人	5073	5070	0.059
其中非农业人口	人	—	—	—	农民人均纯收入	元	18054	16488	9.49
人口出生率	‰	110	131	16.03	粮食总产量	吨	4031	3906	3.2
人口死亡率	‰	17	16	6.25	油料产量	吨	220	219	0.46
人口自然增长率	‰	—	—	—	生猪饲养量	头	3200	3000	0.45
总面积	公顷	349	349	0	三禽饲养量	万羽	520	520	0
其中:耕地面积	公顷	310	310	0	水产品产量	吨	7137	7100	0.52
地区生产总值	万元	58241	45987	26.65	规模以上企业	个	11	9	22.22
其中:第一产业	万元	16630	12516	32.87	规模以上工业产值	万元	94000	81746	14.99
第二产业	万元	38100	30160	26.33	规模以上工业利税总额	万元	—	—	—

2015年西顺河镇村(居)委会概况一览表

表44

村(居)名	支部书记	村(居)民小组(个)	户数(户)	人口(人)	劳动力(人)	耕地面积(公顷)	水产面积(公顷)	人均纯收入(元)
街西居委会	朱爱军	6	1224	3472	2137	77	72	18035
街南村	赵素萍	8	515	2020	1120	93	80	18060
于圩村	闻素兵	9	495	1702	1050	103	98	18045
张福河村	刘长楼	3	186	571	385	—	—	18070
洪祥村	史洪艳	5	612	1630	1080	—	—	18060
合计		31	3032	9395	5772	273	250	90270

（徐留芳　刘　宇）

编辑:邵永芹

人物

组织机构设置及领导名录

（2015年1—12月）

县四套班子

中共洪泽县委员会（正处级）

书　记　徐东海
副书记　殷　强　施恩佩（8月免）　顾祥悦（8月任）
常　委　徐东海　殷　强　施恩佩（8月免）
江　迈（8月免）　顾祥悦　杨国仁（1月任）
陈照新（1月免）　乐　翔　董　蔚（女）
夏明忠（挂职）　许根林　汪永源（8月免）
郝朝勇（8月免）　钱宏光（挂职）
余　刚（4月任）　陈孝红（8月任）
周海滨（8月任）　朱玉生（8月任）

洪泽县人大常委会（正处级）

主　任　徐东海（12月免）
副主任　杨步新（调研员）　曹文龙　黄　河　王建东
党组成员　徐洪华（副处级）　韩学红（女，12月任）
副调研员　徐洪华（11月免）

洪泽县人民政府（正处级）

县　长　殷　强
副县长　顾祥悦（8月免）　钱宏光（挂职）
吴国飞（1月免）　潘华春（1月免）
王兆龙　杨　杰（挂职，4月免）
徐　琳（女）　张　亚（挂职）　张培刚
高　军（2月任）　徐礼球（1月任）
党组成员　乐　翔　陈洪标　陶　辉（副调研员）
赵成军（挂职）　高　军（2月任）
高万成（2月任）
县长助理　赵成军（挂职）

政协洪泽县委员会（正处级）

主　席　陈继信
副主席　陈炳峰　杨　皖　谢建东　王天林　薛良柱
调研员　李梅娟
副调研员　刘　筠（11月免）
党组成员　刘　筠

县人武部、纪委、法院、检察院

县人民武装部（正团级）

部　长　郝朝勇（4月免）　史新元（4月任）
党委第一书记　徐东海
政　委　朱玉生
副部长　万兆干（6月任）

中共洪泽县纪律检查委员会机关（正科级）

书　记　江　迈（副处级，8月免）
陈孝红（副处级，8月任）
副书记　钱　澄　葛庆友
常　委　陈金来（2月免）　张步红　钱保泽
高　红（女，2月免）　王桂民（4月任）
办公室主任　钱保泽（5月免）　张　明（5月任）
纪检监察一室主任　王桂民
信访室主任　张步红（2月免）　陈　燕（女，2月任）
案件审理室主任　谷朝阳
党风廉政建设室主任　孙成军（5月免）
宣传教育法规室主任　褚兆丰

县纪律检查委员会效能建设办公室（正科级）

副主任　谢秀兰（女，2月免）

县机关纪检监察工作一室（副科级）

主　任　蒋永顺（正科级，2月免）

县机关纪检监察工作二室（副科级）

主　任　李万仲（正科级，5月免）

县农村纪检监察工作一室（副科级）

主　任　丁德兵（2月免）

县人民法院（正科级）

院　长　韩　俊（副处级）
党组书记　韩　俊
副院长　接　滨（正科级）　袁爱军（正科级）

朱秀山(正科级)
李　玲(女,挂职,12月免)
党组副书记　接　滨
纪检组长　郭学龙(正科级)
政治处主任　戚寿猛(正科级)
党组成员　郭学龙　袁爱军　朱秀山　戚寿猛
审委会专职委员　何素军(正科级)　李锦骏
执行局局长　章熙全
法警大队大队长　滕兆斌
法警大队教导员　张连军

县人民检察院(正科级)
检察长　韩少芹(女,副处级)
党组书记　韩少芹(女)
副检察长　徐加山(2月明确正科级)
成支农(正科级)
万海军(2月明确正科级)
党组副书记　徐加山
纪检组长　蒯银华(女,2月明确正科级)
政治处主任　杨巨军(5月明确正科级)
党组成员　成支农　蒯银华(女)　万海军　杨巨军
职务犯罪侦查局局长　孙　磊
反渎职侵权局局长　孙吉娴(女)
检委会专职委员　王国光(2月明确正科级)

县委工作部门及直属单位

县委办公室(正科级)
主　任　朱来俊(3月免)　徐加奎(3月任)
副主任　赵成山(正科级,2月免)
李万国(正科级)　刘明爱(2月任)
潘立军(5月任)
派驻纪检组长　李万仲(5月任)

县委组织部(正科级,挂"县委组织员办公室""县委党建工作领导小组办公室"牌子)
部　长　许根林(副处级)
副部长　张明成　胡平川　赵可林
派驻纪检组长　邵顺金(5月任)

县委组织员办公室(正科级,挂牌机构)
主　任　赵可林
副主任　余学科

县委代表联络办公室(正科级,与县委组织部合署办公)
主　任　胡平川

县委企业工作委员会(正科级,与县委组织部合署办公)
书　记　万伏善(2月免)　秦广青(9月任)
副书记　倪洋军(2月免)

县委组织部党员电化教育中心(副科级)
主　任　陈　玲(女,2月任)

县重点项目督查考核办公室(正科级)
主　任　胡平川(2月任)
副主任　谢秀兰(女,2月任)　宋学初(2月任)

县人才工作办公室(正科级)
主　任　袁玉民(9月任)
副主任　石庆春

县委老干部局(正科级)
局　长　张明成
副局长　薛东春

县委宣传部(正科级,挂"县精神文明建设指导委员会办公室""县对外宣传领导小组办公室"牌子)
部　长　董　蔚(女,副处级)
副部长　李大洋(5月任)　叶顺亮　程　钢(3月任)
派驻纪检组长　孟庆峰(5月任)
新闻应急中心主任　王会梅(女)

县对外宣传领导小组办公室(正科级,挂牌机构)
主　任　叶顺亮

县精神文明建设指导委员会办公室(正科级,挂牌机构)
主　任　程　钢(3月任)
副主任　陈玉林(正科级,5月免)　王传华

县委统一战线工作部(正科级)
部　长　薛良柱(副处级)
副部长　徐成洋　沈如先
派驻纪检组长　陈　祥(5月任)

县委县级机关工作委员会(正科级)
书　记　赵可林(2月免)　万福善(2月任)
副书记　田桂兰(女)　陈　祥(5月免)
纪工委书记　刘益传

县委农村工作部(正科级)
部　长　韩学荣
副部长　罗　锋(正科级)　周志选(3月任)
派驻纪检组长　吴洪成(6月任)

县委政法委员会(正科级)
书　记　陈照新(副处级,2月免)
杨国仁(副处级,2月任,9月免)
汪永源(副处级,9月任,12月免)
张培刚(副处级,12月主持工作)
副书记　李登学　俞光红
派驻纪检组长　成群星(女,5月任)

县社会治安综合治理委员会办公室(正科级,与县委政法委员会合署办公)
主　任　李登学

县依法治县领导小组办公室(正科级)
主　任　陈照新(副处级,2月免)
杨国仁(副处级,2月任,9月免)
汪永源(副处级,9月任,12月免)
张培刚(副处级,12月主持工作)
副主任　沈正涛

县国家安全工作办公室(正科级,与县委政法委员会合署办公)
主　任　俞光红(5月任)
副主任　余向鹏

县信息中心(正科级)
主　任　叶顺亮

副主任　王进龙　孙玉清

县委党校(正科级)

校　长　施恩佩(副处级)

副校长　邵志洪(常务副校长)　刘正好(5月任)

派驻纪检组长　李　伟(正科级,5月任)

县行政学校(正科级)

校　长　顾祥悦(副处级,9月免)

杨国仁(副处级,9月任)

县委保密委员会办公室(局)(副科级)

主　任(局长)　潘立军(5月免)　张天鄂(9月任)

县委机要局(正科级)

局　长　严荣和(5月免)　陈玉林(5月任)

县委督查室(副科级)

主　任　赵成山(正科级,2月免)

县委党史办公室(正科级)

主　任　王　娟(女)

县委台湾工作办公室(正科级,合署机构;县政府台湾事务办公室、台湾同胞接待站,正科级,挂牌机构)

主　任　严荣和

副主任　张天鄂(9月免)　万田路(9月任)

县委"610"办公室(正科级)

主　任　赵卫国

副主任　朱宗宝　刘庆响

县委接待办公室(正科级)

主　任　汤澄漪(女)

县信访局(正科级)

局　长　高　红(女,5月免)　吕伏洋(5月任)

副局长　高登戈(正科级)　赵建政(3月免)　余从峰

派驻纪检组长　严　军(5月任)

督查专员　周连军

县档案局(正科级,挂"县档案馆"牌子)

局(馆)长　姚嘉云

副局(馆)长　李　伟(5月免)

县机构编制委员会办公室(正科级)

主　任　胡　滨(5月免)　张明成(5月任)

副主任　龚步勤　秦广青(9月免)　袁夕康(9月任)

县人大常委会工作机构

县人大常会办公室(正科级)

主　任　骆奎标(县人大党组成员)

副主任　刘　森

派驻纪检组长　龙　青(女,正科级,5月任)

内务司法工作委员会(正科级,挂"民宗侨台工作委员会"牌子)

主　任　夏文新(县人大党组成员)

副主任　赵　卿(女,5月免)

社会事业工作委员会(正科级)

主　任　朱成银(县人大党组成员)

副主任　贾明清(正科级)　刘　森(3月任)

人事代表联络工作委员会(正科级)

副主任　杨　滟(女,正科级)

农业和农村工作委员会(正科级)

主　任　朱德满(县人大党组成员)

财政经济工作委员会(正科级)

主　任　詹洪宁(县人大党组成员)

副主任　李　斌(正科级,2月任)

县政府工作部门及直属机构

县政府办公室(正科级,挂"县外事侨务办公室""县政府法制办公室""人民防空办公室"牌子)

主　任　翟启荣(县政府党组成员)

党组书记　翟启荣(2月任)

副主任　赵建清(正科级)

程　钢(正科级,2月免)

杨巨卫(正科级,5月任)

刘海健(正科级,9月任)

陈泽勇(2月任)

顾金新(9月免)

派驻纪检组长　王道凤(正科级)

县政府法制办公室(正科级,挂牌机构)

负责人　刘海健(9月任)

县外事侨务办公室(正科级,挂牌机构)

负责人　王佩萍

县人民防空办公室(正科级,挂牌机构)

负责人　赵建东

县金融管理办公室(正科级)

主　任　赵建清

县应急管理办公室(副科级)

主　任　郭　虎(2月任)

县招投标交易中心(副科级)

主　任　胡正立(2月免)

县机关事务管理服务中心(正科级)

主　任　王　俊(女)

副主任　王佩萍(女,正科级)　严荣喜(5月任)

县信息化办公室(正科级)

主　任　倪洋军

县高新技术产业园管委会(正科级)

主　任　赵建东

县人力资源和社会保障局(正科级)

局　长　胡　滨

副局长　赵　林　刘建华(女)　曹树琛(9月免)

党委副书记　胡　滨　厉庆赋(正科级)

纪委书记　徐世英

党委委员　徐世英　赵　林　刘建华(女)

县社会医疗保险管理处(副科级)

主　任　邬志元(2月免)　朱　红(女,2月任)

县机关事业单位社会保险管理处(副科级)

主　任　孙佩凯

县人才交流服务中心(副科级)

主　任　张连稳(10月任)

县城乡居民社会养老保险处(副科级)

主　任　朱永平(女,10月任)

县发展和改革委员会(正科级,挂"县物价局"牌子)

主　任　胡长林

党组副书记　胡长林

派驻纪检组长　倪正美

副主任　董新章　潘恩如(正科级)

党组成员　倪正美　董新章　潘恩如

县物价局(正科级,挂牌机构)

局　长　潘恩如

副局长　宋向明(正科级)　管守志(9月免)

朱翼强(正科级,9月任)

县经济和信息化委员会(正科级,挂"县乡镇企业局""县中小企业局"牌子)

主　任　马　斌

党委副书记　马　斌　陶夕龙(正科级,9月免)

王　业(9月任)

副主任　王　业(9月免)　高汉波　程雪峰(正科级)

赵华标(9月任)

纪委书记　韩红艳(女,5月任)

党委委员　王　业　高汉波　程雪峰

韩红艳(女,5月任)

县能源办(副科级)

主　任　刘如军

县乡镇企业局(正科级,挂牌机构)

局　长　程雪峰

副局长　王成乡(2月免)　孙洪慧(女, 3月任)

县商务局(正科级,挂"县粮食局"牌子)

局　长　薛　莉(女)

党委副书记　薛　莉(女)　刘俊马(正科级)

副局长　张洪才(正科级,5月免)　孙华雷(2月任)

王金雨(正科级,5月任)

纪委书记　傅　宁(5月任)

党委委员　张洪才(5月免)　傅　宁(5月任)

孙华雷(2月任)　王金雨(5月任)

县粮食局(正科级,挂牌机构)

局　长　张洪才(5月免)　王金雨(5月任)

副局长　杨　辉(5月免)　简夕洪

县安全生产监督管理局(正科级)

局　长　钟志华(5月免)　杨建浩(5月任)

党组书记　杨建浩(5月任)

党组副书记　钟志华(5月免)

派驻纪检组长　梁　俊

副局长　严定葆　向德美　汤　践

县安监局开发区分局局长　黄文凯

党组成员　梁　俊　严定葆　汤　践　向德美

县公安局(正科级)

局　长　乐　翔(副处级)

党委书记　乐　翔

督查长　乐　翔

政　委　朱国海

副局长　赵卫国(正科级)　张志远(正科级)

高吉会(正科级)　刘正林(正科级)

卢爱国(5月明确正科级)

党委副书记　朱国海　庞保国(正科级)

副政委　李　毅

纪委书记　潘春如(正科级)

政治处主任　管荣华(5月明确正科级)

党委委员　潘春如　赵卫国　张志远　高吉会

刘正林　卢爱国　李　毅　管荣华

县维护稳定工作领导小组办公室(正科级)

主　任　乐　翔(副处级)

县公安局指挥中心(副科级)

主　任　王发明

县公安局刑事警察大队(副科级)

大队长　王正春

教导员　施　明

县公安局警务督察大队(副科级)

大队长　李国举

县公安局经济犯罪侦查大队(副科级)

大队长　杨福宝

教导员　吴成茂

县公安局治安警察大队(副科级)

大队长　张志云

教导员　王夕月

县公安局水上警察大队(副科级)

大队长　张春光

教导员　赵宜洪

县公安局国内安全保卫大队(副科级)

大队长　严定跃

教导员　陈胜齐

县公安局交通警察大队(副科级)

大队长　赵建东

教导员　朱　军

县公安局巡防大队(副科级)

大队长　植万洋

县公安局网络安全保卫大队(副科级)

大队长　陈文进

县公安局法制大队(副科级)

大队长　张平玉

教导员　赵长军(2月任)

县公安局高良涧派出所(副科级)

所　长　骈业祥

教导员　李　坤

县公安局城东派出所(副科级)

所　长　刘　军

教导员　杨　斌(正股级,升格前任)

县公安局城北派出所(副科级)
所　长　招庆杰(副科级,升格前任,1月免)
教导员　周开峰(正股级,升格前任,5月免)
县公安局朱坝派出所(副科级)
所　长　夏永政
教导员　杨文华(正股级,升格前任)
县公安局黄集派出所(副科级)
所　长　殷开诚
教导员　张福建(正股级,升格前任)
县公安局岔河派出所(副科级)
所　长　钱　健
教导员　张永年(正股级,升格前任,5月免)
县公安局仁和派出所(副科级)
所　长　顾广武(2月任)
教导员　顾广武(正股级,升格前任,2月免)
县公安局万集派出所(副科级)
所　长　宋锦阳
教导员　陈晓勇(正股级,升格前任)
县公安局东双沟派出所(副科级)
所　长　唐学报
县公安局共和派出所(副科级)
所　长　魏　广
县公安局三河派出所(副科级)
所　长　郭自清
县公安局蒋坝派出所(副科级)
所　长　陈文生(副科级,升格前任)
县公安局老子山派出所(副科级)
所　长　唐国章
县公安局西顺河派出所(副科级)
所　长　王　军
教导员　薛建波(正股级,升格前任)
县司法局(正科级)
局　长　贯　定
副局长　袁书朋(正科级)　蒋永年(正科级,3月免)
唐兴华　张军锋(3月任)
陶夕龙(正科级,9月任)
党组副书记　袁书朋　陶夕龙(9月任)
派驻纪检组长　李衍强(5月任)
党组成员　蒋永年(3月免)　唐兴华
李衍强(5月任)
县民政局(正科级)
局　长　李大洋(5月免)　高　红(女,5月任)
党组书记　李大洋(5月免)　高　红(女,5月任)
党组副书记　孙　斌(正科级,2月免)
副局长　孙　斌(2月免)
石学元　刘晓娟(女)
潘翠萍(女,正科级,3月任)
派驻纪检组长　靖　忠(5月任)
党组成员　石学元　刘晓娟(女,9月任)
潘翠萍(女,3月任)　靖　忠(5月任)
杨卫东(9月免)
县双拥办(副科级)
主　任　孙明智(9月免)
高　红(女,正科级,9月任)
县交通运输局(正科级,设“县交通战备办公室”)
局　长　赵希立
副局长　嵇亚美(女,正科级)　郭正前　赵永年
党委副书记　赵希立　袁维荣(正科级)
纪委书记　蒋永年(正科级,3月任)
党委委员　蒋永年(3月任)　嵇亚美(女)　郭正前
赵永年
县公路管理站(副科级)
站　长　蔡　春(10月任)
县地方海事处(副科级)
处　长　陈春玉
县运输管理所(副科级)
所　长　魏　刚(3月免)　刘海青(10月任)
县航道管理站(副科级,挂“县港口管理局”牌子)
站　长　杨金波
港口管理局(副科级,挂牌机构)
局　长　杨金波(10月任)
县住房和城乡建设局(正科级,挂“县规划局”牌子)
局　长　赵可林
党委书记　赵可林
副局长　王天林(副处级)　王　君　龙　刚
党委副书记　程泽仁(正科级)
纪委书记　成群星(女,5月免)　孙成军(5月任)
党委委员　成群星(女,5月免)　王　君　龙　刚
孙成军(5月任)
县规划局(正科级,挂牌机构)
局　长　邵永军
副局长　马长青　沈传萍(女,挂职,12月任)
县房屋征收管理办公室(副科级)
主　任　季　平
县园林管理局(副科级)
局　长　孙德仁
县环境保护局(正科级)
局　长　唐传玲(女)
党组副书记　唐传玲(女)
副局长　唐士海　陈　波　杨广群　沈伟标(9月任)
派驻纪检组长　赵顺平(5月任)
党组成员　赵顺平(5月任)　唐士海　陈　波
杨广群　沈伟标(9月任)
县环保局开发区分局(副科级)
局　长　高夕恕
县环境监察局(副科级)
局　长　宋玉洪
县农业委员会(正科级,挂“县林业局”牌子)
主　任　王金雨(5月免)　杨步飞(5月任)
党委书记　杨步飞(5月任)

副主任　张明晨(正科级)　李岳峰　段学志
　　高文瑞(女,挂职,9月任)
党委副书记　王金雨(5月免)
　　费香球(正科级,9月免)
　　李加伟(正科级,9月任)
纪委书记　赵　军
党委委员　张明晨　赵　军　李岳峰　段学志

县林业局(正科级,挂牌机构)

局　长　费香球(10月免)　李加伟(10月任)
副局长　邵正满(正科级)

县水产局(正科级)

局　长　刘　洪
党委书记　刘　洪
副局长　王正峰(2月免)　陈大雪(正科级)　刘　洋
纪委书记　张正权(3月任)
党委委员　王正峰　陈大雪　刘　洋
　　张正权(3月任)

县农业机械管理局(正科级)

局　长　王　淮
副局长　俞海东　褚伏鸿(正科级)

县农业资源开发局(正科级)

局　长　洪　滔
副局长　张代坤(正科级)　简夕洲

县红旗林牧场(副科级)

负责人　张代坤(正科级,分管)

县绿化委员会办公室(副科级)

主　任　冯连虎

县农业干部学校(副科级)

校　长　王砚超

县种子公司(副科级)

经　理　杨开晴

县良种繁育场(副科级)

负责人　张明晨(正科级,分管)

县林柴场(副科级)

场　长　杨怀来(11月免)

县苗圃(副科级)

负责人　武加强(正股级,副场长主持工作)

县三河果园(副科级)

场　长　王昌斌

县水利局(正科级)

局　长　郭明珠
副局长　袁安全(正科级,2月任)　陈万学　杨兆军
党委副书记　郭明珠　傅启飞(正科级)
纪委书记　孙　芹(女)
总工程师　杨玉华(女)
党委委员　孙　芹(女)　袁安全　陈万学　杨兆军

淮安食品科技产业园管理服务中心(正科级)

主　任　余　刚(副处级, 9月任)
副主任　韩强业(3月任)　陈　诚(5月任)
　　高文瑞(挂职,9月任)
　　万田路(挂职, 9月任)

县软件园管理委员会(正科级)

副主任　朱洪宝(挂职,10月任)
　　周　莉(女,挂职,5月任)

县财政局(正科级,挂"县政府国有资产监督管理办公室"牌子)

局　长　徐加奎(3月免)　陈中军(5月任)
党组书记　陈中军(5月任)
副局长　陈中军(正科级,5月免)　张广信　潘春明
　　谢　芳(女,10月任)
派驻纪检组长　王　峰
党组成员　王　峰　张广信　潘春明
　　谢　芳(女,10月任)

县收费管理局(副科级)

局　长　梁　勇(10月任)

县会计管理局(副科级)

局　长　陈中军(正科级,5月免)　金　海(10月任)

县财政国库集中支付中心(副科级)

主　任　谢　芳(女,10月免)　严大胜(10月任)

县审计局(正科级)

局　长　叶亚波
党组副书记　叶亚波　韩万海(正科级,2月免)
　　朱锦春(正科级,5月任)
副局长　韩万海(正科级,2月免)
　　朱锦春(正科级,5月任)　陈定保　孙学志
派驻纪检组长　张振中(2月免)　刘素娟(女,2月任)
党组成员　张振中(2月免)　陈定保　孙学志
　　刘素娟(女,2月任)

县统计局(正科级)

局　长　顾恒彪
副局长　陈如圣(正科级)　丁建勋　杨长青
党组副书记　顾恒彪　陈如圣
总统计师　韩学龙
派驻纪检组长　刘　顺
调查局局长　韩学龙
党组成员　刘　顺　丁建勋　韩学龙　杨长青

县科学技术局(正科级,挂"县知识产权局"牌子)

局　长　赵劲松
党组副书记　赵劲松　杨柏祥(正科级)
副局长　杨柏祥　赵卫东(2月免)　张　丹(女)
派驻纪检组长　顾学勤
党组成员　顾学勤　赵卫东(2月免)　张　丹(女)

县教育局(正科级,挂"县体育局"牌子)

局　长　高祝芹
副局长　李建成(正科级,9月免)
　　秦春宏(正科级)　程　梅(女)
　　陈　宏(9月免)
党委副书记　高祝芹　孙云鹏(正科级)
纪委书记　刘　光
党委委员　李建成(9月免)　秦春宏　程　梅(女)
　　陈　宏(9月免)

县体育局(正科级,挂牌机构)

副局长 袁开春

县政府教育督导室(副科级)

主 任 杨步实(9月任)

中国教育工会洪泽县委员会(副科级)

主 席 阙金辉(2月免) 赵 起(9月任)

江苏省洪泽中学(副处级)

校 长 邢道乾(10月免)

副校长 李建成(正科级,9月任) 胡国生(9月免) 钱 斌 吴长青 徐福树(9月任)

纪委书记 刘义珍(正科级,9月任)

工会主席 魏书彬(9月免)

县第二中学(正科级)

校 长 贝学问(2月免) 李建成(2月任,9月免) 胡国生(9月任)

党委书记 李建成(2月任,9月免) 胡国生(9月任)

党委副书记 魏国才

纪委书记 韦恩东

副校长 徐福树(9月免) 左 分 曹仕锋 蒋永军

党委委员 韦恩东

县教师研修中心(正科级,挂"县教师进修学校"牌子)

主 任 李建成(2月免)

副主任 万泽民 赵 起 秦春宏(正科级) 干家标(9月任)

洪泽开放大学(正科级)

副校长 杜守俊

江苏省洪泽中等专业学校(正科级)

校 长 刘义珍(9月免)

副校长 杜守俊 肖金泉

县文化广电新闻出版局(正科级,挂"县文物局""县版权局"牌子)

局 长 陈礼新

副局长 许 量 陈继荣 严后金

党委副书记 陈礼新 陈新兵(正科级)

纪委书记 孟庆峰(5月免) 闫兆瑞(5月任)

党委委员 孟庆峰(5月免) 许 量 陈继荣 严后金 闫兆瑞(5月任)

县卫生局(正科级)

局 长 周保祥

党委书记 周保祥

副局长 杨 丽(女) 郭 丹(女) 许金峰

副书记 张 彬(正科级)

纪委书记 李 宾

党委成员 李 宾 杨 丽(女) 许金峰

县人民医院(正科级)

院 长 周保祥

党委书记 周保祥

副院长 刘仕鹏 陈 星 谢 张 陈永军

党委副书记 韦光亮

党委委员 刘仕鹏 谢 张

县中医院(副科级)

院 长 周保祥(正科级)

县卫生监督所(副科级)

所 长 席黎明

县疾病预防控制中心(副科级)

主 任 李 栋

县妇幼保健院(副科级)

院 长 张灵机(8月免) 赵建阁(8月任)

淮安市洪泽县卫生职工中等专业学校(副科级)

校 长 查友海

县人口和计划生育委员会(正科级)

主 任 吴小军

副主任 朱翼强(正科级,9月免) 潘 洋(女,9月免)

党组副书记 吴小军 朱翼强(正科级,9月免)

派驻纪检组长 李 伟

党组成员 李 伟 潘 洋(女,9月免)

县食品药品监督管理局(正科级)

局 长 柳 明(3月免)

党组书记 柳 明(3月免)

党组副书记 朱锦春(正科级,3月免)

副局长 朱锦春(3月免) 孙 林(3月免) 万年庚(3月免)

党组成员 孙 林(3月免) 万年庚(3月免)

县市场监督管理局(正科级)

局 长 柳 明(5月任)

党委书记 柳 明(3月任)

党委副书记 严宝云(正科级,3月任) 张晓春(正科级,3月任)

副局长 严宝云(5月任) 张晓春(5月任) 朱锦春(正科级,5月任,6月免) 孙 林(5月任) 田爱华(5月任) 朱 江(5月任) 赵长荣(5月任) 王广明(5月任)

纪委书记 李 纯(3月任)

党委委员 朱锦春(3月任,6月免) 李 纯(3月任) 孙 林(3月任) 田爱华(3月任) 朱 江(3月任) 赵长荣(3月任) 王广明(3月任)

县城市管理局(正科级,挂"县城市管理行政执法局"牌子)

局 长 朱正港

党组书记 朱正港

党组副书记 陈传银(正科级)

副局长 陈传银 傅启忠 楚维茂(正科级,2月免) 魏同云(女,挂职,2月任) 赵宝祖(3月任)

派驻纪检组长 李广连(正科级)

党组成员 李广连 楚维茂(2月免) 魏同云(女,挂职,2月任) 赵宝祖(3月任)

县监察局(正科级,与县纪律检查委员会机关合署办公)

局　长　钱　澄

副局长　王天林

县民族宗教事务局(正科级)

局　长　徐成洋

县广播电视台(正科级)

台　长　潘　辉

副台长　朱　勇　朱守亚　陶爱群

派驻纪检组长　阚卫华(5月任)

县旅游局(正科级)

局　长　陈洪标(2月免)　汤红尉(2月任)

副局长　徐寿金(7月免)　王明师

派驻纪检组长　赵建忠(5月任)

洪泽湖古堰景区管理委员会(副处级)

主　任　陈洪标

副书记　周德宝

副主任　汤红尉(2月免)　许正文　徐成军

综合处处长　郭孝洋(3月免)

招商项目处处长　颜德军

土地规划处处长　杨忠明(9月任)

党委委员　徐成军

江苏洪泽经济开发区管理委员会(副处级)

工委书记　汪永源(8月免)

主　任　高万成

副书记　高万成　夏明忠(挂职,副处级,2月免)

万立明

副主任　夏明忠(挂职)

赵卒生(9月免)　叶亚堂(10月免)

陈中玉　陈士堂(2月任)　刘日昊(10月任)

纪工委书记　赵卒生(5月免)　陈正梅(5月任)

工委委员　赵卒生(5月免)　陈正梅(5月任)

叶亚堂(10月免)　陈中玉

陈士堂(2月任)　刘日昊(10月任)

党政办主任　刘军波(2月免)　丁玉禄(2月任)

经济发展局局长　唐士明

规划建设局局长　孙　鹏(2月任)

财税服务局局长　张振中(2月任)

招商局局长　陈士堂

社会事业局局长　孙　鹏(2月免)

外资服务中心副主任　胡文贤(2月任)

县老子山旅游度假区管理委员会(正科级)

主　任　周　庆

党委书记　周　庆

县地方志编纂委员会办公室(副科级)

主　任　流新武(2月免)　周凌晨(正科级,2月任)

县地震局(正科级)

局　长　赵国平(6月任)

副局长　厉永华

县政务服务办公室(正科级)

主　任　陈金来(2月任)

副主任　刘军波(2月任)　胡正立(正科级,2月任)

派驻纪检组长　李海涛(5月任)

县公共资源交易服务中心(副科级)

主　任　徐锦才(2月任)

县县城建设指挥部办公室(正科级)

副主任　陈洪鑫　高　翔

县“阳光洪泽”管理办公室(正科级)

主　任　葛庆友

副主任　倪永凯(9月任)

县供销合作总社(正科级)

主　任　徐月东

党委书记　徐月东

副主任　孙　彪　李国家(3月任)

党委委员　孙　彪　李国家(3月任)

县物资总公司(企业)

总经理　徐月东

党委书记　徐月东

县商业总公司(企业)

总经理　刘日昊(9月免)　叶亚堂(9月任)

党委书记　刘日昊(9月免)　叶亚堂(9月任)

副总经理　向从进　朱文建(3月任)

党委副书记　张玉生(3月免)

纪委书记　张玉生(3月免)

党委委员　向从进　朱文建(3月任)

工会主席　张玉生(5月免)

县政协工作机构

县政协办公室(正科级)

主　任　刘仁美(县政协党组成员,秘书长,9月任)

副主任　张能涛(正科级)

派驻纪检组长　赵　卿(5月任)

提案委员会(正科级)

主　任　郭　虎(县政协党组成员)

副主任　龙　青(女,正科级,5月免)

学习宣传和文教卫体委员会(正科级)

主　任　张能涛(县政协党组成员)

经济科技和城乡建设委员会(正科级)

主　任　张国雨(县政协党组成员)

社会法制和文史资料委员会(正科级)

主　任　陈志国(县政协党组成员)

港澳台侨和民族宗教委员会(正科级)

主　任　虞启华(县政协党组成员)

群团组织

县总工会(正科级)

主　席　田富凯

党组副书记　田富凯　余　敏(女,正科级)

派驻纪检组长　余　敏(女)

副主席 胡怀彬(正科级) 蒋永平 李 翔(女)
党组成员 胡怀彬(正科级) 蒋永平 李 翔(女)

共青团洪泽县委员会(正科级)
书 记 陆 珉(女)

县妇女联合会(正科级)
主 席 仲维芬(女)
副主席 胡妍慧(女)

县文学艺术界联合会(正科级)
主 席 李大洋(5月任)
副主席 周凌晨(2月免)

县哲学社会科学界联合会(正科级)
副主席 邵顺金(5月免)

县红十字会(正科级)
会 长 徐 琳(女,副处级,9月任)
副会长 胡石清

县残疾人联合会(正科级)
理事长 杨卫东
副理事长 石 磊 潘国平

县科学技术协会(正科级)
主 席 赵劲松
副主席 张 丹(女)

县工商业联合会(正科级)
主 席 谢文章
党组书记 沈如先
副主席 李加坤
秘书长 李加坤
党组成员 李加坤

县侨联(正科级)
主 席 郁素娟(女)
副主席 张益坤

垂直管理和驻洪单位

县盐务局(公司)(正科级)
局 长 颜晓涛(11月免) 刘井峰(11月任)
经 理 颜晓涛(11月免) 刘井峰(11月任)
副局长 褚 雯
副经理 褚 雯
支部书记 颜晓涛(11月免) 刘井峰(11月任)
工会主席 褚 雯

县质量技术监督局(正科级)
局 长 张晓春(3月免)
党组书记 张晓春(3月免)
副局长 韩 成 赵长荣(5月免) 王广明(5月免)
纪检组长 韩 成(5月免)

县烟草专卖局(分公司)(正科级)
局 长 李劲松
经 理 李劲松
支部书记 李劲松
副局长 刘 斌 刘海涛
副经理 刘海涛

县国土资源局(正科级)
局 长 赵可兵
党委书记 赵可兵
副局长 钱晓松 植万洲
副书记 蔡 兵(5月借用至淮安市国土资源局盐化工分局)
纪委书记 蔡 兵(5月借用至淮安市国土资源局盐化工分局)
党委委员 钱晓松 植万洲
张 波(兼监察大队大队长)
颜俊昌(兼土地储备中心主任,5月任)

县国土资源局开发区分局(副科级)
局 长 陈正林(5月任)

县国土资源局岔河分局(副科级)
负责人 周洪明(正股级,升格前任,支部书记主持工作)

县国土资源局东双沟分局(副科级)
负责人 马清岭(正股级,升格前任,支部书记主持工作)

县国土资源局三河分局(副科级)
局 长 汪小平(5月任)

县气象局(正科级)
局 长 高文亮
支部书记 高文亮
副局长 陈克祥

县国家税务局(正科级)
局 长 陈玉峰(3月免) 韩 江(3月任)
党组书记 陈玉峰(3月免) 韩 江(3月任)
副局长 唐 斌 吴小戎 丁树华
纪检组长 杨 军
第一税务分局局长 马凤忠(12月任)
第二税务分局局长 顾晓明
第三税务分局局长 戴 伟(10月免)
宋学林(12月任)
第四税务分局局长 高学林
第五税务分局局长 马凤忠(12月免)
杨步桃(12月任)
稽查局局长 姜志武

县地方税务局(正科级)
局 长 孙 群
党组书记 孙 群
副局长 李本政 蒋爱民(1月免) 费立新 刘 明
党组副书记 蒋爱民(1月任)
纪检组长 蒋爱民
第一税务分局局长 顾金军
第二税务分局局长 侯广辉
第三税务分局局长 刘 铸
第四税务分局局长 赵永胜
稽查局局长 李 兵

县住房公积金管理中心(正科级)

主　任　王成玉
支部书记　王成玉
副主任　赵加玉

县工商行政管理局(正科级)

局　长　严宝云(5月免)
党组书记　严宝云(3月免)
副局长　田爱华(5月免)　朱　江(5月免)
纪检组长　李　纯(3月免)

中国人民银行洪泽县支行(正科级)

行　长　袁永红
党组书记　袁永红
副行长　周　伟(1月免)　刘　刚
纪检组长　高　茹(女,兼总稽核)
党组成员　周　伟(1月免)　高　茹(女)　刘　刚
工会主席　刘　刚

中国农业发展银行洪泽县支行(企业)

行　长　严成镰
支部书记　严成镰
副行长　姜　明(兼信贷主管)
　　　　张　蓉(兼会计主管)
支委委员　张　蓉　姜　明
副专员　刘　超(兼办公室主任)

中国工商银行股份有限公司洪泽支公司(企业)

行　长　陈前峰(4月免)　王玉亮(7月任)
党总支书记　陈前峰(4月免)　王玉亮(7月任)
副行长　刘洪庆(4月免)　朱　童(3月任)　舒正权
纪委书记　钱　勇
工会主席　钱　勇
综合管理部　张少华

中国农业银行洪泽县支行(企业)

行　长　冯景鑫
党委书记　冯景鑫
副行长　赵可顺　朱　健(11月免)　王振华(11月任)
党委成员　赵可顺　朱　健(11月免)
　　　　　王振华(11月任)

中国建设银行股份有限公司洪泽支行(企业)

行　长　李　俊
行长助理　席方敏

中国银行股份有限公司洪泽支行(企业)

行　长　吴建强
副行长　李万涛　杨佳祥

江苏洪泽农村商业银行股份有限公司(企业)

董事长　朱彩涛
行　长　黄国锋
党委书记　朱彩涛
党委副书记　黄国锋
监事长　于新华(1月免)　嵇尚钦(1月任)
副行长　张金邮　吴巧平　朱　波　孙国元
纪委书记　于新华(1月免)　嵇尚钦(1月任)
党委委员　张金邮　吴巧平　朱　波　孙国元

中国邮政储蓄银行有限公司洪泽县支行(企业)

行　长　洪玉军
党总支书记　洪玉军
副行长　龙　斌
行长助理　倪　勇
综合管理部经理　万　军

江苏太仓农村商业银行股份有限公司洪泽支行(企业)

行　长　王晓东
副行长　陈　强(分管外勤)　苏建中(分管内勤)
风险主管　刘如龙

江苏洪泽金阳光村镇银行股份有限公司(企业)

行　长　左宗明
副行长　杨　青　钱拥军(3月任)

中国人民财产保险公司洪泽县支公司(企业)

经　理　曹卫军(1月免)　穆维励(女,1月任)
副经理　钱玉梅(女)　王洪宁(1月免)
　　　　向财昌(6月任)

中国人寿保险有限公司洪泽县支公司(企业)

经　理　徐鹏程(4月免)
副经理　戴夕年(4月主持工作)
经理助理　胡　明　董　玫(5月任)

中华联合财产保险股份有限公司洪泽支公司(企业)

经　理　张轶华
副经理　陈　兵

武警洪泽县消防大队(副团级)

党委书记　张洪亮
大队长　殷玉祥
政治教导员　张洪亮
党委副书记　殷玉祥
副大队长　苏　波(党委成员)

武警淮安市支队直属大队洪泽县中队(正营级)

大队长　李陆春
政治教导员　封　波

武警淮安市支队洪泽县中队(正连级)

中队长　赵　海
政治指导员　王陈万(借出)　姜建华(主持工作)

县邮政公司(企业)

总经理　丁　政(12月免)　戴云生(12月任)
党委书记　丁　政(12月免)　戴云生(12月任)
副总经理　陈继军
纪委书记　陈继军
工会主席　陈继军

县电信公司(企业)

总经理　张海涛
党委书记　张海涛
副总经理　韩爱龙　孙伏林

县移动公司(企业)

总经理　董长跃
支部书记　董长跃

副总经理　黄慷慨（11月任）
经理助理　黄毓剑（11月免）　刘　宁（12月任）
工会主席　黄毓剑（11月免）　黄慷慨（11月任）

县联通公司（企业）

总经理　唐立怀（6月免）　刘　坚（6月任）
党支部书记　吴建军
总经理助理　唐荣生（6月任）
综合部经理　万福源（6月免）　马兆新（6月任）

县广电有线信息网络有限公司（企业）

总经理　朱世前
党委书记　朱世前
副总经理　徐一璐　马培根　万爱民
党委委员　徐一璐　马培根　万爱民

县供电公司（企业）

总经理　张同洲
党委书记　陈伟忠（7月免）高永银（7月任）
党委副书记　张同洲
副总经理　陈伟忠（7月免）　汤　池（7月任）
　　杨　彪　张　杰（7月免）　杨红卫
纪委书记　夏振华
工会主席　夏振华
洪泽运维站经理　李广玉

县石油公司（企业）

经　理　陈广文
副经理　王洪辉

县新华书店（企业）

经　理　王　云

中电洪泽热电有限公司（企业）

总经理　刘星雨
党委书记　刘星雨
副总经理　李建明　万　勇
纪委书记　万　勇
工会主席　李建明

江苏省洪泽湖水利工程管理处（正处级）

主　任　问泽杭（4月免）　唐荣桂（10月任）
党委书记　问泽杭（4月免）　唐荣桂（10月任）
副主任　唐荣桂（10月免）　马晓忠　周和平
　　郑福寿（挂职，11月任）
纪委书记　刘俭和
办公室主任　楚恩国

江苏省灌溉总渠管理处高良涧闸管理所（正科级）

所　长　刘红军
书　记　刘红军
副书记　郭雨田
办公室主任　倪玉萍（女）

江苏省灌溉总渠管理处淮阴抽水站管理所（正科级，与二河新闸管理所合署办公）

所　长　汤可方
副所长　江洪群　智日进　杨　俊
综合股股长　徐光远

淮安市高良涧水利工程管理处（正科级）

主　任　左步丰
副主任　吴钟乐　徐学举　单文彬
办公室主任　程星顺

江苏省宁连公路三河收费站（正科级）

站　长　王　炳（12月免）
站长助理　赵可军（7月任，12月主持工作）
办公室主任　李海燕

编辑：孙汉军

新闻人物

王伟伟　女，汉族，1987年11月出生，共青团员，本科学历，淮安市宏伟牧业有限公司董事长、法人。2007—2011年，就读于常州工学院播音主持专业，期间兼职主持人。2008年，她代理销售羊奶产品，开启了人生中第一次创业。除了销售终端店，还陆续开设三家羊奶社区门面店。2010年，她成立常州腾如贸易有限公司，后改名为常州羊养道贸易有限公司，代理销售国内外品牌液体羊奶和羊奶粉产品，并成功将产品销售全国KA超市。2012年，她与合伙人共同创建液体羊奶品牌——“安牧”，同年，返回家乡洪泽县二次创业。2013年，她创建淮安市宏伟牧业有限公司。在洪泽县赵集村流转土地48.67公顷作为湖羊集约化生态循环养殖基地。2015年，公司发展成为淮安市农业产业化重点龙头企业，实现羊只、有机肥、粮食、牧草等总销售额达1082万元，盈利150多万元。通过种羊供应及秸秆收购等，年带动淮安周边地区1000多农户，直接增收500多万元。她的创业事迹被中央电视台《致富经》栏目专题报道，腾讯网、新华网、人民网均有报道。

2011年，她获江苏省教育厅颁发的“大学生创业证书”；2014年，获淮安市“农村青年致富带头人”“最敢创业青年”称号，被评为洪泽县“十大杰出青年”；2015年，获淮安市好青年、省大学生优秀创业项目三等奖、“邮储杯”全国创业大赛江苏省三等奖、江苏省科普带头人；2015CCTV全国十大“三农”创业致富榜样。

丁　涛　男，1975年4月出生，中共党员，本科学历，1996年8月参加工作。现任县实验小学大队辅导员、县少先队总辅导员、市少先队副总辅导员。

他分别于2006年和2010年两次获市教学能手比赛一等奖，执教的体育课《保龄球》《持轻物掷远》等在市、县获一等奖。他注重少先队理论知识学习，自费订阅《辅导员》《少先队活动》等报刊；坚持体验教育，带领队员在做中学、在学中做。倡导把“以文化奠基人生，用活动滋养成长”作为少先队工作理念，用少先队活动文化滋养每个儿童成长。形成一批品牌活动项目：“小绅士、小淑女”评选活动、大湖娃讲解活动、万里行实践体验活动、红领巾寻访等活动。期中“大湖娃小记者团”的红领巾寻访活动：“寻访水上邮递员”“寻访规划战线上的铿锵玫瑰”“生态养殖立奇功”“做‘大湖卫士’护一方百姓”等活动被评为省优秀活动，入选红领巾寻访系列丛书，并在省、市、县舞台进行展示。

丁涛所在集体获江苏省优秀少先队大队、全国青少年生态文明教育体验活动优秀组织奖等荣誉；2013年12月，学校成功承办江苏省少年儿童研究会少先队文化建设专业委员会第十次年会。他本人先后获江苏省十佳少先队辅导员、江苏省优秀辅导员、淮安市新长征突击手、淮安市少先队信息工作先进个人等称号；2015年12月，获“全国优秀少先队辅导员”称号。

陈士扬　男，1957年9月出生，高中毕业，中共党员，高良涧街道关工委主任。他始终把关心下一代工作放在心中，作为己任，突出“五抓”工作法，促进青少年健康成长。一抓主题教育宣讲。全年组织“五老”关爱宣讲团深入村(居)、社区巡回向青少年开展时事政治、法律法规等主题教育宣讲80场次，受教育者达3万人次。二抓好暑期校外辅导。街道19个村(居)、社区辅导站建站率达100%，平均每站活动达40次以上。尤其是寒暑假期间，利用校外辅导站组织青少年学生学知识、学法律、学技能。三抓结对帮扶。对失足、闲散青少年采取“2+1”的警民结对帮扶机制，先后帮助和挽救60余名迷途青少年走上正道。四抓好济困助学。发动社会各界捐款捐物100余万元，先后帮助家庭困难学生120多名，其间有20多人考取了大学。五抓网吧监督。针对县城网吧多、地域广、人手少的难点，组织“五老”志愿者实行定点定位、拉网式巡查，使城区网吧一直保持在平稳状态，未出现接待青少年违规上网现象。

2015年9月，他被中国关工委、中央文明办授予“全国关心下一代工作先进个人”称号。

淮安市文明职工

李彩霞　女，1981年4月出生，大专学历，江苏斯诺泰克电子技术有限公司采购部经理、总经理助理。

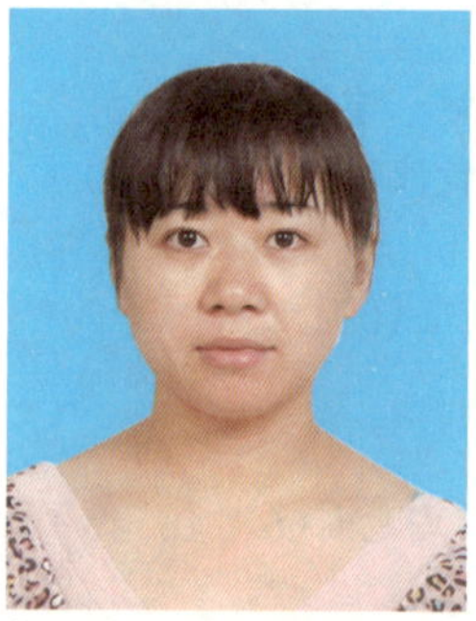

2000年，她在上海飞利浦液晶移动显示做一名测试部的测试工程师，先后被公司评为优秀员工、质量之星等荣誉称号。2006年，毕业于上海市广播电视大学物流管理专业。2007年在超圣实业上海有限公司做采购专员，2011年取得TS16949内审员资格证书。2012年回到洪泽，先后担任江苏思诺泰克电子技术有限公司采购经理和总经理助理。她树立终身学习理念，学习市场经济、企业管理、经济法律法规、新能源材料研究等方面的知识，不断提高业务能力和水平。坚持大事和小事一个样，分内事和分外事一个样，有要求和没要求一个样。注重公司的团队建设，组织员工进行手工、焊接等操作活比赛，增强员工在工作中的积极性和创造性，提升各个车间的团队合作能力。为公司安全、高效生产提出合理化建议。她主要申报成功的项目有“国家高新技术企业”“小微企业协作配套能力提升”项目1项、“电商平台”项目1项、“信息产业升级”项目1项、“科技攻关”项目1项、“淮上英才”项目1项等市重大项目。江苏省苏北创业领军人才项目进入省评审阶段，市成果转化项目通过初期检查和中期检查。

2015年4月，她被市委宣传部、市文明办、市总工会评为“文明职工”。

邱　兵　男，1971年8月出生，初中毕业，中共党员，洪泽县供电公司农电工。洪泽湖滩涂上水道纵横，渔民居住分散。特别是兴隆、龟山和洪明三个村建在洪泽湖区270平方千米的滩涂上，有661户渔民，全部以养殖为生。邱兵通常天刚亮便带着水和干粮，开着机动船出发，每天行程60多千米，天黑才回家。他坚守洪泽湖区20年，“他是渔民心中的光明使者，我们生活、养殖用电离不开他。”“没有他，渔民用电就没保障”“多亏他，帮助大家解决困难”“不怨他，20年无怨无悔的坚守”。这是湖区渔民的心声。

2011年，他获省电力公司电费回收先进个人；2011年1月、2013年3月获淮安市供电公司先进农电员工；2013年7月，获淮安市道德模范提名；2014年2月，获“洪泽好人”称号；2015年4月，被市委宣传部、市文明办、市总工会评为“文明职工”。

石　建　男，1977年8月出生，大专学历，中共党员，工程师，江苏瑞特电子设备有限公司技术部技术员。1999—2002年为公司先进的数控钣金设备编写生产工艺和操作

流程规范，为公司创造较高的经济效益。2003年，调入技术部工作，坚持学习，将世界上先进的三维设计软件引入公司，替换原先二维设计，使工程部的实际效率和准确度有了很大的提高，为国网公司设计出先进美观的综合自动保护屏，为船舶研究院设计先进的操控台，研发出九折型材机械柜体，畅销国内外。2003年后，国家大力发展新能源产业，研发出十六折太阳能光伏逆变柜，取得了较好的经济和社会效益。他多次被公司评为先进工作者。2006年10月，被市总工会评为知识性先进个人；2014年4月，被市政府授予"劳动模范"称号；2015年4月，被市委宣传部、市文明办、市总工会评为"文明职工"。

孙成斌 男，1965年9月出生，高中毕业，中共党员，1987年参加工作，一直在洪泽县地方海事处马浪岗海事所从事湖区安全监督管理一线工作。

1987年至今，孙成斌和他的同事共抢救遇险船舶近2万艘，抢救遇险船员近6万人次，抢救货物400万吨，挽回经济损失近亿元。船员也送给他一个称号——"大湖卫士"。孙成斌的看云识天气在湖区是出了名的，有时比天气预报还要准，什么"雨后生东风，未来雨更凶""西北起黑云，雷雨必来临""日落胭脂红，非雨便是风"……及时给渔民提供气象信息，及早做好预防，让渔民、船民增强安全感。

1989年至今，他连续26年被县地方海事处马浪岗海事所处评为"先进个人"；2012年4月，获县"五一劳动奖章"；2013年2月，被市交通运输局评为全市交通运输行业"十大最可爱的交通人"；2013年9月，被省文明办授予"江苏好人"称号；2015年4月，被市委宣传部、市文明办、市总工会评为"十佳文明职工"；2015年7月，被评为市"十佳五德干部"；2015年9月，获省"道德模范"提名奖。

淮安市五一劳动奖章

胡春兰 女，1963年8月出生，本科学历，中共党员，县食品药品监管局主任科员。

她致力于提高本职业务能力，爱岗敬业，工作不甘落后、不怕困难，遇事敢于担当；能充分发挥组织领导和积极带头作用，出色的完成本职工作任务；先后多次走进结对帮扶的困难家庭，详细了解困难群众的生活、身体、就医等情

况，同时送去慰问金，努力帮助他们克服困难；经常带领执法人员深入一线，认真细致的开展执法检查。退居二线后，她仍坚守工作岗位，无私奉献。洪泽县创建省级文明城时，时间紧，任务重，她主动带领执法人员深入餐饮单位开展检查，常常加班到晚上九点以后，不完成当天工作任务不回家休息。

她先后被省妇联表彰为全省扶贫先进工作者、全省妇女儿童工作先进个人等荣誉称号。2015年4月，获市"五一劳动奖章"。

赵建国 男，1958年12月出生，大专学历，中共党员，助理工程师，江苏国瑞绿色食品有限公司董事长。

2002年，他自筹资金50万元注册成立洪泽国瑞绿色食品有限公司，并承包80公顷的土地搞有机稻米种植，与江苏省农业科学院签订了技术合作协议。公司拥有自主品牌和注册商标，市场销量日益增加，建成江苏省无公害农产品标准化生产示范基地666.67公顷，绿色食品基地1200公顷，有机种植基地200公顷，核心基地80公顷，产值1.2亿元。"一人富，不算富；大家富，才是富"。他致富后不忘乡邻，积极为乡邻传技授艺带领大家共同致富，每年举办有机稻米种植培训、讲座至少5次，年发放资料达2500份。带动周边1200多户群众进行有机稻米种植，为农民增收400多万元。

2006年3月，他经营的生产基地被省农业厅授予江苏省无公害粮油基地；6月，基地生产的有机稻米被农业部授予国家级无公害农产品。2009年1月，"禾采"牌大米等农产品获市名特优农产品称号；6月，被授予省无公害农产品标准化生产示范基地；8月，"禾采"牌大米被授予市知名商标；10月，"禾采"牌大米被授予市名牌产品。2010年3月，国瑞公司被市政府授予"重合同、守信用"企业、被市消费者协会评为百姓满意的诚信单位；8月，"禾采"牌大米被授予省著名商标。2011年9月，国瑞公司被授予省农业科技成果转化基地；10月，"禾采"牌大米被授予省名牌农产品。2012年1月，国瑞公司被授予全省农业龙头企业"五个一"示范创建活动先进企业；12月，"禾采"牌有机大米获第十一届中国优质稻米博览交易会金奖。2013年10月，国瑞公司被授予省农业科技型企业；2014年12月，"禾采"牌大米被授予市"十大名牌农产品"称号。

1995年5月，他被授予全市"十大致富状元"；2010年3月，被授予省第四届创业之星；2012年7月，被评为省科普

惠农带头人；2013年3月，被评为省百佳农产品经纪人；2015年4月，获市“五一劳动奖章”。

仲　保　男，1984年5月出生，大专学历，工程师，江苏瑞特电子设备有限公司技术员。

2004年，他毕业于淮阴工业专科学校，同年6月到江苏瑞特电子设备有限公司参加工作。2004年，公司引进了当时钣金制造行业顶级加工装备——激光切割机，经过不断学习磨合，带领同事将新装备的效能优势不断展现出来，为公司的产品制造提供了有力的保证。2005年调入设计部，组织设计了港口起吊控制机柜，针对客户产品种类的多样性、交货时间的紧迫性，设计了客户产品模数化图库，极大地提高了产品的生产效率，得到了客户的好评。为国网公司设计出先进美观的综合自动保护屏柜，为轨道交通设计了精美的、高使用周期的控制机架，紧跟国际潮流，研发新型密封型腔坚固型控制柜，获得国家适用新型专利。在国家大力发展新能源之际，设计了优越的逆变箱、柜，为公司的业绩增长提供了增长点。2015年4月，获市“五一劳动奖章”。

钱玉卫　女，1970年6月出生，高中毕业，中共党员，江苏普坤集团分公司——洪泽翔宇纺织有限公司车间主任，操作技能优秀操作手。

2007年，她从张家港到洪泽，工作中严格要求自己，处处以身作则，一心扑在工作上，把员工当做自己的姐妹，从生活和工作上关心她们，从操作技能上，手把手地教她们，以公司和员工的利益为中心，坚持以质量为宗旨，尽心尽职，出色完成公司的各项工作指标任务。2010年7月，天气十分炎热，生产任务特别的紧张，各道工序都非常难做，客户需要的都是小批号，以及交货日期仓促，她不小心把脚崴了，红肿的不能走路，由于车间里新工人多，技术力量薄弱，几个批号的坯布特别难做，而且当天必须出货，她强忍着刺骨的疼痛，在车间里和姐妹们一起加班到下半夜，完成了任务，看着红肿的脚当时忘了疼痛，站起来又摔倒了。她正是凭着这种对工作的热情，对事业的执著和克难奋进的精神，得到了公司领导和同事的肯定。她连续3年荣获普坤公司专业操作技能比赛冠军及先进个人。

2014年6月，获“洪泽好人”称号；2015年4月，获市“五一劳动奖章”。

王智信　男，1949年6月出生，大学学历，高级职称，江苏欣颖新材料科技有限公司董事长。

江苏欣颖新材料科技有限公司是香港联讯企业在江苏洪泽工业园区设立的外商独资企业，成立于2014年8月，注册资金720万美元，专业生产高档台球。他组织研发团队对酚醛树脂台球经过近20年的研发，掌握了制造酚醛树脂台球技术，成为全世界第2家拥有酚醛树脂台球制造技术的厂家，受到国际台球界专家、世界级台球运动员的首肯。此外，公司生产的冠以“CYCLOP Pool Balls”《赛乐普》商标的台球已在美国、欧盟、中国大陆成功注册，申请了近20项技术专利，并首次成为2013全美拉斯维加斯职业台球公开赛等国际赛事指定比赛用球，在世界台球界引起极大反响。

2014年7月31日，公司生产的台球与中国台球协会在北京举行签约《中国台球协会比赛用球赞助协议书》仪式，这标志着中国自主知识产权的酚醛树脂台球在国内台球领域正式亮相，被官方指定为国内顶级台球赛事的唯一比赛用球，打破了比利时“雅乐美”比赛用球垄断中国台球赛事的历史，成为众多国内外媒体关注的焦点。2015年4月，他获市“五一劳动荣誉奖章”。

最高人民法院荣誉天平奖章

接　滨　男，1964年11月出生，本科学历，中共党员，洪泽县人民法院党组副书记、副院长。

他时刻注意自身形象，正确对待名与利、荣与辱、得与失，把人民利益是否得到有效保护、司法判决是否公正合理、法院整体工作是否取得成效作为检验自己工作的标准。秉承定纷止争妥善化解民事纠纷的原则，2015年，分管部门受理权属侵权类、婚姻家庭、相邻关系纠纷等民事案件2329件，结案2312件，案件调解撤诉率为60.48%。依法监督助推法治政府建设，2015年，受理行政诉讼案件23件，审结21件。受理行政非诉审查案件49件，裁定准予执行49件。积极建言献策，为经济发展保障护航。及时对事关经济社会发展的热点、难点问题开展调研，《关于解决建筑领域拖欠农民工工资问题的调研报告》被洪泽县委转化为规范性文件，并被江苏省高院评为“全省十大司法建议”。针对案件审理中发现的有关单位存在的工作疏漏、制度缺失和隐患风险等问题，及时发送司法建议31条。

2011年9月，被市委、市政府评为社会治安综合治理先进工作者（享受市级劳动模范和先进工作者待遇）；2015年11月，被最高人民法院授予“荣誉天平奖章”。

戚寿猛 男，1964年12月出生，研究生学历，中共党员，县法院党组成员、政治处主任。

1985年7月，他进入县人民法院工作。他善于学习，不断提高自身素质，切实做到真学真懂，真信真用，真抓真改，注重发挥自身模范表率作用。在院党组的领导下，积极探索司法审判改革，诸如选任主审法官、书记员单独序列管理、法官员额制改革、法官助理制度，等等。赋予主审法官充分的审判权和管理权，建立院、庭长带头办案的责任考核机制。严格执行党风廉政制度。秉守政治品德、思想道德、社会公德、为政官德、家庭美德，严守政治规矩，秉公办事，自觉抵制腐败，坚决贯彻落实中央八项规定。2015年11月，被最高人民法院授予“荣誉天平奖章”。

邱慎伟 男，1958年12月生，本科学历。中共党员。县人民法院立案庭副庭长。

1985年9月，他进入县人民法院工作。30多年的法官工作经历，他踏实耕耘、不问收获，忙忙碌碌、默默无闻。累计审理和执行几千件民事纠纷案件，保障了当事人合法权益的实现，有效化解平息了社会矛盾纠纷，维护社会稳定和谐与安居乐业。同时，加强自身学习，不断提高法律理论业务水平，做到法律理论和司法实践的密切结合。工作中，他始终树立司法为民的服务理念，切实做到捍卫法律的公正和尊严，坚信人民群众心中自有度量衡，可谓“金杯银杯不如老百姓的口碑，金奖银奖不如老百姓的夸奖”，坚持工作以获得人民群众的信任和称赞为最高荣誉。2015年11月，被最高人民法院授予“荣誉天平奖章”。

王贵宏 男，1963年5月出生，本科学历，中共党员，县人民法院执行局副局长。

2015年，他紧紧围绕责任目标，牢记“为人民司法”工作主题，坚持“一岗双责”，带头办理执行案件，全年执结案件233件。协调做好团队的执行工作，科学安排人员搭配、案件搭配，掌握轻重缓急，注重发挥好个人攻坚和集体智慧的有机结合。加大执行工作力度，用好用足法律，制裁抗拒执行行为，维护法律尊严，最大限度保障权利人的合法权益。树立和谐执行的理念，加强执行和解工作，在保障申请人权益的前提下，采取“放水养鱼”执行策略，达到法律效果和社会效果的统一。加强对社会弱势群体的保护，对侵权赔偿、农民工工资、劳资纠纷等案件，做到优先执行，被执行人无履行能力的，给予申请人适当的司法救济，体现司法的人文关怀。重视对信访案件的执行，对申请人上访和信访的，一方面尽最大努力化解纠纷，另一方面耐心细致地做好法律解释工作，不使矛盾激化。2015年11月，被最高人民法院授予“荣誉天平奖章”。

胥福元 男，1958年12月出生，本科学历，中共党员，县人民法院副科级审判员。

2015年，他围绕院党组中心工作和县里开展的“守土、尽职、有为、无憾”思想大讨论，立足本职工作，真抓实干。全年共评查民事、执行、行政案件2000余件。在评查中，做到增强担当意识，不做老好人；及时评查，及时发现问题，及时予以指出，并要求有关部门和人员及时予以纠正，严格地依照法律和院里的规章制度办事。充分发挥审判监督职能，积极参与再审案件的审理，做到有错必纠。为了缓解院里案多人少的矛盾，还审理了几十件民商事案件，在审理案件中，能做到快审快结，亲自送达有关法律文书。大部分案件得到及时调解，并及时兑现。2015年11月，被最高人民法院授予“荣誉天平奖章”。

章熙全 男，1962年12月出生，本科学历，中共党员，洪泽县人民法院审判员、审判委员会委员，工会主席。

他从事审判、执行工作30余年，坚持“公正司法、司法为民”的司法理念，牢记审判、执行工作服务大局、服务人民的宗旨，努力审理、执行好每一件案件，确保审判、执行工作的法律效果、社会效果的有机统一。他善做工作，耐心仔细地向当事人释法明理，处理数件疑难复杂审判、执行案件。他在县法院执行局工作13年，勤于思考，勇于创新，为执行工作规范建设和解决“执行难”问题做了大量工作。他恪守法官职业道德，秉公执法，办事公道正派，不为人情、利益所惑。县法院执行局2次被市中级人民法院荣记集体三等功。2006年11月，被省高院评为“集中清理执行积案先进个人”；2008年3月，被市中院评为“优秀法官”；2011年4月，被省高院评为“审判管理工作先进个人”；2011年12月，被省高院评为“涉诉矛盾纠纷化解先进个人”；2012年5月，被市委政法委、市中级人民法院评为“优秀法官”；2015年12月，被最高人民法院授予“荣誉天平奖章”。

编辑：吕后臻

2015年洪泽县科学跨越发展考核及经济与社会发展工作先进集体、先进个人

一、科学跨越发展考核先进集体

特别贡献单位

经济开发区　纪委(监察局)　财政局　国土局
水利局　国税局　农发行　公安局
商务局　地税局　环保局　科技局
古堰管委会　督考办

一等奖

蒋坝镇　老子山镇　政府办　组织部　县委办
经信委　人社局　统战部　供销总社　规划局
旅游局　法　院　地震局　供电公司　检察院
农商行　人　行

二等奖

黄集街道　东双沟镇　三河镇　发改委　农　委
物价局　宣传部　交运局　住建局　政协办
水产局　人大办　司法局　残　联　总工会
粮食局　乡镇局　党　校　移动公司　政法委
城管局　信访局　村镇银行　农　行　工　行

三等奖

岔河镇　朱坝街道　高良涧街道　西顺河镇

优秀服务部门

统计局　农工部　人武部　消防大队　武警中队

二、向上争取资金

1.向上争取资金先进集体

环保局　农　委　水利局　财政局　交运局
人社局　农机局　发改委　开发局　教育局

2.向上争取资金先进个人

贝　蕾　张胜山　顾　俊　赵　勇　杨金波
梁学帮　褚伏鸿　徐亚男　王　倩　唐　欢
卜小青　张桂仁　袁小勇　钱晓松　杨柏祥
徐　浩　唐传亮　严伟华　管志文　田奕奕

三、财税服务业工作

1.财税服务业工作先进集体

财政局国库科　国税局第一分局　地税局第一分局
税源办　人　行　农发行　农　行　发改委
高良涧街道　蒋坝镇

2.财税服务业工作先进个人

费　剑　王　惠　陈　阳　袁　红　王　玉
侯　喆　吴学勇　张开伦　秦　军　汪　萍
杨蕾蕾　严永顺　李万涛　孙　娣　龙　斌
张洪林　厉　超　张夕高　杨晓竹　丁建勋
颜　啸　郑　娟　钱兆忠　刘义军　杨文龙
傅素玲　孙　军

四、工业经济工作

1.工业经济工作先进集体

朱坝街道　经信委　高良涧街道　西顺河镇
环保局　统战部　司法局　东双沟镇
经济开发区　黄集街道　商务局　科技局
宣传部　市场监管局

2.工业经济工作先进个人

唐士明　刘如军　曹加华　陶　春　支德佳
蒋继文　邓玉鸿　王德宝　黄建军　马　军
韦　松　赵华标　段学志　沈如先　刘　伟
周仲达　高建国　董新章　张志海　李海燕(科技)
严宝云　韩红艳　赵友娣　刘　洋　张广信
李　霞　杨　峰　谢学军　汪志慧

五、开放型经济工作

1.开放型经济先进集体

老子山镇　黄集街道　经济开发区
商务局　组织部　人社局

2.开放型经济先进个人

刘仲夏　潘春明　马长青　陶园园　周　孟
谢鹤云　顾树香　刘庆祥　杨开春　陈　健

六、新型城镇化、城建交通工作

1.新型城镇化工作先进集体

发改委　规划局　环保局　国土局　岔河镇

蒋坝镇

2.新型城镇化工作先进个人

王玉祥 植 健 王 徽 孙 洪 冯尚尚
袁 媛 刘金刚 刘广华 俞海东 张来运
苏 洋 高 铭 伍永年 孙佩忠 袁明喜
孙德军 陶德雨 赵 伟 徐 霞 王兆银

3.城建交通工作先进集体

住建局 交运局 规划局 水利局 征收办

4.城建交通工作先进个人

仇王炜 杨荣宽 韦永清 徐增洲 颜俊昌
向寿昌 魏同云 贝莉莉 胡兆冉 管树洋

七、全民创业工作

1.全民创业工作先进集体

高良涧街道 朱坝街道 三河镇 财政局
商务局 人社局 宣传部 市场监管局
农 委 农商行

2.全民创业工作先进个人

肖君龙 韦可梅 赵长友 陈玉海 张玉华
丁亚荣 刘 保 万田路 李 成 李万友
高德飞 姜亚津 席华龙 谢国光 孙洪慧
张 政 潘国平 李加坤 吕彦仪 赵学军

八、民生和社会事业工作

1.民生和社会事业工作先进集体

水利局 人社局 商务局 岔河镇 教育局
文广新局 地震局 残 联 广电网络公司

2.民生和社会事业工作先进个人

李 波 狄永宁 马德凤 贾海金 王 丽
许金峰 石小荣 周福玉 黄 勇 袁秀伟
陈继荣 严桃杏 刘丽娟 周 荣 王 玮
蒋晓剑 石 磊 徐伏海 胡妍慧 高开伦
胡石清 高 峰 吕后臻 范玉婷 窦步美
梁 勇 于 洛 李 浩 朱正海 余洪玮

九、环保和安全生产工作

1.环保工作先进集体

经济开发区 高良涧街道 水利局 商务局
环保局

2.环保工作先进个人

孙玲妹 蔡 钧 张夕财 尹成胜 陈文生
王 涛 赵建阁 李 强 王 圣 梁翠荣

3.安全生产工作先进集体

朱坝街道 住建局 农机局 公安局 交运局
检察院

4.安全生产工作先进个人

周永礼 朱保书 朱 斌 李登玉 傅 宁
赵长荣 邵永泽 张士民 魏新星 黄文凯

2015年度洪泽县
政治文明和精神文明建设
先进集体、先进个人

一、纪检监察工作

1.纪检监察工作先进集体

朱坝街道纪工委 东双沟镇纪委
黄集街道纪工委 高良涧街道纪工委
教育局纪委 住建局纪委
水利局纪委 市场监管局纪委
审计局纪检组 公安局纪委

2.纪检监察工作先进个人

李勇涛 戴夕伟 施吉春 曹俊成 李 宾
赵 军 蒯银华 夏振华 刘益传 闫兆瑞
褚兆丰 陈 燕 赵树江 陈丙军 张宝成
刘颖国 王爱进 徐 杰 徐 闯 杜晓波

3."阳光洪泽"建设先进集体

阳光办 高良涧街道 住建局 交运局
民政局 城管局 教育局 人社局
黄集街道 供电公司

4."阳光洪泽"建设先进个人

杨 攀 焦佳佳 翟 翰 张海芹 韩恩玉
曹文华 刘福兵 程 亮 沈 燕 唐 伟

二、组织工作

1.组织工作先进集体

三河镇党委 黄集街道党工委 交运局党委
教育局党委 国税局机关党委 财政局党总支
环保局党总支 烟草局党支部 残联党支部

2.组织工作先进个人

张 朝 杨 洋 徐留芳 唐 辰 潘 璇
谢爱国 杨华金 施广洋 李国祥 仲其国
梁德新 倪永凯 刘素娟 唐克彬 张天鄂
杨 颖 张 明 张益斌 王会梅 王 洋

3.人才工作先进个人

胡金海 赵巧玉 史巧俊 张振中 周成林

4.优秀大学生村干部

高 猛 张文颖 孙秋文 畅 悦 袁锦程

三、精神文明及宣传思想工作

1.精神文明及宣传思想工作先进集体

三河镇 老子山镇 黄集街道 信息中心
文广新局 广电台 交运局 供电公司
农商行 党 校

2.精神文明及宣传思想工作先进个人

马晓伟 程登科 余学科 卞功章 马伟红
徐 婧 陈麒宇 刘 宇 赵万满 施玉春
曹 慧 季大相 刘 彬 李文俊 于 杰
李志敏 徐成堂 闵祥峰 束其虎 孙 娟

杨罗成　周洪明　陈一群　张家瑜　孙永庚
王　静　唐丽娜　李　何　鲁海军　万　震

四、综治与平安建设工作

1.综治与平安建设先进集体

东双沟镇　三河镇　政法委　公安局　司法局
财政局　信访局　统战部　团县委　教育局

2.综治与平安建设先进个人

王　信　唐远成　李守伦　杨　鹏　陈　刚
袁启斌　孙德鹏　张　磊　姚　亮　殷海峰
周承杰　杨　健　孙　雷　程　建　沈　娟
唐士镇　相咸明　吴兵成　顾卫国　陈　祥

五、法治建设工作

1.法治建设先进集体

高良涧街道　岔河镇　法　院　检察院　法制办
经信委　政务办　纪　委　民政局　住建局

2.法治建设先进个人

唐国章　褚忠琴　胡柯兰　张学良　董茂平
吴亚琴　尚早春　邵艳娟　任礼明　陈万会

六、统战工作

1.统战工作先进集体

高良涧街道　老子山镇商会
西顺河镇街西村　县党外知识分子联谊会
县和鸣艺企联合会

2.统战工作先进个人

王　蓉　朱洪宝　宋学初　尹　涛　释昌恩
严定成　张晓燕　张军锋　陈　星　曹晓青

七、军民融合发展工作

1.军民融合发展工作先进集体

公安局　卫计委　岔河镇　蒋坝镇　双拥办

2.军民融合发展工作先进个人

潘立军　张　鼎　石庆春　赵　晨　万兆干
朱杰书　孙　宏　仇　竹　徐化峰　倪立明

八、信访工作

1.信访工作先进集体

三河镇　东双沟镇　黄集街道　朱坝街道　公安局
法　院　信访局　住建局　教育局　检察院

2.信访工作先进个人

程宝昌　黄正巧　董业明　金　伟　王明中
赵学喜　杨泉泉　杨龙山　赵东风　刘红舟
唐树一　祖青青　张建军　严登金　石学元
边　晋　邵顺军　仲爱林　朱海波　沈伟标
张学农　沈　蒙　陶大大　杨洪忠　赵长良
俞功翔　孙志永　李海燕(法院)　王军辉　王学勤

九、家风活动

1.家风活动先进集体

老子山镇　蒋坝镇　西顺河镇　检察院　教育局
文广新局　交运局　住建局　供电公司　团县委

2.家风活动先进个人

王传华　石梦娇　李　伟　成群星　刘　奎
刘　舫　朱晓明　孙　芹　孙小平　吴洪峰
汤　青　陈士扬　陈　玲　陈家涛　赵　超
郭静禾　龚建军　魏金宇　臧恒凯　唐春花

十、优化软环境建设工作

1."行风十佳"金牌单位

高良涧街道　朱坝街道　政法委　公安局　卫计委
国土局　旅游局　交运局　科技局　建　行

2."行风十佳"优胜单位

岔河镇　老子山镇　地税局　总工会
国税局　发改委　民政局　信息中心
移动公司　供电公司

3."行风十佳"岗位标兵

赵洪涛　刘义龙　王成海　满昌旺　孙永岚
谢洪彬　孙　波　熊　娟　嵇鹏飞　刘承国

洪泽县获国家级(含部级)奖项(集体)

(授奖时间:2015年1—12月)

表45

获奖单位	奖项名称	授奖时间	授奖单位
洪泽县(县农委)	国家农业产业化示范基地	2015年10月	农业部
洪泽县(县农委)	国家现代农业示范区	2015年2月	农业部
县海事处马浪岗海事所	2012—2013年度全国交通运输行业精神文明建设先进集体	2015年1月	交通运输部
老子山镇	全国文明镇	2015年2月	中央精神文明建设指导委员会
县海事处马浪岗海事所	2014年海事"三化"好形象好品牌先进集体	2015年3月	交通运输部海事局
县供电公司	2014年度B类非独立核算企业标杆单位	2015年3月	国家电网公司

续表45

获奖单位	奖项名称	授奖时间	授奖单位
县供电公司	国家电网公司优秀QC成果二等奖	2015年5月	国家电网公司
县妇幼保健院	妇幼健康服务先进集体	2015年5月	国家卫生和计划生育委员会
县供电公司	邓码110千伏变电站扩建工程国网优质工程	2015年7月	国家电网公司
县供电公司	白马湖地面滩涂光伏发电项目配套110千伏线路工程国网优质工程	2015年7月	国家电网公司
县地震局	全国防震减灾工作综合考核先进单位	2015年12月	中国地震局
高良涧街道临河社区	国家级地震安全示范社区	2015年12月	中国地震局
县供电公司	全国实施用户满意工程先进单位	2015年12月	中国质量协会全国用户委员会
县供电公司	全国电力行业优秀质量管理小组二等奖	2015年12月	中国水利电力质量管理协会
县供电公司	《中国电力报》读报用报先进单位	2015年12月	中国电力传媒集团
县疾控中心	全国碘缺乏病实验室质量控制网络合格实验室	2015年12月	国家碘缺乏病参照实验室
共和镇卫生院	2014—2015年度“群众满意的乡镇卫生院”	2015年12月	国家卫生和计划生育委员会

洪泽县获省级(含省级部门)奖项(集体)

(授奖时间:2015年1—12月)

表46

获奖单位	奖项名称	授奖时间	授奖单位
洪泽县(县文广新局)	江苏省“无小耳朵社区”创建工作先进单位	2015年12月	江苏省新闻出版广电局
洪泽县(县文广新局)	江苏省农家书屋提升工作试点县	2015年3月	江苏省新闻出版广电局
洪泽县(县人行)	2014年度江苏省“金融生态优秀县”	2015年12月	江苏省金融稳定工作协调小组
洪泽县(县国土局)	建设用地“双减量”试点	2015年12月	江苏省国土资源厅
洪泽县(县气象局)	江苏省标准化气象为农服务县	2015年12月	江苏省气象局
县航道站	2014年度全省航道系统创先争优活动先进基层单位	2015年1月	江苏省航道局
县公路站	2014年度公路工作先进单位	2015年1月	江苏省交通厅
县供电公司东双沟供电所	2014年度安全生产先进供电所	2015年1月	江苏省电力公司
县科协	创新发展综合示范县级科协	2015年1月	江苏省科学技术协会
县供电公司	2014年同业对标农电综合专业标杆单位	2015年2月	江苏省电力公司
县供电公司三河供电所	电费回收先进农村供电所	2015年2月	江苏省电力公司
县供电公司	2013—2014年度诚信单位	2015年3月	江苏省消费者协会
县供电公司	2014年度江苏省安全文化建设示范企业	2015年3月	江苏省安全生产监督管理局 江苏省煤矿安全监察局
县供电公司调控运行班	江苏省工人先锋号	2015年4月	江苏省总工会

续表46

获奖单位	奖项名称	授奖时间	授奖单位
县烟草局(公司)	江苏省2014年度安全文化建设示范企业	2015年5月	江苏省安监局
县民宗局	全省民族团结进步模范集体	2015年6月	江苏省人民政府
县电信公司维护安装部党支部	先进基层党组织	2015年6月	中共中国电信淮安分公司委员会
县航道站	2014年度省QC(科研)成果推广项目奖	2015年6月	江苏省交通企业协会
县工行	先进基础党组织	2015年6月	中国工商银行江苏省分行
县工行	先进单位	2015年6月	中国工商银行江苏省分行
县科协	江苏省科协系统先进集体	2015年6月	江苏省人力资源和社会保障厅 江苏省科学技术协会
县供电公司运维站继保常青QC小组	江苏省优秀管理小组	2015年7月	江苏省质量管理协会
县开发区人才科技局	2014年度江苏省园区知识产权试点工作优秀单位	2015年7月	江苏省知识产权局
县人社局城乡居保处	全省城乡居保“四个不出村”工作成绩突出单位	2015年8月	江苏省人社厅办公室
黄集街道曹圩村	“江苏最美乡村”提名村	2015年10月	江苏省文明办等
老子山镇新淮村	江苏省电子商务示范村	2015年11月	江苏省商务厅
县烟草局(公司)	省级廉政文化建设示范点	2015年12月	中共江苏省纪委等
县烟草局(公司)	江苏省三星级档案室	2015年12月	江苏省档案局
县地震局	防震减灾工作综合考核县级先进单位	2015年12月	江苏省地震局
县农委	江苏省农民教育培训工作先进集体	2015年12月	江苏省农业广播电视学校
县供电公司老子山供电所党支部、县老子山镇邮政联合党支部	《一岗双卡,提升湖区供电服务水平》被表彰为江苏省电力公司2015年度基层党组织结对创先最佳实践成果一等奖	2015年12月	中共江苏省电力公司委员会
县供电公司共和供电所	乡镇供电所管理提升劳动竞赛先进供电所	2015年12月	江苏省电力公司
县供电公司	“安康杯”优胜企业	2015年12月	江苏省电力公司
县供电公司三河供电所运维班	标兵班组	2015年12月	江苏省电力公司
县医院 县中医院 县妇幼保健院	江苏省爱婴医院	2015年12月	江苏省卫生和计划生育委员会
黄集街道曹圩村卫生室 高良涧镇洪渠村卫生室 仁和镇韦集村卫生室	江苏省示范村卫生室	2015年12月	江苏省卫生和计划生育委员会
西顺河派出所	集体二等功	2015年12月	江苏省公安厅
黄集街道办	江苏省农家书屋提升工程试点工作先进集体	2015年12月	江苏省新闻出版广电局
县扫黄打非工作领导小组	扫黄打非先进地区	2015年12月	江苏省扫黄打非工作领导小组
县海事处	2012—2014年度全省交通运输行业文明示范窗口	2015年12月	江苏省交通运输厅

洪泽县获市级(含市级部门)奖项(集体)

(授奖时间:2015年1—12月)

表47

获奖单位	奖项名称	授奖时间	授奖单位
洪泽县(县文广新局)	文化工作先进县区	2015年2月	中共淮安市委 淮安市人民政府
县妇幼保健院	2014年淮安市药品(医疗器械)不良反应监测工作先进单位	2015年1月	淮安市卫生局
县供电公司	2014年度班组建设先进单位	2015年1月	淮安供电公司
县供电公司	2014年供电服务先进单位	2015年1月	淮安供电公司
县供电公司调控运行班、变电运维班	2014年班组建设标杆班组	2015年1月	淮安供电公司
县航道站	2014年度全市航道系统QC小组活动二等奖	2015年1月	淮安市航道处
县航站工程股	2014年度全市航道系统争先创优活动先进集体	2015年1月	淮安市航道处
县图书馆	2014年度学术年会优秀组织奖	2015年1月	淮安市图书馆学会
高良涧司法所	淮安市司法行政工作先进单位	2015年2月	淮安市司法局
县北京路 县惠民家园社区	市级“示范路”“示范社区”	2015年2月	中共淮安市委 淮安市人民政府
县城管局	城市长效综合管理先进基层单位	2015年2月	中共淮安市委 淮安市人民政府
县东五道大货车停车场建设项目	城市长效综合管理暨城市环境综合整治精品亮点项目	2015年2月	中共淮安市委 淮安市人民政府
县妇联	2014年度县区妇联信息工作先进集体三等奖	2015年2月	淮安市妇女联合会
县妇联	2014年全市男女平等理论优秀调研论文	2015年2月	淮安市妇女联合会
县港口局	2014年度全市港口管理工作先进单位	2015年2月	淮安市港口局
县国土局	2014年度国土资源工作先进单位	2015年2月	淮安市国土资源局
县国土局	2014年度土地例行督察工作先进单位	2015年2月	淮安市国土资源局
县国土局岔河分局	优秀基层国土分局	2015年2月	淮安市国土资源局
县卫生局	2014年度无偿献血先进集体	2015年2月	淮安市文明办
县医院	2014年度无偿献血先进集体	2015年2月	淮安市文明办
县整治办	城市环境综合整治暨扬尘集中整治“双百日”行动先进单位	2015年2月	中共淮安市委 淮安市人民政府
县法院	2014年度全市法院系统综合目标考评二等奖	2015年3月	淮安市中级人民法院
县法院	集体三等功	2015年3月	淮安市中级人民法院
县法院	全市法院2014年度优秀创新项目(构建和谐湖区司法护航工程)	2015年3月	淮安市中级人民法院

续表47－1

获奖单位	奖项名称	授奖时间	授奖单位
县妇幼保健院	淮安市药品不良反应监测工作先进单位	2015年3月	淮安市药监局
县公路站	2014年度全市公路系统党风廉政暨行风软环境建设工作情况的通报	2015年3月	淮安市公路处
县公路站	2014年度平安公路安全生产情况的通报	2015年3月	淮安市公路处
县供电公司	2014年度淮安市"安康杯"竞赛优胜单位	2015年3月	淮安市总工会
县航运公司	淮安市"安康杯"竞赛优胜单位	2015年3月	淮安市总工会 淮安市安全生产监督管理局
县环卫站中转站管理组 县公安局治安警察大队 县公共资源交易服务中心综合科 县供电公司调控运行班 县图书馆读者服务部 县医院消化科 阳光洪泽"12345"政府公共服务平台 航道站工程股 县开发区规划建设局 县信访局接访科 县烟草公司客户服务科 县邮政局金融业务局 县住建局住房保障科 淮安国瑞化工有限公司合成车间	2015年淮安市"工人先锋号"	2015年4月	淮安市总工会
县法院	全市法院书记员技能竞赛团体奖	2015年5月	淮安市中级人民法院
县妇联	2014年度全市实施妇女儿童发展规划先进集体	2015年6月	淮安市人民政府妇女儿童工作委员会
县航运公司	重合同守信用企业	2015年6月	淮安工商行政管理局
县烟草局(公司)	工会财务工作先进集体	2015年6月	淮安市总工会
县人行党支部	先进基层党组织	2015年7月	人民银行淮安市中心支行党委
县老子山九年制学校	淮安市师德建设示范校	2015年8月	淮安市教育局
县图书馆	"红领巾"读书征文比赛活动优秀组织奖	2015年8月	淮安市文广新局
县烟草局(公司)	淮安市巾帼文明岗	2015年8月	淮安市妇联
县动物疫病预防控制中心	淮安市第九届动物防疫行业职工职业技能竞赛团体二等奖	2015年9月	淮安市农业委员会
县医院	淮安市第七届二、三级医院急救技能竞赛团体三等奖	2015年9月	淮安市卫计委
县动物疫病预防控制中心	淮安市第九届动物防疫行业职工职业技能竞赛团体二等奖	2015年9月	淮安市农业委员会

续表47－2

获奖单位	奖项名称	授奖时间	授奖单位
县人行	国库业务知识竞赛一等奖	2015年10月	人民银行淮安市中心支行工会
县电信公司	“装维倒三角支撑大比武”一等奖	2015年11月	中国电信股份有限公司淮安分公司
县法院	全市法院司法警察技能大训练考核先进集体	2015年11月	淮安市中级人民法院
西顺河小学	淮安市《义务教育学校管理标准(试行)》实验工作合格校	2015年12月	淮安市教育局
县财政局	淮安市2014年度部门决算工作考评先进单位	2015年12月	淮安市财政局
县地震局	全市防震减灾工作先进单位	2015年12月	淮安市地震局
县法院 县妇联 县公安局 县规划局 县财政局 县移动公司 县审计局 县发改委 县公路管理站 县消防大队 省洪泽湖水利工程管理处 省高良涧闸管理所 县河湖管理处 县妇幼保健院 县疾控中心 县图书馆 县实验中学 县洪泽湖实验小学 县东双沟中心小学	2012—2014年度淮安市文明单位	2015年12月	中共淮安市委 淮安市人民政府
县供电公司安全质量监察部	淮安市单位内部安全保卫工作先进集体	2015年12月	淮安市公安局
县文广局	第二届“周信芳戏剧节”暨淮安市第五届戏曲票友大赛中荣获优秀组织奖	2015年12月	淮安市文广新局
县医院	淮安市“模范职工之家”称号	2015年12月	淮安市总工会

洪泽县获国家级(含部级)奖项(个人)

(授奖时间:2015年1—12月)

表48

获奖人	奖项名称	授奖时间	授奖单位	获奖人单位
沈　森	2012—2013年度全国无偿献血奉献奖铜奖	2015年3月	国家卫生和计划生育委员会 中国红十字会	洪泽县疾病预防控制中心
唐真亚	全国劳动模范	2015年4月	中共中央 国务院	洪泽邮政局老子山支局
李大银	国家电网公司优秀专家人才后备人员	2015年5月	国家电网公司	县供电公司
陈士扬	全国关心下一代工作先进个人	2015年9月	中国关心下一代工作委员会 中共中央精神文明建设办公室	高良涧街道关工委
接　滨 戚寿猛 朱秀山 章熙全 王贵宏 邱慎伟 胥福元	荣誉天平奖章	2015年11月	最高人民法院	县法院
厉永华	全国防震减灾人员考核先进工作者	2015年12月	中国地震局	县地震局

洪泽县获省级(含省级部门)奖项(个人)

(授奖时间:2015年1—12月)

表49

获奖人	奖项名称	授奖时间	授奖单位	获奖人单位
杨　彪	2014年度安全生产先进个人	2015年1月	江苏省电力公司	县供电公司
陈学忠	2014年度优秀安全监察员	2015年1月	江苏省电力公司	县供电公司
相成明	2014年度保卫专业先进个人	2015年1月	江苏省电力公司	县供电公司
陈　斌	2014年度财务预算管理劳动竞赛先进个人	2015年2月	江苏省电力公司	县供电公司
邵　松	2014年度电费回收先进个人	2015年2月	江苏省电力公司	县供电公司
蒋晓春	2014年度农村供电所电费回收先进个人	2015年2月	江苏省电力公司	县供电公司
钟家明	省农业技术推广二等奖	2015年2月	江苏省人民政府	东双沟镇农技站
张华成	省农业技术推广奖	2015年2月	江苏省人民政府	黄集街道
茆志龙	省烟草系统优秀通讯员	2015年4月	江苏省烟草专卖局(公司)	县烟草局(公司)

续表49-1

获奖人	奖项名称	授奖时间	授奖单位	获奖人单位
杜骁埕	省技术能手	2015年4月	江苏省人力资源和社会保障厅	县供电公司
韩 俊 凡振峰	全省法院第二十六届学术讨论会论文优秀奖	2015年4月	江苏省高级人民法院	县法院
李大银	优秀专家人才后备	2015年5月	江苏省电力公司	县供电公司
李海涛	全省科协工作先进个人	2015年6月	江苏省科学技术协会	县科技局
韩 俊 凡振峰	全省法院系统学习邹碧华同志先进事迹征文活动二等奖	2015年7月	江苏省高级人民法院	县法院
孙成斌	江苏“最美家庭”	2015年7月	中共江苏省委宣传部 江苏省妇联	县海事处
朱卫东	省园区知识产权试点工作先进个人	2015年7月	江苏省知识产权局	县开发区
刘 飞	全省城乡居保“四个不出村”工作成绩突出个人	2015年8月	江苏省人社厅办公室	县人社局城乡居保处
杨建霖	省通信管理局工程安全知识竞赛第五名	2015年9月	江苏省通信管理局	县电信公司
孙成斌	第五届江苏省道德模范提名奖	2015年9月	江苏省文明委	县海事处
邵艾红	“吴仁宝式优秀村书记”	2015年9月	中共江苏省委组织部 中共江苏省委宣传部	黄集街道
杜骁埕	省电力行业技术能手荣誉称号	2015年10月	江苏省电力公司	县供电公司
谢素兰	政治思想研究论文一等奖	2015年10月	江苏省疾控中心	县疾控中心
詹洪宁	全省人大机关第四届乒乓球赛男子单打冠军	2015年10月	江苏省人大常委会办公厅	县人大
张华成	省农业丰收奖	2015年11月	江苏省农业委员会	黄集街道
王小新	省“农业科技网络书屋学习大赛”二等奖	2015年11月	江苏省农业委员会(科教处)	县动物疫病预防控制中心
王小新	江苏省“农业科技网络书屋学习大赛”二等奖	2015年11月	江苏省农业委员会科教处	县动物疫病预防控制中心
杨 渗	江苏省农业丰收二等奖	2015年12月	江苏省农业委员会	县动物卫生监督所
贝怀国	江苏省农业丰收二等奖	2015年12月	江苏省农业委员会	县动物疫病预防控制中心
陈 斌	财务工作劳动竞赛先进个人	2015年12月	江苏省电力公司	县供电公司
杜建平	乡镇供电所管理提升劳动竞赛农电管理先进个人	2015年12月	江苏省电力公司	县供电公司
王大荣	优秀班组长	2015年12月	江苏省电力公司	县供电公司
黄孝春	乡镇供电所管理提升劳动竞赛先进农电工	2015年12月	江苏省电力公司	县供电公司
李 成	优秀通讯员	2015年12月	江苏省电力报社	县供电公司
孙成斌	2012－2014年度全省交通运输行业文明职工标兵	2015年12月	江苏省交通运输厅	县海事处

续表49-2

获奖人	奖项名称	授奖时间	授奖单位	获奖人单位
陈学忠	安全生产先进个人	2015年12月	江苏省电力公司	县供电公司
杨 渗	省农业丰收二等奖	2015年12月	江苏省农业委员会	县动物卫生监督所
贝怀国	省农业丰收二等奖	2015年12月	江苏省农业委员会	县动物疫病预防控制中心
张 丹	江苏省推动创新创业工作先进个人	2015年12月	江苏省企业发展工程协会	县科技局

洪泽县获市级(含市级部门)奖项(个人)

(授奖时间:2015年1—12月)

表50

获奖人	奖项名称	授奖时间	授奖单位	获奖人单位
严卫军 招明媚 张雪松 吴 洋 王 晴 唐 明	淮安市烟草系统服务明星	2015年1月	淮安市烟草局(公司)	县烟草局(公司)
陈春梅 夏洪军	2014年度全市航道系统争先创优活动先进个人	2015年1月	淮安市航道处	县航道站
赵 超 李 源	2014年度优秀班组长	2015年1月	淮安供电公司	县供电公司
陈学政	淮安市文化科技卫生“三下乡”先进个人	2015年1月	中共淮安市委宣传部	县卫生局
唐 萍	优秀人大代表建议	2015年1月	淮安市人大常委会	县医院
周伍华 胡艳艳	2014年度学术年会征文二等奖。	2015年1月	淮安市图书馆学会	县文广新局
何娇娇	2014年度学术年会征文三等奖。	2015年1月	淮安市图书馆学会	县文广新局
朱秀山	2011—2014年社会治安综合治理工作先进个人	2015年2月	中共淮安市委 淮安市人民政府	县法院
陈春玉 王 铭 金瑞超 万军洪	2014年度全市地方海事先进工作者	2015年2月	淮安市地方海事局	县海事处
朱 鸣 潘红军	2014年度全市港口管理工作先进个人	2015年2月	淮安市港口局	县港口局
孙华雷	2014年度服务开放型经济工作先进个人	2015年2月	中共淮安市委 淮安市人民政府	县商务局
成立云 曹国梁	城市长效综合管理暨环境综合整治工作先进个人	2015年2月	中共淮安市委 淮安市人民政府	县城管局

续表50－1

获奖人	奖项名称	授奖时间	授奖单位	获奖人单位
周洪明	“党的群众路线教育实践活动”摄影大赛二等奖	2015年2月	淮安市国土资源局	县国土局
曹文华	国土资源党风廉政建设和行风软环境工作先进个人	2015年2月	中共淮安市国土资源局委员会	县国土局
陈正林 李跃兵 杨孟来	2014年度先进工作者	2015年2月	淮安市国土资源局	县国土局
陈礼新	文化工作先进个人	2015年2月	中共淮安市委 淮安市人民政府	县文广新局
赵永祥 于　杰	2014年度文化广电新闻出版工作先进工作者	2015年2月	淮安市文化广电新闻出版局	县文广新局
成立云 曹国梁	城市长效综合管理暨环境综合整治工作先进个人	2015年2月	中共淮安市委 淮安市人民政府	成立云 曹国梁
陈述中 黄海南	个人三等功	2015年3月	淮安市中级人民法院	县法院
刘林厚	全市优秀法官	2015年3月	淮安市中级人民法院	县法院
贺志安	全市法院系统优秀工作者	2015年3月	淮安市中级人民法院	县法院
王馨苓	优秀女职工工作者	2015年3月	淮安供电公司	县供电公司
邓素芹	全市药械不良反应监测工作先进个人	2015年3月	淮安市食品药品监督管理局 淮安市卫生和计划生育委员会	县医院
黄丛梅	全市法院系统“十佳青年法官”	2015年4月	淮安市中级人民法院	县法院
孙成斌	淮安市十佳文明职工	2015年4月	中共淮安市委宣传部 淮安市文明办 淮安市总工会	县海事处
吉　祥	2014年度淮安公路新闻特别奖、公路新闻奖	2015年4月	淮安市公路处	县交通运输局
宣洪生	2014年度全系统政务信息先进个人	2015年4月	淮安市公路处	县交通运输局
邱　兵	淮安市文明职工	2015年4月	中共淮安市委宣传部 淮安市文明办 淮安市总工会	县供电公司
李劲松	全市幸福家庭	2015年5月	淮安市卫生和计划生育委员会 淮安市文明委	县烟草局(公司)
孙成斌	十佳淮安“最美家庭”	2015年5月	中共淮安市委宣传部 淮安市文明办 淮安市妇联	县海事处
赵　斌	淮安市征兵工作先进个人	2015年5月	淮安市人民政府 淮安军分区	黄集街道办
杨建霖 马　霞	全市电信系统优秀共产党员	2015年6月	中共中国电信淮安分公司委员会	县电信公司

续表 50－2

获奖人	奖项名称	授奖时间	授奖单位	获奖人单位
夏步军	全市电信系统优秀党务工作者	2015年6月	中共中国电信淮安分公司委员会	县电信公司
孙成斌	淮安市“十佳‘五德’干部”	2015年6月	淮安市纪委	县海事处
谢爱国	十佳勤廉村官	2015年6月	中共淮安市纪委 中共淮安市委组织部	高涧街道临河社区
管学军	淮安市优秀党员	2015年6月	中共淮安市委	县疾控中心
陈玉柱 王青青 孙玉国	淮安市首届院前急救技能竞赛二等奖	2015年6月	淮安市急救中心	县医院
何娇娇	全市文化系统十大杰出青年	2015年6月	淮安市文化广电新闻出版局	县文广新局
高　茹	优秀共产党员	2015年7月	人民银行淮安市中心支行	县人行
王　刚	优秀禁毒社工	2015年8月	淮安市禁毒委员会	高涧街道临河社区
赵　杨	淮安市师德标兵	2015年8月	淮安市教育局	老子山九年制学校
魏红芹	淮安市第七届二、三级医院急救技能竞赛个人二等奖	2015年9月	淮安市卫生和计划生育委员会	县医院
朱晓庆 万　里	淮安市第七届二、三级医院急救技能竞赛个人三等奖	2015年9月	淮安市卫生和计划生育委员会	县医院
张娟娟	全市党校系统教学上水平竞赛活动二等奖	2015年9月	中共淮安市委党校	县委党校
胡正树 潘金花 万伏全	优秀环卫工人	2015年10月	淮安市城市管理局	县城管局
管雪红	十佳环卫工人	2015年10月	淮安市城市管理局	县城管局
管学军	淮安好人	2015年11月	淮安市文明办	县疾控中心
孙成斌	淮安市敬业奉献模范	2015年12月	淮安市文明委	县海事处
付鹏	2014年度全市交通系统先进个人	2015年12月	淮安市规划局	县规划局
索恩健	淮安市优秀工会工作者	2015年12月	淮安市总工会	县供电公司
相成明	2015年度优秀安全监察员	2015年12月	淮安供电公司	县供电公司
陈　琛	淮安市“三八”红旗手	2015年12月	淮安市妇女联合会	县妇联
盛承梅	淮安市群文调演二等奖	2015年12月	淮安市文化广电新闻出版局	县文广新局
金高坤	全市文化馆(站)业务干部书法、美术、摄影技能大赛一等奖	2015年12月	淮安市文化广电新闻出版局	县文广新局
何娇娇	中国淮安周恩来读书节“先进个人”	2015年12月	淮安市周恩来读书节组委会	县文广新局

编辑：孙汉军

中共洪泽县委员会　洪泽县人民政府

（洪发〔2015〕）

1号　关于加强党建工作的若干意见
2号　关于印发《2015年"一镇一题"活动任务和拟实施重点项目（重点工作）》的通知
3号　关于2015年实施"工业洪泽"战略促进工业经济上水平的若干意见
4号　关于进一步加强和改进党史工作的若干意见
5号　关于进一步加强防违治违工作的意见
6号　关于扶持全民创业的若干意见
7号　关于调整镇、街道财政管理体制的意见
9号　印发《关于加快推动乡镇工业集中区发展实施办法（试行）》的通知
10号　关于进一步加强服务业发展的工作意见
11号　关于县委党委会全面贯彻执行民主集中制的意见的若干措施
13号　关于建立人大工作提醒和督查机制的实施意见
15号　关于印发《洪泽县全民创业借款担保实施办法》的通知
16号　关于印发《洪泽县全面推进依法治县实施意见》的通知
17号　关于举行中国人民抗日战争暨两淮战役胜利70周年纪念活动的通知
18号　关于印发《洪泽县推动文化建设迈上新台阶实施意见》的通知
20号　关于深入学习贯彻中共江苏省委《关于实施党风廉政建设责任追究的办法（试行）》的通知
21号　关于印发《洪泽县推进医疗卫生体制实施意见》的通知
23号　关于印发《关于加强人民政协工作意见（2015—2017）》的通知
24号　关于印发洪泽县教育综合改革实施意见的通知

中共洪泽县委员会

（洪委发〔2015〕）

3号　关于表彰2014年度361诚信服务品牌创建工作先进集体、优秀帮办、服务之星的决定
8号　关于设立洪泽县第十四届人民代表大会第四次会议主席团临时党委的决定
14号　关于表彰2014年度科学跨越发展目标考核及经济与社会发展工作先进集体、个人的决定
15号　关于表彰2014年度政治文明及精神文明建设先进集体、个人的决定
17号　关于成立县十二大重点工作领导小组的通知
18号　关于表彰2014年度村级组织"创星定级"活动"四星"级村（居）、社区的决定
22号　关于批转《洪泽县人大常委会2015年工作要点》的通知
23号　关于批转《政协洪泽县委员会2015年工作要点》的通知
53号　关于调整县委党建工作领导小组成员的通知
54号　关于加强镇（街道）、县直机关党组书记抓基层党建工作责任考核的意见
55号　关于表彰2014年度创新创优项目的通报
59号　关于表彰第二届"洪泽县十大杰出青年"的决定
61号　关于印发《关于开展"传承好家训·建设好家风"活动实施意见》的通知
63号　关于印党风廉政建设主体责任清单的通知
71号　关于新江苏省洪泽中等专业学校有关问题的请示批复
96号　关于表彰第九届中国洪泽湖国际大闸蟹节先进集体、先进个人的决定
97号　关于提名县侨界联合会第一届委员会主席、副主席候选人的通知
98号　关于2015年"幸福洪泽·圆梦助学"活动的先进集体和个人的表彰决定

129号　关于调整县招商引资工作领导小组及组建招商引资工作领导小组办公室的通知
130号　关于调整县委党的建设工作领导小组成员的通知
131号　关于成立推进湖滨新区建设工作领导小组的通知
133号　关于成立洪泽县"十三五"规划编制工作领导小组的通知
137号　关于报批洪泽县相对集中行政许可权改革试点方案的请示
138号　关于召开洪泽县委常委会"三严三实"专题民主生活会的报告
140号　关于召开中国共产党洪泽县第十次代表大会第五次会议的请示

洪泽县人民政府

（洪政发〔2015〕）

2号　关于调整公务员津贴补贴的请示
4号　关于淮安盐化新材料产业园洪泽片区企业入库税收和经济指标的统计仍延续原有模式的请示
5号　关于规范机关事业单位津贴补贴和奖金发放工作的自查报告
6号　关于开展建设用地"减量化"试点的请示
15号　关于税收优惠政策专项清理情况的报告
16号　关于印发《2015年度重点工作目标任务分解落实方案》的通知
17号　关于耕地保护责任目标履行情况的自查报告
18号　关于实行"四证联办"、"三证合一"登记制度的实施意见
19号　关于印发《洪泽县政务服务实施暂行办法》的通知
21号　关于县城区部分道路命名更名的公告
24号　关于开展城区道路交通秩序整治的通告
26号　关于颁发2014年度县五一劳动奖状和五一劳动奖章的决定
34号　关于明确全县公共资源交易活动监管职责的通知
37号　关于强化行政审批制度改革加强事中事后监管的意见
41号　洪泽县、清浦区政府关于洪泽县和清浦区行政区域界线联检情况的报告
42号　关于集中整治洪泽湖水产批发市场秩序的通告
47号　关于公布2015年度住房保障标准的通知
48号　洪泽县、宝应县政府关于淮安市和扬州市行政区域界线洪泽—宝应段联检情况的报告
49号　关于深入推进依法行政加快建设法治政府的实施意见
52号　关于洪泽湖东部湿地保护区建设情况的报告
55号　关于印发《洪泽县人民政府重大行政决策程序规定（试行）》的通知
56号　关于加快发展养老服务业的实施意见
57号　关于报批洪泽县城市总体规划（2014－2030）的请示
58号　关于确认洪泽县2016年棚户区改造规划的请示
59号　关于报请变更国民经济和社会发展"十二五"规划部分指标的议案
60号　关于进一步推进户籍制度改革的实施意见
61号　关于组团赴香港开展洪泽湖大闸蟹出口经贸合作对接暨港洪公司挂牌仪式活动的请示
62号　关于将蒋坝洪泽湖旅游度假区设立为省级旅游度假区的请示
63号　关于组团赴台开展经贸交流活动的请示
64号　关于印发《洪泽县农村土地承包经营权抵押贷款管理办法（试行）》的通知
70号　关于印发《洪泽县关于加快农村商务发展的实施意见（试行）》的通知
71号　关于印发《洪泽县人民政府法律顾问制度》的通知
72号　关于印发《省市取消和下放行政审批事项目录》的通知
77号　关于印发《洪泽县先照后证登记制度改革实施方案》的通知
78号　关于印发《洪泽县"三证合一""一照一证"登记制度改革实施意见》的通知
79号　关于拨付348省道洪泽南环段工程建设费的请示
80号　关于取消洪泽湖苏北灌溉总渠水库地及取水口的请示

中共洪泽县委员会办公室

（洪办发〔2015〕）

3号　关于全县"361"诚信服务品牌创建情况的通报
4号　关于开展"慈善一日捐·济困送温暖"活动的通知
5号　关于印发《洪泽县2015年度工业经济主要指标考核办法》的通知
6号　关于印发《洪泽县2015年度工业招商引资考核办法》的通知
11号　关于印发《2015年度"民生面对面·干群心贴心"洪泽电视问政于民活动实施方案》的通知
12号　关于推广使用手机信息报务平台"无线淮安""蟹都洪泽"和"淮安发布""洪泽发布"政务微博微信的通知
13号　关于印发《洪泽县委督查工作实施细则（试行）》的通知
15号　印发《关于进一步明确工业招商及项目推进职责规定》的通知
21号　关于加快推进智慧洪泽项目建设的通知
22号　关于印发《智慧洪泽建设管理办法》的通知
23号　关于印发《2015年产业外资外贸考核》的通知
24号　关于印发《2015年经济开发区镇（街道）外资外贸考核办法》的通知
25号　关于深入开展工业企业质量提升工作的通知

26号 县委办关于印发《市委落实党风廉政建设责任制检查考核反馈意见整改方案》的通知
27号 关于印发《洪泽县"为官乱为、为官不为"专项整治实施方案》的通知
28号 关于建立县城乡社区建设联席会议制度的通知
31号 关于评选第二届"洪泽县十大杰出青年"的通知
32号 关于成立全县电子商务工作领导小组的通知
33号 关于成立县创建洪泽县古堰家国4A级景区领导小组的通知
34号 关于成立洪泽县"三馆一中心"建设工作领导小组的通知
35号 关于转发全国"两会"精神传达提纲的通知
37号 关于调整县委常委、党员副县长农村基层党建工作联系点的通知
39号 关于印发《洪泽县农村土地经营权确权登记颁证工作实施方案》的通知
40号 关于印发《洪泽县2015年度服务业工作考核办法》的通知
41号 关于印发《洪泽县2015年度民生和社会事业工作考核办法》的通知
42号 关于印发《洪泽县2015年度向上争取资金工作考核办法》的通知
43号 关于印发《洪泽县2015年度信息调研文稿批示考核》的通知
44号 关于印发《2015年度重点项目考核实施细则》的通知
45号 关于印发《2015年度镇(街道)、经济开发区科学跨越发展考核实施细则》的通知
46号 关于印发《2015年度部门科学跨越发展考核实施细则》的通知
47号 关于成立洪泽县农业水利实施产权制度改革和创新运行管护机制试点领导小组的通知
50号 关于印发洪泽县城区道路交通秩序整治工作方案的通知
51号 关于印发《洪泽县全民创业工作考核办法》的通知
53号 关于开展2015年度创新创优项目评选工作的通知
54号 关于成立县服务业领导小组的通知
55号 关于印发《洪泽县信访工作考核办法》的通知
56号 关于推进2015年度农机化重点工作的意见
57号 关于印发《洪泽县2015年度秸秆焚烧禁抛和综合利用实施办法的通知》
58号 关于印发《洪泽县水稻生产全程机械化示范项目实施方案》的通知
59号 关于调整县处级领导信访基层"三进三帮"活动挂钩联系对象的通知
60号 关于印发《在县处级领导干部中开展"三严三实"专题教育落实方案》的通知
62号 关于印发《2015年智慧洪泽建设工作考核细则》的通知
65号 关于印发《洪泽县农村产权交易管理办法(试行)》的通知
66号 关于印发《洪泽县农村产权流转市场建设工作方案》的通知
67号 关于印发《洪泽县企业上市工作考核办法》的通知
68号 关于在全县广泛开展"晒家训、比家风、立家规"活动的通知
70号 关于印发《2015年全县农业济工作考评办法》的通知
72号 关于下发《2015年农业招商引资工考核办法》的通知
73号 关于建立洪泽县绩效管理工作联席会议制度的通知
74号 关于印发《洪泽县2015年新型城镇化与城乡一体化工作方案》的通知
75号 关于印发《洪泽县十面蓝旗负面考核办法》的通知
77号 关于印发《第十届中国洪泽湖国际大闸蟹节总体方案》的通知
78号 关于印发《关于中国蟹都文化传播联合发展有限公司职能配置等的方案》的通知
79号 关于印发《县四套班子领导挂钩2015年市重点项目分片表》的通知
80号 关于在全县开展"权力观点教育月"活动的通知
82号 关于印发《2015年"一镇(街道)一照"专项扶持活动工作方案》的通知
84号 关于印发《洪泽县综治与平安法治建设工作考核奖惩办法》的通知
85号 关于印发《洪泽县涉军维权工作实施办法》的通知
86号 关于印发《洪泽县兵役工作奖惩实施办法》的通知
87号 关于印发《洪泽县2015年夏季秸秆焚烧禁抛和综合利用实施办法》的通知
89号 关于转发《淮安市司法行政系统绩效考核情况通报》的通知
90号 关于明确社区矫正工作职责的通知
91号 关于印发《县委十届九次全会重点工作任务分解表》的通知
92号 关于印发《洪泽县2015年度新型城镇化工作考核办法》的通知
93号 关于印发《2015年洪泽县城市形象绘制导入系统实施要点》的通知
94号 关于印发《洪泽县创建国家卫生县城十大攻坚行动实施方案》的通知
95号 关于印发《洪泽县侨界联合会机关主要职责和人员编制的规定》的通知
96号 关于在村级组织中开展"双学双力"活动的实施意见
97号 关于印发《洪泽县2015年秋季秸秆焚烧、禁抛和综合利用工作实施办法》的通知
98号 关于开展"扶贫日"调研走访活动的通知
99号 关于在四季度开展新型城镇化建设攻坚活动的通知

100号　关于开展四个问题思想大讨论活动的通知
101号　关于开展《信访突出问题集中化解“百日行动”实施方案》的通知
102号　关于召开国家生态县建设工作考核验收汇报会、反馈会的通知
103号　关于举办洪泽智慧城市建设专题报告会的通知
104号　关于成立洪泽县优化软环境建设工作领导小组的通知
105号　关于开展“361”诚信服务流动红旗竞赛活动有关事项的通知
107号　关于印发《洪泽县农村集体资产股份合作制改革试点工作方案》的通知
109号　关于贯彻学习《中国共产党廉政自律准则》和《中国共产党纪律处分条例》的通知
110号　关于做好2016年度重点党报党刊征订发行工作的通知
114号　关于全县落实党风廉政建设主体责任“季度工单”专项巡查情况的通报
115号　关于印发《创建国家卫生县城“十大攻坚”行动量化考核奖惩办法的通知》
116号　印发《关于推进洪泽县社会组织发展的意见(2015—2017年》的通知
118号　关于成立全县融资工作协调小组的通知
119号　关于开展“慈善一日捐·济困送温暖”活动的通知
120号　关于开展“三学三增与我同行”学习教育活动的通知
121号　关于加快推进白马湖保护与开发工作的通知
122号　关于印发《关于加强村级党组织书记队伍建设的意见》等三个文件的通知

洪泽县人民政府办公室

(洪政办发〔2015〕)

3号　转发县人力资源和社会保障局等部门关于开展机关事业单位“吃空饷”问题集中治理工作实施意见的通知
4号　关于印发《洪泽县政府项目融资管理办法》的通知
5号　关于开展2016—2020年度江苏省科普示范县创建工作的通知
6号　关于印发《洪泽县突发重大动物疫情应急预案》的通知
8号　关于做好2015年月度规模企业申报工作的通知
13号　洪泽县行政事业性收费目录清单的通知
15号　关于印发《洪泽县行政权力目录清单》的通知
17号　关于印发《洪泽县政府部门专项资金管理清单》的通知
18号　关于印发《县长股强在县政府全体(扩大)会议和县政府廉政工作会议上讲话》的通知
19号　关于印发《2015年全县依法行政工作要点》的通知
21号　关于印发《2015年审计工作意见》的通知
22号　关于印发《洪泽县行政审批目录清单》的通知
24号　关于印发《加快推进全县农村饮用水安全工程建设及管网联通工作实施意见》的通知
28号　关于印发《洪泽县环境保护大检查工作实施方案》的通知
29号　关于做好第二次全国地名普查工作的通知
33号　关于建立洪泽县行政审批制度改革联席会议制度的通知
40号　关于印发《洪泽县创建全国“平安农机”示范县实施方案》的通知
58号　关于印发《洪泽县国家知识产权强县工程试点县工作实施方案》的通知
59号　关于印发《洪泽县防违治违百日攻坚行动实施方案》的通知
60号　关于印发《洪泽县开展城区“六小”行业集中整治工作方案》的通知
69号　关于印发《洪泽县2015年农业保险工作方案》的通知
70号　关于印发《洪泽湖水产批发市场整治方案》的通知
73号　关于成立县政府推进职能转变协调小组的通知
74号　关于进一步加强住房公积金归集扩面工作的通知
84号　关于印发《洪泽县畜禽屠宰行业清理整顿实施方案》的通知
86号　关于印发《洪泽县2015年度村庄环境整治长效管护工作考核办法》的通知
90号　关于印发《洪泽县保障食盐安全“雷霆风暴”执法行动方案》的通知
91号　关于印发《洪泽县未成年人社会保护工作实施方案》的通知
99号　关于加强地震监测设施和观测环境保护的通知
112号　关于加快构建覆盖城乡公共法律服务体系的实施意见
115号　关于切实加强突发事件信息报告工作的通知
116号　关于印发《洪泽县教育发展三年行动计划(2016—2018)》的通知
118号　关于印发《洪泽县打击治理电信网络新型违法犯罪专项行动工作方案》的通知
119号　关于进一步完善城乡居民基本养老保险制度的意见

编辑：孙汉军

2015年洪泽县人口及其变动情况(一)

表51 单位:人

单位名称	年末户数(户)	年末人口数					年龄			
		合计	城镇人口	乡村人口	男	女	17岁以下	18~34岁	35~60岁	60岁以上
合计	121817	396496	187358	209138	199463	197033	63836	80782	171706	80172
高良涧街道办	44058	130249	107994	22255	65278	64971	22977	27222	57401	22649
朱坝街道办	8799	34586	13834	20752	17333	17253	5281	6981	14111	8213
黄集街道办	6435	20640	2966	17674	10320	10320	3027	4089	9582	3942
岔河镇	19249	65907	13311	52596	33019	32888	9569	13052	28917	14369
东双沟镇	17383	61027	8378	52649	31126	29901	9755	11816	26569	12887
三河镇	13339	46876	12853	34023	23628	23248	6653	9300	20393	10530
蒋坝镇	3450	9829	6831	2998	4902	4927	1345	1907	4316	2261
老子山镇	6072	17987	17973	14	9128	8859	3576	4075	6704	3632
西顺河镇	3032	9395	3218	6177	4729	4666	1653	2340	3713	1689

2015年洪泽县人口及其变动情况(二)

续表51 单位:人

单位名称	出生人数			死亡人数			迁入		迁出	
	合计	男	女	合计	男	女	省内迁入	省外迁入	迁往省内	迁往省外
合计	4128	2101	2027	1411	778	633	742	742	1280	663
高良涧街道办	1534	806	728	255	156	99	298	252	543	269
朱坝街道办	340	172	168	48	35	13	60	11	51	12
黄集街道办	204	102	102	129	62	67	28	42	39	27
岔河镇	576	284	292	300	163	137	125	100	163	68
东双沟镇	641	321	320	352	194	158	95	136	200	109
三河镇	445	217	228	183	97	86	80	94	161	79
蒋坝镇	99	47	52	63	30	33	14	23	41	8
老子山镇	179	99	80	64	32	32	19	67	56	68
西顺河镇	110	53	57	17	9	8	23	17	26	23

2015年洪泽县社会总产出

表52　（当年价格）　单位：亿元

项目	2015年	2014年	项目	2015年	2014年
总产出	677.28	613.59	批发和零售业	24.65	21.86
农、林、牧、渔业	63.81	59.96	批发业	13.53	11.86
1.农业	32.95	30.87	零售业	11.12	10.00
2.林业	3.83	3.65	住宿和餐饮业	13.75	11.92
3.牧业	15.96	14.84	住宿业	4.51	3.96
4.渔业	9.96	9.50	餐饮业	9.24	7.96
5.农林牧渔服务业	1.11	1.10	金融业	14.39	11.43
工业	390.27	356.82	货币金融服务	8.20	7.07
采矿业	13.61	13.47	资本市场服务	0.00	0.00
#开采辅助活动	0.00	0.00	保险业	5.08	3.68
制造业	376.66	343.35	其他金融业	1.12	0.68
#金属制品、机械和设备修理业	0.20	0.20	房地产业	19.24	17.38
电力、燃气及水的生产和供应业	0.00	0.00	房地产开发经营业	9.86	9.00
建筑业	52.64	50.33	物业管理业	0.98	0.68
房屋建筑业	23.96	23.12	房地产中介服务业	0.94	0.69
土木工程建筑业	13.58	12.97	自有房地产经营活动	5.42	5.41
建筑安装业	9.83	9.39	其他房地产业	2.05	1.60
建筑装饰和其他建筑业	5.27	4.84	租赁和商务服务业	9.29	7.37
交通运输、仓储和邮政业	25.01	22.66	租赁业	2.33	1.67
铁路运输业	0.00		商务服务业	6.96	5.70
道路运输业	7.16	6.42	科学研究、技术服务和地质勘查业	5.50	4.58
水上运输业	16.03	14.87	水利、环境和公共设施管理业	5.84	4.84
航空运输业	0.00		居民服务和其他服务业	9.67	8.22
管道运输业	0.00		教育	11.42	9.95
装卸搬运和其他运输服务业	1.47	1.18	卫生、社会保障和社会福利业	8.58	7.53
仓储业	0.00	0.00	文化、体育和娱乐业	2.87	2.26
邮政业	0.36	0.18	公共管理和社会组织	16.38	13.27
信息传输、计算机服务和软件业	3.97	3.22	第一产业	62.70	58.86
电信、广播电视和卫星传输服务	1.11	0.96	第二产业	442.71	406.95
互联网和相关服务	1.90	1.57	第三产业	171.87	147.79
软件和信息技术服务业	0.96	0.69			

2015年洪泽县财政预算内收入情况

表53　　单位：万元

收入项目	2015年	收入项目	2015年
一、公共财政预算收入	252079	2.行政事业性收费收入	12470
(一)税收收入	213101	3.罚没收入	5390
1.增值税	22935	4.国有资本经营收入	—
2.营业税	91223	5.国有资源(资产)有偿使用收入	12043
3.企业所得税	6971	6.其他收入	—
4.个人所得税	3181	二、基金收入合计	63891
5.资源税	2295	(一)政府性基金收入	11707
6.城市维护建设税	7768	其中：土地出让金收入	9309
7.房产税	5889	(二)社会保险基金收入	52184
8.印花税	2100	地方财政收入合计	315970
9.城镇土地使用税	4100	中央财政收入	54375
10.土地增值税	38852	(一)增值税(75%部分)	39134
11.车船税	592	(二)国内消费税	13
12.耕地占用税	0	(三)企业所得税(60%部分)	10457
13.契税	27195	(四)个人所得税(60%部分)	4771
(二)非税收入	38978	财政总收入(不含土地出让金)	306454
1.专项收入	9075		

2015年洪泽县财政预算内支出情况

表54　　单位：万元

支出项目	2015年	支出项目	2015年
一、公共财政预算支出	477538	14.商业服务业等事务	1618
1.一般公共服务	36191	15.金融监管等事务支出	5
2.国防	16	16.国土资源气象等事务	417
3.公共安全	14204	17.援助其他地区支出	1439
4.教育	73196	18.住房保障支出	3890
5.科学技术	9584	19.粮油物资储备管理事务	541
6.文化体育与传媒	2499	20.国债还本付息支出	0
7.社会保障和就业	35796	21.其他支出	3227
8.医疗卫生	23607	二、本年基金支出合计	77713
9.节能环保	71386	1.政府性基金支出	25529
10.城乡社区事务	15909	其中：土地出让金支出	15664
11.农林水事务	63514	2.社会保障基金支出	52184
12.交通运输	6441	地方财政支出合计	555251
13.资源勘探电力信息等事务	114058		

2015年洪泽县教育事业情况

表55

	学校数(所)	班级数(个)	在校生数(人)	招生数(人)	毕业生数(人)	专任教师数(人)
总计	49	1068	45579	10590	12500	3201
一、普通中学	10	294	13420	4192	4746	1220
(一)高中	2	108	4947	1504	1673	448
(二)初中	8	186	8473	2688	3073	772
二、中等专业学校	1	47	1931	715	686	139
三、技工学校	1	44	2495	244	1417	17
四、小学	12	441	18514	2681	2931	1321
五、特殊教育学校	1	9	106	24	18	21
附:幼儿园	24	233	9113	2734	2702	483

注:小学、初中分别包含老子山九年制相应学段的学生

2015年洪泽县卫生事业情况

表56

项　　目	合计	县级医院	卫生院	疾病预防控制中心	妇幼保健机构	卫生监督所	卫生服务站(村卫生室)	卫生所医务室诊所
一、机构数(个)	126	2	12	1	1	1	88	21
二、床位数(张)编制床位	1089	720	269	—	100	—	—	—
实有床位	1498	983	385	—	130	—	—	—
三、人员总数(人)	1952	874	468	47	146	13	311	93
(一)卫生技术人员	1342	715	365	42	116	11	—	93
1.执业医师	522	233	85	20	30	–	133	21
2.执业助理医师	178	2	32	4	3	–	126	11
3.注册护士	694	379	145	8	53	1	52	56
4.药剂人员	112	45	56	1	7	—	—	3
5.检验人员	66	30	20	8	8	—	—	—
6、其他卫技人员	110	55	27	1	15	10	—	2
(二)其他技术人员	93	55	31	–	6	1	—	—
(三)管理人员	1	—	—	—	—	1	—	—
(四)工勤人员	205	104	72	5	24	—	—	—

2015年洪泽县交通运输情况

表57

项　　目	单位	2014年
客运量	万人	634.0
其中:水上客运量	万人	2.0
公路客运量	万人	632.0
货运量	万吨	2248.0
其中:水上货运量	万吨	1950.0
公路货运量	万吨	298.0
公路里程	千米	1523.0
其中:等级公路	千米	1426.0
其中:高速公路	千米	34.0
一级公路	千米	51.0

2015年洪泽县邮电通信业务情况

表58

项　　目	单位	2015年	项　　目	单位	2015年
邮政局所数	处	14	年订销杂志份数	万份	15.5
邮电业务总量	万元	22569	固定电话用户	户	53683
其中:邮政业务总量	万元	6300	#农村电话用户	户	18863
邮电业务收入	万元	20569	移动电话年末用户	户	212491
其中:邮政业务收入	万元	4300	#3G移动电话用户	户	87580
年订销报纸份数	万份	535.3	互联网宽带接入用户	户	45478

2015年洪泽县金融机构信贷收支情况

表59　　单位：万元

项　　目	2015年	项　　目	2015年
一、各项存款	1802012.76	一、各项贷款	1323919.42
(一)境内存款	1801688.34	(一)境内贷款	1323919.42
1.住户存款	790389.17	1.住户贷款	486693.32
(1)活期存款	293705.15	(1)短期贷款	164521.51
(2)定期及其他存款	496684.03	消费贷款	10522.29
2.非金融企业存款	631828.24	经营贷款	153999.22
(1)活期存款	464023.71	(2)中长期贷款	322171.81
(2)定期及其他存款	167804.53	消费贷款	274458.16
3.广义政府存款	378376.35	经营贷款	47713.65
(1)财政性存款	15451.18	2.非金融企业及机关团体贷款	837226.10
(2)机关团体存款	362925.17	(1)短期贷款	297492.05
4.非银行业金融机构存款	1094.58	(2)中长期贷款	400963.11
(二)境外存款	324.41	(3)票据融资	138770.95
二、金融债券		二、债券投资	29187.91
其中:境外发行		三、股权及其他投资	60.00
三、卖出回购资产		四、存放非银行业金融机构款项	
四、借款及非银行业金融机构拆入		五、联行往来(净)	213601.40
五、联行往来(净)		其中:境内存放二级准备金	48054.46
六、应付及暂收款	28739.61	六、金银占款	
七、各项准备	33448.91	七、外汇占款	
八、所有者权益	73487.17	八、应收及预付款	10368.83
其中:实收资本	30245.30	九、投资性房地产	
九、其他	-342289.59	十、固定资产	18261.31
资金来源总计	1595398.87	资金运用总计	1595398.87

2015年洪泽县规模以上工业主要产品产量

表60

产品名称	单位	累计	±%	产品名称	单位	累计	±%
元明粉	万吨	206.2	5.5	电子测量仪器	台	8280.0	22.6
浓硝酸	万吨	23.4	2.0	机柜	台	35069.0	-7.9
合成氨	万吨	10.5	-5.2	无纺布	吨	52046.0	28.5
气缸套	万只	313.1	-5.9	棉纱	吨	9887.7	-45.3
人造板	万立方米	73.4	21.3	毛纱	吨	24616.1	8.3
水泥	万吨	26.6	-24.6	服装	万件	2070.5	-16.7
铜材	吨	52188.0	34.8	发电量	万千瓦时	30493.9	1.2
铝材	吨	31095.5	32.8	太阳能电池	千瓦	68364.0	34.2
无缝钢管	吨	3728.0	-53.9				

2015年洪泽县农林牧渔及服务业增加值

表61　　单位：万元

指标名称	农林牧渔及服务业合计	农林牧渔小计	农 业	林 业	牧 业	渔 业	农林牧渔服务业
一、农林牧渔业总产值	638077	626972	329489	38274	159624	99585	11105
二、中间物质消耗	314081	311191	147351	14122	98183	51535	2890
三、农林牧渔业增加值	323996	315781	182138	24152	61441	48050	8215
(一)固定资产折旧	10266	—	—	—	—	—	—
(二)劳动者报酬	317657	—	—	—	—	—	—
(三)生产税	—	—	—	—	—	—	—
(四)生产补贴	7741	—	—	—	—	—	—
(五)营业盈余	3814	—	—	—	—	—	—

2015年洪泽县农村组织和从业人员情况(一)

表62

名称	村委会个数	村民小组个数	乡村户数	乡村人口	1.男	2.女	乡村劳动力资源	1.男	2.女	劳动年龄内人口数
单位	个	个	户	人	人	人	人	人	人	人
合计	85	710	75487	274786	139485	135301	182199	94893	87306	167076
高良涧街道办	4	35	7388	28002	14262	13740	15356	7965	7391	14660
朱坝街道办	7	60	7647	29205	14656	14549	17666	8847	8819	17112
黄集街道办	7	73	6445	20641	10336	10305	14813	7416	7397	13737
岔河镇	22	181	17311	64517	32512	32005	45160	23600	21560	40946
东双沟镇	15	138	15193	55016	28058	26958	38729	19975	18754	36518
三河镇	15	136	12341	46848	23693	23155	30251	16377	13874	26775
蒋坝镇	2	14	1382	5119	2922	2197	3556	1904	1652	2876
老子山镇	9	42	4975	16548	8678	7870	10322	5499	4823	9379
西顺河镇	4	31	2805	8890	4368	4522	6346	3310	3036	5073

2015年洪泽县农村组织和从业人员情况(二)

续表62-1

名称	其中：劳动年龄内上学的学生数	劳动年龄内丧失劳动能力的人数	超过劳动年龄而实际参加劳动的人数	乡村实有从业人员合计	1.男从业人员	2.女从业人员	1.农林牧渔业从业人员	其中：种植业从业人员	2.工业从业人员	3.建筑业从业人员
单位	人	人	人	人	人	人	人	人	人	人
合计	13828	4085	19208	168372	87351	81021	60200	44587	48244	26544
高良涧街道办	695	310	1006	17662	9449	8213	7561	3438	2527	2961
朱坝街道办	779	471	1025	16887	8762	8125	3286	3286	7290	2893
黄集街道办	1051	354	1430	13762	6891	6871	3699	3164	3400	2850
岔河镇	2988	844	5058	40172	21024	19148	17926	13827	12494	4102
东双沟镇	3328	936	3147	34301	17653	16648	6217	6217	14309	6901
三河镇	3425	587	4063	26926	13789	13137	12882	12068	3201	5158
蒋坝镇	130	163	843	3426	1878	1548	358	312	2161	680
老子山镇	1163	297	1240	9159	4851	4308	5273	505	1581	246
西顺河镇	269	123	1396	6077	3054	3023	2998	1770	1281	753

2015年洪泽县农村组织和从业人员情况(三)

续表62-2

名称	4.交通运输、仓储和邮政业从业人员	5.信息传输、计算机服务和软件业从业人员	6.批发与零售业从业人员	7.住宿和餐饮业从业人员	8.金融、保险业从业人员	9.房地产、社会服务业从业人员	10.卫生、体育和社会福利业从业人员	11.教育、文化、艺术和广播电视事业从业人员	12.科学研究和综合技术服务事业从业人员	13.乡经济组织管理从业人员
单位	人	人	人	人	人	人	人	人	人	人
合计	7777	1175	7602	4024	972	2852	797	904	306	586
高良涧街道办	1292	361	780	768	98	994	126	99	24	71
朱坝街道办	842	154	548	570	68	351	84	84	33	57
黄集街道办	281	108	1577	240	107	172	38	62	27	64
岔河镇	1225	383	1229	1198	289	484	246	301	132	163
东双沟镇	1620	18	1207	192	319	732	151	141	56	107
三河镇	1717	69	1108	324	35	45	66	106	15	62
蒋坝镇	29	23	23	99	11	16	11	13	—	2
老子山镇	342	28	948	376	31	31	56	77	9	34
西顺河镇	429	31	182	257	14	27	19	21	10	26

2015年洪泽县农村组织和从业人员情况(四)

续表62-3

名称	14.其他从业人员	1.通宽带的村数	2.自来水受益村数	3.通有线电视村数	4.垃圾集中处理的村	5.建立集中居住点的村	乡镇镇区(不含城关镇)居委会常住户数	乡镇镇区(不含城关镇)居委会常住人口数	外来从业人员	当年到境外从业的从业人员数
单位	人	个	个	个	个	个	户	人	人	人
合计	6389	85	83	85	85	45	21505	64733	4840	211
高良涧街道办	/	4	4	4	4	4	—	—	1032	21
朱坝街道办	627	7	7	7	7	7	1409	4963	727	68
黄集街道办	1137	7	7	7	7	5	1177	2983	544	20
岔河镇	0	22	22	22	22	9	7750	21165	650	25
东双沟镇	2331	15	15	15	15	3	2474	7527	672	24
三河镇	2138	15	15	15	15	10	3699	16308	568	22
蒋坝镇	—	2	2	2	2	2	1831	3915	112	28
老子山镇	127	9	7	9	9	2	2128	5032	515	3
西顺河镇	29	4	4	4	4	3	1037	2840	20	—

2015年洪泽县住户耐用消费品拥有情况

表63

指标名称	单位	代码	总计	城镇住户(U+UR)	农村住户(R)
耐用消费品拥有情况	—	4971	—	—	—
全部住户耐用消费品拥有情况	—	4972	—	—	—
1.家用汽车	辆	4973	35	16	19
2.摩托车	辆	4974	71	30	41
3.助力车	台	4975	266	101	165
4.洗衣机	台	4976	188	85	103
5.电冰箱(柜)	台	4977	192	86	106
6.微波炉	台	4978	128	66	62
7.彩色电视机	台	4979	287	126	161
8.其中:接入有线电视	台	4980	258	119	139
9.空调	台	4981	251	119	132
10.热水器	台	4982	189	84	105

2015年洪泽县住户耐用消费品拥有情况

续表63

指 标 名 称	单位	代码	总计	城镇住户(U+UR)	农村住户(R)
11.其中:太阳能热水器	台	4983	179	79	100
12.消毒碗柜	台	4984	3	—	3
13.洗碗机	台	4985	—	—	—
14.排油烟机	台	4986	90	60	30
15.固定电话	线	4987	110	74	36
16.移动电话	部	4988	504	219	285
17.其中:接入互联网	部	4989	395	207	188
18.计算机	台	4990	144	82	62
19.其中:接入互联网	台	4991	137	82	55
20.摄像机	台	4992	5	5	—
21.照相机	台	4993	17	13	4
22.中高档乐器	架	4994	6	5	1
23.健身器材	台	4995	7	3	4
24.组合音响	套	4996	20	9	11

2015年洪泽县社会消费品零售总额构成情况

表64

指标名称	社会消费品零售总额(万元)	增幅(%)	占全社会消费品零售总额比重(%)
合计	847504.4	12.8	100
(一)批发业	186642.1	13.1	22.02
1.限额以上企业(单位)	15190.4	4.7	1.79
2.限额以下和个体	171451.7	13.9	20.23
(二)零售业	574721.9	13.3	67.81
1.限额以上企业(单位)	194650.9	17.4	22.97
2.限额以下和个体	380071	11.4	44.85
(三)住宿业	10759.1	29.1	1.27
1.限额以上企业(单位)	3638.6	48.3	0.43
2.限额以下和个体	7120.5	21.1	0.84
(四)餐饮业	75381.3	6.4	8.89
1.限额以上企业(单位)	17543.6	12.8	2.07
2.限额以下和个体	57837.7	4.6	6.82

2015年洪泽县各镇(街道)主要经济指标(一)

表65

单位名称	总人口(人)	一般公共预算收入(万元)	现价工业总产值(万元)	工业主营业务收入(万元)
高良涧街道	130249	20565	714484	706658
朱坝街道	9829	12473	432037	422670
黄集街道	9395	9725	125646	123908
岔河镇	34586	19167	960826	948021
东双沟镇	20640	13174	917426	913593
三河镇	65907	20270	833055	817193
蒋坝镇	61027	10170	596105	591309
老子山镇	17987	10326	199192	201832
西顺河镇	46876	15689	384301	384298

2015年洪泽县各镇(街道)主要经济指标(二)

续表65-1

单位名称	工业利税(万元)	工业利润(万元)	工业用电量(万千瓦时)	规模以上固定资产投资(万元)	规模以上工业投资(万元)
高良涧街道	39648	27365	13023	138280	97780
朱坝街道	31426	29081	2632	86161	59341
黄集街道	12033	8600	293	84208	56294
岔河镇	130890	77167	1114	147169	87830
东双沟镇	111578	73189	1172	130916	96046
三河镇	113997	68715	4348	151498	99198
蒋坝镇	86228	53669	16550	70370	52230
老子山镇	16647	12171	497	72229	59659
西顺河镇	37044	18561	12296	75382	60937

2015年洪泽县各镇(街道)主要经济指标(三)

续表65-2

单位名称	现价农林牧渔业总产值(万元)	粮食产量(吨)	家禽饲养量(百只)	生猪饲养量(头)	农民人均可支配收入(元)
高良涧街道	53396	34655	13878	24863	22744
朱坝街道	59688	44066	17048	31682	15544
黄集街道	48200	38810	13043	20579	14087
岔河镇	129309	111794	35437	62516	15773
东双沟镇	115438	103051	6257	91503	16013
三河镇	104509	84793	14283	36890	14358
蒋坝镇	10706	5261	983	3196	19461
老子山镇	28545	6763	2627	1529	14256
西顺河镇	24968	3951	521	4765	18054

编辑:孙汉军

说 明

一、本索引采用分析索引方法，按汉字拼音字母顺序排列。部分首字符为特殊字符或符号的，未按音序排列，而是单独置于前面。

二、索引名称后阿拉伯数字表示内容所在的页码，条目相同的只标注页码。

三、空一字起排的款目为上一主题的附见内容。

A

B

C

D

E

F

G

H

J

K

L

T

W

X

Y

Z

洪泽县部分机构简称、全称对照表

简　称	全　称	简　称	全　称
县　委	中共洪泽县委员会	县人大	洪泽县人民代表大会常务委员会
县政府	洪泽县人民政府	县政协	中国人民政治协商会议洪泽县委员会
县纪委	中共洪泽县纪律检查委员会机关	县委统战部	中共洪泽县委统一战线工作部
县台办	洪泽县人民政府台湾事务办公室	县级机关工委	中共洪泽县委县级机关工作委员会
县委党史办	中共洪泽县委党史办公室	县委农工部	中共洪泽县委农村工作部
县信息办	洪泽县信息化办公室	县外侨办	洪泽县外事侨务办公室
县人防办	洪泽县人民防空办公室	县人口计生委	洪泽县人口与计划生育委员会
县城管局	洪泽县城市管理局	县民宗局	洪泽县民族宗教事务局
县农机局	洪泽县农业机械管理局	县开发局	洪泽县农业资源开发局
县农委	洪泽县农业委员会	县经信委	洪泽县经济和信息化委员会
县乡镇局	洪泽县乡镇企业局	县发改委	洪泽县发展和改革委员会
县安监局	洪泽县安全生产监督管理局	县食药监局	洪泽县食品药品监督管理局
县质监局	洪泽县质量技术监督局	县文广新局	洪泽县文化广电新闻出版局
县广电台	洪泽县广播电视台	县人社局	洪泽县人力资源和社会保障局
县住建局	洪泽县住房和城乡建设局	团县委	共青团洪泽县委员会
县关工委	洪泽县关心下一代工作委员会	县妇联	洪泽县妇女联合会
县工商联	洪泽县工商业联合会	县文联	洪泽县文学艺术界联合会
县社科联	洪泽县哲学社会科学界联合会	县私个协会	洪泽县私营个体经济协会
县老龄委	洪泽县老龄工作委员会办公室	县资产公司	洪泽县城市资产经营有限公司
县经济开发区	江苏洪泽经济开发区	县国税局	洪泽县国家税务局
县地税局	淮安市洪泽地方税务局	县工商局	淮安市洪泽工商行政管理局
县供电公司	江苏省电力公司洪泽县供电公司	县邮政公司	中国邮政集团公司江苏省洪泽县分公司
县电信公司	中国电信股份有限公司洪泽分公司	县烟草局	洪泽县烟草专卖局（分公司）
县石油公司	中国石化销售有限公司江苏淮安洪泽石油公司	县移动公司	中国移动通信集团江苏有限公司洪泽分公司
县联通公司	中国联合网络通信有限公司洪泽县分公司	县人行	中国人民银行洪泽县支行
县农发行	中国农业发展银行洪泽县支行	县工行	中国工商银行股份有限公司洪泽支行
县中行	中国银行股份有限公司洪泽支行	县农行	中国农业银行股份有限公司洪泽县支行
县建行	中国建设银行股份有限公司洪泽支行	县农商行	江苏洪泽农村商业银行股份有限公司
县邮储银行	中国邮政储蓄银行股份有限公司洪泽县支行	县寿险公司	中国人寿保险股份有限公司洪泽支公司
县财保公司	中国人民财产保险股份有限公司洪泽支公司	县人武部	洪泽县人民武装部
县武警中队	中国人民武装警察部队洪泽县武警中队	县消防大队	中国人民武装警察部队洪泽县消防大队

《洪泽年鉴(2016)》中涉及的部分缩略语注解

安全文化"六进"活动:进企业、进机关、进学校、进社区、进工地、进村居。

"百百千"工程:执法监督百百千工程是市委政法委牵头开展的百名专家听百案庭审、评千案文书活动。

城市建设规划"一书二证":《建设项目选址意见书》《建设用地规划许可证》《建筑工程规划许可证》。

村庄环境管理"五位一体": 农村环卫保洁、农田水利工程管护、农村交通设施管护、农村公共绿化设施管护、农村公共活动场所管护。

产业社区:集生产、生活、休闲、娱乐、商务、办公等综合功能于一体的新型业态综合体。

党建"六大工程":凝神"工程、"先锋"工程、"连心"工程、"护航"工程、"扎笼"工程、"保障"工程。

党史"六进":进机关、学校、社区、乡村、部队、企业。

第六产业:指鼓励农户搞多种经营,延长产业链条,不仅种植农作物(第一产业),而且从事农产品加工(第二产业)与销售农产品及其加工产品(第三产业)以获得更多的增值价值,为农业和农村的可持续发展、农民增收开辟光明前景。

2A信用评级:国家标准委员会颁布的《企业质量信用评价通则》,规定企业质量信用等级分为A、B、C、D四类,并分AAA、AA、A、BBB、BB、B、CCC、CC、C、D十级。

法律"六进":法律进机关、进乡村、进社区、进学校、进企业、进单位。

法治"五大民心工程":法治文化育民工程、依法执政为民工程、依法行政利民工程、公正司法护民工程、社会治理安民工程。

非普工业用电户:非工业用电和普遍工业用电的合并简称。

国税"两税":增值税和消费税,由国家税务局系统负责征收和管理。

湖区平安"六小工程":是指在湖区开展的以解决"小案件""小事故""小纠纷""小隐患""小麻烦" "小需求"为主要内容的专项行动。

经济薄弱村新"八有":有双强班子、有科学规划、有高效农田、有特色产业、有配套设施、有保障机制、有整洁村容、有文明村风。

"两房": 公有房屋租赁、安置房保障房分配

两个责任:党委主体责任,纪委监督责任。

"两关闭""三严禁":烟花爆竹零售点关闭存在"下店上宅""前店后宅"等形式与居民居住场所设置在同一建筑物内的零售点;关闭与人员密集场所和重点建筑物安全距离不符合条件、集中连片经营、在超市内销售、未按规定专店(或专柜)销售的零售点;严禁销售超标、违禁、专业燃放类产品或从非法渠道购进的产品;严禁在许可证载明的经营场所外存放烟花爆竹;严禁超许可证载明限量存放烟花爆竹等违法行为。

"两为":为官乱为,为官不为。

两站三中心:"两站"即院士工作站、博士后工作站,"三中心"即工程技术研究中心、企业技术中心和工程中心。

六大跨越:特色产业培育、新型城镇化发展、旅游资源开发、大湖文化弘扬、民生福祉提升、生态文明建设。

六大战略:工业洪泽、开放洪泽、文旅洪泽、智慧洪泽、生态洪泽、法治洪泽。

理论武装"十百千万":十场理论报告会、百场基层宣讲、千堂支部党课、万名党员冬训。

马浪岗先进典型培育"六个一"工程:一本马浪岗故事集、一本画册、一部专题片、一本通讯报道集、一首歌曲和一个马浪岗事迹宣讲团。

农业综合开发:指中央政府为保护、支持农业发展,改善农业生产基本条件,优化农业和农村经济结构,提高农业综合生产能力和综合效益,设立专项资金对农业资源进行综合开发利用的活动。

农村"三大员":村(居)党支部书记、村(居)委会主任、村(居)委会会计

PPP模式:即Public—Private—Partnership的字母缩写,指政府采取竞争性方式择优选择具有投资、运营管理能力的社会资本,双方按照平等协商原则订立合同,明确责权利关系,由社会资本提供公共服务,政府依据公共服务绩效评价结果向社会资本支付相应对价,保证社会资本获得合理收益。

企业年金制度:指在政府强制实施的公共养老金或国家养老金之外,企业在国家政策的指导下,根据自身经济实力和经济状况建立的,为本企业职工提供一定程度退休收入保障的补充性养老金制度。

"361"诚信服务品牌:在市委、市政府101%服务理念的基础上,360度全方位落实政策、全方位帮办服务、全方位共铸诚信,以一份增值服务创造一份额外惊喜,全力营造"亲商、安商、富商"的服务环境。

三集中三到位:是指部门许可职能向一个科室集中,审

批科室向政务大厅集中，审批事项网上办理集中，做到事项进驻大厅到位，审批授权窗口到位，电子监察到位。

三解三促：指了解民情民意、破解发展难题、化解社会矛盾，促进干群关系融洽、促进基层发展稳定、促进机关作风转变。

三警一线：观看警示教育片、聆听警示教育报告、参观警示教育展，与双规现场进行现场连线

三审一评：审查制度的合法性、廉洁性、规范性，评估制度的执行力。

“三型”书记：带富型、管理型、复合型村支部书记。

三严三实：严以修身、严以用权、严以律己，谋事要实、创业要实、做人要实。

三证合一：就是将企业依次申请的工商营业执照、组织机构代码证和税务登记证三证合为一证。

三个紧扣、三大引领：市第六次党代会第五次会议提出：紧扣“牢记总书记嘱托，建好周总理家乡”政治责任，以新的使命引领新的发展；紧扣“创新、协调、绿色、开放、共享”发展重要遵循，以新的理念引领新的发展；紧扣“打造增长极，共筑崛起梦”宏伟追求，以新的方向引领新的发展。

三打一整：指公安机关开展以集中打击侵财犯罪中系列犯罪、团伙犯罪、流窜犯罪和整治盗、抢以及收销赃问题突出的重点地区。

三馆一中心：文化综合馆、体育综合馆、科技智慧展览馆、政务服务中心。

三学一争：学党章、学准则、学条例，争做优秀共产党员。

“十全”：即现代产业体系健全、城市配套功能俱全、四城同创收获全胜、创新活力全面迸发、文化硕果全民享用、社会保障惠及全体、便民服务全域覆盖、社会安全公众认可、民生法治健全完善、干部素养全面提升。

“十美”：城市精美、田园丰美、景区秀美、生态优美、秩序顺美、人文隽美、民风淳美、家庭和美、生活甜美、身心健美。

四城同创：创建国家生态县、国家卫生城市、省级文明城市、省级园林城市。

四风：形式主义、官僚主义、享乐主义、奢靡之风。

“四名”教育工程：培养名学校、名校长、名教师、名学生教育工程。

四统筹一创争：组织统筹覆盖、人员统筹配置、活动统筹开展、保障统筹落实，创建先进基层党组织、模范职工之家，争做优秀共产党员、文明职工”活动。

四项整治：认真开展违规兼职取酬、涉农专项资金、公有房屋租赁、安置房保障房分配等四项整治

四个全面：全面建成小康社会、全面深化改革、全面依法治国、全面从严治党。

四个问题：守什么土、尽什么责、有什么为、无什么憾。

四力三美：四力”即文化精神感召力、文化事业生命力、文化产业竞争力、文化人才创新力。“三美”即人文生态美、城市形象美、道德风尚美。

双减量：建设用地“近期减增量、远期减总量”。

“苏科贷”：全称为江苏省科技成果转化风险补偿专项资金贷款，是由省、地科技部门联合商业银行以低息贷款的方式支持科技型中小微企业发展的一种政策性贷款，重点解决科技型小微企业首贷难题。

VTS系统：英文“vessel traffic system”的缩写，船舶交通管理系统。

文化“五大工程”：思想文化引领工程、文化惠民提升工程、文艺作品创优工程、文化产业培植工程、文化队伍育强工程。

五大发展理念：创新、协调、绿色、开放、共享。

五个迈上新台阶：推动经济发展、现代农业建设、文化建设、民生建设、全面从严治党五个方面“迈上新台阶”。

“五个一工程”奖：一部好的戏剧作品，一部好的电视剧（片）作品，一部好的图书（限文艺类），一部好的理论文章（限社会科学方面），一部好的电影作品。

“五魂”为核心特色检察文化：指洪泽检察院以办公楼层为依托，建设的特色检察文化长廊，分为洪泽检察院之魂、历史之魂、队伍之魂、廉政之魂、未来之魂五个部分。

五统一：公务用车公务统一保险、统一加油、统一维修、统一处置和统一租赁。

五项权力：单位人事、财务、行政审批、工程建设项目和财政专项资金等五项重点权力

夏季“五送”：送清凉、送安全、送法律、送知识、送文化。

新三板：全国性的非上市股份有限公司股权交易平台，主要针对的是中小微型企业。

一园四馆：一园”即中国掼蛋乐园，“四馆”即中国印博物馆、光影世界科普馆、地震体验馆、渔文化博物馆。

一案三评：检查自评、其他单位互评和审理考评。

一案双查：对发生重大腐败案件和不正之风长期滋生蔓延的地方、部门和单位，实行“一案双查”，既要追究当事人责任，又要倒查追究相关领导责任，包括党委和纪委的责任。

一照一码：“一照”即营业执照，新版营业执照具有原营业执照、组织机构代码证、税务登记证、社保登记证和刻章许可证的功能。“一码”即18位的统一社会信用代码。

执纪监督“四种形态”：党内关系要正常化，批评和自我批评要经常开展，让咬耳扯袖、红脸出汗成为常态；党纪轻处分和组织处理要成为大多数；对严重违纪的重处分、作出重大职务调整应当是少数；而严重违纪涉嫌违法立案审查的只能是极极少数。

市委书记姚晓东参加洪泽县2016年二季度重大项目集中开工仪式

市委书记姚晓东在洪泽经济开发区调研指导工作

江苏爱吉斯海珠机械有限公司新区开工仪式

江苏洪泽经济开发区坐落于洪泽县城主城区，创建于2001年10月，2006年4月，被批准为省级经济开发区，近期规划面积25平方千米，远景规划面积达96平方千米。洪泽经济开发区经过15年的积蓄发展，不断成长壮大，现有企业450多家，其中规模以上企业230多家，美、德、日等外资企业近20家，拥有自主知识产权的企业50多家，年申请专利达2000件。在全省省级经济开发区综合排名第76名，较2014年晋升2名。南北共建园区通过省级考核，列全省第27位。

县委书记朱亚文在洪泽经济开发区调研指导工作

江苏省洪泽湖水利工程

2015年，江苏省洪泽湖水利工程管理处按照《省水利厅关于深化水利改革的实施方案》，紧紧围绕省厅年初下达的目标任务，深入贯彻落实党的十八届三中、四中、五中全会精神，按照“安全、稳定、和谐、发展”的总体思路，发扬“献身、负责、求实”的行业精神，求真务实，锐意进取，全力推进水利工程现代化建设，各项工作取得较好成绩。

省委书记李强在三河闸视察工作

市委书记姚晓东在三河闸视察工作

管理处

组织干部职工前往雨花台瞻仰革命烈士

举办职工运动会

举行水法规宣传咨询活动

志愿者向湖区渔民散发水法宣传单

志愿者单车骑行36千米宣传水法规

三河闸晨曦

洪泽湖水政执法巡视艇深入湖区巡视

拦河坝晚霞

洪泽县公安局

HONG ZE XIAN GONG AN JU

省厅党委委员、副厅长程建东到洪泽县督导"9.3"安保工作

县委书记徐东海慰问一线执勤交警

2015年，县公安局在县委、县政府和市局党委的坚强领导下，紧紧围绕"四项建设"和"一体两翼"工作布局，自觉服从服务全县改革发展大局，勇于自我革新、敢于破解难题，确保了全县社会治安大局持续平稳。分别连续23年、47年、8年创立了"命案全破""监所安全无事故""执法质量省优"三大品牌，累计处置突发性群体性事件120余起，破获各类刑事案件919起，破案率45.03%，全县公众安全感、社会治安满意度分别达96.5%、99.38%，两项指标均位列全市第一。当年，县公安局荣获全县科学跨越发展目标考核先进集体特别贡献单位、全县党建工作一等奖、市级文明单位、全省执法示范县级公安机关等殊荣。

局领导走进县电视台"政（行）风热线"直播间开展互动宣传

圆满完成2015年中国洪泽湖国际大闸蟹节开幕式安全保卫工作

开展社会面巡逻防控工作，强化车站、繁华商贸街区、娱乐场所、大型活动场所等重点单位和重点部位的巡逻防控力度，最大限度地消除治安隐患和管理盲区

组织开展“学条例、严警纪、正警风、树形象”纪律作风整顿百日行动

组织开展“关城门”演练活动

开展防范通讯网络诈骗集中宣传活动

组织参加洪泽湖古堰元旦长跑

组织开展110宣传周集中宣传活动

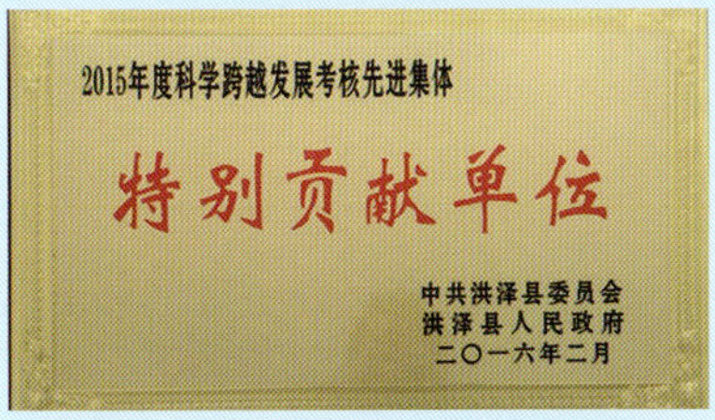

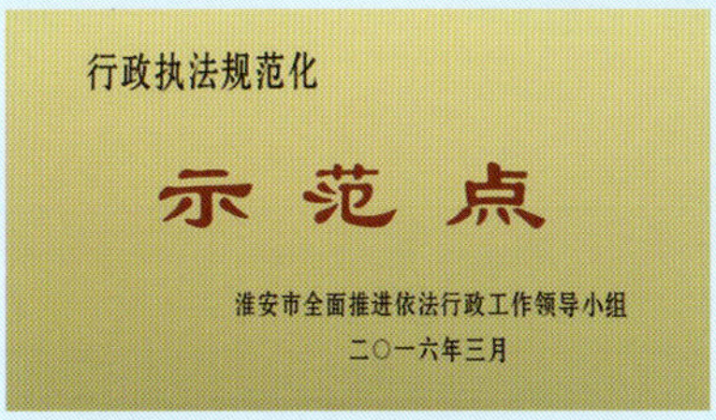

HONG ZE XIAN GUO SHUI JU

洪泽县国税局

4月15日，市国税局局长徐志云到洪泽县国税局调研指导工作

3月20日，县国税局召开党风廉政工作会议

2015年，县国税局依法兑现税收优惠政策，减免税收11681万元，同比增长134%。减免税收项目主要有：改善民生类计5932万元、鼓励高新技术类计370万元、促进小微企业发展类计1444万元、节能环保类计340万元、支持其他各项事业类计2640万元，其他合计955万元。

全年，办理各类退税6400万元，同比增长20.56%。其中出口退税3917万元，其他退税2483万元。

2015年，县国税局获全县科学跨越发展“先进集体特别贡献单位”、软环境建设工作“行风十佳”优胜单位。同时，第一税务分局获得财税服务业工作先进集体。

6月5日，县国税局开办首期道德讲堂

7月1日，县国税局领导参加基层分局“七一过党日”活动

7月10日，县国税局召开纳税评估工作专题会议

9月15日，县国税局联合江苏银行洪泽支行举行“税e融”税银互通产品推介会

淮安市洪泽地方税务局

HUAI AN SHI HONG ZE DI FANG SHUI WU JU

县委常委、常务副县长杨国仁到洪泽地税局调研指导工作

2015年，淮安市洪泽地方税务局累计组织各项入库地方税收198081万元，比2014年增收23178万元，增长13.3%。其中，市县级（公共财政预算）收入入库185613万元，同比增收22520万元，增长13.8%。另外，全年征收教育费附加4655万元，同比增收1189万元；征收社会保险费62516万元，同比增收1419万元；征收其他基（资）金费4879万元，同比增收738万元。

当年，洪泽地税局在全县科学跨越发展目标考核中获突出贡献奖。

开展职工理想信念及廉政教育

局领导上党课

新近公务员入职宣誓

开展“税宣月”法律咨询活动

道德讲堂汇报演出

开展宪法日税法宣传活动

洪泽县总工会

HONG ZE XIAN ZONG GONG HUI

2015–2016年，全县新建工会77家，吸纳会员4882人。在开发区东区和园区分别建立职工综合服务中心。9个镇（街道）换届改选，配齐主席和专职副主席，选聘8名专职协理员。银珠化工集团工会被全国总工会授予“全国模范职工之家”称号。唐真亚被中共中央、国务院表彰为“全国劳动模范”。开通“洪泽工会”微信公众号，“掌上娘家”大讲堂进职工食堂，全市工会宣传信息工作会议在洪泽召开，对洪泽县总工会做法大力推介。

2015年8月26日，省总工会主席邢春宁到洪泽县调研工会工作和农民工入会情况

2015年4月，唐真亚被中共中央、国务院表彰为“全国劳动模范”

2015年，银珠化工集团工会被全国总工会授予“全国模范职工之家”称号

2016年“五一”前夕，县委、县政府表彰建县60周年全县各行各业200名“大湖劳动之星”

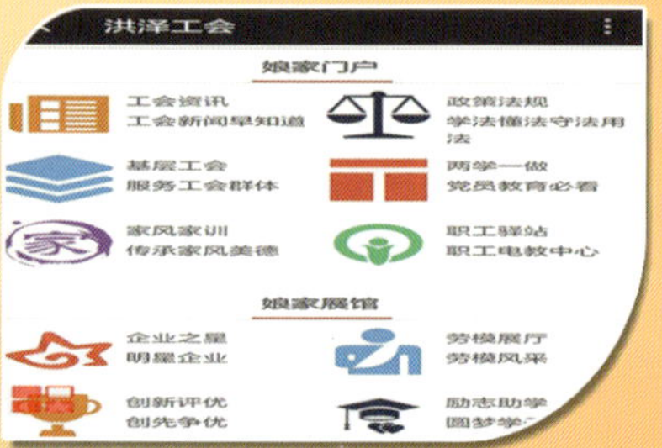

2016年，县总工会组队参加市第八届职工部排舞（健身操）比赛，获一等奖

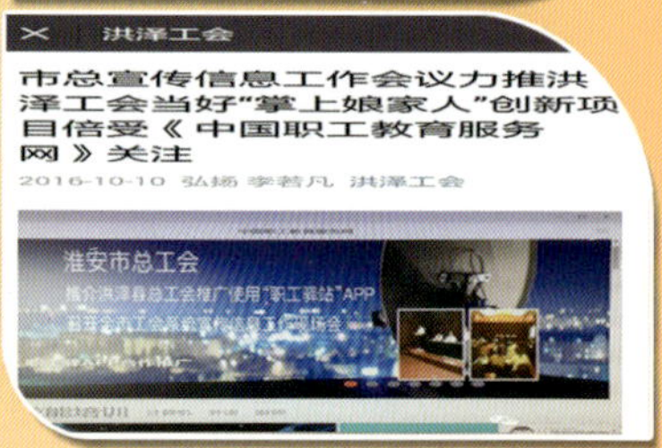

2016年，“洪泽工会”微信公众号正式开通，“掌上娘家”品牌效应彰显，“掌上娘家”大讲堂进职工食堂。9月29–30日，全市工会新闻和信息工作会议在洪泽召开，会上对洪泽县总工会的具体做法予以推介

洪泽县市场监督管理局

江苏省食品药品监督管理局在洪泽县举办食品安全宣传周活动

举办食品安全宣传活动

联系点上过党日

2015年5月18日，洪泽县市场监督管理局挂牌成立。县市场监督管理局确立“和谐、诚信、实干、廉政”市场监管精神，努力营造积极向上、敬业尽责浓烈的干事氛围。整合举报投诉热线，对原三部门（工商、质检、药监）执法文书进行梳理，制作市场监管部门新的执法文书，开辟县市场监督管理局门户网站，推动市场监管工作有序运行。

县市场监督管理局强化食品安全监管，制订《洪泽县2015年食品安全工作计划》，开展食品安全专项整治活动，促进餐饮服务环境改善、服务质量提升。强化药品监督管理，药品零售企业经营规范专项整治、特殊药品专项整治、植入性医疗器械专项整治活动，对辖区内县疾病预防控制中心及各疫苗接种点进行专项检查，未发现涉案疫苗及非法经营疫苗行为。

市局领导到洪泽县检查指导食品安全工作

主办道德讲堂诚信主题专场活动

洪泽县水利局

2015年，洪泽县水利局下属事业单位12个，其中县水政监察大队、县防汛防旱指挥部办公室、县河湖管理处、县灌区管理所、县砚台船闸管理所、县河道管理所、县防汛物资管理中心等7个单位为直属事业单位，另在5个镇设水利站。全系统在职职工114人，其中行政编制数13人(在岗9人)，事业编制数132人（在岗105人）。

当年，共完成水利基本建设投资2.4亿元，超额完成年度目标任务。重点实施了洪泽湖大堤除险加固、中小河流治理、白马湖洼地治理、洪泽湖周边滞洪区移民迁建、浔河整治、尾水收集处理二期等六大类工程。积极创新建管模式，严控质量安全，持续督查推动，强力推进建设，水利保障经济社会发展的能力进一步提升。县水利局被淮安市政府授予“淮安市五一劳动奖状”，被淮安市环保局授予“全市生态市建设工作先进单位”，被县委、县政府授予“创建361诚信服务品牌先进集体”。

省水利厅副厅长陶长生到洪泽县调研水利工作

全省第二期农田水利工程管护改革座谈会在洪泽县召开

全市示范乡镇水利站创建工作推进会在洪泽县召开

开展电视问政活动

牵头组织召开全县防汛防旱工作会议

县水利局干部职工接受廉政教育

防汛演练

洪泽县安全生产监督管理局

副县长张培刚检查戴梦特公司安全生产工作

安监局党支部换届选举大会

2015年，全县各类生产安全事故死亡32人，亿元GDP生产安全事故死亡率为0.141，同比下降7.8%,工矿商贸就业人员10万人生产安全事故死亡率同比下降33.3%，特种设备万台死亡率为0，全年未发生较大以上安全生产事故。县安监局获国家安监总局办公厅、中华全国总工会办公厅授予的“全国职业病防治知识竞赛优胜单位”和中国安全生产科学研究院授予的“贯彻实施新安全法知识竞赛优胜奖”等荣誉称号。同时被淮安市安全生产委员会表彰为“2015年度安全生产工作先进集体”，被淮安市安全生产监督管理局表彰为“2015年淮安市职业卫生基础建设活动先进集体”。

全县安监系统依法行政和预防职务犯罪培训班

成立安全生产企业志愿者协会

举办安全生产月活动

检查企业安全生产工作

洪泽县规划局

HONG ZE XIAN GUI HUA JU

牵头组织洪泽县城城市总体规划评审会

牵头组织洪泽县地下管线数据及软件服务项目验收鉴定会

2015年，县规划局在县委、县政府的正确领导下，以“六大战略”为指引，着力完善城乡规划设计体系，推进新型城镇化建设和城市重点项目建设，绘就幸福洪泽美好蓝图。坚持规划引领，推进《洪泽县城城市总体规划》等15项规划编制工作，奠定城乡建设基础；坚持服务项目，推进“三馆一中心”等18个城市重点项目，实施益寿路等11条路网建设，铺设燃气管道80千米，建设滨湖新城；打造美丽乡村，全县1180个村庄整治通过省级验收，创建“三星级康居乡村”9个，“五位一体”长效管理机制全国推广。荣获县科学跨越发展目标考核一等奖、市文明单位、村庄环境整治省级表彰等多项荣誉。

开展规划咨询服务

开展“三严三实”活动

召开城市建设新闻发布会

举行城乡规划建设电视问政活动

洪泽县政务服务管理办公室

HONG ZE XIAN ZHENG WU FU WU GUAN LI BAN GONG SHI

市政务办副主任（左二）陈照新带领督查组到洪泽县考核

3月5日，县政务办组织召开全县治理串标围标推进会

牵头组织召开全县简政放权转变职能打造服务型政府推进会

洪泽县委、县政府为全面深化行政审批改革，加快推进全县政务服务体系建设，于2014年11月成立洪泽县政务服务管理办公室（以下简称县政务办），为县政府直属正科级建制，并陆续配齐县政务办领导班子和部门工作人员。挂洪泽县政务服务管理办公室、洪泽县帮办服务中心、洪泽县公共资源交易监督管理办公室三块牌子，将洪泽县行政审批服务中心更名为洪泽县政务服务中心。

2015年，县政务办紧紧围绕全县经济社会发展大局，以打造“整合最彻底、事项最齐全、授权最充分、系统最智能、环境最优美、服务最高效”的一流政务服务平台为目标，全面深化行政审批制度改革，各项工作都取得了新的成绩。全年累计受理业务176381件，较2014年同期117916件上升49.58%；累计办结176094件，办结率99.83%，同比提高4.36%；群众评议满意率100%。受到县委、县政府主要领导的充分肯定；同时全面工作以及政务服务体系建设、公共资源交易、政务信息等单项工作均走在全市前列，受到市政务办表彰。

4月22日，县长殷强为客商颁发全县第一份“三证合一”证书

10月8日，县政务办主任陈金来为客商颁发全县第一份“一照一码”证书

县政务办召开政务服务中心建设项目推进会

政务办召开党风廉政教育学习会

中共洪泽县委党校

县委书记朱亚文等调研党校工作

现场教学——县长殷强等党政干部（兰考）培训班学员在焦裕禄纪念馆参观学习

党政干部（兰考）培训班、年轻干部（华西）培训班向县四套班子领导汇报学习成果

近两年，在县委、县政府的重视和关心下，在市委党校的指导下，洪泽县委党校坚持党校姓党，认真贯彻落实《中国共产党党校工作条例》以及苏组通〔2014〕31号《关于进一步规范县级党校（行政学校）办学的通知》等有关文件精神，突出干部培训主业，大规模大幅度培训轮训党员干部，全面推进理论武装、党性锻炼和能力提升，并按照“全面深化干部教育培训改革，全面提升干部教育培训质量”的要求，着力在“规范”和“科学”上下功夫，高质量、常态化办好各级各类主体班次。

全国党校工作会议以及省市党校工作会议的召开，在为县区党校带来机遇的同时，又提出了更高的要求，洪泽县委党校将珍惜机遇，迎接挑战，切实加强和改进新形势下全县干部教育培训工作，推动党校事业再上新水平。

县委副书记程国民为青干班学员讲授《青年干部的成长》

党政干部（兰考）培训班学员在聆听“焦桐”的故事

青干班学员在焦裕禄干部学院交流学习心得

政法干部培训班学员在浙江省法制教育基地重温入党誓词

企业与社会组织党务工作者培训班学员在海尔集团参观学习

洪泽县文化广电新闻出版局

HONG ZE XIAN WEN HUA GUANG DIAN XIN WEN CHU BAN JU

省委常委、宣传部长王燕文到洪泽县视察文化基础设施建设情况

2015年，洪泽县文化广电新闻出版局立足围绕县委、县政府文化工作迈上新台阶的战略定位，积极开展各项文化活动，努力推动文化建设事业再上新台阶。先后开展了非物质文化遗产展示节、周恩来读书节暨第六届洪泽湖农渔民读书节等活动，以丰富多彩的文化活动，陶冶人们的精神情操，传递正能量，使更多的人享受到文化惠民的福祉。

县四套班子领导参加“铭记历史·圆梦中华”爱国主义歌曲大合唱比赛活动

举办“大湖飞歌·幸福洪泽”——“洪泽湖风情”文艺晚会

文化“四送”启动仪式

文化执法检查

图书馆开展服务宣传周活动

洪泽县人民防空办公室

HONG ZE XIAN REN MIN FANG KONG BAN GONG SHI

近年来，洪泽县人防办贯彻落实中发〔2014〕15号文件和第七次全国人民防空会议精神，立足实际，突出重点，真抓实干，各项工作取得一定成绩，荣获省国动委五年表彰一次的“江苏省人民防空先进城市”荣誉称号。

指挥通信系统得到完善。建成人防地面指挥中心、人防机动指挥所、人防四级网，通信警报覆盖率和鸣响率均达100%，组织18个机关单位、200多名工作人员参加“淮防-2016”防空警报试鸣暨防空袭行动演练，演练视频实时上传市指挥所。人防工程建设快速发展。已结建人防工程项目48个，总建筑面积30万平方米，专业队工程类型齐全；平展结合取得突破，实现收入19.6万元。规划建设的“民防园”已被列为省财政厅PPP示范项目和市政府“一县一题”帮扶项目，已完成规划选址、工程立项、初步设计、土地挂牌出让等工作，为洪泽民防事业发展构建新的蓝图。

9.18 政府机关人员疏散演练活动

参加“德润洪泽”学习雷锋万人志愿服务活动，捐赠价值7000元的应急用品

“5.12”广场咨询活动

人防机动指挥车演练

“5.12”洪泽湖实验小学疏散演练活动

获“全省人民防空先进城市”称号

洪泽县地震局

HONG ZE XIAN DI ZHEN JU

国家地震局原副局长何永年参观地震馆

全省防震减灾工作会议在洪泽县召开

洪泽县召开创建国家防震减灾示范县动员会

洪泽县通过省防震减灾工作先进县考核验收

2015年，县地震局做好地震监测预报工作，深井数字测震仪器投入运行，地震台实现全年100%连续观测；全年共对14个新建项目进行了抗震设防要求审批；利用“5.12”防灾减灾日、科普宣传周、“7.28”唐山地震纪念日等时间段，开展地震科普宣传和地震应急疏散演练活动。开展防震减灾示范县创建活动，申报创建了临河社区为国家级地震安全示范社区，惠民家园社区为省级地震安全示范社区；申报创建了洪泽湖实验小学和县实验中学为省级地震科普示范学校；建成全省唯一的县级地震科普馆——洪泽防震减灾体验馆，并申报了省级防震减灾科普教育基地；编制完成《洪泽县城区地震小区划工作实施方案》。洪泽县被省地震局评为2015年度防震减灾工作先进县，被国家地震局评为2015年度全国县（区）级防震减灾工作考核先进县。

新增的老子山地震宏观观测点挂牌

组织中小学生进行仿真逃生训练

开展“5.12”社区应急疏散演练活动

洪泽县人力资源和社会保障局

HONG ZE XIAN REN LI ZI YUAN HE SHE HUI BAO ZHANG JU

2015年，洪泽县人力资源和社会保障局围绕“人民生活更加幸福”的工作思路，深入分析把握当前人力资源和社会保障形势的新情况，坚持民生为本、人才优先，深化改革谋创新，凝心聚力抓落实，各项工作保持良好态势。城乡就业创业统筹推进，城镇登记失业率控制在3%以内；社会保障体系建设进一步完善，五项保险覆盖率均在96%以上；人才队伍建设加快推进，具有省、市高校毕业生就业见习基地8家；劳动关系更加和谐稳定，积极争创省劳动保障监察“两网化”示范县。

向海外留学英才宣传推介洪泽

东双沟镇退休人员和老年居民活动中心开放仪式

业务工作受到服务对象一致好评

服务人才 保障民生 FU WU REN CAI BAO ZHANG MIN SHENG

建成富民村综合便民服务站

农民工维权中心

春节期间企业用工招聘会

开展病种分值结算培训

洪泽县乡镇企业局

HONG ZE XIAN XIANG ZHEN QI YE JU

牵头组织召开创新创业政策宣讲会

2015年，洪泽县乡镇企业局重点抓好全民创业、乡镇工业集中区和融资担保工作。出台《关于扶持全民创业的若干意见》，年初在全县全民创业总结表彰大会上，现场为110家符合条件的企业、项目兑现2014年度全民创业奖励扶持资金649.02万元；乡镇工业集中区工业开票销售增幅完成22%，占市目标122%；创新出台《洪泽县全民创业贷款担保实施办法》，设立200万元全民创业贷款担保基金，放大到1000万元授信额度，专门为创业项目提供小额贷款担保。

牵头组织召开全民创业担保贷款评审会

县全民创业领导小组办公室组织成员单位负责人赴基层调研全民创业情况

选派专人对创业标兵王伟伟厂房扩建工程进行现场指导

洪泽县商务局

HONG ZE XIAN SHANG WU JU

市委常委、政法委书记赵洪权参加洪泽湖大闸蟹香港经贸合作对接会

县委书记朱亚文在洪泽湖大闸蟹香港经贸合作对接会上致推介辞

市商务局领导到洪泽县调研外资企业

县商务局局长潘恩如与赣康集团负责人签订项目协议

2015年，全县注册外资实际到账1.24亿美元，开工项目外资到账1.1亿美元，同比分别增长56.6%、48.7%。新批总投资1000万美元以上外资项目7个，其中3000万美元以上项目4个，在全市八个县区中排名第一。完成外贸进出口额1.63亿美元，其中出口额1.52亿美元。

2015年，洪泽县获评省级农村电子商务示范县，岔河镇滨河村、老子山镇新淮村被认定为省级电子商务示范村。全县省级电子商务示范村数量位居全市第一。

“12312”商务宣传日活动

检查超市安全工作

检查加油站安全工作

洪泽县水产局

HONG ZE XIAN SHUI CHAN JU

洪泽湖大闸蟹产业联盟成立

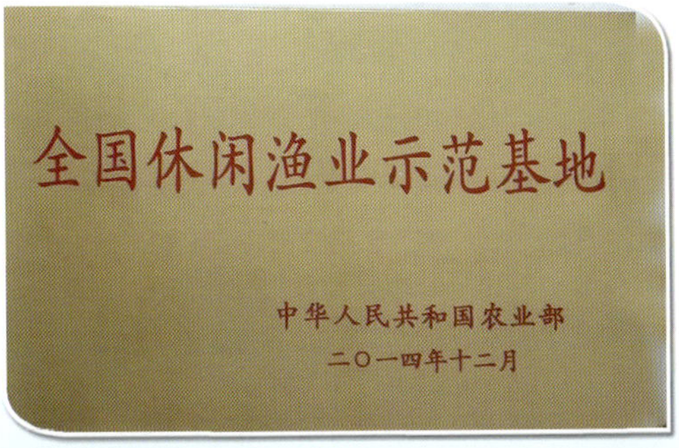

近年来，洪泽县水产局在县委、县政府正确领导下，立足“水”资源优势，坚持以优质、高效、生态、安全为方向，努力做好“水”文章，全县渔业保持稳定发展的良好态势。水产养殖面积10.5万亩，其中河蟹、龙虾、甲鱼等名优水产品养殖面积8.6万亩，高效设施渔业总面积达3万亩，形成10亿元规模的水产养殖产业集聚区，先后获省级现代渔业示范县、现代渔业建设先进县、中国蟹都、洪泽湖大闸蟹之乡、全国休闲渔业示范基地等殊荣。

国蟹园全国休闲渔业示范基地

总投资超过5亿元的紫山食用菌项目

开展打击违法捕捞宣传

洪泽县高良涧街道

2015年，高良涧街道实现全社会固定资产投资13亿元，农民人均纯收入1.9万元，城镇居民可支配收入2.7万元，实现规模以上工业投资8亿元，规模以上工业开票34亿元，同比分别增长8.3%、11.5%；实施规模以上项目8个，协议引资额6.05亿元。建成洪泽县电子商务产业园，招引进驻电商40余家。农业上坚持走高效、特色、绿色、融合发展之路，实施了杨码现代农业示范园、贺接日本樱花园、越城芡实种植加工示范区和大管清涧苗木一体化示范区等“两园两区”建设。

市委书记姚晓东视察洪泽县电子商务产业园

埃夫信自动化控制柜有限公司外景

高产农田水利配套设施

建设中的王集小区二期工程

海信医药项目鸟瞰图

HONG ZE XIAN GAO LIANG JIAN JIE DAO

街道党工委书记　陈 磊

街道党工委副书记、街道办主任　赵卒生

丰富多彩的群众文化活动

草莓采摘园

越城村芡实种植园

万亩高效示范田

洪泽县朱坝街道

街道办事处党工委书记 管桂芬

街道办事处党工委副书记、街道办事处主任 卜正贤

朱坝街道距洪泽城区5千米，宁连一级公路和宁淮高速、328省道穿境而过，区位优越，交通便捷。全街道辖7个行政村、3个居委会，80个村（居）民小组，共2.94万人。区域面积约60平方千米，其中街道面积约3.17平方千米，城镇居民约0.92万人。

近年来，该街道坚持统筹谋划，一、二、三产业齐头并进，协调发展。先后荣膺“国家级生态镇”“江苏省文明镇”“江苏省小城镇改革试点镇”“淮安市农村经济综合十强镇”等称号，实现了经济社会和谐、快速发展目标。2015年，朱坝街道实现地区生产总值11.2 亿元；完成公共财政预算收入12472.71万元；实现农民人均纯收入15544元。

大刘村综合服务中心

国超科技有限公司

淮安国瑞化工有限公司

HONG ZE XIAN ZHU BA JIE DAO

洪泽现代农机农资大市场

全县首家村史馆——大刘村史记忆馆

群众性文化生活

安东果蔬专业合作社

锦鸿生态园

港宏玻璃车间

水蛭养殖

齐裕家纺车间

洪泽县黄集街道

HONG ZE XIAN HUANG JI JIE DAO

黄集街道位于洪泽县、清浦区、淮安区三县（区）交界处，东连白马湖，北临苏北灌溉总渠，宁连一级公路、328省道、洪淮公路、淮金公路穿境而过。全街道行政区域面积51平方千米，辖7个行政村、1个居委会，总人口约2.1万人。2015年，实现地区生产总值6.53亿元、财政收入9725万元、农民人均纯收入14087元。

4月9日，省委宣传部副部长、省文明办主任杨志纯到黄集街道开展“三解三促”活动

8月13日，南京市工商联港口贸易商会到黄集街道考察投资环境

5月20日，黄集街道举行“大手牵小手·好人百村走”活动

黄集街道党员干部“晨读夜学”活动

黄集街道娄赵波尔羊养殖园

引进总投资10亿元的圣欧芳纶新材料项目

黄集街道工业集中区企业生产车间一角

洪泽县岔河镇

HONG ZE XIAN CHA HE ZHEN

省长石泰峰到岔河镇调研指导工作

市委书记姚晓东到岔河镇调研食用菌研发情况

县委书记朱亚文到岔河镇调研国瑞有机米生产情况

镇党委书记 周庆

镇长 邵加成

岔河镇历史悠久，文化底蕴深厚，拥有明清时代的老街、古石桥、千年古刹基灵寺、江淮大学、左家楼办公旧址等多处古迹文物；境内地肥水美，物产丰饶，是著名的鱼米之乡，有机稻米享誉大江南北。

近年来，岔河镇围绕富民强镇目标，以城镇建设为核心，以项目推进为抓手，深化产业结构调整，加快中心镇建设，经济社会稳定协调发展，相继获国家级生态镇、国家级绿色食品基地、全国重点中心镇、省新型示范小城镇、省文明镇、省重点中心镇、省环境与经济协调发展示范镇等称号。2015年，全镇实现财政收入1.92亿元，农民人均纯收入1.68万元。

创建省级卫生镇汇报会

高效渔业示范基地——张桥渔村

洪泽县东双沟镇

2015年，东双沟镇认真贯彻落实县委、县政府提出的“十全十美·幸福洪泽”奋斗目标，紧扣“富民、强村、兴镇”发展主题，全力聚焦项目招引和建设，统筹镇村发展，改善社会民生，各项工作取得较好成效。2015年，完成工业开票销售11亿元，同比增长21%，实现公共财政预算收入1.32亿元，同比增长19.6%，完成实体税收1250万元，同比增长10.9%。全年新培植列统企业4家，新增开票超亿元项目2个，新开工亿元项目3个，列入督考办年度验收竣工项目4个，到账外资500万美元。镇工业集中区为全市30个重点乡镇工业集中区之一，被省经信委评为“中小企业创业示范基地”。

县政协主席陈继信在徐庄慰问病灾户

东双沟镇碧水湾（安置点）

手工剥、拣芡实

洪泽县三河镇

市委书记姚晓东、市长曲福田到洪泽县观摩三河镇农业重点项目——紫山食用菌

三河镇位于洪泽县东南部，东与金湖县陈桥镇交界，南临淮河入江水道，与盱眙县观音寺镇、金湖县戴楼镇隔河相望，西依洪泽湖大堤，北与东双沟镇毗邻，宁连一级高速公路穿腹而过。境内有洪泽湖古堰、乾隆御碑、五里牌湿地风光带、南三河原生态风光带、绍武烈士陵园等景观10余处。全镇辖15个村、4个居委会，总人口4.6万人，总面积141.85平方千米。2015年，全镇实现地区生产总值15.7亿元，规模以上工业实现开票收入11.56亿元，规模以上固定资产投资14.17亿元，新增列统企业3个，入库税金1640万元，现代服务业入库税金5300万元；实现注册外资到账790万美元，外资进出口1100万美元，全年新增私营企业130个，个体工商户450户。全镇纳入市督考体系并通过验收的项目共9个，其中亿元以上项目5个，财政收入2.02亿元，农民人均纯收入1.36万元。获全县科学跨越发展目标考核先进集体二等奖。

省级康居示范村——联堡村

“三河院子”风景

招引佳禾木业有限公司落户江苏洪泽经济开发区

三河四坝现代稻麦产业化示范基地

三河农博园广场效果图

澳吉尔生态农业科技洪泽有限公司鸟瞰图

舜天行健制衣生产车间

洪泽县蒋坝镇

HONG ZE XIAN JIANG BA ZHEN

近年来，蒋坝镇以“工业立镇、旅游兴镇、产业强镇”为奋斗目标，狠抓各项考核指标，全力突破重点项目，2015年，实现财政总收入1.21亿元，农民人均纯收入1.96万元，在全县科学跨越发展考核中名列第一。

坚持工业立镇。初步形成以盐化新材料、机械加工、光电太阳能为主导产业的12家规模以上工业企业，2015年，实现开票销售7.83亿元，入库税收2676万元。追梦旅游兴镇，蒋坝镇以国家级示范项目——“美丽蒋坝PPP项目”和农发行新型城镇化建设项目为依托，创新发展机制，完善顶层设计，高起点规划、高标准实施、高品质运营，建设了天鹅湾金陵温泉酒店、最美三公里、银杏广场、美丽乡村旅游点和花园式安置小区等一批富民产业项目，着力打造苏北第一苏派特色小镇。

共谋产业强镇。蒋坝镇坚持把培育特色产业作为丰富旅游产业要素、促进镇域经济发展的重要抓手,注重一二三产业融合发展,与同程旅游等企业合作，培育壮大餐饮、民宿、酒吧、咖啡馆等产业,不断延伸旅游发展链条。

市委书记姚晓东调研美丽蒋坝建设

省财政厅副厅长宋义武到蒋坝镇调研美丽蒋坝PPP项目建设情况

市委书记姚晓东视察富港特钢项目

市委书记姚晓东率队到蒋坝镇督查美丽蒋坝重大项目建设情况

县委书记朱亚文到天鹅湾金陵温泉酒店会办项目推进过程中的问题

天鹅湾金陵温泉酒店

洪泽县老子山镇

HONG ZE XIAN LAO ZI SHAN ZHEN

县委书记徐东海陪同中央政策文献研究室领导视察老子山镇旅游工作

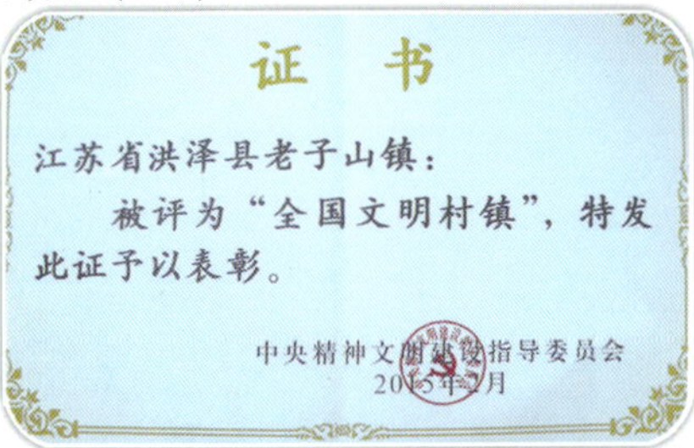

证　书

江苏省洪泽县老子山镇：

被评为“全国文明村镇”，特发此证予以表彰。

中央精神文明建设指导委员会

2015年2月

老子山镇位于洪泽湖西南部，地处淮河入湖口。南与盱眙县官滩镇接壤，北距洪泽县城水路32千米、陆路88千米，东隔湖与蒋坝、三河等镇相望，西北为洪泽湖。全镇面积300平方千米，滩涂约占90%，镇区面积4.8平方千米。镇辖9个行政村、2个居委会，总人口约1.8万人，其中渔民约占60%，分布定居在湖区60多个滩头。该镇制订“纳湖入镇”“农旅融合”的旅游兴镇战略目标，确立“淮上新明珠、道祖养生地、山水温泉镇”新定位，发挥其区位、水产、生态、温泉、人文等优势，竭力打造美丽湖滨集镇，建设更高水平小康老子山。2015年，实现地区生产总值24.10亿元，公共财政收入1.04亿元，较上年分别增长19.2%和 24%；农民人均纯收入1.43万元，较上年增长11.2%。2月，获全国文明镇称号。

老子山镇安淮寺吸引八方游客

老子山镇万亩荷花荡游人如织

老子山镇丰泽工艺品责任有限公司生产的工艺鞋出口欧盟

'2015CBSA美式台球（洪泽站）国际公开赛在老子山镇举行，20余个国家和地区的300余名选手参赛

老子山镇举办首届龟山民俗文化节

洪泽县西顺河镇

县委书记朱亚文宣布“迎中秋·庆丰收·歌幸福”文艺晚会开幕

洪泽烈士纪念馆、二十六烈士陈列馆开馆

洪泽县西顺河镇位于景色秀丽的洪泽湖北畔，三面环水，自然风光秀美独特，交通区位优势明显，滨湖资源特色显著，环境面貌持续改善，经济社会发展喜人。

全镇辖4个行政村、1个居委会，水陆面积约20平方千米，人口近万人。先后获全国“一镇一品”示范镇、“国家级生态镇”“江苏省文明镇”“省级卫生镇”“淮安市综合实力十强镇”“淮安市平安创建先进镇”等荣誉称号。2010、2013年连续两次被省委、省政府表彰为全省“文明乡镇标兵”。

游客在万亩菱角区域内采摘菱角

当地渔民展示“龙舟”运动项目

举办新婚夫妇向二十六烈士敬献鲜花活动

举行大合唱比赛

家风家训进万家文艺汇演

洪泽县人民医院

2015年12月，县政府与淮安市第一人民医院签订紧密型医疗联合体战略合作协议

县医院与东双沟等十家乡镇卫生院组建区域医疗集团

院领导参加“创建首家县区级健康管理示范医院”签字仪式

洪泽县人民医院位于风光秀丽的洪泽湖畔，水陆交通便捷，自1956年9月创建以来，经过几代人的不懈努力，医院的建设发生了巨大的变化，已成为一所集医疗、科研、预防、康复于一体的综合性“二级甲等医院”、国家级“爱婴医院”，承担着洪泽县周边地区近40万人口的医疗卫生服务。

洪泽县人民医院占地面积2万平方米，建筑面积27681平方米，固定资产过亿元，拥有256层飞利浦BrillianceiCT、飞利浦DSA、飞利浦1.5T核磁共振成像、岛津无线双板DR、飞利浦全身多层高速螺旋CT、柯达DR3000数字摄片系统、飞利浦IE33心脏彩超、奥林巴斯电子喉镜、奥林巴斯电子胃肠镜、乳腺钼靶机、全自动生化分析仪等高端设备。

目前在职职工640人，其中卫技人员529人，高级技术职称56人，中级职称178人；省“333”、临床硕士生导师、市“533”“十百千”人才培养对象及县学科带头人60余名。医院开设临床科室25个，医技科室10个，设有12个病区，编制床位400张，实际开放床位430张。

洪泽县人民医院始终坚持以病人为中心，以管理为基础，以“服务、质量、安全、成本、效率、效益”为核心，大力推进县级公立医院改革，通过持续提升医疗质量，不断优化医疗服务，全力保障医疗安全，加强医院文化建设，打造理念先进、特色鲜明、医术精湛、服务优良、人文氛围浓厚、充满生机活力的现代化优质精品医院，倾情服务全县人民，为全县更高水平小康建设作出积极贡献。

新医院效果图

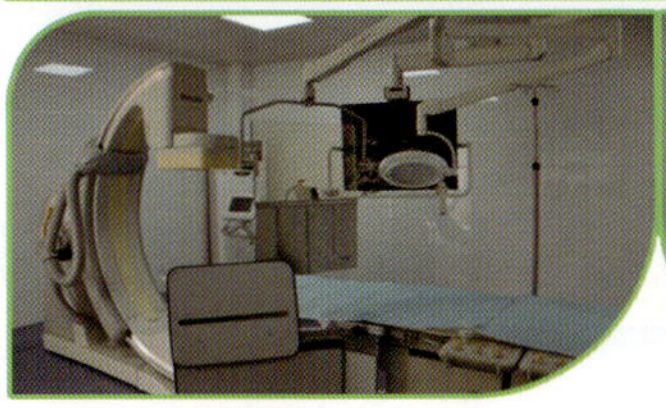
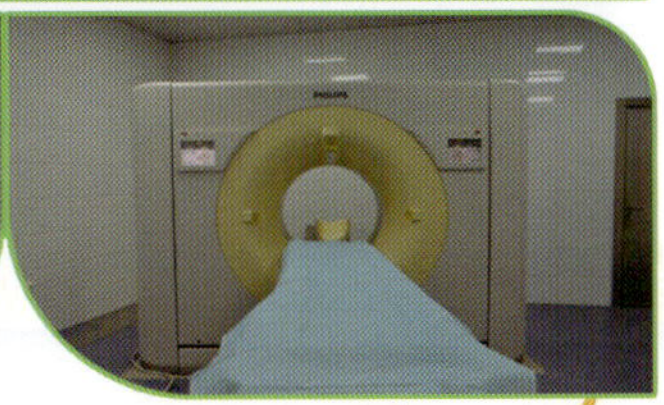
先进的医疗设备

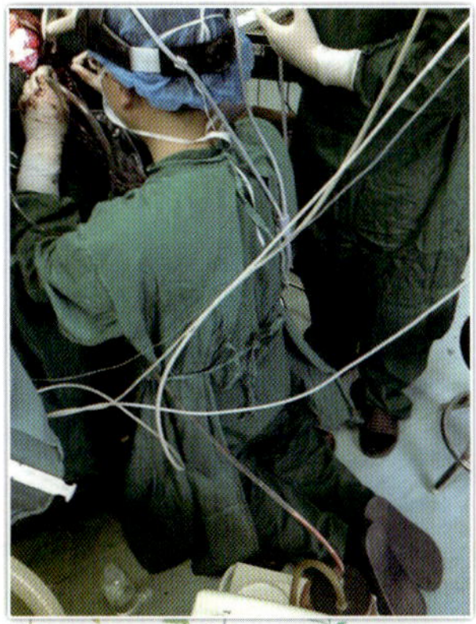
江苏好人、最美跪姿——赵光元

洪澤縣中醫院

名医汇聚的国医堂

人性化设计的病区一角

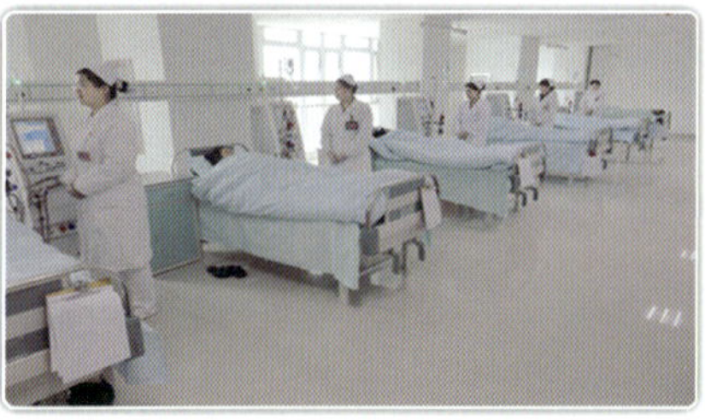
环境设施一流的血透中心

洪泽县中医院成立于1986年，于2009年3月实施异地新建，新大楼于2012年3月投入运行。开放床位320张，全院现有职工300余人。医院医疗设备齐全，拥有西门子螺旋CT、DR、CR、腹腔镜、彩超、电子胃肠镜、碎石机、数字胃肠机等多台(套)高精尖医疗设备。针灸康复科、骨伤科、糖尿病科、脾胃病科、肺病科、肛肠科等为县中医院特色专科。

近年来，县中医院抢抓医院发展机遇，深化内部运行机制改革，突出中医药特色优势，着力提升医疗质量，与县医院联合成立了“血液净化中心”和“妇产医学中心”，医院医疗技术水平与服务能力得到快速提升。2013年11月，县中医院获“二级甲等中医医院”资格，谱写了中医院发展的崭新篇章。

2015年12月，县政府与淮安市第一人民医院签订战略合作协议，组建区域内紧密型医疗联合体。借力“医联体”资源平台，县中医院拟定了2016年工作“十大计划”，努力提升科技成果转化，积极开展新技术新项目，促进医疗技术水平提升，使洪泽老百姓在家门口就能享受到三甲医院优质、高效、便捷、价廉的诊疗服务。

地址：洪泽县太湖路281号
电话：0517-87222568
18936777029
公交路线：乘91路、92路至洪泽县中医院
医院网站：
http://www.hzxzyy.com/

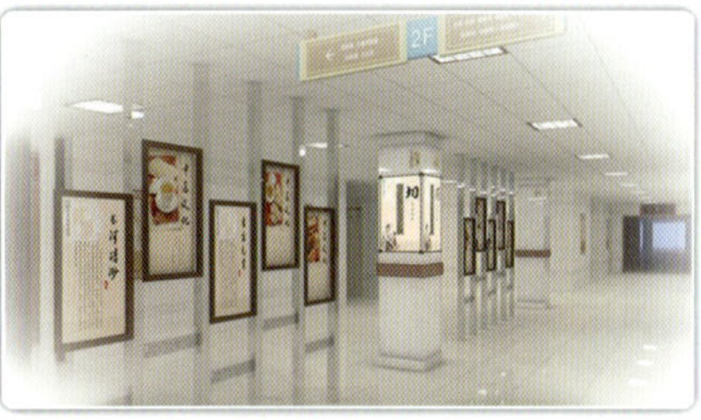
中医药文化展示馆

运动体验区室外跑道

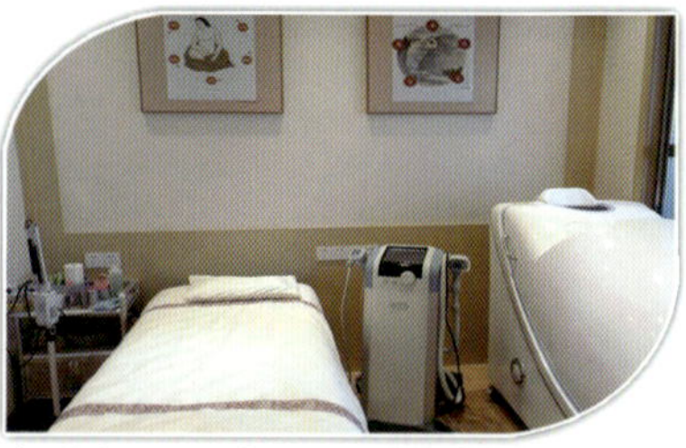
智能超频.面部抗衰和体部塑形仪

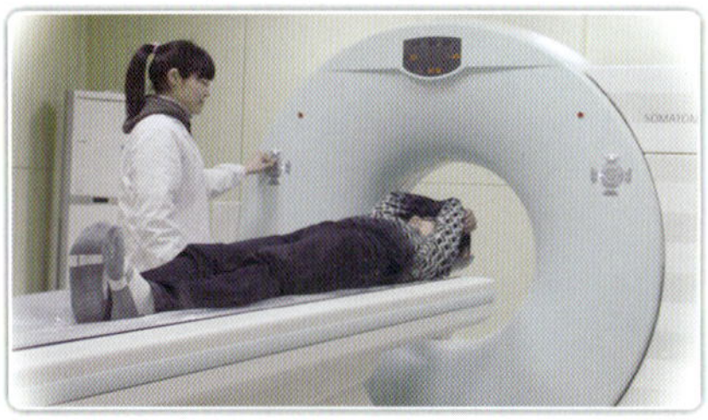
西门子16层螺旋CT

推拿艾灸室

洪泽健康管理中心

江苏省洪泽中学

HONGZE MIDDLE SCHOOL JIANGSU

县四套班子领导到校调研

县庆60周年观摩团到校观摩

创立少年国际实验班

高三学生捐栽毕业纪念树

江苏省洪泽中学以打造名教干、名教师、名校生和名学校的“四名工程”为目标，全面提升学校教育教学质量。

革新教育管理：设立“三部六中心”，实行扁平化管理；践行民主管理，让教师参与学校管理；强化干部职责，明确一岗多责。

推进教学改革：完善教师培训和考学制度，引导教师自主学习、参与各级各类培训和学历提升；引导教师积极运用多媒体教学，组织开展了电子白板培训，面向全市开展了“互联网+”背景下的课堂教学观摩课。

助推学生成长:抓实“应知应会”，夯实学科基础,强化学生“学习责任”意识；开设社团课程，促进个性成长；创设“读书节、体艺节、创新节、英语节和成长节”五大校节，为学生搭建展示平台。

丰富办学内涵：厘清理念文化，形成以“让世界与我们共成长”为办学使命、以“践行责任”为校训的新的理念文化；重构学校制度，用制度保障和推进教育教学改革；启动新校区提档升级工程，优化成长环境。

教师赴外考察

江苏省洪泽中等专业学校

Jiangsu Province Hongze Secondary Vocational school

县委书记朱亚文到学校视察指导工作

描绘蓝图

江苏省洪泽中等专业学校创建于1983年。三易其名，两迁其址。校园占地面积163亩，建筑面积6万多平方米，教职工209人，其中专任教师146多人，兼职教师20多人，研究生15人，正高职称1人，中、高级职称84人。学校是一所集高等教育、中等职业教育、成人培训于一体，全日制教育、业余教育、短期培训相结合的综合性学校。

近年来，学校驶入了跨越式发展的快车道。县委、县政府高度重视学校发展，4次研究职业教育议题并出台支持洪泽中专发展文件。教育教学质量稳步提升，对口高考本科达线率居全市前列，学业水平测试和技能抽测成绩受到好评，学生常规管理扎实有效，高水平现代化职业学校和高水平示范性实训基地创建通过前期网评，智慧校园建设加紧施工，基础实施建设快速推进。

精益求精

3D世界

聚精会神

春苗出土

气韵古堰

英姿飒爽

江苏省三星级高中

洪泽县第二中学

洪泽县第二中学为江苏省三星级高中，拥有41个教学班、2000多名师生员工。现有特级教师1名，硕士研究生10多人，省、市“高考优秀指导教师”、市“有突出贡献的中青年专家”等县级以上骨干教师占教师总数四分之一。

近年来，学校努力创建四星级高中，实施多元发展、“三轮驱动”战略，积极推进素质教育，走出了一条适合自身特点的科学发展之路。先后被授予“全国科研百强校”“全国‘十一五’科研杰出单位”“全国重点德育课题先进实验学校”“省实施素质教育先进学校”“省德育先进学校”“省精神文明建设先进单位”等近百项荣誉称号。

学校多次荣获市“高中教育教学工作先进单位”“高中学生综合素质提升单位”和“淮安市教育教学优秀质量奖”称号，连续九年获县高中责任目标考核一等奖，多次荣获县高考质量奖、高考突出贡献奖和高考跨越奖。

县委书记朱亚文视察县二中

洪泽县实验中学

洪泽县实验中学创建于2000年，现有在校生2899人，专任教师256名。2014年秋季，学校整体迁入新校区，校区占地面积135亩，建筑面积40706平方米。

学校以“培养现代社会合格公民”为使命，以“厚德求真”为校训，努力成为基础教育中具有高质量、高效益、有特色、有示范功能的一流学校。学校先后被评为全国养成教育实验学校，江苏省示范初中、科技教育先进校，淮安市文明单位、行风与软环境建设先进校、师德建设示范校、中小学教研示范校、洪泽县“五一劳动奖状”先进集体、教育工作先进单位。

县委书记朱亚文到学校视察指导工作

校务会议

课本剧表演

道德讲堂

校际交流

学生风采

洪泽湖实验小学

HONG ZE HU SHI YAN XIAO XUE

2016年5月9日，省教育督导组蒋吉生书记一行到校督导检查工作

2016年5月12日，县人大、政协领导到校视察安全工作

洪泽湖实验小学是县政府投资兴建的一所现代化寄宿制学校，始建于2011年，占地面积42455平方米，建筑面积42400平方米。现有60个教学班，在校生3150人，教职工211人。2011年12月，高标准通过省教育现代化学校验收。

学校以素质教育为抓手，以教育均衡发展创建为契机，着力打造“亲水文化”，努力培养和造就如水品性的师生。以“上善若水，真知如舟”为校训，不断营造“博大志远，智慧笃行”的校风、“崇水润德，乐水蕴智”的教风和“滴水穿石，积水成渊”的学风。倡导教师润德蕴智，引导学生智慧笃行。通过切实打造“精致校园”，凸显实力；创建“特色学校”，彰显活力；建构“成长家园”，展现魅力，实行发展教师、成长学生、凝聚智慧的内涵建设，提升办学品位。

建校以来，学校规模不断扩大，教学质量稳步提升。2013年4月，成功承办全国著名小学班主任经验报告会暨班主任教师专业化发展论坛，在省内外产生较大影响。学校先后获得省平安校园、省绿色学校、省节能示范单位、市节水型学校、市“红十字会”示范校、市师德建设示范校、市教育现代化先进校、市体育工作先进单位、县千师访万家先进校等殊荣。

2016年1月15日，洪泽湖实验小学举行退休教师欢送仪式

武术点亮校园

弘扬乡贤文化 传承家风家训

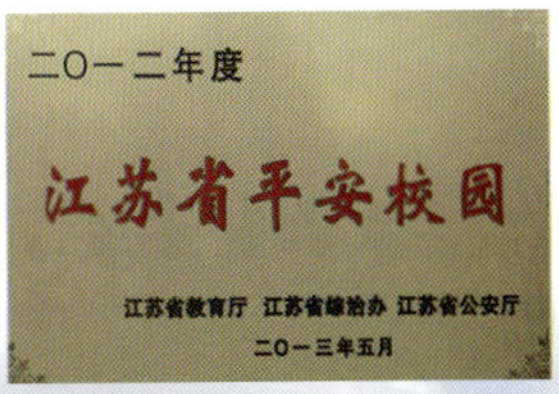

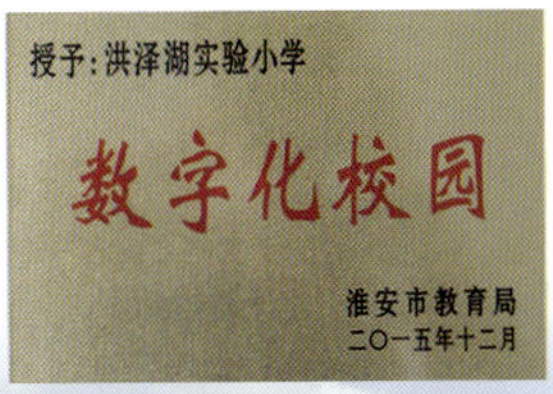

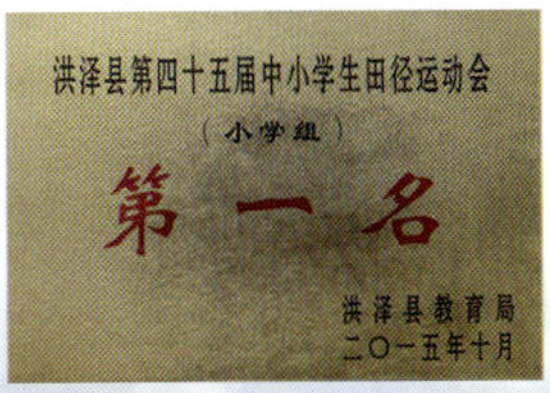

洪泽县实验小学

HONG ZE XIAN SHI YAN XIAO XUE

开展友好交流　共享教育成果

深化教学研究　推进课程改革

举办校节活动　引领学生成长

洪泽县实验小学拥有两个校区80个教学班，学生3500多人，教职工256人，其中特级教师1人，高级职称65人。学校曾受到省人民政府嘉奖，先后荣获省文明学校、省文明单位、省文明校园、省模范职工之家等十多项省级荣誉。近年来，学校以“让我们一生幸福成长”为办学使命，着力建构成长文化，办学理念先进，管理模式科学，硬件设施一流，注重内涵发展，努力打造出享誉大江南北的成长教育品牌。

文明创建再创佳绩，成功通过省级文明校园复评。教育改革深入推进，学校获批成立“淮安市张辉特级教师工作室”，每年承办市“互联网环境下小学课堂教学”“教育装备促进课堂教学改革”观摩研讨及公开教学活动。德育工作成效显著，将家风家训教育实践、八礼四仪学习与学校环境阵地建设、学生常规教育紧密结合，形成洪泽实小德育品牌。学校喜获江苏省少先队“唐真亚”中队殊荣，丁涛被共青团中央、教育部和全国少工委联合授予“全国优秀少先队辅导员”荣誉称号，获批成立省少先队“丁涛名辅导员工作室”。校际交流影响深远，与新疆农七师128团中学等十余所学校开展交流活动。成功与芬兰万塔国际学校签订协议，成为国际合作友好学校。

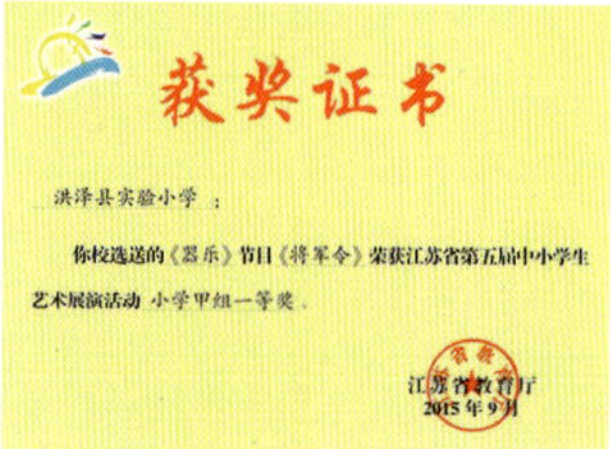

中国移动
China Mobile
中国移动通信集团公司洪泽分公司
中国移动
China Mobile
中国移动4G+手机
全网皆通 品质更佳
vivo
Hi-Fi & Smart
HUAWEI
and和
4G基站更多
全国4G基站数已达130万个，全省4G基站达13万个，移动4G信号已完成省内高铁、高速、地铁全覆盖。
全网通用超给力
•网络通用无限制
•一机在手更自由
品质保证更可靠
•2000余款机型任性选
•正品行货价格优
•购机送6GB超大流量
4G+
详询营业厅或者致电10086。
中国移动
China Mobile
www.10086.cn
10086
中国移动
China Mobile
and和
全家用移动
共享大实惠
一马当先
好品质 更信赖
100M极光宽带
飞速体验
网络更稳
品质保障
一步到位
手机 宽带 电视
全家用移动
极速光宽带、
4K高清电视免费用
一家全包
一人付费全家共享
一个套餐全家用
家庭网 尽情打
惠享品质
和家互联
4G+
详询营业厅或者致电10086。
中国移动
China Mobile
www.10086.cn
10086

天翼 surfing 分享无限
4G LTE
翼支付 BestPay
①电信手机发送yzf到10001获取下载地址;
②手机扫描二维码获取下载地址。
当月5.15.25 5折
随机立减
1元购
商超96折
定期宝年化5.4%
加油96折
周末吃货日
话费985折
水电费减5
能省会赚
就用翼支付
添益宝
生活缴费
转账付款
周边商户
充值缴费
购车票
翼支付 BestPay
爱生活 翼支付

天翼 surfing 分享无限
4G LTE
天翼大家庭
3位短号免费打
宽带免费提
家庭成员升级20人
761
优惠1：亲情通话畅打
家庭成员组成亲情网，直拨三位短号，
每人每月享500分钟省内免费通话。
优惠2：光速宽带秒提
亲情网天翼成员达到5人，任意成员一条
宽带免费提速至20M；达到10人，免费
提速至50M。（亲情网需由乐享用户组建）
加入方式
掌厅 扫一扫二维码
网厅 登录189.cn首页“天翼亲情网”专区
短信 发短信“3501”到10001
按照提示办理
温馨提示：亲情网月功能费3元，可加5个本地成员，超过5人，每增加1人收1元，费用均由组建人支付。
中国电信江苏网厅
中国电信江苏网厅 中国电信江苏客服
QQ客服 800010000

太仓农村商业银行 洪泽支行

TAICANG RURAL COMMERCIAL BANK

支行行长　王晓东

太仓农村商业银行是经中国银行业监督管理委员会批准成立，由太仓市辖内自然人、企业法人和其它经济组织入股组成的股份制商业银行，前身是太仓市信用联社及所辖农村信用社，是全国首批改制成立的地方性股份制农村商业银行。截至2015年末，太仓农村商业银行存贷款规模已达400亿元，名列太仓地区各金融机构之首。

太仓农村商业银行洪泽支行，成立于2009年12月2日，在洪泽县人民政府及社会各界的大力支持下，经过全行上下多年的努力，截至2015年末，太仓农村商业银行洪泽支行的存贷款规模达到12亿元，已成为一家业务功能齐全，内控制度健全的地方性商业银行，在洪泽地区已形成了一定的影响力，有力的支持了洪泽地方经济发展。

太仓农村商业银行洪泽支行的主要业务是吸收公众存款；发放短期、中期和长期贷款；发售理财产品；办理国内外结算；办理票据承兑与贴现；代理发行、代理兑付、承销政府债券；买卖政府债券、金融债券；从事同业拆借；代理代收款项及代理保险业务；提供保险箱服务；外汇存款；外汇贷款；外汇汇款；外汇结售汇等金融服务业务。

与时俱进写风流，淘尽黄沙始到金。作为一家新入驻的金融机构，太仓农村商业银行洪泽支行已进入一个全新的发展阶段，支行以高度的事业心和责任感，以振兴洪泽地方经济、服务洪泽人民为己任，开拓创新，拼搏争先，为跻身洪泽县地方农村金融主力军而不懈努力，根植洪泽大地，共筑美好家园。太仓农村商业银行，伴您天天向上！

太仓农村商业银行总行新大楼

支行营业大楼

支行营业大厅

企业现场调查

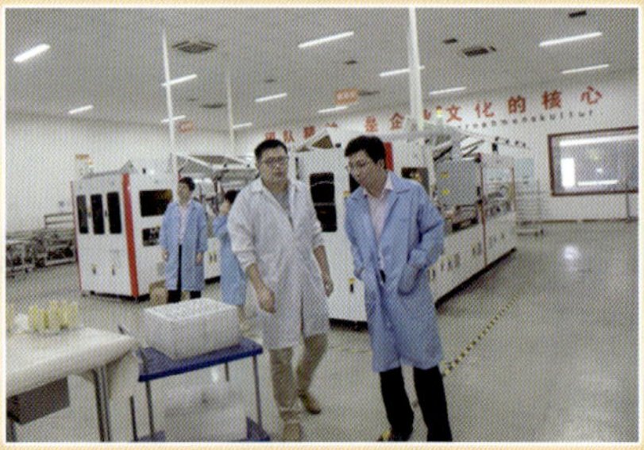

走访企业

向企业提供信贷支持